Eric D. Beinhocker

Die Entstehung des Wohlstands

Eric D. Beinhocker

Die Entstehung des Wohlstands

Wie Evolution die Wirtschaft antreibt

Übersetzung aus dem Englischen
von Nikolas Bertheau

Bibliografische Information der Deutschen Nationalbibliothek
Die Deutsche Nationalbibliothek verzeichnet diese Publikation in der Deutschen Nationalbibliografie. Detaillierte bibliografische Daten sind im Internet über http://dnb.d-nb.de abrufbar.

ISBN 978-3-636-03086-3

Ein Unternehmen von Süddeutscher Verlag | Mediengruppe.
www.mi-fachverlag.de

Die englische Originalausgabe erschien 2006 bei Harvard Business School Press
unter dem Titel *The Origin of Wealth*.

Übersetzung: Nikolas Bertheau, Hamburg
Fachliche Begleitung: Dr. Katrin Suder, McKinsey & Company, Berlin
Redaktion: Jürgen Fischer, München
Lektorat: Michael Schickerling, Landsberg am Lech
Umschlaggestaltung: Jarzina Kommunikations-Design, Köln
Umschlagabbildung: Kazuyoshi Nomachi, Corbis
Satz: Jürgen Echter, Landsberg am Lech
Druck: Himmer, Augsburg
Bindung: Thomas, Augsburg
Printed in Germany

Für Tilly

»Eine Tür wie diese tat sich kaum mehr als fünf oder sechs Mal auf,
seit sich der Mensch auf die Hinterbeine gestellt hat.
In einer solchen Zeit, in der sich beinahe alles, was wir zu wissen vermeinten,
als falsch herausstellt, lebt es sich am besten.«
Tom Stoppard, *Arkadien*

Inhalt

Geleitwort

Von *Dr. Katrin Suder*, McKinsey & Company

Offen gestanden, ich lese eher selten Wirtschaftsbücher. Belletristik natürlich und immer wieder gerne naturwissenschaftliche Literatur, aber Wirtschaftsbücher? Sehr selten. Als ich jedoch gefragt wurde, ob ich die deutsche Ausgabe von Eric Beinhockers Buch *The Origin of Wealth* kritisch begleiten würde, habe ich ohne Zögern ja gesagt. Nichtlineare Dynamik, agentenbasiertes Modellieren, emergente Phänomene und evolutionäre Algorithmen haben mich in meiner Diplom- und Promotionszeit in Theoretischer Physik intensiv beschäftigt. Sich nun mit diesen Methoden der Ökonomie – und damit meinem jetzigen Arbeitsfeld – zu nähern, dort nach vergleichbaren Strukturen und Erklärungen zu suchen, hat mich sofort fasziniert. Umso mehr, als dies auf Deutsch sowie in einfacher, verständlicher Sprache geschieht, und somit die Thematik einer breiten Leserschaft zugänglich wird. Schon immer habe ich das interdisziplinäre Arbeiten, Forschen und Denken geliebt und praktiziert, sei es in meiner wissenschaftlichen Karriere, sei es bei McKinsey.

The Origin of Wealth hat auf dem englischsprachigen Buchmarkt für großes Aufsehen gesorgt und gilt vielen Rezensenten als das wichtigste Wirtschaftsbuch des Jahres 2006. Eric Beinhockers Ansatz, die Entstehung von Wohlstand als Ergebnis eines evolutionären Prozesses zu betrachten, stellt die traditionelle und immer noch weit verbreitete Auffassung von Wirtschaft als einem nach Gleichgewicht strebenden geschlossenen System infrage. Dass dies aus US-amerikanischer Perspektive heraus geschieht, lässt sich nicht leugnen und wird erkennbar an einigen Hypothesen sowie in Sprachduktus und Argumentationsführung. Dennoch sind Beinhockers Überlegungen zu Wirtschaft, Finanzmärkten, Unternehmensstrategien sowie zu Politik und Gesellschaft in einer globalisierten Welt so aktuell, spannend und allgemeingültig, dass eine Übersetzung ins Deutsche nahelag. Beinhocker versteht es, komplexe Inhalte verständlich zu beschreiben, zudem reichert er seinen Text mit vielen konkreten Beispielen und Anekdoten an, was seine Gedanken zu Eigenschaften und Funktion der Komplexitätsökonomik zum Lesevergnügen für einen größeren Kreis von Interessierten macht.

Zu Beginn des Buches, in den Kapiteln 1 bis 3, führt Beinhocker in die traditionelle Wirtschaftslehre ein. Er gibt zunächst einen Überblick über ihre Historie und Kernelemente, um anschließend sehr deutlich ihre Schwächen bloßzulegen. Kenner der Materie werden dies möglicherweise als zu ausführlich empfinden, die informative und mitunter amüsante Demontage jedoch zu schätzen wissen. Mir als Physikerin leuchtete schnell ein, dass eine Theorie, die weder Zeit noch Dynamik berücksichtigt, nicht allzu weit reichen kann. Ebenso ist die in der traditionellen Wirtschaftslehre vorherrschende Annahme vollkommen rationaler Entscheidungen leicht mit gelebter Erfahrung widerlegbar. Nicht zuletzt deshalb verblüffen beziehungsweise amüsieren uns Figuren wie Mister Spock von *Raumschiff Enterprise*, den Beinhocker in seinem Text zu Illustrationszwecken auftreten lässt.

In den Kapiteln 4 bis 9 werden die Bausteine der Komplexitätsökonomik systematisch vorgestellt, erläutert und in ein Gesamtbild eingeordnet. Beinhocker gibt in diesen Kapiteln einen exzellenten Überblick über vorliegende ökonophysikalische Arbeiten und Gedankenmodelle. Dabei gelingt es ihm außergewöhnlich gut, die Wirkkraft dieser Methoden und Konzepte aufzuzeigen, selbst wenn er zugunsten eines kurzweiligen und geradezu unterhaltenden Stils an der einen oder anderen Stelle eine Annahme nicht deutlich beschreibt, auf Details verzichtet beziehungsweise Vereinfachungen in Kauf nimmt. Das Lebendigmachen der Zuckerwelt-Simulationen als Interaktionsmodell von Akteuren zur Erklärung emergenter Phänomene wie zum Beispiel Wohlstandsverteilung oder Handelsstraßen ist ein Glanzstück in diesem Teil.

Wie schwierig, aber auch wie wichtig es ist, nichtlineare Dynamiken zu begreifen, um adäquat auf Phänomene der realen Welt zu reagieren, wird in zahlreichen Passagen deutlich. Damit spricht Beinhocker mir und vielen meiner Physiker-Kolleginnen und -Kollegen aus der Seele. Die lineare Gleichgewichtswelt ist ein für Modellzwecke wichtiges und sinnvolles Konzept – in vielen Fällen bildet es nur leider die Realität nicht hinreichend ab. Umgekehrt fällt es Menschen sehr schwer, komplexe, vernetzte beziehungsweise nichtlineare Systeme einzuschätzen, sie zu begreifen und mit ihnen umzugehen – geschweige denn sie zu steuern. Das berühmte Duschventil, das die Wassertemperatur verzögert anpasst, wenn wir es bewegen – ein rückgekoppeltes, nichtlineares, zeitverzögertes System –, ist ein klassisches Beispiel, das auch Beinhocker anführt. Die einschlägige Erfahrung des Hin und Her zwischen sich verbrühen und frieren hat jeder schon einmal gemacht. Und dabei ist dieser Regler, ist dieses System unendlich viel einfacher als die Wirtschaft.

Ich bin der festen Überzeugung, dass mehr Wissen über die Wirkzusammenhänge der globalen Wirtschaft, über ihre Nichtlinearität beziehungsweise Vernetztheit sowie mehr und bessere Methoden, um all dies zu analysieren und zu steuern, zu einer signifikanten Verbesserung von Entscheidungen in Unternehmen oder Volkswirtschaften führen kann und langfristig auch wird. Beinhocker leistet hierzu einen wertvollen Beitrag.

In den Kapiteln 10 bis 14 führt Beinhocker bislang vorliegende Arbeiten und Theorien weiter mit dem Ziel, Wohlstand beziehungsweise seine Erzeugung und Verteilung mit naturwissenschaftlichen Theorien zu erklären beziehungsweise aus ihnen abzuleiten. Er weist darauf hin, dass es sich hierbei eher um ein Forschungsprogramm als um eine fertige Theorie handelt.

Die Argumentation, dass Evolution – insbesondere als Lernalgorithmus – eine zentrale Rolle bei der Entstehung von Wohlstand spielt, wird schlüssig geführt. Auch wird umgekehrt sehr deutlich dargestellt, welch fatale Entwicklungen Politiker und Entscheider einleiten können, wenn sie als Evolutionshemmer oder gar Irreführer in evolutionäre Sackgassen wirken.

Andererseits sind auf dem Weg zu einer stringenten Ableitung beziehungsweise Interpretation ökonomischer Vorgänge mithilfe der Physik, insbesondere der Thermodynamik, noch etliche Fragen zu beantworten – beispielsweise die Verknüpfung von Entropie (vereinfacht: Unordnung) und Werterzeugung, zum Beispiel in Form der Hypothese, dass werterzeugende Prozesse irreversibel sind (also unumkehrbar) und zugleich lokal Entropie verringern (also Ordnung schaffen): Wie verhält es sich mit Produkten wie Cocktails und Softdrinks, die als Mischung homogener Zutaten die Entropie erhöhen? Auch erzeugt nicht jede Ordnung Wohlstand, wie Beinhocker selbst bemerkt. Eine Kernherausforderung ist dabei neben der Definition der »geeigneten« oder »überlegenen« Ordnung vor allem die Abgrenzung des Teilsystems, in dem Ordnung geschaffen wird, (und somit nach Beinhockers Wert) vom restlichen System, in welchem die Unordnung ständig zunimmt. Diese systematische Abgrenzung (weiter) zu entwickeln wird eine zentrale Aufgabe des Forschungsprogramms darstellen.

In jedem Falle gebührt Beinhocker an dieser Stelle auch großer Respekt. Thermodynamik und vor allem Entropie sind keine einfachen beziehungsweise unproblematischen physikalischen Konzepte. Darauf verweist auch Garth W. Paltridge, der in seinem Artikel »Stumbling into the Maximum Entropy Production Racket: A Historical Perspective«* formuliert: »Es gibt keinen Zweifel, dass jedes Resultat, das das Wort *Entropie* beinhaltet, von Anfang an ein Problem hat.« Man muss Beinhocker aber in jedem Fall Tribut zollen für den Mut, sich dem Themenkomplex in dieser Art und Weise zu stellen, und darf gespannt sein, wie die Forschung diese Ideen weiterentwickeln wird.

In den Kapiteln 15 bis 18 schließlich wendet sich Beinhocker konkreten Topmanagement-Fragen rund um die Bereiche Unternehmensstrategie, Organisation, Finanzierung und schließlich gar Kultur, Politik und Gesetzgebung zu. In diesem Zusammenhang äußert er zahlreiche interessante, anregende und teilweise provokante Gedanken. Dazu gehören seine Ausführungen zum Sozialkapital sowie zur Kooperationsbereitschaft. Basierend auf der Theorie der Nichtnullsummenspiele, in die er zuvor eingeführt hat (anschaulich dargestellt anhand des Gefangenendilemmas), leitet Beinhocker die Wichtigkeit der Kooperationsbereitschaft ab. Kooperation schafft Wert dadurch, dass der entstehen-

* Garth W. Paltridge: »Stumbling into the Maximum Entropy Production Racket: A Historical Perspective«. In: A. Kleidon und R. D. Lorenz (Hg.): *Non-equilibrium Thermodynamics and the Production of Entropy: Life, Earth, and Beyond*, Berlin/New York: Springer, 2004.

de (Gesamt-)Nutzen für alle vergrößert wird – eine These, die im grundlegenden Widerspruch steht zu immer noch weit verbreiteten Annahmen und Verhaltensweisen wie Individualismus, Egoismus, Konkurrenz- und Rivalitätsdenken, Misstrauen und so weiter.

Neben diesen allgemeingültigen Aussagen enthalten insbesondere die letzten Kapitel etliche Thesen, die im US-amerikanischen Kontext des Autors betrachtet werden sollten. Hierzu gehört der von Beinhocker in Kapitel 16 angesprochene Optimismus einer Gesellschaft (der zu erheblichen Fehlinvestitionen führen kann) oder auch die von Medien geschürte Angst (die Vertrauensverlust und somit mangelnde Kooperationsbereitschaft und Wertvernichtung nach sich ziehen kann). Diese Aussagen beziehungsweise Bewertungen sind in dieser Form wahrscheinlich nicht typisch für Deutschland beziehungsweise Europa. Auch die Rechts-Links-Debatte in Kapitel 18 sollte aus dem amerikanischen Diskurs heraus verstanden werden. Während die politische Debatte in Deutschland nicht so stark polarisierend geführt wird, sind doch die ihr zugrundeliegenden gesellschaftlichen und ökonomischen Fragen nach der Rolle des Staates als Regulierungsinstanz vor allem vor dem Hintergrund der Globalisierung auch hierzulande höchst aktuell. Komplexitätsökonomik bietet eine hochinteressante Perspektive, um sich dem Thema zu nähern und innovative Gestaltungsmöglichkeiten zu finden.

Insgesamt ist *Die Entstehung des Wohlstands** ein streitbares Buch. Es ist auch alles andere als ein Leichtgewicht – im inhaltlichen wie physischen Sinne. Kurz, es ist kein Buch, das den Anspruch erhebt, konkrete Handlungsanweisungen für den Montagmorgen zu geben. Ganz im Gegenteil: Es lädt dazu ein, einen Schritt zurückzutreten und unser Verständnis von Wirtschaft grundlegend zu überdenken. *Die Entstehung des Wohlstands* ist ein Buch, das über das traditionelle Wirtschaftsdenken hinausgeht und uns auffordert, weiter zu denken – vernetzter, umfassender und abseits von der Bequemlichkeit vertrauter Bahnen.

Der Autor ermahnt uns zu stärkerer Kooperationsbereitschaft und verdeutlicht die Notwendigkeit, uns als Teil der globalen »Gesellschaft der Köpfe« zu verstehen. Denn es hängt von jedem Einzelnen ab, wie und wohin sich unsere Gesellschaft in Zukunft entwickeln wird. Und eines ist sicher: Es wird eine nichtlineare Entwicklung sein, in der kleine Änderungen von Einzelnen große Auswirkungen auf globaler Ebene haben können.

---

* An dieser Stelle eine ergänzende Anmerkung zur Übersetzung des Titels inklusive des zentralen Wortes, ja, inhaltlichen Kern des Buches: *wealth.* Im Englischen vereinigt dieses Wort zahlreiche Facetten: Wohlstand im umfassenden Sinne, aber auch Reichtum im engeren, monetären. Für Eric Beinhocker spielen auch Vielfalt und Verschiedenheit eine besondere Rolle, etwa im Hinblick auf den Artenreichtum; Wohlstand und Komplexität gehören für ihn untrennbar zusammen. In Abstimmung mit dem Autor haben wir den Begriff *Wohlstand* als Übersetzung im Buchtitel gewählt, vor allem auch um die Assoziation zur gängigen Übersetzung von Adam Smiths Werk *Wohlstand der Nationen* zu wahren. Eine ähnliche Analogie erhalten wir aufrecht mit der Übersetzung von *origin* als *Entstehung*, nämlich zu Charles Darwins *Entstehung der Arten* – der Buchtitel führt somit bereits symbolisch Ökonomie und Evolutionstheorie zusammen. Die umfassende Übersetzung mit *Wohlstand* haben wir im gesamten Buch auch in der Regel gewählt, wohl wissend, dass sich hier ein Grundproblem der deutschen Ausgabe offenbart, da der zentrale Begriff im Deutschen so nicht existiert. Vielmehr wäre an jeder einzelnen Stelle eigentlich ein Diskurs notwendig darüber, welche Facette gerade gemeint ist (vor allem in den Kapiteln 1, 2, 4, 12, 14, 16, 18)

Ich wünsche Ihnen viel Freude beim Stöbern und nichtlinearen Lesen von *Die Entstehung des Wohlstands*.

Danksagung

Selbstverständlich wäre auch die deutsche Ausgabe von *The Origin of Wealth* niemals ohne die Mitarbeit und Unterstützung etlicher Menschen entstanden – ihnen möchte ich von ganzem Herzen danken:

An erster Stelle Eric Beinhocker für die spannenden und aufschlussreichen Gespräche, für das Bearbeiten unserer ebenso langen wie intensiven Fragenliste sowie ganz allgemein für seine engagierte Unterstützung und Begleitung der deutschen Ausgabe.

Ganz besonders Nikolas Bertheau für die deutsche Übersetzung, für seine Genauigkeit, seinen kritischen Geist, seine unermüdliche Energie und stete Suche nach den besten Worten und der adäquatesten Darstellung. Viele viele Stunden haben wir gemeinsam diskutiert, gerungen und auch gelacht. Danke!

Hella Reese, Rainer Mörike und Daniel Münch für die wundervolle und geduldige Organisation, Strukturierung und Begleitung des Übersetzungsprozesses. Ihr habt uns angetrieben, habt geholfen, dass wir immer wieder »die Kurve gekriegt haben«, wart unermüdlich und, ganz besonders du, Hella, unendlich motivierend.

Jürgen Fischer für das redaktionelle Bearbeiten der Übersetzung, für den notwendigen Feinschliff und, ganz besonders, für seine Flexibilität.

André Korn, Astrid Bucholtz und Terry Gilman für ihre Mitarbeit an einzelnen Kapiteln, Wortfeldern, Begriffen, Formeln – es ist immer wieder beeindruckend zu erleben, wie unglaublich professionell die McKinsey-Kolleginnen und Kollegen sind.

Michael Schickerling vom mi-Fachverlag für seine Geduld bei unseren wiederholten Bitten um mehr Zeit

Alexandra Ahlfeld, Sabine Hellfeier und Sian Stockley für den unermüdlichen und erfolgreichen Kampf um freie Zeiten in unseren Kalendern, das Möglichmachen von Telefonkonferenzen quer durch die Welt, das Verschicken von Dokumenten, Kopieren von Büchern, Drucken von Seiten über Seiten und, und, und.

Jürgen Kluge, Physiker wie ich, für die inspirierenden Diskussionen und für das Teilen all seiner Erfahrungen und Einschätzungen, die in die deutsche Ausgabe an vielen Stellen direkt und indirekt eingeflossen sind. Ebenso Axel Born und Klaus Pohle für ihre kritische Lektüre und konstruktiven Anregungen.

Thomas Wennekers und Alexander Zumdieck, zwei weiteren theoretischen Physikern, für ihr Wissen, ihren Einsatz, ihre Zeit und ihre Nerven, mit mir die thermodynamischen beziehungsweise allgemein die ökonophysikalischen Thesen des Buches zu durchdringen und zu hinterfragen. Es war ein Hochgenuss für mich, nach etlichen Jahren wieder einmal (physikalisch-)theoretisch vorzugehen, zu denken und zu diskutieren. Ich freue mich auf weitere gemeinsame Taten. Danke auch, dass ihr, wie auch Ute Schönenberg, der mein besonderer Herzensdank gebührt, immer wieder zur Verfügung standet, wenn ich »weitere Gehirnzellen« brauchte oder auch emotionalen Beistand. Wie jedes Buch hat auch dieses viel Kraft gekostet, und ihr habt mir diese gegeben. Danke.

Katrin Suder
Berlin, Juli 2007

Vorwort zur deutschen Ausgabe

Die Entscheidung des mi-Fachverlags, eine deutsche Übersetzung von *The Origin of Wealth* herauszubringen, freut mich ganz besonders, gehen doch viele der in diesem Buch enthaltenen Ideen auf Wissenschaftler zurück, deren Werke ursprünglich in deutscher Sprache erschienen. Auch betreffen viele der hier erörterten Themen Fragen, die in der gegenwärtigen öffentlichen Diskussion in Deutschland eine unübersehbare Rolle spielen: Wie kann die deutsche Wirtschaft mit dem Globalisierungstempo der Weltwirtschaft Schritt halten? Gibt es einen »dritten Weg« zwischen der Dynamik eines Kapitalismus US-amerikanischer Prägung und gesellschaftlichen Zielvorstellungen im Sinne der europäischen Sozialstaatsidee?

Wie in dem Buch deutlich wird, beruhen viele moderne Wirtschaftsideen auf Konzepten, die erstmals im frühen und mittleren 20. Jahrhundert von deutschsprachigen Ökonomen eingeführt wurden. Seit über einem Jahrhundert wird das Feld der Wirtschaftswissenschaft von der »neoklassischen« Schule dominiert, deren wichtigste Vertreter traditionell aus Großbritannien und den Vereinigten Staaten stammen. Die neoklassische Ökonomik angelsächsischer Prägung macht ihren Einfluss in der akademischen Welt ebenso geltend wie in Wirtschaft und Politik. Es ist sicher nicht übertrieben, sie als das geistige Fundament des globalen Kapitalismus zu bezeichnen, wie er sich im 20. Jahrhundert herausgebildet hat. Zugleich jedoch meldeten nicht wenige Wirtschaftswissenschaftler aus dem deutschen Sprachraum Zweifel an der Stichhaltigkeit einer Theorie an, die weniger die ökonomische Wirklichkeit als vielmehr die Wunschvorstellungen der Ökonomen abzubilden schien.

Der Kreis um die österreichischen Ökonomen Joseph Schumpeter und Friedrich von Hayek formulierte provokative Fragen: Was treibt den Erneuerungsprozess in der Wirtschaft an? Was bedeutet Wissen für die Wirtschaft, und welche Beziehung besteht zwischen Wissen und ökonomischem Wert? Warum nehmen Ordnung und Komplexität der Wirtschaft im Lauf der Zeit zu? Welche Rolle spielen Staat und Unternehmen für die Entstehung wirtschaftlicher Ordnung? Und wie beeinflussen Faktoren wie menschliches Verhalten und Kultur die ökonomische Evolution? Wie Kapitel 3 zeigt, blieben die Neoklassiker die Antworten auf diese Fragen größtenteils schuldig. Heute, im 21. Jahrhundert, erlangen diese Überlegungen im Kontext von Wissensökonomie und Globalisierung erneut höchste Aktualität.

Eine neue Generation von Forschern, die ich als »Komplexitätsökonomen« bezeichne, macht sich daran, mittels bahnbrechender wirtschafts- und naturwissenschaftlicher Ideen sowie leistungsstarker Computer neue Antworten auf die ältesten und grundlegendsten Fragen der Ökonomik zu liefern. Ich bin überzeugt, dass gerade der deutsche Leser hier viele interessante Einsichten gewinnen kann. Die deutsche Wirtschaft und die deutschen Unternehmen haben auf der Suche nach ihrem Platz in der Welt eine lange Reise hinter sich. Auf das Wirtschaftswunder der Nachkriegszeit folgten die Errichtung des Sozialstaats in den Sechziger- und Siebzigerjahren, die Stagnation der Achtzigerjahre und schließlich die Mühen der Wiedervereinigung in den Neunzigerjahren. Heute machen die Zwänge einer sich rasant entwickelnden Weltwirtschaft, die anhaltende wirtschaftliche Dominanz der USA, die Integration der osteuropäischen Neumitglieder in die EU und der Aufstieg neuer Mächte wie China und Indien eine Grundsatzdiskussion über die Zukunft der deutschen Wirtschaft unausweichlich. Allzu oft verfängt sich diese Debatte leider in althergebrachten Stereotypen: Soll Deutschland eine freie Marktwirtschaft nach amerikanischem Muster anstreben und das Risiko einer Ellbogengesellschaft eingehen, oder soll es besser sein betont soziales Gesellschaftsmodell in den Grundzügen beibehalten und an die neuen Gegebenheiten anpassen? Eine zentrale Botschaft des vorliegenden Buches lautet, dass die neuen Ideen der Komplexitätsökonomik auch der politischen Debatte eine neue Stoßrichtung verleihen können. Auch wenn bislang kein klares Modell existiert, das ökonomische Dynamik und gesellschaftliche Chancengleichheit in sich vereinigt, behaupte ich, dass die Komplexitätsökonomik im Ansatz die dafür erforderlichen Instrumente bereithält. Deutschland bringt mit Sicherheit gute Voraussetzungen mit, um als globaler Vorreiter die eine oder andere dieser Ideen in die Wirklichkeit umzusetzen.

Die deutschen Unternehmen müssen sich zugleich auf eine veränderte Weltwirtschaft einstellen. Gewiss, neben einer großen Zahl deutscher Weltmarken stellt auch der legendäre deutsche Mittelstand nach wie vor ein Erfolgsmodell dar. Gleichzeitig jedoch verlagert sich der globale Wettbewerb zunehmend von deutschen Domänen wie Fertigung, Konstruktion, operativem Prozess und betrieblicher Ausführung hin zu alternativen Bereichen wie Wissen, Dienstleistungen, immateriellem Vermögen (zum Beispiel Marken), Talent und Innovation. Davon, wie die deutschen Unternehmen auf diesen Wandel reagieren, wird ihr Erfolg in den nächsten Jahrzehnten abhängen. Teil IV des Buches handelt größtenteils davon, wie Unternehmen Innovation fördern, auf Unsicherheit reagieren und die gegensätzlichen Erfordernisse von Ausführung und Anpassung miteinander in Einklang bringen können.

In Deutschland wird eine lebhafte Debatte geführt über Corporate Governance, die Rolle und Rechte von Anteilseignern, den von Kapitalmärkten, Hedgefonds und Beteiligungsgesellschaften auf die Unternehmen ausgeübten Druck sowie über die Frage, ob und wann der Staat intervenieren darf und sollte.

Die Komplexitätsökonomik lässt all diese Fragen in einem neuen Licht erscheinen, wie die Kapitel 16 und 17 zeigen.

In ihrem Vorwort dankt meine Kollegin Dr. Katrin Suder, die Leiterin des Berliner McKinsey-Büros, all jenen, die das Erscheinen dieser Ausgabe ermöglicht haben. Auch ich möchte den Beteiligten meinen tief empfundenen Dank aussprechen. Und das schließt insbesondere auch jene Person mit ein, die Dr. Suder unerwähnt ließ, nämlich sie selbst. Aufgrund ihrer Erfahrung als Wissenschaftlerin und Topmanagement-Beraterin war sie geradezu prädestiniert, die deutsche Ausgabe des Buches zu betreuen. Es handelt sich um kein leicht zu übersetzendes Werk, und trotz ihrer zahlreichen anderweitigen Verpflichtungen arbeitete sich Dr. Suder tief in die Materie ein und bemühte sich gemeinsam mit dem höchst versierten Übersetzer Nikolas Bertheau um eine sowohl für den deutschsprachigen Leser gut verständliche als auch den Geist des englischen Originals atmende Übersetzung des Buches. Dafür bedanke ich mich ganz herzlich.

Ich hoffe, dass dieses Buch eine Debatte über jene ökonomischen und unternehmerischen Fragen anstoßen wird, die entscheidend sind für die Zukunft Deutschlands, Europas und der ganzen Welt.

Eric D. Beinhocker
London, Juli 2007

Vorwort

Während ich dies schreibe, erlebt die Ökonomik ihren größten Wandel seit über 100 Jahren. Ich bin überzeugt, dass dieser Wandel die intellektuellen Strömungen der Welt verändern und unser Leben und das Leben zukünftiger Generationen entscheidend prägen wird. Vergleichbar der Biologie, die sich im 20. Jahrhundert zu einer echten Wissenschaft entwickelte, wird die Ökonomik als Wissenschaft im 21. Jahrhundert zu ihrem Recht kommen. Dem bedeutenden Wissenschaftshistoriker und -philosophen Thomas Kuhn zufolge entwickelt sich die wissenschaftliche Forschung nicht stetig und gleichmäßig. Vielmehr durchläuft sie, um einen Rezensenten des Kuhn'schen Werkes zu zitieren, »eine Folge friedlicher Zwischenphasen, unterbrochen von intellektuell gewaltsamen Revolutionen, in denen jeweils eine konzeptionelle Weltsicht durch eine andere ersetzt wird«[1]. Kuhn bezeichnete diese Umbruchperioden als »Paradigmenwechsel«, und auch wenn dieser Begriff durch übermäßigen Gebrauch einen Teil seiner Ausstrahlungskraft eingebüßt hat, wollen wir im vorliegenden Buch zeigen, dass sich die Ökonomik gegenwärtig im Frühstadium eines solchen Paradigmenwechsels befindet.

Worin liegt die Bedeutung eines Paradigmenwechsels in der Ökonomik? Warum sollte sich irgendein Nichtökonom dafür interessieren? Den meisten Menschen erscheint die Ökonomik als trockene, akademische und hochgradig fachliche Materie – als »trübselige Wissenschaft«, wie Thomas Carlyle sie einst nannte.[2] Ökonomische Ideen sind jedoch integraler Bestandteil des intellektuellen Gewebes der Gesellschaft. Sie beeinflussen unsere individuellen Entscheidungen bezüglich der Hypotheken, die wir aufnehmen, der Investitionen, die wir tätigen, und der Politiker, die wir wählen. Wenn Führungskräfte aus Wirtschaft und Politik Entscheidungen treffen, die sich auf unser aller Leben auswirken, dann orientieren sie sich dabei ebenfalls an ökonomischen Ideen. Ebenso wie abstrakte naturwissenschaftliche Theorien in unser Leben hineinspielen – durch die Flugzeuge, in denen wir fliegen, die Medikamente, die wir einnehmen, und die Computer, mit denen wir arbeiten –, so gewinnen für uns auch ökonomische Ideen eine konkrete Bedeutung durch die Unternehmen, für die wir arbeiten, welche Waren und Dienstleistungen, die wir nutzen, und die Entscheidungen, die die von uns gewählten Politiker treffen. Wie John Maynard Keynes in seiner *General Theory of Employment, Interest and Money* schrieb: »Die Ideen der Ökonomen und politischen Philosophen sind, ob richtig oder falsch, einflussreicher, als gemeinhin angenommen wird. Sie prägen die Welt wie kaum etwas anderes.«[3] Schlechte ökonomische Ideen brachten in der Vergangenheit stets Elend über Millionen von Menschen, während gute die Basis für die Entstehung von Wohlstand bildeten.

Trotz der Bedeutung des ökonomischen Denkens werden nur wenige Menschen außerhalb der akademischen Korridore jener tief greifenden Veränderungen gewahr, die sich gegenwärtig in diesem Bereich vollziehen. Das vorliegende Buch beschreibt die Geschichte der sogenannten Komplexitätsökonomik: Was sie tut, was sie uns über die tiefsten Geheimnisse der Ökonomik erzählt und was sie für die Wirtschaft und die Gesellschaft insgesamt bedeutet.

Manche wissenschaftlichen Revolutionen werden fertig geboren; sie sind das Werk eines einzelnen Genies, wie beispielsweise Einsteins Entwicklung der Relativitätstheorie. Andere entstehen im Lauf von Jahrzehnten als das Produkt vieler Menschen, wie etwa die Revolution in der Quantenphysik zwischen 1900 und 1930. Die komplexitätsökonomische Revolution gehört zur zweiten Art. Sie ist das Ergebnis jahrelanger Anstrengungen zahlreicher Menschen auf der ganzen Welt. Auch wenn viele der komplexitätsökonomischen Ideen tiefe historische Wurzeln haben, brach die Revolution erst Ende der Siebzigerjahre los, als Fortschritte in den Naturwissenschaften eine kleine Zahl von Ökonomen und Gesellschaftswissenschaftlern darauf brachten, nach völlig neuen ökonomischen Denkansätzen zu suchen. Als die Computer in den Achtziger- und Neunzigerjahren immer erschwinglicher und leistungsfähiger wurden, eröffnete sich den Wissenschaftlern die Chance, ihre Ideen auf ganz neue Weise zu erforschen und zu überprüfen, wodurch die komplexitätsökonomische Revolution erst richtig Fahrt aufnahm.

Ein Ende dieser Revolution ist jedoch noch lange nicht abzusehen, und entsprechend kontrovers wird darüber diskutiert. Manche Ökonomen werden den Gedanken dieses Buches enthusiastisch zustimmen, andere werden ihnen vehement widersprechen, und wieder andere werden geteilter Ansicht sein (ganz wie in dem alten Scherz: Frag zwei Ökonomen, und du bekommst vier Meinungen). Dennoch bin ich überzeugt, dass die Komplexitätsökonomik völlig im Trend liegt und dass ihre Konzepte für viele Jahrzehnte das Fundament der ökonomischen Theorie bilden werden. Die Funktion dieses Buches soll es sein, die Geschichte der komplexitätsökonomischen Revolution wiederzugeben und sie einem breiten Publikum zugänglich zu machen. Dabei werde ich auch meine eigenen Auffassungen zur Bedeutung dieser Ideen präsentieren und ihre Konsequenzen für Wirtschaft, Finanzmärkte und Politik darlegen.

Für wen ich dieses Buch geschrieben habe

Während ich dieses Buch schrieb, hatte ich drei Arten von Lesern im Blick. Da sind zum einen die wirtschaftlichen und politischen Entscheidungsträger, die sich für neue ökonomische und naturwissenschaftliche Ideen und ihre Auswirkungen auf die Praxis interessieren. Dieser Leserschaft sei gesagt, dass es sich bei diesem

Buch nicht um eine Was-tue-ich-am-Montagmorgen-Anleitung handelt. Die Komplexitätsökonomik umfasst einige sehr mächtige Konzepte mit hoher Relevanz für die schwierigsten Probleme, mit denen sich Führungskräfte aus Wirtschaft und Politik regelmäßig konfrontiert sehen. Dennoch wird der Leser in diesem Buch keine detaillierten Fallstudien oder Zehn-Punkte-Programme finden. Viele Managementbücher versprechen ihren Lesern Ideen, die sowohl brandaktuell als auch bereits jahrelang erprobt sind – natürlich ist beides zugleich unmöglich. Ich behaupte, dass die Ideen der Komplexitätsökonomik in der Tat neu und folglich noch kaum getestet sind. Einige Unternehmen experimentieren mit ihnen, während andere durch Instinkt oder glücklichen Zufall Praktiken entwickelt haben, die mit den komplexitätsökonomischen Ideen konsistent sind. Auch wenn es bereits Versuche gegeben hat, aus diesen Erfahrungen Managementinstrumente zu konstruieren, ist es meines Erachtens noch zu früh für ein Urteil, wie sich diese Ideen in der Praxis bewähren werden.[4] Statt auf Fallstudien und Instrumente werde ich mich deshalb darauf konzentrieren, dem Leser ein neues Grundverständnis für die Funktionsmechanismen ökonomischer Systeme nahezubringen. Ich denke mir das Buch also nicht als Montag-, sondern vielmehr als Sonntagmorgenbuch: Es versteht sich weniger als Handlungsanweisung denn als Anregung zur Veränderung unserer Denkgewohnheiten.

Zur zweiten Gruppe gehören alle Leser mit einem allgemeinen Interesse an ökonomischen, gesellschaftlichen, politischen und wissenschaftlichen Fragen. Die Gelegenheit, einer wissenschaftlichen Revolution über die Schulter zu schauen, bietet sich nicht alle Tage, noch dazu einer Revolution, welche die Welt in solchem Umfang verändern wird. Diesen Lesern bietet das Buch, wie ich hoffe, eine gute Aussichtsplattform, um einer der aufregendsten Veränderungen der intellektuellen Landschaft in diesem Jahrhundert beizuwohnen. Das Buch setzt weder ökonomisches und naturwissenschaftliches Hintergrundwissen voraus noch sind seine Beschreibungen allzu fachlich. Ich werde allerdings mehrere Begriffe einführen, die dem Leser möglicherweise neu sind; bei ihrer ersten Erwähnung erscheinen sie kursiv im Text. Ein wichtiger Beitrag der Komplexitätsökonomik besteht gerade in der Bereitstellung einer neuen Begrifflichkeit für die Erörterung ökonomischer, gesellschaftlicher und politischer Fragen.

Die dritte Lesergruppe umfasst Wissenschaftler und Studierende. Ihnen soll das Buch in nichttechnischen Begriffen aufzeigen, wo wir uns befinden und wohin uns die Zukunft führen wird. Dabei hoffe ich, dass das Buch zur Klärung einiger der aktuell geführten ökonomischen Debatten beiträgt und Anregungen für neue Debatten liefert. Lesern, die sich für die tieferen Dimensionen der Materie interessieren, seien die Anmerkungen als integraler Bestandteil der Lektüre empfohlen. Sie enthalten zusätzliche Literaturverweise, Ausführungen eher fachlichen Charakters und Exkurse in weiterführende Themenbereiche. Leser, die ihre Fragen anhand von Originalquellen weiterverfolgen möchten, finden am Ende des Buches ein ausführliches Literaturverzeichnis.

Danksagung

Wie die Komplexitätsökonomik das emergente Produkt der Bemühungen vieler Forscher darstellt, so ist auch dieses Buch das Ergebnis der großzügigen Unterstützung und der intellektuellen Beiträge vieler Menschen, denen ich sehr dankbar bin.

Ich will mit Richard Emmet von der Buckingham Browne & Nichols School beginnen, dessen Highschool-Unterricht mein lebenslanges Interesse für die Ökonomik weckte. Barry Richmond vom Dartmouth College fachte die Flamme weiter an und öffnete mir die Augen für die Welt der dynamischen Systeme. Mit Barry blieb ich auch nach meiner Dartmouth-Zeit bis zu seinem frühen Tod im Jahr 2002 befreundet. Von Rebecca Henderson, meiner Betreuerin am MIT, lernte ich, die Kraft und die intellektuelle Schönheit ökonomischer Ideen zu schätzen. Mein zweiter Betreuer John Sterman brachte mir bei, diese Ideen zugleich zu hinterfragen, und er führte mich in die Konzepte der Komplexitätstheorie ein. John ist seit vielen Jahren mein Freund und Mentor, und er war freundlicherweise bereit, das gesamte Manuskript zu lesen und zu kommentieren.

McKinsey & Company ist eine wahrlich einzigartige Institution, die dieses Projekt in bemerkenswerter Weise unterstützt hat. Das Unternehmen ließ mir die intellektuelle Freiheit, meinen Interessen zu folgen (auch wenn nicht immer klar war, wohin mich diese führen würden), und ermöglichte mir die Unterstützung durch eine Reihe von Kollegen, die meine Konzepte einer intensiven Prüfung unterzogen. Zu den gegenwärtigen und ehemaligen Kollegen, die wesentlichen Anteil an der Entstehung des Buches hatten, gehören Bill Barnett, Lowell Bryan, Hugh Courtney, Kevin Coyne, Jonathan Day, Andrew Doman, John Hagel, Ron Hulme, Bill Huyett, Sarah Kaplan, Tim Koller, Wilhelm Rall, Charles Roxburgh, Somu Subramaniam, Patrick Viguerie und Adil Zainulbhai. Unterstützung erfuhr ich zudem von Stuart Flack, Lang Davison, Saul Rosenberg, Trish Clifford und Sallie Honeychurch sowie den hervorragenden Experten von Research & Information.

Zwei McKinsey-Persönlichkeiten verdienen eine besondere Erwähnung. Dick Foster war mir Freund und Mentor seit meinen ersten Tagen bei McKinsey. Seine eigenen Arbeiten dienten mir stets als Quelle der Inspiration, und sollte dieses Buch Ideen von Wert enthalten, so stammen sie mit großer Wahrscheinlichkeit aus dem einen oder anderen unserer zahlreichen Gespräche. Ian Davis hat mich in seiner Eigenschaft als Managing Director des Unternehmens stets unterstützt und angespornt; mehr als einmal hat er seine Hand über das Projekt gehalten, das sehr viel mehr Zeit in Anspruch nahm, als ich oder sonst jemand erwartet hätte.

Mein Dank gebührt zudem den zahlreichen Experten, deren Arbeiten in dieses Buch eingeflossen sind. Viele von ihnen widmeten mir über Jahre ihre wertvolle Zeit, um Fragen zu beantworten und Ideen austauschen. Dazu gehören Robert Axtell, Yaneer Bar-Yam, Larry Blume, Eric Bonabeau, Sam Bowles, Joshua Epstein, Duncan Foley, John Geanakoplos, Murray Gell-Mann, John Holland, Stuart Kauffman, Kristian Lindgren, Benoît Mandelbrot, Phil Mirowski, Melanie Mitchell, Richard Nelson, Tim Ruefli, Didier Sornette, Gene Stanley, Duncan Watts und Peyton Young.

Das wertvollste Geschenk, auf das man hoffen darf, ist wohlüberlegte Kritik. Vince Darley, David Lane, Scott Page, Eric Smith, Mike Ross und James Tugendhat haben große Teile des Manuskripts gelesen und interessante Anregungen gegeben. Ein besonderer Dank geht an Michael Mauboussin und Laurence Holt, die gemeinsam mit John Sterman das gesamte Manuskript gelesen und detailliert kommentiert haben, sowie an zwei von der Harvard Business School Press bereitgestellte anonyme Gutachter. Abgesehen von der Scharfsinnigkeit ihrer Anmerkungen absolvierten sie angesichts der Länge des Originaltextes einen wahren Ausdauertest.

Wie der Leser sehen wird, spielte und spielt das Santa Fe Institute (SFI) in der Geschichte der Komplexitätsökonomik eine zentrale Rolle. Ich bin dem SFI sehr dankbar, dass es mich vor einigen Jahren zu einem Forschungsjahr sowie zu zahlreichen Konferenzen und Symposien einlud und mir gestattete, mich nach Belieben in seinen Räumen aufzuhalten und mich mit seinen Mitarbeitern auszutauschen. Das SFI ist eine ganz besondere Einrichtung, und ich danke seinem gegenwärtigen Präsidenten Geoffrey West, dessen Vorgängern Ellen Goldberg und Bob Eisenstein sowie Suzanne Dulle und Susan Ballati für ihre Unterstützung.

Zwei weitere SFI-Mitarbeiter waren für das Buch von Bedeutung: Brian Arthur und Doyne Farmer verdanke ich ungezählte Anregungen. Beide haben mir viel Zeit gewidmet, mein Denken stark beeinflusst (und häufig korrigiert) und wesentliche Teile des Manuskripts kommentiert.

Möglicherweise sind nicht alle genannten Personen mit sämtlichen Details des Buches einverstanden, und so tragen sie auch keine Verantwortung für seine Fehler und Mängel.

Etliche Abschnitte des Buches wurden im Lauf der Jahre auf Konferenzen vorgestellt, darunter der Complexity Workshop der University of Michigan (2002), der Stragegy World Congress der Oxford University (2002), das Complexity Symposium der London School of Economics (2004), die System Dynamics Conference (2005) sowie zahlreiche McKinsey- und SFI-Veranstaltungen. Ich danke den Teilnehmern dieser Konferenzen für ihr Interesse und ihre Kommentare.

Meine Agentin Amanda Urban hat wesentlich zum Gelingen dieses Projekts beigetragen. Niemand kann sich eine geschicktere und hilfreichere Fürsprecherin wünschen, und auch ihre Kolleginnen Margaret Halton und Kate Jones haben hervorragende Arbeit geleistet.

Ein Glücksfall war auch meine Lektorin Hollis Heimbouch von der Harvard Business School Press. Sie war von Anfang an von dem Projekt überzeugt und unterstützte es unbeirrt während seiner langen Entstehungszeit. Ihren stets klugen Rat und ihre Geduld lernte ich ebenso zu schätzen wie die Hilfe ihrer Kollegen Todd Berman, Mark Bloomfield, Erin Brown, Constance Devanthery-Lewis, Mike Fender, David Goehring, Zeenat Potia, Brian Surette, Christine Turnier-Vallecillo, Jennifer Waring und Leslie Zheutlin. Das Manuskript profitierte beträchtlich von der gründlichen und behutsamen Redaktion Patricia Boyds und der redaktionellen Unterstützung durch William Patrick.

Clare Smith von Random House UK gab mir den entscheidenden Anstoß, dieses Buch zu schreiben, und ich danke ihr für ihre Hilfe ebenso wie Susan Sandon, Nigel Wilcockson und Rina Gill, die das Projekt nach ihrem Weggang weiterführten.

Zudem profitierte ich während des gesamten Schreibprozesses von der unermüdlichen Unterstützung durch Claire Tully, Sarah Prescod und Belinda Marks, die mir in unzähligen Bereichen geholfen haben.

Nichts von alledem wäre ohne meine Familie möglich gewesen. Meinen Eltern Gilbert und Barbara und meinen Geschwistern Elizabeth und Rob werde ich für ihre Liebe und ihre Ermunterung ewig dankbar sein. Meine Tochter Anna, die zur Welt kam, während ich an diesem Buch schrieb, sorgte für große Freude und willkommene Zerstreuung, indem sie um meinen Schreibtisch herum erst krabbelte und später trippelte und dabei gelegentlich an der einen oder anderen Manuskriptseite kaute.

Der größte Dank geht an meine Frau Tilly. Sie war nicht nur meine verlässlichste Ratgeberin, sondern unterstützte mich auf jede erdenkliche Weise, von ihrer Rolle als »Alleinerziehende« an den Wochenenden vor den Abgabeterminen bis zu den aufmunternden Worten während spätnächtlicher Schreibsitzungen. Das war für sie angesichts ihrer eigenen anspruchsvollen Berufstätigkeit und der Versorgung unseres Babys ein doppelt anstrengender Job. Ich widme ihr dieses Buch mit meiner tiefsten Liebe, Verehrung und Dankbarkeit.

Eric D. Beinhocker
London, Februar 2006

Teil I

Paradigmenwechsel

»Vielleicht ist die Weltgeschichte die Geschichte einiger weniger Metaphern.«
Jorge Luis Borges, *Labyrinthe*

1. Die Frage: Wie entsteht Wohlstand?

Ich saß, den Rücken gegen eine Wand aus getrocknetem Kuhdung gelehnt, auf einer kleinen Bank im verrauchten Mittelraum der strohgedeckten Hütte eines Massai-Ältesten. Wir befanden uns in einem abgelegenen Dorf im Südwesten Kenias. Der Älteste mit seinem abgeklärten, wettergegerbten Gesicht und seinen wachsamen Augen hatte sich höflich nach meiner Familie und meiner Herkunft erkundigt. Jetzt taxierte er mich über die Kochstelle hinweg und fragte: »Wie viel Vieh besitzen Sie?« Nach einer kurzen Pause entgegnete ich ruhig: »Keines.« Als mein Begleiter, ein Massai-Lehrer, mit dem ich mich angefreundet hatte, die Antwort übersetzte, ging ein Gemurmel durch die versammelten Reihen neugieriger Dorfbewohner. Nach kurzer Überlegung antwortete der Älteste: »Das tut mir sehr leid für Sie.« In das gezeigte Mitleid mischte sich Verwunderung darüber, wie jemand, der so arm war, derart weite Reisen machen und in den Besitz einer Kamera gelangen konnte. Als sich das Gespräch wieder meinen familiären Umständen zuwandte, erwähnte ich einen Onkel, der auf seiner Farm in Maryland eine große Viehherde besaß. Ein kurzes Nicken des Verstehens bedeutete, dass das Rätsel nun gelöst sei – der Besucher war offensichtlich ein Taugenichts, der sich auf Kosten seines reichen Onkels in der Welt herumtrieb.

Das Mysterium des Wohlstands

Was ist Wohlstand? Für einen Massai bemisst sich Wohlstand in Vieh, für die meisten Leser dieses Buches hingegen in Dollar, Pfund, Euro, Yen oder einer anderen Währung. Ist Wohlstand etwas Reales, etwas, das man anfassen kann? Den Wohlstand eines Massai-Ältesten in Form von Viehherden kann jeder sehen. Sie versorgen ihn und seine Familie mit Milch, Fleisch, Knochen, Fell und Horn. Vor über 200 Jahren machte der große Ökonom Adam Smith auf die geschichtliche Wandelbarkeit des Wohlstandsbegriffs aufmerksam. In seinem Buch *Der Wohlstand der Nationen* zeigte er, dass Wohlstand kein feststehender Begriff ist[5]; der Wert einer Sache hängt davon ab, wie viel ein anderer zu einem bestimmten Zeitpunkt dafür zu zahlen bereit ist. Selbst für einen Massai ist der Wert einer Kuh heute möglicherweise nicht gleich dem Wert einer Kuh morgen. Noch flüchtiger mag der Wohlstand denjenigen erscheinen, die ihn in Papierwährungen bemessen. Die meisten Menschen in den entwickelten Ländern bekommen den Großteil ihres Reichtums niemals körperlich zu fassen – ihre mühsam verdienten Ersparnisse existieren lediglich als elektronische Punkte auf fernen Computern. Und dennoch lassen sich diese geisterhaften Blinkzeichen per Mausklick oder Kreditkarte jederzeit in reale Kühe oder was immer wir uns wünschen (oder leisten können) umwandeln.

Aber woher kommt überhaupt Wohlstand? Was haben der Schweiß unseres Angesichts und das Wirken unserer grauen Zellen mit ihm zu tun? Warum wird die Welt immer reicher? Warum handeln wir heute zumeist mit Mikrochips statt mit Rindern? Diese Überlegungen führen uns zur vielleicht wichtigsten Frage: Wie lässt sich Wohlstand vermehren? Dabei muss nicht Eigennutz im Vordergrund stehen; wir können auch nach der Mehrung des gesellschaftlichen Wohlstands fragen. Wie können Manager ihre Unternehmen gedeihen lassen, um mehr Menschen Arbeit und Perspektiven zu bieten? Wie können Regierungen mittels Wirtschaftswachstum Armut und gesellschaftliche Missstände bekämpfen? Wie lassen sich weltweit bessere Ausbildungs- und Gesundheitssysteme finanzieren? Und wie lässt sich ein globales Wirtschaftswachstum umweltverträglich gestalten? Reichtum allein macht zwar noch nicht glücklich, aber Armut macht weltweit Millionen Menschen unglücklich.[6]

Die in diesem Buch behandelten Themen – Was ist Wohlstand? Wie entsteht er? Wie lässt er sich mehren? – gehören zu den wichtigsten gesellschaftlichen Fragestellungen, mit denen sich die Wirtschaftstheorie seit ihren Anfängen auseinandersetzt, wenngleich die bislang gegebenen Antworten kaum überzeugen können. Die zentrale These dieses Buches lautet, dass die wissenschaftliche Entwicklung der letzten Jahrzehnte die Grundlage für neue Antworten auf diese fundamentalen Fragen geschaffen hat. Nicht nur Wirtschaftswissenschaftler haben dazu beigetragen, sondern auch Biologen, Physiker, Evolutionstheoretiker, Informatiker, Anthropologen, Psychologen und Erkenntnistheoretiker. Wie wir sehen werden, liefern insbesondere die Evolutionstheorie und die Komplexitätstheorie völlig neue Erkenntnisse zu diesen alles andere als neuen ökonomischen Fragestellungen.

In diesem Kapitel werde ich die wichtigsten Themen des Buches umreißen und einen Überblick über die Gedanken geben, die ihm zugrunde liegen. Bevor wir uns jedoch den neuen Antworten zuwenden, sollten wir den Blick zunächst auf die Fragen richten. Für die meisten Menschen ist Wirtschaft eine Selbstverständlichkeit, über die sie kaum nachdenken. Wenn sie es doch tun, dann häufig in Zusammenhängen, die der Princeton-Professor Paul Krugman als *up and down economics* bezeichnet hat, also zum Beispiel anlässlich eines Börsenhochs oder niedriger Arbeitslosigkeit.[7] Lassen wir die einzelnen Aufwärts- und Abwärtsbewegungen jedoch vorläufig außer Acht und wenden wir uns der Wirtschaft als Gesamtsystem zu.

Die komplexeste Schöpfung der Menschheit

Schauen wir uns zu Hause um. Betrachten wir unsere Kleidung. Werfen wir einen Blick aus dem Fenster. Wo immer wir uns befinden, in der größten Metropole oder im kleinsten Dorf, überall sind wir von wirtschaftlicher Aktivität und ihren Produkten umgeben. Rund um die Uhr sind Menschen auf dem Planeten eifrig damit beschäftigt, Entwürfe zu erstellen, zu organisieren, Dinge herzustellen, Dienstleistungen zu erbringen, Dinge zu transportieren, zu kommunizieren, zu kaufen und zu verkaufen.[8]

Die Komplexität all dieser Aktivitäten übersteigt unser Vorstellungsvermögen. Stellen wir uns ein kleines ruhiges Städtchen vor, in dem vom Trubel des modernen Lebens wenig zu spüren ist. Nehmen wir an, die Bewohner hätten uns zu ihrem gütigen Alleinherrscher ernannt, der im Gegenzug jedoch die Verantwortung dafür trägt, dass jedermann stets zu essen, etwas zum Anziehen und ein Dach über dem Kopf hat. Weil niemand etwas tut, solange wir es ihm nicht auftragen, müssen wir jeden Morgen eine To-do-Liste erstellen, um das Wirtschaftsleben der Stadt zu organisieren.[9] Kein Detail ist dabei zu unbedeutend – weder die Rosenlieferung des Blumengeschäfts an Frau Schmidt noch die Begleichung der Arztkosten für die Behandlung des Hexenschusses von Herrn Schulz durch die Krankenversicherung. Selbst in einer Kleinstadt kommt auf diese Weise eine unheimlich lange und komplexe Liste zusammen. Stellen wir uns jetzt vor, wie lang eine entsprechende Liste für die Weltwirtschaft insgesamt ausfallen würde. Milliarden und Abermilliarden aufs engste miteinander verknüpfter Entscheidungen müssen in jeder Minute getroffen werden, um die globale Wirtschaft in Gang zu halten. Aber niemand ist für eine globale To-do-Liste zuständig. Es gibt keinen gütigen Alleinherrscher, der sicherstellt, dass Fisch von einem mosambikanischen Fischer zu einem Restaurant in Korea gelangt, wo ihn ein Informatiker zu Mittag isst, der Komponenten für einen Computer herstellt, an dem ein Mailänder Modedesigner einen Anzug für einen Händler an der Terminbörse von Chicago entwirft. Und dennoch geschehen all diese Dinge täglich wie von Geisterhand gesteuert – sie regeln sich gewissermaßen von selbst.

Das Überraschende ist, dass es überhaupt ein Gebilde wie die Wirtschaft gibt. Und dass sie über weite Strecken tagtäglich funktioniert. Sie garantiert den meisten (bedauerlicherweise nicht allen) 6,4 Milliarden Erdenbürgern Arbeit, Nahrung, Obdach, Kleidung und alle möglichen Dinge von der Hello-Kitty-Tasche bis hin zum medizinischen Laser. Wenn wir an andere hochkomplexe Systeme wie die internationale Raumstation ISS, die chinesische Regierung oder das Internet denken, wird deutlich, dass die Weltwirtschaft um etliche Größenordnungen komplexer ist als jedes andere von Menschen errichtete technische oder soziale Gebilde.[10]

Die Wirtschaft ist ein hochkomplexes Wunderwerk. Aber niemand hat sie entworfen, und niemand lenkt sie. Natürlich versuchen Firmenvorstände, Regierungen, internationale Organisationen, Investoren und andere, ihr Stück Ackerland zu bestellen, aber wenn wir einen Schritt zurücktreten und die Gesamtheit der 36,5-Billionen-Dollar-Weltwirtschaft betrachten, müssen wir erkennen, dass niemand das Ruder in der Hand hält.[11]

Aber wie hat sich die Wirtschaft auf dieses Niveau entwickelt? Die Wissenschaft erzählt uns, unsere unmittelbaren Vorfahren, Hominiden mit großen Gehirnen und geschickten Händen, aber buchstäblich ohne Hemd auf dem Leibe, seien dereinst durch die afrikanische Savanne gezogen – ungefähr dort, wo ich meine Begegnung mit den Massai hatte. Wie aber bildete sich aus jenem urzeitlichen Naturzustand schließlich unsere moderne Weltwirtschaft in ihrer ganzen selbst organisierten Komplexität heraus?

Zweieinhalb Millionen Jahre Wirtschaftsgeschichte

Intuitiv stellen sich viele Menschen die Entwicklung vom Faustkeil bis zum DVD-Player als eine langsam ansteigende Gerade vor. Die wirkliche Geschichte, wie sie von Archäologen, Anthropologen, Historikern und Wirtschaftswissenschaftlern zusammengetragen wurde, sah jedoch anders aus. Sie verlief sehr viel dramatischer.[12]

Die Geschichte beginnt vor rund sieben Millionen Jahren, als die ersten Hominiden die Erde bevölkerten, beziehungsweise vor rund vier Millionen Jahren, als der *Australopithecus africanus* den aufrechten Gang übte.[13] Vor rund zweieinhalb Millionen Jahren begann der *Homo habilis*, sein bereits ziemlich großes Gehirn für die Herstellung grober Steinwerkzeuge einzusetzen. Wir können diese Geräte als erste Waren bezeichnen und uns vorstellen, wie irgendwann zwei unserer Vorfahren im Staub der Savanne zusammensaßen und mit ihren Werkzeugen Handel trieben. Diesen Zeitpunkt vor ungefähr zweieinhalb Millionen Jahren wollen wir als Beginn der menschlichen Wirtschaftsgeschichte ansetzen. Es dauerte noch eine weitere Million Jahre, bis der *Homo erectus* das Feuer entdeckte und damit begann, aus Stein, Holz und Knochen eine Vielzahl von Geräten herzustellen. Der biologisch moderne Mensch, *Homo sapiens*, erschien vor rund 130.000 Jahren und entwickelte immer raffiniertere und vielseitigere Geräte. Irgendwann schließlich – über den genauen Zeitpunkt ist man sich nicht einig – bildete der Mensch die entscheidende Fähigkeit des Sprechens aus. Die wirtschaftliche Tätigkeit dieser ersten Menschen beschränkte sich im Wesentlichen auf die Futtersuche in nomadisierenden Gruppen enger Verwandter und auf die Herstellung einfacher Werkzeuge.

Erst vor rund 35.000 Jahren erkennen wir erste Anzeichen eines sesshafteren Lebens mit Begräbnisstätten, Höhlenzeichnungen und dekorativen Gegenständen. In dieser Zeit scheint es auch zum ersten Mal zum Handel zwischen unterschiedlichen Gruppen früher Menschen gekommen zu sein. Das belegen Grabbeigaben aus ortsfremden Materialien, bei Binnenlandstämmen gefundener Muschelschmuck sowie Bewegungsmuster, die zu Handelsrouten passen würden.[14] Zu den Vorteilen des Handels gehört die Möglichkeit der Spezialisierung, und die Funde aus jener Zeit dokumentieren eine dramatische Zunahme der Vielfalt von Werkzeugen und Artefakten. Wie Paul Seabright von der

Universität von Toulouse anmerkt, sind Kooperation und Handel zwischen nicht miteinander verwandten Akteuren Aktivitäten, die ausschließlich den Menschen charakterisieren.[15] Bei keiner anderen Art findet sich die für das menschliche Wirtschaftsleben typische Kombination aus Handel zwischen Fremden und Arbeitsteilung. Richard Horan von der Michigan State University und seine Kollegen vertreten sogar die These, eben diese Fähigkeit des *homo sapiens*, Handel zu treiben, sei der entscheidende Überlebensvorteil gegenüber rivalisierenden Hominiden wie beispielsweise dem Neandertaler (*homo neanderthalensis*) gewesen.[16]

Mit festen Siedlungen, einer Vielzahl unterschiedlicher Werkzeuge und der Unterhaltung von Handelsbeziehungen erreichten unsere Vorfahren eine kulturelle und ökonomische Entwicklungsstufe, die von den Anthropologen als die der *Jäger und Sammler* bezeichnet wird. Aus archäologischen Quellen haben wir eine gewisse Vorstellung vom Leben und Wirtschaften unserer Vorfahren; daneben bietet sich uns aber noch eine weitere Informationsquelle. Noch immer gibt es auf der Erde abgelegene Orte, an denen einzelne Stämme als Jäger und Sammler leben und so gut wie keinen Kontakt zur modernen Welt unterhalten, als wäre die Zeit vor vielen zehntausend Jahren stehen geblieben.

Eine Erzählung von zwei Stämmen

Wir wollen zwei Stämme miteinander vergleichen: Zum einen den Steinwerkzeuge herstellenden Jäger-und-Sammler-Stamm der Yanomami an den Ufern des Orinoco River im Grenzgebiet zwischen Brasilien und Venezuela[17] und zum anderen den mobil telefonierenden, Caffè Latte trinkenden Stamm der New Yorker entlang des Hudson River an der Grenze zwischen New York und New Jersey. Beide verfügen über dieselben rund 30.000 Gene wie alle Menschen, weshalb sie biologisch und von ihrer angeborenen Intelligenz her gesehen so gut wie identisch sind. Dennoch unterscheidet sich die Lebensweise der New Yorker deutlich vom Jäger-und-Sammler-Dasein der Yanomami, die weder das Rad noch die Schrift kennen und deren Zahlensystem sich auf *eins*, *zwei* und *viele* beschränkt.

Wenn wir die Wirtschaftssysteme beider Stämme genauer betrachten, sehen wir, dass sich die Yanomami ausschließlich damit beschäftigen, in den Wäldern Essbares zu sammeln, Urwaldtiere zu jagen, einige wenige Obst- und Gemüsesorten anzubauen und ihre Unterkünfte auszubessern. Daneben stellen sie Gegenstände wie Körbe, Hängematten, Steinwerkzeuge und Waffen her. Sie leben in Siedlungen von 40 bis 50 Menschen und tauschen untereinander sowie mit den 250 übrigen Siedlungen der Gegend Waren und Dienstleistungen. Das durchschnittliche Jahreseinkommen eines Yanomami beträgt ungefähr 90 US-Dollar (es handelt sich um eine Schätzung, da die Yanomami weder Geld noch Statistiken kennen); das durchschnittliche Jahreseinkommen eines New Yorkers lag 2001 bei rund 36.000 US-Dollar und damit 400 Mal über dem der Yanomami.[18] Ungeachtet der Frage, wer glücklicher, moralisch überlegen oder mehr mit der Umwelt im Einklang ist, besteht definitiv ein großer Unterschied im materiellen Wohlstand der beiden Stämme. Auch haben die Yanomami eine geringere Lebenserwartung als die New Yorker und sehen sich Gefahren, Krankheiten und Umweltbedrohungen ausgesetzt, die selbst der ärmste New Yorker nicht kennt – die Wahrscheinlichkeit, binnen eines Jahres zu sterben, ist in einer Yanomami-Siedlung achtmal größer als in einem New Yorker Stadtteil.[19]

Aber nicht nur die absolute Höhe des Einkommens macht den Reichtum der New Yorker aus, sondern auch die unglaubliche Vielzahl von Dingen, die sie sich für ihren Reichtum kaufen können. Angenommen, wir hätten den Reichtum eines New Yorkers, könnten uns damit aber nur Dinge in der Yanomami-Wirtschaft kaufen.[20] Wir würden unser Lehmhaus für 36.000 US-Dollar restaurieren, die edelsten Tonwaren des Dorfes kaufen und die besten Yanomami-Gerichte verzehren und wären nach Yanomami-Standards ausgesprochen wohlhabend, aber wir würden uns dennoch ärmer fühlen als ein typischer New Yorker mit Nike-Turnschuhen, Fernseher und Florida-Urlaub. Die Vielfalt, unter der ein typischer New Yorker Konsument seine Auswahl treffen kann, ist schier unermesslich.[21] Der Wal-Mart in der Nähe des John-F.-Kennedy-Flughafens führt über 100.000 Artikel, das amerikanische Kabelfernsehen bietet 200 Kanäle, die Buchhandelskette Barnes & Noble hat acht Millionen Titel im Angebot, und allein in der Stadt New York gibt es mehr als 50.000 Restaurants.

Im Handel existiert eine Maßeinheit, im Fachjargon SKU (*stock keeping unit*), welche die Anzahl von lieferbaren Warentypen angibt. Fünf verschiedene Typen Blue Jeans bilden fünf SKUs. Wenn wir alle Arten von Produkten und Dienstleistungen in der Yanomami-Wirtschaft, also die diversen Steinaxtmodelle, Lebensmittelsorten und so weiter inventarisierten, dann kämen wir vermutlich auf eine SKU-Gesamtzahl von mehreren Hundert bis maximal einigen Tausend.[22] Die genaue Zahl der SKUs in der New Yorker Wirtschaft ist nicht bekannt, aber anhand diverser Datenquellen würde ich sie auf eine Größenordnung von 10^{10} (also mehrere Zigmilliarden) schätzen.[23] Zum Vergleich: Die Schätzungen zur biologischen Artenvielfalt der Erde liegen zwischen 10^6 und 10^8. Den eigentlichen Unterschied zwischen der New Yorker und der Yanomami-Wirtschaft bildet also nicht das in Dollar bezifferbare Wohlstandgefälle (mit einem Faktor von lediglich 400), sondern das noch viel größere Gefälle in der Komplexität und Vielfalt der jeweiligen Wirtschaftssysteme (mit einem Faktor von 100 Millionen oder acht Größenordnungen).

Der Lebensstil der Yanomami ähnelt weitgehend demjenigen unserer Vorfahren vor rund 15.000 Jahren.[24] Das klingt, als wäre es lange her, aber in Relation zur gesamten Wirtschaftsgeschichte der menschlichen Spezies verkörpert die Welt der Yanomami unsere allerjüngste Vergangenheit. Wenn wir die Entstehung erster Werkzeuge als Anfangspunkt setzen, dauerte es 2.485.000 Jahre oder gut 99 Prozent unserer Wirtschaftsgeschichte, um von den ersten

Geräten der Jäger und Sammler zur von den Yanomami verkörperten wirtschaftlichen und gesellschaftlichen Komplexität zu gelangen (Abbildung 1.1). Lediglich ein weiteres Prozent der Menschheitsgeschichte genügte für den Sprung vom Yanomami-Indianer mit 90 US-Dollar Jahreseinkommen und einer Warenvielfalt von 10^2 Einheiten zum heutigen New Yorker mit einem Jahreseinkommen von 36.000 US-Dollar und einen Warenvielfalt von 10^{10} Einheiten.

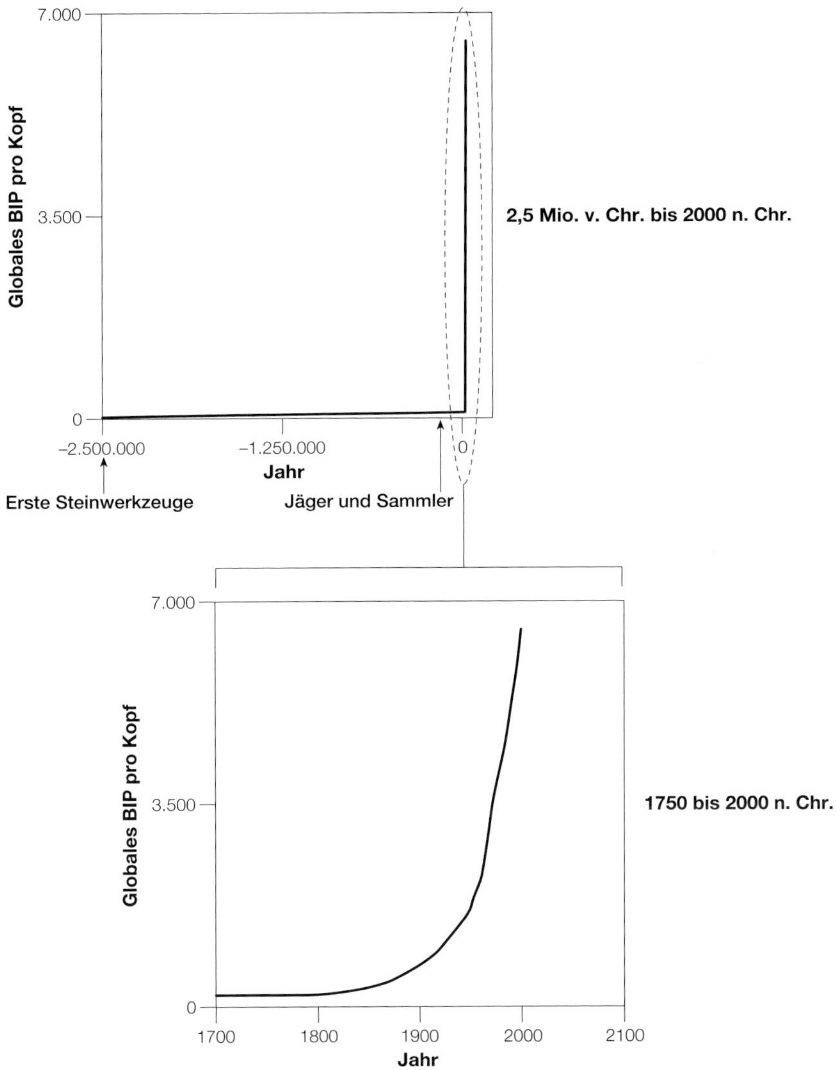

Quelle: Schätzungen für 1 Mio. v. Chr. bis 2000 n. Chr. von J. Bradford DeLong, University of California, Berkeley. Schätzungen für 2,5 Mio. bis 1 Mio. v. Chr. sind extrapoliert. BIP pro Kopf in internationalen Dollar von 1990.

Abbildung 1.1: Die explosionsartige Zunahme des menschlichen Wohlstands

Ein genauerer Blick auf die letzten 15.000 Jahre offenbart etwas, das noch mehr überrascht. Die wirtschaftliche Entwicklung von der Welt der Jäger und Sammler zur Welt von heute verlief über lange Strecken sehr langsam, um dann in den letzten 250 Jahren plötzlich rapide anzuziehen. Gemäß den Daten, die der Berkeley-Professor J. Bradford DeLong zusammengetragen hat, brauchte es 12.000 Jahre, um vom 90-US-Dollar-Einkommen der Sammler und Jäger zum 150-US-Dollar-Einkommen der alten Griechen um 1000 v. Chr. zu gelangen.[25] Erst um 1750 wurde mit einem weltweiten Bruttoinlandsprodukt (BIP) von 180 US-Dollar pro Kopf eine Verdoppelung gegenüber dem Niveau von vor 15.000 Jahren erreicht. Mitte des 18. Jahrhunderts schließlich begann eine außergewöhnliche Entwicklung: Im Verlauf von lediglich 250 Jahren kletterte das BIP pro Kopf auf sein heutiges Niveau von 6.600 US-Dollar, wobei die reicheren Gesellschaften wie beispielsweise die New Yorker noch weit darüber liegen.[26]

Fassen wir zweieinhalb Millionen Jahre Wirtschaftsgeschichte zusammen: Sehr, sehr lange passierte kaum etwas; dann aber ging plötzlich alles ganz schnell. In 99 Prozent der Zeit erreichte der Wohlstand gerade einmal das Niveau der Yanomami, in weiteren 0,99 Prozent (bis 1750) das Doppelte davon und in den restlichen 0,01 das unvergleichlich viel höhere Niveau von heute. Anders ausgedrückt: 97 Prozent des menschlichen Wohlstands entstanden in 0,01 Prozent unserer Geschichte.[27] Der Wirtschaftshistoriker David Landes umschreibt dies wie folgt: »Der Engländer des Jahres 1750 stand in materiellen Dingen Cäsars Legionären näher als seinen eigenen Urenkeln.«[28]

Wir haben jetzt eine genauere Vorstellung von dem Phänomen, mit dem wir es zu tun haben, und können unsere Untersuchung um einige Fragen ergänzen:

- Wie kann etwas so Komplexes und hochgradig Strukturiertes wie die Wirtschaft aus sich selbst heraus entstehen und funktionieren?
- Warum nehmen Komplexität und Diversität der Wirtschaft mit der Zeit zu? Welcher Zusammenhang besteht zwischen der Komplexität einer Wirtschaft und ihrem Wohlstand?
- Warum sind Wohlstand und Komplexität so explosionsartig gewachsen?

Jede Theorie mit dem Anspruch, das Wesen und die Entstehung von Wohlstand zu erklären, muss diese Fragen beantworten. Wenngleich wir wissen, *was* in der Wirtschaftsgeschichte geschah, wie beispielsweise die Bildung sesshafter Agrargesellschaften, die industrielle Revolution und so weiter, fehlt uns bislang eine Theorie, die erklärt, *wie* und *warum* es geschah.

Evolution und Wirtschaft

Die moderne Wissenschaft ist mittlerweile in der Lage, eine solche Theorie bereitzustellen. Wie dieses Buch darlegen wird, entsteht Wohlstand gemäß einer einfachen, aber mächtigen dreistufigen Formel – Differenzierung, Selektion und Amplifikation –, der Evolutionsformel. Derselbe Wirkungsmechanismus, der für die wachsende Ordnung und Komplexität in der Biosphäre verantwortlich ist, sorgt auch für die Zunahme von Ordnung und Komplexität in der »Ökonosphäre«.[29] Und derselbe Mechanismus, der die explosionsartige Zunahme der Biodiversität im Kambrium bewirkte, führte zur explosionsartigen Zunahme der SKU-Diversität während der industriellen Revolution.

Wir sind es gewohnt, Evolution im biologischen Kontext anzusiedeln, aber die moderne Evolutionstheorie fasst den Begriff sehr viel weiter. Evolution ist ein *Algorithmus*, eine Allzweckformel für Innovation, die durch eine spezielle Form des Ausprobierens (*trial and error*) neue Entwürfe erzeugt und schwierige Probleme löst. Dieser Trick funktioniert nicht nur auf dem »Substrat« der DNA, sondern in jedem System, das über geeignete Möglichkeiten der Informationsverarbeitung und -speicherung verfügt.[30] Das einfache Evolutionsprinzip des Differenzierens, Selektierens und Amplifizierens ist nichts anderes als eine Art Computerprogramm – ein Programm, das Innovation, Wissen und Wachstum erzeugt. Weil Evolution eine Form der Informationsverarbeitung ist, kann sie ihre Ordnung schaffende Kraft in diversen Bereichen entfalten – von Computerprogrammen über den menschlichen Geist und die menschliche Kultur bis hin zur Wirtschaft.

Wirtschaftswissenschaft und Evolutionstheorie haben eine lange gemeinsame Geschichte (wir werden darauf zurückkommen). Diese Gemeinsamkeit beschränkte sich jedoch allzu häufig darauf, dass lediglich Analogien der Wirtschaft zu evolutionären Systemen gesucht wurden. So wurde behauptet, die Computerindustrie *gleiche* einer ökologischen Nische, in der verschiedene »Spezies« von Akteuren wie zum Beispiel Chipdesigner, Festplattenhersteller, Softwareproduzenten und so weiter in einen Überlebenskampf verstrickt seien. Paul Krugman bezeichnet solche metaphorischen Vergleiche von ökonomischen und biologischen Systemen als »Biogeschwätz«.[31] Die meisten im vorliegenden Buch erwähnten Forscher würden wohl Krugman darin beipflichten, dass derlei »Biogeschwätz« weder gute Wissenschaft noch besonders aufschlussreich ist. Moderne Versuche, die Wirtschaft als ein Evolutionssystem zu begreifen, vermeiden solche Metaphern und konzentrieren sich stattdessen auf die Frage, wie der universelle Evolutionsalgorithmus im informationsverarbeitenden Substrat der menschlichen Wirtschaftsaktivität konkret ausgeführt wird. Während biologische und ökonomische Systeme im Kern denselben Evolutionsalgorithmus verwenden und insofern gewisse Gemeinsamkeiten aufweisen, bestehen in der konkreten Realisierung große Unterschiede, die nur aus dem jeweiligen Kontext heraus verstehbar sind.

Vom wissenschaftlichen Standpunkt aus betrachtet spielt es eine entscheidende Rolle, ob wir die globale Wirtschaft nur metaphorisch oder aber real als ein Evolutionssystem begreifen. Allein die behauptete Ähnlichkeit von Wirtschaftssystemen mit biologischen Systemen liefert noch keine wissenschaftlich verwertbaren Aussagen. Etwas anderes ist es dagegen, wenn wir ökonomische und biologische Systeme zu Unterklassen einer übergeordneten Klasse von Evolutionssystemen erklären, für die nach Überzeugung der Wissenschafter gewisse allgemeine Gesetze gelten.[32] Bestimmten Eigenschaften der Natur messen die Wissenschaftler universelle Gültigkeit zu. So wirkt beispielsweise die Schwerkraft auf der Erde nicht anders als in den fernsten Regionen des Universums, und sie wirkt auf Atome nicht anders als auf Äpfel oder Galaxien. Moderne Evolutionstheoretiker halten Evolution für ein ebenso universelles Phänomen wie die Schwerkraft, mit der Folge, dass Evolution stets bestimmten allgemeinen Gesetzen folgt, unabhängig davon, ob ihr Algorithmus im Substrat biologischer DNA, eines Computerprogramms, der Wirtschaft oder im Substrat einer außerirdischen Biologie auf einem fernen Planeten ausgeführt wird.

Wenn die Wirtschaft tatsächlich ein Evolutionssystem ist und wenn für Evolutionssysteme bestimmte allgemeine Gesetze gelten, dann existieren folglich allgemeine ökonomische Gesetze – eine Vorstellung, die bei vielen Skepsis wecken wird. Die Existenz solcher Gesetze bedeutet jedoch keineswegs, dass wir jemals imstande sein werden, genaue Voraussagen für die Wirtschaft zu treffen. Vielleicht aber werden wir eines Tages ein tieferes Verständnis für ökonomische Phänomene entwickeln, und vielleicht kann die Wirtschaftswissenschaft in Zukunft den Unternehmen und den politischen Entscheidungsträgern Empfehlungen geben, denen mehr wissenschaftliche Autorität anhaftet als jemals zuvor.

Manche Beobachter versprechen sich von einer wissenschaftlicheren Ökonomik interessante Einsichten und konkrete Vorteile für die Welt. Andere sehen darin lediglich einen weiteren fehlgeleiteten Versuch, wissenschaftliche Methoden auf die Probleme der menschlichen Gesellschaft anzuwenden. Sie erinnern an die nicht selten menschenverachtenden Theorien der sozialdarwinistischen Bewegung Ende des 19. und Anfang des 20. Jahrhunderts, als Philosophen wie Herbert Spencer versuchten, Darwins Lehren in grober und metaphorischer Art und Weise auf gesellschaftliche und wirtschaftliche Bereiche zu übertragen.[33] Die Sozialdarwinisten verstanden das Prinzip des *survival of the fittest* (ein Ausdruck, der häufig fälschlicherweise Darwin zugeschrieben wird, aber auf Spencer zurückgeht) als Rechtfertigung für Klassenunterschiede, Rassismus, Kolonialismus und andere gesellschaftliche Ungerechtigkeiten. Die in diesem Buch präsentierten neuen Vorstellungen von Wirtschaftsevolution haben nichts gemein mit den einstigen Vorstellungen der Sozialdarwinisten. Sie weisen vielmehr in die gegenteilige Richtung, indem sie betonen, dass Kooperation für die wirtschaftliche Entwicklung mindestens ebenso wichtig ist wie der Individualismus beim Prinzip *survival of the fittest*. Kritiker könnten zudem auf die zahlreichen gescheiterten Versuche der angewandten Sozialwissenschaft auf der Basis »wissenschaftlicher« marxistischer Theorien verweisen. Die Vorbehalte gegen die angewandte Sozialwissenschaft sind wohlbegründet, und die hier vorgestellten neuen Theorien werden uns helfen zu verstehen, warum ökonomische Phänomene so schwer vorherzusagen sind und warum die meisten geschichtlichen Versuche, die gesellschaftlichen Strukturen im großen Maßstab gestaltend zu verändern, scheitern mussten.

Die Entstehung überlegener Baupläne

Wie genau sieht der Evolutionsalgorithmus aus? Was leistet er? Der Evolutionsphilosoph Daniel Dennett bezeichnet Evolution als einen Allzweckalgorithmus, um »Design ohne einen Designer« zu erzeugen.[34] Betrachten wir beispielsweise den Gemeinen Regenwurm, *Lumbricus terrestris*, der auf geniale Weise dafür geschaffen ist, in den Waldböden, Wiesen und Gemüsegärten Nordamerikas und Europas zu überleben und sich fortzupflanzen. Er besteht im Wesentlichen aus einem Schlauch, der sich durch die Erde bohrt und dabei den am einen Ende aufgenommenen Humus am anderen Ende wieder ausscheidet, nachdem er ihm ausreichend nahrhafte Mikroorganismen und Kalorien entnommen hat, um auch weiterhin auf Nahrungssuche gehen und sich fortzupflanzen zu können. Dieser biologische Entwurf ist komplett ausgestattet mit Berührungs- und Vibrationssensoren, um sich vor Feinden zu schützen, sowie über Reservesysteme in den meisten Körperabschnitten, um sich im Falle einer Zweiteilung zu regenerieren. Er erzeugt ausreichend viele Nachkommen, sodass eine gute Chance besteht, dass auch diese wieder Nachkommenschaft erzeugen. Der brillante Bauplan des *Lubricus terrestris* ist ein Produkt des Evolutionsalgorithmus ohne einen mit Intelligenz versehenen Konstrukteur (in diesem Buch werde ich ein rein wissenschaftliches Evolutionsverständnis zugrunde legen und auf die religiösen Debatten um Kreationismus und Intelligent Design nicht näher eingehen).[35]

Evolution erzeugt oder (treffender) entdeckt Baupläne über einen Prozess des Ausprobierens. Unzählige Bauplankandidaten werden erzeugt und im gegebenen Umfeld getestet; erfolgreiche Baupläne werden beibehalten, vervielfältigt und erweitert, während erfolglose Kandidaten verworfen werden. In vielfältiger Wiederholung entstehen auf diese Weise Baupläne, die sich durch ihre Tauglichkeit für einen bestimmten Zweck in einem bestimmten Umfeld auszeichnen. Unter geeigneten Bedingungen bewirkt der Überlebenskampf um die begrenzten Ressourcen, dass sich mit der Zeit immer größere und komplexere Strukturen herausbilden.[36] Indem sich die Welt verändert, verändern sich auch die von der Evolution erzeugten Baupläne, und zwar nicht selten in verblüffender und eindrucksvoller Weise. Evolution ist eine Methode, beinahe unendlich große Räume möglicher Baupläne nach den wenigen Exemplaren zu durchsuchen, die sich für einen bestimmten Zweck in einem gegebenen Umfeld eignen. Sie ist mit den Worten Dennetts ein Suchalgorithmus, der »Nadeln guten Designs in einem Heuhaufen von Möglichkeiten findet«.[37]

Vielleicht benötigen wir »Design ohne einen Designer«, Baupläne ohne Konstrukteur, um die biologische Evolution zu erklären, aber warum bedarf es ebensolcher »Baupläne ohne Konstrukteur«, um die Entstehung von Wohlstand in der Wirtschaft zu erklären, wenn es doch Konstrukteure zuhauf gibt? Sind wir nicht die Götter unserer eigenen ökonomischen Schöpfung? Wir sind es gewohnt, die menschliche Vernunft und Kreativität als primäre Triebkraft der Wohlstandsvermehrung zu sehen. Schließlich verdanken wir unseren Wohlstand den innovativen Ideen und der fleißigen Arbeit vieler Menschen. Wie ich im Folgenden zeigen werde, spielen menschliche Vernunft und Kreativität natürlich eine wichtige Rolle, aber nicht die Rolle, die wir ihr für gewöhnlich zudenken. Vernunft und Kreativität unterstützen und beeinflussen zwar das Wirken des Evolutionsalgorithmus, können ihn aber nicht ersetzen.

Nehmen wir ein Kleidungsstück, beispielsweise das Hemd, das Sie gerade tragen. Wer hat es entworfen?[38] Die Antwort könnte lauten: Natürlich ein Couturier. Aber damit ist die Geschichte nicht zu Ende. In Wirklichkeit verlief sie ungefähr so: Diverse Modeschöpfer bedienten sich bestehender Vorstellungen, wie ein Hemd auszusehen habe, und schufen mittels ihres Verstandes und ihrer Kreativität alle möglichen Variationen zum Thema »Hemd« und fertigten davon Skizzen an. Anschließend wählten sie unter den Entwürfen einige aus, von denen sie annahmen, dass sie den Käufern gefallen könnten, und ließen Muster anfertigen. Diese Muster präsentierten sie dem Management eines Bekleidungsunternehmens, das wiederum einige Modelle auswählte, von denen es annahm, dass sie den Kunden gefallen würden, und veranlassten ihre Fertigung. Sodann präsentierte das Bekleidungsunternehmen die Ware diversen Händlern, die noch einmal eine Unterauswahl von Modellen trafen, die ihnen erfolgversprechend erschienen. Das Bekleidungsunternehmen erhöhte daraufhin die Produktion der ausgewählten Modelle und belieferte damit die Händler. Der Kunde im Laden schließlich sucht sich aus den vielen angebotenen Hemden dasjenige heraus, das ihm am besten gefällt, und kauft es. Differenzierung der Entwürfe, Selektion nach bestimmten Tauglichkeitskriterien, Amplifikation und Zulassung der erfolgreichen Entwürfe zur nächsten Produktionsstufe – all dies geschieht sowohl innerhalb des Bekleidungsunternehmens als auch im gesamten Modemarkt. Das einzelne Hemd wird nicht entworfen, sondern ist in einem Prozess entstanden.

Aber warum bedient sich die Modeindustrie eines so aufwendigen und, wie es scheint, verschwenderischen Verfahrens? Der Grund, warum das Hemd »entstanden« ist und nicht »entworfen« wurde, ist, dass niemand genau vorhersagen kann, welche Art von Hemd aus dem nahezu unendlichen Raum möglicher Hemdentwürfe dem Kunden am Ende gefallen wird. Wie wir sehen werden, ist die menschliche Vernunft so gut wie außerstande, in einem komplexen System wie der Wirtschaft Vorhersagen zu machen, die über einen äußerst begrenzten Zeitrahmen hinausgehen. Wir strengen unsere Köpfe an, um die bestmögliche ökonomische Entscheidung zu treffen, aber am Ende bleibt uns angesichts einer Zukunft, die wir nicht vorhersagen können, nichts anderes übrig, als durch *trial and error* auszuloten, was funktioniert und was nicht. Unsere Intention, Vernunft und Kreativität bilden eine wichtige Triebkraft in der Wirtschaft, aber lediglich als Teil eines größeren Evolutionsgeschehens.

Wirtschaftsevolution ist kein geschlossener Vorgang, sondern das Ergebnis dreier miteinander verknüpfter Entwicklungsstränge. Den ersten bildet die technologische Evolution, die immer schon ein entscheidender wirtschaftlicher Wachstumsfaktor war. So fällt die deutliche Aufwärtsbewegung der ökonomischen Wachstumskurve um 1750 mit bedeutenden technologischen Innovationen im Rahmen der industriellen Revolution zusammen. Der Evolutionsökonom Richard Nelson von der Columbia University weist darauf hin, dass wir es in diesem Zusammenhang mit zwei Arten von Technologien zu tun haben.[39] Das erste sind die *physikalischen Technologien*; dazu gehört alles, was wir für gewöhnlich unter Technologie verstehen, wie beispielsweise die Kunst der Bronzeherstellung, Dampfmaschinen oder Mikrochips. *Soziale Technologien* hingegen betreffen die Art und Weise, wie sich Menschen organisieren, um bestimmte Dinge zu tun. Darunter fallen beispielsweise sesshafte Agrarwirtschaft, Rechtsstaatlichkeit, Geld, Aktiengesellschaften und Risikokapital. Während die physikalischen Technologien die Gesellschaft ohne Zweifel stark prägen, sind die sozialen Technologien, wie Nelson feststellt, von mindestens ebenso großer Bedeutung – beide bedingen und ergänzen sich gegenseitig.[40] Während der industriellen Revolution beispielsweise wurde es durch Richard Arkwrights Erfindung der Spinnmaschine (einer physikalischen Technologie) wirtschaftlich, die Tuchherstellung in großen Fabriken zu organisieren (eine soziale Technologie), was wiederum den Anstoß zu zahlreichen Innovationen im Bereich der Nutzung von Wasserkraft, Dampf und Elektrizität gab (physikalische Technologien).[41] Die Geschichte der Revolutionen in Ackerbau, Industrie und Informationstechnik ist voller Beispiele für die wechselseitige Befruchtung von physikalischen und sozialen Technologien.

Die gekoppelte Evolution von physikalischen und sozialen Technologien beschreibt die Situation jedoch erst zu zwei Dritteln. Technologien allein sind nichts anderes als Ideen und Baupläne. Die physikalische Technologie für eine Spinnmaschine ist selbst noch keine Spinnmaschine – jemand muss sich die Mühe machen, sie zu bauen. Auch die soziale Technologie für eine Fabrik ist noch keine Fabrik – jemand muss sie tatsächlich in die Welt setzen. Damit sich Technologien auf die Welt auswirken, muss es Einzelmenschen oder Gruppen von Menschen geben, wwelche die Konzepte verwirklichen. Im Bereich der Wirtschaft übernehmen diese Aufgabe die Unternehmen. Sie kombinieren physikalische und soziale Technologien und bringen sie in Form von Produkten und Dienstleistungen in einem konkreten Umfeld zum Leben.

Unternehmen gehorchen selbst einem bestimmten Bauplan. Bestandteile eines solchen Bauplans sind Strategie, Organisationsstruktur, Managementprozesse, Unternehmenskultur und viele andere Faktoren. Unternehmensbaupläne entstehen nach und nach in einem Prozess der Differenzierung, Selektion und Amplifikation, wobei der Markt die Überlebenskriterien vorgibt. Eine der zentralen Thesen dieses Buches lautet, dass die Veränderungs- und Wachstumsmuster, die wir in der Wirtschaft beobachten, aus den gekoppelten Evolutionsprozessen von physikalischen Technologien, sozialen Technologien und Unternehmensbauplänen resultieren.

Komplexitätsökonomik

Die Vorstellung von Wirtschaft als einem Evolutionssystem steht in krassem Widerspruch zu vielen wirtschaftstheoretischen Leitsätzen, die im Lauf der vergangenen Jahrhunderte entwickelt wurden. Sie ist jedoch keine ganz neue Vorstellung. Evolutionstheorie und Wirtschaftswissenschaft schauen auf eine lange gemeinsame Geschichte zurück.[42] Ein Ökonom war es, der Charles Darwin zu einer seiner wichtigsten Einsichten verhalf. Im Jahr 1798 veröffentlichte der Engländer Thomas Robert Malthus ein Buch mit dem Titel *An Essay on the Principle of Population, as It Affects Future Improvements of Society*. Dort porträtiert er die Wirtschaft als einen Überlebenskampf und als ein ständiges Wettrennen zwischen Bevölkerungsvermehrung und der Fähigkeit der Menschheit zur Produktivitätssteigerung. Dieses Rennen, so Malthus, konnte die Menschheit nur verlieren. Darwin notierte seine Reaktionen auf die Malthus'schen Ideen in seiner Autobiografie:

> Im Oktober 1838, also fünfzehn Monate nach Beginn meiner systematischen Untersuchungen, las ich zu meiner Unterhaltung »Malthus über Bevölkerungsfragen«, und da mir aufgrund meines ausgiebigen Studiums der Pflanzen- und Tierwelt der allgegenwärtige Kampf ums Überleben nicht fremd war, kam mir plötzlich der Gedanke, dass solche Bedingungen notgedrungen dazu führen müssten, dass günstige Varianten tendenziell bewahrt und ungünstige Varianten zerstört würden. Das Ergebnis wäre die Bildung neuer Arten. So hatte ich schließlich eine Theorie, mit der ich arbeiten konnte.[43]

Darwins bahnbrechende Einsicht in die entscheidende Rolle der natürlichen Selektion für die Evolution war also von der Wirtschaftstheorie inspiriert.[44] Nicht lange nachdem er sein Buch über die *Entstehung der Arten* veröffentlichte, begann die Evolutionstheorie ihrerseits erneut die Wirtschaftstheorie zu befruchten. Im Jahr 1898 verfasste der Ökonom Thorstein Veblen einen bis auf den heutigen Tag gut zu lesenden Artikel, in dem er die Wirtschaft als ein Evolutionssystem charakterisiert.[45] Nicht viel später schrieb Alfred Marshall, einer der Begründer der modernen Wirtschaftstheorie, in der Einführung zu seinen berühmten *Principles of Economics*: »Das Mekka des Ökonomen liegt in der ökonomischen Biologie«.[46] Während der folgenden Jahrzehnte loteten zahlreiche namhafte Ökonomen wie beispielsweise Joseph Schumpeter und Friedrich Hayek die Beziehung zwischen Ökonomie und Evolutionstheorie weiter aus.[47] Im Jahr 1982 veröffentlichten Richard Nelson und Sidney Winter ein wegweisendes Buch mit dem Titel *An Evolutionary Theory of Economic Change*. Es war der erste Versuch, Evolutionstheorie, Ökonomie und die damals noch neuen Instrumente der Computersimulation miteinander zu verbinden.[48]

Trotz der Bemühungen einiger der herausragendsten Köpfe der Wirtschaftswissenschaften hat sich die Disziplin in ihren Hauptströmungen gegenüber evolutionären Vorstellungen bislang weitgehend als immun erwiesen. Ungefähr zu der Zeit, als Darwins Schrift *Entstehung der Arten* erschien, schwenkte sie in eine ganz andere Richtung. Seit dem späten 19. Jahrhundert bestand das herrschende ökonomische Paradigma in der Vorstellung von Wirtschaft als einem *Gleichgewichtssystem*, das sich praktisch im Ruhezustand befindet. Wie wir sehen werden, ließen sich die Ökonomen des späten 19. und der ersten Hälfte des 20. Jahrhunderts weniger von der Biologie, als vielmehr der Physik, insbesondere Kinematik und Dynamik, inspirieren. In den traditionellen Vorstellungen glich die Wirtschaft einer auf dem Boden einer großen Schüssel kreisenden Kugel. Früher oder später kommt die Kugel in ihrem Gleichgewichtspunkt in der Mitte der Schüssel zur Ruhe. Dort bleibt sie, bis eine äußere Kraft die Schüssel schüttelt, neigt oder in anderer Weise beeinflusst und sie aus ihrer Ruhestellung wirft. Dem herrschenden ökonomischen Paradigma der vergangenen Jahrhunderte zufolge bildet die Wirtschaft ein System, das sich unter dem Einfluss sich verändernder Technologien, politischer Rahmenbedingungen, Konsumentenpräferenzen und anderer äußerer Faktoren von Gleichgewichtspunkt zu Gleichgewichtspunkt hangelt.

Während die Ökonomen ihre Vorstellung von Wirtschaft als einem Gleichgewichtssystem weiterverfolgten, interessierten sich Physiker, Chemiker und Biologen während der zweiten Hälfte des 20. Jahrhunderts zunehmend für Systeme, die von jedem Gleichgewicht weit entfernt waren und in ihrer Dynamik und Komplexität niemals einen Ruhezustand erreichen konnten. In den Siebzigerjahren kam der Terminus des *komplexen Systems* auf. Dieser Begriff, den wir später noch im Detail erörtern werden, bezeichnet grob gesprochen ein aus vielen dynamisch interagierenden Teilen oder Teilchen bestehendes Ganzes. In einem solchen System wirken sich die Interaktionen im Mikrobereich auf die Verhaltensmuster im Makrobereich aus. Ein einzelnes Wassermolekül beispielsweise ist für sich genommen uninteressant. Wenn wir jedoch einige Milliarden Wassermoleküle zusammenfügen und mit der richtigen Art von Energie anreichern, erhalten wir das Makromuster eines Strudels.[49] Das

Muster des Wasserstrudels ist das Ergebnis des dynamischen Zusammenspiels der einzelnen Wassermoleküle. Einen Strudel mit nur einem Wassermolekül gibt es nicht; der Strudel ist vielmehr eine kollektive oder »emergente« Eigenschaft des Systems.

Als die Wissenschaftler mehr über das Verhalten komplexer Systeme in Erfahrung brachten, begannen sie sich für Systeme zu interessieren, deren Teile nicht an ein festgelegtes Verhalten gebunden waren, sondern über eine gewisse Intelligenz und Anpassungsfähigkeit verfügten. So können Ameisen im Gegensatz zu Wassermolekülen ihr Verhalten in bestimmtem Umfang ändern. Sie mögen nach menschlichen Maßstäben nicht besonders klug sein, aber sie sind immerhin imstande, Nachrichten von anderen Ameisen und aus ihrem Umfeld zu verarbeiten und ihr Verhalten dementsprechend zu ändern. Wie ein Wassermolekül ist auch eine einzelne Ameise nicht besonders aufregend. Bringen wir jedoch einige tausend Ameisen zusammen, dann beginnen sie zu interagieren und über chemische Botenstoffe zu kommunizieren; indem sie ihre Aktivitäten koordinieren, gelingt es ihnen, aufwendige Ameisenhügel zu errichten oder komplizierte Verteidigungsstrategien zu entwickeln. Die Wissenschaftler bezeichnen Geschöpfe oder Teilchen, die imstande sind, Informationen zu verarbeiten und ihr Verhalten zu verändern, als *Akteure* und die Systeme, in denen sie interagieren, als *komplexe adaptive Systeme* (CAS).[50] Weitere Beispiele für komplexe adaptive Systeme sind die Zellen in unserem Immunsystem, interagierende Organismen in einem Ökosystem oder die Nutzer des Internet. Als die Computer in den Achtzigerjahren immer erschwinglicher und leistungsfähiger wurden, nutzten die Wissenschaftler diese Technik und machten auf diese Weise rasche Fortschritte im Verständnis der komplexen adaptiven Systeme der Natur, und sie erkannten darin eine universelle Klasse mit vielen gemeinsamen Eigenschaften. Viele Biologen betrachten mittlerweile Evolutionssysteme als eine Spezialform oder Unterklasse der komplexen adaptiven Systeme.

Zunehmend fragten sich auch die Gesellschaftswissenschaftler, ob nicht Wirtschaftssysteme möglicherweise ebenfalls eine Art von komplexen adaptiven Systemen darstellten. Die augenfälligste Eigenschaft von Ökonomien ist das komplexe Zusammenspiel vieler Menschen, die dabei Informationen verarbeiten und ihr Verhalten entsprechend anpassen. In den Achtziger- und frühen Neunzigerjahren begannen die Forscher, mit Modellen und ökonomischen Phänomenen zu experimentieren, die sich von den traditionellen Modellen radikal unterschieden.[51] In ihnen erschien die Wirtschaft nicht als statisches Gleichgewichtssystem, sondern als ein summender Bienenkorb voll dynamischer Aktivität – weit entfernt von jedem Gleichgewicht. Wie das Muster eines Wasserstrudels aus dem Zusammenspiel der Wassermoleküle resultiert, so führte auch in diesen Modellen das Zusammenspiel der simulierten Akteure zu Mustern des konjunkturellen Auf- und Abschwungs und zu Innovationsschüben, wie wir sie aus der realen Wirtschaft kennen. Die Vorstellung von

Wirtschaft als einem komplexen adaptiven System fasziniert und beschäftigt die Wissenschaftler seit rund einem Jahrzehnt, und so wollen wir in diesem Buch einen Überblick über den Forschungsstand geben.

Ich verwende für diese Forschungsrichtung die Bezeichnung *Komplexitätsökonomik* (den englischen Ausdruck *complexity economics* verdanken wir dem amerikanischen Ökonomieprofessor Brian Arthur).[52] Damit will ich nicht behaupten, dass heute eine einheitliche Theorie der Komplexitätsökonomik existiert. Vielmehr verstehe ich unter diesem Begriff die Summe der Theorien, Hypothesen, Instrumente, Techniken und Spekulationen, die ich in diesem Buch referieren will. Die Komplexitätsökonomik befindet sich noch in ihrer Entstehungsphase, sie ist nicht als geschlossene Theorie sondern, um mit den Wissenschaftsphilosophen zu sprechen, als »wissenschaftliches Programm« zu verstehen.[53]

Ausblick

Wenn es sich bei der Wirtschaft tatsächlich um ein komplexes adaptives System handelt, dann impliziert dies mehrerlei. Erstens bedeutet es, dass die Ökonomen die Wirtschaft ein Jahrhundert lang völlig falsch eingeordnet haben und dass die herrschende Wirtschaftstheorie, wie sie in Lehrbüchern, Managementregeln und Regierungsprogrammen zum Ausdruck kommt, entweder falsch oder bestenfalls annähernd richtig ist. Dieses Argument wird uns für den Rest des ersten Teils dieses Buches beschäftigen.

Zweitens gibt uns die Vorstellung von Wirtschaft als einem komplexen adaptiven System diverse Instrumente, Techniken und Theorien zur Erklärung ökonomischer Phänomene an die Hand. Darauf werden wir im zweiten Teil zurückkommen.

Drittens folgt daraus, dass Wohlstand notgedrungen ein Produkt von Evolutionsprozessen ist. Wie die biologische Evolution aus der einstigen Ursuppe komplexe Organismen und Ökosysteme schuf, so hat die ökonomische Evolution die Menschheit aus einem fernen Naturzustand in die moderne Weltwirtschaft mit all ihrer Ordnung, Komplexität und Vielfalt geführt. Im dritten Teil des Buches werden wir die Entstehung wirtschaftlichen Wohlstands auf der Basis des Evolutionsgedankens zu erklären versuchen.

Viertens und letztens lehrt uns die Geschichte, dass wirtschaftswissenschaftliche Paradigmenwechsel stets Erschütterungen bewirkten, die weit über die akademische Welt hinaus spürbar wurden. Adam Smiths Ideen hatten starken Einfluss auf die Entstehung des freien Handels im 19. Jahrhundert; Karl Marx' Vision war Auslöser für Revolutionen und die Erstarkung des Sozialismus Anfang bis Mitte des 20. Jahrhunderts; und die intellektuelle Vorherrschaft der angloamerikanischen neoklassischen Wirtschaftslehre ging mit dem Aufstieg des globalen Kapitalismus in den letzten Jahrzehnten des 20. Jahrhunderts einher. Es wird vermutlich einige Jahrzehnte brauchen, bis wir die soziopolitischen

Implikationen der Komplexitätsökonomik vollkommen verstanden haben. Dennoch zeigen sich ihre Umrisse bereits so deutlich, dass wir im vierten Teil damit beginnen können, die Konsequenzen für die Unternehmen und die menschliche Gesellschaft auszuloten.

Wir werden mit einer optimistischen Botschaft schließen: Je mehr wir darüber wissen, wie Wohlstand entsteht, desto gezielter können wir dieses Wissen einsetzen, um neue Rezepte zur Förderung von Wirtschaftswachstum und Perspektiven für die Menschen zu entwickeln. Die Komplexitätsökonomik stellt sicherlich kein Allheilmittel dar, mit dem sich sämtliche Managementprobleme lösen und gesellschaftliche Missstände aus der Welt schaffen ließen. Aber wie ein wissenschaftlicheres Verständnis der natürlichen Phänomene hilft, das menschliche Los zu verbessern, so kann auch ein wissenschaftlicheres Verständnis der ökonomischen Phänomene dazu beitragen, das Leben der Menschen in aller Welt lebenswerter zu gestalten.

2. Traditionelle Wirtschaftslehre: Eine Welt im Gleichgewicht

Es war das Jahr 1984, und John Reed hatte ein Problem.[54] Im Alter von 45 Jahren war er soeben zum Vorstandschef und CEO von Citicorp, einem der größten Unternehmen der Welt, gewählt worden. Aber Reed erbte ein Unternehmen, das gerade erst eine traumatische Phase durchlebt hatte. In den Siebzigerjahren hatte Citicorp, ebenso wie viele weitere amerikanische Großbanken, diversen Regierungen von Entwicklungsländern, insbesondere in Lateinamerika, im großen Stil Kredite verkauft. Reeds Vorgänger Walter Wriston hatte eine solche Kreditpolitik als *Safe Banking* bezeichnet, weil souveräne Regierungen noch immer ihre Schulden bezahlt hätten. Wriston wurde im August 1982 eines Besseren belehrt, als die mexikanische Regierung ihre Schuldzinsen nicht mehr bezahlen konnte. Dies setzte eine Kettenreaktion von Ereignissen in Gang, die schließlich in eine globale Finanzkrise mündeten. In den folgenden Jahren waren zahlreiche Länder von Zahlungsunfähigkeit, Geldentwertung und wirtschaftlichem Kollaps betroffen. Als sich der Staub legte, waren Millionen armer Menschen noch ärmer geworden, und die Banken verzeichneten einen Fehlbetrag von 300 Milliarden US-Dollar in ihren Bilanzen. Allein Citicorp hatte binnen eines Jahres eine Milliarde US-Dollar verloren und saß noch immer auf faulen Krediten im Wert von 13 Milliarden US-Dollar.

Reed wollte verstehen, wie es zu der Krise hatte kommen, und vor allem, wie sie hätte verhindert werden können. Wie war es möglich, dass die besten Köpfe von Citibank und den übrigen Großbanken die Risiken so falsch eingeschätzt hatten? Warum hatte niemand die mit diesen Krediten verbundenen Probleme vorausgesehen? Wie konnten sich die lokalen Ereignisse in Mexiko zu einer globalen Krise auswachsen? Und warum waren die Gegenmaßnahmen der Regierungen in aller Welt so wirkungslos geblieben?

Reed befragte zahlreiche Experten, darunter führende Ökonomen aus Wissenschaft, Wirtschaft und Politik. Er selbst war schon während seines Studiums am Massachusetts Institute of Technology (MIT) in ökonomischen Dingen höchst versiert. Und wenn jemand dazu berufen war, diese Art von Fragen zu beantworten, dann sicherlich die Ökonomen. Aber die Ökonomen hatten nichts Neues oder Nützliches zu sagen. Reed war sogar überzeugt, dass ihre Empfehlungen während der Krise eher noch zu deren Verschärfung beigetragen hatten. »Bezüglich der globalen Finanzmärkte«, so der Wissenschaftsautor Mitchell Waldrop, »war Reed zu dem Schluss gekommen, dass die professionellen Ökonomen vollkommen hinterm Mond waren … Reed sah die Zeit für einen völlig neuen Ansatz gekommen.«[55]

Die Notwendigkeit des Umdenkens

Reed ist nicht der Einzige, der die gängigen wirtschaftstheoretischen Ansätze infrage stellt, vielmehr haben die kritischen Stimmen in den Neunzigerjahren stark zugenommen.[56] So verfasste beispielsweise John Cassidy im Jahr 1996 einen viel beachteten Artikel für den *New Yorker* mit dem Titel »The Decline of Economics«.[57] Cassidy zufolge hatte sich die Wirtschaftswissenschaft in einen Elfenbeinturm hochgradig idealisierter Theorien ohne jede Datengrundlage und voller unrealistischer Annahmen zurückgezogen. Sie war zu einem »gigantischen akademischen Spiel« verkommen, bei dem sich die Beteiligten gegenseitig in mathematischer Brillanz zu überbieten suchten, aber sich kaum dafür interessierten, ob ihre Theorien für die Wirklichkeit eine Rolle spielten. Die Wirtschaft aber, so Cassidy, erhoffte sich von der Wirtschaftswissenschaft keine Hilfestellung mehr, wie sich etwa daran zeigte, dass Unternehmen wie IBM und General Electric ihre volkswirtschaftlichen Abteilungen kurzerhand schlossen.

Kritik am gegenwärtigen Zustand der Wirtschaftswissenschaft kommt jedoch nicht nur von Geschäftsleuten und Journalisten; ihre schärfsten Kritiker sitzen in ihren eigenen Reihen.[58] In seinem Artikel für den *New Yorker* zitierte Cassidy den früheren Chef des US-amerikanischen Council of Economic Advisors, den Weltbank-Chefökonom und Nobelpreisträger Joseph Stiglitz, mit den Worten: »Niemand, der diese Modelle sieht, würde darin eine Beschreibung der Welt von heute vermuten.«[59] Im selben Artikel machte Gregory Mankiw, Harvard-Professor und ebenfalls ehemaliger Chef des Council of Economic Advisors, den Vorschlag, die Forschungsbudgets der Wirtschaftswissenschaftler, die er mit übersubventionierten Milchbauern verglich, angesichts ihrer mageren Ausbeute zu reduzieren. Selbst der frühere US-Notenbankchef Alan Greenspan, der zu den meistgeachteten Wirtschaftspolitikern gehört, äußerte einst gegenüber seinen Notenbankkollegen: »Wir wissen nicht, wie die Wirtschaft wirklich funktioniert ... Die bestehenden Modelle sind veraltet«, und in früheren Kommentaren: »Ein überraschendes Problem besteht darin, dass viele Ökonomen nicht zwischen ökonomischem Modell und Wirklichkeit unterscheiden können.«[60]

Auch wenn die Unzufriedenheit mit dem Zustand der Wirtschaftswissenschaft wächst, gehen nur wenige Kritiker so weit zu behaupten, die Disziplin habe von jeher weder Nutzen noch Einfluss gehabt. Im Gegenteil, die meisten Führungspersönlichkeiten aus Wirtschaft und Politik würden ebenso wie die selbstkritischen Ökonomen eingestehen, dass die Wirtschaftswissenschaft mächtige und einflussreiche Ideen hervorgebracht hat, von der Markteffizienz über die Vorteile des Freihandels bis hin zur Bedeutung der individuellen Wahlfreiheit. Der Erfolg der Wirtschaftstheorie lässt sich nicht zuletzt an den reichen Volkswirtschaften der G7-Länder (Großbritannien, Kanada, Frankreich, Deutschland, Italien, Japan und USA) ermessen, in denen diese Ideen konsequenter verwirklicht wurden als in den meisten übrigen Ländern der Welt. Vieles von dem, was den meisten G7-Bürgern heute selbstverständlich erscheint – Inflationsbekämpfung mittels Zinspolitik, Konjunktursteuerung mittels Finanz- und Fiskalpolitik, aktive Wettbewerbsförderung, soziale Sicherungsnetze zur Linderung der Härten der Marktwirtschaft sowie Produktsicherheits-, Umwelt- und Arbeitsvorschriften zum Schutz der Menschen vor Fehlentwicklungen des Marktes –, war vor 100, 50 oder sogar 20 Jahren noch neu. All diese Ideen wurden in hundert Jahren harter Arbeit von der Wirtschaftswissenschaft entwickelt.

Vielmehr macht sich in Wissenschaft, Geschäftsleben und Politik zunehmend der Eindruck breit, dass die Wirtschaftswissenschaft ihr Leistungspotenzial bei Weitem nicht ausschöpft.[61] Viele ihrer »großen Ideen« sind mittlerweile über ein Jahrhundert alt, und nicht wenige ihrer formalen Theorien und mathematischen Modelle verwenden unrealistische Annahmen oder stehen in direktem Widerspruch zu den empirischen Daten. Es geht also nicht um die Leugnung ihrer historischen Leistungen, sondern um die Feststellung: Die Wirtschaftswissenschaft kann mehr, und es ist an der Zeit, dieses Potenzial zu nutzen.

In diesem und dem nächsten Kapitel wollen wir zeigen, warum es eines grundsätzlich neuen Ansatzes bedarf. Wir beginnen mit einer Darlegung der konventionellen ökonomischen Lehrsätze, die wir unter dem Begriff *traditionelle Wirtschaftslehre* zusammenfassen wollen. Anschließend wollen wir uns einen Überblick über die Geschichte und die wichtigsten Konzepte der traditionellen Wirtschaftslehre verschaffen und uns in Kapitel 3 mit den wesentlichen Argumenten der Kritiker auseinander setzen. Viele wichtige Details der über zweihundertjährigen Ideengeschichte werden dabei zu kurz kommen. Diese zwei Kapitel beanspruchen weder die traditionelle Wirtschaftslehre noch ihre Kritiker umfassend darzustellen (Verweise auf ausführlichere Darstellungen finden sich in den Anmerkungen und in der Bibliografie).[62] Das Ziel ist vielmehr, einige Ideen herauszustellen, die für die Entwicklung der modernen Ökonomik von besonderer Bedeutung waren, ihre Stärken und Schwächen darzulegen und das Fundament für unsere Überlegungen zur Komplexitätsökonomik im zweiten Teil des Buches zu legen. Um ein Verständnis für die zukünftige Richtung der Wirtschaftswissenschaft zu gewinnen, müssen wir uns zuerst mit ihrer Vergangenheit vertraut machen.

Traditionelle Wirtschaftslehre

Ich verwende *traditionelle Wirtschaftslehre* als Sammelbegriff für jene Ideen und Vorstellungen, die für die Wirtschaftstheorie des letzten Jahrhunderts maßgeblich waren. Es empfiehlt sich an dieser Stelle zu definieren, was ich mit dem Begriff meine. Traditionelle Wirtschaftslehre ist das, was die Wirtschaftslehrbücher der Universitäten verkünden, was in den Medien diskutiert wird und worauf sich Wirtschaftsführer und Politiker beziehen.[63] Bei der Präzisierung des Begriffs werde ich mich an zwei prominenten Kritikern der traditionellen Theorie, Richard Nelson von der Columbia University und Sidney Winter von der University of Pennsylvania, sowie an der Wirtschaftsliteratur selbst orientieren:[64]

> *Traditionelle Wirtschaftslehre* ist die Summe der in den Lehrbüchern zum wirtschaftswissenschaftlichen Grundstudium dargelegten Konzepte und Theorien. Sie umfasst zudem die Konzepte und Theorien, die nach den Kriterien der Peer-Review-Zeitschriften als allgemein anerkannt gelten.[65]

Lehrbücher verkörpern die Konsensmeinung einer Disziplin und machen ihre Leser mit den grundlegenden Ideen vertraut, die jeder Neuling kennen muss.[66] Sie lassen jedoch notgedrungen so manches Spezialgebiet aus. Ich habe deshalb meine Beschreibung um etliche Monografien und Übersichtsartikel bereichert, die den Stand der Wissenschaft zu einem gegebenen Zeitpunkt wiedergeben. Lehrbücher und Übersichtsartikel haben ein und dasselbe Manko: Sie bleiben in der Regel im konventionellen Bereich der Wissenschaft.[67] Aber diese Beschränkung entspricht meiner Absicht; mein Begriff der traditionellen Wirtschaftslehre steht für den *historischen* Kern der Disziplin, für den die Nobelpreise bereits vergeben wurden.[68] Die Ideen, die ich unter dem Begriff »traditionell« zusammenfasse, gehören wesentlich in den Bereich der sogenannten neoklassischen Wirtschaftstheorie – ein Begriff, den wir im weiteren Verlauf des Kapitels definieren werden.[69]

Die Entscheidung, was unter das Etikett »traditionell« fällt, muss notgedrungen etwas subjektiv bleiben. Dennoch wird sich das Etikett als nützlich erweisen, wenn wir später die Grenze zwischen dem historischen Paradigma und den neuen Ideen der Komplexitätsökonomik ziehen werden. Wir wollen nun, nachdem wir unsere Schublade mit einem Etikett versehen haben, einen Blick auf ihren Inhalt werfen.

Stecknadelfabrikation und die unsichtbare Hand

Wir wollen mit dem vielleicht berühmtesten aller Ökonomen beginnen, mit Adam Smith. Smith war nicht der erste Ökonom (diese Ehre gebührt wohl dem altgriechischen Philosophen Xenophon; das Wort *ökonomisch* leitet sich vom Titel seines Werkes *Oikonomikos* ab), aber sein Einfluss rechtfertigt es, ihn als Ausgangspunkt für unsere Diskussion anzusetzen.[70] Smith wurde in Kircaldy in der Nähe der schottischen Hauptstadt Edinburgh geboren und lebte von 1723 bis 1790, also in einer Zeit, die von den Historikern als *klassische* Periode der Wirtschaftstheorie (etwa 1680 bis 1830) bezeichnet wird.[71] Er studierte in Oxford, verbrachte aber den Großteil seiner Laufbahn an der University of

Glasgow. Seine erste bedeutende Arbeit betraf nicht die Ökonomik, sondern die Moralphilosophie. Seine *Theorie der ethischen Gefühle* erschien 1759 und machte ihn in vergleichsweise jungen Jahren zu einer Schlüsselfigur der schottischen Aufklärung. In Glasgow wurde ein reicher schottischer Herzog auf ihn aufmerksam und engagierte ihn gegen gutes Geld als Privatlehrer. Smith begleitete den Herzog nach Frankreich, wo der junge Hauslehrer mit den Wirtschaftsideen Bekanntschaft machte, die damals auf dem Kontinent kursierten. Insbesondere vertrat die Intellektuellengruppe der Physiokraten die radikale These, wonach der Staat seinen Einfluss auf die Wirtschaft beschränken und die Märkte überwiegend sich selbst überlassen sollte. Finanziell abgesichert durch sein Einkommen beim Herzog kehrte Smith nach Kircaldy zurück, wo er mit seiner Mutter sechs Jahre ein zurückgezogenes Leben führte und am Manuskript für sein Werk *Wohlstand der Nationen* arbeitete. Das Buch fand unmittelbar nach seinem Erscheinen im Jahr 1776 große Anerkennung.

Mit zwei Fragen haben sich die Ökonomen seit der Entstehung ihrer Disziplin herumgeschlagen: Wie entsteht Wohlstand, und wie verteilt sich Wohlstand?[72] Beide werden in Smiths *Wohlstand der Nationen* behandelt.[73] Seine Antwort auf die erste Frage war einfach, aber einleuchtend: Ökonomischer Wert entsteht, wenn Menschen mit ihrer Arbeit aus vorgefundenen Rohmaterialien etwas herstellen, das andere gebrauchen können. Ein Töpfer beispielsweise stellt aus Ton Schüsseln her. Das Geheimnis der Wohlstandsmehrung bestand, wie Smith erkannt hatte, in der Verbesserung der Produktivität der menschlichen Arbeitskraft. Je mehr Schüsseln ein Töpfer in der Stunde fertigt, desto reicher wird er. Größere Produktivität wiederum wurde durch Arbeitsteilung und die dadurch ermöglichte Spezialisierung erreicht.[74] Smith verwies auf das Beispiel der Stecknadelfabrik, in der er zehn Arbeiter beobachtete, von denen jeder auf ein oder zwei Arbeitsschritte in der Stecknadelherstellung spezialisiert war.[75] Auf diese Weise war es der Gruppe möglich, täglich 48.000 Stecknadeln – 4.800 Stecknadeln pro Arbeiter – herzustellen. Ohne eine solche Arbeitsteilung, schätzte Smith, hätte jeder Arbeiter pro Tag höchstens 20 oder bei geringerer Geschicklichkeit überhaupt keine Stecknadeln herstellen können.

Eine wachsende Bevölkerung vermehrt den Gesamtwohlstand einer Gesellschaft, indem sie die Summe der verfügbaren Arbeitskraft vergrößert. Aber um den Wohlstand pro Kopf (und damit den individuellen Lebensstandard) anzuheben, bedarf es einer Verbesserung der Produktivität, die wiederum eine Spezialisierung voraussetzt. Diese Überlegungen führten Smith zur zweiten großen Frage der Ökonomik: Wonach bestimmt sich die Verteilung von Wohlstand und Ressourcen in einer Gesellschaft? Wenn die Entstehung von Wohlstand Spezialisierung voraussetzt, dann geht das nicht ohne Handel – schließlich können die Stecknadelproduzenten ihre Nadeln nicht essen und müssen sie folglich gegen andere Bedarfsgüter eintauschen. Aber wenn Stecknadelproduzenten, Bauern,

Fischer, Tischler und andere Produzenten mit ihren Waren in einer Ökonomie Handel treiben, wonach bestimmt sich dann die Verteilung dieser Güter? Wie viele Nadeln entsprechen einem Scheffel Weizen? Wie viel Fisch einem Stuhl? Wer wird reicher, der Stecknadelproduzent oder der Fischer? Der Moralphilosoph Smith fragte nicht nur, nach welchen Regeln die Ressourcen verteilt *sind*, sondern wie sie verteilt sein *sollten*. Wie sieht eine faire oder gerechte Verteilung von Ressourcen mit Blick auf den Einzelnen und die Gesellschaft insgesamt aus?

Smith zufolge wurde ein Mechanismus der Ressourcenzuteilung genau dann dem Einzelnen gerecht, wenn er es ihm gestattete, seine Eigeninteressen zu verfolgen und seine eigenen Entscheidungen zu treffen. Schließlich wissen die Menschen selbst am besten, was sie glücklich macht. Aus gesellschaftlicher Sicht wiederum war diejenige Ressourcenverteilung erstrebenswert, die eine optimale Ressourcennutzung und somit die Maximierung des gesellschaftlichen Wohlstands ermöglichte. Ressourcenverschwendung war moralisch verwerflich (besonders im sparsamen Schottland), weil sie den Gesamtwohlstand der Gesellschaft schmälerte. Smiths Maxime stammte von seinem Glasgower Mentor Francis Hutcheson, der für »das größtmögliche Glück der größtmöglichen Zahl von Menschen« eintrat.[76] Smiths Vorstellung, wie dieses Ziel zu erreichen sei, war (und ist, wie manche sagen würden) radikal: Wettbewerbsmärkte sind das moralisch überlegene Instrument der Ressourcenverteilung innerhalb einer Gesellschaft. Könnten die Menschen ungehindert handeln, so Smith, dann würden sie in ihrem eigenen Interesse genau diejenigen Waren und Dienstleistungen anbieten, für die eine Nachfrage besteht: »Wir verdanken unser Abendessen nicht der Mildtätigkeit von Fleischer, Brauer oder Bäcker, sondern deren gesundem Eigeninteresse.«[77] Noch dazu würde ihr Gewinnstreben und der Wettbewerb sie dazu bringen, diese Waren und Dienstleistungen so effizient wie möglich bereitzustellen: »Jeder Einzelne ist fortlaufend bemüht, das ihm anvertraute Kapital so vorteilhaft wie möglich einzusetzen.«[78]

Smith behauptete, das Verfolgen eigener Interessen käme am Ende der Gesamtgesellschaft zugute: »[Der Händler] schaut nur auf seinen eigenen Gewinn und wird dabei, wie in vielen anderen Fällen, von einer unsichtbaren Hand auf ein Ziel hin gelenkt, das nicht in seiner Absicht stand … Indem er seine Eigeninteressen verfolgt, nützt er den Interessen der Gesellschaft mehr, als dies der Fall wäre, wenn er es ausdrücklich beabsichtigte.«[79]

Die »unsichtbare Hand«, der die Gesellschaft die effiziente Ressourcenzuteilung verdankte, war nichts anderes als der Mechanismus des Wettbewerbs. Smith beschrieb den Preis als den entscheidenden Mechanismus, über den Produzenten und Konsumenten im Markt zueinander finden.[80] Wenn die verfügbare Nachfrage durch das Angebot nicht gedeckt ist, steigen die Preise, die Produzenten erhöhen die Produktion, und die Konsumenten verringern den Konsum. Wenn gegenüber der Nachfrage ein Angebotsüberschuss besteht, sinken die Preise, die Produzenten verringern die Produktion, und die Konsumenten erhöhen den Konsum. So stellt sich schließlich ein Preis ein, bei dem zwischen den beiden gegensätzlichen Kräften ein Gleichgewicht besteht: Das Angebot entspricht der Nachfrage, und der Markt wird »geräumt«. Smith zufolge lenkt die Kombination aus Eigeninteresse und Wettbewerb eine sich selbst überlassene Ökonomie stets in Richtung dieses Gleichgewichtspunktes. Wir können diese Aussage in heutige Begriffe übersetzen, indem wir Gordon Gekko aus dem Film *Wall Street* von 1987 zitieren: »Gier ist gut« – eine überraschende Feststellung für den Moralphilosophen Smith.

Ein gesundes Gleichgewicht

Die Vorstellung, dass die Wirtschaft gegen einen natürlichen Gleichgewichtspunkt strebt, reicht bis in die frühesten Anfänge der Ökonomik zurück und ist bis heute ein zentraler Topos der traditionellen Wirtschaftslehre geblieben. Der Wettbewerb um die begrenzten Ressourcen führt notgedrungen zu Spannungen in der Wirtschaft. Für den irischen Finanzier Richard Cantillon aus dem 17. Jahrhundert bestand der zentrale Konflikt zwischen der Bevölkerungsgröße und der Ernährungskapazität des Landes. Laut Cantillon war es den brutalen Mechanismen der Überbevölkerung und des Hungers zu verdanken, dass die Löhne und Preise in der Wirtschaft von selbst gegen ein Gleichgewicht strebten.[81] Für den französischen Intellektuellen François Quesnay aus dem 18. Jahrhundert (dem physiokratischen Vordenker, mit dem Smith in Frankreich viel Zeit verbrachte) bestand die zentrale Spannung zwischen Bauern, Handwerkern und Landadel. Mit seinem berühmten *Tableau Economique* (einer Art Flussdiagramm der Wirtschaft) berechnete er die Preise und Produktionsmengen, bei denen die Wirtschaft im Gleichgewicht wäre.[82] Für den gelernten Arzt Quesnay war eine Wirtschaft im Gleichgewicht eine gesunde Wirtschaft, wie auch nach den damaligen medizinischen Vorstellungen ein Körper dann als gesund galt, wenn sich seine Körperflüssigkeiten im Gleichgewicht befanden. Für Smith bestand die zentrale Spannung in der Wirtschaft zwischen Konsumenten und Produzenten, ein Gleichgewicht galt es zwischen Angebot und Nachfrage herzustellen (allerdings entsprachen Smiths Vorstellungen von Angebot und Nachfrage nicht der erst später von John Stuart Mill und Alfred Marshall entwickelten vollständigen Theorie, wie wir sie heute in den Lehrbüchern wiederfinden).

Während Smith die Rolle der Märkte darin sah, ein Gleichgewicht zwischen Angebot und Nachfrage herzustellen, verzichtete er auf eine detaillierte Beschreibung, wie sich das Eigeninteresse des Produzenten auf seine Entscheidung auswirkt, *wie viel* Ware er produziert, beziehungsweise wie sich das Eigeninteresse des Konsumenten auf seine Entscheidung auswirkt, *wie viel* er nachfragt. Die Kernidee dazu wurde vielmehr von zwei Zweitgenossen aus der klassischen Periode geliefert: Jacques Turgot und Jeremy Bentham.

Jacques Turgot war Minister in der Regierung von Louis XV. und entschiedener Verfechter des *laissez-faire* oder der Philosophie, wonach sich die Regierungen möglichst wenig in das Marktgeschehen einmischen sollten.[83] Dennoch war die damalige französische Regierung stark in die Lenkung der Wirtschaft involviert (*plus ça change, plus c'est la même chose*), und zu Turgots Aufgaben als Minister gehörte die Bewältigung von Nahrungsmittelengpässen.[84] Im Jahr 1767 stellte er fest, dass ein Bauer, der seine Saat einfach auf seinen Acker wirft, nur eine kleine Ernte einfährt. Pflügt er aber den Boden einmal vor der Aussaat, fällt die Ernte anschließend deutlich höher aus. Pflügt er das Land zweimal, erhält er nicht nur die doppelte, sondern womöglich die dreifache Ernte. Je intensiver er den Boden bearbeitet, desto reicher ist seine Ernte. Aber irgendwann kommt der Boden an seine Grenze, und jede zusätzliche Mühe, die der Bauer verwendet, liefert immer weniger Ergebnisse. Auf der Grundlage dieser Beobachtungen formulierte Turgot sein *Gesetz vom abnehmenden Ertrag*. Danach gilt für die meisten Produktionsprozesse in der Landwirtschaft ebenso wie in der industriellen Fertigung und im Dienstleistungssektor: Je mehr man von einem bestimmten Faktor (zum Beispiel Arbeit, Rohstoffe oder Maschinen) investiert, desto weniger zahlt sich die Investition aus. Das Gesetz vom abnehmenden Ertrag erklärt wesentlich, warum die Wirtschaft einen Gleichgewichtspunkt erreichen kann. Wenn in einem Markt ein bestimmter Preis gilt, wird ein Produzent so lange seinen Einsatz und damit seine Ergebnisse verbessern, bis sich ein zusätzlicher Einsatz nicht mehr auszahlt, weil der zusätzliche Ertrag geringer ausfällt als die dafür anfallenden Kosten. Der Bauer wird also sein Land gerade so stark bearbeiten, wie es der Markt verlangt – nicht mehr und nicht weniger. Wenn der Preis, den er für seine Ernte erzielt, steigt, wird er sein Land intensiver bearbeiten (oder mehr Fläche pflügen); wenn der Preis sinkt, vermindert er seinen Einsatz. Wenn die Erträge nicht irgendwann abnähmen, würde der Bauer seine Produktion immer weiter steigern – ein absurdes Ergebnis.[85] Turgots Gesetz stellt das entscheidende Bindeglied für die Einbindung der Produktionskosten in die Angebotsseite der Angebot-Nachfrage-Gleichung dar.[86]

Etwa zur selben Zeit leistete der englische Philosoph Jeremy Bentham einen ähnlich wichtigen Beitrag zur Nachfrageseite. Der 1748 in London geborene Bentham wuchs als Wunderkind auf, lernte mit vier Jahren Latein und ging als Zwölfjähriger nach Oxford.[87] Wie Adam Smith verstand sich Bentham als Moral- und Staatsphilosoph. Smith hatte das Eigeninteresse als die treibende Kraft der Wirtschaft ausgemacht, jedoch nicht weiter dargelegt, wie sich dieses Eigeninteresse in konkreten ökonomischen Entscheidungen niederschlug. Bentham definierte die Wahrnehmung des Eigeninteresses als einen verstandesmäßigen Ausgleich zwischen Lust und Schmerz. Er definierte den *Nutzen* als Maß für das individuelle Lust- und Schmerzempfinden.[88] Ökonomische Entscheidungen waren das Ergebnis individueller Berechnungen, wie sich der Nutzen für die eigene Person maximieren ließe.[89] Wer gern Äpfel, aber keine Bananen isst, wird, wenn er die Wahl zwischen einem Apfel und einer Banane hat, aufgrund der Überlegung, welche Frucht ihm größeren Nutzen bringt, zum Apfel greifen. Für einen anderen Menschen ist der Nutzen der Banane möglicherweise größer. Benthams Konzept, das auf die intellektuellen und politischen Kreise des späten 18. Jahrhunderts eine große Anziehungskraft ausübte, erhielt den Namen Utilitarismus. Dem utilitaristischen Credo zufolge galt es, durch eine geeignete Organisation der Gesellschaft deren kollektiven Nutzen beziehungsweise ihr kollektives Glück zu maximieren.

Rund 50 Jahre später formulierte der deutsche Ökonom Hermann Heinrich Gossen aufbauend auf Benthams Ideen, das *Gesetz vom abnehmenden Grenznutzen*, das sogenannte Sättigungsgesetz.[90] Das war im Prinzip das Gegenstück zu Turgots Gesetz. Während Turgot auf den abnehmenden Nutzen einer vermehrten Produktion hingewiesen hatte, zeigte nun Gossen, dass auch der vermehrte Konsum mit einem abnehmenden Nutzen verbunden war. Wer sehr hungrig ist und einen Apfel kauft, wird ihn mit viel Genuss oder Nutzen verspeisen. Wer immer noch hungrig ist und einen zweiten Apfel kauft, wird ihn vielleicht immer noch genießen, aber dieser Genuss wird dem Gesetz vom abnehmenden Grenznutzen zufolge mit jedem Mal geringer. Beim fünften oder sechsten Apfel dürfte der zusätzliche Genuss ziemlich gering geworden sein (oder vielleicht sogar negativ, denn nun beginnt das Bauchweh). Irgendwann sagt man sich: »Ich bin satt, und der nächste Apfel ist sein Geld nicht wert.« Wie beim Bauern, der seine Produktion erhöht, sobald der Preis steigt, und sie drosselt, sobald er sinkt, liegt auch beim Konsumenten der Punkt, an dem er sagt: »Es lohnt nicht« und den Konsum einstellt, mengenmäßig auf höherem oder niedrigerem Niveau, in Abhängigkeit vom Preis. Folglich sinkt mit steigenden Preisen die Nachfrage und umgekehrt. Wie die abnehmenden Erträge den Bauern davon abhalten, unendlich große Ernten einzufahren, so hindert der abnehmende Nutzen den Konsumenten daran, unendlich viele Äpfel zu verspeisen.

Die Kombination aus abnehmenden Erträgen in der Produktion und abnehmendem Nutzen im Konsum macht den Preis zu einem natürlichen Gleichgewichtsmechanismus für die Märkte. Der Preis ist die entscheidende Information, über die sowohl die Produzenten als auch die Konsumenten verfügen. Ein Preisanstieg senkt den Konsumpunkt des Konsumenten und erhöht den Produktionspunkt des Produzenten; eine Preissenkung leistet das genaue Gegenteil.

Zum Ende ihrer klassische Periode verfügte die Ökonomik also über ein überzeugendes Rahmenkonzept, das beschrieb, wie die Märkte die Bedürfnisse der Konsumenten mit denen der Produktion in Einklang brachten und dabei einen Zustand anstrebten, der beide Seiten zufriedenstellte. Eine wichtige Frage blieb jedoch unbeantwortet: Wie bestimmt sich für ein gegebenes Produkt mit gegebener Nutzenfunktion und einem gegebenen Produktionsverfahren der exakte Preis? Lässt er sich errechnen? Lässt er sich prognostizieren?

Träume von einer neuen Wissenschaft

Auf die Arbeit der klassischen Ökonomen folgte die marginalistische Ära (ungefähr 1830 bis 1930). Die zentrale Figur dieser Periode war Léon Walras. Der 1834 im französischen Evreux geborene Walras führte anfangs ein eher wechselhaftes Leben, das seine zukünftige Bedeutung kaum erahnen ließ. Zweimal wurde ihm aufgrund mangelnder mathematischer Kenntnisse die Aufnahme in die angesehene Ecole Polytechnique verwehrt. Er besuchte stattdessen die Ecole des Mines, scheiterte aber als Ingenieur; anschließend versuchte er sich als Romancier, aber ebenfalls ohne Erfolg. An einem Abend des Jahres 1858 besprach der frustrierte Walras mit seinem Vater, einem Lehrer und Schriftsteller, auf einem Spaziergang, was er aus seinem Leben machen sollte.[91] Vater Walras, der ein großer Bewunderer der Wissenschaften war, sagte, auf das 19. Jahrhundert warteten zwei große Herausforderungen: die Formulierung einer vollständigen Geschichtstheorie und die Formulierung einer wissenschaftlichen Wirtschaftstheorie. Seiner Überzeugung nach sollte es möglich sein, die Differentialrechnung auf die Wirtschaft anzuwenden, »um damit eine Wissenschaft der ökonomischen Kräfte zu entwickeln, analog zur Wissenschaft der astronomischen Kräfte.«[92] Der Sohn ließ sich von der väterlichen Vision einer wissenschaftlichen Ökonomik anstecken und beschloss, ihre Verwirklichung zu seiner Lebensaufgabe zu machen. Während er sich mehrere Jahre als Zeitungsjournalist und Bankangestellter durchschlug, nutzte er jede freie Minute zur Abfassung ökonomischer Artikel und Aufsätze. Nach Überwindung etlicher Widerstände seitens der Professorenschaft wurde er schließlich im Jahr 1870 in die Fakultät der Akademie Lausanne aufgenommen, wo er einige Jahre später sein Hauptwerk *Eléments d'économie politique pure ou théorie de la richesse sociale* vollendete.[93]

Vor Walras' *Eléments* war die Ökonomik kein Gegenstand mathematischer Betrachtungen gewesen. Viele frühere Ökonomen wie beispielsweise Smith und Bentham verstanden sich eher als Philosophen denn als Wissenschaftler, während sich die Mathematik der klassischen Periode auf wenige numerische Beispiele und einfachste algebraische Überlegungen beschränkte.[94] Walras und die Marginalisten gingen hier einen völlig neuen Weg. Sie lebten in einer Zeit des rasanten wissenschaftlichen Fortschritts. Im Gefolge der Newton'schen Entdeckungen im 17. Jahrhundert hatten zahlreiche Wissenschaftler und Mathematiker wie beispielsweise Leibniz, Lagrange, Euler und Hamilton eine neue mathematische Sprache entwickelt und damit begonnen, die Methode der Differentialrechnung auf die unterschiedlichsten Naturphänomene anzuwenden. Probleme, mit denen sich die Menschen seit der Antike herumschlugen, wie die Planetenbewegung oder die Schwingungen einer Geigensaite, wurden plötzlich lösbar. Der Erfolg dieser Theorien ließ in den Wissenschaftlern die euphorische Hoffnung keimen, mit ihren Gleichungen alle Phänomene der realen Welt lösen zu können.[95] Wenn sich aber die Bewegung der Planeten und Atome im Universum mithilfe von Gleichungen der Differentialrechnung beschreiben ließ, so Walras und seine Mitstreiter, dann musste sich mit denselben mathematischen Gleichungen auch der Gang menschlicher Gehirne in der Wirtschaft wiedergeben lassen.

Walras sah insbesondere eine Parallele zwischen der Vorstellung von Gleichgewichtspunkten in ökonomischen Systemen und in der Natur.[96] Viele natürliche Systeme verfügen über Gleichgewichtspunkte. Stellen wir uns vor, wir hätten, wie im vorigen Kapitel beschrieben, eine große Glasschüssel mit einem glatten runden Boden und eine kleine harte Kugel in der Hand. Wir setzen die Kugel an den Rand der Schüssel und lassen sie los. Die Kugel schwingt eine Weile hin und her, bis sie schließlich am Boden der Schüssel zur Ruhe kommt. Sie befindet sich jetzt im Gleichgewicht. Gleichgewicht besteht genau dann, wenn alle Kräfte, die auf das System einwirken, einander gegenseitig aufwiegen. In diesem Fall trifft die Schwerkraft, welche die Kugel nach unten zieht, auf die entgegengesetzt wirkende Kraft der Schüssel, welche die Kugel nach oben drückt. Die Kugel verweilt so lange an exakt dieser Position am Schüsselboden, bis sie von einer neuen Kraft gestört wird. In diesem Beispiel existiert wohlgemerkt nur ein Gleichgewichtspunkt – der tiefste Punkt der Schüssel. Egal, wie häufig wir die Kugel in die Schüssel rollen lassen, sie landet stets wieder an demselben Punkt.

Physikalische Systeme kennen die unterschiedlichsten Arten von Gleichgewichtszuständen. Betrachten wir zum Beispiel einen auf der Spitze stehenden Bleistift. Wenn wir ihn nur genau genug ausrichten, befindet er sich im Gleichgewicht. Anders als im Fall der Schüssel handelt es sich jedoch um ein *instabiles Gleichgewicht*, denn der geringste Lufthauch genügt, um den Bleistift zu kippen. Neben dem *statischen* existiert auch ein *dynamisches Gleichgewicht*. Wenn ein Planet einen Stern umkreist, werden die Schwerkräfte des Sternes, die den Planeten nach innen ziehen, von den Fliehkräften des Planeten kompensiert, die ihn nach außen drücken. Der Planet kreist so lange auf einer stabilen Umlaufbahn um den Stern, bis eine äußere Kraft das Gleichgewicht stört. Und schließlich können wir uns eine Schüssel vorstellen, deren Boden mit diversen Vertiefungen versehen ist, in denen die Kugel landen kann, und die somit *multiple Gleichgewichtspunkte* aufweist.

Mit der Übertragung der Mathematik auf die Ökonomik versuchte Walras unter anderem, ökonomische Systeme prognostizierbar zu machen. Naturgemäß schienen instabile Gleichgewichtszustände schwer vorhersagbar zu sein, weil schon kleinste Veränderungen das System in die eine oder andere Richtung bewegen können. Die Frage, ob sich ein dynamisches System in einem stabilen Gleichgewicht befand, schien jedoch bereits zu Walras' Zeiten so schwierig gewesen zu sein, dass König Oscar II. von Schweden ein Preisgeld von 2500 Kronen für denjenigen aussetzte, der sie zu lösen vermochte.[97] Und hat ein

System mehrere Gleichgewichtszustände, so ist eine Vorhersage, in welchem es zur Ruhe kommen wird, schwierig, wenn nicht gar unmöglich. Walras wollte Prognostizierbarkeit, und somit benötigte er einen einzigen stabilen Gleichgewichtspunkt. Insbesondere begriff Walras die Balance zwischen Angebot und Nachfrage in einem Markt als metaphorisches Gegenstück zur Kräftebalance in einem physikalischen Gleichgewichtssystem. Er mutmaßte, dass es für jede in einem Markt gehandelte Ware nur einen Preis gab, nämlich jenen Gleichgewichtspunkt, bei dem die Händler zufrieden waren und der Markt geräumt wurde. Die Preise würden prognostizierbar gegen ein einziges Gleichgewichtsniveau streben, wie auch die Kugel ihren vorhersehbaren Ruhepunkt um untersten Punkt der glatten Schüssel findet.

Auf der Suche nach geeigneten Gleichungen für seine Vermutung durchforstete Walras die Physikbücher seiner Zeit. Unter diesen übten die 1803 veröffentlichten *Eléments de statique* des französischen Mathematikers Louis Poinsot einen besonders starken Einfluss auf Walras aus (bis dahin, dass Walras den Titel in seinen eigenen *Eléments* aufgriff).[98] Wie Walras-Biograf William Jaffé betont, stand insbesondere das zweite Kapitel daraus Pate, »Über Gleichgewichtsbedingungen ausgedrückt durch Gleichungen«, als Walras das Gleichgewichtskonzept aus der Physik in die Ökonomik übertrug und damit die mathematischen Grundlagen jener traditionellen Wirtschaftslehre formulierte, die wir bis heute in Lehrbüchern und Zeitschriften wiederfinden.[99] Dieses historische Detail ist nicht ohne Interesse, wird doch, wie das nächste Kapitel zeigen wird, diese Übernahme der Gleichgewichtsidee aus der Physik von manchen als der entscheidende wissenschaftliche Missgriff gesehen – mit langfristigen Folgen für die gesamte Disziplin.

Bei der Entwicklung seines Gleichgewichtsmodells ließ Walras den Produktionsaspekt der Wirtschaft außer Acht und beschränkte sich auf den Handel zwischen Konsumenten. Er nahm für sein Modell an, dass diverse Waren bereits in der Wirtschaft vorhanden seien und das Problem lediglich darin bestehe, die Preise sowie die Verteilung der Waren unter den Individuen zu bestimmen. Zur Illustration des Walras'schen Modells stellen wir uns einen großen Raum voller Menschen vor. Jeder Anwesende ist mit einer zufälligen Auswahl aus allen verfügbaren Waren ausgestattet. Einer von ihnen hat möglicherweise fünf Bananen, eine Waschmaschine, zwei Paar Schuhe und fünf Autoreifen bei sich, ein zweiter eine Bluejeans, zwei Regenschirme, ein Telefon, drei Avocados und so weiter. Jeder ordnet jedoch den unterschiedlichen Waren einen individuellen Nutzwert zu. Während der erste Avocados und der zweite Bananen bevorzugt, wären möglicherweise beide an dem Telefon interessiert. Angesichts der anfänglichen Zufallsverteilung ist es höchst unwahrscheinlich, dass jeder mit dem zufrieden ist, was er hat; folglich werden sie Handel treiben. Walras interpretierte dieses Handelsbedürfnis als Zeichen dafür, dass sich das System im Ungleichgewicht befindet. Folglich musste es eine andere Warenverteilung geben, mit der die Beteiligten zufriedener wären. Das Problem bestand nun darin, jene Warenverteilung zu finden, mit der alle Anwesenden so zufrieden wie möglich wären, und die Preise zu bestimmen, die es ihnen ermöglichten, vom Anfangszustand in den angestrebten Zustand zu gelangen. Dieser neue Zustand wäre ein Gleichgewichtszustand, denn sobald jeder in Anbetracht der verfügbaren Waren und Preise bestmöglich zufriedengestellt wäre, bestünde für niemanden mehr ein Handelsanreiz.[100]

Zur besseren Strukturierung des Handelsablaufs (und zwecks mathematischer Vereinfachung) ging Walras von der Anwesenheit eines Auktionators aus. Er nahm an, dass sich eine der Waren als eine Art von Geld eignete (beispielsweise Goldstückchen, Glasperlen, Muscheln), sodass der Auktionator die Preise der vorhandenen Dinge in Einheiten dieser Ware festlegen konnte (eine Avocado wäre möglicherweise zehn Glasperlen wert). Der Auktionator rief nun für jede Ware den Preis auf und notierte die Gebote zu diesem Preis. Überstieg die Nachfrage das Angebot, erhöhte er den Preis; im umgekehrten Fall senkte er ihn. Das tat er für alle Waren, bis er einen Punkt erreichte, an dem Angebot und Nachfrage für alle Waren einander entsprachen. Erst als alle Preise festgelegt waren, begann der eigentliche Handel, der nun allen Teilnehmern maximalen Nutzen versprach. Über diesen Handel bewegte sich die Gruppe aus ihrem anfänglichen zufälligen Ungleichgewichtszustand in den glücklicheren Gleichgewichtszustand, den Walras als *allgemeinen Gleichgewichtspunkt* definierte. Den Auktionsvorgang bezeichnete Walras als *tâtonnement*, »tastete« sich doch der Auktionator, indem er für die einzelnen Waren diverse Preise ausprobierte, an den allgemeinen Gleichgewichtspunkt heran.

Das wirklich Revolutionäre an dem Walras'schen Ansatz war die Übertragung komplizierter mathematischer Gesetzmäßigkeiten aus der Physik auf die Wirtschaft. Wären wir mit der Walras'schen Annahme einverstanden, der zufolge die Menschen über unterschiedliche Nutzenfunktionen verfügen, die sie rein rational und ihrem Eigeninteresse entsprechend zu maximieren bestrebt sind, dann ließe sich mit mathematischer Genauigkeit vorhersagen, wie viel und zu welchen Preisen sie am Ende miteinander handeln. Es gäbe einige Detailprobleme wie die Existenz eines gottähnlichen Auktionators oder Fragen zur Messbarkeit individueller Nutzenfunktionen, aber diesen Frage könnte man sich ja später zuwenden – ein kleiner Preis dafür, dass man nun erstmals in der Lage war, mathematisch präzise, wissenschaftliche Prognosen zu so etwas wie den Preisen in einer Wirtschaft zu machen.[101] Mit seiner Bereitschaft, zugunsten der mathematischen Prognostizierbarkeit Abstriche an der Wirklichkeitsnähe hinzunehmen, etablierte Walras eine Vorgehensweise, der im folgenden Jahrhundert viele Ökonomen folgen sollten.

So vorhersagbar wie die Schwerkraft

Walras war nicht der einzige Ökonom seiner Zeit, der sich seine Anregungen aus Physikbüchern holte. William Stanley Jevons wurde 1835 in Liverpool als neuntes von elf Kindern in eine wohlhabende Industriellenfamilie geboren.[102] Wie Walras war auch er ein Spätentwickler; er verließ die Universität ohne Abschluss und verbrachte als junger Mann die Zeit des australischen Goldrauschs als Prüfer in der Münzanstalt von Sydney. Gleichzeitig entwickelte er mit seinem wachen Geist eine Faszination für Eisenbahnen (das Internet von damals) und versuchte sich in seinen freien Minuten an mathematischen Modellen für eine Eisenbahnwirtschaft. Diese Experimente brachten ihn zu der Überzeugung, dass aus der Ökonomik eine mathematische Wissenschaft gemacht werden müsse. Er beschloss, nach England zurückzukehren und sein Studium mit einem Abschluss in Ökonomie zu beenden. Wie Walras hatte er eine Mission: Er wollte »die Grundlagen unseres Wissens vom Menschen definieren« und »die Wissenschaft [der Ökonomik] auf einer vernünftigen Basis neu errichten«.[103]

Im Jahr 1867 veröffentlichten die prominenten britischen Wissenschaftler Sir William Thomson (später Lord Kelvin) und Peter Guthrie Tait ein neues Lehrbuch mit dem Titel *A Treatise on Natural Philosophy*, in dem sie jüngste Erkenntnisse zur Energiephysik vorstellten.[104] Als eifriger Leser des Buches entdeckte Jevons dort neue Theorien von Michael Faraday und James Clark Maxwell, welche die Phänomene Schwerkraft, Magnetismus und Elektrizität als Kraftfelder beschrieben. So besitzt beispielsweise eine Masse wie die Sonne ein Gravitationsfeld, das andere Massen anzieht; je größer die Masse, desto stärker ist das Kraftfeld. Jevons begriff das Eigeninteresse des Menschen als eine Kraft ähnlich der Gravitation:[105] »Ein Nutzen existiert nur dann, wenn einerseits jemand existiert, der eine bestimmte Sache haben will, und andererseits die gewünschte Sache existiert … Wie die von einem Massekörper ausgeübte Gravitationskraft nicht allein von seiner eigenen Masse, sondern zugleich von den Massen und Positionen der ihn umgebenden Körper abhängt, so bezeichnet auch der Nutzen die Anziehung zwischen jemandem, der etwas ersehnt, und dem Ersehnten.«[106]

In seiner 1871 erschienenen *Theory of Political Economy* übertrug Jevons das philosophische Konzept hinter dem Bentham'schen Nutzenbegriff und dem Gossen'schen Gesetz vom abnehmenden Ertrag mittels feldtheoretischer Gleichungen auf ein mathematisches Modell.[107] Er beabsichtigte letztlich nichts anderes, als das menschliche Verhalten ebenso prognostizierbar zu machen wie die Schwerkraft. Um vorauszusagen, wie sich ein Körper in einem Gravitationsfeld bewegt, benötigt man zweierlei: die Richtung, in der die Gravitation wirkt, und die Form etwaiger Beschränkungen, welche die Bewegung des Körpers beeinflussen. Um auf unser voriges Beispiel zurückzukommen: Wenn wir eine

Kugel in eine Schüssel rollen lassen, zieht die Schwerkraft die Kugel nach unten, während die Form der Schüssel ihre Bewegung einschränkt. Wir können den späteren Ruhepunkt der Kugel vorhersagen, sobald wir die Abwärtsrichtung und die Form der Schüssel kennen. In ähnlicher Weise können wir den Gleichgewichtspunkt eines Pendels vorhersagen, sobald die Richtung der Schwerkraft und die Länge des die Bewegung einschränkenden Pendelarms gegeben sind. In Jevons' Vorstellung bildete das Eigeninteresse die der Gravitation vergleichbare Kraft, die uns in Richtung maximalen Glücks oder Nutzens zieht. Zugleich leben wir jedoch in einer Welt endlicher Ressourcen, was unserem Streben Grenzen setzt. Der Trick besteht folglich darin, jene Kombination von Waren und Dienstleistungen zu finden, die uns innerhalb der durch die Endlichkeit der Ressourcen gegebenen Grenzen maximales Glück beschert; der Weg in diesen Zustand führt wie in Walras' Modell über den Handel.

Gegeben sei eine Wirtschaft mit zwei Waren, beispielsweise Wein und Käse. Angenommen, jemand mag grundsätzlich lieber Wein als Käse, sagt sich aber gemäß dem Gesetz vom abnehmenden Grenznutzen nach dem x-ten Glas Wein, dass er nun doch lieber ein Stück Käse hätte. Ein anderer mag grundsätzlich den Käse bevorzugen, was ihn aber nicht daran hindert, irgendwann auch einmal zum Wein zu greifen. Stellen wir uns jetzt vor, der begrenzte Wein- und Käsevorrat der Wirtschaft sei zufällig auf die beiden Protagonisten verteilt. Wie schon in Walras' Modell ist es höchst unwahrscheinlich, dass die gegebene Verteilung genau den Nutzenfunktionen der Beteiligten entspricht. Sie werden folglich so lange handeln, bis sie jeweils über die Menge Wein und Käse verfügen, die sie in Anbetracht der verfügbaren Gesamtmengen bestmöglich zufriedenstellt.

Jevons' entscheidendes Vermächtnis war seine Charakterisierung des ökonomischen Entscheidungsproblems als eine Optimierungsaufgabe mit beschränkenden Randbedingungen. Unter Berücksichtigung der Gesamtmengen kalkuliert jeder Konsument, welche Mengen der verschiedenen Waren ihm das meiste Glück bescheren. Laut Jevons erzeugen die Unterschiede zwischen den individuellen Nutzenfunktionen eine Art potenzieller Energie für den Handel. In seinen *Principles of Economics* lesen wir: »Der Begriff des Wertes in unserer Wissenschaft entspricht dem Energiebegriff in der Mechanik.«[108] Wie eine Kugel in einer Schüssel gegen ihren niedrigsten Energiezustand innerhalb der durch die Schüsselwand gegebenen Grenzen strebt, streben die Menschen innerhalb der durch die Endlichkeit der Ressourcen gegebenen Grenzen nach ihrem maximalen Glück; dies erreichen sie auf dem Weg des Handels.

Die panglossianische Wirtschaft

Adam Smith hatte postuliert, dass das Eigeninteresse der Akteure die Märkte gegen ein stabiles Gleichgewicht streben lässt, in dem einheitliche Preise gelten und Angebot und Nachfrage einander entsprechen. Walras beschrieb diesen Gleichgewichtspunkt als Lösung eines mathematischen Gleichungssystems. Jevons zeigte, dass ein Markt, in dem die Menschen gemäß individuellen Nutzenfunktionen und unter Berücksichtigung der Endlichkeit der Ressourcen ihr maximales Glück suchen, notgedrungen irgendwann seinen Gleichgewichtspunkt erreicht. Adam Smith war jedoch noch weiter gegangen: Das Eigeninteresse lasse nicht nur die Märkte gegen ein Gleichgewicht streben, sondern sei zugleich der Garant für das aus gesamtgesellschaftlicher Sicht bestmögliche Ergebnis.

Vilfredo Pareto war Italiener und Zeitgenosse von Walras und Jevons. Der gelernte Ingenieur, der über »das elastische Gleichgewicht von Festkörpern« promoviert hatte, war in der zeitgenössischen Physik noch besser bewandert als Walras und Jevons.[109] Er war ein Exzentriker, der seine letzten Jahre zurückgezogen in einer Schweizer Berghütte zusammen mit 20 Angorakatzen verbrachte. Seine Unsterblichkeit in der Welt der Ökonomik verdankt er jedoch der Verknüpfung seines Namens mit einem der wichtigsten Konzepte auf diesem Gebiet.

Seit der Zeit, als Smith seinen *Wohlstand der Nationen* veröffentlichte, beschäftigte die Ökonomen die Frage, ob Wettbewerbsmärkte dem gesellschaftlichen Wohl nützen, und wenn ja, unter welchen Bedingungen. Auch wenn Jevons die theoretische Behandlung des Nutzens erheblich vorangebracht hatte, bestand das Problem seiner fehlenden Messbarkeit fort – man konnte den Leuten nicht einfach in die Köpfe schauen und ihre Nutzenfunktionen messen und aufaddieren. Wie ließ sich also feststellen, ob das gesellschaftliche Wohl vermehrt oder maximiert worden war?

Pareto umging dieses Problem mittels eines genialen Denkansatzes. Zuerst sagte er sich, dass es vier Arten gibt, wie Menschen Handel treiben können. Die erste ist die Win-win-Situation, in der beide Seiten gewinnen; hier liegt es auf der Hand, dass das gesellschaftliche Wohl profitiert. Die zweite betrifft Situationen, in denen eine Seite gewinnt, aber keine verliert; auch hier profitiert das gesellschaftliche Wohl. Drittens gibt es Handelssituationen, in denen es keine Gewinner, dafür aber einen Verlierer gibt, und in diesem Fall leidet das gesellschaftliche Wohl. Als vierte und letzte Form gibt es Handelsbeziehungen, aus denen sowohl Gewinner als auch Verlierer hervorgehen; solange sich jedoch der Nutzen nicht direkt messen lässt, ist es unmöglich, die Gesamtwirkung innerhalb dieser Beziehungen zu bestimmen. Pareto argumentierte nun, dass ein Handel das Einverständnis zweier Seiten erfordere. Und weil die Menschen nicht dumm seien, würden sie sich nur dann auf einen Handel einlassen, wenn es mindestens einen Gewinner und keinen Verlierer gäbe, sodass das Gesamtwohl der Beteiligten in jedem Fall profitiere. Nach Paretos Verständnis trieben die Menschen in einem freien Markt so lange Handel, bis sämtliche Handelsmöglichkeiten dieser Art ausgeschöpft seien. Danach würde aller Handel aufhören, weil jedes weitere Geschäft Nachteile für einen der Beteiligten mit sich brächte, und der Markt befände sich in einem Gleichgewichtspunkt, den die Ökonomen später *pareto-optimal* tauften. Beim Pareto-Optimum handelt es sich nicht unbedingt um den Punkt, an dem der Wert für die gesamte Gruppe maximal ist, sind doch sehr wohl Handelsvereinbarungen denkbar, die zwar einigen der Beteiligten Nachteile einbringen, aber gleichzeitig den Gesamtnutzen für die Gruppe erhöhen. Ohne ein präzises Maß für den Nutzen und ohne einen Diktator, der Handelsvereinbarungen auch dann erzwingen kann, wenn sie einigen der Beteiligten Nachteile bringen, ist das Pareto-Optimum das Beste, was sich in einer freien Gesellschaft erreichen lässt.[110]

Laut den Theorien von Walras, Jevons, Pareto und den Marginalisten treiben die Teilnehmer in einer Marktwirtschaft so lange Handel, bis ein Zustand erreicht ist, der sie in Anbetracht der verfügbaren Ressourcen bestmöglich zufrieden stellt. Die Wirtschaft strebt gegen ein Gleichgewicht als natürlichen Ruhepunkt, in dem Angebot und Nachfrage einander die Waage halten, die Ressourcen so effizient wie möglich genutzt werden und das gesellschaftliche Wohl pareto-optimal ist. Wie Voltaires Dr. Pangloss verkündet: »In dieser besten aller möglichen Welten« muss alles »zum besten Zweck sein.« [111] Bemerkenswert an der Errungenschaft der Marginalisten war aber vor allem, dass die Ökonomik nunmehr über eine mathematische Theorie verfügte, mit der sich zeigen ließ, dass eine freie Marktwirtschaft mit derselben Unausweichlichkeit gegen diesen panglossianischen Zustand strebte wie die rollende Kugel zum Schüsselboden. Laut Walras ähnelte seine »reine Theorie der Ökonomik den physikalisch-mathematischen Wissenschaften in jeder Hinsicht«. Jevons war davon überzeugt, einen »Kalkül der sittlichen Wirkung« geschaffen zu haben. Und Pareto verkündete: »Die Theorie der ökonomischen Wissenschaft erhält so die Strenge der Mechanik.«[112] Für die Marginalisten war ihr Traum in Erfüllung gegangen, aus der Ökonomik eine echte mathematische Wissenschaft zu machen.

Die neoklassische Synthese

Im 20. Jahrhundert machte sich ein wahres Pantheon von Ökonomen daran, das von den Marginalisten begonnene Gebäude zu ergänzen und zu erweitern. Zu Beginn stellte der englische Ökonom Alfred Marshall die Brücke zwischen Jevons' Modell eines isolierten Marktes (partielles Gleichgewicht) und Walras' Modell vieler verknüpfter Märkte in einer Ökonomie (allgemeines Gleichgewicht) her. Marshall zeichnete auch erstmals jene gekreuzten Angebots- und Nachfragekurven, mit denen seither Generationen von Studenten traktiert wurden. In den Dreißigerjahren verband John Hicks (der nicht von ungefähr Jevons-Professor an der University von Manchester war) die Arbeiten Walras', Marschalls und Paretos in seinem Werk *Value and Capital* (deutsch: *Einführung in die Volkswirtschaftslehre*) zu einer einheitlichen Theorie. Als Europa Mitte des Jahrhunderts im Krieg versank, verschob sich der innovative Brennpunkt jenseits des Ozeans, wo eine Generation von Amerikanern und europäischen Flüchtlingen mit der *neoklassischen Synthese* den Kern der modernen Wirtschaftstheorie schuf. Zu den prominentesten Figuren dieser Epoche gehören Paul Samuelson und Kenneth Arrow.

Samuelson war ein wahres Wunderkind.[113] Als 26-jähriger Harvard-Student veröffentlichte er 1941 eine Arbeit mit dem anspruchsvollen Titel *Foundations of Economic Analysis*. Darin reicherte er im Wesentlichen die Hicks'sche Theoriesynthese mit eigenen Innovationen an und verdichtete sie zu einer schillernden mathematischen Theorie, die seither zum Standardmodell für das Marktgeschehen wurde.[114] Samuelson gelang es unter anderem, ein Problem zu lösen, das die Ökonomen seit Benthams Zeiten genarrt hatte. Wenngleich der Nutzen mittlerweile zu einem zentralen Teil der ökonomischen Theorie geworden war, blieb er eine rätselhafte, flüchtige, nicht zu messende Größe. Pareto und Hicks hatten sich bereits von der Vorstellung von einem »Util« als fester Messgröße (wie Kilogramm oder Watt) verabschiedet und schrieben dem Nutzen nur eine relative Aussagekraft zu, wie beispielsweise in der Aussage: »Für mich hat dieser Apfel doppelt so viele Utils wie eine Orange.« Aber damit blieb immer noch die Frage, wie ein relativer Nutzen zu messen sei. Samuelson entgegnete, man müsse den Leuten nicht in die Köpfe schauen und den Nutzen direkt messen. Es genüge vielmehr, ihnen ein logisches und berechenbares Verhalten zu unterstellen. Wenn jemand beispielsweise die Wahl zwischen einem Apfel und einer Orange hat und sich für den Apfel entscheidet, wird man annehmen, dass er beim nächsten Mal, wenn Apfel, Orange und Banane zur Auswahl stehen, auf jeden Fall nicht zur Orange greift (weil er der Orange immer noch den Apfel vorzieht, greift er entweder zum Apfel oder zur Banane). Während solche Beobachtungen noch keine Aussagen zulassen wie: »Ein Apfel hat doppelt so viele Utils wie eine Orange«, lässt sich zumindest konstatieren, dass der Betreffende »Äpfel gegenüber Orangen vorzieht«. Laut Samuelson genügte diese einfache Feststellung, um auf ihrer Grundlage eine Nachfragetheorie zu entwickeln, und er ersetzte die Nutzentheorie durch eine Reihe einfacher logischer Regeln zur Gewichtung menschlicher *Präferenzen*. Diese Regeln legten den Grundstein für die Theorie des Konsumentenverhaltens in der traditionellen Wirtschaftslehre. Sie bildeten den Kern des Glaubens daran, dass der *homo oeconomicus* wirtschaftliche Entscheidungen völlig rational trifft.[115]

Samuelsons etwas jüngerer Zeitgenosse Kenneth Arrow bewies ebenfalls bereits in jungen Jahren außergewöhnliche mathematische Fähigkeiten. Zu seinen wichtigsten Vermächtnissen gehört ein Theorem, das er zusammen mit dem französischen Ökonomen Gérard Debreu im Jahr 1954 bewies. Arrow und Debreu stellten in sehr allgemeiner Weise eine Verbindung zwischen Walras'

Gleichgewichtsbegriff und Paretos Optimalitätskonzept her und begründeten damit die neoklassische Theorie des allgemeinen Gleichgewichts. Ihr Theorem zeigte, dass sich die verschiedenen Märkte einer Ökonomie automatisch auf bestimmte gemeinsame Preise verständigen, die für die Gesamtwirtschaft pareto-optimal sind, und zwar auch dann, wenn in den Märkten Unbestimmtheit existiert (Walras hatte in seinem Modell keine Unbestimmtheit zugelassen).[116] Zu dieser automatischen Koordination zwischen den Märkten kommt es, weil für bestimmte Waren *Substitute* existieren (wenn der Kaffeepreis steigt, bietet sich Tee als Ersatz an) und andere in einer *Komplementärbeziehung* stehen (wenn der Benzinverbrauch aufgrund steigender Preise zurückgeht, sinkt auch die Nachfrage nach großen, benzinschluckenden Autos). Arrow und Debreu zeigten, dass die Preise wie ein Nervensystem Angebots- und Nachfragesignale in der gesamten Wirtschaft verbreiten und dass die auf ihr Eigenwohl bedachten Menschen auf diese Signale reagieren und das System unweigerlich in Richtung seines gesellschaftlich optimalen Gleichgewichtspunktes treiben – die unsichtbare Hand packt kräftig zu.

Was am Arrow-Debreu'schen allgemeinen Gleichgewichtstheorem möglicherweise am meisten überraschte, war der Umstand, dass es sich aus wenigen Axiomen herleiten ließ. Einige davon leuchteten unmittelbar ein, wie zum Beispiel, dass es keine negative Arbeit und keinen negativen Konsum geben kann. Andere waren jedoch problematischer. So nahm das Theorem an, dass jeder Beteiligte zumindest eine geringe Menge von jeder Ware besitze, dass Terminmärkte für alle Produkte und Dienstleistungen existierten und dass jeder bei seinen Entscheidungen äußerste Rationalität walten ließe und die Wahrscheinlichkeiten aller möglichen zukünftigen Weltzustände kenne. Wie im ursprünglichen Modell von Walras wurden diese vereinfachenden Annahmen als notwendiger, vorläufiger Verzicht auf Details verstanden, die sich später würden nachtragen lassen. Entscheidend war die Existenz einer überschaubaren Menge von Axiomen, aus denen sich mit mathematischer Stringenz ein sehr allgemeines Ergebnis ableiten ließ: Ein rational umgesetztes Eigeninteresse lässt eine aus funktionierenden Wettbewerbsmärkten bestehende Wirtschaft gegen ihren optimalen Punkt streben. Bei seiner Veröffentlichung im Jahr 1954 wurde das Theorem als großer Durchbruch gefeiert. Auf dem Höhepunkt des Kalten Krieges kam dieser »mathematische Beweis« für die Überlegenheit der kapitalistischen Marktwirtschaft über die sozialistische Planwirtschaft gerade gelegen.[117] Auch wenn das Arrow-Debreu'sche Modell die ökonomische Wirklichkeit sehr vereinfacht wiedergab und viele ihrer Phänomene wie beispielsweise Monopolbranchen, Gewerkschaften, Gesetze und Vorschriften, Steuern und so weiter unberücksichtigt ließ, war seine politische Botschaft dennoch unmissverständlich: Je perfekter der Wettbewerb und je geringer die Verzerrungen und die äußeren Störungen, desto stärker nähern wir uns dem optimalen Gleichgewichtspunkt.

Bis in die Sechzigerjahre war schließlich eine komplette Theorie entstanden, die auf der Basis axiomatischer Annahmen zu den einzelnen Konsumenten und Produzenten weit reichende Schlussfolgerungen für die Märkte und die Wirtschaft insgesamt ableitete. Die Ökonomen bezeichnen solche Theorien, die »unten« bei den Einzelakteuren und -märkten ansetzen, als *Mikroökonomik*. Auch in der *Makroökonomik*, in der die Ökonomen das Wirtschaftsgeschehen »von oben« betrachten und beispielsweise nach den Gründen von Arbeitslosigkeit, nach den Ursachen von Konjunkturschwankungen oder den Zusammenhängen zwischen Zinsniveau und Inflation fragen, hat sich in dieser Zeit viel getan. Wir werden auf diese Themen später noch zurückkommen; vorläufig soll der Hinweis genügen, dass die Chicago-Ökonomen (so genannt nach der University of Chicago, an der sie lehrten) wie beispielsweise Milton Friedman und Robert Lucas in den Sechziger- und Siebzigerjahren damit begannen, die Techniken der neoklassischen Mikroökonomik auf die Makroökonomik zu übertragen, sodass auch hier Konzepte wie der rationale nutzenmaximierende Konsument oder das optimale Gleichgewicht Einzug hielten.

Von der Verteilung zum Wachstum

Weiter oben erwähnte ich bereits die zwei Fragen, welche die Ökonomen immer schon beschäftigten: Wie entsteht Wohlstand, und wie wird er verteilt? Von der klassischen Periode eines Adam Smith bis zu der Zeit Samuelsons und Arrows Mitte des 20. Jahrhunderts hatte die zweite Frage die erste weitgehend überlagert. Die Modelle von Walras, Jevons und Pareto setzten bereits voraus, dass eine Wirtschaft existiert, Produzenten über Ressourcen verfügen und Konsumenten im Besitz diverser Waren sind. Die Modelle formulieren das Problem folgendermaßen: Wie lässt sich der bestehende endliche Reichtum einer Ökonomie so verteilen, dass davon jeder Beteiligte einen maximalen Nutzen hat? Diese Konzentration auf das Problem der Verteilung endlicher Ressourcen erklärte sich auch daraus, dass sich die aus der Physik importierten Gleichgewichtsgleichungen für Lösungen in diesem Bereich besser eigneten als für Wachstumsfragen. Gleichgewichtssysteme befanden sich definitionsgemäß im Ruhezustand, während Wachstum mit Veränderung und Dynamik zu tun hatte.

Zu denen, die den Widerspruch zwischen Gleichgewicht und Wachstum erkannten, gehörte Joseph Schumpeter (1883 bis 1950), der häufig als österreichischer Ökonom bezeichnet wird, obwohl er in der heutigen Tschechischen Republik geboren wurde.[118] Schumpeter war ein schillernder Charakter, der seine Fakultätssitzungen an der Harvard-Universität in Reitstiefeln und seine häuslichen Abendmahlzeiten im Gesellschaftsanzug bestritt. Drei Ziele, ließ er seine Mitmenschen wissen, habe er von klein auf gehabt: der beste Liebhaber Wiens, der größte Reiter Österreichs und der größte Ökonom der Welt zu werden. Nun, aus dem zweiten Ziel sei leider nichts geworden. Schumpeter konnte den Gleichgewichtsvorstellungen seiner neoklassischen Zeitgenossen hinsichtlich der Frage der Wohlstandsverteilung durchaus etwas abgewinnen, zweifelte jedoch an ihrer Eignung für die Lösung der Wachstumsfrage. Die neoklassische Vorstellung vom Produktionsgeschehen war eine sehr statische. Das Warenangebot und die verwendeten Technologien der einzelnen Produzenten standen fest, und es ging lediglich darum, mittels geeigneter Produktionsmengen den maximalen Gewinn zu erzielen. Schumpeter erkannte jedoch, dass Wachstum mehr verlangt als die Erhöhung bereits bestehender Produktionskontingente, nämlich auch Innovation: »Aber man vermehre die Postkutschen so viel man will, nie erwächst eine Eisenbahn daraus.«[119] Um mit unseren Begriffen aus Kapitel 1 zu sprechen: Schumpeter wollte sowohl ein Mengen- als auch ein SKU-Wachstum erklären können.

Die Neoklassiker betrachteten Innovation vorwiegend als äußeren, *exogenen* Faktor: eine Zufallsvariable, die – wie das Wetter – auf die Wirtschaft einwirkte, aber nicht selbst Gegenstand der ökonomischen Betrachtung war. Für Schumpeter stellte sie sich jedoch als innerer, *endogener* Faktor dar, der für das Verständnis der Wirtschaft von zentraler Bedeutung war. Nach seiner Überzeugung war Wachstum nur möglich, solange eine Energiequelle innerhalb des ökonomischen Systems existierte, die jedes erreichte Gleichgewicht sofort wieder störte.«[120] Für Schumpeter war diese Energiequelle der Unternehmer, dem er Heldeneigenschaften zuschrieb. Laut Schumpeter vollzog sich der Fortschritt in einem Zufallsstrom der Erfindungen. Die Kommerzialisierung neuer Technologien war jedoch mit zahlreichen Schwierigkeiten von der Finanzierung bis zur Überwindung alter Denk- und Verhaltensweisen verbunden. Wie hinter einem Damm sammelt sich mit der Zeit der Regen der Entdeckungen. In Schumpeters Theorie spielen die Unternehmer die Rolle der Dammbrecher, die eine Flut von Innovationen auf den Markt loslassen. Wachstum ereignet sich folglich nicht in Form eines steten Stromes, sondern, um Schumpeters berühmte Formulierung zu zitieren, in »Stürmen kreativer Zerstörung«. Wohlstand entspringt, so Schumpeter, aus den heldenhaften Taten einzelner Unternehmer, wenn Leute wie Richard Arkwright, Henry Ford, Thomas Alva Edison oder Steve Jobs das Unmögliche versuchen und die Technologien ihrer Zeit in erfolgreiche kommerzielle Produkte verwandeln.

Schumpeters Theorie war im Kern eine Menschheits- und Geschichtstheorie, und darin lag sowohl ihre Stärke als auch ihre Schwäche. Während die anschauliche Überzeugungskraft der Schumpeter'schen Ideen bis heute nachwirkt, ist es ihm letztlich nicht gelungen, seine Theorien in die exakte Sprache der Mathematik zu übersetzen. Folglich konnten seine Ideen niemals mit dem mathematischen neoklassischen Gerüst in Einklang gebracht werden – ein Mangel, der ihren Wirkungskreis stark eingeschränkt hat.[121] Die fehlende mathematische Fundierung führte dazu, dass die Wachstumstheorie 40 Jahre lang ein intellektuelles Schattendasein führte, bis schließlich Robert Solow auf den Plan trat.[122]

Der in Brooklyn geborene Solow studierte an der Harvard University und lehrt seither am MIT.[123] Anders als Schumpeter mangelte es Solow nicht an mathematischem Scharfsinn, und so versuchte er, die Wachstumsidee mit der Vorhersehbarkeit der neoklassischen Theorie im Sinne der Kugel in der Schüssel zu verbinden. In seiner Nobelpreisrede von 1987 beschrieb Solow, was ihn zur Entwicklung seiner Theorie veranlasst hatte.[124] Frühere mathematische Arbeiten zum Thema Wachstum hatten grobe Vereinfachungen enthalten und vorausgesetzt, dass die Produktivität des Kapitals oder die Rendite, die man für Investitionen in Werkzeug, Maschinen, Ausrüstung und so weiter erhielt, konstant war. Diese Annahme war natürlich unrealistisch. Der technologische Wandel hatte im Lauf der Geschichte die Produktivität des Kapitals rasant ansteigen lassen – die Produktivität eines Traktors ist viel höher als die eines Ochsenpflugs. Solow wollte diesen wichtigen Effekt in seine Theorie einbeziehen. Aber im Unterschied zu Schumpeter, der Innovation als eine das Gleichgewicht störende Kraft begriff, wollte Solow den Innovationsgedanken mit der neoklassischen Theorie in Einklang bringen und das Gleichgewicht in der Wirtschaft erhalten.

Wachstum und Gleichgewicht erscheinen nicht wie Begriffe, die sich gut miteinander vertragen. Die Kugel in der Schüssel ist kein System, das wächst. In einer wegweisenden Arbeit von 1956 stellte Solow jedoch zwischen beidem eine Verbindung her, indem er die Wirtschaft als eine Art dynamisches Gleichgewicht oder, wie er es nannte, *ausgewogenes Wachstum* darstellte.[125] Stellen wir uns eine Zirkusnummer vor, bei der ein tapferer Artist mit dem Fahrrad ein Hochseil überquert. Um die Balance zu halten und nicht vom Seil zu stürzen, hält er eine lange Stange horizontal vor sich. Obwohl er sich ständig bewegt, während er in die Pedale tritt, befindet er sich ununterbrochen in einer Art Gleichgewicht. Ganz ähnlich sah Solow auch die Wirtschaft im Gleichgewicht, selbst wenn sie wuchs. Zwei zentrale Variablen des Modells waren für ihn exogener Natur: das Tempo des Bevölkerungswachstums und das Tempo der technologischen Veränderung. Beides wirkte sich treibend auf das Wachstum aus (vergleichbar der Energie, mit welcher der Artist in die Pedale tritt). Sodann zeigte Solow, dass andere Faktoren wie die Sparquote oder das Gesamtkapital in der Wirtschaft automatisch ein Gegengewicht zu den Veränderungen im Bevölkerungswachstum und in der technologischen Entwicklung schaffen, wie auch unser Artist die Balance hält, indem er die Lage der Stange verändert. In Solows Modell wird die Rolle des Fahrradartisten von den Arbeits- und Kapitalmärkten übernommen, die alles im pareto-optimalen Gleichgewicht halten, auch wenn die Wirtschaft wächst.

Solows Modell vertrug sich mit Adam Smiths Erkenntnis, wonach ein Bevölkerungswachstum zwar zu einer Mehrung des Gesamtwohlstands einer

Gesellschaft führen, ein Wohlstandszuwachs auf Pro-Kopf-Basis aber nur durch Produktionsverbesserungen erzielt werden kann – nicht Kapital allein schafft Wohlstand, sondern seine Produktivität, und für Letztere braucht man Technologie. Solows Modell zufolge wurden die Vereinigten Staaten und andere westliche Länder nicht aufgrund einer besonders glücklichen Ausstattung mit Naturressourcen reich oder weil das Kapital wie Manna einfach so vom Himmel fiel. Ursächlich war vielmehr eine positive Spirale technischer Verbesserungen, die zu einem produktiveren Kapitaleinsatz führten und letztlich wieder Mittel freisetzzen, um in weitere technische Verbesserungen zu investieren. Ohne technologisches Wachstum würde das Kapital nur proportional zur Bevölkerung wachsen, während der Wohlstand pro Kopf unverändert bliebe. Schon 1956, lange bevor der Begriff in Mode kam, hatte Robert Solow die Wissensökonomie entdeckt.[126]

Solows Arbeiten lenkten die Aufmerksamkeit wieder verstärkt auf das Thema Wachstum. Bald entstanden Varianten zu seinem Basismodell. Mitte der Achtzigerjahre jedoch zeigte sich eine Forschergruppe um den Stanford-Professor Paul Romer zunehmend unzufrieden damit, dass die Technologie als eigentlicher Antrieb in Solows Modell eine exogene Kraft war, wie bereits Schumpeter 50 Jahre zuvor Innovationen nicht länger als exogen betrachten wollte.[127] Wie Schumpeter befand auch Romer, dass die »Energie« für das Wachstum ein endogener Faktor der Wirtschaft sei, und so veröffentlichte er 1990 eine Arbeit, die den Beginn der sogenannten *endogenen Wachstumstheorie* markierte.[128]

Romer verortete die Quelle der Wachstumsenergie nicht im Heldentum der Unternehmer, sondern im Wesen der Technologie selbst. Der Technologie schrieb er eine kumulative, beschleunigende Qualität zu. Je mehr wir wissen, desto größer ist der Basisbestand menschlichen Wissens, und desto größer sind die Früchte der nächsten Entdeckung. Wissen hat die Eigenschaft, dass seine Erträge mit zunehmender Akkumulation wachsen. Im 18. Jahrhundert hatte Jacques Turgot bekanntlich gezeigt, dass sich die meisten Produktionsvorgänge genau entgegengesetzt verhalten, indem ihre Erträge abnehmen. Ob in der Landwirtschaft, in der industriellen Fertigung oder im Dienstleistungsbereich, fast überall erzeugt ein steigender Ressourceneinsatz zuletzt immer kleinere Ertragszuwächse. Romer zufolge dreht sich dieses Verhältnis im Fall der Technologieerzeugung (also Forschung und Entwicklung als Voraussetzung für neue Technologien) um; je mehr wir sukzessive in unser Wissen investieren, desto höher fallen die Erträge aus. Eine heute in Mikrochips und Biotechnik investierte F&E-Stunde trägt mehr Früchte als eine 1900 in Lokomotiven und Telegrafen investierte F&E-Stunde. Romer versah sein Modell mit einer positiven Rückkopplungsspirale: Je mehr eine Gesellschaft sukzessive in die technologische Entwicklung investiert, desto reicher wird sie, und desto mehr Mittel stehen ihr für weitere Investitionen in die technologische Entwicklung zur Verfügung. Das Ergebnis ist ein unbeschränktes exponenzielles Wachstum. Um auf das Bild vom Fahrradartisten auf seinem Hochseil zurückzukommen: Die wachsenden Erträge der technologischen Forschung treiben die Wachstumspedale immer stärker an.

Das Vermächtnis der traditionellen Wirtschaftslehre

Ende des 20. Jahrhunderts stand die traditionelle Wirtschaftslehre ganz im Zeichen des neoklassischen Paradigmas mit seinen rationalen, auf Eigennutz bedachten Konsumenten und Produzenten, die angesichts endlicher Ressourcen Entscheidungen trafen, bei denen es (mit Ausnahme der Investitionen in die technologische Entwicklung) das Gesetz vom abnehmenden Ertrag zu berücksichtigen galt. Diese Kombination von Eigeninteresse und beschränkenden Randbedingungen ließ die Wirtschaft gegen den pareto-optimalen Gleichgewichtspunkt streben. In der Methodik der ökonomischen Analyse dominierten mathematische Beweise, die aus einer Reihe von Annahmen logische Schlussfolgerungen ableiteten. Die von Solow angestoßene neoklassische Wachstumstheorie erhob den Anspruch, eine Lösung auf die Kardinalfrage nach der Wachstumsentstehung zu liefern, während die neoklassische allgemeine Gleichgewichtstheorie von Arrow und Debreu die Kardinalfrage nach der Wohlstandsverteilung zu beantworten schien. Zu beiden kanonischen Modellen existierten freilich viele Varianten, die unter anderem Unsicherheiten, Wettbewerbsunzulänglichkeiten und unvollkommene Informationen berücksichtigten. Aber das waren lediglich Variationen über ein Thema und keine eigenständigen Symphonien.

Die Ökonomen des 20. Jahrhunderts hatten also ihr Ziel verwirklicht, das Wirtschaftsgeschehen mittels exakter, wohldefinierter mathematischer Modelle zu beschreiben. Auch wenn der Traum von einer kompletten Verschmelzung von Mikro- und Makroperspektive unter dem neoklassischen Paradigma nur teilweise in Erfüllung ging, existierte nun eine logische, axiomatisch fundierte Brücke, die von der atomistischen Welt der individuellen Akteure bis zu den großen Volkswirtschaften führte.[129]

Der Einfluss des traditionellen Paradigmas auf das politische, wirtschaftliche und finanzielle Weltgeschehen war mit Sicherheit nicht unerheblich. Zentralbankchefs, Präsidentenberater und Finanzminister berufen sich gleichermaßen auf die Konzepte und Modelle der traditionellen Wirtschaftslehre. Auch in der Geschäftswelt werden Entscheidungen regelmäßig auf der Grundlage der traditionellen Wirtschaftslehre getroffen – diese Entscheidungen reichen von Wettbewerbsstrategien bis zu möglichen Fusionen oder Übernahmen.[130] Es ist auch nicht übertrieben, wenn wir sagen, dass Berechnungen auf der Basis der Theorien der traditionellen Wirtschaftslehre die Grundlage für ein tägliches Handelsvolumen von mehreren Billionen Dollar an den Weltfinanzmärkten bilden. Die Ideen der traditionellen Wirtschaftslehre haben in beträchtlichem Umfang zu unserem Wirtschafts- und Gesellschaftsverständnis beigetragen.

Und dennoch bleibt das zu Beginn dieses Kapitels formulierte Unbehagen bestehen. Der Ökonom Werner Hildenbrand verglich die allgemeine Gleichgewichtstheorie einst mit einer gothischen Kathedrale mit Walras und seinen Zeitgenossen als Architekten und den großen Ökonomen des 20. Jahrhunderts als Baumeistern.[131] Nur leider steht die Kathedrale, wie wir im nächsten Kapitel sehen werden, auf sehr wackligem Grund.

3. Eine Kritik: Chaos und kubanische Autos

Trotz seiner gelegentlichen Unzufriedenheit mit den Ökonomen unterhielt John Reed aktive Beziehungen zur Akademikergemeinde und war Mitglied im Vorstand der angesehenen Russell Sage Foundation, die sozialwissenschaftliche Forschungsaktivitäten unterstützte. Während einer Vorstandssitzung in New York berichtete ihm der Geschäftsführer der Smithsonian Institution, Bob Adam, in der Kaffeepause von einer völlig neuen Forschungseinrichtung, die damals gerade in der Wüste New Mexikos aufgebaut wurde.[132] Geleitet wurde die Gruppe vom ehemaligen Wissenschaftsberater des Weißen Hauses und Forschungsleiter am Los Alamos National Laboratory George Cowan. Unter seinen Mitverschworenen waren wissenschaftliche Superstars wie der Nobelpreisträger und Quarkentdecker Murray Gell-Mann, der Nobelpreisträger Phil Anderson von der Princeton University und mehrere Senior Fellows vom Los Alamos Laboratory.

Die Gruppe hatte sich das bescheidene Ziel gesetzt, die Art und Weise, in der Forschung betrieben wird, grundlegend zu verändern. In der Vergangenheit ging die Wissenschaft bei der Suche nach letzten Wahrheiten reduktionistisch vor, indem sie »oben« beim Universum mit seinen Galaxien ansetzte und diese in immer kleinere Teile zerlegte, bis sie zu den subatomaren Teilchen gelangte. Auch wenn die Wissenschaftler von Santa Fe die Erfolge dieser Methode nicht bestritten, waren sie dennoch der Ansicht, dass viele der schwierigsten Probleme in der Natur »komplexe Systeme« darstellten, deren kollektive oder »emergente« Eigenschaften sich besser »von unten« und mittels eines holistischen Ansatzes verstehen ließen.[133] Eine Frage wie »Was ist Leben?« beispielsweise ließe sich wohl niemals lösen, solange man lediglich von höherer Warte aus die Chemie der Organismen sezierte.[134] Ein Organismus ist ein komplexes System, dessen emergentes Ganzes größer ist als die Summe seiner chemischen Bestandteile. Für eine Beantwortung der Frage nach dem Wesen des Lebens wäre es erforderlich, Organismen als Systeme zu betrachten und »von unten« her zu begreifen, wie durch die Interaktion von Milliarden von Molekülen jener komplexe Tanz entsteht, den wir als Leben bezeichnen. Nach Einschätzung der Wissenschaftlergruppe galt für eine breite Klasse von Phänomenen wie beispielsweise das Gehirn, biologische Ökosysteme, das Internet oder die menschliche Gesellschaft, dass die Summe in bestimmter Hinsicht mehr war als die Teile, aus denen sie bestand, sodass ein Ansatz wie der beschriebene erforderlich war. Zudem schien es geboten, solch schwierige wissenschaftliche Probleme aus der Perspektive unterschiedlicher Disziplinen gleichzeitig zu betrachten. Eine Lösung der Frage »Was ist Leben?« war nicht denkbar ohne die Beteiligung von Biologen, Physikern, Chemikern, Informatikern und anderen. Die meisten Universitäten und Forschungslabore waren jedoch streng nach Fachrichtungen organisiert, was einer interdisziplinären Zusammenarbeit nicht förderlich war.

Im Jahr 1984 gründete die Gruppe das Santa Fe Institute (SFI) als eine gemeinnützige Forschungseinrichtung zur Förderung des interdisziplinären Studiums komplexer Systeme. Kurz darauf bezog das Institut ein nicht mehr genutztes Kloster vor der inspirierenden Kulisse der Sangre-de-Cristo-Berge.[135]

Reed war fasziniert von Adams Beschreibung des SFI. Ein komplexes System wie die globale Wirtschaft zu verstehen war sicherlich ein schwieriges wissenschaftliches Unterfangen, und vielleicht konnte das SFI mit seinem interdisziplinären Ansatz »von unten« der Wirtschaftswissenschaft den dringend benötigten Anstoß geben. Adam machte Reed mit den Gründern des SFI bekannt, und im Jahr 1987 verständigten sich Reed und Citicorp auf die Finanzierung eines interdisziplinären Workshops für Wirtschaftswissenschaften.

Der Kampf der Titanen

Die Begegnung war wie ein Rugbyspiel organisiert.[136] Auf der einen Seite saßen zehn führende Ökonomen um Nobelpreisträger Kenneth Arrow, den Miturheber der im letzten Kapitel beschriebenen Arrow-Debreu'schen allgemeinen Gleichgewichtstheorie. Auf der anderen Seite saßen zehn Physiker, Biologen und Informatiker um Phil Anderson. Die Ökonomenseite hatte Koryphäen wie Larry Summers, der später US-Finanzminister und anschließend Rektor der Harvard University wurde, Brian Arthur von der Stanford University, dessen Theorien die entscheidenden Argumente im Kartellverfahren gegen Microsoft lieferten, und José Scheinkman zu bieten, der später die legendäre wirtschaftswissenschaftliche Fakultät der University of Chicago leitete. Das naturwissenschaftliche Team war nicht weniger eindrucksvoll. Hier fanden sich Größen wie der Pionier der Chaostheorie, David Ruelle, der KI-Forscher John Holland, der Biologieprofessor an der University of Pennsylvania und »Genius«-Preisträger der MacArthur Foundation Stuart Kauffman und Doyne Farmer, ein junger Starphysiker vom Los Alamos National Laboratory, dem es gelungen war, mittels nichtlinearer Physik seine Roulettechancen in Las Vegas zu verbessern.

Beide Seiten stellten den gegenwärtigen Stand ihrer jeweiligen Disziplinen vor und diskutierten anschließend zehn Tage lang über ökonomisches Verhalten, technologische Innovation, Konjunkturzyklen und die Mechanismen der Kapitalmärkte. Die Ökonomen waren fasziniert von den Ideen und Techniken der Naturwissenschaftler, empfanden diese aber als naiv und sogar ein bisschen arrogant, sobald es um ökonomische Probleme ging. Die Naturwissenschaftler wiederum waren beeindruckt von der mathematischen Virtuosität der Ökonomen und ernsthaft überrascht von der Schwierigkeit der ökonomischen Probleme.

Was die Naturwissenschaftler jedoch wirklich schockierte, war der Eindruck, in den Wirtschaftswissenschaften seien die Uhren in einer anderen Zeit stehen geblieben. Einer der Teilnehmer des Treffens meinte später, er habe sich an eine Reise nach Kuba erinnert gefühlt, das er kürzlich besuchte. Kuba sei aufgrund des US-Handelsembargos über 40 Jahre so gut wie von der westlichen Welt abgeriegelt gewesen. Auf den Straßen führen fast nur Packards und DeSotos aus den Fünfzigerjahren und nur wenige jüngere Autos. Der Einfallsreichtum, mit dem die Kubaner die Autos immer wieder zu reparieren verstanden, sei wirklich bewundernswert. Für die Physiker hatte das, was ihnen in der Wirtschaftswissenschaft begegnete, ein ähnliches Retroflair. Es schien, als hätte sich die Wirtschaftswissenschaft hinter einem selbst auferlegten intellektuellen Embargo verschanzt, wo sie mehrere Jahrzehnte des wissenschaftlichen Fortschritts verschlief, während sie ihre eigenen Theorien mit großem Einfallsreichtum in jede Richtung dehnte und streckte, um sie am Leben zu erhalten. Was die Naturwissenschaftler erblickten, war das Vermächtnis von Walras und von Jevons. Die mathematischen Packards und De Sotos waren die Gleichungen und Techniken, welche die Marginalisten 100 Jahre zuvor aus den physikalischen Lehrbüchern übernommen hatten.

Nicht nur die Mathematik der Wirtschaftswissenschaft schien aus einer vergangenen Welt zu kommen, auch die Unbekümmertheit, mit der die Ökonomen vereinfachende Annahmen verwendeten, überraschte die Naturwissenschaftler. Seit den Tagen Galileos arbeiteten die Wissenschaftler mit Vereinfachungen wie der perfekten Kugel oder idealen Gasen, um ihre Modelle leichter analysierbar zu machen. Aber sie achteten zugleich darauf, dass ihre Annahmen, so sehr sie die Wirklichkeit vereinfachten, ihr doch nicht diametral zuwiderliefen. Zudem war es Brauch, zu prüfen, ob sich die Annahmen auf die von den Theorien gelieferten Antworten auswirkten. Die an dem Workshop beteiligten Wissenschaftler gewannen aber den Eindruck, als machten die Ökonomen von Annahmen in geradezu inflationärer Weise Gebrauch. Eine Annahme, mit der sich die Naturwissenschaftler besonders schwertaten, betraf das, was die Ökonomen als vollkommene Rationalität bezeichneten. Die traditionelle Wirtschaftslehre geht generell davon aus, dass der Mensch stets bestens über die Zukunft informiert ist und die umständlichsten Berechnungen anstellt, um beispielsweise zu entscheiden, wo er am besten seine nächste Tüte Milch kauft. Auch ohne vollständige Kenntnis der vielen historischen Debatten zu diesem Thema protestierten die Wissenschaftler entschieden gegen die Verwendung eines Modells, das der Alltagspraxis so klar widersprach. Wissenschaftsautor Mitch Waldrop zitiert Brian Arthur, der den Ideenaustausch folgendermaßen beschrieb:

> Die Naturwissenschaftler zeigten sich schockiert von den Annahmen, welche die Ökonomen machten – das entscheidende Kriterium war nicht die Realitätsnähe, sondern ob die Annahme in dem Forschungszweig üblich war. Ich sehe noch Phil Anderson vor mir, wie er sich grinsend zurücklehnt und fragt: »Glaubt ihr das etwa wirklich?« Die Ökonomen antworteten etwas verlegen: »Naja, nur so können wir diese Probleme

lösen. Ohne diese Annahmen geht gar nichts.« Darauf die Naturwissenschaftler: »Wozu soll das gut sein? Wenn das nicht die Realität ist, löst ihr das falsche Problem.«[137]

In diesem Kapitel will ich zeigen, dass die bei dem Treffen des SFI geäußerten Bedenken der Naturwissenschaftler trotz aller Erfolge der Wirtschaftswissenschaft berechtigt waren. Als Walras das Gleichgewichtskonzept aus der Physik in die Ökonomik übertrug, gewann er mathematische Präzision und wissenschaftliche Prognostizierbarkeit. Aber er bezahlte dafür teuer – mit dem Wirklichkeitsbezug. Die Mathematik des Gleichgewichts zwang Walras und seine Nachfolger zu äußerst restriktiven Annahmen, welche die theoretische Wirtschaftswissenschaft zunehmend von der Wirklichkeit entfernten. Die traditionelle Wirtschaftswissenschaft hat ein sogenanntes »GiGo«-Problem (*garbage in, garbage out*): Ein Computer, der mit schlechten Daten gefüttert wird, wird mit absoluter Präzision und unfehlbarer Logik schlechte Resultate ausspucken. Ebenso beginnen die meisten traditionellen Wirtschaftsmodelle mit unrealistischen Annahmen, die wiederum mit mathematischer Unvermeidlichkeit zu ebenso unrealistischen Schlussfolgerungen führen. Das ist, wie wir sehen werden, der Grund, warum die Empirie so viele Kernthesen der traditionellen Wirtschaftslehre nicht nur nicht bestätigt, sondern mitunter klar widerlegt. Wir wollen einen Blick auf die Annahmen werfen, die von den Wissenschaftlern in Santa Fe moniert wurden, um sodann die empirische Bilanz der traditionellen Wirtschaftslehre zu untersuchen. Abschließend wollen wir zur Geschichte der Ökonomik zurückkehren, wo ein historisches Missgeschick genügte, um die traditionelle Wirtschaftslehre ein Jahrhundert lang in die Irre zu führen.

Unrealistische Annahmen

Die Begegnung von Santa Fe war nicht das erste Mal, dass Ökonomen und Naturwissenschaftler über die Zulässigkeit von Annahmen stritten. Im Jahr 1901 sandte Léon Walras dem legendären französischen Mathematiker Henri Poincaré eine Kopie seiner *Eléments d'économie politique pure* und bat ihn um seine Meinung. Poincaré entgegnete: »Ich bin nicht a priori gegen die Anwendung der Mathematik auf die ökonomischen Wissenschaften, solange gewisse Grenzen nicht überschritten werden.« In einem nachfolgenden Brief verdeutlichte er, was er unter diesen Grenzen verstand: Walras' Theorie enthalte eine Reihe »willkürlicher Funktionen«. Poincaré gab zu bedenken, dass die Schlussfolgerungen aus den Walras'schen Gleichungen zwar mathematisch korrekt seien, aber, »wenn die willkürlichen Funktionen in diesen Folgerungen wieder auftauchen, jeglicher Aussagekraft entbehren«.[138] Wie die Santa-Fe-Wissenschaftler ein Jahrhundert später stieß sich Poincaré insbesondere an der Walras'schen Annahme einer unbegrenzten Voraussicht der ökonomischen Akteure. Um mit Poincaré zu sprechen: »In Ihren Augen sind die Menschen unendlich selbstsüchtig und unendlich weitsichtig. Die erste Hypothese mag in einer ersten Näherung erlaubt sein, die zweite aber ist bedenklich.«[139]

In dieser Zeit gab es eine lebhafte Korrespondenz zwischen den Ökonomen und den führenden Wissenschaftlern, zu denen die französischen Physiker Joseph Bertrand und Hermann Laurent ebenso gehörten wie der amerikanische Pionier der Thermodynamik J. Willard Gibbs und der große italienische Mathematiker Vito Volterra. Sie alle stimmten mit Poincaré darin überein, dass eine mathematischere und exaktere Ökonomik zwar ein löbliches Ziel sei, dass es aber nicht gestattet sei, im Interesse der Lösbarkeit der verwendeten Gleichungen die Wirklichkeit völlig außer Acht zu lassen.[140] Die Ökonomen schenkten dieser Kritik jedoch kaum Beachtung und bauten weiter an ihrer neoklassischen Wirtschaftstheorie. Die Kontroverse über die Annahmen verstummte zwar nicht, erregte aber während vieler Jahrzehnte keine größere Aufmerksamkeit.

Erst im Jahr 1953 fachte Milton Friedman von der University of Chicago die Debatte durch einen Aufsatz mit dem Titel »The Methodology of Positive Economics« erneut an.[141] Darin heißt es, unrealistische Annahmen in der Wirtschaftstheorie seien unproblematisch, solange die aus der Theorie abgeleiteten Prognosen korrekt seien. Wenn sich die Wirtschaft so verhalte, als handelten die Menschen vollkommen rational, spiele es keine Rolle, ob sie dies tatsächlich täten. Annahmen bedürften keiner Rechtfertigung, solange die Ergebnisse stimmten. Der Aufsatz wurde von vielen gelesen und löste eine lebhafte Kontroverse aus.[142] Jahre später lieferte Herbert Simon von der Carnegie Mellon University auf einer Tagung der American Economic Association das Gegenargument.[143] Zweck wissenschaftlicher Theorien sei es nicht, Vorhersagen zu machen, sondern Erklärungen zu liefern – Vorhersagen dienten lediglich als Probe für die Richtigkeit der Erklärungen. Dabei gilt es jedoch, die gesamte logische Erklärungskette zu überprüfen und nicht nur die letzte Schlussfolgerung.

Ich werde Simons Argument mit einem einfachen Beispiel illustrieren. Wir könnten eine Theorie vorschlagen, die besagt, dass der Himmel blau ist, weil es Riesen gibt, die ihn nachts, wenn wir schlafen, blau anstreichen.[144] In letzter Konsequenz würde Friedmans Logik besagen, dass es irrelevant ist, ob es solche Riesen gibt, solange die Theorie korrekt vorhersagt, dass der Himmel blau ist. Simon würde entgegnen, dass es nicht reiche, die Richtigkeit der Schlussfolgerung zu überprüfen. Die Bestätigung einer solchen Theorie setze voraus, dass man die Riesen bei ihrem Tun beobachtet habe. Man muss, um mit dem Wirtschaftsphilosophen Daniel Hausman zu sprechen, der Theorie »unter den Deckel schauen«, um zu erkennen, ob auch die Erklärungskette gültig ist.[145]

Welche Rolle spielen also Annahmen im theoretischen Denken? Warum gestatten wir Galileo und Newton, vom vollkommenen Vakuum und von idealisierten Sphären zu sprechen, während wir Walras die vollkommene Rationalität und die gottähnlichen Auktionatoren ankreiden? Die meisten Wissenschaftsphilosophen sind sich einig, dass Annahmen zwei goldenen Regeln genügen sollten.[146] Erstens müssen sie sich für den Zweck des Modells eignen, und zweitens dürfen sie sich auf die Antworten, die das Modell für diesen Zweck liefert, nicht auswirken.

Zur Illustration dieser Regeln stellen wir uns wissenschaftliche Theorien als Landkarten vor.[147] Karten sind näherungsweise Nachbildungen der Realität; eine Karte von Oskaloosa in Iowa gibt das wahre Oksaloosa nur sehr grob wieder. Die einzig perfekte Karte von Oskaloosa ist Oskaloosa selbst, das jedoch zu groß fürs Handschuhfach und deshalb als Karte nicht gerade zweckmäßig ist. Wie der Kartograf bestimmte Aspekte des Terrains idealisiert oder weglässt, so vereinfachen und idealisieren auch die Wissenschaftler ihre Theorien. Was berücksichtigt oder weggelassen wird, hängt vom Verwendungszweck der Karte oder der Theorie ab. Wer über Land fährt, benötigt lediglich eine grobe Landkarte mit den wichtigsten Straßen. Wer hingegen auf dem Weg zu seiner Großtante in der Ford Avenue in Oskaloosa ist, benötigt einen detaillierten Plan mit dem Straßennetz der Stadt, aber nicht unbedingt die großen Überlandstraßen. Ebenso betrachtet ein Kosmologe das Universum auf der Ebene der Galaxien, während sich ein Chemiker für die atomaren Strukturen interessiert; jeder Forscher benötigt eine andere Form und einen anderen Grad der Idealisierung. Entscheidend ist, dass sowohl die groben als auch die feinen Karten (und Theorien) miteinander sowie mit der beobachteten Realität harmonieren. Wenn die grobe Regionalkarte einen Fluss an einer bestimmten Stelle verzeichnet, muss sich der Fluss auf der Detailkarte sowie in der beobachteten Wirklichkeit am selben Ort befinden. Und obwohl sich die Modelle des Kosmologen und des Chemikers auf unterschiedliche Dinge konzentrieren, sollten sie einander nicht widersprechen, und sie sollten sich mit den empirischen und experimentellen Erfahrungswerten decken. In der Kartografie kann man Straßen und Flüsse nicht einfach verlegen, um ihre Wiedergabe zu vereinfachen. In den Augen vieler Kritiker gehen aber die Annahmen der traditionellen Wirtschaftslehre über eine legitime Grobdarstellung hinaus. Seit Walras und Jevons verwendeten die Ökonomen vereinfachende Annahmen wie die der vollkommenen Rationalität oder der Existenz gottähnlicher Auktionatoren, wie es scheint, lediglich zu dem Zweck, damit die Gleichgewichtsmathematik funktioniert. Wir wollen im Folgenden einige der problematischsten Annahmen der traditionellen Theorie unter die Lupe nehmen.

Unglaublich intelligente Menschen in unglaublich einfachen Welten

Unter den Annahmen der traditionellen Wirtschaftslehre sticht als die stärkste und unrealistischste ihr menschliches Verhaltensmodell heraus, auf das wir in Kapitel 6 zurückkommen werden. Das häufig als *vollkommene Rationalität* bezeichnete Standardmodell basiert auf zwei grundlegenden Annahmen. Der ersten zufolge orientieren sich die Menschen in ökonomischen Fragen an ihrem Eigeninteresse. Die Ökonomen gestehen zwar ein, dass die Menschen in der realen Welt gelegentlich altruistisch handeln (ein Begriff, der bekanntermaßen schwer zu definieren ist), halten aber dennoch die Verallgemeinerung für zulässig, wonach die Menschen in aller Regel auf ihren individuellen ökonomischen Vorteil bedacht sind. Der zweite Teil der Annahme besagt, dass die Menschen diesem Vorteil zuliebe die kompliziertesten Berechnungen anstellen. So gehen die Ökonomen regelmäßig davon aus, dass wir in unseren Alltagsentscheidungen Faktoren wie die Inflationsrate, die zukünftige Haushaltspolitik und das Handelsdefizit berücksichtigen und zur Verarbeitung dieser Informationen Gleichungen und Algorithmen verwenden, deren Lösung selbst den Ökonomen schwerfällt.

Um das menschliche Verhalten berechenbar zu machen, gehen die Ökonomen zudem davon aus, dass diese übermenschlichen Roboter in theoretischen Welten leben, die sehr viel einfacher sind als die Wirklichkeit. Um beispielsweise bei der Entscheidung, ob wir unser Geld auf einem Sparbuch oder in einer Kiste Bier anlegen wollen, die diskontierten Zinssätze für den Rest unseres Lebens berücksichtigen zu können, müssen wir diese Zinssätze natürlich kennen. Die traditionellen Modelle nehmen in der Regel an, dass die erforderlichen Informationen zu jedem Zeitpunkt vollständig und frei verfügbar sind. In Wirklichkeit sind wir jedoch häufig gezwungen, Entscheidungen auf der Basis unvollständiger oder mehrdeutiger Informationen zu treffen, deren Beschaffung zudem Zeit und Geld kostet. Weitere typische Annahmen zur Welt, in der wir leben, lauten:

- Es gibt keine Transaktionskosten (Gebühren, Steuern, rechtliche Beschränkungen oder andere Kauf- und Verkaufshindernisse).
- Alle Produkte sind reine Massenwaren, die zu einem einheitlichen Preis gehandelt werden (es gibt keine Marken oder Qualitätsunterschiede).
- Die Unternehmen arbeiten stets mit optimaler Effizienz.
- Die Konsumenten können Versicherungen für jeden denkbaren Schadensfall abschließen.
- Die ökonomischen Entscheidungsträger interagieren nur über den Preis, in der Regel gesteuert durch ein Auktionsverfahren (Wann hat Ihr Supermarkt zuletzt eine Auktion veranstaltet?).

Diese Kombination von Annahmen kommentiert der Makroökonom Axel Leijonhufvud von der University of California in Los Angeles wie folgt: Während die traditionelle Wirtschaftslehre von »unglaublich intelligenten Menschen in unglaublich einfachen Situationen« handelt, beobachten wir in der Realität »unglaublich einfache Menschen, die unglaublich komplexe Situationen meistern.«[148] Leijonhufvuds Behauptung (auf die wir ebenfalls in Kapitel 6 zurückkommen werden) wird durch zahlreiche Beobachtungen gestützt. Verhaltensökonomen wie Herbert Simon, Daniel Kahneman und Amos Tversky haben gezeigt, dass die Menschen zwar intelligente Entscheidungen treffen, dass diese Intelligenz aber ganz anderer Natur ist als von der traditionellen Wirtschaftlehre dargestellt.[149] Während sich reale Menschen mit komplexen logischen Berechnungen vergleichsweise schwer tun, können sie sehr rasch Muster erkennen, diffuse Informationen interpretieren und Neues lernen. Reale Menschen machen Fehler und lassen sich in ihren Entscheidungen von Vorurteilen beeinflussen. Und sie sind häufig geneigt, sich mit einem Ergebnis zufriedenzugeben, das »gut genug« ist, auch wenn es sich nicht um das Optimum handelt (Herbert Simon prägte dafür den englischen Begriff *Satisficing*[150]). Aus den Annahmen der traditionellen Wirtschaftslehre folgt beispielsweise, dass wir, wenn wir Benzin für unser Auto brauchen, sämtliche Tankstellen der Gegend abfahren, um diejenige mit dem niedrigsten Preis ausfindig zu machen. Laut Simon geben wir uns jedoch mit der erstbesten Tankstelle zufrieden, die uns günstig erscheint.[151] In einer Welt, in der Informationen kostspielig, unvollständig und kurzlebig sind, tut unser Gehirn gut daran, sich mit Entscheidungen zu begnügen, die zwar nicht optimal, aber »gut genug« sind.

Seit einigen Jahren beginnen die Mainstream-Ökonomen einzusehen, wie unrealistisch diese traditionellen Annahmen sind. Im Jahr 2001 wurde der Nobelpreis George Akerlof, Michael Spence und Joseph Stiglitz verliehen, deren Modelle den Umstand berücksichtigen, dass nicht jeder über alle Informationen verfügt. Ein Jahr später ging der Preis an Daniel Kahneman und Vernon Smith, die sich mit realistischeren Verhaltensmodellen beschäftigten. Andere Forscher wie beispielsweise Frank Hahn und Takashi Negishi machen sich über »nichtwalrasianische Märkte« (Märkte ohne Auktionatoren) Gedanken. Dennoch sucht man bislang vergeblich nach Modellen, die alle diese Aspekte gleichzeitig berücksichtigen und realistische Menschen in einem realistischen Umfeld wiedergeben.[152] Innerhalb des starren Korsetts der Gleichgewichtsmathematik können die Ökonomen auf unrealistische Annahmen kaum verzichten. Erst ein radikaler Bruch mit der traditionellen Denkweise wird ihnen die Möglichkeit eröffnen, Modelle zu entwickeln, welche die Wirklichkeit korrekt wiedergeben.

Die Zeit bleibt nicht stehen

Für ihr Festhalten am Gleichgewichtsprinzip zahlt die traditionelle Wirtschaftslehre nicht zuletzt den Preis einer seltsamen Zeitvorstellung. Die meisten traditionellen Modelle lassen den Zeitaspekt sogar ganz außer Acht; in ihnen wechselt die Wirtschaft mir nichts dir nichts von einem Gleichgewichtszustand in den nächsten, Übergangsphasen werden nicht berücksichtigt. Andere Modelle unterscheiden lediglich zwischen »kurzfristig« und »langfristig«, oder sie unterteilen die Zeitachse in diskrete Abschnitte (vergleichbar mit Runden in spieltheoretischen Modellen oder Generationen vieler makroökonomischer Modelle). Nur wenige Modelle kennen die Zeit im üblichen Sinne von Minuten, Stunden, Tagen und Wochen.[153] Dabei spielt die Zeit in realen ökonomischen Phänomenen zweifelsohne eine wichtige Rolle. Wer etwas entwerfen, herstellen, transportieren, verkaufen, in Erfahrung bringen oder entscheiden will, benötigt dazu Zeit. Ohne die Dauer solcher Abläufe zu kennen, fällt es schwer, die wirtschaftliche Dynamik zu verstehen.

Wir wollen diesen Zusammenhang anhand des altbekannten Witzes von den zwei Ökonomen illustrieren, die gemeinsam spazieren gehen. Der jüngere von beiden erblickt auf der Straße einen 20-Dollar-Schein und sagt: »Schau mal, da liegen 20 Dollar.« »Unsinn«, entgegnet der ältere und erfahrenere Kollege. »Lägen da 20 Dollar, hätte sie bestimmt schon jemand aufgesammelt.«

Aus Sicht der traditionellen Wirtschaftslehre bringt ein fallen gelassener 20-Dollar-Schein die Welt augenblicklich aus dem Gleichgewicht. Weil rational denkende, auf ihren Eigennutz bedachte Menschen keinen 20-Dollar-Schein liegen lassen, wird mit Sicherheit jemand kommen, den Schein aufheben und damit das Gleichgewicht der Welt wiederherstellen. Entscheidend ist, dass wir wissen, wie der Gleichgewichtszustand aussieht – es liegen keine herrenlosen Geldscheine herum. Dagegen spielt es keine Rolle, wie lange es dauert, bis jemand den Schein findet und einsteckt und wie genau der Weg zwischen den Gleichgewichtszuständen aussieht.

In der realen Welt braucht es freilich eine gewisse Zeit, bis der fallen gelassene Geldschein gefunden und aufgelesen wird. Folglich dürfen wir annehmen, dass zu jedem Zeitpunkt irgendwo Geldscheine auf der Straße herumliegen. Weil die herumliegende Geldmenge eine Funktion der Häufigkeit, mit der Geldscheine fallen gelassen werden, und der Durchschnittsdauer ist, während deren sie unentdeckt bleiben, benötigen wir ein hinreichend genaues Zeitmaß. Je nach Zeitskala ergeben sich Szenarios, in denen die Straßen mit Geldscheinen übersät sind (häufiger Verlust, lange Verweildauer) oder nicht (seltener Verlust, kurze Verweildauer). Man kann sogar den Fall betrachten, dass die herumliegende Geldmenge wild oszilliert zwischen bündelweise Geldnoten und gar keinen Scheinen.[154] Ohne explizite Zeitskalen sind jedoch kaum relevante Aussagen über das Systemverhalten möglich.

Schon vor 100 Jahren mahnte Alfred Marshall explizite Zeitskalen an. Seither wurden einige wichtige Versuche unternommen, die traditionelle Theorie zu dynamisieren, siehe beispielsweise die Arbeiten Richard Days von der University of Southern California oder den makroökonomischen Begriff der Zeitverzögerung.[155] Aber wie im Fall der Verhaltenspostulate erweist sich das Gleichgewichtsprinzip auch hier so gut wie unvereinbar mit komplexer Dynamik und realitätsnahen Zeitskalen.[156]

Alles Interessante kommt von außen

Wenn die Zeit in den meisten traditionellen Modellen nicht explizit vorkommt, dann stellt sich die Frage, wie sich mit ihnen ökonomische Veränderungen beschreiben lassen. Um auf das Bild von der Kugel und der Schüssel zurückzukommen: Jeder Versuch, die Kugel in eine andere Position zu bringen, endet damit, dass sie an ihren anfänglichen Gleichgewichtspunkt zurückkehrt. Bekanntlich jedoch sind Wirtschaftssysteme hochgradig dynamische Gebilde – Produktionsmengen oszillieren, Preise fluktuieren, Moden und Technologien wechseln. Wie verträgt sich diese Dynamik mit der statischen Vorstellung eines Gleichgewichts? Wie bringen wir Bewegung in unsere Schüssel?

Könnten wir nicht der Kugel in unserer Schüssel einen kräftigen Stoß versetzen und zugleich die Schüssel (die wir uns jetzt aus Gummi denken) verbiegen? Dann würde sich die aus ihrem Gleichgewicht gerissene Kugel angesichts der veränderten Randbedingungen früher oder später in einem neuen Gleichgewichtspunkt in der veränderten Schüssel einfinden (Abbildung 3.1).

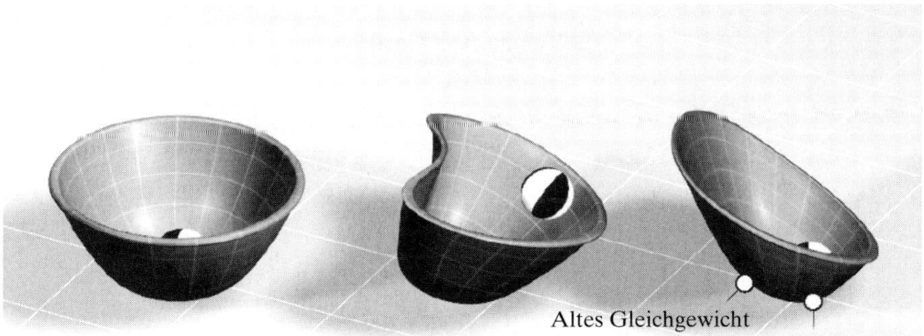

Quelle: Roy Goodenough, Lighthouse Animation

Abbildung 3.1: Gleichgewicht, Stoß, neues Gleichgewicht

Genau das tun die Ökonomen, wenn sie in ihren Modellen *exogene Schocks* zulassen. Alle Modelle haben ihre Grenzen. Versuche, zu viele Teilbereiche zu integrieren, führen dazu, dass die Modelle so komplex und unhandlich werden, bis sie nicht mehr zu gebrauchen sind. Auch wenn beispielsweise das Bevölkerungswachstum nicht ohne Auswirkungen auf ein Wirtschaftssystem bleibt, ist ein Modell der einzelnen Geburts- und Todesereignisse innerhalb eines ökonomischen Modells unter Umständen wenig zweckmäßig; stattdessen bietet es sich an, die erwarteten Bevölkerungszahlen als externe Variablen zu behandeln. Wie bereits erwähnt, unterscheiden wir zwischen äußeren oder *exogenen* und inneren oder *endogenen* Variablen. Typische exogene Variablen sind veränderliche Konsumpräferenzen, technologische Innovationen, staatliche Eingriffe und das Wetter. Technologische Veränderungen wie beispielsweise die Erfindung des Internets lassen sich als exogene Schocks modellieren. Sie wirken sich sowohl auf die Produktionskosten (kostengünstige Online-Bestellung bei Dell) als auch auf das Konsumentenverhalten (bequeme Online-Bestellung bei Amazon) aus. Veränderungen dieser Art beeinflussen die Randbedingungen des Systems (die Form der Schüssel) und somit auch den Gleichgewichtspunkt. Mit jedem exogenen Schock verändert sich die Lage des Gleichgewichtspunktes. Die Dynamik des Systems resultiert also aus dem Wechselspiel von Gleichgewicht und Schock; die Wirtschaft bewegt sich von einem *temporären Gleichgewicht* zum nächsten.

Das Problematische an diesem Ansatz ist, dass er den Ökonomen ein Schlupfloch bietet, um die schwierigsten und häufig interessantesten Fragen aus der Betrachtung auszuschließen. Solange beispielsweise der technologische Wandel eine zufällige äußere Kraft (wie das Wetter) ist, erübrigt sich eine grundlegende Theorie zur Wechselwirkung zwischen technologischem und ökonomischem Wandel.[157] Ebenso lassen sich Konjunkturschwankungen mysteriösen äußeren Kräften wie beispielsweise einem veränderten Konsumklima oder Börseneinbrüchen infolge schlechter Nachrichten zuschreiben. Eine Parallele existiert in der Biologie. Lange Zeit grübelten die Evolutionstheoretiker über dem Rätsel eines periodisch gehäuft auftretenden Artensterbens. Intuitiv suchten sie nach einer Erklärung von ähnlicher Dimension: Ein großes Ereignis musste eine große Ursache haben. Als etwa der Geologe Walter Alvarez und sein Vater, der Physiker und Nobelpreisträger Luis Alvarez, in den Achtzigerjahren mutmaßten, die Dinosaurier seien gegen Ende der Kreidezeit infolge der Kollision unseres Planeten mit einem gewaltigen Asteroiden ausgelöscht worden, sahen sie sich durch diverse Funde bestätigt. Als jedoch andere Forscher die gesamte Fossilienchronik unter die Lupe nahmen, stellten sie fest, dass die Asteroidentheorie zwar das spezielle Artensterben zum Ende der Kreidezeit erklären konnte, nicht aber die zehn weiteren (und teilweise sehr viel größeren) durch Fossilienfunde belegten Vorkommnisse ähnlicher Art. Aus neueren Forschungen wissen wir, dass ein gehäuftes Artensterben bereits aus der inneren Dynamik der Evolution selbst resultieren kann, ohne dass es eines äußeren Anstoßes bedarf.[158] Wie wir in Kapitel 8 sehen werden, reichen in komplexen adaptiven Systemen kleine, unscheinbare Ereignisse aus, um große Veränderungslawinen in Gang zu setzen.

Gelegentlich werden Wirtschaftssysteme tatsächlich von exogenen »Asteroiden« getroffen, siehe beispielsweise die terroristischen Angriffe vom 11. September 2001. Aber wie steht es mit dem Börsenkrach vom 19. Oktober 1987, als die Märkte um 20 Prozent nachgaben? Die Schlagzeile der *New York Times* lautete damals »Sorge wegen Dollarverfall und Handelsdefizit«; dieselbe Schlagzeile hätte auch von irgendeinem anderen Tag ohne Börsenkrach stammen können.[159] Und was ist mit der Rezession von 1982, als die US-amerikanische Arbeitslosenquote innerhalb von zwölf Monaten von 7,5 auf 11 Prozent kletterte? Während des gesamten Jahres sagte eine Gruppe führender Wirtschaftswissenschaftler regelmäßig voraus, dass die Arbeitslosigkeit zurückgehen werde. Hätten sie nicht das Gegenteil voraussagen müssen, wenn zu jener Zeit exogene Ereignisse zu beobachten gewesen wären, die als Ursache für eine Rezession infrage kamen?[160] Die wirklich interessanten Wirtschaftsphänomene leiten sich offensichtlich von endogenen Faktoren ab; eine bislang nur unvollständig verstandene interne Dynamik erzeugt Börsenkräche und Konjunktureinbrüche.[161]

Der Deckel bleibt drauf

Vielen ist es schon einmal passiert, dass sie nach einem Mikrofon griffen und von einem lauten Pfeifen begrüßt wurden – ein Beispiel für eine positive Rückkopplung, bei der sich ein Vorgang »von selbst« beschleunigt und verstärkt. Im Falle des Mikrofons, das zu nahe an den Lautsprecher gehalten wird, springt der Ton zwischen Mikrofon und Lautsprecher ständig hin und her, wobei er sich zum ohrenbetäubenden Pfeifen verstärkt. Das Gegenteil davon ist die negative Rückkopplung: eine »von selbst« erfolgende Verlangsamung, Dämpfung und Regulierung. Ein klassisches Beispiel für eine negative Rückkopplung ist der Thermostat. Wenn es im Haus kalt wird, öffnet der Thermostat das Heizungsventil. Wenn die Temperatur ansteigt, schließt der Thermostat das Ventil, bis die Temperatur wieder sinkt. Der Thermostat dämpft die Temperaturschwankungen und sorgt dafür, dass das Haus stets gleichbleibend warm ist.

Aus Sicht der traditionellen Wirtschaftslehre überwiegen in den ökonomischen Prozessen die negativen Rückkopplungsbeziehungen. Hierzu gehören beispielsweise die bereits erwähnten abnehmenden Erträge auf der Produktions- ebenso wie auf der Konsumseite. Die traditionelle Wirtschaftslehre geht davon aus, dass der zwanzigste Arbeiter am Fließband weniger zur Gesamtproduktivität beiträgt als der zehnte und dass uns der fünfte Apfel nicht mehr so gut schmeckt wie der erste. Ähnlich der Schüsselwand setzt die negative Rückkopplung der Entwicklung Grenzen, indem sie verhindert, dass die Zahl der Autos und Äpfel ins Unendliche wächst.

In der Realität sind abnehmende Erträge sicherlich keine Seltenheit. Aber auch das Gegenteil kommt vor: positive Rückkopplung oder, um mit Brian Arthur zu sprechen, *wachsende Erträge*.[162] Je mehr Teenager trendige Sneakers tragen, desto begehrenswerter werden sie. Je mehr Informationen das Internet bereithält, desto nützlicher werden sie. Und je mehr Menschen eine Aktie kaufen, desto größer wird die Schar derer, die auf den Zug aufspringen möchten. Alle diese Phänomene wachsender Erträge erreichen irgendwann ihren Zenit. Der heiße Trend von heute ist die Modesünde von morgen, das Internet versinkt in seiner eigenen Informationsflut, und Spekulationsblasen platzen. Entscheidend ist auch hier das Timing. Die traditionelle Wirtschaftstheorie geht davon aus, dass in der Zukunft alle wachsenden Ertragskurven irgendwann die Talfahrt antreten und die Wirtschaft sicher zum Gleichgewicht zurückfindet. Aber wer garantiert, dass dieser Augenblick eintritt? Was ist, wenn jemand eine Suchmaschine erfindet, die uns den Weg durch den Informationsdschungel weist? Was, wenn ein paar Investoren auch dann noch an ihr Glück glauben, wenn die ersten Blasen geplatzt sind? In einem System wie dem ökonomischen existieren stets neue Quellen positiver Rückkopplung, die der Entwicklung neuen Schwung verleihen. Die Wirklichkeit kennt keinen letzten Augenblick, oder wie John Maynard Keynes sagte: »Dieser zukünftige Augenblick ist ein schlechter Ratgeber in gegenwärtigen Angelegenheiten. In Zukunft sind wir alle tot. Die Ökonomen setzen sich ein allzu einfaches und allzu nutzloses Ziel, wenn sie uns in stürmischen Zeiten nichts anderes zu sagen haben, als dass der Ozean dereinst nach überstandenem Sturm wieder still sein wird.«[163]

In seinem Roman *Crotchet Castle* schildert der englische Satiriker des 19. Jahrhunderts Thomas Love Peacock das Gespräch zweier Gentlemen über die Frage, ob sich die Welt seit den Tagen der alten Griechen fort- oder zurückentwickelt hat. Einer der beiden führt als Beweis für den Fortschritt die Erfindung der politischen Ökonomie, der »Wissenschaft aller Wissenschaften«, an. Sein Gegenüber antwortet, es handele sich dabei um eine »hyperbarbarische Sophisterei, die kein athenisches Ohr ertragen hätte. Prämissen ohne empirische Beweise oder diesen geradezu widersprechend, und Konklusionen, die so logisch daraus abgeleitet sind, dass sie notwendigerweise falsch sein müssen.«[164]

Um die komplexe, dynamische Weltwirtschaft in die einfache Schublade des statischen Gleichgewichts zu pressen, bleibt den Ökonomen nichts anderes übrig, als auf »Prämissen ohne empirische Beweise« zurückzugreifen, und diese Prämissen bieten allen Grund, an den Ergebnissen der mit ihnen konstruierten Modelle zu zweifeln. Ohne diese Annahmen entartet das hübsche Modell von Kugel und Schüssel; der Boden wellt sich, die Gleichungen gehen nicht mehr auf und der Ruhepunkt der Kugel lässt sich nicht voraussagen. Ein traditioneller Ökonom mag auf die zahlreichen Versuche der vergangenen Jahre verweisen, realistischere Modelle zu entwickeln, die mit weniger Annahmen auskommen.

Mittlerweile existieren Modelle mit unvollkommener Rationalität, unvollkommenen Informationen, Reibungsverlusten, Dynamik und der endogenen Behandlung ehemals exogener Variablen. Vergeblich sucht man jedoch in der traditionellen Wirtschaftslehre nach Modellen, die auf alle diese Annahmen zugleich verzichten. Denn dazu müsste sie sich von der Vorstellung von der Wirtschaft als einem Gleichgewichtssystem verabschieden – etwas, das bis vor Kurzem noch völlig undenkbar war.

Realitätsprüfung

Lassen wir uns interessehalber einmal auf Friedmans Einwand ein, und verzichten wir darauf, den Annahmen der traditionellen Wirtschaftslehre »unter den Deckel« zu schauen. Wie gut schneidet die traditionelle Theorie in Friedmans empirischem Test ab?

Viele Nichtökonomen hegen Zweifel an der wissenschaftlichen Fundierung der Wirtschaftswissenschaften angesichts so manch falscher Wachstums-, Zins- oder Inflationsprognose. Wir sollten jedoch nicht vergessen, dass das Kennzeichen der Wissenschaft nicht die Vorhersage der Zukunft, sondern die Erklärung von Vergangenheit und Gegenwart ist – zum Nutzen eines besseren Weltverständnisses.[165] Die Rolle der Prognose beschränkt sich in der Wissenschaft darauf, zwischen alternativen Erklärungsansätzen zu unterscheiden. Eine wohlformulierte Theorie verfügt über logische Implikationen, die sich überprüfen lassen. Meteorologen und Klimatologen beispielsweise wissen viel über die Chemie der Atmosphäre, sodass sie ihre Theorien überprüfen können, indem sie dem arktischen Eis Bohrkerne entnehmen oder Wetterballons in die Stratosphäre entsenden. Das reicht jedoch nicht für die sichere Prognose, ob unser geplantes Sonntagspicknick wegen Regen ausfallen muss. Denn wie die Wirtschaft ist auch die Erdatmosphäre ein komplexes, dynamisches System ohne Gleichgewicht. Meteorologen und Klimaexperten können uns erklären, warum es unmöglich ist, verlässliche Wetterprognosen zu erstellen. Die Wissenschaft kennt unzählige Bereiche, in denen die Forscher Phänomene deuten und die Gültigkeit ihrer Erklärungsversuche überprüfen können, ohne dass sie deshalb in der Lage wären, akkurate Vorhersagen zu machen. So können beispielsweise die Biologen die Faltung von Proteinen erklären, aber nicht vorhersagen, wie auch die Physiker den exakten Verlauf einer Wirbelströmung beschreiben, aber nicht vorherbestimmen können.

Wissenschaft ist ein steter Lernprozess, in dessen Verlauf die logischen Konsequenzen diverser Erklärungsansätze überprüft und empirische Erfahrungswerte gesammelt werden. Wie Sir Karl Popper in den Dreißigerjahren zeigte, gibt es keinen »letzten Beweis« für die Korrektheit einer Theorie; was uns bleibt, ist die Feststellung, ob die empirischen Daten eine Theorie widerlegen und ob sich eine Theorie mit den empirischen Daten besser deckt als eine andere.[166] So ist es beispielsweise unzulässig, von einem Beweis der Einstein'schen Relativitätstheorie zu sprechen. Wir können lediglich feststellen, dass seine Vorhersagen ausführlich geprüft wurden, ohne dass sich Widersprüche ergeben haben, und dass die Übereinstimmung mit den empirischen Daten größer ist als bei jedem anderen bislang unternommenen Erklärungsversuch. Wissenschaft bezeichnet somit einen Prozess, in dessen Verlauf diverse Erklärungsmodelle in eine Form gebracht werden, in der sie überprüft werden können und je nach Ergebnis des Tests entweder verworfen oder weiterentwickelt werden.[167]

In diesem Sinne können wir nun fragen, wie gut sich die Vorhersagen der traditionellen Wirtschaftslehre mit den empirischen Daten decken. Die Antwort lautet: »Nicht gut.« Wie der angesehene Mikroökonom und Professor an der Pariser Ecole des Hautes Etudes en Sciences Sociales Alan Kirman schreibt:

> Die im Lauf der letzten hundert Jahre entstandene elegante theoretische Struktur der Wirtschaftswissenschaft hat, wie sich in den nächsten zehn Jahren herausstellen wird, einen falschen Schwerpunkt gesetzt und einer irreführenden Gleichgewichtsvorstellung das Wort geredet. Gemessen an den zwei Standardkriterien für eine wissenschaftliche Theorie, Prognose und Erklärung, hat sich die ökonomische Theorie gelinde gesagt als inadäquat erwiesen. Fast niemand bestreitet ihre unzulängliche Prognoseleistung. Mögen dafür auch die unterschiedlichsten Gründe ins Feld geführt werden, so bestehen am Resultat kaum Zweifel. Gleichzeitig attestieren ihr viele Ökonomen, dass sie unser Verständnis vom Wirtschaftsgeschehen verbessert und sich in dieser Hinsicht sehr wohl bewährt hat. Die Fakten sehen jedoch nicht ermutigend aus. Die fast schon pathologische Aversion gegen jede Art von Gegenüberstellung von Theorie und Wirklichkeit außer auf der allgemeinsten Ebene beweist nur, wie sehr »Erklärung« als ein auf sich selbst bezogenes und nicht an der Wirklichkeit überprüfbares Konzept verstanden wird.[168]

Laut Kirman decken sich nicht nur viele empirische Daten nicht mit den traditionellen Theorien; vielmehr wurde so manche Theorie nie ernsthaft überprüft. Ein Zweig der Ökonomik namens Ökonometrie beschäftigt sich mit der Datenanalyse.[169] Anstatt theoretische Modelle zu testen, beschränkt sich die Ökonometrie jedoch vielfach auf das Aufspüren von statistischen Beziehungen zwischen einzelnen Variablen (häufig für politische und andere Anwendungszwecke). Leider liefern statistische Korrelationen noch keine kausale Erklärung der Phänomene. Zudem verweisen die Ökonomen häufig auf das Fehlen geeigneter Daten zum Überprüfen der Theorien sowie auf das Hintergrundrauschen und andere Schwierigkeiten im Zusammenhang mit den verfügbaren Daten (Physiker und Biologen, die sich zur Datenerhebung Teilchenbeschleuniger und Weltraumteleskope bauen, haben dafür vermutlich wenig Verständnis).

In zwei Bereichen kennt allerdings auch die traditionelle Theorie strenge Tests. Für die Finanztheorie liefern die Finanzmärkte fortlaufend Echtzeitdaten. Zum Leidwesen der traditionellen Wirtschaftslehre deckt sich so manche zentrale Aussage der Theorie nicht mit diesen Daten – ein Umstand, der uns in Kapitel 17 noch beschäftigen wird.[170] Ein weiterer Bereich mit exakter Überprüfung ist die experimentelle Ökonomik. Einer verbreiteten Einschätzung zufolge unterscheidet sich die Wirtschaftswissenschaft von anderen Wissenschaftsdisziplinen insofern, als sie keine kontrollierten Experimente zur Hypothesenverifikation zulässt. So kann eine Zentralbank nicht einfach die Zinsen so lange erhöhen, bis der Punkt gefunden ist, an dem eine Rezession einsetzt. Während Experimente in der Gesamtwirtschaft mit Schwierigkeiten verbunden sind, eignen sich ökonomische Miniatursysteme sehr wohl für diesen Zweck. Die Forscher lassen Versuchsgruppen miteinander Handel treiben, an Auktionen teilnehmen, ökonomische Spiele veranstalten, in simulierte Aktienmärkte investieren, in Potemkin'schen Läden einkaufen und in den unterschiedlichsten gestellten Situationen agieren, um diverse Aspekte des ökonomischen Verhaltens zu studieren. Einige der auf diese Weise gesammelten Erfahrungen wollen wir in Kapitel 6 unter die Lupe nehmen. Auch hier mussten viele zentrale Ideen der traditionellen Wirtschaftslehre reichlich Federn lassen.[171]

Viele der Arbeiten, die sich mit der Verifizierung der Aussagen der traditionellen Wirtschaftslehre beschäftigen, sind fachlich sehr anspruchsvoll (der interessierte Leser sei auf die Anmerkungen verwiesen). In den folgenden Abschnitten wollen wir uns mit einigen intuitiven Beispielen beschäftigen, in denen die Voraussagen der traditionellen Theorie den Standards einer wissenschaftlichen Realitätsprüfung nicht standhalten.

Das Gesetz von Angebot und Nachfrage

Zu den ältesten Prinzipien der traditionellen Wirtschaftslehre gehört, wie im vorigen Kapitel besprochen, das Gesetz von Angebot und Nachfrage. Dieses »Gesetz« besagt, dass die komplementären Kräfte von Angebot und Nachfrage die Preise und Mengen in einem Markt gegen ein Gleichgewichtsniveau streben lassen, bei dem der Markt geräumt wird. In erster Näherung scheint sich diese Theorie zu bewähren. Wenn ein neu eingeführtes Automodell unerwartet viele Kaufinteressenten findet und die Nachfrage größer ist als das Angebot, reagiert der Hersteller üblicherweise mit einer Preiserhöhung und einer verstärkten Produktion; sobald die Nachfrage zurückgeht, sinken auch die Preise und der Output. Genauso sagt es die Theorie voraus.

Bei genauerem Hinsehen zeigt sich jedoch, dass sich reale Märkte fast niemals im Gleichgewicht befinden, das Angebot selten der Nachfrage entspricht und eine Markträumung die Ausnahme ist. Fast alle Märkte scheinen sich im Ungleichgewicht einzurichten. Es gibt überfüllte Lager, unerledigte Aufträge, ungenutzte Produktionskapazitäten und jede Menge Zwischenhändler zur Reduzierung der Ungleichgewichte. Der Autohändler an der Ecke hat das Grundstück voller Autos, die sich schlecht verkaufen, und die Bücher voller Bestellungen für Modelle mit Lieferengpässen. Der Supermarkt gegenüber kennt ebenfalls kein Gleichgewicht; seine Warenbestände schwanken, je nachdem, was hinten gerade angeliefert wird oder vorn in den Tüten der Kunden verschwindet. In den Dienstleistungsbranchen wie beispielsweise dem Anwalts- und Rechnungswesen werden die personellen Kapazitäten selten ausgeschöpft, um Reserven für unerwartete Nachfragespitzen bereitzuhalten. Selbst die Finanzmärkte als die Märkte, die dem theoretischen Ideal am nächsten kommen, kennen diverse Mechanismen für den unvermeidlichen Fall von Ungleichgewichten bei Angebot und Nachfrage. Die »Spezialisten« an der New Yorker Börse und die »Marktmacher« an der NASDAQ spielen beide die Vermittlerrolle zwischen Angebot und Nachfrage.

Das Gesetz von Angebot und Nachfrage ist letztlich gar kein Gesetz (zumindest nicht im wissenschaftlichen Sinn), sondern eher eine »grobe Approximation«. Ein traditioneller Ökonom könnte erwidern, dass die Existenz von Lagern und Produktionsüberkapazitäten nichts weiter ist als das »Rauschen« in der Angebot-Nachfrage-Balance. Aber das stimmt nicht. Wie wir später sehen werden, lassen sich mit der Dynamik der Lagerbestände und der Produktionskapazitäten Preisfluktuationen, Konjunkturschwankungen und andere Phänomene erklären, die in der traditionellen Wirtschaftslehre in der Regel auf exogene Kräfte zurückgeführt werden.[172] Und wie wir in Kapitel 8 sehen werden, eignen sich die Bestände der Aktienmärkte als Erklärung für deren Volatilität.[173]

Das Gesetz vom einheitlichen Preis

Das zweitwichtigste »Gesetz« der traditionellen Wirtschaftslehre ist das Gesetz vom einheitlichen Preis, wonach »bei fehlenden Transportkosten und Handelshemmnissen identische Waren in allen Märkten zum selben Preis gehandelt werden«.[174] So sollte beispielsweise der Goldpreis in New York derselbe sein wie in London; Unterschiede sind allein den Transportkosten (zuzüglich Importzöllen, Steuern und anderen Transaktionskosten) von einem Markt zum anderen zuzuschreiben. Andernfalls würde jemand kommen und ohne jedes Risiko Gold auf dem einen Markt billiger einkaufen und auf dem anderen Markt teurer verkaufen. Diese Transaktionen würden den Preis auf beiden Märkten gegen ein Gleichgewichtsniveau streben lassen. Wie im Fall von Angebot und Nachfrage liefert auch das Gesetz vom einheitlichen Preis häufig eine gute erste Näherung. Hochgradig liquide Wirtschaftsgüter wie beispielsweise Gold zeigen nur selten nennenswerte Preisabweichungen in den verschiedenen Märkten.

Häufig genug jedoch versagt diese Approximation – sowohl auf der Makroebene ganzer Volkswirtschaften als auch auf der Mikroebene einzelner Produkte und Dienstleistungen. Einen interessanten Testfall bildeten der Zusammenschluss der meisten europäischen Volkswirtschaften zur Europäischen Union und die Einführung des Euro. Der Theorie nach hätte der starke Abbau von Handelshemmnissen zusammen mit der zunehmenden Mobilität der Menschen und der Reduzierung der Transaktionskosten zu einer größeren Preiskonvergenz in der Europäischen Union führen müssen. Stattdessen geschah das Gegenteil. Dem europäischen Statistikamt Eurostat zufolge haben die Preisunterschiede seit Einführung des Euro im Jahr 1999 zugenommen. Die Standardabweichung der Preise in der Eurozone wuchs von 12,3 Prozent im Jahr 1998 auf 13,8 Prozent im Jahr 2003 – das exakte Gegenteil der theoretischen Vorhersagen. Der Leiter der Einheit Freier Kapitalverkehr und Finanzintegration des EU-Generaldirektorats Binnenmarkt und Dienstleistungen, Francisco Caballero-Sanz, führte die fehlende Konvergenz darauf zurück, dass die Konsumenten »nicht so ›rational‹« seien, wie es die ökonomische Theorie wohl gern hätte.[175]

Bei näherem Hinsehen erkennen wir häufig große Preisunterschiede bei einzelnen Produkten und Dienstleistungen. Als beispielsweise der Investmentberater James Montier von Dresdner Kleinwort Wasserstein den Londoner Ketchupmarkt unter die Lupe nahm, stellte er fest, dass der Preis für die gleiche Flasche Ketchup in den diversen Supermärkten stark schwankte.[176] Die Abweichungen vom theoretisch vorhergesagten Preis betrugen bis zu 43 Prozent. Der Londoner Ketchupmarkt lässt folglich viel Spielraum für risikofreie Arbitragegeschäfte. In der theoretischen Welt der traditionellen Mikroökonomik würden solche Gelegenheiten augenblicklich ausgenutzt. In der Realität jedoch braucht es nicht nur Zeit, bis solche Differenzen auffallen; häufig stehen einer Arbitrage Transaktionskosten und andere Hemmnisse im Wege.

Ein traditioneller Ökonom mag sich mit dem Gesetz des einheitlichen Preises als asymptotischem Ideal zufriedengeben. In den Augen der meisten Wirtschaftswissenschaftler sind jedoch 13,8 Prozent Standardabweichung in der Eurozone oder 43-prozentige Preisabweichungen beim Ketchup kein »Rauschen« mehr. Der Fehler liegt nicht in der Grundidee des Preisgesetzes; natürlich ist ein Anreiz für Arbitragegeschäfte gegeben, solange ihnen keine Hemmnisse im Wege stehen. Aber die reale Welt ist nun einmal voller Barrieren – sei es, dass niemand die Muße hat, alle Geschäfte der Gegend nach dem günstigsten Ketchup abzusuchen, oder dass diverse rechtliche und finanzielle Hürden den Handel in der EU nach wie vor beeinträchtigen. Die wissenschaftlich interessante Frage im Zusammenhang mit der Preiskonvergenz betrifft das dynamische Wechselspiel zwischen den Arbitrageanreizen und der veränderlichen Natur der diversen Barrieren. Die Voraussetzungen für eine Gleichgewichtsmathematik zwingt die Ökonomen jedoch zu einem Komplexitätsverzicht, der die Theorie auf ein »Gesetz« von fraglichem Wert reduziert.[177]

Gleichgewicht in ein paar Trillionen Jahren

Der traditionellen Wirtschaftslehre zufolge strebt die Wirtschaft auf lange Frist unweigerlich gegen einen Gleichgewichtspunkt (diese Vorhersage ist Teil sowohl der allgemeinen Gleichgewichtstheorie der Mikroökonomik als auch der gängigen Makroökonomik).[178] Gleichgewicht ist in den Augen der traditionellen Wirtschaftslehre bekanntlich kein Dauerzustand; vielmehr wechseln Schocks und temporäre Gleichgewichtszustände einander ab. Wir stellen uns vor, wie unsere Schüssel einen Schlag bekommt und die Kugel in ihrem Inneren anschließend wieder zur Ruhe kommt, bis ein weiterer Schlag die Schüssel trifft. Damit jedoch die Kugel überhaupt zur Ruhe kommen kann, müssen die Zeitabstände zwischen den Schlägen lang genug sein.

Dies führt zu der interessanten Frage: Wie lange dauert es, bis sich in der Wirtschaft ein Gleichgewicht einstellt? In den Siebzigerjahren ermittelte der Yale-Professor Herbert Scarf zwischen der Zeit bis zum Erreichen eines Gleichgewichts und der Zahl der Produkte und Dienstleistungen in der Wirtschaft ein exponenzielles Verhältnis mit der Potenz vier.[179] Die Überlegung dahinter ist einfach: Je größer die Zahl der Produkte und Dienstleistungen, desto mehr Zeit nimmt das Wechselspiel der Märkte in Anspruch, bis alle Preise und Mengen justiert sind. Nach unserer groben Schätzung aus dem ersten Kapitel existieren in einer modernen Volkswirtschaft rund 10^{10} SKUs. Wenn wir von der optimistischen Annahme ausgehen, dass sämtliche Entscheidungen mit der Geschwindigkeit der schnellsten Supercomputer (gegenwärtig IBMs Blue Gene mit 70,72 Billionen Gleitkommarechnungen pro Sekunde) getroffen werden, dann folgt aus Scarfs Beziehung, dass die Wirtschaft 4,5 Trillionen ($4{,}5 \times 10^{18}$) Jahre benötigt, um nach einem exogenen Schock zum Gleichgewicht zurückzufinden. Dabei versetzen technologische Veränderungen, politische Umbrüche, Wetterkapriolen und Konsumentenlaunen der Wirtschaft fast sekündlich schockartige Schläge, während andererseits unser gesamtes Universum nicht älter als 12 Milliarden ($1{,}2 \times 10^{10}$) Jahre alt ist.[180]

Nicht zufällige Bewegung

Für eine empirische Überprüfung der traditionellen Wirtschaftstheorien bietet sich, wie schon erwähnt, am ehesten noch der Finanzsektor an. Aber auch wenn die traditionellen Voraussagen als erste Näherung durchaus Bestand haben mögen, halten sie einer eingehenderen Überprüfung nicht stand.

Eine der bekanntesten Prognosen der traditionellen Finanztheorie besagt, dass Aktienkurse eine »Zufallsbewegung« (englisch Random Walk) beschreiben. Wir werden darauf im weiteren Verlauf des Buches ausführlicher zu sprechen kommen. Vorläufig wollen wir uns mit folgender Überlegung begnügen: Eine Zufallsbewegung impliziert, dass die Kursentwicklung keine erkennbaren Muster aufweist und dass aus der Vergangenheit nicht auf die Zukunft geschlossen werden kann. Auf den ersten Blick ähneln Aktienkursverläufe tatsächlich einer Zufallskurve, besonders wenn sie sich im ruhigen, »normalen« Bereich bewegen. Jahrzehntelang glaubten die Forscher an die Zufallstheorie. Mittels besserer Daten und leistungsfähigerer Instrumente ließ sich diese These jedoch mittlerweile widerlegen. Andrew Lo vom Massachusetts Institute of Technology (MIT) und Craig MacKinlay von der Wharton School an der University of Pennsylvania beispielsweise unterzogen die Random-Walk-Hypothese zahlreichen Realitätsprüfungen, für die sie wöchentliche Aktienkursdaten aus den Jahren 1962 bis 1985 heranzogen. Sie betrachteten Einzelaktien, Aktienportfolios und Aktienindizes und mussten die Zufallshypothese jedes Mal verwerfen.[181] Zahlreiche weitere Studien mit unterschiedlichen Daten und unterschiedlichen Techniken kamen zum selben Ergebnis.[182]

Dass Aktienkurse keiner Zufallsbewegung folgen, zeigt sich statistisch besonders deutlich, wenn die Märkte in Bewegung sind und von einem Gleichgewicht keine Rede sein kann.[183] Aktienkursdaten weisen eine klare dynamische Struktur auf. Und selbst wenn nicht jeder die darin enthaltenen Informationen zu seinem finanziellen Vorteil zu nutzen versteht, hat die traditionelle Finanztheorie mit ihrer Random-Walk-Hypothese mittlerweile erheblich an Glaubwürdigkeit eingebüßt.[184]

Dennoch sind die Voraussagen der traditionellen Wirtschaftstheorie in der Regel nicht ganz aus der Luft gegriffen. In grober Näherung entspricht das Angebot tatsächlich der Nachfrage. Die Preise konvergieren gelegentlich (wenn auch nicht immer). Auch wenn die Märkte niemals ein echtes Gleichgewicht erreichen, zeigen sie mitunter ein gleichgewichtstypisches Verhalten. Und die Finanzmärkte scheinen tatsächlich einer Zufallskurve zu folgen, solange sie sich im ruhigen Fahrwasser bewegen. Wenn diese Aussagen nicht besonders wissenschaftlich klingen, kommt das nicht von ungefähr. Wie Friedmans Antipode Herbert Simon zu Protokoll gab: »Die Ökonomik hat sich einen eindrucksvollen Schatz mathematischer Gesetze zugelegt, von denen die meisten kaum etwas mit der empirischen Wirklichkeit zu tun haben, sondern lediglich qualitative Bezüge zwischen Variablen herstellen.«[185]

Die traditionelle Wirtschaftslehre gründet auf unsicheren Annahmen und kommt zu ebenso unsicheren Schlussfolgerungen. Es ist also nur folgerichtig zu fragen, wie sie sich dahin entwickelt hat. Die Erklärung der Probleme in der traditionellen Wirtschaftslehre reicht über ein Jahrhundert zurück bis zu Walras' folgenschwerer Entscheidung, das Gleichgewichtskonzept aus der Physik in die Ökonomik zu übertragen. Ohne sich darüber im Klaren zu sein, hat er damit die Wirtschaft völlig falsch klassifiziert.

Irreführende Metaphern

Die Menschen sind geschickt im Erkennen von Mustern und greifen zum besseren Verständnis der Welt und ihrer Zusammenhänge mit Vorliebe auf Metaphern zurück. Ein komplexer Sachverhalt wird uns sehr viel zugänglicher, sobald wir Parallelen zu einem uns bereits bekannten Phänomen erkennen. Shakespeare hätte uns mit vielen Worten beschreiben können, welche Rolle Julia für Romeo spielte, wie sie ihn glücklich machte und so weiter. Stattdessen beschränkte er sich auf ein Bild: »... und Julia die Sonne.«

Auch die Wissenschaft verwendet Metaphern, um der Phantasie auf die Sprünge zu helfen und komplexe Ideen leichter verständlich zu machen. In der Physik beispielsweise stand das Bild kleiner vibrierender Fäden Pate bei der Entwicklung der Stringtheorie (des Versuchs, die fundamentalen Kräfte des Universums auf einen Nenner zu bringen und den Ursprung der subatomaren Teilchen zu erklären).[186] Die Metapher von den verschlungenen Fäden ist besser geeignet, einem Laienpublikum Einblick in die Kernideen der Stringtheorie zu vermitteln, als ein »elfdimensionaler Calabi-Yau-Raum«. Wissenschaft besteht jedoch nicht nur aus Metaphern zur Inspiration und Kommunikation. Die behauptete Ähnlichkeit einer Sache mit einer anderen stellt naturgemäß noch keine wissenschaftliche Theorie dar. Wie wir in Kapitel 1 gesehen haben, besteht die Aufgabe der Wissenschaftler darin, die Phänomene selbst zu benennen. Und bloße Ähnlichkeit ist nicht gleich Identität. Wenn ein Kosmologe unsere Sonne als Stern bezeichnet, meint er damit nicht irgendeine Ähnlichkeit. Vielmehr behauptet er, dass die Sonne tatsächlich zu jener universellen Klasse von Phänomenen gehört, die wir als Sterne bezeichnen, weil sie bestimmte empirisch beobachtbare Eigenschaften teilen.[187]

Als Walras Poinsots physikalische Lehrbücher las, ließ er sich von der Ähnlichkeit des physikalischen Gleichgewichtsbegriffs mit den Kräftegleichgewichten in einem ökonomischen System inspirieren.[188] Diese Ähnlichkeit veranlasste ihn, die mathematischen Instrumente der Gleichgewichtsanalyse auf ökonomische Systeme zu übertragen. Rund 100 Jahre später setzten sich Wissenschaftler und Ökonomen in Santa Fe an einen Tisch, um der Frage nachzugehen, ob die Gleichgewichtsvorstellung in der Ökonomik lediglich auf oberflächlichen Ähnlichkeiten beruht oder ob ökonomische Systeme tatsächlich Gleichgewichtssysteme mit allen ihren charakteristischen Eigenschaften sind.[189] Handelt es sich also bei der Gleichgewichtshypothese in der traditionellen Wirtschaftslehre um eine Metapher oder um Wissenschaft?

Walras und seine marginalistischen Mitstreiter hätten sich diese Frage niemals gestellt. Erstens waren die wissenschaftsphilosophischen Normen hinsichtlich der Zulässigkeit oder Nichtzulässigkeit von Metaphern noch nicht so weit entwickelt wie heute. Zweitens zieht die Frage eine weitere nach sich. Wenn ökonomische Systeme keine Gleichgewichtssysteme sind, was sind sie dann?

Auch mit dieser Frage hätte Walras nichts anzufangen gewusst. In den Augen der Physiker jener Zeit existierten lediglich Gleichgewichtssysteme, die sich mathematisch analysieren ließen, und »andere« Systeme, die nur in Ausnahmefällen einer Analyse zugänglich waren. Andere Möglichkeiten, ein Phänomen wie die Wirtschaft zu kategorisieren, gab es kaum. Und nachdem sich Walras das Ziel gesetzt hatte, die Ökonomik der mathematischen Strenge und Prognostizierbarkeit zu unterziehen, überrascht es nicht, dass er sich auf den ausgetretenen Pfad der Gleichgewichtsanalyse begab.

Unausgegorene Physik

Wie das Schicksal so spielt, befanden sich zu der Zeit, als Walras die Ökonomik zu einer Wissenschaft machen wollte, auch die übrigen »eigentlichen« Wissenschaften in einer kritischen Phase, in der es ihnen an schlüssigen Konzepten fehlte. Wissenschaft bleibt immer unfertig, und die den Marginalisten bekannte Physik entsprach noch nicht der klassischen Thermodynamik, wie wir sie heute in unseren Lehrbüchern finden; sie war gewissermaßen noch unausgegoren. Sie kannte bereits den ersten Hauptsatz der Thermodynamik, aber noch nicht den zweiten.

Der *erste Hauptsatz der Thermodynamik (Energieerhaltungssatz)*, dem zufolge Energie weder erzeugt noch vernichtet werden kann, wurde in der ersten Hälfte des 19. Jahrhunderts entwickelt und war mit Sicherheit in den Texten enthalten, aus denen sich Walras, Jevons und andere ihre Anregungen holten. Wir stellen uns vor, wie wir die uns mittlerweile vertraute Kugel hoch oben am Schüsselrand festhalten. Sie verfügt über eine *potenzielle Energie*, die frei wird, sobald wir sie loslassen. Wenn wir rechtzeitig eine Hand auf den Schüsselboden legen, spüren wir, wie die von der Schwerkraft angetriebene Kugel gegen sie schlägt und sich die Energie gegen die Hand entlädt. Die Freisetzung von Energie wird als *Arbeit* bezeichnet (weil sich damit nützliche Dinge verrichten lassen). Wenn wir die Kugel frei rollen lassen, entsteht zudem am Schüsselrand Reibungswärme. Der große englische Physiker James Prescott Joule zeigte, dass die Natur mit der Energie sehr sparsam umgeht und dass sich Energie weder erzeugen noch vernichten, sondern lediglich von einer Form in eine andere verwandeln lässt. Wenn wir die zu Beginn in der Kugel gespeicherte potenzielle Energie mit der Summe aus Arbeit und Wärme vergleichen, nachdem wir die Kugel losgelassen haben, stellen wir fest, dass beide Beträge gleich sind. Wenn wir die in einem Kohlebrikett gespeicherte Energie messen und das Brikett anschließend verbrennen, um damit beispielsweise eine Dampflokomotive anzutreiben, liefert die in Arbeit umgesetzte Energie zusammen mit der Abluftwärme auch hier wieder denselben Wert.[190]

Eine Schlussfolgerung aus dem ersten Hauptsatz ist nicht zuletzt, dass ein System, dessen Energie »erhalten« bleibt, notgedrungen irgendwann einen

Gleichgewichtszustand erreichen muss. Sobald die potenzielle Energie der Kugel vollständig in Arbeit und Wärme verwandelt wurde, ruht die Kugel in ihrem niedrigsten Energiezustand am Boden der Schüssel. Auch die Kohle brennt nur eine endliche Zeit und befindet sich anschließend im Gleichgewicht. Nur mittels von außen zugefügter Energie, indem wir beispielsweise die Schüssel bewegen oder weitere Kohle nachlegen, können wir ein Gleichgewicht verhindern.

Laut Philip Mirowski von der University of Notre Dame folgt aus der Walras'schen Gleichgewichtshypothese, dass die traditionellen Modelle auf Mengenkonstanten nicht verzichten können. Die traditionelle Wirtschaftslehre behandelt deshalb den Wert als eine unveränderliche Größe, die lediglich ihre Erscheinungsform wechseln kann (aus Ressourcen werden Waren, die erst gegen Geld und schließlich gegen andere Waren eingetauscht werden, die wiederum ihren Konsumenten Nutzen verschaffen).[191] In Wirklichkeit wird Wohlstand nicht neu erzeugt; vielmehr verfügt die Welt von Beginn an über eine bestimmte Menge von Ressourcen. Diese werden unter den Produzenten verteilt, die wiederum eine bestimmte Menge von Waren herstellen, an denen schließlich die Konsumenten teilhaben. Eine Wohlstandsverteilung nach diesem Muster kann mehr oder weniger effizient erfolgen, wie sich auch ein Kohlebrikett mehr oder weniger effizient verbrennen lässt. Aber ebenso wenig, wie sich Kohle einfach vermehren lässt, kann die Wirtschaft in einem allgemeinen Gleichgewichtsmodell neuen Wohlstand erzeugen.[192] Diese Fixierung auf einen fest vorgegebenen Wohlstandskuchen veranlasste den englischen Ökonomen Lionel Robbins im Jahr 1935 zu seiner berühmten Charakterisierung der Ökonomik als »Wissenschaft vom Mangel«.[193] Noch heute geistert diese Vorstellung durch die wirtschaftswissenschaftlichen Lehrbücher; so beschäftigt sich die Ökonomik einem Standardwerk von Paul Samuelson und William Nordhaus zufolge mit der Frage, »wie die Gesellschaften ihre beschränkten Ressourcen nutzen, um wertvolle Waren herzustellen und zwischen den Menschen zu verteilen«.[194] Das Vermächtnis des ersten Hauptsatzes, von dem sich einst Walras und Jevons inspirieren ließen, lebt in der traditionellen Wirtschaftslehre bis heute fort.

Dabei ist der erste Hauptsatz nur die halbe Story. Der *zweite Hauptsatz*, der Walras und Jevons noch unbekannt war, besagt, dass die *Entropie* als das Maß für die Unordnung oder den Zufallsgrad in einem System stets zunimmt. Demnach strebt das Universum insgesamt unweigerlich von einem Zustand der Ordnung gegen einen Zustand der Unordnung – der absolute Endpunkt des Universums ist eine zufällige und konturlose Masse einheitlicher Temperatur. Jegliche Ordnung wird über kurz oder lang zerfallen. Autos rosten, Gebäude stürzen ein, Berge erodieren, Äpfel verfaulen und der Milchtropfen im Kaffee verteilt sich gleichmäßig in der ganzen Tasse. Entropie verleiht der Zeit ihre Richtung. Der große Physiker und Mitbegründer des SFI Murray Gell-Mann verwendet dafür das Beispiel vom Küchenschrank, auf dem ein Erdnussbutter- und ein Marmeladenglas stehen: Je länger sich seine Enkel aus beiden bedienen, um sich Brote zu schmieren, desto mehr vermischen sich die Inhalte. Würde man einen Zeitrafferfilm von beiden Gläsern drehen und ihn einmal vorwärts und einmal rückwärts laufen lassen, so würde jeder Betrachter sofort erkennen, welche Richtung die »richtige« ist.[195] Ohne Entropie und das unvermeidliche Streben des Universums in Richtung Unordnung hätten wir keine Handhabe, um zwischen Vergangenheit, Gegenwart und Zukunft zu unterscheiden. Seit ihrer Entdeckung hat sich die Entropie zu einem Kernkonzept des modernen physikalischen Weltbildes entwickelt.[196]

Leider kannten Walras, Jevons und die übrigen Begründer der traditionellen Wirtschaftslehre den zweiten Hauptsatz noch nicht. An seiner Formulierung wirkten in der Zeit von 1824 und 1865 zahlreiche Wissenschaftler wie Sadi Carnot, Rudolf Clausius und Sir William Thomson (alias Lord Kelvin) mit. Seine zentrale Bedeutung wurde jedoch erst gegen Ende des 19. Jahrhunderts erkannt, während viele seiner Implikationen sogar erst im Lauf des 20. Jahrhunderts entdeckt wurden (und bis heute noch entdeckt werden). Der Begriff der Entropie erschien damals noch zu neu und unerforscht, um sie in den Einleitungstexten zu erwähnen, aus denen sich Walras und Jevons ihre Anregungen holten.[197]

Sesam öffne dich

Nachdem wir uns mit dem ersten und dem zweiten Hauptsatz der Thermodynamik vertraut gemacht haben, können wir uns einem weiteren Konzept zuwenden, das Walras und Jevons nicht zur Verfügung stand: den offenen und geschlossenen Systemen (in der Ökonomik handeln diese Begriffe davon, ob eine Wirtschaft internationale Handelskontakte hat, aber wir wollen sie im physikalischen Sinn verwenden). Ein *System* ist eine beliebige Menge von Raumpunkten, Materie, Energie oder Informationen, die wir in ihrer Gesamtheit betrachten und studieren wollen. Das Universum selbst ist ein System, und innerhalb dieses größten Systems lassen sich beliebig viele kleinere Systeme definieren. Unser Planet ist ebenso ein System wie unser Körper, unser Haus oder eine mit Wasser gefüllte Badewanne. *Geschlossen* heißt ein System, das in keinerlei Wechselbeziehung mit anderen Systemen steht – es fließen weder Energie noch Materie oder Informationen in das System hinein oder aus ihm heraus. Das Universum selbst ist ein geschlossenes System. Das Universum kennt kein »außen«, und so gibt es auch kein System jenseits seiner Grenzen, mit dem es kommunizieren könnte.[198] Energie kann sich in Materie verwandeln und umgekehrt, und sie kann innerhalb des Systems verschiedene Formen annehmen, aber ihre Gesamtmenge bleibt getreu dem ersten Hauptsatz konstant. Zudem strebt die Gesamtentropie innerhalb eines geschlossenen Systems stets gegen ihren maximalen Wert, während die Ordnung stetig abnimmt, bis das System schließlich zur Ruhe kommt.

Offen heißt ein System, das in einem Energie- und Materieaustausch mit seiner Umgebung steht. Offene Systeme können den Energie- und Materiestrom dazu nutzen, der Entropie vorübergehend Einhalt zu gebieten und Ordnung, Strukturen und Muster zu bilden. Unser Planet beispielsweise ist ein offenes System, das sich mitten in einem von der Sonne ausgehenden Energiestrom befindet. Dieser Energiezufluss ermöglicht die Bildung komplexer Moleküle, die wiederum die Voraussetzung waren für die Entstehung von Leben und die Erzeugung einer Biosphäre voller Ordnung und Komplexität. Die Entropie ist damit nicht außer Kraft gesetzt – Zerfall und Tod sind noch immer das Schicksal aller Dinge und Organismen auf der Erde. Der Energie der Sonne ist es jedoch zu verdanken, dass ständig neue Ordnung entsteht. In offenen Systemen stehen die Ordnung schaffenden und die Ordnung zerstörenden Kräfte – Energie und Entropie – im ewigen Wettstreit. Die Natur praktiziert eine sehr genaue doppelte Buchführung, und die Erzeugung von Ordnung in einem offenen System hat einen hohen Preis. Damit in einem Teil der Welt Ordnung geschaffen wird, muss sie andernorts zerstört werden, denn die Gesamtentropie kann immer nur zunehmen. Während also die Sonne mit ihrer Energie die Entstehung von Ordnung auf der Erde ermöglicht, erzeugt das lebendige Treiben auf dem Planeten Wärme, die in die Weiten des Universums zurückstrahlt und überall dort, wo sie auftrifft, den Zufallsgrad erhöht. Mit anderen Worten: Die Erde importiert Energie und exportiert Entropie.

Wenden wir den Blick wieder unserem Alltag zu und stellen wir uns vor, der zweite Hauptsatz hätte unser Zuhause während einer arbeitsintensiven Woche von einem Zustand der Ordnung in einen Zustand der Unordnung versetzt. Wir beschließen, etwas Energie zu investieren, um die Entropie zu bekämpfen, und legen einen Putztag ein. Schrubbend und wischend verbrennen wir die mitgebrachten Kalorien, während Staubsauger, Spülmaschine und Waschmaschine Strom aus der Steckdose ziehen. Hochgradig geordnete Materie in Form von Essen, Kleidung, Reinigungsprodukten und so weiter dringt in unser Haus. Zugleich erhält das Universum seine Entropie zurück in Form von Wärme, die wir und unsere Geräte in die Umgebung abgeben, und Unrat, den wir der Müllabfuhr und der Kanalisation anvertrauen. Das System unseres Hauses importiert also Energie und Materie, um damit innerhalb seiner Wände mehr Ordnung zu schaffen, und gibt im Gegenzug Entropie in Form von Wärme und ungeordneter Materie an die Umgebung ab.

Der Endzustand eines geschlossenen Systems lässt sich stets vorhersagen. Mögen in der Zwischenzeit auch noch so unvorsehbare Dinge geschehen, zuletzt strebt das System gegen den Gleichgewichtszustand mit der maximalen Entropie. Offene Systeme sind sehr viel komplizierter. Mitunter befinden sie sich in einem stabilen, gleichgewichtsähnlichen Zustand, ein andermal offenbaren sie sehr komplexe und unvorhersehbare Verhaltensmuster fern jedes Gleichgewichts – wie beispielsweise exponenzielles Wachstum, plötzlicher Verfall oder Oszillation. Solange in einem offenen System freie Energie existiert, können wir nicht vorhersagen, wie sein Endzustand einmal aussehen und ob es einen solchen überhaupt erreichen wird.

In Kapitel 1 habe ich ein komplexes adaptives System als ein System von Akteuren beschrieben, die miteinander und mit ihrem Umfeld in Wechselwirkung stehen. Komplexe adaptive Systeme bilden eine Unterklasse der offenen Systeme. Energie ist erforderlich, um Informationen zu verarbeiten, Ordnung aufrechtzuerhalten und komplexe Muster zu erzeugen. Eine Ameisenkolonie benötigt Energie und Materie in Form von Nahrung und Gegenständen, die sie in ihr Nest schleppt, um damit die Entropie innerhalb der Nestgrenzen zu verringern. Nur mittels freier Energie kann ein komplexes adaptives System dem Gleichgewicht entkommen, Ordnung schaffen und über lange Zeit dynamisch bleiben. Ohne diese Energie gewinnt die Entropie die Oberhand, und das System verfällt, bis es zum Stillstand oder ins Gleichgewicht kommt. Wie der Theoretiker John Holland von der University of Michigan anlässlich der Begegnung am SFI sagte: »Sobald ein System seinen Gleichgewichtszustand erreicht, ist es nicht nur stabil, sondern tot.«[199]

Die Fehlklassifizierung der Wirtschaft

Walras und Jevons kannten weder den zweiten Hauptsatz noch die Unterscheidung zwischen offenen und geschlossenen Systemen oder den Begriff des komplexen adaptiven Systems. Erst im 20. Jahrhundert und spätestens seit den Arbeiten des in Russland geborenen Chemikers Ilya Prigogine aus den Sechziger- und Siebzigerjahren nahm der Begriff des offenen Systems Kontur an. Das traditionelle ökonomische Modell wurde noch auf der Grundlage der Annahme errichtet, bei der Wirtschaft handele es sich um ein thermodynamisch geschlossenes Gleichgewichtssystem, auch wenn sich Walras, Jevons und ihre marginalistischen Zeitgenossen dessen nicht bewusst waren. Weil sich Ökonomik und Physik in den folgenden 100 Jahren ohne Bezug zueinander entwickelten, blieb diese Annahme tief im mathematischen Herzen der traditionellen Wirtschaftslehre begraben.[200]

Infolge dieser Unkenntnis des zweiten Hauptsatzes wurde die Wirtschaft von den Marginalisten und ihren Nachfolgern gründlich fehlklassifiziert. Die Wirtschaft ist kein geschlossenes Gleichgewichtssystem, sondern ein offenes Ungleichgewichtssystem oder, genauer gesagt, ein komplexes adaptives System. Der Beweis liegt auf der Hand. Er ist so offensichtlich, dass er bis vor Kurzem von den meisten Ökonomen glatt übersehen wurde.[201] Wäre die Wirtschaft ein geschlossenes Gleichgewichtssystem, so müsste sich in ihr ein Trend hin zu immer *weniger* Ordnung, Komplexität und Struktur beobachten lassen. Geschlossene Gleichgewichtssysteme kennen keine spontane Selbstorganisation; sie erzeugen keine komplexen Muster und Strukturen, und sie bringen nichts wirklich Neuartiges hervor.[202] All das bunte Leben, die Strukturen und Aktivitäten, die wir täglich um uns herum beobachten, wären in einem geschlossenen Gleichgewichtssystem nicht möglich. Und wie wir im ersten Kapitel gesehen haben, zeichnet sich unsere Wirtschaft durch ein rasantes Komplexitätswachstum aus während der Entwicklung von der Wirtschaft des *Homo habilis* mit 10^1 SKUs bis zur Wirtschaft von heute mit ihren 10^{10} SKUs. Die Zunahme der wirtschaftlichen Aktivitäten von der Steinzeit bis heute war zugleich ein einziger Kampf gegen die Entropie – ein Vorgang, der nur in einem offenen Ungleichgewichtssystem denkbar ist.

Ein traditioneller Ökonom könnte fragen, was all diese Physik und die Rede von offenen und geschlossenen Systemen mit der Ökonomik zu tun hat. Offenes und geschlossenes System sind physikalische Begriffe, während die Wirtschaft ein gesellschaftliches Phänomen darstellt. Betreibe ich dieselbe Art metaphorischer Argumentation, deren ich Walras bezichtige? Die Antwort lautet: Nein. Gesellschaftssysteme sind keine mathematischen Abstraktionen, die lediglich in den Köpfen der Ökonomen und in den Gleichungen der Lehrbücher existieren. Sie existieren vielmehr als reale Gebilde aus Materie, Energie und Informationen; sie bestehen aus den Menschen und all den Dingen, mit denen wir täglich zu tun haben, und sie unterliegen den Gesetzen der Physik wie jedes andere beobachtbare Phänomen. In real existierende Wirtschaftssysteme fließen jeden Tag gewaltige Mengen realer Energie – das macht sie so dynamisch.[203] Unsere jagenden und sammelnden Vorfahren fütterten ihre Wirtschaft mit der Nahrung, die sie zu sich nahmen, und mit dem Holz, das sie verbrannten. Moderne Ökonomien beziehen ihre Energie aus Fastfood, Mikrowellengerichten, Erdöl, Erdgas, Kohle, Wasserkraft, Atomkraft und jeder anderen Quelle, deren wir habhaft werden. Mit dem Zustrom von Energie bekämpfen wir die Entropie und schaffen Ordnung. Auch der zweite Hauptsatz kommt zu seinem Recht, indem wir Unordnung in Form von Abfall, Verschmutzung, Treibhausgasen und Wärme in unsere Umwelt exportieren.

Ökonomien weisen nicht nur metaphorische Ähnlichkeiten mit offenen Systemen auf; vielmehr sind sie im eigentlichen und realen Sinn Vertreter der universellen Klasse der offenen Systeme. Sobald wir eine Wirtschaft von der Energiezufuhr abschneiden – indem wir die Nahrungsmittelzufuhr stoppen, den Öl- oder Gashahn zudrehen und Kohlelieferungen unterbinden –, ist sie der Entropie und dem zunehmenden Gleichgewicht ausgeliefert. Traurige Beispiele für dieses Phänomen sind vom Krieg heimgesuchte Länder wie die Demokratische Republik Kongo oder das von seinen politischen Führern isolierte Nordkorea. Solche Volkswirtschaften erliegen unweigerlich der zunehmenden Entropie, die sie in die Arme eines buchstäblichen Gleichgewichts aus Armut und Hunger treibt.

Selbst Märkte wie die NASDAQ-Börse, die lediglich auf den Computerbildschirmen der Händler existieren, haben immer noch eine Basis in der realen Welt. Vor einigen Jahren wurden wir daran ganz unvermittelt erinnert, als sich ein Eichhörnchen durch einen Transformator in der Nähe der NASDAQ-Computerzentrale in Connecticut biss. Als das Eichhörnchen die Hauptleitung kappte, fiel für kurze Zeit der Strom und mit ihm die gesamte Börse aus.[204] Wie wir in Kapitel 14 sehen werden, benötigt jede Wohlstand erzeugende wirtschaftliche Tätigkeit irgendeine Art von Energie, und sie hat mit Manipulationen von Materie und/oder Information zu tun. (Die Umkehrung gilt freilich nicht: Nicht jede Energie verbrauchende Manipulation von Materie und/oder Informationen schafft auch Wohlstand.) Weil wirtschaftliche Aktivität fest in der real existierenden Welt verwurzelt ist, kann sich die ökonomische Theorie den Hauptsätzen der Thermodynamik nicht entziehen.

Ein traditioneller Ökonom könnte argumentieren, dass die Frage, ob Ökonomien reale beziehungsweise offene Systeme sind, keine Rolle spielt, weil die Ökonomen die Wirtschaft ohnehin auf einer höheren Abstraktionsebene betrachten (ökonomische Modelle also gröber gestrickt sind als ihre physikalisch-wissenschaftlichen Gegenstücke). Wie der Biologe seine Zelle ohne Rücksicht auf die subatomare Physik modelliert, so modelliert der Ökonom seine Wirtschaft ohne explizite Bezugnahme auf die physikalische Thermodynamik. Die Ökonomik hat ihre eigenen Konzepte wie beispielsweise Präferenzen, Preise und Produktionsfunktionen, die im gesellschaftlichen Kontext als Abstraktionen existieren, wie auch die Biologie ihre eigenen Abstraktionen (beispielsweise Gene) verwendet. Des Weiteren könnte der traditionelle Ökonom argumentieren, dass Walras und Jevons, indem sie den physikalischen Lehrbüchern den einen oder anderen mathematischen Kunstgriff entnahmen, keine größere Sünde begingen, als die Abstraktionen der Ökonomik exakter zu machen. Die Gleichgewichtsanalyse ist nichts anderes als eine mathematische Technik. Auch die Algebra gehört sowohl in der Physik als auch in den Wirtschaftswissenschaften zum Handwerkszeug – warum ist dann ausgerechnet das Gleichgewicht so problematisch?[205]

Diese die Annahme eines Gleichgewichts unterstützende Argumentation besteht in Wahrheit aus zwei Teilen. Der erste betrifft die »unterschiedlichen Abstraktionsebenen«, der zweite die Feststellung »... ist doch nur Mathe«, also den rein technischen Charakter der Mathematik bei der Beschreibung des Gleichgewichtssystems. Natürlich erfordert in der Wissenschaft nicht jedes Phänomen dieselbe Abstraktionsebene. Wissenschaftliche Theorien können – wir sprachen davon – wie Übersichtskarten ein grobes Bild vermitteln oder wie Stadtpläne ins Detail gehen. Beide Versionen haben ihre Berechtigung; sie müssen lediglich miteinander und mit der Wirklichkeit kompatibel sein. Natürlich dürfen die Ökonomen ihre eigenen Übersichtstheorien entwerfen, in denen die Physik und ihre Gesetze nicht explizit vorkommen. Aber sie dürfen

Letzteren auch nicht widersprechen. Wer jedoch behauptet, die Wirtschaft ähnele einem geschlossenen Gleichgewichtssystem, missachtet in eklatanter Weise eben diese physikalischen Gesetze. Das Argument von den unterschiedlichen Abstraktionsebenen ist folglich nur dann zulässig, wenn sich herausstellt, dass es aus irgendwelchen Gründen zweckmäßig ist, ein an sich offenes Ungleichgewichtssystem als ein geschlossenes Gleichgewichtssystem zu modellieren. Das Gegenteil ist jedoch der Fall. Wie wir im zweiten Teil des Buches sehen werden, ist das Problem der unrealistischen Annahmen und der fehlenden empirischen Untermauerung eine unmittelbare Folge der unzulässigen Verwendung von Gleichgewichtstechniken zur Modellierung eines offenen Ungleichgewichtssystems.[206]

Der zweite Teil der gleichgewichtsstützenden Argumentation – Mathematik als rein theoretisches Vehikel der Beschreibung – verkennt sowohl das Wesen des Gleichgewichts als auch das Wesen der Mathematik. Mathematik ist eine Art Sprache, ein Symbolsystem, mit dessen Hilfe wir unsere Welt beschreiben und erklären.[207] Das Besondere an der Mathematik als Sprache ist der hohe Grad an Übereinkunft hinsichtlich der Bedeutung der diversen Symbole und ihrer Manipulationsregeln. Es wurden zahlreiche Versuche zur Formulierung einer »reinen«, nur auf logischen Konstrukten beruhenden Mathematik ohne Bezug zur Wirklichkeit unternommen.[208] Während diese Übungen dazu beitrugen, die Grenzen der Disziplin zu erweitern, besteht mittlerweile unter Mathematikern und Philosophen Einigkeit, dass sich die Mathematik nicht von ihrer Bedeutung für die reale Welt trennen lässt.[209] Natürlich können Mathematiker mathematische Phantasiewelten erschaffen, die in der realen Welt nicht existieren. Ähnliches tun wir aber auch mit unseren natürlichen Sprachen, indem wir Romane schreiben und Filme drehen über Dinge, die es in der Realität nicht gibt. Aber wir können diese Dinge – sei es der letzte Hollywoodstreifen oder eine 43-dimensionale Hypersphäre – nur gemäß unserem realen Erfahrungshorizont interpretieren.[210] Eine ausschließlich »abstrakte« Mathematik als rein technisches Beschreibungswerkzeug gibt es nicht.

Wenn »ökonomisches Gleichgewicht« eine reale Bedeutung hat, wie sieht diese dann aus? Es gibt keine Regel, der zufolge Forscher unterschiedlicher Disziplinen dieselbe Terminologie verwenden müssen. Wir können somit fragen, ob der Begriff *Gleichgewicht* in der Ökonomik dasselbe bedeutet wie in der Physik. Vielleicht verstehen die Ökonomen darunter etwas völlig anderes, sodass das beschriebene Problem lediglich auf eine terminologische Verwechslung zurückzuführen ist. Wenn *Gleichgewicht* in den verschiedenen Disziplinen unterschiedliche Dinge bezeichnet, so sollte es möglich sein, die Definitionen in die jeweils andere Disziplin zu übersetzen. Ich kenne jedoch keine wirtschaftswissenschaftliche Definition von *Gleichgewicht*, die sich von dem unterscheidet, was die Physiker darunter verstehen. Das *Oxford Dictionary of Physics* definiert Gleichgewicht als den »Zustand eines Systems, in dem die Kräfte, Einflüsse,

Reaktionen und so weiter einander die Waage halten, sodass keine Veränderung eintritt«.[211] Derweil definiert das *Collins Dictionary of Economics* Gleichgewicht als einen »ausgewogenen Zustand ohne Tendenz zur Veränderung«.[212] Auch die von Ökonomen und Physikern für die Gleichgewichtsanalyse verwendeten mathematischen Techniken sind identisch.

Daraus ergeben sich einige unangenehme Fragen für die Wirtschaftswissenschaft. Sind Ökonomien und Märkte in den Augen der traditionellen Wirtschaftslehre tatsächliche Gleichgewichtssysteme? Gibt es eine zulässige Theorieerweiterung, die besagt, dass an Federn hängende Gewichte und der Markt für Schweinebäuche Elemente ein und derselben universellen Klasse mit dem Namen »Gleichgewichtssysteme« darstellen? Wie kann die Wirtschaft ein geschlossenes Gleichgewichtssystem sein, solange sie einen Energie- und Materiezufluss sowie einen Entropieabfluss verzeichnet? Widerspräche das nicht den Gesetzen der Physik? Oder weisen Ökonomien und Märkte lediglich *Ähnlichkeiten* zu Gleichgewichtssystemen auf? Handelt es sich womöglich nur um eine irreführende Metapher aus der Geschichte der Ökonomik?[213]

Meine Antwort darauf lautet: Ja. Das der traditionellen Theorie zugrunde liegende neoklassische Modell basiert auf einer falschen Metapher. Unwissentlich und in bester Absicht entlehnten die Ökonomen des späten 19. Jahrhunderts aus der Physik eine Reihe von Ideen, die zur Fehlinterpretation der Wirtschaft als geschlossenes Gleichgewichtssystem führten. Dieser Ansatz bildete die Grundlage für die traditionelle Wirtschaftslehre, wie wir sie heute sehen. Infolge dieser Fehlinterpretation sahen sich die Ökonomen gezwungen, mit höchst unrealistischen Annahmen zu arbeiten, während die empirischen Erfolge auf sich warten ließen.

Jenseits der Walras'schen Kathedrale

Als die Begegnung von Santa Fe nach zehn Tagen endete, machte sich ein Gefühl der Erleichterung und der Erschöpfung breit.[214] Trotz der Intensität der Diskussionen und dem gelegentlichen Aufeinanderprallen der Egos dominierte am Ende eine tiefe gegenseitige Achtung. Die Ökonomen sahen sich in einigen ihrer Zweifel hinsichtlich der traditionellen Wirtschaftstheorie bestätigt und begannen, altbekannte ökonomische Probleme mit anderen Augen zu sehen. Die Naturwissenschaftler wiederum hatten Einblick in ein Phänomen erhalten, das so faszinierend, komplex und anspruchsvoll war wie kaum ein anderes in der Natur. Aus den während der Begegnung geknüpften Kontakten erwuchs schließlich ein von Brian Arthur und John Holland geleitetes und von Citicorp finanziertes interdisziplinäres SFI-Studienprogramm für Wirtschaftswissenschaften. Wie eine Lawine verbreitete sich die Vorstellung von Wirtschaft als einem komplexen adaptiven System. Das SFI als die treibende Kraft der Bewegung organisierte im Lauf der Jahre zahlreiche Workshops und Konferenzen zu Themen, die vom Finanzsektor bis zur ökonomischen Ungleichheit reichten. Zum zehnjährigen Jubiläum der ersten Begegnung fand zudem ein Folgetreffen statt.[215] Vielleicht noch wichtiger war, dass das Netzwerk der Forscher, die sich mit dem Thema beschäftigten, in atemberaubender Weise wuchs. Was ich im nächsten Kapitel als Komplexitätsökonomik definieren werde, steht heute an fast jeder wirtschaftswissenschaftlichen Fakultät auf dem Programm. Und auch die interdisziplinäre Zusammenarbeit macht Fortschritte; nicht selten finden sich heute wirtschaftswissenschaftliche Arbeiten in Zeitschriften wie *Physical Review Letters*, *Nature* und sogar dem *Journal of Theoretical Biology*.

Die in diesem Kapitel vorgebrachte Kritik ist keineswegs an die Adresse der Wirtschaftswissenschaft oder der Ökonomen insgesamt gerichtet. Sie betrifft vielmehr die konkreten Theorien der traditionellen Wirtschaftslehre. Die Ökonomik ist wie eine freizügige Kirche, in der neben der Orthodoxie der traditionellen Wirtschaftslehre die unterschiedlichsten Strömungen Platz haben, die in zunehmendem Maße die traditionellen Grenzen hinter sich lassen. Wie wir im zweiten Teil des Buches sehen werden, beteiligen sich mittlerweile auch viele Ökonomen an der Entwicklung der neuen Theorien der Komplexitätsökonomik, oft parallel zu den Arbeiten von Wissenschaftlern aus anderen Disziplinen. Ich kritisiere auch nicht den Anspruch der Ökonomik auf Wissenschaftlichkeit oder die Verwendung mathematischer Instrumente. Viele Kritiker sehnen sich nach den guten alten Tagen der Zeit vor Walras zurück, als die Ökonomik noch ein Zweig der Staats- und Moralphilosophie war und ein Ökonom so gut wie keine mathematischen Kenntnisse benötigte. Wissenschaftlich glaubwürdige Erklärungen sind jedoch ohne das präzise und exakte Instrumentarium der Mathematik kaum denkbar.[216] Es stellt sich vielmehr die Frage: Macht die Wirtschaftswissenschaft von der richtigen Mathematik Gebrauch?

Diese Kritik schmälert zudem in keiner Weise die wirtschaftswissenschaftlichen Errungenschaften der letzten 100 Jahre. Wissenschaftliche Theorien bilden die ihr zugrunde liegende Realität stets nur näherungsweise ab. Wie ich im zweiten Teil des Buches zeigen werde, liefert die Komplexitätsökonomik eine bessere Annäherung an die ökonomische Wirklichkeit als die traditionelle Wirtschaftslehre, so wie auch Einsteins Relativität eine bessere Annäherung an die physikalische Wirklichkeit liefert als die Newton'schen Gesetze. Dennoch glaube ich, dass die traditionelle Wirtschaftswissenschaft viele wichtige Zusammenhänge zumindest näherungsweise richtig dargestellt und mit ihren Ideen zu einer Lebensverbesserung für Milliarden von Menschen beigetragen hat. Zudem kann man den Theorien der traditionellen Wirtschaftlehre häufig eine gewisse intellektuelle Schönheit nicht absprechen. Die Wissenschaften leben davon, dass die Ideen einer Generation durch die Ideen der nächsten ergänzt oder ersetzt werden. Nichts ehrt das Vermächtnis der Erbauer der Walras'schen Kathedrale mehr, als wenn sich die Disziplin über das von ihnen errichtete Paradigma hinaus weiterentwickelt.

Teil II

Komplexitätsökonomik

»Die wahre Entdeckungsreise besteht nicht darin,
dass man nach neuen Landschaften sucht,
sondern dass man mit neuen Augen sieht.«
Marcel Proust

4. Das große Bild: Zucker und Gewürz

Maria Luz Ochondra lebt auf einer der größten Müllhalden der Welt. Das am Stadtrand von Manila gelegene Areal trägt ausgerechnet den Namen »Gelobtes Land«.[217] Niemand weiß genau, wie viel tausend Erwachsene und Kinder im Gelobten Land und drum herum leben und tagein, tagaus den Müll nach verwertbaren Resten durchsuchen. Für Pater Joel Bernardo, der sich in seiner Eigenschaft als katholischer Priester um die Menschen dort kümmert, sind sie die »Vergessenen« dieser Welt, die Ärmsten der Armen. Haldenbewohner Paz Calopez beschreibt die Lebensumstände im Gelobten Land so: »Ständig qualmt und brennt es irgendwo, selbst wenn es regnet. Nachts glimmt der Müll, und pausenlos gibt es Explosionen. Es riecht übler als in jeder Toilette, besonders wenn die Bulldozer im Einsatz sind.« Im Juli 2000 weichte der wochenlange Monsunregen die Müllberge so sehr auf, dass sie ins Rutschen gerieten und mehrere hundert Menschen unter sich begruben. Frau Ochondra verlor zwei ihrer Söhne.

Kaum zu glauben, dass sich in dieser Hölle auf Erden mit ihren verzweifelten Menschen eine funktionierende Wirtschaft etablieren konnte. Seitdem die philippinische Regierung im Jahr 1994 eine benachbarte Deponie schloss, nahm das Müllaufkommen des Gelobten Landes stark zu. Als sich die Halden füllten, entwickelte sich auch ein ganzes Wirtschaftssystem. Die Basis bilden die sogenannten Müllmenschen, die auf dem Gelände wohnen und den Müll Tag für Tag nach Metall, Plastikflaschen, Gummireifen und anderen Wertstoffen durchwühlen. Manchmal finden sie ausgediente Elektrogeräte, Möbelteile, Kleidung, Kinderspielzeug und sogar Essbares. Was die Lumpensammler nicht selbst benötigen, verkaufen sie an Zwischenhändler, die das nächste Kettenglied darstellen. Die Händler sind zumeist auf bestimmte Wertstoffe wie Metall, Plastik oder Gummi spezialisiert, die sie an Recyclingunternehmen und Hersteller weiterverkaufen. Manche von ihnen schließen Recyclingverträge mit großen Unternehmen und Hotelketten ab und heuern Lumpensammler auf Akkordbasis an, um den Müll ihrer Kunden nach Wertstoffen zu durchsuchen, bevor er auf die allgemeine Deponie verfrachtet wird. Auf diese Weise kommen die Händler leichter an die Wertstoffe heran, und die Unternehmen zahlen weniger Müllgebühren.

Das nächste Glied in der Wirtschaftskette bilden die diversen Versorgungsdienste für die Lumpensammler, Händler und ihre Familien. Die Barackenläden verkaufen so gut wie alles – Seife, Schuhe, Fahrradteile, Eiscreme und Schulhefte. Auch wenn die Müllmenschen ein schwieriges, ungesundes und gefährliches Leben führen, bietet die Deponie dennoch ein vergleichsweise stabiles Einkommen, das die Mehrheit ihrer Bewohner vor dem Verhungern bewahrt – was in einem Land, in dem 74 Millionen Menschen mit weniger als einem Dollar täglich auskommen müssen, nicht wenig ist. Wie Pater Bernardo bemerkt: »Wir erleben hier den puren Kapitalismus. Und der generiert richtig Geld. Millionen Pesos wechseln hier täglich den Besitzer.«

Wie entstehen wirtschaftliche Strukturen? Wie wird eine Müllhalde zum Nährboden für ein komplexes Wirtschaftssystem nach Art des Gelobten Landes? Wo entwickeln sich die grundlegenden Verhaltensweisen, Beziehungen, Institutionen und Ideen eines solchen Systems? Herkunftsfragen sind ein wichtiger Bestandteil der meisten Wissenschaften. Eine Kosmologie ohne Urknall wäre ebenso wenig vorstellbar wie eine Biologie ohne Evolution. Und solange die Ökonomik die Frage nach der Entstehung von Wirtschaftssystemen nicht beantworten kann, verdient sie wohl kaum das Attribut einer Wissenschaft. Dennoch hat eben diese Frage in der traditionellen Wirtschaftslehre selten eine Rolle gespielt.[218] Die traditionelle Wirtschaftslehre interessiert sich mehr für die Verteilung des ökonomischen Kuchens als für dessen Herkunft. Auch die traditionelle Wachstumstheorie setzt die Existenz von Wirtschaftsstrukturen implizit voraus. Der Entstehungsprozess einer Wirtschaft ist ein wissenschaftliches Problem ersten Ranges, an dem sich der Unterschied zwischen der traditionellen Wirtschaftslehre und der von mir beschriebenen Komplexitätsökonomik exemplarisch illustrieren lässt.

Willkommen in der Zuckerwelt

Joshua Epstein und Robert Axtell von der Brookings Institution, einer führenden politischen Denkfabrik in Washington D. C., beschlossen 1995, die Entstehung eines Wirtschaftssystems mithilfe eines Experiments nachzuvollziehen. Nach Art der Biologen, die in der Petrischale Leben *in vitro* beobachten, wollten sie ökonomisches Leben mittels Computersimulation *in silico* entstehen lassen.[219]

Traditionelle mikroökonomische Modelle setzen in der Regel Konsumenten, Produzenten, Technologien und Märkte als gegeben voraus. Auch in makroökonomischen Modellen wird die Existenz von Geld, Arbeits- und Kapitalmärkten, Regierungen und Zentralbanken nicht hinterfragt. Epstein und Axtell verfolgten jedoch einen anderen Ansatz; ihr Modell geht von einer Art Naturzustand aus, in dem Menschen mit bestimmten Grundfähigkeiten versuchen, auf der Grundlage einiger Naturressourcen zu überleben. Die Forscher wollten die minimalen Voraussetzungen für die Entstehung einer Kettenreaktion ökonomischer Aktivität ermitteln. Was würde das System dazu bringen, zunehmend komplexer zu werden?[220]

Wir wollen uns das Modell von Epstein und Axtell veranschaulichen, indem wir uns eine Gruppe Schiffbrüchiger auf einer einsamen Insel vorstellen – und zwar als Computersimulation. Die Computerinsel ist ein mit einem 50×50-Raster überzogenes Quadrat ähnlich einem riesigen Schachbrett. Ihr einziger Rohstoff – Zucker – ist in unterschiedlicher Konzentration über die einzelnen Felder des Schachbretts verteilt. Die Höhe der einzelnen Zuckerstapel reicht von null (kein Zucker) bis vier (Maximalwert). Die Stapel sind so verteilt, dass sie im Südwesten und Nordosten der Insel je einen Zuckerberg mit Stapelhöhen von drei beziehungsweise vier Einheiten bilden (Abbildung 4.1). Zwischen den beiden Erhebungen befindet sich »Ödland« mit wenig oder keinem Zucker. Epstein und Axtell tauften ihre imaginäre Zuckerinsel »Zuckerwelt«.

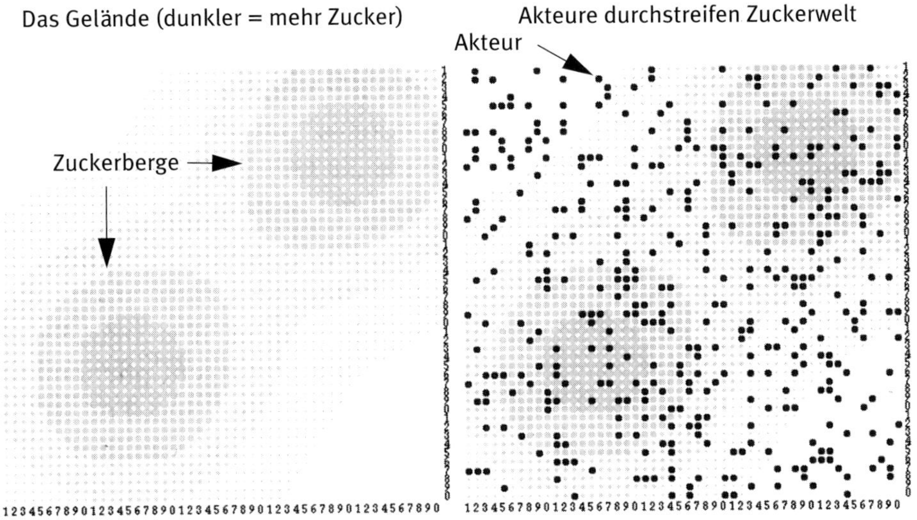

Quelle: Epstein und Axtell (1996).

Abbildung 4.1: Die Zuckerwelt

Auch wenn diese Computerzuckerwelt eine grobe Vereinfachung darstellt, weist sie drei wesentliche Merkmale einer echten Insel auf: (1) Es existiert die Vorstellung eines physischen Raums – man kann sich dort nord-, west-, süd- und ostwärts bewegen. (2) Es gibt eine Energiequelle, nämlich Zucker. (3) Das Gelände ist nicht einförmig; es gibt Berge und Täler sowie fruchtbare und weniger fruchtbare Landstriche.

Auch die Schiffbrüchigen existieren zwar nur virtuell, haben aber einige wichtige Eigenschaften mit echten Menschen gemein. Jeder virtuelle »Akteur« stellt ein eigenes Computerprogramm dar, das auf der Basis bestimmter Informationen aus der Zuckerwelt Handlungsentscheidungen trifft. In der einfachsten Simulationsvariante existieren nur drei Handlungsalternativen: nach Zucker Ausschau halten, sich bewegen oder Zucker essen.

Epstein und Axtell wollten sehen, ob einfache Akteure in einer einfachen Landschaft so etwas wie eine Wirtschaft erzeugen können. Daher gaben sie den Akteuren einige Grundregeln vor, die sie in jeder Spielrunde zu befolgen hatten:[221]

- Der Akteur blickt in alle vier Richtungen, so weit es seine Sehfähigkeit erlaubt (er kann nicht diagonal schauen).
- Er stellt fest, welches Feld innerhalb seines Gesichtskreises den meisten Zucker aufweist.

- Er begibt sich zu diesem Feld und verzehrt den Zucker.
- Er bekommt den verzehrten Zucker gutgeschrieben und den zur Lebenserhaltung im Stoffwechsel verbrauchten Zucker abgezogen. Isst er mehr Zucker, als er verbraucht, kann er ihn seinem Zuckerkonto (vergleichbar dem Körperfett) zuschlagen, das er in die nächste Runde mitnimmt. Isst er weniger, als er verbraucht, schrumpft sein Zuckervorrat (Fettabbau).
- Wird der Zuckervorrat negativ, dann ist der Akteur gleichsam verhungert und wird vom Spielfeld genommen. Andernfalls lebt er so lange fort, bis er sein vorherbestimmtes maximales Alter erreicht hat.

Jeder Akteur bringt eine »genetische Veranlagung« hinsichtlich seiner Sehfähigkeit und seines Stoffwechsels mit. Ein Computercode – eine Art Computer-DNA – beschreibt, wie viele Felder weit ein Akteur sehen kann und wie viel Zucker er in jeder Runde verbrennt. Akteure mit guten Augen sehen bis zu sechs Felder weit, während solche mit schlechten Augen nur das nächste Feld überblicken können. Bei guter Verdauung reicht eine Zuckereinheit je Runde zum Überleben, während Akteure mit schlechter Verdauung vier Einheiten benötigen. Die Population ist *heterogen*: Sehfähigkeit und Verdauungseigenschaften sind zufällig verteilt. Manche Akteure haben schlechte Augen, aber einen guten Stoffwechsel; andere haben gute Augen und einen schlechten Stoffwechsel. Wieder andere sind in beiderlei Hinsicht begünstigt oder benachteiligt. Jeder Akteur hat seine eigene maximale Lebensdauer, nach deren Ablauf der virtuelle Sensenmann kommt und ihn vom Spielfeld nimmt. Der verzehrte Zucker wächst mit der Geschwindigkeit von einer Einheit je Runde nach, bis er wieder seine ursprüngliche Höhe erreicht hat.

Das Spiel beginnt mit 250 zufällig über das Spielfeld verteilten Akteuren. Einige finden sich auf den reichen Zuckerbergen wieder, während die weniger Glücklichen in das arme Ödland hineingeboren werden. Zu Beginn verläuft die Zuckersuche etwas chaotisch, und besonders in den ärmeren Gegenden sterben etliche Akteure an Unterernährung. Allmählich stellt sich jedoch eine gewisse Ordnung ein. Die Akteure entdecken erwartungsgemäß die beiden Zuckerberge und rücken dort dichter zusammen (Abbildung 4.2, die Zustände 1 bis 4 bilden eine zeitliche Sequenz). Die geografischen Gegebenheiten wirken sich also unmittelbar aus. Die Inselstruktur mit den zwei fruchtbaren Gegenden teilt die Gruppe der Akteure in zwei Hälften.[222] In bestimmten Bereichen des Spielfelds können wir zudem noch etwas anderes beobachten: Die Akteure sind bei ihrer Zuckersuche sehr effektiv. Es gibt kaum Zucker, der länger herumliegt; selbst mit den einfachsten Verhaltensregeln gelingt es den Akteuren, aus den Gegebenheiten der Landschaft maximalen Nutzen zu ziehen. Sobald ein Zuckerhügel wieder nachgewachsen ist, findet sich schon ein Akteur, der ihn wieder abbaut. Wir erkennen hier eine elementare Form der Selbstorganisation.

Die Akteure bilden zwei mehr oder weniger autarke »Stämme«, die ihre jeweiligen Zuckerquellen effizient zu nutzen verstehen.

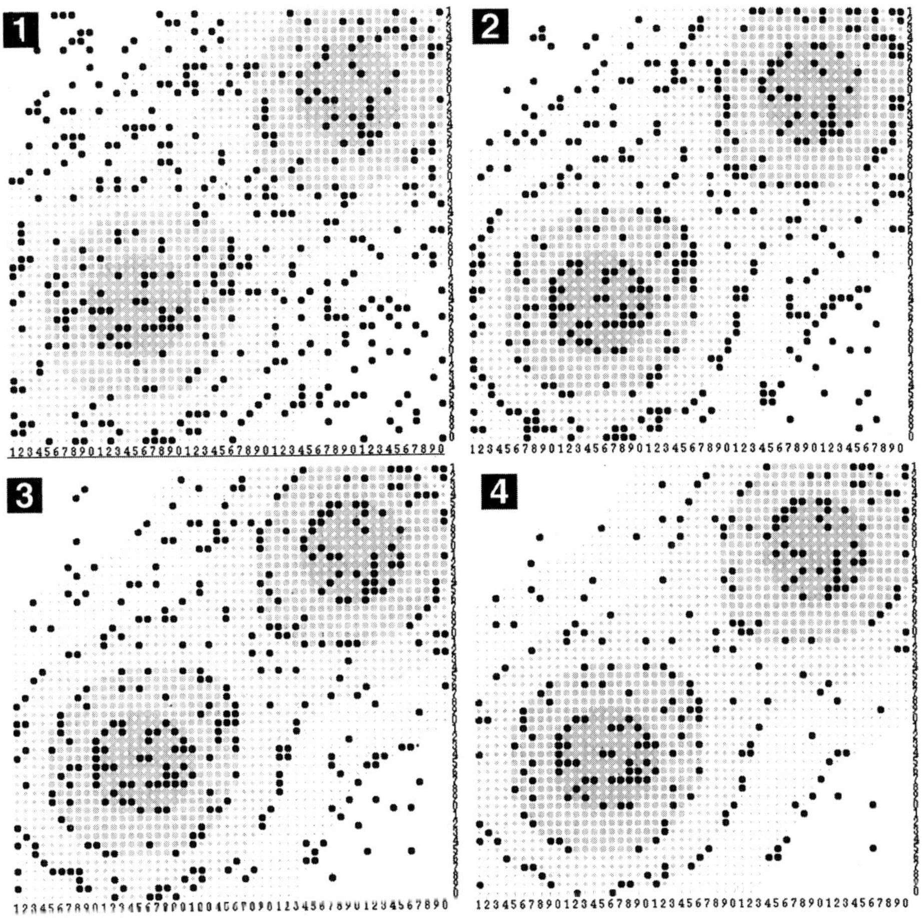

Quelle: Epstein und Axtell (1996)

Abbildung 4.2: Zunehmende Ordnung in der Zuckerwelt – vier Momentaufnahmen

Die Reichen werden reicher

Epstein und Axtell erstellten im Lauf ihrer Simulationen diverse Statistiken zur Zuckerwelt-Bevölkerung. Eine der beobachteten Variablen war der Reichtum der Akteure – wie viel Zucker sie zu einem bestimmten Augenblick auf ihrem Zuckerkonto bevorrateten. Die Forscher ermittelten nach jeder Runde den reichsten und den ärmsten Akteur und unterteilten die Spanne zwischen dem höchsten und niedrigsten Kontostand in zehn gleiche Abschnitte. Anschließend ermittelten sie, wie viele Akteure in den jeweiligen Abschnitt fielen, also über ein vergleichbares Niveau an Wohlstand verfügten. Dabei machten sie eine interessante Beobachtung hinsichtlich der zeitlichen Entwicklung der Reichtumsverteilung (Abbildung 4.3). Zu Beginn der Simulation ist Zuckerwelt eine ziemlich egalitäre Gesellschaft; die Reichtumsverteilung beschreibt eine weiche Glockenkurve mit einem breiten Mittelfeld und nur wenigen sehr reichen oder sehr armen Akteuren. Zudem ist der Abstand zwischen dem reichsten und dem ärmsten Akteur noch vergleichsweise gering. Mit der Zeit verändert sich die Kurve jedoch drastisch. Während der durchschnittliche Reichtum im Zuge der Konzentration der Akteure auf die beiden Zuckerberge zunimmt, verliert die Kurve ihr symmetrisches Aussehen: Nun gibt es einige wenige superreiche Akteure, gefolgt von einem langen Schweif von Oberschicht-Yuppies, einer schrumpfenden Mittelschicht und einer großen, wachsenden Unterschicht armer Akteure. (Man beachte die Verschiebungen in den Achsenproportionen: Während zu Beginn der höchste Kontostand nur 30 Wohlstandseinheiten beträgt, verfügt der reichste Akteur in der letzten Momentaufnahme über 270 Einheiten.)

In Kapitel 2 fiel bereits der Name Vilfredo Pareto. Der italienische Ökonom entwickelte nicht nur das Konzept des Pareto-Optimums, sondern interessierte sich auch für die Wohlstandsverteilung in der Gesellschaft. Im Jahr 1895 verschaffte er sich aus mehreren Ländern die Einkommensdaten und beschrieb sie mit einer mathematischen Kurve, der sogenannten Pareto-Verteilung. Im Gegensatz zur glockenförmigen Normalverteilung weist die Pareto-Kurve eine große Bevölkerungsmenge am unteren Ende der Wohlstandsverteilung auf, einen ausgedehnten Mittelbereich und wenige Superreiche. Von der Pareto-Verteilung leitet sich auch die sogenannte 80-zu-20-Regel (Pareto-Prinzip) ab, der zufolge 80 Prozent des Wohlstands im Besitz von 20 Prozent der Bevölkerung sind. Während des vergangenen Jahrhunderts konnten die Ökonomen diese Einkommens- und Wohlstandsverteilung für die unterschiedlichsten Länder und Epochen als gute Näherung bestätigen. Die von dem einfachen Zuckerwelt-Modell erzeugte Wohlstandsverteilung lässt sich ebenfalls mit einer Pareto-Kurve beschreiben.[223]

Man kann sich nun fragen, warum das so ist. Warum werden sogar in Zuckerwelt die Reichen immer reicher und die Armen immer ärmer? In der begrenzten Zuckerwelt können wir ohne viel Mühe verschiedene Hypothesen überprüfen. Als Erstes können wir nach dem Einfluss der genetischen Vorgaben der Akteure fragen. Konzentriert sich der Wohlstand möglicherweise auf die Spieler mit den besten Augen und der langsamsten Verdauung? Die Antwort lautet nein. Die genetischen Vorgaben sind in Zuckerwelt gleichmäßig verstreut. Stünden sie in einem direkten Verhältnis zum Wohlstand, dann müsste auch die Wohlstandsverteilung eine gleichförmige sein, bei der sich Reiche, weniger Reiche und Arme die Waage halten. Des Weiteren können wir nach der Rolle des Geburtsortes fragen: Sind Akteure im Vorteil, die in ein reiches Umfeld hineingeboren werden, also auf die Spitze eines Zuckerberges, während die Kinder des Ödlands ihr Leben lang arm bleiben? Auch hier lautet die Antwort

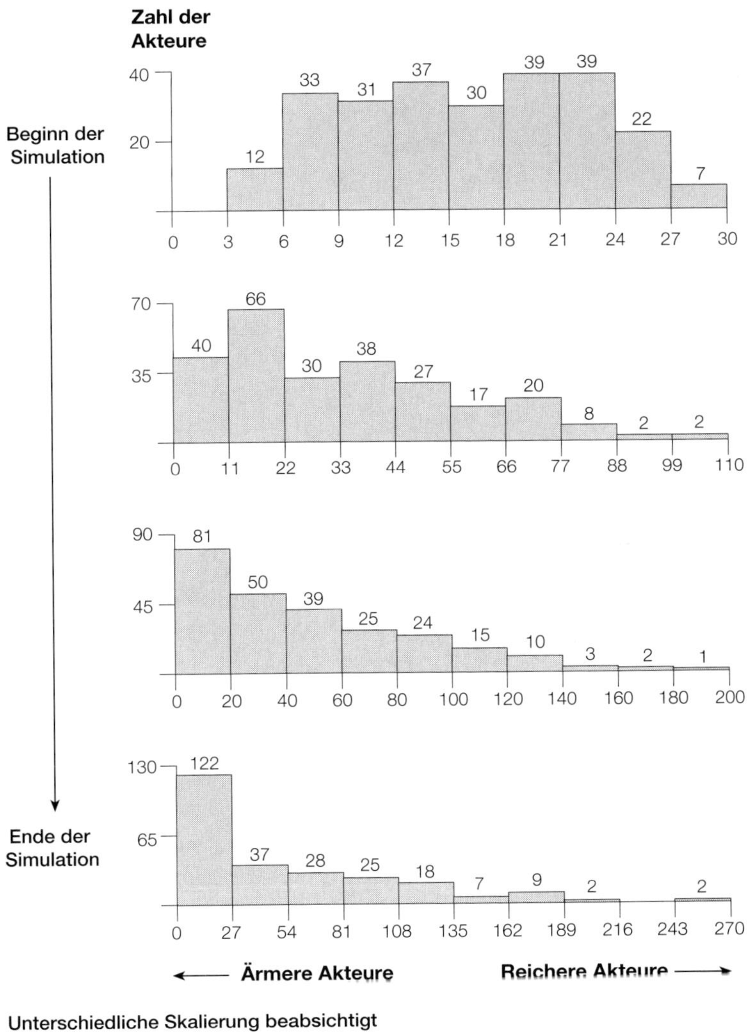

Quelle: Epstein und Axtell (1996)

Abbildung 4.3: Die Entwicklung der Wohlstandsverteilung in der Zuckerwelt

nein. Der Geburtsort unterliegt ebenso wie die genetische Ausstattung einer reinen Zufallsverteilung, sodass eine Korrelation auch hier eine ebenso zufällige Wohlstandsverteilung zur Folge haben müsste. Was aber ist dann die Ursache für die entstehende Ungleichverteilung des Wohlstands?

Die Antwort lautet im Prinzip: »Alles«. Die Ungleichverteilung ist eine kollektive oder *emergente* Eigenschaft des Systems – ein aus dem kollektiven Mikroverhalten der einzelnen Akteure resultierendes Makroverhalten der Gesamtpopulation. Die physikalische Landschaft, die genetische Ausstattung der Akteure, ihr Geburtsumfeld und ihre Verhaltensregeln, die Dynamik ihres

Zusammenspiels untereinander und mit ihrem Umfeld und nicht zuletzt der Zufall bilden gemeinsam die Erklärung für die ungleiche Wohlstandsverteilung.

Zur Illustration stellen wir uns Akteur 1 und Akteur 2 vor, die beide mit durchschnittlichen genetischen Vorgaben in einer Region mit durchschnittlichem Zuckervorkommen zur Welt kommen. Anfangs sind ihre Erfolgschancen gleich. Akteur 1 stellt in der ersten Runde fest, dass die Regionen im Osten, Westen und Süden bereits durch andere Akteure besetzt sind, und wendet sich folglich nach Norden. Zufällig führt dieser Weg zu einem der Zuckerberge, wo sich ebenso zufällig bislang nur wenige Akteure aufhalten. Mehrere Runden lang schwelgt er in Zucker und legt sich einen großen Vorrat an, bis auch andere Akteure die Gegend entdecken und herbeiströmen. Diese anfängliche goldene Zeit beschert Akteur 1 einen entscheidenden Anfangsvorteil, und so kann er sich dort komfortabel einrichten und sein Leben bis zum Ende fristen. Akteur 2 hat weniger Glück. Sein erster Schritt führt ihn südwärts Richtung Ödland. Als er seinen Fehler erkennt, haben bereits andere Akteure den reichen Norden in Besitz genommen und hindern ihn nun daran, in die fruchtbaren Regionen vorzudringen. Während er auf einen Durchschlupf wartet, schmelzen seine Vorräte dahin. Bis er die fruchtbare Region erreicht, ist es dort schon so voll, dass er kaum noch freie Felder findet, und so fällt er gegenüber dem mit den gleichen Vorgaben ausgestatteten Akteur 1 immer weiter zurück. Winzige Anfangsunterschiede genügen, um dem Lebensverlauf der beiden Akteure eine ganz andere Richtung zu geben. Die Ökonomen bezeichnen diesen Effekt als *horizontale Ungleichheit* – etwas, das in der traditionellen Wirtschaftslehre strikt verboten ist. In der Gleichgewichtswelt der traditionellen Wirtschaftslehre erlangen Menschen mit denselben Fähigkeiten, Vorlieben und genetischen Vorgaben dasselbe Wohlstandsniveau; Abweichungen existieren nur in Form von zufallsverteiltem Rauschen. Aber in der Ungleichgewichtswelt von Zuckerwelt gehört horizontale Ungleichheit zur Lebenswirklichkeit. Das unterschiedliche Schicksal der Akteure 1 und 2 erklärt sich nicht allein aus der Zufälligkeit des Systems (was die traditionellen Ökonomen als Rauschen bezeichnen). Der Zufall setzt die Akteure auf unterschiedliche Pfade, aber erst die Dynamik des Spiels lässt diese Pfade so weit auseinanderklaffen, dass sich am Ende ein Bild abzeichnet, für dessen Erklärung der Zufall allein nicht ausreicht.

Zur Illustration dieser Dynamik wollen wir annehmen, Akteur 1 wäre mit geringfügig besseren genetischen Vorgaben und an einem geringfügig besseren Ort geboren worden. In diesem Fall wäre sein Aufstieg noch rasanter verlaufen. Und wären die Vorgaben für Akteur 2 zu Beginn etwas schlechter gewesen, so wäre er möglicherweise noch schneller arm geworden und eventuell sogar verhungert. So tragen individuelle Fähigkeiten, Geburtsumstände und die Launen des Schicksals gemeinsam dazu bei, dass jeder Akteur seinen eigenen Weg durch das simulierte Leben zurücklegt. Kleine Abweichungen (glückliche oder unglückliche Fügungen) zu einem bestimmten Zeitpunkt können große

Unterschiede im weiteren Verlauf bewirken. Diesem Multiplikationseffekt verdankt der eine seinen Reichtum und der andere seine Armut. Vergegenwärtigen wir uns die Glockenkurve vom Beginn der Simulation. Jetzt ziehen wir beide Enden nach außen. Wir erhalten rechts ein paar Superreiche, während der Mittelbereich ausdünnt. Am linken Ende der Verteilung ist bei null Schluss (wer weniger Zuckereinheiten hat, stirbt). Hier bricht die Kurve ab. Diese gestreckte und gestutzte Kurve beschreibt das Ergebnis, das wir auf der untersten Grafik von Abbildung 4.3 sehen.

Wie wir aus alledem erkennen, existiert nicht einmal in Zuckerwelt eine einfache Kausalbeziehung zur Erklärung von Armut und Ungleichheit. Vielmehr haben wir es mit einem komplexen Gemisch aus unterschiedlichsten Faktoren zu tun. Selbst in der einfachen Zuckerwelt lässt sich das Armutsproblem nur schwer lösen. Epstein und Axtell betonen, dass Zuckerwelt zu simpel gestrickt ist, um daraus Schlussfolgerungen für das Armuts- und Ungleichheitsphänomen in der Realität abzuleiten. Dennoch wird anhand des Modells deutlich, dass eindimensionale Sichtweisen, seien sie linker Couleur (Armut ist die Folge der Ausbeutung der Armen durch die Reichen) oder rechter (wer arm ist, ist entweder dumm oder faul oder beides), zu kurz greifen und dass sich das Problem bestenfalls systemisch lösen lässt. Die Komplexitätsökonomen beschränken sich bei ihrer Suche nach den Gründen für die Ungleichheit in der realen Welt natürlich nicht auf das Studium so simpler Modelle wie Zuckerwelt. Mit ihren Arbeiten wollen wir uns in Kapitel 18 beschäftigen.

Vögel tun es, Bienen tun es – und unsere Akteure tun es auch

Epstein und Axtell ergänzten ihr Modell um einen weiteren Faktor, von dem sie annehmen durften, dass er die Verhältnisse, wie auch im echten Leben zu beobachten, auf den Kopf stellen würde – die Sexualität. Spätestens seitdem Thomas Robert Malthus im frühen 19. Jahrhundert sein berühmtes Traktat zum Bevölkerungsgesetz verfasste, sind sich die Ökonomen der Bedeutung der Sexualität für die Wirtschaftswissenschaften bewusst. Computermodelle wie Zuckerwelt versetzen uns mittlerweile in die Lage, die Auswirkungen von Bevölkerungswachstum und Evolution zu beobachten und mit diversen Randbedingungen und Annahmen zu experimentieren.

Epstein und Axtell ordneten jedem Akteur ein Alter und ein Geschlecht zu.[224] Sobald die Akteure ein bestimmtes Alter erreicht haben und über ein Minimum an Zuckereinheiten verfügen, sind sie fortpflanzungsfähig. In jeder Runde suchen sie die unmittelbar benachbarten vier Felder ab. Wird ein Akteur des entgegengesetzten Geschlechts gefunden, paaren sie sich. Die DNA des resultierenden Babys stammt nach dem Zufallsprinzip je zur Hälfte von der Mutter und vom Vater. Sehfähigkeit und Verdauungseigenschaften stellen also eine Mischung beider Eltern dar. Zudem erbt das Kind von beiden Eltern jeweils die Hälfte des Zuckerreichtums. Das Kind wird in ein freies Feld neben seinen Eltern hineingeboren, sodass es je, nachdem, wo seine Eltern einander begegnet sind, in einer reichen oder armen Gegend ins Leben startet. Diese einfachen Regeln haben zweierlei Auswirkungen: Die schwächsten Vertreter der Population haben geringere Aussichten auf Nachkommenschaft, während die Nachkommen der stärksten Vertreter ihr Leben mit einem entscheidenden Startvorteil beginnen.

Als Epstein und Axtell auf den Startknopf drückten, begaben sich die Akteure wie zuvor eifrig auf Zuckersuche. Die fruchtbaren Akteure fanden rasch zueinander, und als auf den Frühling der Sommer folgte, war auf der Zuckerwelt-Matrix das Trippeln kleiner Kinderfüße zu vernehmen. In der Folge geschahen drei Dinge:

Erstens starben die schwächsten Vertreter der Population aus, während die stärksten Vertreter immer mehr Nachkommen zeugten. Die durchschnittliche Sehfähigkeit und die durchschnittlichen Verdauungseigenschaften verbesserten sich. Gleichzeitig nahm der Wohlstand zu.

Zweitens stellten sich mit der neuen Dynamik des Sterbens und Geborenwerdens Bevölkerungsschwankungen ein. Zuvor war die Bevölkerungsverteilung einigermaßen konstant gewesen; sie hatte in etwa der Ernährungskapazität der jeweiligen Landschaft entsprochen. Mit der geschlechtlichen Fortpflanzung begannen Überfluss- und Hungerzeiten einander abzuwechseln. Die starken Akteure legten große Zuckervorräte an und zeugten viele Nachkommen, bis der Boden die wachsende Bevölkerung nicht mehr ernähren konnte. Die Zuckerstapel wurden vorzeitig geerntet, mit der Folge, dass viele Akteure verhungerten und die Bevölkerungszahl schrumpfte. Schließlich konnte sich die Landschaft erholen, und ein neuer Zyklus begann.

Und drittens wurde der Abstand zwischen Arm und Reich immer größer. Wie wir im vorigen Abschnitt gesehen haben, erzeugt bereits ein Modell ohne geschlechtliche Fortpflanzung eine höchst ungleiche Wohlstandsverteilung. Die Einführung der genetischen und sozialen Vererbung bewirkte eine weitere Verstärkung des Trends, wonach die Reichen immer reicher und die Armen immer ärmer werden.

Die unsichtbare Hand kommt in die Zuckerwelt

Bislang waren die Akteure von Zuckerwelt reine Jäger und Sammler, die lediglich sammelten und konsumierten, was sie in der Landschaft vorfanden. Epstein und Axtell beschlossen jedoch, ihre künstliche Welt noch etwas realistischer zu gestalten, indem sie einen zweiten Gebrauchsartikel einführten, den sie »Gewürz« nannten.[225] Jedem Spielfeld ordneten sie fortan einen Zucker- und einen Gewürzgehalt zu. Wie der Zucker konzentrierte sich auch das Gewürz im Wesentlichen auf zwei Berge. Neben den Zuckerbergen im Nordosten und

Südwesten gab es fortan zwei Gewürzberge im Südosten und Nordwesten. Die Akteure benötigten für ihre tägliche Verdauung nicht nur Zucker, sondern auch Gewürz. Wie viel Zucker und wie viel Gewürz ein Akteur in jeder Runde verbrauchte, hing wieder von der jeweiligen DNA ab. In der Terminologie der traditionellen Wirtschaftslehre können wir uns diese individuellen Bedarfswerte als *Präferenzen* vorstellen.[226] Wie zuvor sind die Akteure in der Lage, den nicht benötigten Zucker und das nicht benötigte Gewürz zu bevorraten.

In einem letzten Schritt räumten Epstein und Axtell ihren Akteuren die Möglichkeit ein, Handel zu treiben. Anders als in den typischen Modellen der traditionellen Wirtschaftslehre gaben sie weder Markt noch Auktionatoren vor. Vielmehr fand der Handel unmittelbar zwischen den einzelnen Akteuren statt. Während sie durch die Landschaft streifen, begegnen sie anderen Akteuren. In jeder Spielrunde fragen sie jeden Mitspieler, der sich auf einem unmittelbar benachbarten Feld befindet, ob er an einem Handel interessiert ist. Verfügt der eine Akteur über reichlich Gewürz und zu wenig Zucker und der andere über reichlich Zucker und zu wenig Gewürz, können beide ihre Situation durch einen Handel verbessern. Nachdem beide ihre grundsätzliche Bereitschaft erklärt haben, beginnen sie einen Verhandlungsprozess, in dessen Verlauf sie sich so lange gegenseitig Angebote machen, bis sie handelseinig werden.

Epstein und Axtell verteilten ihre Handel treibenden, von der »Natur« ungleich ausgestatteten Akteure über ganz Zuckerwelt und drückten erneut die Starttaste. Kaum begannen sich die Akteure zu bewegen, als auch schon ein reger Handel einsetzte. In vielerlei Hinsicht entsprachen die Handelsmuster den Voraussagen der traditionellen Wirtschaftslehre. Epstein und Axtell verglichen Modelldurchläufe, in denen ein Handel erlaubt war, mit solchen, in denen die Akteure ihren Zucker und ihr Gewürz selbst sammeln mussten, und stellten fest, dass der Handel die Zuckerwelt-Gemeinschaft sehr viel reicher machte. Die Beobachtung, dass Handel zu mehr Wohlstand führt, gehört auch zu den grundlegenden Thesen der Ökonomen seit Adam Smith. Epstein und Axtell illustrieren diesen Wohlstandseffekt anhand eines extremen Beispiels: Angenommen, es begegnen sich zwei Akteure, von denen der eine an Zucker- und der andere an Gewürzmangel leidet. Ohne die Möglichkeit eines Handels drohen beide zu sterben; mit ihr können beide überleben. Der Effekt des Handels ist also äquivalent zu einer Erhöhung der Ernährungskapazität der betreffenden Landschaft, mit der Folge, dass es allen besser geht.

Epstein und Axtell studierten auch die Entwicklung der Handelsstrukturen. Sie verfolgten, wer mit wem Handel trieb, und beobachteten dabei erwartungsgemäß eine gewisse Bildung von Schwerpunkten des Handelsgeschehens, die auf räumliche Nähe zurückgingen. Und weil die Gewinne mit zunehmender Handelstätigkeit stiegen, zog ein Handel den nächsten nach sich. Somit konzentrierte sich das Handelsgeschehen auf bestimmte Orte, die sich als eine Art Handelszentren etablierten. Die Einführung der zweiten Ware hatte die Bewegungen der Akteure zudem komplizierter gemacht. Sie konnten sich nicht mehr auf einem der beiden Zuckerberge komfortabel einrichten. Vielmehr mussten sie sich auf die Suche nach Gewürz und nach Handelspartnern begeben. Geografie und Bevölkerungsdynamik bewirkten gemeinsam die Entstehung einiger stark frequentierter Handelsrouten, vergleichbar der antiken Seidenstraße, auf denen die Akteure zwischen den Zucker- und Gewürzbergen hin- und herpendelten.

Epstein und Axtell konnten zu jedem Zeitpunkt in die Akteure schauen und feststellen, wie viel Zucker oder Gewürz sie zu welchen Preisen zu kaufen oder zu verkaufen bereit waren. Indem sie diese Zahlen über alle Akteure mittelten, erhielten sie für beide Waren Angebots- und Nachfragekurven, die einen fast lehrbuchmäßigen Verlauf aufwiesen. Auch ohne weitere Vorgaben erzeugte bereits das einfache Zusammenspiel der Akteure eine steigende Angebots- und entsprechend eine fallende Nachfragekurve (Abbildung 4.4).

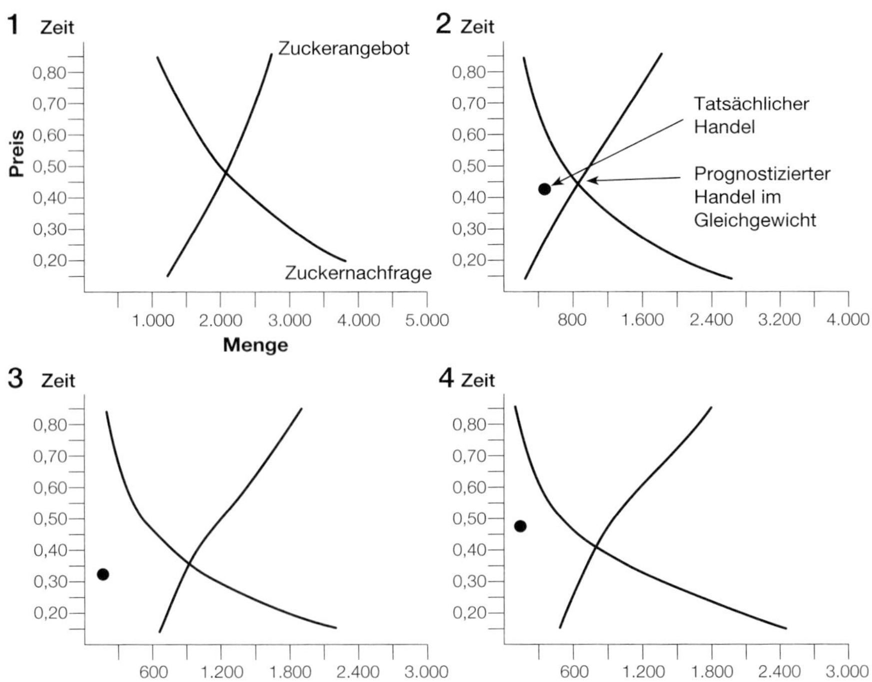

Abbildung 4.4: Angebots- und Nachfragekurve: Kein Gleichgewicht in der Zuckerwelt

Kein Gleichgewicht in Sicht

In Kapitel 3 beschäftigte uns die Frage, wie viele der zentralen Voraussagen der traditionellen Wirtschaftslehre zwar eine gute erste Näherung liefern, einer genaueren Überprüfung aber nicht standhalten. Ähnliches gilt auch für Zuckerwelt. Während die Zuckerwelt-Wirtschaft unwillkürlich hübsche X-förmige Angebots- und Nachfragekurven lieferte, pendelten sich die tatsächlich erzielten Handelspreise und -mengen zu keinem Zeitpunkt im theoretischen Gleichgewichtspunkt (dem Schnittpunkt der beiden Kurven) ein. Die Preise fluktuierten rund um den Gleichgewichtspunkt und näherten sich ihm mitunter im Lauf der Zeit an (vgl. die Positionen des Punktes in Abbildung 4.4). Aber selbst nach langen Simulationsläufen gab es immer noch signifikante Ausschläge. Ein traditioneller Ökonom könnte versucht sein, sie als »Rauschen um den Gleichgewichtspunkt« zu deuten; in Wahrheit jedoch kennt dieses Modell kein Rauschen. Zwar wurden die Anfangsbedingungen zufällig gewählt, aber sobald der Startschuss verklungen war, spulte der Computer sein Simulationsprogramm vollkommen deterministisch ab. Korrekt interpretiert bewegen sich die Preise folglich dynamisch um einen »Attraktor«[227] (der Begriff wird uns in Kapitel 5 beschäftigen), ohne sich jemals auf einen Gleichgewichtspunkt einzupendeln. Wie in der realen Welt liefert das Gesetz von Angebot und Nachfrage also auch in der Zuckerwelt nur eine grobe Näherung.

Epstein und Axtell beobachteten zudem eine sehr viel regere Handelstätigkeit, als in einem Gleichgewichtskontext zu erwarten gewesen wäre. Ein Korollar der traditionellen Gleichgewichtsprognose besagt, dass nur ein minimaler Handel stattfindet, der gerade ausreicht, um einen Ausgleich zwischen Angebot und Nachfrage zu schaffen. Zu den großen Rätseln der traditionellen Wirtschaftslehre gehört die Frage, warum das Handelsvolumen auf den Waren- und Finanzmärkten so viel größer ausfällt, als es die Theorie voraussagt.[228] Dieselbe Frage stellt sich auch in unserer Zuckerwelt, in der Preisvolatilität und Handelsvolumen weit über den Prognosen der traditionellen Theorie liegen. In den traditionellen Modellen treibt die Gesamtbevölkerung nicht mehr Handel, als unbedingt erforderlich ist, um ein Gleichgewicht zu erreichen. Zuckerwelt hingegen kennt keinen Mechanismus zur Koordinierung der Gesamtpopulation, und weil die Akteure räumlich voneinander getrennt sind (und Bewegung Zeit erfordert), bleibt ihre Handelstätigkeit auf ein lokales Umfeld beschränkt, mit der Folge, dass sich ein globales Gleichgewicht niemals einstellt. Indem die Akteure umherwandern und dabei einander begegnen, entstehen ständig neue Handelsgelegenheiten, die das Gesamthandelsvolumen in die Höhe treiben.

Eine weitere zentrale Voraussage der traditionellen Wirtschaftslehre betrifft bekanntlich das Gesetz des einheitlichen Preises, dem zufolge eine Ware in einem gegebenen Markt stets zum Gleichgewichtspreis gehandelt wird. In Zuckerwelt existieren jedoch zu jedem Zeitpunkt die unterschiedlichsten Preise – hier Wucher-, dort Schnäppchenpreise, ganz wie im Londoner Ketchupmarkt. Denn anders als im Gleichgewichtsmodell, wo alles gleichzeitig passiert, spielt Zeit in Zuckerwelt eine Rolle – und wer einen Handelspartner sucht, benötigt dafür Zeit. Ein Schnäppchen an einem anderen Ort will entdeckt werden – wie im Fall des achtlos fallen gelassenen 20-Dollar-Scheins. Sobald ein Handel abschlossen ist, bietet sich womöglich schon die nächste Gelegenheit, aber die Akteure haben gar nicht die Chance, mit der Dynamik der Wirtschaft Schritt zu halten, und so stellt sich auch niemals ein vollkommenes Gleichgewicht der Preise ein.

Ein weiterer Lehrsatz der traditionellen Wirtschaftslehre handelt vom Pareto-Optimum – Märkte streben stets eine perfekte Ressourcenverteilung an, die dadurch gekennzeichnet ist, dass jede Umverteilung irgendeinen der Beteiligten schlechter stellen würde. Der Zuckerwelt-Markt operiert jedoch stets unterhalb des Pareto-Optimums: Es existieren ständig Handelsgelegenheiten, die, würden sie wahrgenommen, mindestens einem Akteur Vorteile und keinem von ihnen Nachteile einbrächten. Auch dieses Phänomen erklärt sich aus der zeitlichen und örtlichen Entfernung. Akteur 1 im Südwesten weiß nicht, dass Akteur 2 im Nordosten ein idealer Handelspartner sein könnte. Und wenn er davon erführe, bräuchte er Zeit, um dorthin zu gelangen (und bis dahin hätten sich die Preise womöglich geändert). Ein traditioneller Ökonom würde die Rolle der Märkte gerade darin sehen, potenzielle Handelspartner in Zeit und Ort zusammenzubringen und ihren Handel effizienter zu gestalten. In der Tat sähe die Zuckerwelt-Wirtschaft einfacher aus, wenn wir alle Akteure täglich zur Mittagszeit an einem Ort zusammenbrächten, wo sie gemäß dem Walras'schen Modell eine Zucker- und Gewürzauktion abhalten könnten. Die traditionelle Wirtschaftslehre stellt sich die Welt als kontinuierliche »Walras'sche Auktion« vor, aber das entspricht nicht den realen Gegebenheiten. Abgesehen von den Finanzmärkten und eBay sind Auktionen in Wirklichkeit rar gesät. Der Grund dafür? Auktionen sind zwar gut im Ermitteln »korrekter Preise«, aber äußerst langsam in der Transaktionsdurchführung (ein Einkauf bei eBay erfordert Stunden, wenn nicht Tage). Die meisten Transaktionen in der realen Welt werden nach Zuckerwelt-Manier bilateral abgewickelt – im Gemüseladen an der Ecke ebenso wie zwischen Unternehmen. Bilaterale Transaktionen erzeugen zwar größere Preisspannen, sind dafür aber weniger zeit- beziehungsweise rechenaufwendig. Nicht auszudenken wie nervtötend es wäre, wenn wir im Supermarkt jedes Mal an einer langwierigen Auktion teilnehmen müssten, um einen Liter Milch zu erstehen.[229] Der bilaterale Handel bewirkt eine zeitliche und räumliche Streckung des Handelsgeschehens und sorgt in der realen Welt ebenso wie in Zuckerwelt dafür, dass sich ein globales Gleichgewicht so schnell nicht einstellt. Die traditionelle Wirtschaftslehre verlegt den Handel nur deshalb in Auktionsmärkte, um mithilfe mathematischer Gleichungen ein Gleichgewichtsresultat aus dem Hut zaubern zu können.

Während der Handel in Zuckerwelt allen Beteiligten signifikante Vorteile bringt und die Gesellschaft insgesamt reicher macht, vergrößert er doch zugleich die Kluft zwischen Reich und Arm. Schon in der Anfangsversion des Modells gab es eine signifikante Öffnung der Schere, die schlicht aus der Dynamik des

Spiels resultierte. Sexualität und Familienbildung, in Kombination mit der Vererbung von genetischen Anlagen und Reichtum, ließen den Abstand noch größer werden. Mit der Einführung des Handels jedoch erreichte die Ungleichverteilung des Reichtums jenen Grad, den wir aus den modernen Ökonomien der realen Welt kennen.[230]

Die Entstehung hierarchischer Strukturen

Bislang bestand die Zuckerwelt-Wirtschaft lediglich aus einer Ansammlung von Individuen – ohne hierarchische Strukturen zwischen Managern und Angestellten, Zulieferern, Zwischen- und Einzelhändlern. Der Grund dafür war die Kurzlebigkeit und Symmetrie der Geschäftsbeziehungen zwischen den Akteuren. Hierarchien sind jedoch ein charakteristisches Merkmal jeder realen Ökonomie. Epstein und Axtell nahmen folglich eine weitere Veränderung an ihrem Modell vor, um die Bildung stabiler Handelsbeziehungen und die Entwicklung einer Hierarchie zu ermöglichen: Sie gestatteten ihren Akteuren, Kredite aufzunehmen und zu vergeben.

In Zuckerwelt gibt es nur einen Grund, Kredite aufzunehmen – Nachkommen in die Welt zu setzen. Alle Akteure haben das elementare Bedürfnis, sich fortzupflanzen, aber während viele zu arm sind, um sich Kinder leisten zu können, wissen andere gar nicht, was sie mit all ihrem Zucker und Gewürz anfangen sollen. Epstein und Axtell führten die Regel ein, dass Akteure, die entweder zu alt zum Kinderkriegen sind oder über mehr Vorräte verfügen, als sie für ihren eigenen Fortpflanzungsbedarf benötigen, Kredite vergeben können. Ein Akteur hingegen, der über ein regelmäßiges Zucker- und Gewürzeinkommen verfügt, ohne dass seine Vorräte zum Kinderkriegen reichen, darf Kredite aufnehmen. Aus praktischen Gründen gaben Epstein und Axtell Zinssatz, Kreditlaufzeit und Sanktionen bei Nichterfüllung fest vor. Jeder kreditwürdige Akteur, der zusätzliche Ressourcen benötigte, um sich fortzupflanzen, konnte fortan bei jedem Nachbarn, der über überschüssige Ressourcen verfügte, einen Kredit aufnehmen.

Was Epstein und Axtell überraschte, war weniger der bemerkenswerte Umfang der einsetzenden Kreditaktivitäten als vielmehr die Entstehung eines komplexen hierarchischen Kapitalmarkts. Die Forscher untersuchten die Beziehungen zwischen Kreditnehmern und Kreditgebern und stellten fest, dass viele Akteure beide Rollen gleichzeitig wahrnahmen und praktisch als Vermittler fungierten. Zuckerwelt hatte die Bank erfunden! Im weiteren Simulationsverlauf verkomplizierte sich die Lage. Bestimmte reiche Akteure vergaben Großkredite an Zwischenhändler, die wiederum die Endabnehmer mit Krediten versorgten. In einigen Simulationen erreichte die Hierarchieleiter bis zu fünf Stufen. Es war sogar möglich, zwischen institutionellen Anlegern, Investmentbanken, Handelsbanken und Retail-Banken zu unterscheiden.

Ebenso wie die übrigen emergenten Zuckerwelt-Phänomene wurden auch die Kreditstrukturen dem Modell nicht einfach übergestülpt. Die Entwicklung dieser großformatigen Makrostrukturen war vielmehr das Resultat des dynamischen Zusammenspiels lokaler Mikrovorgaben.

Eine *In-silico*-Wirtschaft

Der Vergleich zweier wissenschaftlicher Theorien erfolgt in der Regel nach dem *Korrespondenzprinzip*, dem zufolge eine neue Theorie die Stärken der Vorgängertheorie übernehmen, ihre Schwächen erklären und darüber hinaus neue Einsichten vermitteln sollte. Epstein und Axtell behaupten weder, dass Zuckerwelt eine eigenständige Wirtschaftstheorie darstellt, noch, dass das Modell die Frage nach der »Entstehung von Wohlstand« hinlänglich beantwortet. Dennoch erfüllt Zuckerwelt das Korrespondenzprinzip und zeigt uns interessante neue Richtungen auf. Das Modell reproduziert viele zentrale und intuitiv erwartbare Elemente der traditionellen Wirtschaftslehre. Das Gesetz von Angebot und Nachfrage wird als Näherung bestätigt (wie in der realen Welt), und der Handel erzeugt signifikante Gewinne. Einem Modell, das zu anderen Ergebnissen käme, würde wohl auch kaum jemand Glauben schenken. Aber Epstein und Axtell reproduzierten diese klassischen ökonomischen Resultate mittels eines Modells, das ohne die für die traditionellen Modelle typischen unrealistischen Annahmen auskommt. Weder wird den Akteuren eine geradezu übermenschliche Rationalität unterstellt noch werden irgendwelche gesellschaftlichen oder ökonomischen Strukturen vorausgesetzt. Auf die Annahme der Gleichzeitigkeit des Geschehens wird ebenfalls verzichtet.

Noch interessanter ist aber vielleicht der Umstand, dass die Zuckerwelt einige der in den Augen der traditionellen Wirtschaftslehre größten Anomalien abbildet, wie beispielsweise die Verletzung des Gesetzes vom einheitlichen Preis, die Existenz horizontaler Ungleichheit sowie eine größere Preisvolatilität und ein größeres Handelsvolumen, als die traditionelle Wirtschaftslehre voraussagt. Epstein und Axtell verwendeten dazu einen Ansatz, der sich von der traditionellen Methodik fundamental unterscheidet. Sie nahmen nicht *a priori* an, dass es sich bei Zuckerwelt um ein Gleichgewichtssystem handelt. Sie verliehen Zuckerwelt vielmehr eine Grundstruktur aus Landschaft und Akteuren und überließen das System anschließend sich selbst. Die Möglichkeit einer Entwicklung hin zu einem Gleichgewicht war gegeben, aber sie bewahrheitete sich nicht. Stattdessen bildeten sich komplexe und vielfältige Ordnungsstrukturen heraus, in denen sich mit etwas Phantasie Populationsstämme, Handelszentren, Handelsrouten und Kapitalmärkte erkennen ließen, die in keiner Weise vorprogrammiert waren. Sie alle entwickelten sich von selbst und allein aus den Regeln, die Epstein und Axtell dem System zu Beginn mitgegeben hatten.

Weitere Merkmale der Komplexitätsökonomik

Zuckerwelt ist lediglich ein Beispiel für das, was sich mir als ein völlig neuer wirtschaftswissenschaftlicher Ansatz darstellt. Obwohl Modelle wie Zuckerwelt das Ergebnis einer vergleichsweise jungen Entwicklung sind (ein Grund dafür ist die benötigte Rechnerleistung), bauen sie auf einer langen und reichen Geistesgeschichte auf. Zu dieser Geschichte gehören Figuren wie der Erfinder der Spieltheorie und des zellulären Automaten John von Neumann, Mitglieder der »österreichischen Schule« wie Friedrich Hayek, Verhaltensökonomen wie Herbert Simon und Daniel Kahneman, Evolutionsökonomen wie Richard Nelson und Sidney Winter, Politologen wie Robert Axelrod und Thomas Schelling sowie Computer Scientists wie John Holland und Christopher Langton.[231]

In den verbleibenden Kapiteln von Teil II werden wir uns mit den Arbeiten dieser und vieler weiterer Forscher beschäftigen – Arbeiten, die, wie wir sehen werden, in der Summe ein neues wirtschaftswissenschaftliches Paradigma verkörpern. Zur Beschreibung dieses neuen Paradigmas verwenden die Ökonomen diverse Namen – Computational Economics, Agent-Based Modelling, Social Dynamics, Evolutionsökonomik, Verhaltensorientierte Spieltheorie, Santa-Fe-Schule und Interaktionsökonomik.[232] Zwischen diesen Begriffen bestehen leichte Bedeutungsunterschiede, sodass ich mit der Entscheidung für einen von ihnen Gefahr liefe, meinen Blickwinkel allzu sehr einzuschränken. Ich habe deshalb den Dachbegriff *Komplexitätsökonomik* gewählt. Wie bereits erwähnt, handelt es sich bei der Komplexitätsökonomik im gegenwärtigen Entwicklungszustand weniger um eine geschlossene Theorie als vielmehr um ein Forschungsprogramm mit vielen Graubereichen. Es existieren jedoch fünf »große Ideen« (Abbildung 4.5), mit denen wir die Komplexitätsökonomik umreißen und gegenüber früheren Arbeiten abgrenzen können.

Ein wichtiges Merkmal des komplexitätsökonomischen Ansatzes besteht darin, dass sich diese fünf Ideen nicht allein mittels mathematischer Sätze analysieren lassen. Brian Arthur verglich das mathematische Instrumentarium der traditionellen Wirtschaftslehre mit dem technologischen Entwicklungsstand von Federkiel und Pergament. Die Komplexitätsökonomik verwendet stattdessen eine breite Palette unterschiedlicher Herangehensweisen. Theoreme, Gleichgewichtsanalyse, Spieltheorie und andere traditionelle Werkzeuge spielen weiterhin eine Rolle. Daneben machen die Komplexitätsforscher jedoch ausgiebig von der ständig wachsenden Rechenleistung moderner Computer Gebrauch. Zum besseren Verständnis der Wirtschaft als einem offenen, dynamischen System importieren sie neue mathematische und statistische Werkzeuge aus Physik, Biologie und anderen Disziplinen. Sie machen sich die Fortschritte in der experimentellen Ökonomik und in der ökonomischen Datenanalyse zunutze, um ihre Theorien mit empirischen Belegen zu untermauern.

In den folgenden fünf Kapiteln werden wir diese »großen Ideen« genauer unter die Lupe nehmen. Im anschließenden dritten Teil des Buches werden wir sehen, wie sich aus ihnen die Grundlage für eine neue Herangehensweise an die Frage nach der Entstehung von Wohlstand ergibt.

	Komplexitätsökonomik	**Traditionelle Wirtschaftslehre**
Dynamik	Offene, dynamische, nichtlineare Ungleichgewichtssysteme	Geschlossene, statische, lineare Gleichgewichtssysteme
Akteure	Individuell modelliert; entscheiden mittels induktiver Faustregeln; sind unvollständig informiert; sind anfällig für Fehler und Vorurteile; lern- und anpassungsfähig	Kollektiv modelliert; entscheiden mittels komplexer deduktiver Berechnungen; sind umfassend informiert; sind fehler- und vorurteilsfrei; haben keinen Lern- und Anpassungsbedarf (sind bereits perfekt)
Beziehungsstrukturen	Modellieren explizit das Zusammenspiel zwischen individuellen Akteuren; dynamische Beziehungsnetzwerke	Lassen nur ein indirektes Zusammenspiel der Akteure über Marktmechanismen (zum Beispiel Auktionen) zu
Emergenz	Keine Trennung zwischen Mikro- und Makroökonomik; Makromuster sind das emergente Resultat des Verhaltens und Zusammenspiels auf der Mikroebene	Mikro- und Makroökonomik bleiben getrennte Disziplinen
Evolution	Der Evolutionsprozess aus Variation, Selektion und Amplifikation sorgt für die Erneuerung des Systems und die Zunahme von Ordnung und Komplexität	Kein Mechanismus für eine Systemerneuerung oder eine Ordnungs- und Komplexitätszunahme

Abbildung 4.5: Fünf »große Ideen«, welche die Komplexitätsökonomik von der traditionellen Wirtschaftslehre unterscheiden

5. Dynamik: Die Wonnen des Nichtgleichgewichts

Zu Beginn des 20. Jahrhunderts, als die Ökonomik sich von ihrer Begegnung mit der Physik wieder auf ihr intellektuelles Kuba zurückzog, vollführten die Naturwissenschaften einen radikalen Richtungswandel. Während der folgenden 100 Jahre sollten die Physiker eben jene Theorien in Stücke reißen, die Walras und Kollegen als Vorlage gedient hatten, und durch Relativität, Quantenmechanik, Thermodynamik von Nichtgleichgewichtssystemen, Chaos- und Komplexitätstheorie ersetzen. Die Wissenschaftler erkannten, dass die Welt weder deterministisch wie ein Uhrwerk noch zufällig wie ein Roulettespiel ist. Vielmehr spielen sich die meisten Phänomene des Universums irgendwo dazwischen ab; sie mischen Determiniertheit und Zufälligkeit auf komplexe und nicht vorhersagbare Weise. Im 20. Jahrhundert begann die Wissenschaft, die Unordnung und Unbestimmtheit der Wirklichkeit zu akzeptieren.

Im dritten Kapitel vertrat ich die These, bei der von den traditionellen Ökonomen irrtümlich als Gleichgewichtssystem behandelten Wirtschaft handele es sich in Wahrheit um ein komplexes adaptives System ohne jedes Gleichgewicht. Im vierten Kapitel begannen wir, anhand des Zuckerwelt-Modells, Wesen und Verhalten eines komplexen adaptiven Systems zu studieren. In diesem Kapitel wollen wir nun unser Bild von der Wirtschaft verfeinern und die Konsequenzen unserer neuen Charakterisierung untersuchen. Seit den Achtzigerjahren dringen Begriffe wie *Chaos*, *Dynamik* und *Nichtlinearität* zunehmend ins allgemeine Bewusstsein, ausgelöst nicht zuletzt durch Bestseller wie *Chaos* von James Gleick, Romane und Hollywoodfilme. Wir wollen ihre Bedeutung im ökonomischen Kontext studieren und herausfinden, was sie mit dem Auf- oder Abstieg ganzer Branchen wie beispielsweise dem Flugzeugbau oder der Immobilienwirtschaft und ähnlichen Phänomenen zu tun haben.

Dynamik und Rückkopplung

Zuerst können wir festhalten, dass die Wirtschaft ein *dynamisches System* ist. Das bedeutet nichts anderes, als dass sie sich mit der Zeit verändert: Preise und Löhne steigen und fallen, Unternehmen betreten Märkte oder ziehen sich aus ihnen zurück. Die traditionelle Wirtschaftslehre hat diesen Dynamismus, der ihr nicht verborgen blieb, in der Regel exogenen Einflüssen wie beispielsweise technologischen Veränderungen, politischen Ereignissen oder veränderten Konsumentenpräferenzen zugeschrieben. Uns hingegen interessiert die Frage, wie die Wirtschaft ein solches dynamisches Verhalten endogen – aus ihrer eigenen Struktur heraus – erzeugen kann.

Wenn Wissenschaftler von der Dynamik eines Systems sprechen, wollen sie damit sagen, dass sein augenblicklicher Zustand eine Funktion seines Zustands zu einem früheren Zeitpunkt sowie einer in der Zwischenzeit eingetretenen

Veränderung ist.[233] Ein einfaches Beispiel für ein dynamisches System liefert ein Bankkonto.[234] Der Kontostand ändert sich im Lauf der Zeit. Der Stand von morgen ist der Stand von heute zuzüglich eventueller Veränderungen wie beispielsweise Einlagen, Entnahmen oder Zinsgutschriften. Wir können den Kontostand zu einem beliebigen Zeitpunkt mit einer einfachen Formel beschreiben: $B_{t+1} = B_t +$ (Einlagen – Entnahmen + Zinsen). In einer iterativen Schleife bildet das Ergebnis der Gleichung für den einen Zeitraum den Ausgangspunkt für die Berechnung des nächsten Zeitraums. Die Veränderungen sind in dynamischen Prozessen entweder diskret wie bei einem Bankkonto, wo sie zu bestimmten Zeitpunkten erfolgen (Zinsen werden zu bestimmten Stichtagen gutgeschrieben), oder kontinuierlich wie bei der Planetenbewegung.

Dynamische Systeme lassen sich mittels Beständen und (Zu- beziehungsweise Ab-)Flüssen beschreiben.[235] Bestände sind Mengenzustände, wie beispielsweise der Saldo eines Bankkontos oder die Füllmenge einer Badewanne. Flüsse sind die Veränderungen der Bestände im Lauf der Zeit, wie die Geldbewegungen auf dem Bankkonto oder der Zu- oder Abfluss des Badewassers. Die Wirtschaft ist voller Bestände, die sich mit der Zeit verändern, siehe beispielsweise die Geldmenge oder die Zahl der Beschäftigten. Zu jedem Bestand gehört ein Fluss oder eine zeitliche Veränderungsrate; die Zentralbank kann die Geldmenge erhöhen oder reduzieren, und die Unternehmen können Mitarbeiter einstellen oder entlassen. Dabei müssen sich Bestände und Flüsse nicht auf Greifbares wie Geld oder Menschen beziehen, sondern sie können auch abstrakte Faktoren wie beispielsweise das Konsumklima betreffen, das sich mit der Zeit verbessert oder verschlechtertt.[236]

Wenn wir uns die Wirtschaft als eine Ansammlung von Beständen mitsamt den zugehörigen Flüssen vorstellen, erkennen wir rasch, dass die unterschiedlichen Bestände und Flüsse auf vielfältige und komplexe Weise miteinander in Beziehung stehen. Wenn der Beschäftigungsstand auf einen Tiefpunkt sinkt, könnten die zuständigen Politiker die Zinsen senken, um Kredite zu verbilligen und den Bestand an liquiden Mitteln zu vergrößern, damit die Unternehmen verstärkt in neue Produktionskapazitäten investieren und den Bestand an Arbeitsplätzen vergrößern, wodurch schließlich angesichts einer verbesserten Beschäftigungslage eine Rückkopplung auf die künftige Zinspolitik entstünde. Solche Zusammenhänge zwischen den einzelnen Beständen und Flüssen eines dynamischen Systems werden als *Rückkopplungsschleifen* bezeichnet.

Von Rückkopplung sprechen wir, wenn der Output eines Teils des Systems als Input für einen anderen Teil dient, wenn sich also beispielsweise A auf B und B auf C auswirkt und das Ergebnis von C wiederum in A eingeht. *Positive Rückkopplung* liegt dann vor, wenn diese zirkuläre Beeinflussung verstärkend wirkt – wenn wir A anschieben, gibt A den Schub an B und B an C weiter, bis schließlich A von C einen weiteren Schub erhält, der unseren Anfangsschub übertrifft. Ein klassisches Beispiel für eine positive Rückkopplung ist das bereits erwähnte Mikrofon, das zu pfeifen beginnt, sobald wir es zu dicht an den

Lautsprecher halten. Auch Abwärtsspiralen gehören zu den positiven Rückkopplungen. Ein schlechteres Konsumklima beispielsweise kann die Ausgabebereitschaft dämpfen, sodass die Produktion verringert und Beschäftigte entlassen werden müssen, was sich wiederum negativ auf das Konsumklima auswirkt und so weiter. Das war die dynamische Schleife, auf die John Maynard Keynes in seiner *Allgemeinen Theorie der Beschäftigung, des Zinses und des Geldes* von 1936 hinwies.[237] Es handelt sich um eine positive Rückkopplung, auch wenn die Betroffenen hierin nichts Positives sehen mögen. Die Faustregel lautet: Eine positive Rückkopplung verstärkt, beschleunigt und erweitert das Geschehen, ganz gleich, ob in einer Aufwärts- oder in einer Abwärtsspirale. Systeme mit positiver Rückkopplung können also exponenzielles Wachstum, Verfall oder Oszillationen mit wachsenden Amplituden aufweisen.

Das Gegenteil ist die *negative Rückkopplung*. Sie beschreibt eine zirkuläre Beeinflussung mit abschwächender Wirkung. Veränderungen werden verlangsamt und Oszillationen gedämpft. Ein klassisches Beispiel ist der bereits erwähnte Thermostat. Systeme mit negativer Rückkopplung streben entweder stetig oder mit abnehmender Amplitude oszillierend einem Gleichgewichtspunkt zu.[238]

Dynamische Systeme weisen noch einen weiteren Aspekt auf – *Zeitverzögerungen*. Die meisten Menschen haben es schon einmal mit Duschwasserhähnen zu tun gehabt, die sich partout weigern, Wasser in der richtigen Temperatur abzugeben. Erst kommt das Wasser lauwarm, und wir drehen den Heißwasserhahn weiter auf. Kurz darauf verbrennt es uns schier die Haut, und wir hantieren erneut am Regler, nur um Augenblicke später vor Kälte zu schlottern. Das Problem ist die kleine Zeitverzögerung zwischen der Betätigung des Wasserhahns und der Rückmeldung beziehungsweise Veränderung der Wassertemperatur. Diese Verzögerung verleitet uns dazu, übers Ziel hinauszuschießen und den Heißwasserhahn abwechselnd zu weit auf- oder zuzudrehen. Irgendwann kommen wir auf den Trichter, und die Oszillationsbewegungen nehmen ab, bis wir schließlich unsere Wunschtemperatur gefunden haben. Je länger die Zeitverzögerung, desto schwieriger gestaltet sich die Einstellung der Dusche, und desto mehr Oszillationen benötigen wir.

Wie unschwer zu erkennen ist, können dynamische Systeme mit vielfältigen Beständen und Flüssen, die über positive und negative Rückkopplungseffekte miteinander verbunden sind, höchst komplex werden. Die positive Rückkopplung treibt das System an und beschleunigt es, während die negative Rückkopplung dämpfend und bremsend wirkt. Sobald jedoch Zeitverzögerungen ins Spiel kommen, können sich die Rückkopplungseffekte verselbstständigen und das Gesamtsystem in wilde Oszillationen stürzen.

Die Wissenschaft von den Nichtdickhäutern

Unsere zweite Beobachtung lautet, dass die Wirtschaft ein *nichtlineares System* ist. Dieser Begriff sorgt häufig (auch unter Ökonomen) für Verwirrung. Weil *nichtlinear* wörtlich »keine gerade Linie« bedeutet, werden darunter häufig sämtliche Funktionen verstanden, deren Graph keine Gerade ist. Für statische Systeme ist das zutreffend. Die Gleichung $y = mx + b$ ist linear, ihr Graph eine Gerade. Die Gleichung $y = x^2$ hingegen ist nichtlinear, ihr Graph eine Parabel. Eine Faustregel lautet: Besteht die rechte Gleichungsseite nur aus Additionen und Subtraktionen sowie Skalarmultiplikationen und -divisionen, so ist sie linear. Enthält sie Potenzen, trigonometrische Funktionen oder andere Exoten, so ist sie nichtlinear.

Wir müssen jedoch etwas vorsichtiger sein, wenn wir über dynamische Systeme sprechen, zeigen doch über einen gewissen Zeitraum dargestellte lineare dynamische Systeme häufig einen alles andere als geraden Verlauf. Zuvor erwähnten wir bereits das Bankkonto als Beispiel für ein dynamisches System. Wir können die Entwicklung eines Kontos, dem regelmäßig Zinsen gutgeschrieben werden, mithilfe einer einfachen linearen Gleichung beschreiben. Angenommen, der Zinssatz beträgt 10 Prozent für einen bestimmten Zeitraum (und es finden keine Ein- oder Auszahlungen statt). Dann lautet die Gleichung für den Kontostand: $B_{t+1} = B_t\,(1 + 0{,}10)$. Bei einem gegenwärtigen Stand von 100 erhalten wir also für die nächste Periode 110. Diese Beziehung ist linear, weil die rechte Seite der Gleichung lediglich aus einer Skalarmultiplikation besteht. Wenn wir jedoch den Kontostand B auf der Zeit t auftragen, erhalten wir eine hübsche Exponenzialkurve (Abbildung 5.1a). Auch wenn die zeitliche Entwicklung keine Gerade beschreibt, sprechen wir dennoch von einer linearen Gleichung, weil der durch sie beschriebene Fluss (Zinsgutschrift) linear vom Bestand (Kontostand) abhängt. Am leichtesten erkennen wir dies, indem wir den Kontostand der nächsten Periode $t + 1$ über dem Kontostand der gegenwärtigen Periode t darstellen (Abbildung 5.1b). Wir erhalten ein sogenanntes *Spinnweb-Diagramm*, dessen x-Achse den Kontostand der gegenwärtigen Periode und dessen y-Achse den Kontostand der jeweils nächsten Periode anzeigt. Auf diese Weise können wir erkennen, ob die Veränderungsrate konstant bleibt oder sich beschleunigt oder verlangsamt. In Abbildung 5.1b erkennen wir eine hübsche Gerade, die anzeigt, dass die Veränderungsrate konstant und das System ein lineares ist. Lineare dynamische Systeme können im zeitlichen Verlauf diverse Verhaltensweisen an den Tag legen, wie beispielsweise Stillstand, geradliniges Wachstum oder geradlinigen Rückgang, exponenzielles Wachstum oder exponenziellen Rückgang – und dennoch bleibt die Veränderungsrate linear.

Interessanter wird es, wenn wir uns *nichtlinearen dynamischen Systemen* zuwenden. Denken wir uns ein etwas seltsames Bankkonto, dessen Verzinsung der Formel $B_{t+1} = rB_t - rB_t^2$ mit einer Konstanten r gehorcht. Aufgrund des Quadratausdrucks auf der rechten Seite ist die Gleichung nichtlinear – wir können auch die leichter lesbare Form $B_{t+1} = rB_t\,(1 - B_t)$ wählen, die auch als quadratische Abbildung oder logistische Gleichung bekannt ist. Für $B_t = 100$ und $r = 0{,}10$ ergibt sich für die nächste Periode ein Kontostand von –990. Auch

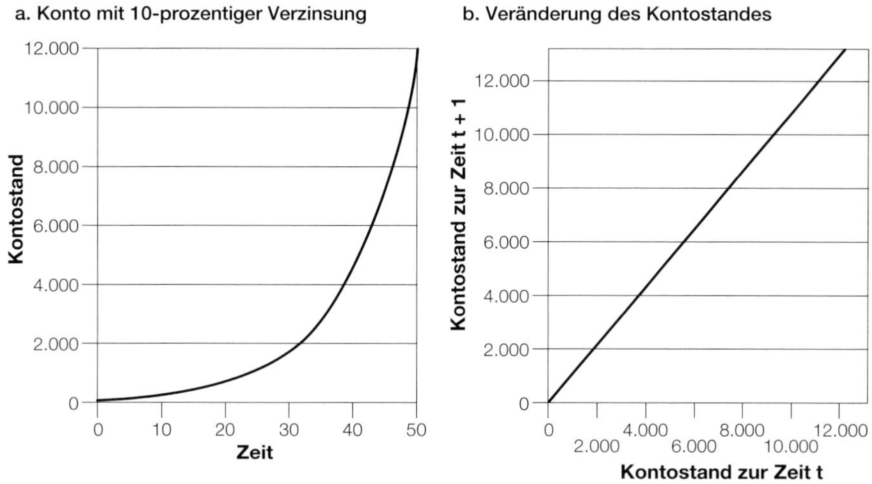

Abbildung 5.1: Konto mit exponenziellem Wachstum

wenn diese Gleichung keine besonders attraktive Anlageform ergibt, hat sie einige interessante Eigenschaften. Wir können den Parameter *r* wie ein Gaspedal dazu verwenden, die Veränderung zu beschleunigen oder zu verlangsamen und der Gleichung die unterschiedlichsten Verhaltensweisen zu geben.

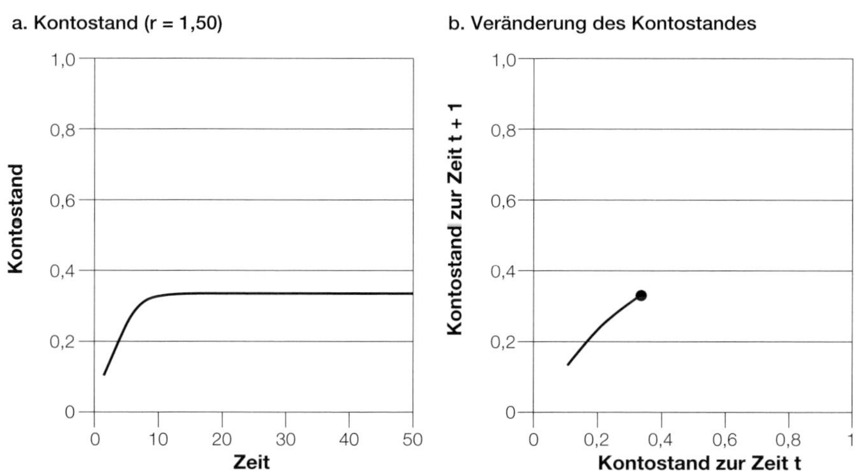

Abbildung 5.2: Konto mit Fixpunkt-Attraktor

Wenn wir beispielsweise den anfänglichen Kontostand mit 0,10 und *r* mit 1,50 ansetzen, steigt der Kontostand auf 0,3333 an, um dort für immer zu bleiben (Abbildung 5.2a). Auf dem zugehörigen Spinnweb-Diagramm (Abbildung 5.2b) erkennen wir eine sanft ansteigende Kurve, die in dem Punkt 0,3333 endet. Hier haben wir unseren guten alten Gleichgewichtspunkt oder *Fixpunkt-Attraktor*, der so heißt, weil das System im Spinnweb-Diagramm zu diesem einen Punkt hinstrebt. Mit $r = 3{,}3$ erhalten wir ein völlig anderes Bild. Das System beginnt wie ein Pendel regelmäßig hin- und herzuschwingen (man spricht von einem *periodischen Grenzzyklus*; Abbildung 5.3). Wenn wir r geringfügig auf 3,52 erhöhen, werden aus den einfachen Schwingungen verschachtelte Oszillationen ähnlich einem Kardiogramm (*quasiperiodischer Grenzzyklus*; Abbildung 5.4). Einige nichtlineare Systeme zeigen äußerst komplexe Muster, die sich über lange Zeiträume erstrecken, um sich am Ende doch zu wiederholen. Bei $r = 4$ schließlich erhalten wir *Chaos* (Abbildung 5.5a). Ein derartiges chaotisches System weist drei entscheidende Merkmale auf. Erstens ist es, auch wenn es nach Zufall aussieht, deterministisch. Unsere chaotische Sparkontoformel beispielsweise verfügt über keinerlei Zufallsfaktoren. Zweitens wird es sich im Gegensatz zu periodischen Systemen niemals wiederholen, ganz gleich, wie lange wir die Formel laufen lassen (auch wenn es mitunter schwerfällt, echte chaotische Systeme von Systemen mit sehr langen und komplexen Oszillationen zu unterscheiden). Und drittens ist das System begrenzt. Auch wenn es wild hin- und her springt, gibt es Orte, die es nicht betritt. In unserem Sparkontobeispiel bleiben die Werte zwischen 0 und 1, und das Spinnweb-Diagramm zeigt eine Dreiecksform mit freiem Raum in der Mitte (Abbildung 5.5b). Wenn Sie Mühe haben, die jeweils links dargestellten Bestandsverläufe mit den rechts dargestellten Veränderungen gedanklich in Einklang zu bringen, sind Sie damit nicht allein. Die mangelnde Intuitivität vieler nichtlinearer dynamischer Systeme führt, wie wir noch sehen werden, zu mancherlei Problemen, sobald es darum geht, in ihrem Kontext Entscheidungen zu treffen.

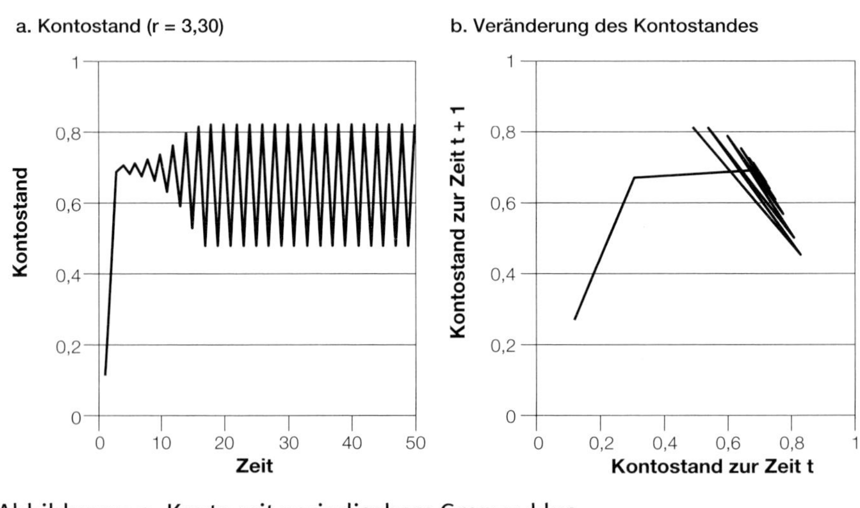

Abbildung 5.3: Konto mit periodischem Grenzzyklus

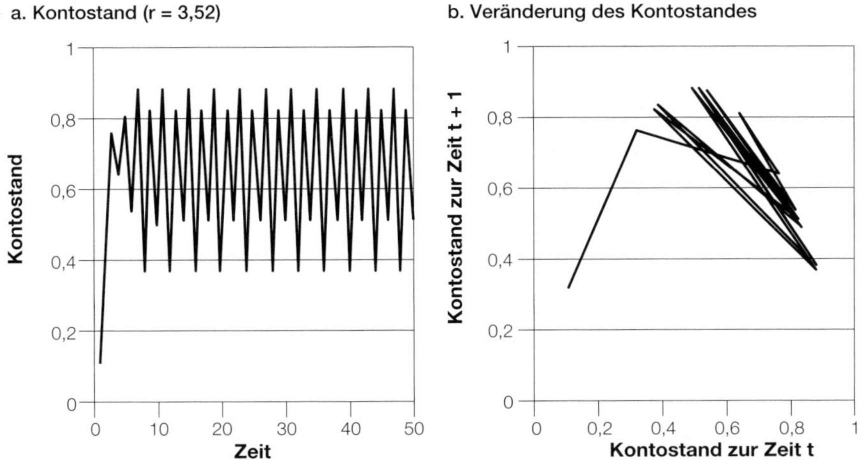

Abbildung 5.4: Konto mit quasiperiodischem Grenzzyklus

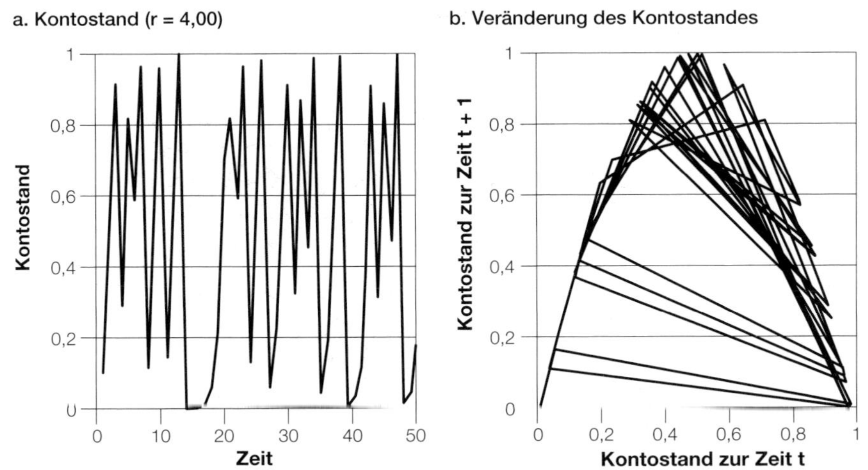

Abbildung 5.5: Konto mit chaotischem Verlauf

Dass sich allein mit der Veränderung eines Parameters so unterschiedliche Verhaltensweisen erzeugen lassen, illustriert eine wichtige Eigenschaft nichtlinearer dynamischer Systeme: *empfindliche Abhängigkeit von den Anfangsbedingungen*. Stellen wir uns einen puttenden Golfer auf einem kniffligen Green mit vielen Unebenheiten vor. Wenn der Golfer zwei Putts schlägt und die anfängliche Ballposition sowie Richtung und Stärke der Schwünge nur geringfügig voneinander abweichen, divergieren die Bahnen, und die Bälle landen an völlig unterschiedlichen Orten. Nichtlinearitäten bewirken, dass kleine Unterschiede in den Anfangsbedingungen mit der Zeit vergrößert werden, sodass wir den Anfangszustand mit beinahe unendlicher Genauigkeit kennen müssen, um den Endzustand vorherbestimmen zu können.

Eine weitere Eigenschaft nichtlinearer dynamischer Systeme ist ihre *Pfadabhängigkeit* – anders ausgedrückt: Geschichte spielt eine Rolle. Der Kontostand zur Zeit $t + 1$ hängt vom Kontostand zur Zeit t ab, und wo ein Golfer zu seinem vierten Schlag ansetzt, hängt vom dritten Schlag ab und so weiter. Jede Veränderung in einem dieser Kettenglieder führt zu einem völlig anderen Ergebnis; ein ganz anders verlaufener zweiter Schlag hätte sich auch auf den vierten Schlag ausgewirkt.

Aufgrund dieser beiden Eigenschaften – empfindliche Abhängigkeit von den Anfangsbedingungen und Pfadabhängigkeit – sind Voraussagen im Rahmen nichtlinearer dynamischer Systeme häufig schwierig, wenn nicht gar unmöglich. Ausgerechnet zu der Zeit, als Walras die physikalischen Lehrbücher plünderte, entdeckte der französische Mathematiker Henri Poincaré das Chaos und bewies die Unlösbarkeit vieler Arten von nichtlinearen dynamischen Systemen mit den damals verfügbaren mathematischen Instrumenten.[239] Weil die Gleichungen keine analytische Lösung zuließen, gab es keine Möglichkeit, das Verhalten eines nichtlinearen dynamischen Systems vorherzubestimmen. Man war darauf angewiesen, das System selbst zu beobachten. So unaufwendig ein simulierter Systemdurchlauf auf dem Computer ist (siehe unser Sparkontobeispiel), so mühsam ist er jedoch per Hand. Nach Poincarés Entdeckung blieb den Wissenschaftlern folglich nur die Alternative, nichtlineare Systeme zu ignorieren oder sie mit linearen Gleichungen zu approximieren. Das Studium nichtlinearer Systeme dümpelte folglich 70 Jahre vor sich hin, bis in den Sechziger- und Siebzigerjahren neue mathematische Werkzeuge und Computer verfügbar wurden. Heute gehört die Beschäftigung mit nichtlinearen Systemen zum Tagesgeschäft der Physiker.[240]

Angesichts der Häufigkeit nichtlinearer Systeme in der Natur kommt dieser Entwicklung große Bedeutung zu. Die betreffenden Phänomene reichen von den Turbulenzen im Umfeld einer Flugzeugtragfläche über das Wetter und die Lasertechnologie bis zu den Synapsen in unserem Gehirn. Nichtlineare Systeme sind so häufig und echte lineare Systeme so selten, dass der Mathematiker Ian Stewart das Studium der »nichtlinearen Systeme« in der Physik scherzhaft mit dem Studium der »Nichtdickhäuter« in der Zoologie vergleicht.[241]

Die Wirtschaft ist komplex, aber nicht chaotisch

Wie wir gesehen haben, ist die Wirtschaft ein dynamisches System. Wir sind jetzt in der Lage, sie als nichtlineares System zu charakterisieren. Von der Existenz nichtlinearer Beziehungen in der Wirtschaft wissen die Ökonomen seit der Formulierung des Gesetzes vom abnehmenden Ertrag durch Turgot im 18. Jahrhundert. Auch in unserem ökonomischen Alltag begegnen wir Nichtlinearitäten wie dem zunehmenden Tempo des technologischen Wandels oder der abnehmenden Wirkung häufig wiederholter Werbebotschaften. Im makroökonomischen Bereich lassen sich mithilfe von Statistiken ebenfalls Nichtlinearitäten nachweisen, beispielsweise in der Industrieproduktion oder in den Beschäftigungszahlen.[242] Während die Ökonomik seit Langem von der Existenz solcher Nichtlinearitäten weiß, fällt es ihr bislang schwer, ihre Dynamik angemessen zu berücksichtigen. In Unkenntnis der wahren Natur nichtlinearer dynamischer Systeme beschränkten sich die Wirtschaftswissenschaftler bis vor Kurzem darauf, nichtlineare Beziehungen in statischen Modellen oder lineare Beziehungen in dynamischen Modellen zu betrachten, denn in beiden Fällen ließen sich die betreffenden Gleichungen lösen. Die Komplexitätsökonomik behandelt die Wirtschaft dagegen als ein nichtlineares und ein dynamisches Phänomen, dem sie mit den neuesten mathematischen Instrumenten und Computersimulationstechniken zu Leibe rückt.

Hier liegt nun die Frage nahe, ob die Wirtschaft womöglich sogar chaotisch ist. In den Achtzigerjahren gerieten in diesem Zusammenhang insbesondere die Aktienmärkte ins Visier der Forscher.[243] Mittlerweile lautet die gängige Antwort: »Vermutlich nicht.« Eine abschließende Beurteilung scheitert bislang an der Schwierigkeit, zwischen Chaos und anderen komplexen, aber nichtchaotischen Verhaltensweisen sowie bestimmten Arten von Zufallserscheinungen zu unterscheiden. Ein zwingender Chaosbeweis würde riesige Datenmengen erfordern, die bislang nicht einmal die Finanzmärkte zu liefern imstande sind.[244]

In den Augen der meisten Forscher stellt die Charakterisierung der Wirtschaft als chaotisches System zudem eine unzulässige Vereinfachung dar. Echte chaotische Systeme haben in der Regel vergleichsweise wenige Variable beziehungsweise Freiheitsgrade. Stattdessen sollten wir besser von einem komplexen System sprechen. Wie wir bereits festgestellt haben, besteht die Wirtschaft aus unzähligen, durch ein dichtes Geflecht positiver und negativer Rückkopplungsbeziehungen dynamisch verknüpften Beständen und Flüssen; die Rückkopplungsbeziehungen beinhalten Zeitverzögerungen, spielen sich auf unterschiedlichen Zeitskalen ab und sind voller Nichtlinearitäten. Ein solches System hat vermutlich jede Menge Freiheitsgrade und weist alle Verhaltensweisen auf, die der Zoo der Nichtdickhäuter zu bieten hat. Auch wenn die Wirtschaft gelegentlich in gewisser Hinsicht chaotisch wirkt, so gibt es in ihr dennoch Wachstum und Niedergang, periodische und quasiperiodische Grenzzyklen und ein ganzes Arsenal weiterer Verhaltensweisen.

Die volle dynamische Komplexität der Wirtschaft wird noch deutlicher, sobald wir sie uns als ein sogenanntes *n*-Körper-Problem vergegenwärtigen. Den Anreiz für Poincarés ursprüngliche Chaosstudien bot ein Preis von 2500 Kronen, den der schwedische König Oskar II. im Jahr 1887 demjenigen versprochen hatte, der ihm sagen konnte, ob das Sonnensystem stabil sei, oder ob die Planeten eines Tages in die Sonne stürzen oder in den Raum entschweben würden.[245] Die Schwierigkeit des Problems besteht nicht nur in der Dynamik des Sonnensystems und in der Nichtlinearität der Gravitation, sondern auch in der Zahl der Wechselbeziehungen zwischen sämtlichen zehn Planeten untereinander und mit der Sonne. Poincaré erkannte, dass er das Problem nicht einmal für drei Himmelskörper, geschweige denn für die damals bekannten acht Planeten und die Sonne lösen konnte. Während König Oskars Frage erst im 20. Jahrhundert beantwortet wurde (keine Sorge: Die Sonne wird explodieren, lange bevor die Erde ihre stabile Umlaufbahn verlässt), sind *n*-Körper-Probleme bis heute eine Herausforderung geblieben. Und die Wirtschaft ist ein *n*-Körper-Problem erster Güte. Jedes ökonomische Individuum hat seine eigenen Bestände (Sparguthaben, Schulden, Fähigkeiten) und Flüsse (Einkommen, Ausgaben, Lernprozesse), wie auch in der stark vereinfachten Zuckerwelt-Wirtschaft jeder einzelne Akteur Zucker bevorratete, erntete und verbrauchte. Und ebenso wie die Dynamik von Zuckerwelt das Ergebnis des Wechselspiels aller Akteure war, ist auch die Dynamik der echten Wirtschaft das Produkt sämtlicher Wechselbeziehungen zwischen Milliarden von Menschen. Es ist ein System, dem gegenüber Poincarés Problem wie ein Kinderspiel erscheint – wir stehen nicht vor einem 3-Körper-, sondern vor einem 6,4-Milliarden-Körper-Problem.

Allmählich können wir verstehen, warum das Erstellen von Wirtschaftsprognosen ein noch undankbarerer Job ist als die Wettervorhersage. Die Kombination aus empfindlicher Abhängigkeit von den Anfangsbedingungen, Pfadabhängigkeit und dynamischer Komplexität macht ökonomische Voraussagen für mehr als die allerkürzesten Zeiträume so gut wie unmöglich. Die Wetterfrösche konnten ihre Prognosegenauigkeit im Lauf der Jahre mittels besserer Satelliten- und Radardaten sowie den Einsatz komplizierter Computermodelle deutlich verbessern. Auch die ökonomische Zukunftsschau wird von besseren Daten und Modellen profitieren. Genaue langfristige Vorhersagen werden jedoch beim Wetter ebenso wie in der Wirtschaft für immer ein Wunschtraum bleiben.

Die Unmöglichkeit verlässlicher Langzeitprognosen steht einer zunehmenden Verwissenschaftlichung der Ökonomik jedoch nicht im Wege. Wissenschaft soll in erster Linie erklären und nicht prognostizieren, und je gründlicher wir die dynamische Natur der Wirtschaft verstehen, desto eher wird es uns gelingen, verifizierbare Erklärungen für ökonomische Phänomene zu entwickeln.

Die unsichtbare Hand zittert gelegentlich

Professor John Sterman von der MIT Sloan School of Management beschäftigt sich seit vielen Jahren mit der Deutung ökonomischer Phänomene mittels nichtlinearer dynamischer Techniken.[246] Ihn interessierte insbesondere die Frage, warum so viele Handelswaren komplexe Konjunkturschwankungen zeigen. Die zyklischen Branchen reichen, so Sterman, »von den Flugzeugen bis zum Zink« (Abbildung 5.6).[247] Bei all diesen Branchen fällt auf, dass die zyklischen Preis- und Kapazitätsausschläge weit größer ausfallen als die zugrunde liegenden Nachfrageschwankungen oder die Veränderungen in der konjunkturellen Großwetterlage. Wir haben es mit einer Wirkung ohne ersichtliche adäquate Ursache zu tun.

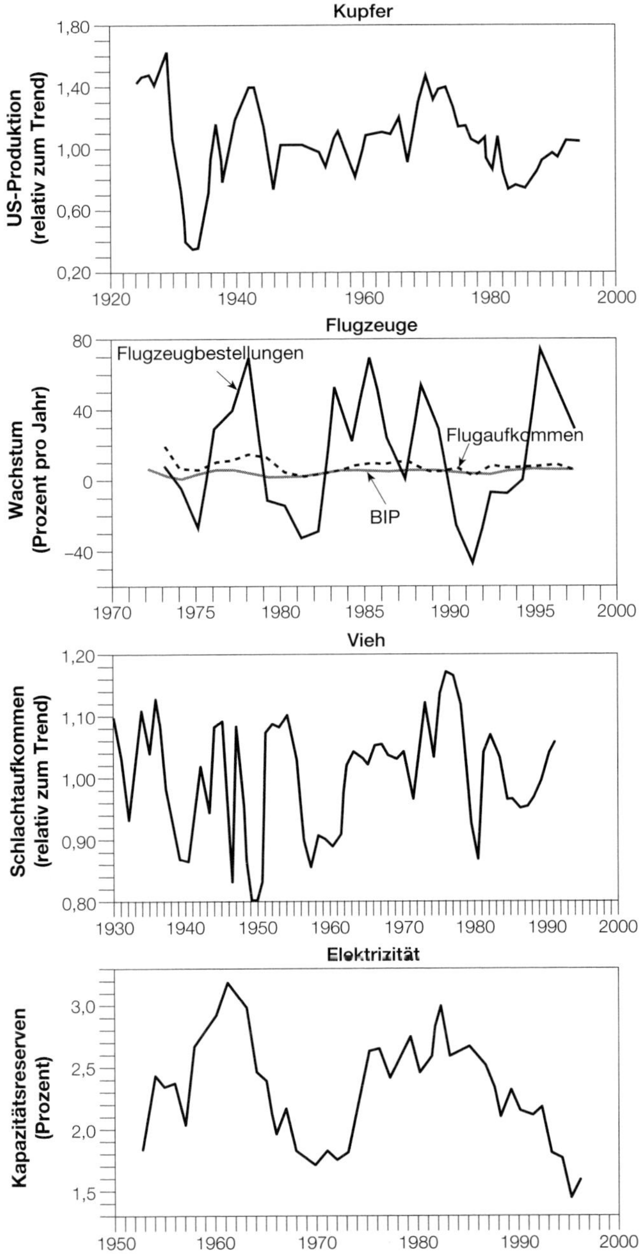

Quelle: Sterman (2000), S. 793–796. Angaben zu Kupfer und Vieh vom Commodity Research Bureau, *Commodity Yearbook*. Angaben zu Flugzeugen von Pugh-Roberts Associates, Cambridge, MA. Angaben zur Elektrizität vom Edison Electric Institute, *Statistical Abstract of the US*.

Abbildung 5.6: Beispiele zyklischer Branchen

Die Zyklen sind zudem weder vollkommen regelmäßig noch vollkommen zufällig. Während die Daten eine gewisse Periodizität erkennen lassen, sind sie dennoch voller Unregelmäßigkeiten. Am ehesten lassen sie sich mit dem Attribut »komplex« beschreiben. Bislang ist es niemandem gelungen, diese Zyklen einigermaßen zuverlässig vorherzusagen. Sterman beschloss, diesem weder regelmäßigen noch zufälligen Verhalten mittels eines Modells auf die Spur zu kommen.

Die wichtigste negative Rückkopplungsschleife in der traditionellen Wirtschaftslehre ist diejenige zwischen Preis, Angebot und Nachfrage. Mit der Nachfrage steigt auch der Preis, bis ein ebenfalls steigendes Angebot auch den Preis wieder sinken lässt und alles wieder ins Lot kommt – vergleiche das Beispiel vom Thermostaten. Die traditionelle Wirtschaftslehre nimmt jedoch an, dass dies alles gleichzeitig und ohne Zeitverzögerung geschieht.[248] Während sich also in den ökonomischen Lehrbüchern Angebot und Nachfrage die Waage halten, existieren in der realen Welt jede Menge Warenlager, Kapazitätsüberschüsse und andere Ungleichgewichtspuffer. Sterman vermutete, dass die Dynamik der Warenzyklen möglicherweise auf die uneinheitlichen Anpassungsgeschwindigkeiten dieser diversen Bestandspuffer zurückzuführen war.

Er beschloss, diese Hypothese mittels der computergestützten Modellierung eines vereinfachten Warenmarktes zu überprüfen.[249] Im Gegensatz zu den traditionellen Modellen verfügte sein »systemdynamisches« Simulationsmodell über explizite Lagerbestände und Produktionskapazitäten, positive und negative Rückkopplungsschleifen, Zeitverzögerungen und nichtlineare Beziehungen. Zur Illustration des Sterman'schen Modells stellen wir uns das klassische Fertigungsunternehmen vor, das irgendein Produkt herstellt. Unstimmigkeiten zwischen Angebot und Nachfrage werden hier durch drei Puffer ausgeglichen.

Erstens dient das Warenlager der bereits hergestellten Produkte als Puffer zwischen der unsicheren Kundennachfrage und dem Fertigungsprozess. Bei sinkender Nachfrage nimmt der Lagerbestand zu, bei steigender Nachfrage nimmt er ab. Diese Abstimmung erfolgt ohne Zeitverzug (auch wenn zwischen Auftragseingang und Warenversand kleine Verzögerungen möglich sind).

Einen zweiten Puffer bilden die unmittelbar verfügbaren Produktionskapazitäten. Wenn der Lagerbestand zurückgeht, kann die Produktionsgeschwindigkeit erhöht werden. Unter normalen Umständen werden die verfügbaren Kapazitäten nicht voll ausgeschöpft (beispielsweise nur zu 80 Prozent). Auf diese Weise ist es möglich, die Produktion kurzfristig zu erhöhen – indem beispielsweise die Fließbänder schneller gestellt, zusätzliche Arbeitsschichten eingelegt, Produktionslinien hinzugeschaltet oder überschüssige Kapazitäten aus der Produktion anderer Produkte mitgenutzt werden. Die damit verbundene Zeitverzögerung kann einige Stunden oder einige Monate betragen – entscheidend ist, dass die Umstellung nicht augenblicklich erfolgt. Die Anpassungsschleife ist langsamer als beim Warenlager.

Als dritter Puffer dient die langfristige Produktionskapazität. Wenn alle Produktionslinien mit maximaler Geschwindigkeit und Auslastung laufen, lässt sich der Ausstoß nur noch mittels der Errichtung weiterer Produktionslinien oder weiterer Fabriken erhöhen. Die Erhöhung der langfristigen Kapazitäten erfordert deutlich mehr Zeit als die Mobilisierung bestehender Kapazitätsreserven. Der Bau einer neuen Fabrik oder die Einstellung zusätzlichen Personals nimmt in der Regel Monate oder Jahre in Anspruch.

Stermans Modell berücksichtigt also drei Rückkopplungsschleifen mit unterschiedlichen Anpassungsgeschwindigkeiten. Versetzen wir uns einmal in die Lage eines Produktmanagers, der gerade seinen wöchentlichen Produktreport studiert. Angenommen, der Bericht weist eine gestiegene Nachfrage und einen leicht gesunkenen Lagerbestand aus. Schwankende Lagerbestände sind nichts Ungewöhnliches, und so stellt sich die Frage, ob deswegen gleich die Produktion erhöht werden muss. Die natürliche Reaktion wäre, ein wenig abzuwarten und zu sehen, ob der Nachfrageanstieg von Dauer ist und eine teure Produktionserhöhung rechtfertigt, die im Zweifelsfall nur neue Lagerbestände schafft. Die nächste Frage betrifft eine mögliche Preiserhöhung. Auch hier gilt es zunächst abzuwarten, ob die Nachfrage anhält. Preisanpassungen kosten Zeit und Geld (Daten müssen in Computer eingegeben, Verträge geändert werden und so weiter); zudem besteht stets die Gefahr, mit Preiserhöhungen Kunden zu verprellen. Wir beschließen also, noch abzuwarten.

Der nächste Produktreport bestätigt eine anhaltend hohe Nachfrage, und wir sind mittlerweile geneigt, darin einen verlässlichen Trend zu erkennen. Die Lagerbestände sind bedenklich geschrumpft, sodass wir bereits die ersten Kunden vertrösten müssen. Wir schreiten zur Tat und beantragen Maßnahmen zur Produktionserhöhung. Bis alle innerbetrieblichen bürokratischen Hürden genommen und die technischen Voraussetzungen geschaffen sind, gehen mehrere Wochen ins Land. In der Zwischenzeit steigt die Nachfrage weiter an, und weil die Lager mittlerweile leer sind, wird die Liste der wartenden Kunden immer länger. Angesichts der stabilen Nachfrage und der sich abzeichnenden Produktknappheit (unsere Wettbewerber befinden sich in derselben Lage wie wir) halten wir den Zeitpunkt für eine Preisanhebung für gekommen.

Die neuen Preise wirken sich nicht unmittelbar auf die Nachfrage aus. Aufgrund der allgemeinen Produktknappheit sind auch die Lager unserer Kunden leer, die angesichts fehlender Alternativen zumindest kurzfristig bereit sind, den höheren Preis zu zahlen. Angesichts der hohen Nachfrage und des gestiegenen Verkaufspreises entwickelt sich unsere Ertragslage blendend – für unseren Chef sind wir der Held. Unsere einzige Sorge gilt der Produktionsleistung. Obwohl unsere Fertigung auf vollen Touren läuft, beginnen wir, Marktanteile an Wettbewerber zu verlieren, die über mehr Kapazitäten verfügen. Schließlich stellen wir beim Vorstand einen Investitionsantrag zum Bau einer weiteren Fabrik. Aufgrund unserer glänzenden Bilanz wird unserem Antrag stattgegeben und der Grundstein für die neue Fabrik gelegt.

Rund sechs Monate vor der geplanten Fertigstellung der neuen Fabrik bemerken wir einen beunruhigenden Trend. Die Nachfrage beginnt einzubrechen. Die Preisanhebungen und Engpässe der vergangenen Monate zeigen allmählich Wirkung. Unsere Kunden haben Alternativen für unser Produkt aufgetan und gelernt, mit einer geringeren Menge auszukommen. Weil auch unsere Wettbewerber in der Zwischenzeit ihre Kapazitäten erhöht haben, sind die Lager allerorten gut gefüllt. Aus dem Verkauf kommt die Nachricht von einem verstärkten Preisdruck, seitdem die Nachfrage gesunken ist und Wettbewerber den Markt belagern. Auf Drängen unserer Verkaufsabteilung gestatten wir den einen oder anderen Preisnachlass.

Der Tag ist gekommen, an dem wir unsere neue Fabrik einweihen. Nachdem der Vorstandschef feierlich das Band durchschnitten hat, erreicht uns ein Bericht, der uns das Blut in den Adern gefrieren lässt. Die Nachfrage geht weiter zurück, und die Preise beginnen zu purzeln. Alle sitzen sie auf ihren Lagerbeständen und versuchen, mittels kräftiger Preisnachlässe zumindest einen Teil ihrer Ware loszuschlagen. Trotz der fallenden Preise und der trüben Ertragslage lassen wir die Fertigung in der neuen Fabrik anlaufen. Sie steht nun einmal und ist zu kaum etwas anderem zu gebrauchen. Wenigstens decken die gesunkenen Preise noch die Arbeits- und Materialkosten.

Einige Monate später unterhalten wir uns anlässlich einer Handelsmesse mit Branchenkollegen und beklagen gemeinsam den Niedergang der Branche. Es stellt sich heraus, dass unsere Wettbewerber auf die Boomjahre nicht anders reagierten als wir und ebenfalls reihenweise neue Fabriken errichteten. Auch wenn wir irgendwie damit gerechnet hatten, gingen wir doch mangels genauerer Informationen davon aus, dass die Nachfrage den Kapazitätszuwachs auffangen würde. Außerdem hielten wir niemanden für so verrückt, dermaßen übers Ziel hinauszuschießen.

Die folgenden Jahre sind von Überkapazitäten geprägt, und die Preise sind im Keller. Jetzt beginnt der entgegengesetzte Zyklus. Die Verluste türmen sich, und die Hersteller beginnen, einzelne Produktionslinien stillzulegen, Schichten auszusetzen oder auf anderem Wege Kapazitäten abzubauen. Als sich der Aderlass verschlimmert, greifen die Unternehmen zum nächsten Mittel, indem sie ganze Fabriken schließen und in großem Stil Mitarbeiter entlassen. Es vergehen Jahre, bis alle Überkapazitäten abgebaut sind. Aber das braucht uns nicht mehr zu kümmern, denn auch wir sind inzwischen einer der vielen Downsizing-Runden zum Opfer gefallen.

Etliche Jahre später übernimmt eine frischgebackene Managerin unseren einstigen Job. Vom vorausgegangenen Zyklus hat sie nichts mitbekommen, damals war sie noch Studentin. Eines Tages sitzt sie an ihrem Schreibtisch und studiert den neuesten Produktreport. Erfreut nimmt sie den jüngsten Nachfragezuwachs zur Kenntnis …

Diese dynamische Geschichte gibt im Wesentlichen Stermans Modell wieder. Die Computersimulation brachte Warenzyklen hervor, die den Zyklen aus der echten Welt statistisch ähnelten.[250] Unterschiedlich lange Rückkopplungsschleifen und menschliche Fehlleistungen machen solche Zyklen beinahe unvermeidbar. In weiteren Experimenten sollten Versuchspersonen die Rolle der Manager übernehmen und versuchen, die Zyklen zu minimieren.[251] Wie Sterman und sein Kollege Mark Paich feststellen mussten, fiel es den Menschen schwer, sich gedanklich auf ein System mit unterschiedlich langen Rückkopplungsschleifen einzustellen (vergleiche unseren ewigen Kampf mit den Duschventilen). Wie Stermans Modell und die Experimente zeigen, können wir eine Abschwächung der Zyklen nur herbeiführen, indem wir die Strukturen des Systems selbst verändern. Wir könnten versuchen, die Zeitverzögerungen im System (beispielsweise bei der Kapazitätserweiterung) zu verkürzen, die Kapazitäten variabler zu gestalten (durch den Bau kleinerer Produktionseinheiten anstelle großer Fabriken), mehr Vorausinformationen über die zu erwartende Nachfrageentwicklung einzuholen oder die Transparenz hinsichtlich der vorhandenen und im Aufbau befindlichen Kapazitäten in der Branche zu verbessern.

Stermans Arbeiten machen nicht zuletzt deutlich, wie schwer es uns Menschen fällt, ein intuitives Verständnis für nichtlineare dynamische Systeme zu entwickeln.[252] Dabei ist es nicht so, dass wir grundsätzlich zu dumm wären; vielmehr ist unser Gehirn einfach nicht für diese Aufgabe ausgelegt. Auch wenn sich Manager und Politiker die größte Mühe geben, können sie nicht verhindern, dass ihre Handlungen mitunter unvorhergesehene Konsequenzen haben. Im nächsten Kapitel wollen wir uns eingehender mit den Schwächen des menschlichen Denkens beschäftigen. Anschließend werden wir den Einfluss des menschlichen Verhaltens und der dynamischen Struktur der Wirtschaft auf die Entstehung komplexer Phänomene wie Konjunkturzyklen oder die Volatilität der Aktienmärkte studieren.

6. Akteure: Gedankenspiele

Das Herzstück jeder Wirtschaftstheorie muss eine Theorie des menschlichen Verhaltens sein. Ökonomien bestehen letztlich immer aus Menschen. Eine Theorie des ökonomischen Verhaltens muss Fragen wie diese beantworten: Wie treffen wir ökonomische Entscheidungen? Aufgrund welcher Informationen treffen wir sie? Und: Fallen uns bestimmte Arten von Entscheidungen leichter als andere?

Vielen Menschen widerstrebt die Idee, das menschliche Verhalten mit wissenschaftlichen Begriffen zu erklären. Wie sollte es auch möglich sein, etwas so Komplexes und Unberechenbares wie den menschlichen Geist mit seinen Emotionen, seiner Kreativität, seiner Vorstellungskraft und seinen Lernfähigkeiten zu »verstehen«? Wie lassen sich liebende, hassende, dichtende Menschen in eine mathematische Formel pressen? In Isaac Asimovs klassischer Science-Fiction-Trilogie *Foundation* entwickeln Wissenschaftler in ferner Zukunft eine neue Disziplin namens Psychohistorie, mit der es möglich wird, das Verhalten einzelner Menschen auf mathematische Gleichungen zu reduzieren und auf diese Weise genaue Vorhersagen zum zukünftigen Geschichtsverlauf zu treffen. Psychohistorie klingt wie der ultimative Wunschtraum der Ökonomen. Wir bedürfen jedoch keiner prophetischen Theorie des menschlichen Verhaltens nach Art der »Psychohistorie«, um die Funktionsweise der Wirtschaft zu verstehen. Unsere Anforderungen sind sehr viel bescheidener. Uns genügen einige elementare menschliche Verhaltensgesetze auf der Mikroebene, aus denen wir Rückschlüsse für das Verhalten der Wirtschaft auf der Makroebene ziehen können. Wie wir in diesem Kapitel sehen werden, weist das menschliche Verhalten viele solche Gesetzmäßigkeiten auf.

Wissenschaftliche Theorien geben die reale Welt bekanntlich nur näherungsweise und vereinfachend wieder, und so kann auch ein ökonomisches Modell des menschlichen Verhaltens niemals ein getreues Spiegelbild desselben sein. Ähnlich einer Landkarte oder einem Stadtplan sollte sich ein gutes Modell des menschlichen ökonomischen Verhaltens auf die wesentlichen Merkmale konzentrieren und auf Unwichtiges verzichten. Es darf uns Menschen keine Fähigkeiten andichten, über die wir in Wirklichkeit nicht verfügen (wie beispielsweise telepathische Kräfte), und muss mit unserer Erfahrungswelt im Einklang stehen. Ein Beispiel für eine zulässige Vereinfachung ist Zuckerwelt. Das Verhalten der Zuckerwelt-Akteure ist gegenüber dem Verhalten echter Menschen stark vereinfacht. Sie können lediglich essen, sich bewegen, sich fortpflanzen und Handel treiben, und selbst das nur in stark vereinfachter Form. Bewegung im Raum, Fortpflanzung und Handel sind jedoch menschliche Aktivitäten, die für das Verständnis ökonomischer Phänomene möglicherweise relevant sind. Es gab in Zuckerwelt nichts, was echte Menschen nicht tun oder zu tun imstande sind.

Die Ökonomen bezeichnen ihr Standardmodell des menschlichen Verhaltens häufig als *homo oeconomicus*. Wie wir in diesem Kapitel sehen werden, behandelt die Komplexitätsökonomik den *homo oeconomicus* grundsätzlich anders als die traditionelle Wirtschaftslehre. Das traditionelle menschliche Verhaltensmodell gehörte – wir deuteten es bereits an – zu den umstritteneren Annahmen der traditionellen Theorie. Im Folgenden will ich meine These darlegen, wonach der traditionelle *homo oeconomicus* eine »schlechte Landkarte« abgibt, in der wesentliche Aspekte des menschlichen Verhaltens fehlen und dafür andere auftauchen, die mit der menschlichen Wirklichkeit nichts zu tun haben.

Mister Spock geht shoppen

Der Vulkanier Spock aus der TV-Serie *Raumschiff Enterprise* ist der Inbegriff eines rationalen Wesens. Spock weiß die ersten 50 Dezimalstellen von π auswendig und kann unglaublich komplizierte Berechnungen anstellen, und das unter feindlichem Phaser-Beschuss und ohne die geringste Gefühlsäußerung. Spock ist ein gutes Beispiel dafür, wie die traditionelle Wirtschaftslehre das menschliche Verhalten charakterisiert. Angenommen, wir erblicken im Lebensmittelgeschäft eine Kiste Tomaten. Der folgende Abschnitt beschreibt unseren Kaufentscheidungsprozess aus der Sicht der traditionellen Wirtschaftslehre.[253]

Angenommen, unsere relativen Präferenzwerte für Tomaten sind gegenüber allen übrigen käuflich erwerbbaren Dingen dieser Welt wie Brot, Milch und Spanienurlaub wohl definiert. Ebensolche wohl definierten Präferenzen existieren für alles, was wir in Zukunft einmal werden kaufen können, und weil die Zukunft unsicher ist, sind diesen potenziellen Käufen Wahrscheinlichkeiten zugeordnet. Wir glauben beispielsweise, dass unser Küchenregal mit einer 23-prozentigen Wahrscheinlichkeit in zwei Jahren von der Wand fällt und mit Schrauben zum Preis von 1,20 US-Dollar neu befestigt werden muss. Der diskontierte Gegenwartswert dieser 1,20 US-Dollar beträgt ungefähr 1,00 US-Dollar und wird mit besagter 23-prozentiger Wahrscheinlichkeit gewichtet. Diesen Erwartungswert von 23 Dollarcents für mögliche zukünftige Reparaturen wägen wir gegen einen potenziellen Tomatenkauf zum heutigen Datum sowie gegen sämtliche anderen potenziellen Käufe zu Lebenszeiten ab. Im traditionellen Wirtschaftsmodell sind all diese wohl definierten Präferenzen sehr logisch geordnet. Solange wir Tomaten gegenüber Karotten und Karotten gegenüber grünen Bohnen vorziehen, ziehen wir auch Tomaten gegenüber grünen Bohnen vor. Wenn mir Tomaten lieber sind als Karotten, wähle ich nicht plötzlich Karotten, nur weil ich in einer Auslage grüne Bohnen erblicke.

Die traditionelle Wirtschaftslehre nimmt ferner an, dass wir unser Budget für den Kauf von Tomaten genau kennen. Wir berechnen es auf der Grundlage einer klaren Erwartung hinsichtlich unserer Einkommenssituation im Verlauf unseres gesamten weiteren Lebens. Möglicherweise verzichten wir also auf den heutigen Tomatenkauf, weil wir wissen, dass wir das Geld im Rentenalter dringender benötigen werden. Das setzt natürlich voraus, dass wir die zukünftige Kapitelverzinsung berechnen können, die Wahrscheinlichkeit des Erreichens unseres Renteneintrittsalters kennen und über Erwartungswerte hinsichtlich der zukünftigen Zins-, Inflations- und Wechselkursentwicklungen verfügen. Während wir vor der Tomatenauslage stehen, füttern wir unsere graue Zellen mit all diesen Detailinformationen und stellen anschließend eine atemberaubend komplexe Berechnung an, die nach Abwägung aller Eventualitäten die einzig wahre Antwort liefert: kaufen oder nicht kaufen. Diese Spock'sche Methode der *vollkommenen Rationalität* gehört zu den Grundfesten der traditionellen Wirtschaftslehre.[254]

Die Komplexitätsökonomik hingegen legt eine andere Methode namens *induktive Rationalität* zugrunde, die ungefähr so geht: »Hmmm ... Tomaten. Sehen appetitlich und frisch aus. Hätte Lust auf Salat zum Abendessen. Sind nicht einmal teuer.« Und ab in den Einkaufskorb damit ...

Kognitive Dissonanz

Wie vieles andere in der traditionellen Wirtschaftslehre geht auch die vollkommene Rationalität auf unsere Freunde Walras und Jevons zurück. Als Grundlage diente ihnen jedoch nicht das tatsächliche menschliche Verhalten. Niemand wurde jemals bei solch umfassenden Berechnungen beobachtet. Vielmehr wurde die vollkommene Rationalität schlichtweg *angenommen*, um die Wirtschaft mit den Gleichgewichtsvorstellungen des 19. Jahrhunderts in Einklang zu bringen.

In der Gleichgewichtsökonomik, wie wir sie mit dem Bild von der Kugel in der Schüssel illustriert haben, spielt die vollkommene Rationalität eine der Schwerkraft vergleichbare Rolle. Wenn wir die Beschränkungen des menschlichen Handels kennen und jedem Beteiligten ein vollkommen rationales Verhalten unterstellen, werden die Reaktionen der Menschen auf eine gegebene Situation stets identisch ausfallen. Ihre vorhersehbaren Entscheidungen lassen das System gegen ein Gleichgewicht streben. Die Verhaltensannahmen der traditionellen Wirtschaftslehre waren von Anfang an nicht dazu gedacht, das menschliche Verhalten wirklichkeitsgetreu zu beschreiben; sie dienten lediglich dazu, die Wirtschaft einer mathematischen Behandlung zugänglich zu machen. Walras und spätere Ökonomen versuchen im Nachhinein, den mangelnden Realismus der Annahme einer vollkommenen Rationalität mit der Unterscheidung zwischen »positivem« und »normativem« Modell zu rechtfertigen: Danach beschreibt die vollkommene Rationalität nicht, wie sich die Menschen tatsächlich verhalten, sondern wie sie sich verhalten *sollten*. Wir können eine vollkommen rationale Wirtschaft normativ modellieren und anschließend untersuchen, wie weit die (positive) Realität davon entfernt ist.

Die Rechtfertigung der Annahme vollkommener Rationalität durch den Verweis darauf, dass sie den Sollzustand menschlichen Verhaltens darstellt, ist in zweierlei Hinsicht problematisch. Wenn sich jeder anders verhält, gibt es erstens möglicherweise nicht die einzig wahre Entscheidung, die vollkommene Rationalität beanspruchen könnte. Häufig kommt es auf das Timing an. Wer sich im Jahr 1998 von seinen Dot.com-Aktien trennte, verlor immerhin noch zwei Jahre lang viel Geld, bis ihm die Entwicklung im Jahr 2000 recht gab. Zweitens eignet sich vollkommene Rationalität, wie wir bald sehen werden, schon deshalb nicht als normatives Modell, weil sich die Menschen selbst dann nicht so verhalten könnten, wenn sie es wollten.

Auch wenn die Annahme der vollkommenen Rationalität von Anfang an in der Kritik stand, waren die Ökonomen nicht bereit, auf sie zu verzichten, solange andere Möglichkeiten einer mathematischen Modellierung der Wirtschaft nicht in Sicht waren. Erst in den Fünfzigerjahren des 20. Jahrhunderts entschieden sich Herbert Simon sowie James March und Richard Cyert, seine Kollegen an der Carnegie Mellon University, für einen direkteren Ansatz. Sie beobachteten reale Menschen – insbesondere reale Manager in realen Unternehmen – bei ihrer Entscheidungsfindung. Diese praktische Erfahrung sowie der Stand der psychologischen Forschung brachten sie zu der Überzeugung, dass das reale menschliche Verhalten in nichts dem Bild ähnelte, das die ökonomischen Lehrbücher vermittelten. Als alternative Entscheidungstheorie stellte Simon die *begrenzte Rationalität* vor.[255] Danach sind Menschen zwar auf ihr wirtschaftliches Eigeninteresse bedacht, aber nicht so besonders geschickt darin, es zu verfolgen. Simons Theorie berücksichtigte die Tatsache, dass wir nicht über vollkommene Information verfügen, und die begrenzte Rechenkapazität unserer Gehirne. Die vollkommene Rationalität ersetzte Simon durch das Prinzip des *satisficing*, wonach wir die uns zur Verfügung stehenden Informationen so gut wie möglich nutzen.

Simon, dessen Bemühungen 1978 mit dem Nobelpreis belohnt wurden, genießt bis heute bei den meisten Ökonomen ein ehrendes Andenken. Dabei war sein Einfluss auf den Kern der traditionellen Wirtschaftstheorie begrenzt.[256] In den ökonomischen Standardlehrbüchern werden Simon und die begrenzte Rationalität zumeist nicht einmal erwähnt.[257] Der Grund dafür ist nicht zuletzt darin zu sehen, dass es den Forschern im Lauf der Jahre trotz diverser Anläufe nicht gelungen ist, die Simon'schen Ideen in ein mathematisches Modell zu gießen.[258]

Im Anschluss an Simons Pionierarbeit sammelten zwei Generationen von Ökonomen und Psychologen empirische und experimentelle Beweise gegen das traditionelle Modell des *homo oeconomicus*. In den Siebzigerjahren veröffentlichten Daniel Kahneman von der Princeton University und Amos Tversky von der Stanford University eine Reihe wegweisender Artikel, die den Widerspruch zwischen den realen Entscheidungsprozessen und einigen zentralen Annahmen der traditionellen Modelle herausarbeiteten.[259] In den Achtziger- und Neunzigerjahren entwickelten Paul Slovic, Colin Camerer, Alvin Roth, Reinhard Selten, Richard Thaler, George Lowenstein, Mathew Rabin, Drazen Prelec, Herbert Gintis, Ernst Fehr, John Kagel, Vernon Smith und andere die moderne Verhaltensökonomik (*Behavioral Economics*).[260] Diese Forschungen bestätigten ein ums andere Mal die Realitätsferne der traditionellen Annahmen zur menschlichen Präferenzenbildung, Risikoabschätzung und Entscheidungsfindung. Ungefähr mit der Jahrtausendwende rückte die Verhaltensökonomik ins breitere öffentliche Bewusstsein, und im Jahr 2002 wurde Daniel Kahneman und Vernon Smith der Nobelpreis zugesprochen (weil der Nobelpreis nicht posthum verliehen wird, sahen viele in Kahnemans langjährigem Mitstreiter Amos Tversky den fehlenden »dritten Mann«).[261]

Seit der Geburt der Verhaltensökonomik befindet sich die Wirtschaftswissenschaft in einem seltsamen Zustand der kognitiven Dissonanz: Viele Ökonomen erkennen die Kritikwürdigkeit der vollkommenen Rationalität an und halten dennoch an den traditionellen Annahmen fest, um mangels Alternativen nicht völlig auf formalisierte Modelle verzichten zu müssen. Seitdem jedoch Verhaltensökonomen, Psychologen und Computer Scientists ihre Zusammenarbeit intensiviert haben, beginnt sich ein alternatives Modell herauszuschälen. In den folgenden Abschnitten wollen wir einen Blick auf die von den Verhaltensökonomen zusammengetragenen Erkenntnisse werfen und uns anschließend mit der Frage beschäftigen, wie ein neuer *homo oeconomicus* aussehen könnte.

Sie Egoist!

Stellen Sie sich vor, Sie reisen im Flugzeug neben einer exzentrisch aussehenden Frau, zu deren anderer Seite ein weiterer Geschäftsreisender sitzt.[262] Auf halber Strecke vertraut die exzentrisch aussehende Frau dem Geschäftsmann und Ihnen an, sie sei sehr reich und langweile sich immer auf langen Flügen. Sie schenke Ihnen und dem Mitreisenden 5.000 US-Dollar unter der Voraussetzung, dass Sie sich über die Aufteilung einigen. Das Verfahren gehe aber so: Der Geschäftsmann macht Ihnen einen Vorschlag, wie viel Sie von dem Geld bekommen sollen. Wenn Sie einschlagen, erhalten Sie beide ihren Anteil. Wenn nicht, erhält niemand etwas. Der Geschäftsmann denkt eine Minute nach und wendet sich Ihnen dann zu: »Mein Vorschlag lautet, dass ich 4990 Dollar bekomme und Sie zehn.« Wie reagieren Sie? Nehmen Sie das Angebot an oder nicht?

Die meisten Menschen würden ablehnen. Warum? Weil es unfair ist – der Geschäftsmann ist ein elender Egoist! Aus ökonomischer Sicht jedoch wäre es völlig irrational, sein Angebot auszuschlagen. Wir sollten vielmehr alles annehmen, was er uns bietet, und sei es auch nur ein Dollar. Auch wenn er selbst 4.999 Dollar behält, ist es immer noch besser, einen Dollar zu kassieren als gar nichts.

In diversen Varianten wurde dieses »Ultimatumspiel« mit echten Versuchspersonen an den unterschiedlichsten Orten wie beispielsweise Japan, Israel, Slowenien, Chile, Simbabwe, Indonesien und den USA tausendfach wiederholt. Es wurde mit Studenten, Geschäftsleuten, mongolischen Torguud und tansanischen Sangu gespielt. Das Ergebnis ist fast immer dasselbe: Die meisten Menschen lehnen Angebote, die sie als unfair empfinden, auch dann ab, wenn dies den Verzicht auf einen sicheren finanziellen Gewinn bedeutet (als unfair gilt – mit kulturbedingten Schwankungen – alles, was unterhalb von 30 Prozent liegt).[263] Heißt das, dass die Menschen einfach nur emotional und irrational sind?

Manche Ökonomen halten die Ablehnung der zehn Dollar immer noch für eine vollkommen rationale Entscheidung. Wir können die Situation als ein Spiel mit Wiederholungen betrachten. Indem wir das Angebot ablehnen und den Geschäftsmann abstrafen, nehmen wir implizit an, dass unsere Begegnung eine Fortsetzung haben wird, in welcher der Geschäftsmann uns besser behandeln wird, seitdem er weiß, dass wir uns nicht über den Tisch ziehen lassen. Wir wägen also in einer rationalen Entscheidung die zehn Dollar gegen einen möglichen größeren Gewinn in der Zukunft ab. Diese Interpretation hält jedoch einer genaueren Überprüfung nicht stand. In einer Reihe sorgfältiger Experimente zeigten Ernst Fehr und Simon Gächter von der Züricher Universität, dass sich die Teilnehmer auch dann noch so verhalten, wenn ohne Zweifel feststeht, dass es keine weitere Interaktion und somit keine Chance geben wird, den jetzt begangenen Verzicht wiedergutzumachen.[264]

Nicht nur verleitet uns unser Gespür für Fairness und Gegenseitigkeit dazu, Menschen, die uns schlecht behandeln, zu bestrafen, sondern wir sind auch andersherum bereit, Menschen zu belohnen, die uns helfen und beschenken. So stellten die Forscher beispielsweise fest, dass Restaurantbesucher 18 Prozent mehr Trinkgeld gaben, wenn sie zusammen mit der Rechnung eine Süßigkeit erhielten (mehrere Süßigkeiten trieben die Trinkgelder noch weiter in die Höhe).[265]

Das traditionelle Modell nimmt implizit an, dass die Menschen nur am Ergebnis der ökonomischen Entscheidung, nicht aber an der Art ihres Zustandekommens interessiert sind. Aspekte wie der Verhandlungsprozess, Fairness oder Zwang bleiben unberücksichtigt. Zudem geht das Modell davon aus, dass die Menschen ausschließlich auf ihren Eigengewinn schauen. Die Experimente mit dem Ultimatumspiel liefern jedoch den unmittelbaren Gegenbeweis. Wie Herbert Gintis von der University of Massachusetts und vom SFI sowie seine Kollegen in einer Studie zu den jüngsten Entwicklungen in der Verhaltensforschung anmerken, stellte Adam Smith den Menschen in seinem *Wohlstand der Nationen* als ein egoistisches materialistisches Wesen dar.[266] Viele vergäßen jedoch, dass Smith noch ein weiteres Buch unter dem Titel *Theorie der ethischen Gefühle* verfasste, in dem er die menschliche Natur differenzierter darstellte und ihr gleichermaßen die Fähigkeit zur Selbstsucht wie zum Edelmut zuschrieb. Die Erfahrungen aus dem Ultimatumspiel und anderen Experimenten zeigen, dass der zweite Smith recht hatte. Die Menschen haben ein tief verwurzeltes Gespür für Fairness und Gegenseitigkeit, das sich deutlich über die berechnende Rationalität hinwegsetzt. Gintis und seine Kollegen stellen fest, dass die Menschen »bedingt kooperieren«, indem sie in einer edelmütigen Umgebung selbst edelmütig sind, dass sie aber »altruistisch strafen«, sobald sich andere unfair verhalten, selbst wenn sie damit ihren eigenen unmittelbaren Interessen schaden.

Dass wir Menschen bedingt kooperieren und altruistisch strafen, sollte uns nicht überraschen. Unsere Vorfahren lebten zwei Millionen Jahre lang in kleinen Gruppen, für deren Überleben Kooperation unerlässlich war. Noch heute leben wir in sozialen Beziehungsnetzen, in denen Gegenseitigkeit – ich kratze dir den Rücken, wenn du ihn mir kratzt – eine wichtige Rolle spielt. Es geht uns allen besser, solange wir uns gegenseitig helfen – ein Grundsatz, der von denen missbraucht wird, die nur nehmen, ohne auch zu geben. Etwas Egoismus ist am Platze, aber wenn er überhand nimmt, bricht das System des gegenseitigen Rückenkratzens in sich zusammen – zum Nachteil aller. Unsere tief verwurzelten Verhaltensweisen, die Kooperation belohnen und Egoismus bestrafen, haben also ihre Berechtigung.[267] Wenngleich einige Ökonomen sie als irrational bezeichnen, bilden sie, wie wir noch sehen werden, das Fundament für eben jene gesellschaftliche Kooperation, ohne die sich kein Wohlstand entwickeln kann.

Irren ist menschlich

Anders als es das traditionelle Modell will, machen Menschen Fehler. Die Spocks des traditionellen Modells hingegen sind entweder perfekt und über jeden Fehler erhaben, oder ihre Fehler verteilen sich als Rauschen gleichmäßig um die korrekte Antwort.

In der Verhaltensökonomie hingegen gilt der Grundsatz »Irren ist menschlich«. Der Verhaltensforscher Jon Elster von der Columbia University behauptet sogar, dass ausgerechnet die klinisch Depressiven am ehesten dazu neigen, ihre Situation unvoreingenommen zu beurteilen.[268] Bei »normalen«, nicht depressiven Menschen haben Forscher unter anderem folgende gemeinsame Fehler und Voreingenommenheiten diagnostiziert:[269]

- *Formulierung*. Die Art, wie wir eine Thematik formulieren, wirkt sich auf unsere Gedanken dazu aus. Vergleichen wir beispielsweise die beiden Fragen »Sollte Großbritannien den Euro übernehmen?« und »Sollte Großbritannien das Pfund abschaffen?« Im Fall vollkommener Rationalität sollte die Formulierung keine Rolle spielen.

- *Repräsentativität.* Wir Menschen haben die schlechte Angewohnheit, aus sehr kleinen und verzerrten Stichproben große Schlussfolgerungen zu ziehen. Wenn wir beispielsweise im Büro mit drei Kollegen sprechen, die zufällig alle nicht gut drauf sind, meinen wir gleich, dass unsere Firma auseinanderbricht.
- *Verfügbarkeit.* Wir neigen häufig dazu, uns mit den verfügbaren Daten zufriedenzugeben, anstatt uns aktiv auf die Suche nach jenen Daten zu begeben, die wir für eine gute Entscheidung benötigen. Das ist so, wie wenn wir nach unserem verlorenen Schlüssel unter der Laterne suchen würden, weil es dort am hellsten ist.
- *Risikoeinschätzung.* Die meisten Menschen tun sich schwer, Wahrscheinlichkeiten und Risiken richtig einzuschätzen. Im Oktober 2000 ereignete sich im englischen Hatfield ein Zugunglück, bei dem vier Menschen starben und 43 verletzt wurden. Die britische Regierung kündigte daraufhin eine zusätzliche Investition von 3 Milliarden US-Dollar in die Sicherheit des Zugverkehrs an. Wie der *Economist* unterstrich, ist das tatsächliche Risiko, mit der Eisenbahn zu verunglücken, jedoch äußerst gering im Vergleich zu anderen Verkehrsmitteln; mit einer Investition derselben Größenordnung in die Sicherheit des Straßenverkehrs hätten sich 150-mal so viele Leben retten lassen wie im Schienenverkehr.[270]
- *Aberglaube.* Wir begnügen uns häufig mit den erstbesten Erklärungen und verwechseln Zufälligkeit mit Kausalität. Die Beispiele reichen von Sportlern, die ihre »Glückssocken« tragen, bis zu Regierungen, die Arbeitslosigkeit damit bekämpfen wollen, dass sie die Entlassung von Mitarbeitern erschweren.
- *Geistige Buchhaltung.* Für traditionelle Ökonomen ist alles Geld gleich. Viele Menschen neigen jedoch dazu, Geld in unterschiedliche geistige Schubladen zu stecken. Sie leisten monatliche Beiträge für ihre Altersversorgung, während ihr Kreditkartenkonto überzogen ist. Das ergibt ökonomisch keinen Sinn, Weil die Habenzinsen bei der Pensionskasse (selbst unter Berücksichtigung steuerlicher Vorteile) die Sollzinsen bei der Kreditbank bei weitem nicht decken. Diese geistige Abschottung unterschiedlicher Ausgabenarten ist tief in uns verwurzelt – Anthropologen haben sie sogar beim kenianischen Stamm der Luo nachgewiesen.[271]

Das lässt sich nicht berechnen

Traditionelle Ökonomen entgegnen auf diesen Katalog menschlicher Schwächen gelegentlich, dass die meisten Menschen selbstverständlich Abweichungen von der Rationalität zeigen, dass es aber nur weniger oder sogar nur eines einzigen superrationalen Marktteilnehmers bedarf, der von den Fehlern der anderen profitiert, damit der Markt in sein vollkommen rationales Gleichgewicht zurückfällt. Mögen auch die meisten Investoren Dumpfbacken sein, so wird es dennoch ein paar Spocks geben, die aus der Unwissenheit der anderen ihren Vorteil ziehen, viel Geld verdienen und so die Preise auf das von der vollkommenen Rationalität vorausgesagte Niveau treiben.[272] Neben den praktischen Fragen einer solchen Arbitrage (wer verfügt über ausreichend Informationen oder Kapital, funktioniert sie auch in weniger »vollkommenen« Märkten wie beispielsweise dem Londoner Ketchupmarkt, und was ist mit Zeitverzögerungen, Recherchekosten und so weiter?) ergibt sich hier ein weiteres Problem: Niemand, nicht einmal Mister Spock höchstpersönlich, ist intelligent genug, um eine solche Aufgabe zu lösen.

Im Jahr 1985 bewies ein Mathematiker namens Alain Lewis mittels komplizierter berechenbarkeitstheoretischer Methoden, dass niemand – nicht einmal der intelligenteste Arbitrage-Unternehmer – in der Lage ist, die von der vollkommenen Rationalität geforderten Berechnungen tatsächlich durchzuführen.[273] Lewis zeigte, dass vollkommene Rationalität in der ökonomischen Theorie zwar denkbar, in der Praxis jedoch einfach nicht berechenbar und somit nicht praktikabel ist. In der Berechenbarkeitstheorie existiert der Begriff der Turingmaschine (nach dem Mathematiker Alan Turing), einer Art imaginärem Allzweckcomputer.[274] Was sich mit der Turingmaschine berechnen lässt, lässt sich zumindest theoretisch (wenngleich nicht immer praktisch) auch mit einem real existierenden Computer berechnen. Wo jedoch die Turingmaschine versagt, hilft auch der leistungsfähigste und größte Computer nicht weiter, mag er auch so groß sein wie das Universum. Lewis bewies nun, dass die von den traditionellen Ökonomen beschriebene vollkommene Rationalität nicht turingberechenbar ist.

Auch wenn Kognitionswissenschaftler und Philosophen darüber streiten, ob unser menschliches Gehirn technisch gesprochen eine Turingmaschine ist, sind die Rechenanforderungen der vollkommenen Rationalität offenbar enorm (siehe auch unsere frühere Diskussion, wonach die Wirtschaft erst nach zigmilliarden Jahren ihr Gleichgewicht erreicht).[275] Dass unser Gehirn über so viel Rechenkraft verfügt, ist alles andere als wahrscheinlich.

Arthurs Bar-Problem

Viele Arten von ökonomischen Problemen sind nicht nur nicht berechenbar, sondern sie besitzen – ob in Theorie oder Praxis – schlichtweg keine vollkommen rationale Lösung.[276] Brian Arthur, Teilnehmer an der ursprünglichen SFI-Begegnung und einstiger Leiter des SFI Economics Program, illustrierte dies anhand des folgenden Beispiels.[277] El Farol, eine beliebte Bar in Santa Fe, bietet jeden Donnerstagabend irische Livemusik. Weil die Bar nicht groß ist, wird es bei mehr als 60 Gästen ungemütlich. Wir beschließen, die Bar am Donnerstagabend genau dann zu besuchen, falls wir erwarten, dass dort nicht mehr als 60 Menschen anwesend sein werden, und ansonsten zu Hause zu bleiben. Wir können uns weder mit den übrigen potenziellen Gästen abstimmen noch bei der Bar anrufen und uns nach der Gästezahl erkundigen. Nehmen wir an, alle anderen treffen ihre Entscheidung aufgrund derselben Überlegung. Gehen wir hin? Bleiben wir zu Hause? Wie entscheiden wir uns?

Es zeigt sich, dass zu diesem Problem keine vollkommen rationale Lösung existiert. Vielmehr haben wir es mit einem unendlichen Zirkel zu tun – was wir tun, hängt von unseren Erwartungen hinsichtlich des Verhaltens der anderen ab, die sich wieder von ihren Erwartungen hinsichtlich unserer Entscheidung leiten lassen, und so weiter. Anstelle einer analytischen Antwort bleibt den Teilnehmern nur, sich an ihre früheren Besuche zu erinnern, darin ein gewisses Muster zu erkennen und dann einen Entschluss wie den folgenden zu fassen: »Ich war die letzten zwei Donnerstage dort, und es war nicht allzu voll; also gehe ich auch diesmal wieder hin.«

Arthur entwickelte Computersimulationen, in denen die Akteure nach solchen Faustregeln verfuhren, und wartete vergeblich auf ein Gleichgewicht. In manchen Nächten drängeln sich die Besucher, in anderen ist der Raum nur zur Hälfte gefüllt; lediglich im Mittel ergibt sich tatsächlich eine Besucherzahl von 60 (Abbildung 6.1). Ein traditioneller Ökonom könnte erwidern: »Aha, dann stellt sich die maximale Besucherzahl, bei der es noch nicht ungemütlich wird, ja tatsächlich ein – ein Gleichgewicht wird erreicht, wenn auch mit einem gewissen Rauschen.« Aber das ist nicht richtig. Die Durchschnittsbesucherzahl von 60 ist kein Gleichgewicht, und die Schwankungen lassen sich nicht einfach als Rauschen abtun. Das System enthält kein Zufallselement außer den Anfangsbedingungen, sodass alles vollkommen deterministisch und ohne Rauschen abläuft. Die korrekte Interpretation lautet: Das Problem kennt kein Gleichgewicht und keinen Fixpunkt-Attraktor.[278] Die Dynamik der Teilnehmer mit ihren diversen Faustregeln erzeugt einen dynamischen Attraktor um die Zahl 60, während die Schwankungen in den Besucherzahlen endogen von den miteinander im Wechselspiel stehenden Akteuren erzeugt werden und niemals verschwinden.

Arthur zufolge sind viele ökonomische Entscheidungen ebenso dynamisch, selbstreferenziell und unbestimmt wie das Bar-Problem. Wenn Unternehmen A über eine Preissenkung nachdenkt, blickt es nicht nur auf seine eigene Situation, sondern auch auf die möglichen Reaktionen der Konkurrenzunternehmen B und C; diese wiederum orientieren sich nicht zuletzt an ihren Erwartungen hinsichtlich des Verhaltens von Unternehmen A. Die Übernahme eines neuen Technologiestandards hängt ebenso von solchen selbstreferenziellen Erwartungen ab wie die Marktpositionierung eines neuen Produkts oder die Bewertung einer Aktie. Als einzige Entscheidungshilfe bietet sich die Suche nach Mustern und Faustregeln auf der Grundlage bereits gemachter Erfahrungen an. Eine

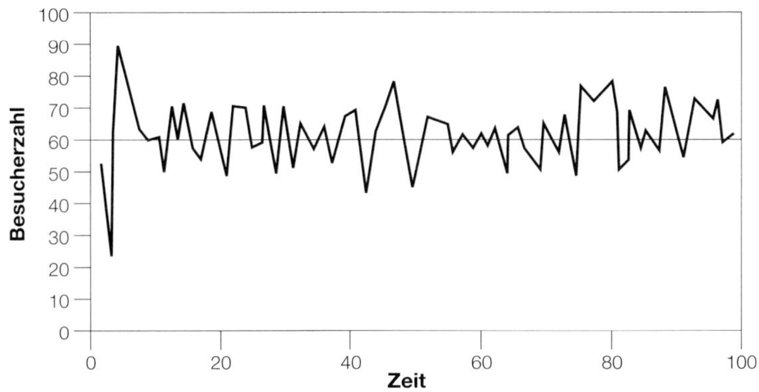

Quelle: Arthur (1994).

Abbildung 6.1: Besucherzahlen in der El-Farol-Bar

solche Welt voll sich entwickelnder, interagierender und improvisierender Akteure wird niemals ein Gleichgewicht erreichen. Arthurs Bar-Problem lässt es möglich erscheinen, dass die Volatilität der real existierenden Wirtschaft im Wesentlichen auf der Dynamik der Faustregeln aller Beteiligten und nicht auf exogenen, zufälligen Schocks beruht.[279]

Induktive Rationalität

Wo führt uns dies alles hin? Das Etikett *vollkommene Rationalität* ist eine unglückliche und emotional aufgeladene Formulierung, die impliziert, dass jede Alternative unvollkommen und irrational sei – aber wer möchte schon gern unvollkommen und irrational sein? Bleibt uns lediglich, die Hände in die Luft zu werfen, uns über die Launenhaftigkeit des Menschen auszulassen und im Übrigen den Versuch aufzugeben, den *homo oeconomicus* zu verstehen? Glücklicherweise gibt es eine alternative Betrachtungsweise des menschlichen Verhaltens, die zugleich das Fundament für ein neues Bild des *homo oeconomicus* liefert: die Theorien der modernen Kognitionswissenschaft.

Die *Kognitionswissenschaft* beschäftigt sich mit der »Software« des menschlichen Geistes (im Gegensatz zur »Hardware« des Gehirns). Sie stützt sich dabei auf zahlreiche Nachbardisziplinen, wie beispielsweise Neurowissenschaft, Psychologie, künstliche Intelligenz, Linguistik, Evolutionstheorie, Anthropologie und Philosophie.[280] Dabei entwickelt sie sich so rasant wie kaum eine andere im beginnenden 21. Jahrhundert.

Die moderne Kognitionswissenschaft betrachtet den menschlichen Geist aus zwei Blickwinkeln. Einerseits wird er (um mit Steven Pinker zu sprechen) als »informationsverarbeitendes Organ«, als »ein Ding, das denkt« gesehen.[281] Kognitionswissenschaftler vermeiden jedoch Begriffe wie *Computer* oder *Rech-*

ner, die an graue Plastikungetüme auf Arbeitstischen erinnern, deren einzige Emotion die Schadenfreude beim Absturz kurz vor Ablauf einer wichtigen Abgabefrist darstellt. Und wenn unser Geist auch denken kann, so tut er es ganz anders als ein von Menschen gemachter Computer. Der Ausdruck *informationsverarbeitendes Organ* erinnert uns daran, dass es sich um einen Bestandteil unserer biologischen Ausstattung handelt, jedoch mit einer speziellen Funktion: der Verarbeitung von Informationen. Er suggeriert zudem, dass unserem Gehirn bei aller Komplexität nichts Magisches oder ewig Unergründliches anhaftet. Es handelt sich um einen materiellen Gegenstand, der sich wissenschaftlich durchdringen lässt, auch wenn dies noch einige Zeit in Anspruch nehmen wird. Der zweite Ansatz der modernen Kognitionswissenschaft betrifft den Evolutionsaspekt. Das informationsverarbeitende Organ des *homo sapiens* wurde durch die Kräfte der natürlichen Selektion geformt und ist das Produkt der Geschichte und des Lebensumfelds unserer Spezies. Unser Gehirn wurde nicht von Ingenieuren auf dem Reißbrett entworfen, sondern von der Evolution im Laufe unserer Zigmillionen Jahre währenden Vergangenheit als Primaten geformt, deren letzte zwei Millionen Jahre wir als Hominiden vorwiegend in der afrikanischen Savanne zubrachten.

Die kognitionswissenschaftliche Forschung zeichnet das Bild eines menschlichen Geistes, der zu unglaublichen Glanzleistungen der Informationsverarbeitung und des Lernens fähig ist – nur eben auf ganz andere Weise, als uns das Bild von der vollkommenen Rationalität glauben machen will. Vielleicht besteht die Stärke des menschlichen Geistes nicht gerade im Lösen langer Gleichungen; dafür ist er ein begnadeter Geschichtenerzähler und -versteher. Roger Schank, Direktor des Institute for Learning Sciences an der Northwestern University und ehemaliger Direktor des Artificial Intelligence Laboratory an der Yale University, konnte zeigen, dass Geschichten für unsere Verstehens-, Erinnerungs- und Verständigungsprozesse eine zentrale Rolle spielen.[282] Wie schon Platon sagte: »Die wahren Herrscher sind die Geschichtenerzähler.« Stellen wir uns vor, wir sitzen mit Freunden gemeinsam beim Abendessen. Worum dreht sich das Gespräch? Was beschäftigt die Anwesenden? Vermutlich wird der Abend durch den Austausch von Geschichten bestimmt: lustigen Geschichten, traurigen Geschichten, Geschichten von Freunden, in der Zeitung gelesenen Geschichten und so weiter. Warum ist das so? Warum ist das Erzählen und Hören von Geschichten für die Art und Weise, wie wir denken, so wichtig?

Geschichten sind deshalb so unverzichtbar, weil wir Informationen vorwiegend *induktiv* verarbeiten. Induktion bedeutet im Grunde so viel wie Denken mittels Mustererkennung. Wir ziehen Schlussfolgerungen aufgrund überwiegender Indizien. Niemand beobachtete den Butler bei der Tat; weil er aber auf dem Messer seine Fingerabdrücke hinterließ, beim Verlassen des Tatorts beobachtet wurde und ein Motiv hat, muss er es gewesen sein. Logisch lässt sich seine Täterschaft nicht beweisen; es könnte auch ein anderer gewesen sein. Schließlich hat ihn niemand dabei gesehen. Aber das Indizienmuster verleitet uns zu dem induktiven Schluss, dass er es war.

Wir lieben Geschichten, weil sie unserer induktiven Denkmaschine Nahrung geben und uns Material liefern, um darin Muster zu erkennen – wir lernen anhand von Geschichten. Indem wir Shakespeare lesen, erfahren wir viele Dinge über Liebe und Familienbeziehungen (sei misstrauisch, wenn dein Vater plötzlich stirbt und dein Onkel deine Mutter heiratet et cetera). Die meistverkauften Businessbücher sind häufig voller Geschichten über erfolgreiche Personen oder Unternehmen; jeder will Geschichten darüber lesen, wie Jack Welch oder Bill Gates »es geschafft hat«, in der Hoffnung, darin das eine oder andere Erfolgsmuster zu erkennen.

Zwei Aspekte der induktiven Mustererkennung beherrschen wir Menschen besonders gut. Zum einen verstehen wir es, neue Erfahrungen mittels Metaphern- und Analogiebildung zu alten Mustern in Bezug zu setzen.[283] Achten Sie bei Ihrer nächsten Geschäftsbesprechung einmal darauf, wie häufig wir in Analogien sprechen, wenn wir beispielsweise sagen: »Das ist wie bei der Branchenkonsolidierung 1987« oder: »Dieser Kunde erinnert mich an Unternehmen X.« Als das Internet Anfang der Neunzigerjahre in der Geschäftswelt Einzug hielt, war alle Welt bemüht, seine Ähnlichkeiten und Unterschiede zu Fernsehen, Radio, Zeitschriften, Software und Telefon herauszustreichen.

Zweitens sind wir nicht nur gute Mustererkenner, sondern mindestens ebenso gute Mustervervollständiger. Unser Geist versteht es meisterhaft, Informationslücken aufzufüllen. Diese Fähigkeit, Muster zu ergänzen und aus hochgradig unvollständigen Informationen Schlussfolgerungen zu ziehen, versetzt uns in die Lage, in veränderlichen und mehrdeutigen Situationen schnelle Entscheidungen zu treffen.

Geschichtenerzählen und Mustererkennung sind für unsere Erkenntnisfähigkeit so zentral, dass wir sogar in vollkommen zufälligen Vorlagen Muster erkennen und Geschichten lesen. Sportkommentatoren und Sportfans können in tausend Einzelheiten erklären, warum der oder jener plötzlich in Spitzenform ist und am laufenden Band Tore schießt. In einer viel beachteten Analyse wiesen Thomas Gilovich, Robert Vallone und Amos Tversky nach, dass es sich bei der Mehrheit dieser Topform-Phänomene um reine Zufallsreihungen handelt – sobald genug Spieler an einem Spiel beteiligt sind, hat von Zeit zu Zeit einer von ihnen seine Torchance. Mit anderen Worten: Die Menschen erfinden Geschichten, um zu erklären, was sie für ein Muster halten.[284]

Warum Deep Blue sich nicht die Schuhe binden kann

Das Gegenteil von Induktion ist *Deduktion*. Deduktion ist ein kausaler Denkprozess, bei dem wir aus einer Reihe von Prämissen logisch zwingende Folgerungen ableiten, indem wir beispielsweise sagen: »Sokrates ist ein Mensch, und alle

Menschen sind sterblich. Also ist auch Sokrates sterblich.« Wir Menschen denken sowohl deduktiv als auch induktiv, wobei das deduktive Denken nicht gerade unsere Stärke ist. Bei Computern ist es genau umgekehrt. Jeder Mensch ist imstande, Gesichter auf den ersten Blick zu erkennen (ein induktiver Vorgang), während sich die meisten von uns mit deduktiven Berechnungen wie $(239{,}46 \times 0{,}48 + 6{,}03) \div 120{,}9708$ ziemlich schwertun. Ein einfacher Taschenrechner hingegen löst die zweite Aufgabe rasch und fehlerfrei (das Ergebnis ist 1), während es sehr viel Programmieraufwand erfordert, um einen Rechner, und sei er noch so leistungsfähig, Gesichter erkennen zu lassen.

Dennoch ergänzen wir unsere starken induktiven Fähigkeiten um gelegentliche Vorstöße ins Reich des deduktiven Denkens. Wir tun dies in der Regel, wenn wir überrascht werden, wenn unser Mustervorrat keine Antworten liefert oder wenn wir den Antworten unseres induktiven Instinktes nicht trauen. Dann setzen wir uns auf den Hosenboden und gehen den mühsamen Weg des logischen Folgerns. Zur Erleichterung dieser Tätigkeit haben wir uns diverse Krücken geschaffen – Stift und Papier, Algebra, Abakus, Rechenmaschine, Computer und die ganze Tradition wissenschaftlichen Arbeitens. Die in beschwerlicher Kleinarbeit gesammelten Erfahrungen fließen jedoch wieder in unseren Mustervorrat ein, sodass wir die Übung meist nicht zu wiederholen brauchen. Zudem überprüfen wir ständig den Erfolg oder Misserfolg unseres mustergestützten Urteilsvermögens und lernen so durch Erfahrung.

Ein gutes Beispiel für das Ineinandergreifen von induktivem und deduktivem Denken liefert das Schachspiel. Gute Schachspieler werten induktiv das globale Muster der Figuren auf dem Brett aus, während sie deduktiv einzelne lokale Konstellationen analysieren. Laut Andy Clark, Leiter des Cognitive Science Program an der Indiana University, kann ein Schachgroßmeister auf den ersten Blick rund 50.000 Figurenkonstellationen unterscheiden.[285] Mittels dieses schier unglaublichen Vorrats an induktiven Mustern kann er auf viele Situationen beinahe automatisch reagieren, indem er sich sagt: »Das hier ähnelt ein bisschen Bobby Fischers Angriff bei der Weltmeisterschaft 1971.« Allerdings ist die Zahl der möglichen Konstellationen riesig, und so wird es immer Situationen geben, auf die kein Muster passt. Hier beißt der Großmeister die Zähne zusammen und arbeitet sich deduktiv durch den Entscheidungsbaum der möglichen Züge und Gegenzüge. Die meisten Spitzenspieler können den deduktiven Verästelungen bis zu einer Tiefe von drei Ebenen folgen.

Die menschliche Methode, induktive Mustererkennung mit ein wenig deduktiver Logik anzureichern, unterscheidet sich diametral von der rohen deduktiven Rechenpower eines Schachcomputers à la Deep Blue. Deep Blue kann bis zu 200 Millionen möglicher Schritte in der Sekunde auswerten und den Verästelungen von Zügen und Gegenzügen bis zu sechs Ebenen tief folgen. Das Beispiel Deep Blue illustriert aber auch, warum wir Menschen zumeist dem induktiven Ansatz den Vorzug geben. Deduktion funktioniert nur bei sehr genau definierten Problemstellungen wie zum Beispiel Spielzügen beim Schach; sobald Informationen fehlen oder mehrdeutig sind, schlägt der deduktive Ansatz fehl. Deduktion ist folglich eine mächtige, aber zugleich fragile Rechenmethode. Induktion produziert zwar selbst mehr Fehler, kann aber zugleich auch besser und flexibler mit unvollständigen oder uneindeutigen Informationen umgehen, wie sie in der Welt nun einmal auf uns einströmen. Nicht umsonst hat die Evolution unseren Geist so werden lassen, wie er ist. Deep Blue spielt möglicherweise ebenso gut Schach wie Garri Kasparow, aber Garri Kasparows induktive Denkmaschine erlaubt ihm nicht nur, Schach zu spielen, sondern auch, sich morgens die Schuhe zuzubinden oder in einem Restaurant Essen zu bestellen – Aufgaben, bei denen Deep Blue kläglich scheitern würde.[286]

Das Bild der modernen Kognitionswissenschaft vom menschlichen Verhalten entspricht beinahe dem Gegenteil des traditionellen Bildes von der vollkommenen Rationalität.[287] Vollkommene Rationalität bedeutet, dass wir zu 100 Prozent deduktiv sind und uns wie Deep Blue ausschließlich mit unzweideutigen, wohldefinierten Problemen befassen. Und dass wir nicht lernen, denn wozu brauchen wir schließlich noch zu lernen, wenn wir bereits vollkommen sind?

Die Kognitionswissenschaft liefert eine Erklärung für einige der Anomalitäten, welche die Experimentalökonomen zutage gefördert haben. Dass beispielsweise Informationen in einem anderen Licht erscheinen, je nachdem, wie sie formuliert, in welcher Reihenfolge sie präsentiert und wie leicht sie zugänglich sind, passt in das Bild vom Menschen als raschem Mustererkenner und Mustervervollständiger. In unserer induktiven Eile machen wir manchmal Fehler und übersehen logische Verbindungen. Der Evolution verdanken wir, dass wir schnell, flexibel und überwiegend treffsicher sind und nicht langsam, fragil und vollkommen logisch.

Das stürzt uns jedoch in ein Dilemma. Ein entscheidender Vorteil der vollkommenen Rationalität besteht in ihrer Genauigkeit; sie lässt sich in Gleichungen fassen, um die herum wir anschließend Modelle errichten. Um die Ökonomie wissenschaftlich zu untersuchen und zu beschreiben, ist Präzision zwingend erforderlich. Wie können wir dieses Ziel mit so nebulösen Ideen wie Mustererkennung, Induktion, Lernen und Analogiebildung erreichen?

Der Geist eines Akteurs

Auch wenn gegenwärtig kein allgemein anerkanntes Modell des induktiven Denkens existiert, so haben zumindest zahlreiche Forscher gezeigt, dass es möglich ist, Induktion mathematisch präzise zu modellieren. Modelle mit Mustererkennungs- und Lernaspekten sind in der Computerwissenschaft mittlerweile keine Seltenheit mehr, und viele dieser Modelle kommen in der Praxis zur Anwendung, wenn es beispielsweise darum geht, die Gesichter von

Terroristen an Flughäfen oder Betrugsmuster in der Kreditkartennutzung zu erkennen.

Der Computer Scientist John Holland und der Psychologe Keith Holyoak von der University of Michigan sowie Paul Thagard vom Princeton Cognitive Science Laboratory haben gemeinsam ein allgemeines Induktionsmodell entwickelt, um zu zeigen, wie ein neuer *homo oeconomicus* aussehen könnte.[288] Die Grundstruktur des Modells sieht folgendermaßen aus:

- *Akteure.* Es gibt einen Akteur, der in seiner Umgebung mit anderen Akteuren interagiert.
- *Ziele.* Der Akteur verfolgt ein oder mehrere Ziele und kann die Diskrepanz zwischen dem gegenwärtigen und dem angestrebten Zustand wahrnehmen: »Ich habe Hunger« oder »Ich befinde mich in Gefahr«. Der Akteur hat die Aufgabe, Entscheidungen zu treffen, die ihn seinen Zielen näher bringen.
- *Faustregeln.* Der Akteur verfügt über Faustregeln, die den gegenwärtigen Zustand der Welt auf Aktionen »abbilden«. Sie heißen *Bedingung-Aktion-Regeln* oder WENN-DANN-Regeln: WENN <Ofen heiß> DANN <nicht anfassen>. Die Gesamtheit der Faustregeln eines Akteurs zu einem gegebenen Zeitpunkt bestimmt sein *gedankliches Modell.*
- *Feedback und Lernen.* Im gedanklichen Modell eines Akteurs ist festgehalten, welche Regeln ihm geholfen haben, seine Ziele zu erreichen, und welche ihn weiter davon entfernt haben. Regeln, die in der Vergangenheit bereits erfolgreich waren, kommen häufiger zum Einsatz als weniger erfolgreiche. Das Feedback aus der Umgebung »induziert« beim Akteur einen Lernprozess.

Laut dieser Beschreibung ist Induktion im Prinzip ein Problemlösungsinstrument, mittels dessen ein Akteur seine Ziele zu erreichen versucht. Die feedbackbeeinflussten Regeln erzeugen ein inneres Modell der äußeren Welt. Der Akteur entscheidet auf der Grundlage dieses inneren Modells, wie er am besten auf bestimmte Situationen reagiert.

Diese Art des induktiven Problemlösens, Lernens und Schlussfolgerns mittels Analogien wirkt auf den ersten Blick kompliziert. Wie Holland jedoch betont, sind Strukturen wie die beschriebenen in der biologischen Wirklichkeit allgegenwärtig, wenn auch in unterschiedlichen Komplexitätsgraden. Selbst das einfache Bakterium löst Probleme induktiv; wenn es Nahrung in unterschiedlicher Konzentration vorfindet, bewegt es sich in die Richtung mit der höchsten Konzentration und bringt damit implizit die Annahme zum Ausdruck, dass dort noch mehr von den begehrten Molekülen zu finden sind. Die DNA des Bakteriums erzeugt ein Modell der Welt, in dem eine steigende Konzentration besagt, dass weitere Steigerungen zu erwarten sind (bei einer absolut zufälligen Molekülverteilung wäre dies nicht der Fall). Das Bakterium hat ein Ziel

(Nahrung), erkennt ein Muster (chemischer Gradient), stellt eine Prognose an (Nahrung in dieser Richtung) und handelt danach (mit dem Flagellum wedeln). Das Bakterium bekommt anschließend eine Rückmeldung von seiner Umgebung – wenn die Regel stimmt, überlebt es und erzeugt Nachkommen, andernfalls stirbt es.

Froschschule

Stellen wir uns Kermit den Frosch vor, wie er fröhlich auf seinem Seerosenblatt hockt.[289] Seine Lebensziele sind bescheiden: Gefahren vermeiden und Fliegen fressen. In Kermits gedanklichem Modell gibt es *Detektoren*, die auf bestimmte Umgebungszustände wie <bewegt>, <gestreift>, <groß>, <nah> oder <brummend> reagieren. Daneben verfügt Kermit über *Effektoren*, die seine möglichen Reaktionen wie <fliehen>, <verfolgen>, <Zunge ausstrecken> oder <nichts tun> beschreiben. Kermits gedankliches Modell hat die Aufgabe, die Detektoren und Effektoren mittels WENN-DANN-Regeln so miteinander zu verknüpfen, dass er seine Ziele bestmöglich erreicht. Eine Regel könnte beispielsweise lauten: WENN <klein> <fliegend> <in Sicht> DANN <Zunge ausstrecken>.

Aber wie kommt Kermit überhaupt zu seinen Regeln, und wie lernt er mit der Zeit dazu? Einige Regeln sind in Kermits DNA vorgegeben, sodass er bereits als Kaulquappe Gefahren umgehen und sich ernähren kann. Eine dieser angeborenen Regeln könnte lauten: WENN <klein> <fliegend> <vor der Nase> DANN <Zunge ausstrecken>. Nach einigen unerfreulichen Begegnungen mit Bienen und Wespen ändert Kermit die Regel folgendermaßen ab: WENN <klein> <fliegend> *<blau>* <vor der Nase> DANN <Zunge ausstrecken>. Aufgrund besagter Erfahrungen könnte er zusätzlich die Regel einführen: WENN <klein> <fliegend> <gestreift> DANN <nichts tun>.

Die erfahrungsbedingte Veränderung und Erweiterung des Regelwerks führt früher oder später zu Konflikten. Eines Tages erblickt Kermit etwas, das klein und blau ist und fliegt, während gleichzeitig ein Schatten über ihn hinweghuscht. Seine Detektoren lösen zwei Regeln aus: WENN <klein> <fliegend> <blau> <vor der Nase> DANN <Zunge ausstrecken> und WENN <Schatten> <von oben> DANN <fliehen>. Diese zwei Regeln wetteifern jetzt um Kermits Aufmerksamkeit. Gehen wir einmal davon aus, dass Kermits gedankliches Modell über einen Bewertungsprozess verfügt, der den einzelnen Regeln Punkte zuordnet, je nachdem, wie sie sich in der Vergangenheit bewährt haben. Angenommen, die Regel WENN <Schatten> <von oben> DANN <fliehen> hat sich als hilfreich erwiesen, um Kermit vor einem Raubvogel zu retten, und ihre Punktezahl in Kermits Bewertungssystem ist 100. Die Fliegenfangregel ist ebenfalls wichtig, wenn auch nicht in demselben Ausmaß, sodass ihr 80 Punkte zugeordnet sind. Beide Regeln schlagen an, aber Kermits gedankliches Modell entscheidet sich für die höher bewertete Regel, und Kermit flieht. Kermits

Denkmodell überprüft anschließend, ob die Regel <fliehen> bei der Erreichung seiner Ziele hilfreich war, und aktualisiert ihre Bewertung entsprechend.

Dieser Vorgang beschreibt einen natürlichen Lernprozess. Angenommen, Kermit verfügt über folgende Regel: WENN <Brummen> <links> DANN <Kopf nach links drehen> <Zunge ausstrecken>. Eines Tages jedoch dreht er den Kopf rein zufällig nach rechts – und erwischt eine Fliege. Von jetzt an gibt es die zusätzliche Regel WENN <Brummen> <links> DANN <Kopf nach *rechts* drehen> <Zunge ausstrecken>. Beide Regeln schließen einander aus, und beide haben in der Vergangenheit schon gute Dienste bei der Mittagessensbeschaffung geleistet und sind vorläufig mit zehn Punkten bewertet. Im Lauf der Zeit jedoch wird sich die Regel <Kopf nach links drehen> häufiger bewähren als die Regel <Kopf nach rechts drehen> und entsprechend höher bewertet werden.

Es gibt jedoch zwei Probleme. Erstens sollte das System nicht so streng sein, dass Kermit, kaum dass die eine Regel mit elf statt mit zehn Punkten bewertet ist, die andere Regel vollkommen ignoriert. Denn wenn Kermit zuerst die Regel <Kopf nach rechts drehen> anwendet und erneut eine Fliege erwischt, läuft er Gefahr, die jetzt schlechter bewertete Regel <Kopf nach links drehen> künftig nie mehr anzuwenden und am Ende zu verhungern. Eine bessere Bewertung sollte also lediglich die *Wahrscheinlichkeit* erhöhen, dass eine Regel zur Anwendung kommt. Wir wünschen uns eine gewisse Experimentierfreude mit Regeln, die nur ein wenig zurückliegen, und gelegentlich sogar mit weit abgeschlagenen Regeln, um festzustellen, ob sich die Welt verändert hat. Das zweite Problem betrifft die mögliche Zeitverzögerung zwischen Aktion und Belohnung. Wie kann ein solches System lernen, sich strategisch zu verhalten und Dinge zu tun, die zwar kurzfristig verlust-, aber langfristig gewinnbringend sind?

Was Holland und seine Kollegen darauf erwidern, wird jeden Ökonomen erfreuen: Wir haben einen Markt. Die unterschiedlich bewerteten Regeln in unserem gedanklichen Modell wetteifern um unsere Aufmerksamkeit.[290] Je mehr Punkte, desto größer die Wahrscheinlichkeit, aber nicht die Gewissheit, dass die Regel gewinnt. Bei einem Fünf-Punkte-Unterschied sind die Wahrscheinlichkeiten, dass eine Regel gewinnt, möglicherweise immer noch gleich verteilt, während ein Zehn-Punkte-Vorsprung sich im Verhältnis 60:40 bemerkbar macht. Außerdem treten die Regeln nicht immer einzeln an, sondern bisweilen in komplexen Ketten. Möglicherweise kennt Kermit eine Strategie, die besagt: Suche einen Ort mit vielen Fliegen auf (die dabei verscheucht werden) und warte anschließend bewegungslos, bis die Fliegen zurückkehren, um sodann die Zunge nach ihnen auszustrecken. In der dazu erforderlichen komplexen Regelkette erhält aber möglicherweise eine andere Regel (WENN <Fliege> DANN <Zunge ausstrecken>) die gute Bewertung, während die viel verdienstvollere Regel, die den ganzen Vorgang ausgelöst hat (WENN <stinkende Sache, die Fliegen anzieht> DANN <sich nähern>), leer ausgeht.

In unserem Markt der Regeln können wir uns die Regeln in dieser Kette als Anbieter und Abnehmer vorstellen. Die Regel <Zunge ausstrecken> kauft von der Regel <bewegungslos warten>, die wiederum von der Regel <sich stinkender Sache nähern> kauft. Wenn die <Zunge ausstrecken>-Regel eine Belohnung bekommt, muss sie davon ihre Zulieferer bezahlen und so weiter. Regeln, die Gewinn einbringen (das heißt, zur Fähigkeit der Kette beitragen, Futter zu bekommen), kommen im Lauf der Zeit immer häufiger zur Anwendung. Je weiter hinten in der Kette sich eine Regel befindet, desto geringer werden die Belohnungsanteile, die bis zu ihr durchsickern. Durch die niedrigere Bezahlung ist die maximale Entfernung zwischen Ursache und Wirkung auf natürliche Weise festgelegt. Eine solche Struktur steht im Einklang mit der Erfahrung, wonach wir Menschen bis zu einem gewissen Grad strategisch denken können, bei langen und komplexen Kausalketten aber rasch ins Schwitzen kommen.

Froschpoesie?

Wir sehen allmählich, wie ein vergleichsweise einfaches System aus rivalisierenden Regeln, Bewertungen und Feedback ein flexibles und lernfähiges Mustererkennungssystem hervorbringen kann. Wir wollen jetzt die Leistung des Systems mittels einer weiteren Annahme noch einmal verbessern. Das System soll in der Lage sein, sich selbst hierarchisch zu organisieren. Weil es in Kermits Welt Regelmäßigkeiten gibt, weist auch das Anwendungsmuster der Regeln in seinem gedanklichen Modell Regelmäßigkeiten auf. Regeln, die mit <klein>, <fliegend> und <blau> zu tun haben, werden häufig gemeinsam ausgelöst und präsentieren sich mit der Zeit als Gruppe. Regeln, die anschlagen, wenn Kermit Dingen begegnet, die <klein> und <blau> sind, fügen sich zur Kategorie <Fliege>; Dinge, welche die Regeln für <groß>, <fliegend> und <flatternd> auslösen, fallen unter die Kategorie <Vogel>. Kermits gedankliches Modell wird auf diese Weise über zahlreiche Erfahrungen mit Fliegen und Vögeln verfügen.

Diese hierarchische Struktur bringt dem induktiven System zwei wichtige Vorteile. Erstens kann das System auf neue Entwicklungen reagieren. Jedes Denkmodell ist notgedrungen einfacher gestrickt als die Welt, die es umgibt. Kermit wird immer wieder in ihm bislang unbekannte Situationen geraten, auf die er jedoch reagieren muss (und sei es mit <nichts tun>). Wir wollen also annehmen, dass Kermits Regeln in einer Art *Standardhierarchie* angeordnet sind. Wenn Kermit einem Muster begegnet, sucht sein gedankliches Modell in seinem Regelrepertoire nach einer passenden Antwort; findet er keine, greift er auf eine Standardreaktion zurück.[291] Möglicherweise verfügt Kermit über die Standardantwort WENN <bewegtes Objekt> <keine weiteren Informationen> DANN <fliehen>. Das ist eine sehr allgemeine, konservative Regel, die Kermit vor Schwierigkeiten bewahren soll. Unterhalb dieser allgemeinen Regel könnte Kermit diversen Situationen begegnen, für die er speziellere Regeln und

Antworten parat hat, wie beispielsweise: WENN <bewegtes Objekt> <klein> <nah> DANN <sich nähern> <langsam>. Kermit wird also in neuen Situationen vorsichtig reagieren und vorerst auf bewährte Regeln zurückgreifen, um sein Regelrepertoire allmählich um speziellere Regeln für diese Situationen zu erweitern.

Der zweite Vorteil einer Regelhierarchie liegt in der Möglichkeit eines Denkens mittels Analogien.[292] Frösche beherrschen zwar möglicherweise keine literarischen Metaphern (also nichts mit Froschpoesie), aber immerhin kann ein Akteur, der ein induktives System verwendet, mittels Analogie feststellen, ob ein Ding einem anderen ähnelt. Hierarchisch geordnete Regeln legen eine solche Denkmethode in natürlicher Weise nahe. Angenommen, Kermits Erfahrung mit Vögeln beschränkte sich bislang im Wesentlichen auf Möven, und er verfügt über eine Kategorie <Vogel>, die durch Dinge angesprochen wird, die <groß> <fliegend> und <flatternd> sind. Eines Tages erblickt er etwas, das zwar <groß> und <fliegend> ist, aber nicht <flatternd>. Es schlagen einige, aber nicht alle <Vogel>-Dektektoren an. Für Kermit ist dieses Objekt »vogelähnlich«, auch wenn es seiner Vogelerfahrung nur ungenau entspricht. Kermits gedankliches Modell durchsucht die übrigen Kategorien und stellt fest, dass die Ähnlichkeit mit Vögeln größer ist als mit Fliegen oder Hunden. Also greift er in sein Standardrepertoire und entscheidet sich für die allgemeinste <Vogel>-Antwort <fliehen>. Diese analoge Denkweise verschafft Kermit in einer Welt voller neuartiger Situationen einen großen Vorteil. Indem er erkennt, dass etwas einem Vogel ähnelt, sind seine Chancen auf eine korrekte Antwort sehr viel größer, als wenn er das neue Objekt lediglich als <unbekannt> behandeln würde. Was wäre beispielsweise, wenn es sich bei dem schwebenden Ding um einen Falken auf der Suche nach einer Froschmahlzeit handelte? Es könnte auch ein Flugzeug oder etwas ähnlich Harmloses sein, aber es als vogelähnlich zu kategorisieren ist eine angemessene und selbsterhaltende Anwort. Auch wenn die Reaktion nicht optimal ist, besteht dennoch eine gute Wahrscheinlichkeit, dass sie auch nicht schadet. Wenn Falken und Flugzeuge in Kermits Welt häufiger vorkommen, wird er seine Standardhierarchie allmählich erweitern und die Definition »vogelähnlich« durch speziellere Definitionen ersetzen.

Evolution der Anlagestrategien

Nachdem wir nun die Grundzüge eines Frosch-fängt-Fliegen-Modells erkannt haben, stellt sich die Frage, wie Holland und Kollegen das induktive Modell auf ökonomische Entscheidungsprozesse übertragen. Kurz nach der SFI-Begegnung von 1987 begann Holland eine Zusammenarbeit mit Brian Arthur. Zwar war Arthur Hochschullehrer, aber er hatte zuvor einige Zeit in der freien Wirtschaft verbracht; als Doktorand arbeitete er auch eine Zeit lang bei McKinsey & Company. Nachdem er den Unterschied zwischen realen Entscheidungsprozessen und der vollkommenen Rationalität ökonomischer Modelle am eigenen Leib erfahren hatte, begann er sich für alternative Lösungen zu interessieren. Die beiden Männer beschlossen, ein Verhaltensmodell des Aktienmarktes auf der Grundlage der Holland'schen Ideen zu entwerfen. Das gemeinsam mit Blake LeBaron, Richard Palmer und Paul Tayler entwickelte Modell namens »Santa Fe Institute Artificial Stock Market« ist in der Literatur der Komplexitätsökonomik mittlerweile ein Klassiker.[293]

Gemäß dem soeben beschriebenen allgemeinen Induktionsmodell handelt es sich bei den Akteuren im SFI-Modell um informationsverarbeitende Einheiten, die im Prinzip einem Computerprogramm ähneln. Sie sammeln Informationen aus ihrer Umgebung, verarbeiten diese Informationen, treffen Entscheidungen und erhalten aus der Umgebung ein Feedback bezüglich dieser Entscheidungen.

Ähnlich den Zuckerwelt-Akteuren sind auch die Akteure des Aktienmarktmodells den Kräften der Evolution ausgesetzt. Wie im Zuckerwelt-Modell die ökonomisch erfolgreichsten Akteure überlebten und sich fortpflanzten, werden auch im SFI-Aktienmarkt die erfolgreichen Händler belohnt, während die Akteure mit dem geringsten Geschick pleitegehen und ausscheiden. Arthur, Holland und Kollegen erweiterten ihr Modell jedoch um eine zweite Evolutionsebene *in den Köpfen der Akteure*, die einen Lernprozess ermöglicht.

Angenommen, wir erzielen beim Lotto einen bescheidenen Gewinn, den wir nun anlegen wollen. Wir bitten einen Broker um allgemeine Hinweise zu möglichen Investmentstrategien. Unser Broker gibt uns einige Faustregeln an die Hand, wie beispielsweise: »Kaufen und Halten ist die beste Langfriststrategie«, »Ein Portfolio sollte stets ausreichend gestreut sein« und »Vorsicht mit Aktien, deren Preis-Gewinn-Verhältnis weit über dem Branchenmittel liegt«. Zwei Meinungen sind besser als eine, und so bitten wir noch weitere Broker sowie unseren verrückten Onkel und einige Freunde um Rat. Bald haben wir etliche Anlagetipps zusammen, von denen sich unweigerlich einige widersprechen. Unsere Aufgabe ist nun, all die potenziellen Strategien in unserem Kopf zu sortieren und eine Handlungsstrategie zu entwickeln.

In diesem Szenario existieren im Markt zwei Wettbewerbsebenen. Da ist zum einen der allgemeine Wettbewerb unter den Anlagestrategien im Markt selbst: Wer ist erfolgreicher, die Wachstumsanleger oder die Wertanleger, die Bullen oder die Bären? Der zweite Wettbewerb findet unter den rivalisierenden Anlagestrategien in unserem Kopf statt: Auf wen sollen wir hören, auf unseren Broker oder auf unseren verrückten Onkel? Arthur und Holland sahen in beiden Fällen einen evolutionären Lernprozess am Werk.

Um diesen Gedanken zu untersuchen, simulierten sie im Computer ein Börsenszenario mit einer einzigen Aktie, die eine Zufallsdividende abwarf. Sie schufen sodann 100 Händler, die diese Aktie kaufen und verkaufen sollten. Der Aktienkurs bestimmte sich aus den Käufen und Verkäufen dieser Akteure. Die Akteure verfolgten das einfache Ziel, möglichst viel Geld zu scheffeln, indem sie die Aktie mal kauften und mal verkauften. Als Grundlage für ihre Entscheidungen dienten ihnen drei Arten von Informationen: der bisherige Aktienkursverlauf, die bisherigen Dividendenzahlungen und eine risikofreie Rendite. Als Nächstes mussten Arthur, Holland und Kollegen entscheiden, wie die Akteure diese Informationen verarbeiten sollten.

Wie im Frosch-Beispiel dienen Wenn-dann-Regeln dazu, die im Markt beobachteten Muster als Erwartungshaltung des betreffenden Akteurs hinsichtlich des weiteren Kursverlaufs abzubilden. Eine Regel lautet möglicherweise: WENN <Kurs stieg in der letzten Runde um 5 Prozent> DANN <erwarte für die nächste Runde gegenwärtigen Kurs plus 5 Prozent>. Der Akteur entscheidet über den Kauf oder Verkauf der Aktie nach folgendem einfachem Prinzip: Liegt der für die nächste Runde erwartete Kurs höher als der gegenwärtige, so kauft er; liegt er niedriger, so verkauft er. Es sind auch kompliziertere Regeln denkbar: WENN <Kurs ist drei Runden lang gestiegen> UND <Kurs beträgt nicht mehr als das 16-Fache der Dividende geteilt durch die risikofreie Rendite> DANN <erwarte für die nächste Runde Kurs plus Dividende bei 106 Prozent des gegenwärtigen Kurses plus Dividende>. Die Faustregeln der Akteure konnten basieren auf Fundamentaldaten (kaufe Aktien, deren Kurs-Gewinn-Verhältnis in einem bestimmten Bereich liegt), auf Markttrends (kaufe Aktien, deren Kurs steigt) oder einer Mischung aus beidem. Das Modell kannte keine Obergrenze für die Komplexität einer Regel.

Wie in unserem Beispiel vom Lottogewinner beschrieben, erhielt jeder Akteur nicht nur eine, sondern 100 Faustregeln. Jede von ihnen stellt eine potenzielle Anlagestrategie dar, und der Akteur hat die Aufgabe, unter all den rivalisierenden Strategien in seinem Kopf eine auszuwählen, mit der er sein Geld vermehren kann.

Wie trifft der Akteur unter seinen 100 rivalisierenden Anlagestrategien eine Entscheidung? Die Antwort liegt auf der Hand – wie Kermit der Frosch orientiert sich der Akteur an seinen bisherigen Erfahrungen. Arthur und Holland richteten in den Köpfen der Agenten einen Evolutionsprozess ein. Jede Wenn-dann-Regel wird als eine Folge von Nullen und Einsen kodiert; jeder Code bildet die Computer-DNA einer Anlagestrategie. Der Code 011000100101 steht möglicherweise für die Regel WENN <Dividende fiel im Mittel der letzten fünf Runden um 10 Prozent> DANN <erwarte für die nächste Runde Kursabfall von 2 Prozent>, der Code 100011010101 für die Regel WENN <Dividende beträgt weniger als das Dreifache der risikofreien Rendite> DANN <erwarte für die nächste Runde Kursanstieg von 5 Prozent>. Jeder Akteur verfügt also in seinem Kopf über eine Population aus Anlagestrategie-DNAs. Jeder Strategie-DNA ist ein Punktekonto zugeordnet. Verhilft eine Strategie ihrem Akteur zu mehr Geld, erhöht sich die Punktezahl; macht er mit dieser Strategie Verluste, gibt es einen Punktabzug.

Die einzelnen Spielrunden laufen folgendermaßen ab. Jeder erhält Informationen zum bisherigen Kursverlauf, zur Dividende und zur risikofreien Rendite. Er vergleicht diese Daten mit seiner Strategiepopulation und seinem Mustervorrat und sucht nach Übereinstimmungen. Passen mehrere Regeln, konsultiert der Akteur das Punktekonto und wählt die Regel mit der höheren Punktezahl. Auf diese Weise kommen bewährte Regeln häufiger zum Einsatz. Nach Anwendung der Regel beobachtet der Akteur das Resultat – gewinnt oder verliert er Geld? Wenn er Geld gewinnt, wird die Regel gestärkt; verliert er Geld, wird sie geschwächt.

Bisher haben wir ein System, das innerhalb einer fest vorgegebenen Regelmenge Lernprozesse ermöglicht. Angenommen, jeder Akteur verfügt bei Spielbeginn über eine Population von zufällig konstruierten Regeln. Wie oben beschrieben, lernt der Akteur im Trial-and-Error-Verfahren allmählich, welche Regeln ihm helfen, Geld zu verdienen, und welche nicht. In echten Aktienmärkten jedoch entwickeln die Menschen ständig neue Anlagestrategien – wie können wir also unsere Akteure veranlassen, neue Regeln zu erfinden?

Arthur, Holland und Kollegen erweiterten ihr Modell um folgenden Prozess. In zufälligen Abständen werden die Strategiepopulationen der einzelnen Akteure einem Evolutionsprozess unterzogen: Die 20 am schlechtesten bewerteten Regeln scheiden aus und werden durch neue Regeln ersetzt. Einige der verbleibenden 80 Strategie-DNAs erleiden vereinzelte Mutationen, indem beispielsweise aus einer Eins eine Null wird oder umgekehrt. Die übrigen Strategien werden teilweise in einer Art Computersex kombiniert. Codefolgen werden an einem zufälligen Punkt in zwei Hälften geteilt und mit anderen ebenso halbierten Codefolgen zu neuen Folgen kombiniert. Das Resultat dieser Mutationen und Neukombinationen sind neue Regeln im Strategiepool des Akteurs. Viele dieser neuen Regeln sind unsinnig oder sogar schädlich, aber manche bewähren sich – vielleicht sogar besser als viele der bereits existierenden Strategien.

Mit dem induktiven Aktienmarkt führten Arthur, Holland und Kollegen eine ganze Reihe von Experimenten durch. Zu Beginn gaben sie allen Akteuren nur eine einzige Strategie – vollkommene Rationalität – ohne jede Lernfähigkeit mit auf den Weg.[294] In diesem Durchlauf ähnelten die Resultate weitgehend den Voraussagen der traditionellen Wirtschaftslehre. Das Modell pendelte sich alsbald auf einen Kurs ein, der dem theoretischen Gleichgewichtskurs nahekam und in etwa dem Basiswert der Aktie entsprach. Handelsvolumen und Volatilität waren gering, und niemand erreichte nennenswert höhere Renditen als der Durchschnitt. Dieser Durchlauf zeigte: Sobald sich *jeder* nach dem traditionellen Rationalitätsmodell (oder einer Approximation) verhält, entsprechen auch die Resultate weitestgehend den Voraussagen der traditionellen Theorie.

In einem zweiten Durchlauf statteten die Forscher die einzelnen Akteure mit jeweils 100 zufälligen Strategien aus und ließen Lernprozesse zu. Das Geschehen änderte sich augenblicklich. Das Handelsvolumen nahm ebenso zu wie die Volatilität, und der Aktienkursverlauf entwickelte sich sehr viel komplexer und dynamischer, mit Spekulationsblasen und Börsenkrächen. Der Markt bildete ein Muster relativer Ruhephasen, unterbrochen von intensiven Stürmen. Die Performance der einzelnen Akteure zeigte deutliche Unterschiede; einige avancierten zu Starperformern à la Warren Buffett, während andere früher oder später pleitegingen. Wie wir in Kapitel 17 genauer sehen werden, ähneln reale Finanzmärkte diesem Bild weit mehr als dem von der traditionellen Wirtschaftslehre vorausgesagten Gleichgewicht.

Dieses dynamischere und realistischer anmutende Marktgeschehen erklärt sich folgendermaßen. Solange alle Beteiligten mit denselben Regeln vollkommener Rationalität an den Start gehen und nichts hinzulernen, verhält sich der Markt wie eine große Herde, und der Kurs pendelt um den Gleichgewichtspunkt. Sobald aber Heterogenität und Lernen ins Spiel kommen, wird das Geschehen reicher und komplexer. Angenommen, der Kurs entwickelt sich leicht aufwärts. Einige Akteure verfügen über Regeln, die für den Fall eines Kursanstiegs eine Kaufempfehlung ausgeben. Je stärker der Kurs steigt, desto mehr Akteure steigen ein und treiben den Preis noch höher. Andere Spieler behalten jedoch den Basiswert der Aktie im Auge und beginnen irgendwann, die ihrer Ansicht nach überbewertete Aktie zu verkaufen. Sobald ihre Zahl groß genug ist, kippt der Kurs, sodass nun auch diejenigen Spieler verkaufen, deren Regeln dies für den Fall empfehlen, dass der Kurs sinkt, mit der Folge, dass der Kurs immer weiter sinkt. Möglicherweise entstehen sogar neue Regeln, die ausdrücklich nach solchen Kursschwankungen Ausschau halten, um davon zu profitieren. All diese Kursbewegungen entspringen dem dynamischen Zusammenspiel der diversen Regeln und haben wenig oder nichts mit einem veränderten Basiswert der Aktie zu tun. Ihre komplexen Muster lassen sich auch nicht als zufälliges Rauschen abtun. Vielmehr vollzieht sich in den Köpfen der einzelnen Akteure sowie zwischen den Akteuren ein komplexer Wettstreit der Überzeugungen, der sich in der Volatilität und den komplexen Mustern im Markt niederschlägt. In Kapitel 17 werden wir den Einfluss der unterschiedlichen Arten von Akteuren und ihrer Strategien auf das Marktverhalten näher untersuchen.

Im komplexen adaptiven System der Wirtschaft ist die Kenntnis des Mikroverhaltens der Einzelakteure wesentliche Voraussetzung, um das Verhalten des Gesamtsystems verstehen zu können. Seit mehr als 100 Jahren begnügt sich die Ökonomik aus Gründen der mathematischen Benutzbarkeit mit einem menschlichen Verhaltensmodell, das den meisten Ökonomen heute als viel zu simpel und mit den empirisch gewonnenen Erkenntnissen unvereinbar erscheint. Mittlerweile schält sich aus der Zusammenarbeit von Ökonomen, Psychologen, Computer Scientists und Kognitionswissenschaftlern ein neues Modell des *homo oeconomicus* heraus. Es beschreibt den Menschen als *induktiv rationalen* Mustererkenner, der imstande ist, in mehrdeutigen und hochgradig veränderlichen Situationen Entscheidungen zu treffen und dabei zu lernen. Reale Menschen sind weder ausschließlich egoistisch noch ausschließlich altruistisch. Ihr Verhalten ist darauf ausgerichtet, Kooperation in sozialen Netzwerken zu fördern und zu belohnen und Rücksichtslosigkeit zu bestrafen. Aber niemand von uns ist vollkommen, und wir alle haben unsere Schwächen und Voreingenommenheiten.

Zugunsten des Modells der vollkommenen Rationalität spricht jedoch ein letztes Argument. Es gibt nur eine Art und Weise, vollkommen rational zu sein, und damit verfügte die Ökonomik wenigstens über ein einheitliches, allgemein akzeptiertes Verhaltensmodell – mag es auch noch so fehlerbehaftet und simplifizierend gewesen sein. Ähnliches lässt sich von der induktiven Rationalität nicht behaupten. Die Kognitionswissenschaft steckt noch in den Kinderschuhen; eine einheitliche Herangehensweise ist nicht in Sicht. Dennoch sind wir, behaupte ich, besser bedient mit einem Modell, das zumindest mit den empirischen Erfahrungswerten übereinstimmt, als mit einem Modell, von dem wir wissen, dass es falsch ist.

7. Netzwerke: »Oh what a tangled web we weave«[295]

Netzwerke sind ein wesentlicher Bestandteil jedes komplexen adaptiven Systems. Ohne das Wechselspiel der Akteure gibt es keine Komplexität. Die biologische Welt beispielsweise kennt eine gewaltige Hierarchie von Netzwerken: Moleküle interagieren in Zellen, Zellen in Organismen und Organismen in Ökosystemen. Der menschliche Körper ist eine höchst komplexe Ansammlung von Netzwerken innerhalb von Netzwerken, die wiederum mit anderen Netzwerken interagieren, denken wir nur an das Gehirn, unser Nerven-, Kreislauf- und Immunsystem. Würden wir den menschlichen Körper seiner Netzwerkstruktur berauben, bliebe von ihm kaum mehr als ein kleiner Chemikalienbehälter und eine halbe Badewanne voll Wasser.

Ebenso hängt auch die ökonomische Welt von Netzwerken ab. Die Erde ist umspannt von Straßen, Kanalisationsrohren, Wasserleitungen, elektrischen Leitungen, Eisenbahntrassen, Gasleitungen, Funkwellen, Fernsehsignalen und Glasfaserkabeln. Sie stellen die Haupt- und Nebenstraßen des Materie-, Energie- und Informationsflusses quer durch das offene System der Wirtschaft dar. Die Wirtschaft besteht zudem aus höchst komplexen virtuellen Netzwerken: Menschen interagieren in Unternehmen, Unternehmen in Märkten und Märkte in der globalen Wirtschaft. Wie in der Biologie sind die Netzwerke der ökonomischen Welt in Hierarchien von Netzwerken innerhalb von Netzwerken angeordnet.

Ungeachtet ihrer Bedeutung für die ökonomische Aktivität führten die Netzwerke in den Überlegungen der Ökonomen bis vor Kurzem ein Schattendasein. Die Soziologen beschäftigen sich schon seit Jahren mit ihnen, wenn auch in der Regel weniger unter ihrem wirtschaftlichen Aspekt als vielmehr im Kontext gesellschaftspolitischer Beziehungen.[296] Die traditionelle Wirtschaftslehre vernachlässigt die Netzwerke insbesondere deshalb, weil diese sich nur schwer in das Gleichgewichtsparadigma einpassen lassen. Traditionellen Modellen zufolge findet das Zusammenspiel der Akteure in der Regel nur über Auktionen (oder einen anderen Preisfindungsmechanismus) oder in Eins-zu-eins-Verhandlungen statt. Zu dieser Annahme kam es, weil sich Auktionen und Zweipersonenspiele als Gleichgewichtssysteme beschreiben lassen, während größere Menschengruppen mit komplexeren Interaktionsformen mathematisch schwerer zu modellieren sind, sodass in vielen Fällen als einziges Instrument die Computersimulation bleibt.

In den Naturwissenschaften hingegen bilden Netzwerke seit Jahren ein Schwerpunktthema. Pionierarbeit auf diesem Gebiet leisteten in den Fünfziger- und Sechzigerjahren die ungarischen Mathematiker Paul Erdős und Alfréd Rényi.[297] In den letzten Jahren haben neue mathematische Instrumente und Computer die Netzwerkforschung in den Natur- und Gesellschaftswissenschaften stark beschleunigt. Wie die Forschung zeigt, verfügen Netzwerke über einige sehr allgemeine Eigenschaften, die für Netzwerke interagierender Partikel ebenso Gültigkeit besitzen wie für Neuronennetze im Gehirn oder die Menschen in einem Unternehmen.[298] In diesem Kapitel werden einige dieser neu entdeckten »Netzwerkgesetze« auf ihre Bedeutung für ökonomische Systeme hin untersucht.

Bevor wir uns jedoch den Netzwerkeigenschaften zuwenden, sollten wir einige Begriffe definieren. Dazu zeichnen wir auf einem Blatt Papier einige Punkte sowie einige Verbindungslinien zwischen diesen Punkten – es entsteht das Bild eines Netzwerks. Die Mathematiker bezeichnen diese Punkte als *Knoten* und die Verbindungslinien als *Kanten*. Das Gesamtbild des Netzwerks heißt *Graph*. Falls die Auswahl der Verbindungslinien zufällig erfolgte, handelt es sich um einen *Zufallsgraphen* (Abbildung 7.1). Falls die Verbindungen einem regelmäßigen Muster folgen, indem beispielsweise jeder Punkt mit seinen vier nächstgelegenen Nachbarpunkten verbunden ist, sodass ein Schachbrettmuster entsteht, sprechen wir von einem *Gitter*. In der Wirtschaft spielen sowohl Zufallsgraphen als auch Gitter eine Rolle, wobei einige der interessantesten Netzwerke eine Kombination aus beiden darstellen.

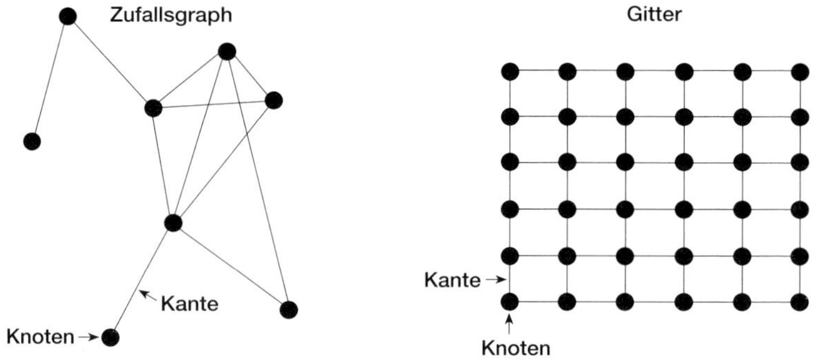

Abbildung 7.1: Zufallsgraph und Gitter

Wie Netzwerke Feuer fangen

Wie die Ökonomen seit Langem wissen, haben bestimmte Produkte wie beispielsweise E-Mail, Fax oder Telefon die Eigenschaft, dass ihre Nützlichkeit mit der Zahl der Menschen, die sie verwenden, zunimmt. Man spricht in diesem Zusammenhang vom *Netzwerkeffekt*. Auf die Frage, warum diese Produktarten plötzlich »Feuer fangen« und eine ungeahnte Popularität erreichen, wusste die traditionelle Wirtschaftslehre bislang wenig zu sagen.

Nach Überzeugung des theoretischen Biologen Stuart Kauffman liegt die Antwort in der von Erdős und Rényi entwickelten Theorie der Zufallsgraphen.[299] Stellen wir uns eintausend über einen Holzboden verstreute Knöpfe vor. In der Hand halten wir ein Bündel einzelner Fäden. Wir greifen zufällig nach zwei Knöpfen, verbinden sie mit einem Faden und legen sie wieder zurück. Anfangs ist die Wahrscheinlichkeit groß, dass die zufällig aufgegriffenen Knöpfe bislang unverbunden sind, sodass wir zahlreiche Zweiknopfverbindungen schaffen. Mit der Zeit greifen wir jedoch auch nach Knöpfen, die bereits mit einem anderen Knopf verbunden sind, sodass sich Dreierverbindungen ergeben. Die unverbundenen Knöpfe werden immer weniger und die Drei-, Vier- und Fünfknopfverbindungen immer zahlreicher.

Irgendwann beginnen die vereinzelten Bündel zu riesigen Superclustern zu verschmelzen – fünf plus fünf ergibt zehn, zehn plus vier vierzehn, und so weiter. Die Physiker bezeichnen einen solchen plötzlichen Wandel im Charakter eines Systems als *Phasenübergang*. Wenn wir beispielsweise Wasserdampf Grad um Grad abkühlen, verwandelt er sich bei 100 °C plötzlich in flüssiges Wasser und bei 0 °C in Eis. In Zufallsnetzwerken erfolgt der Phasenübergang von kleinen Clustern zu Riesenclustern an einem spezifischen Punkt, wenn das Verhältnis von Fadenverbindungen (Kanten) und Knöpfen (Knoten) den Wert 1 übersteigt (wenn also im Durchschnitt auf jeden Knopf ein Faden kommt).[300] Wir können uns das Verhältnis von einer Kante je Knoten als den »Tipping Point« vorstellen, an dem das lose verbundene Netzwerk plötzlich »umkippt« und zu einem eng verbundenen Netzwerk wird.[301]

Kauffman sieht in diesem Tipping Point in der Netzwerkentstehung einen wichtigen Erklärungsansatz für die Frage, wie es einst zu den chemischen Kettenreaktionen kam, ohne die Leben niemals hätte entstehen können. Gleichzeitig können wir diesen Effekt im ökonomischen und technologischen Kontext beobachten. Das Internet ist vermutlich das aufregendste Beispiel aus der letzten Zeit. Ursprünglich in den Sechzigerjahren als Projekt des amerikanischen Verteidigungsministeriums entstanden, führte es 20 Jahre lang ein Mauerblümchendasein und wurde vorwiegend im Hochschulbereich benutzt. Erst in den späten Neunzigerjahren nahm seine Verbreitung schlagartig zu. Eine mögliche Erklärung lautet, dass schnellere und billigere Modems und bessere Benutzerschnittstellen das Kanten-zu-Knoten-Verhältnis in den gesellschaftlichen Netzwerken über die magische Grenze von 1 hievten und so die explosionsartig zunehmende Akzeptanz auslösten.

Die Zufallsgraphentheorie eröffnet uns die Möglichkeit, solche Phänomene zu modellieren und dabei zu erkennen, dass Netzwerkeffekte nicht glatt und graduell, sondern hochgradig nichtlinear verlaufen. Durch die Analyse solcher Netzwerke können wir besser nachvollziehen, wie Moden entstehen, wie politische Bewegungen plötzlich Schlagkraft gewinnen und weshalb Aktienmärkte gelegentlich so unberechenbar sind.[302]

Die Welt ist klein

Im Jahr 1967 entschloss sich der Psychologe Stanley Milgram zur Durchführung eines Experiments.[303] Einer Gruppe von Menschen in Kansas und Nebraska sandte er Briefe mit der Anweisung, diese Briefe an ein oder zwei Empfänger in Boston weiterzuleiten. Die Empfänger bezeichnete er lediglich mit Namen, Beruf, ungefährem Alter und ungefährer Wohngegend. Die Teilnehmer in Kansas und Nebraska wurden gebeten, die Briefe an jemanden weiterzuleiten, mit dem sie per Vornamen bekannt waren und der ihn wiederum an jemanden weiterleiten sollte, den er ebenfalls per Vornamen kannte, und so weiter, bis der Brief seinen Empfänger erreicht hätte. Der erste Adressat in der Kette kannte zwar möglicherweise niemanden in Boston, hatte aber zumindest einen Vetter in Ohio, der einst an der Ostküste das College besucht hatte und den Brief an einen Studienfreund in Boston senden konnte, der ihn wiederum an einen Arzt weitergab, da der gesuchte Adressat Arzt war, und so weiter. Zu seiner Überraschung stellte Milgram fest, dass der Großteil der Briefe erstens sein Ziel erreichte und zweitens dafür im Durchschnitt sechs Verbindungen benötigte. Dieses Ergebnis wurde zur Grundlage für die Vorstellung von der »kleinen Welt«, in der je zwei Personen über höchstens sechs Bekanntschaften miteinander verbunden sind.

Duncan Watts von der Columbia University und Steve Strogatz von der Cornell University stellten in der Zwischenzeit einen weiterentwickelten Test des Kleine-Welt-Prinzips vor, der auf dem »Kevin-Bacon-Spiel« beruht.[304] Laut Watts wurde das Spiel von Mitgliedern einer Studentenverbindung des College of William and Mary erfunden, die als Filmenthusiasten den Schauspieler Kevin Bacon für das Zentrum des Kinouniversums hielten. In diesem Spiel geht es darum, bei einem beliebigen Schauspieler zu beginnen und die Verbindungsglieder bis zu einem Film mit Kevin Bacon zu zählen. Kevin Costner beispielsweise hat die Baconzahl 1, weil er mit Bacon in *JFK – Tatort Dallas* spielte. Bruce Willis hingegen war niemals gemeinsam mit Bacon zu sehen, hat aber die Baconzahl 2, weil er in *Armageddon* mit J. Patrick McCormack spielte, der wiederum in *Hollow Man – Unsichtbare Gefahr* mit Bacon auftrat. Auf der Grundlage der von Brett Tjaden von der University of Virginia zusammengetragenen Daten ermittelten Watts und Kollegen als höchste Baconzahl für einen amerikanischen Schauspieler den Wert 4. Über eine ausführliche Suche in der International Movie Database fanden sie heraus, dass 90 Prozent der rund 570.000 Schauspieler weltweit mit Bacon in irgendeiner Verbindung stehen, wobei die höchste Baconzahl 10 war, und dass 85 Prozent eine Baconzahl von 3 oder weniger hatten.[305] Ähnliche Untersuchungen wurden für andere gesellschaftliche Netzwerke wie beispielsweise Wissenschaftler oder Vorstandsmitglieder durchgeführt, und sie lieferten vergleichbare Ergebnisse.[306] Die Welt ist in der Tat klein.

Wie ist es möglich, dass alle 6,4 Milliarden Menschen auf diesem Planeten nur rund sechs Handschläge voneinander entfernt sind? Ein Mathematiker könnte so rechnen: Wenn jeder Mensch auf der Welt 100 Freunde hat, dann wäre die Zahl der Freundesfreunde 10.000 (100 × 100), die der Freundesfreundesfreunde eine Million und so weiter, bis wir im fünften Schritt 10 Milliarden erreicht hätten.[307] Hier ergeben sich jedoch zwei Probleme. Erstens ist 100 vermutlich als Durchschnittszahl der Freunde eines jeden Erdenbürgers zu hoch gegriffen. Und zweitens neigen Freundeskreise zu großen Überschneidungen. Meine 100 Freunde unterscheiden sich nicht vollständig von den Freunden meiner Freunde. Das sogenannte Kleine-Welt-Phänomen muss also noch eine andere Ursache haben.

Watts und sein Kollege Mark Newman von der University of Michigan (beide gehören auch dem Santa Fe Institute an) präsentierten eine interessante Antwort: Das Kleine-Welt-Phänomen beruht auf der Struktur des Netzwerks selbst. Wie die beiden Wissenschaftler herausfanden, weisen gewachsene soziale Netzwerke eine höchst effiziente Mischung regelmäßiger und zufälliger Elemente auf.[308] Stellen wir uns die Karte der Vereinigten Staaten vor, auf der alle Städte mit mehr als 100.000 Einwohnern mit Punkten markiert wurden. Wir ziehen jetzt zwischen allen Städten und ihren jeweils vier nächstgelegenen Nachbarstädten Verbindungslinien. Boston beispielsweise wäre möglicherweise mit Worcester, Cambridge, Providence und Manchester verbunden. Das Ergebnis ist ein Gitter. Vielleicht sieht es nicht so gleichmäßig aus wie in Abbildung 7.1, aber die Verbindungsregel mit den »vier nächstgelegenen Nachbarstädten« verleiht ihm eine gewisse Struktur und Regelmäßigkeit. Wir können die mit Boston verbundenen Städte als eine Region – beispielsweise südöstliches Neuengland – auffassen. Die Kehrseite der Regelmäßigkeit ist, dass wir uns über größere Strecken nur mittels vieler Einzelschritte bewegen können. Um von Boston nach San Diego zu gelangen, müssen wir zunächst der Verbindung nach Providence folgen, um anschließend von Providence nach Hartford und von dort nach New York zu gelangen und so weiter. Weil Gittergraphen einen hohen Trennungsgrad aufweisen, kann es 20 bis 30 Einzelschritte erfordern, um die Entfernung von einer Küste zur anderen zu überbrücken.

Stellen wir uns jetzt stattdessen vor, jede Stadt sei nach dem Zufallsprinzip mit vier anderen Städten verbunden. Von Boston aus gelangen wir mit einem Schritt möglicherweise nach Albany im Bundesstaat New York, Topeka in Kansas, Sarasota in Florida oder Spokane im Bundesstaat Washington. Einige Zufallsverbindungen sind sicherlich kürzer, wie beispielsweise zwischen Washington D. C. und Philadelphia. Andere sind von mittlerer Länge, sagen wir zwischen Denver und Cleveland. Wieder andere sind so lang wie zwischen San Diego und Charlotte. Weil die Verbindungen zufällig gewählt sind, gibt es gleich viele kurze, mittlere und lange Verbindungen. Das bedeutet, dass wir sehr viel weniger Schritte benötigen, um von einer beliebigen Stadt zu einer beliebigen anderen zu gelangen, weil wir die Reise aus kurzen, mittleren und langen Strecken zusammensetzen können. Beim Übergang vom Gitter zum Zufallsgraphen schrumpft die Zahl der Trennungsgrade auf eine Hand voll.

Der Wert von Zufallsbekanntschaften

Soziale Netzwerke sind wie Gitter, weil sie über Ordnung und Struktur verfügen. Unser Freundeskreis rekrutiert sich aller Wahrscheinlichkeit nach aus Menschen, mit denen wir aufwuchsen oder zur Schule gingen, aus Arbeits- und Berufskollegen und unseren gegenwärtigen Nachbarn. Weil wir Bekanntschaften zumeist innerhalb sozialer Gemeinschaften schließen, ist die Wahrscheinlichkeit groß, dass sich einige unserer Freunde auch gegenseitig kennen. Alle sozialen Netzwerke weisen ein klares Cluster- oder Cliquenmuster auf. Die Zahnärzte in St. Louis kennen einander ebenso wie die Darmstädter Flugzeugfans. Die Existenz dieser Cluster beweist, dass es sich nicht um ein zufälliges, sondern um ein geordnetes und strukturiertes Netzwerk handelt.

Auch wenn unsere sozialen Netzwerke strukturiert sind, verfügen wir alle über einige Zufallsbekanntschaften, die nicht aus unseren üblichen gesellschaftlichen Kreisen oder deren Umfeld stammen, sondern die wir beispielsweise in den Ferien oder im Wartezimmer eines Arztes kennengelernt haben. Diese Menschen, die nicht in unseren gewöhnlichen Cluster passen, sind wie Brücken, die aus unserem sozialen Netzwerk hinausführen und uns mit anderen sozialen Netzwerken verbinden. Indem wir ein strukturiertes Gitter um einige zufällige Verbindungen erweitern, können wir die Vorteile beider Welten kombinieren. Wir erhalten klar erkennbare Cluster und zugleich geringe Trennungsgrade: »Die meisten meiner Freunde sind Zahnärzte in St. Louis, aber ich kenne da jemanden aus meinem Fitness-Studio, der hat früher in Hollywood gearbeitet …«, und schon bald sprechen wir mit Madonna. Unsere Zufallsbekanntschaften sind wie der Expressflug von Charlotte nach San Diego.

Newman und Watts ist es gelungen, diesen Effekt zu quantifizieren. Angenommen, wir haben eine Population von 1000 Menschen, von denen jeder zehn Freunde, aber keine »Zufallsfreunde« hat. Alle Freunde stammen also aus einem eng umrissenen sozialen Umfeld. Der durchschnittliche Trennungsgrad beträgt in diesem Fall 50; um von einer beliebigen Person zu einer anderen beliebigen Person zu gelangen, benötigen wir im Mittel 50 Schritte. Sobald wir jedoch annehmen, dass 25 Prozent der Freunde nach dem Zufallsprinzip ausgewählt wurden, sinkt der Trennungsgrad auf ganze 3,6.[309] Interessanterweise entsprechen Zufallsbekanntschaften nicht unbedingt unserer Vorstellung von einem guten Networker. Meistens stellen wir uns unter einem vernetzten Menschen jemanden vor, der eine bestimmte Welt besonders gut kennt. Watts und Newman bewiesen jedoch, dass am Ende die Vielfältigkeit unserer Beziehungen weit mehr zählt als die reine Anzahl unserer Kontakte. Wir alle kennen

Menschen, die so gut wie mit jedem eine gemeinsame Sprache finden und in allen Lebensbereichen und Situationen Freunde gewinnen – das sind die Menschen, die wirklich über »Vitamin B« verfügen.

Die Struktur der sozialen Netzwerke spielt nicht nur für uns als Einzelmenschen eine Rolle, sondern ebenso für das Funktionieren großer Organisationen. Wenn ein Unternehmen seinen Mitarbeitern feste Karriereleitern vorgibt und über siloartige Einheiten und Abteilungen verfügt, so ist das soziale Netzwerk überstrukturiert, und der Zufall kommt zu kurz. Informationen müssen lange Übermittlungsketten durchlaufen, mit der Folge, dass die Kommunikation schwerfällig und die Entscheidungsfindung langsam ist. Unternehmen hingegen, die den Austausch von Mitarbeitern aus unterschiedlichen Hierarchieebenen und Geschäftsbereichen aktiv fördern, schaffen auf diese Weise ein innerbetriebliches soziales Netzwerk mit einer sehr viel größeren Beziehungsvielfalt. Zu viel Wechsel erzeugt einen Zufallsbrei, aber eine moderate Durchmischung kann für das Funktionieren des Unternehmens sehr förderlich sein. General Electric beispielsweise ist dafür berühmt, dass die Mitarbeiter im Laufe ihres Berufslebens die Abteilungsgrenzen überschreiten und in Trainingsprogrammen lernen, mit Menschen anderer geografischer Herkunft langfristige soziale Bindungen einzugehen.

»Das Netzwerk ist der Computer«

Jahrelang machte Sun Microsystems mit dem Slogan »The Network Is The Computer« für sich Werbung.[310] Dieser Slogan spricht fundamentale Wahrheiten aus, was sowohl die Netzwerke als auch die Computer betrifft. Wenn wir einen Computer öffnen, erblicken wir in seinem Inneren diverse miteinander vernetzte Elektronikbausteine. Wenn wir einen dieser Bausteine öffnen, sehen wir einige Zigmillionen miteinander vernetzter Transistoren. Diese Transistoren tun nichts anderes, als zwischen zwei Zuständen zu wechseln: 0 und 1. Ein Computer lässt sich mit weiteren Computern zu einem noch leistungsfähigeren Computer vernetzen; die meisten modernen Hochleistungscomputer bestehen in Wahrheit aus vernetzen Einzelrechnern.

Netzwerke, deren Knoten die Zustände 0 und 1 annehmen können, heißen *Boole'sche Netzwerke* nach ihrem Erfinder, dem Mathematiker George Boole.[311] In Boole'schen Netzwerken wird der Zustand 0 oder 1 durch eine Menge von Regeln bestimmt. Stuart Kauffman gebraucht dazu das Bild von der Weihnachtskette, deren Lichter an- und ausgehen.[312] Stellen wir uns drei Lämpchen in einer Schleife vor und bezeichnen wir sie mit A, B und C. Leuchtet ein Lämpchen, so befindet es sich im Zustand 1, andernfalls im Zustand 0. Jedes Lämpchen erfährt von den anderen beiden, ob sie leuchten oder nicht. Wir denken uns für jedes Lämpchen eine Regel, die in Abhängigkeit vom Zustand der beiden anderen Lämpchen bestimmt, ob es in der nächsten Runde leuchten wird oder nicht. Die Regel von Lämpchen A könnte beispielsweise lauten: Wenn B und C leuchten, dann wird A in der nächsten Runde leuchten; ansonsten bleibt A aus (*Boole'sche Und-Regel*). Eine andere Regel könnte lauten: Wenn A und B aus sind, dann bleibt C in der nächsten Runde aus; ansonsten wird C leuchten (*Boole'sche Oder-Regel*). Die Regeln, die wir den Lichtern geben, bestimmen ihre zeitliche Blinkfolge. Das Netzwerk durchläuft der Reihe nach verschiedene Zustände, während die Lichter aufgrund des Ist-Zustands der beiden anderen Lichter und der jeweiligen Regel den Zustand für die nächste Runde bestimmen. Die Regeln bilden einen Netzwerkzustand auf den nächsten ab.

Boole'sche Netzwerke treten in den unterschiedlichsten Zusammenhängen auf, von Transistoren auf Computerchips bis zu chemischen Reaktionsnetzwerken. Auch wenn unsere Gehirne nicht mit derselben 0-1-Logik wie Computer arbeiten, lassen sich die einzelnen Neuronen mathematisch in dieser Weise beschreiben, sodass manche Forscher dazu neigen, das aus lauter Neuronen bestehende Gehirn als ein (unglaublich komplexes) Boole'sches Netzwerk aufzufassen. Wenn wir uns die Wirtschaft als ein gewaltiges Netzwerk von Gehirnen vorstellen, so wird auch sie zu einem (noch komplexeren) Boole'schen Netzwerk. Das mag nach einem begrifflichen Spagat klingen, aber wir dürfen zumindest spekulieren, was daraus wohl für die Wirtschaft folgt, wenn es denn wahr sein sollte.[313]

Nach mehr als dreißigjähriger Forschungstätigkeit sind die Eigenschaften Boole'scher Netzwerke mittlerweile gut definiert. Boole'sche Netzwerke, wie sie beispielsweise das World Wide Web, unser Körper und unser Geist erzeugen, sind in Wahrheit recht einfache Wesen. Das Verhalten eines solchen Netzwerks wird im Prinzip durch drei Variable gesteuert. Die erste betrifft die Zahl der beteiligten Knoten. Die zweite misst den Grad der wechselseitigen Vernetzung. Und die dritte ist ein Maß für den »Bias« (den Grad der Verzerrung) in den Regeln, die das Verhalten der Knoten steuern. Wir wollen uns die Variablen der Reihe nach ansehen und ergründen, welche Folgerungen sich daraus für ökonomische und andere Organisationen ergeben.

Je größer, desto besser: Informationsumfang

Die erste wichtige Eigenschaft Boole'scher Netzwerke ist, dass die Anzahl ihrer möglichen Zustände mit der Anzahl ihrer Knoten exponenziell zunimmt. Ein Netzwerk mit zwei Knoten kann vier oder 2^2 Zustände haben: 00, 10, 01 und 11. Entsprechend kann ein Netzwerk mit drei Knoten acht oder 2^3 Zustände haben. Diese einfache Tatsache hat eine erstaunliche Konsequenz. Wollten wir uns mit der Geschwindigkeit des schnellsten Supercomputers der Welt durch alle möglichen Zustände eines Netzwerks *mit nur 100 Knoten* klicken, so benötigten wir dafür 568 Millionen Jahre.[314] Erhöhen wir die Knotenzahl um weitere fünf auf 105, befinden wir uns bereits jenseits der Lebensdauer des Universums.

Wenn wir nicht einmal derart kleine Netzwerke vollständig erkunden können, wie können wir dann jemals hoffen, alle möglichen Zustände eines Intel-Pentium-Prozessors oder eines menschlichen Gehirns zu erforschen?[315] Nur der kleinste Teil aller möglichen Zustände wird jemals realisiert. Positiv gesprochen nimmt auch die Menge der Informationen, die ein Netzwerk aufnehmen, und der Dinge, die es tun kann, exponenziell mit seiner Größe zu. Nicht nur wächst gemäß Moores Gesetz die reine Rechenpower moderner Computer exponenziell, sondern zugleich auch die Menge dessen, was wir damit anstellen können.

Ein gutes Beispiel für die Kraft großer Netzwerke liefert die Biologie. Wir können uns Genome als höchst komplexe chemische Netzwerke vorstellen, deren einzelne Gene sich an- und ausknipsen lassen. Vor Beginn des Humangenomprojekts schätzten Wissenschaftler die Zahl der Gene im menschlichen Genom auf rund 100.000. Nach Abschluss der Genkartografierung stellten sie überrascht fest, dass es lediglich 30.000 waren.[316] Allein schon der bescheidene Spulwurm bringt es hingegen auf 19.000 oder zwei Drittel der Anzahl menschlicher Gene. Der Mensch ist im Vergleich zum Spulwurm mit Sicherheit mehr als 33 Prozent komplexer; wie kann ein *homo sapiens* von so phantastischer Komplexität nur 33 Prozent mehr Gene haben als ein einfacher Fadenwurm? Die Antwort liegt möglicherweise in der Eigenschaft unserer Gene, das Wachstum unseres Körpers in einem Boole'schen Netzwerk zu steuern, sodass das menschliche genetische Netzwerk mit seinen gerade einmal 10.000 zusätzlichen Genen ganz andere Dinge vollbringen kann als das genetische Netzwerk des Spulwurms.

Die exponenzielle Zunahme der möglichen Zustände erzeugt in jedem aus informationsverarbeitenden Einheiten bestehenden Netzwerk enorme Skalenvorteile. Traditionelle Ökonomen verstehen Skalenvorteile in der Regel als eine Kosten- und Volumenfunktion, wenn beispielsweise mit zunehmender Produktionsmenge die Stückkosten zurückgehen. Die Gesetze Boole'scher Netzwerke lassen uns jedoch an eine andere Art von Skalenvorteil denken. Mit der Größe des Boole'schen Netzwerks steigt das *Innovationspotenzial* exponenziell. Ein Boole'sches Netzwerk mit zehn Knoten kennt 2^{10} mögliche Zustände, ein Boole'sches Netzwerk mit 100 Knoten bereits 2^{100}. Der Raum der möglichen Zustände eines 100-Knoten-Netzwerks ist nicht bloß zehnmal größer als der eines Zehn-Knoten-Netzwerks; vielmehr beträgt der Unterschied nicht weniger als dreißig Größenordnungen (10^{30}). Der Sprung von den zehn Menschen, die im Café um die Ecke arbeiten, zu den 18.000 Boeing-Beschäftigten geht, was die reine Mitarbeiteranzahl betrifft, lediglich über vier Größenordnungen; der Komplexitätszuwachs von der Café-Latte-Zubereitung zur Jumbo-Jet-Produktion ist jedoch um viel mehr Größenordnungen größer, wie auch der Mensch um viel mehr Größenordnungen komplexer ist als der Spulwurm. Ein Unternehmen von der Größe Boeings verfügt von Natur aus über viel mehr Innovationskapazität – die größere Zahl von Zuständen im Organisationsnetzwerk von Boeing bedeutet, dass das Unternehmen über sehr viel mehr *Möglichkeiten* seiner Zukunftsgestaltung verfügt als das kleine Café an der Straßenecke.

Wenn ökonomisches Wachstum lediglich mit traditionellen Skalenvorteilen einherginge, würden wir heute immer noch wie vor zwei Millionen Jahren Faustkeile herstellen – nur möglicherweise etwas billiger. Sobald wir uns jedoch menschliche Organisationsstrukturen als Boole'sche Netzwerke vorstellen, erkennen wir, dass der Raum möglicher Innovationen mit der Größe der Strukturen exponenziell zunimmt. Unsere wirtschaftlichen Organisationsstrukturen sind in der Tat im Lauf der Zeit gewachsen. Insbesondere der technologische Wandel ging mit den Sprüngen in der Organisationsgröße einher. Die Entwicklung der sesshaften Landwirtschaft ermöglichte die Bildung von Dorfgemeinschaften, die deutlich größer waren als die Gruppen der Jäger und Sammler, welche die bisherige Organisationseinheit darstellten. Mit der industriellen Revolution wiederum entstanden große Fabriken und ganze Industriestädte, während die Informationsrevolution des späten 20. Jahrhunderts die Bildung riesiger globaler Unternehmen ermöglichte. In einer positiven Spirale bewirkt der technologische Wandel die Entstehung immer größerer wirtschaftlicher Kooperationseinheiten, welche die Informationsverarbeitung in eine neue Dimension treiben, was wiederum Raum schafft für weitere technische Innovationen. Wir werden darauf in Teil III dieses Buches zurückkommen.

Die Mathematik der Boole'schen Netzwerke gibt uns jedoch ein Rätsel auf. Wenn große Organisationsformen über so viel mehr Innovationsspielraum verfügen als kleine, warum hält sich dann so eisern der Mythos, wonach kleine Strukturen den großen in puncto Innovation überlegen sind? Warum scheinen die Davids aus dem Silicon-Valley die großen Goliaths regelmäßig zu besiegen?

Je größer, desto schlechter: Komplexitätskatastrophen

Die Netzwerktheorie offenbart uns eine andere, dunklere Seite der Größe. In Abhängigkeit vom Vernetzungsgrad als der zweiten Kontrollvariable Boole'scher Netzwerke entstehen erhebliche Skalennachteile. Stellen wir uns ein sehr sparsam verkoppeltes Netzwerk vor, in dem jeder Knoten wie in unserer Weihnachtslichterkette nur mit zwei weiteren Knoten verbunden ist. Als Gegenbeispiel stellen wir uns ein sehr dicht verkoppeltes Netzwerk vor, das beispielsweise aus 1.000 Knoten besteht, die alle miteinander verbunden sind. Die Zahl der Verbindungen je Knoten hat einen maßgeblichen Einfluss auf das Verhalten des Netzwerks. Kauffman und seine Kollegen vom Santa Fe Institute haben diese Beziehung gründlich untersucht.[317] Dabei fanden sie unter anderem heraus, dass die Zahl der Verbindungen in einem Netzwerk exponenziell mit der Zahl der Knoten wächst, sobald das Durchschnittsverhältnis zwischen Verbindungen und Knoten mehr als 1 beträgt. Das bedeutet, dass die Zahl der Interdependenzen im Netzwerk schneller wächst als das Netzwerk selbst. An dieser Stelle beginnen die Probleme. Mit der Zunahme der Abhängigkeiten erhöht sich die Wahrscheinlichkeit, dass Veränderungen in einem Teil des Netzwerkes Auswirkungen auf andere Teile haben. Je stärker dieser Dominoeffekt, desto größer ist die Gefahr, dass positive Veränderungen in einem Teil des Netzwerks an anderer Stelle negative Konsequenzen zeitigen.

Stellen wir uns dazu vor, wir gehörten zum Gründerteam eines kleinen Start-up-Unternehmens mit lediglich zwei Abteilungen: Produktentwicklung und Marketing. Aus der Produktentwicklung kommt die Idee für ein neues Produkt. Wir stellen unseren Plan in einer gemeinsamen Besprechung vor, die Marketingabteilung signalisiert ihr Einverständnis – und fertig. Unser neues Produkt ist ein Erfolg. Unser Unternehmen beginnt zu wachsen, und wir beschließen, dass es an der Zeit ist, eine Finanz- und eine Kundendienstabteilung einzurichten. Wie alle Start-ups sind jedoch auch wir etwas desorganisiert. Die neuen Gruppen sprechen nicht miteinander, dafür aber mit uns als Mitglied des Gründungsteams. Wir haben mittlerweile eine neue Produktidee, die wir der Marketing-, der Finanz- und der Kundendienstabteilung in getrennten Besprechungen vorstellen, um sicherzustellen, dass sie alle das neue Projekt unterstützen. Komplexer als zuvor, aber immer noch nicht dramatisch. Die Gesamtzahl der Besprechungen wächst lediglich mit der Zahl der zusätzlichen Abteilungen; für das erste Produkt genügte eine Besprechung, für das zweite benötigten wir drei.

Allmählich werden wir jedoch unserer Rolle als Kommunikationszentrale überdrüssig, und so bitten wir die Abteilungsleiter, sich regelmäßig mit den übrigen Abteilungsleitern abzustimmen und Informationen auszutauschen. Alsbald setzt ein reger E-Mail-Verkehr ein, und die Besprechungsräume füllen sich – unsere Initiative für eine verbesserte Kommunikation erweist sich als voller Erfolg. Wieder haben wir eine Idee für ein neues Produkt, aber jetzt geschieht etwas Seltsames. Wir stellen unsere Idee wie gewohnt der Marketingabteilung vor, doch deren Manager erklären uns, ein Okay hänge von der vorherigen Zustimmung der Finanzabteilung zum veränderten Marketingbudget ab. Aus der Finanzabteilung wiederum heißt es, erst müssten die Angaben der Kundendienstabteilung zu den zusätzlich entstehenden Supportkosten abgewartet werden. Und die Kundendienstabteilung muss sich bei der Marketingabteilung rückversichern, dass ihre Pläne mit der Marken- und Preisstrategie des Unternehmens im Einklang stehen. Statt drei Besprechungen sind nunmehr zehn erforderlich, und die einzige Ursache für dieses Chaos besteht in der zunehmenden Dichte der Kommunikationsverbindungen. Sobald wir noch eine Abteilung – beispielsweise eine Rechtsabteilung – hinzunehmen, klettert die Zahl der erforderlichen Besprechungen auf 25. Mit den besten Absichten – schließlich wollten wir lediglich die Kommunikation verbessern – haben wir ein bürokratisches Ungeheuer geschaffen.

Aufgrund des explosionsartig gewachsenen Beziehungsgeflechts kommt es zu einem weiteren Phänomen. Die in den einzelnen Besprechungen getroffenen

Entscheidungen hängen so eng miteinander zusammen, dass sich kleine Veränderungen in einem Teil des Unternehmens unmittelbar auf das gesamte Netzwerk auswirken. Infolge unseres Planes benötigt das Marketing mehr Geld, das die Finanzabteilung dem Kundendienst entzieht, der daraufhin Änderungen am Produkt zwecks Vereinfachung des Supports verlangt, die wir wiederum in unseren Plan einarbeiten, woraufhin nun wieder das Marketing an der Reihe ist, und so weiter. Verzögerungen in einem Teil des Netzwerks können langwierige Verkehrsstaus auslösen. Angenommen, die Rechtsabteilung benötigt für die Planüberprüfung mehr Zeit. Dann kann die Marketingabteilung ihren Finanzbedarf nicht endgültig bestimmen, sodass auch die Kundendienstabteilung noch nicht weiß, wie viel Geld ihr verbleibt und wie viele Mitarbeiter sie einstellen kann, und so weiter.

Abhängigkeiten dieser Art in einem Netzwerk führen zu dem, was Kauffman eine *Komplexitätskatastrophe* nennt. Zu diesem Effekt kommt es, weil mit dem Anwachsen des Netzwerks eine exponenzielle Zunahme der Interdependenzen und damit der Wahrscheinlichkeit einhergeht, dass eine positive Veränderung in einem Teil des Netzwerks eine Kettenreaktion auslöst, die schließlich an anderer Stelle zu einer negativen Veränderung führt. Eng verbundene Netzwerke verlieren folglich mit zunehmender Größe immer mehr an Adaptionsfähigkeit.

Komplexitätskatastrophen sind eine Erklärung dafür, warum bürokratische Strukturen häufig wie Unkraut wuchern. Viele Unternehmen versuchen in aufwendigen Aktionen, der Bürokratie Herr zu werden, nur um nach wenigen Jahren festzustellen, dass sie gedeiht wie eh und je. Niemand legt den bürokratischen Dschungel willentlich an. Er entsteht vielmehr von selbst, sobald die Menschen versuchen, ihre lokalen Netzwerkabschnitte zu optimieren: Die Finanzabteilung schaut lediglich danach, dass die Zahlen stimmen, die Rechtsabteilung versucht, uns das Gefängnis zu ersparen, und die Marketingabteilung kümmert sich um das Markenimage. Nicht menschliche Sturheit oder schlechte Absicht sind das Problem. Vielmehr erzeugen wachsende Netzwerke Interdependenzen, die zu Interessenkonflikten führen, die wiederum die Entscheidungsfindung verlangsamen und letztlich in einem bürokratischen Dickicht enden.

Möglichkeitsgrade kontra Freiheitsgrade

In Organisationsstrukturen wirken folglich zwei einander entgegengesetzte Kräfte: informationelle Skalenvorteile infolge vermehrter Knoten sowie durch Interessenkonflikte bedingte Skalennachteile. Gemeinsam liefern diese Kräfte eine Erklärung dafür, warum Größe zugleich gut und schlecht ist: Indem eine Organisation wächst, nehmen ihre *Möglichkeitsgrade* exponenziell zu, während ihre *Freiheitsgrade* exponenziell abnehmen.

Große Strukturen verfügen im Prinzip über mehr attraktive Möglichkeiten als kleine (die großen können theoretisch alles, was die kleinen können, und noch etwas mehr). Aber die Nutzung dieser Möglichkeiten erfordert Kompromisse, die desto schmerzlicher sind, je dichter das organisatorische Netzwerk geknüpft ist. Häufig verzichten Unternehmen allein deshalb darauf, sich zu verändern, weil die dazu erforderlichen Maßnahmen an der einen oder anderen Stelle im Organisationsgefüge Schmerzen verursachen könnten, obgleich das Unternehmen insgesamt von der Veränderung profitieren würde.

IBM beispielsweise dominierte jahrzehntelang in puncto Größe und globaler Präsenz den Computermarkt und hatte bis in die Achtzigerjahre den Löwenanteil am weltweiten PC-Geschäft inne.[318] Im Jahr 1984 gründete ein 19-Jähriger namens Michael Dell mit den 1000 US-Dollar, die er durch den Verkauf seiner Briefmarkensammlung eingenommen hatte, eine Firma, die 13 Jahre später IBM von der Tabellenspitze der globalen PC-Anbieter verdrängen sollte. Am Ende sah sich IBM veranlasst, den Rückzug aus dem PC-Geschäft anzutreten und die Sparte an ein chinesisches Unternehmen zu verkaufen.

Wie konnte eines der größten Unternehmen der Welt mit einem Vermögen von Milliarden von US-Dollar, Hunderttausenden talentierter Mitarbeiter und einer nobelpreisgekrönten technischen Forschung gegen einen Teenager verlieren, der sich ein Taschengeld mit seiner Briefmarkensammlung verdient hatte? Wir stellen uns vor, wie sich zur Zeit der ersten Vorstöße Dells auf den PC-Markt ein cleverer Mensch bei IBM gesagt haben muss: »Offenbar ziehen es viele Kunden vor, Computer per Post zu bestellen, und Dell profitiert davon – warum machen wir das nicht auch?« Computer auf dem Postweg zu vertreiben überstieg mit Sicherheit nicht die Fähigkeiten von IBM; mehr als Pappkisten und Noppenfolie war dafür nicht erforderlich. Warum wartete das Unternehmen dennoch Jahre, nachdem es von Dell überholt wurde, bis es damit begann, Computer direkt an seine Kunden zu verkaufen? Die Erklärung lautet, dass IBM Opfer einer Komplexitätskatastrophe wurde.

Als Dell in das Geschäft einstieg, verkaufte IBM seine PCs im Wesentlichen über externe Händler an private Kunden, während die hauseigene Vertriebsabteilung Großkunden belieferte. Falls das Unternehmen mit dem Postvertrieb begonnen hätte, wäre damit ein Aufstand sowohl der externen Vertriebspartner als auch der hauseigenen Vertriebsabteilung ausgelöst worden, was sich vermutlich in sinkenden Verkaufszahlen niedergeschlagen hätte. Mit Sicherheit wären Zweifel laut geworden, ob das billige und unkomplizierte Direktversand-Image überhaupt zur Premiummarke IBM passt. Eine solche Veränderung hätte eine gewaltige Kettenreaktion ausgelöst, die das gesamte IBM-Geschäftssystem von der Herstellung bis zum Kundendienst auf den Kopf gestellt hätte. Auch wenn die IBM-Manager sich der von Dell ausgehenden Gefahr vermutlich bewusst waren und Dells Marktanteile liebend gern zurückerobert hätten, boten die Interdependenzen im IBM-Geschäftssystem den Mitarbeitern so manche Veranlassung, nein zu sagen. Je mehr Interaktionen erforderlich sind, damit etwas geschieht, desto höher ist die Wahrscheinlichkeit von Konflikten oder Hindernissen. In den meisten Unternehmen reicht es, dass hinreichend viele Leute nein sagen, damit etwas nicht geschieht. In den Anfangstagen der Schlacht zwischen IBM und Dell verfügte IBM über mehr Möglichkeitsgrade als Dell. So hätte beispielsweise IBM den Großkundenmarkt sehr viel rascher mit dem Direktbestellungsmodell durchdringen können als Dell, aber das ältere Unternehmen hatte weniger Freiheitsgrade, um diese Möglichkeiten zu seinem Vorteil zu nutzen.[319]

Diese Spannung zwischen Interdependenz und Adaptionsfähigkeit ist ein grundlegendes Merkmal von Netzwerken, das sich auf viele Arten von Systemen tief greifend auswirkt. Softwareentwickler wissen davon ein Lied zu singen, wenn Programme so komplex werden, dass jede Verbesserung oder Fehlerkorrektur fünf neue Fehler nach sich zieht, und Architekten verfluchen den Augenblick, in dem der Bauherr höflichst darum bittet, die eine Wand doch um zehn Zentimeter zu verschieben, mit der Folge, dass sämtliche Berechnungen für die Katz waren. Manche Biologen, unter ihnen auch Stuart Kauffman, glauben, dass der Komplexität von Organismen durch dieses Spannungsverhältnis Obergrenzen gesetzt werden.[320] In ökonomischen Strukturen existiert ein deutlicher Zielkonflikt zwischen den Skalenvorteilen der Komplexität und den durch sie verursachten Koordinationskosten und Beschränkungen. Die nächste Frage lautet folglich: Was können wir dagegen tun?

Ein zweifach Hoch auf die Hierarchie!

Wie die Netzwerktheorie zeigt, bieten sich den Unternehmen zwei Alternativen: Entweder verringern sie die Vernetzungsdichte, oder sie erhöhen die Berechenbarkeit der Entscheidungsfindung. Auf beides wollen wir kurz eingehen.

Bislang betrachteten wir Netzwerke, in denen das Verbindungsmuster für alle Knoten gleich war, indem beispielsweise von jedem Knoten drei Verbindungen ausgingen. Was aber passiert, wenn wir das Netzwerk hierarchisch strukturieren? Stellen wir uns drei Arbeiter vor, die von einem Vorarbeiter beaufsichtigt werden; jeweils drei Vorarbeiter sind einem Abteilungsleiter unterstellt; jeweils drei Abteilungsleiter berichten einem Geschäftsführer und so weiter. Was geschieht dann? Das Netzwerk sieht jetzt anders aus. Kauffman plädiert dafür, im Interesse einer verbesserten Adaptionsfähigkeit und zur Vermeidung von Interessenkonflikten die Strukturen aufzubrechen.[321] Indem wir Netzwerke hierarchisch strukturieren, reduzieren wir die Kopplungsdichte und damit die Interdependenzen innerhalb des Netzwerks. Hierarchien sind wichtig, damit Netzwerke größere Ausmaße annehmen können, bevor Skalennachteile überhand nehmen. Das ist auch der Grund, warum so viele Netzwerke in der Natur und in der Computerwelt als ineinander verschachtelte Netzwerke strukturiert sind.

Im Unternehmenskontext heißt es üblicherweise, dass Hierarchie ein bürokratisches Element sei, das die Adaptionsfähigkeit verringert. Den Managern wird geraten, ihre Organisationsstrukturen flach zu halten. Dabei können hierarchische Strukturen sehr wohl zur Verbesserung der Adaptionsfähigkeit beitragen, indem sie den Interdependenzgrad verringern und dem Unternehmen erlauben, stärker zu wachsen, ohne dass dies zur Lähmung führt.[322] Ein einfaches Beispiel illustriert dies. Die hierarchische Struktur in Abbildung 7.2 hat vierzig Knoten (denken wir sie uns als Menschen). Angenommen, das Unternehmen steht vor einer Entscheidung, und wir wollen alle Beteiligten von unseren Plänen überzeugen. Falls es keinerlei Hierarchie gäbe, müsste sich im Extremfall jeder mit jedem beraten – das wären 1600 Besprechungen. Aber in der dargestellten hierarchischen Struktur können wir davon ausgehen, dass sich jede Gruppe von Gleichgestellten mit ihrem jeweiligen Vorgesetzten triff, den Plan absegnet und die Entscheidung anschließend an die nächsthöhere Ebene weitergibt, wo ein ebensolches Treffen stattfindet, und so weiter. Mit neun Besprechungen auf der untersten Ebene, drei auf der mittleren und einer abschließenden Besprechung auf der Vorstandsebene wäre die Sache durch – 13 gegen 1.600. Wer hätte gedacht, dass Hierarchie helfen kann, den Besprechungsbedarf zu reduzieren? Natürlich erzeugt Hierarchie ihre eigenen Probleme; beispielsweise können Informationen auf ihrem Weg von unten nach oben entstellt werden, die oberen Ränge verlieren den Kontakt zur Basis, oder eine schwache Besetzung auf einer leitenden Position richtet großen Schaden an. Eine Pauschalverurteilung der Hierarchie wird jedoch ihrer zentralen Rolle als Interdependenzbrecher nicht gerecht.

Ein verwandter Ansatz besteht darin, den Einheiten innerhalb einer hierarchischen Struktur mehr Autonomie zu geben. Diese Erkenntnis hatte auch Alfred P. Sloan, als er sein Konzept der autonomen Geschäftseinheiten entwickelte, das es General Motors seinerzeit ermöglichte, sich zum größten Unternehmen der Welt zu mausern. Sloan schuf im Prinzip fünf Automobilunternehmen in einem Gesamtunternehmen, wobei er jedem Einzelunternehmen seine eigene Marke und ein hohes Maß an Autonomie mit auf den Weg gab. Die Entscheidung vieler Unternehmen in den Achtziger- und Neunzigerjahren, ihren Geschäftsbereichen mehr Autonomie und Ergebnisverantwortung einzuräumen, ist größtenteils als Antwort auf die durch die Größe der Unternehmen bedingte Komplexität zu verstehen.

Gelegentlich mag es sogar sinnvoll sein, Geschäftseinheiten gänzlich in die Autonomie zu entlassen und auszugliedern oder das Unternehmen aufzubrechen. Wenn private Beteiligungsgesellschaften Geschäftsbereiche großer Unternehmen aufkaufen, lässt sich anschließend häufig eine unmittelbare Leistungsverbesserung beobachten. Auch wenn daran die den Managern versprochenen Leistungsanreize sicherlich nicht unschuldig sind, geht der Effekt zumindest teilweise wohl auch auf die verringerten Restriktionen und die vermehrten

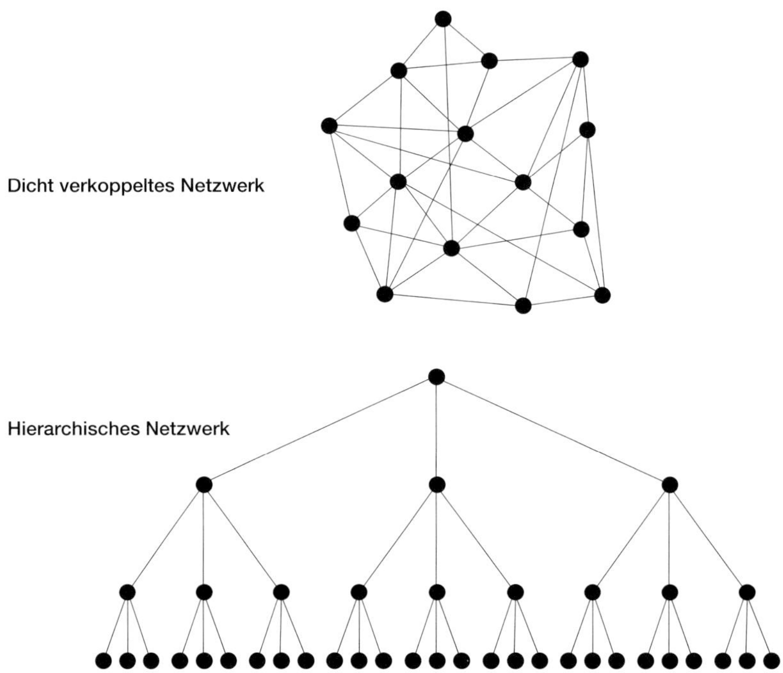

Abbildung 7.2: Dichtes kontra hierarchisches Netzwerk

Freiheitsgrade zurück. Häufig sehen wir auch das Gegenteil, wenn leistungsstarke Kleinunternehmen von großen Unternehmen aufgekauft werden, wo ihnen anschließend vor lauter Restriktionen die Luft ausgeht.

Vorhersagbarkeit ist besser

Wie Kauffman und seine Kollegen im Rahmen ihrer Forschungen feststellten, weisen nichthierarchische Netzwerke mit durchschnittlich ein bis zwei Verbindungen je Knoten eine Tendenz zur spontanen Ordnung auf, die sich jedoch bei vier und mehr Verbindungen je Knoten ins Chaos verkehrt (indem Veränderungen Dominoeffekte auslösen und das System in eine Komplexitätskatastrophe treiben).[323] In der Folgezeit entdeckten die Physiker Bernard Derrida und Gérard Weisbuch von der Ecole Normale Supérieure in Paris einen Parameter, der den Punkt, an dem dieser Phasenübergang eintrat, verändern konnte.[324] Sie nannten den Parameter *Bias*, das heißt Verzerrung.

In unserer Boole'schen Weihnachtslichterkette verfügt jede Birne über eine Regel, die den von den beiden Nachbarbirnen empfangenen Input in einen Output verwandelt. Wenn beispielsweise A und B aus sind, schaltet sich auch C aus. Im Folgenden wollen wir annehmen, dass wir die Regeln der einzelnen Birnen nicht kennen – sie bilden für uns eine Blackbox. Dennoch können wir ihr

Verhalten studieren, indem wir sie mit Input füttern und den Output beobachten. Angenommen, wir wählen eine Birne aus und füttern sie mit einer zufälligen Folge von Nullen und Einsen. Unsere Inputfolge enthält folglich ungefähr 50 Prozent Nullen und 50 Prozent Einsen. Wenn auch die Outputfolge je zur Hälfte Nullen und Einsen enthält, bezeichnen wir den Output als *unbiased*; wenn der Output aber beispielsweise zu 90 Prozent Einsen enthält, nennen wir ihn *biased*, in diesem Falle »gegen 1« oder, wenn er 90 Prozent Nullen enthält, *biased* gegen 0. Wir wissen, dass der Berechnung des Output durch die Birne eine deterministische Regel zugrunde liegt, die nur vom Input abhängt; ein geringer Bias (ein gleichmäßig verteilter Output) bedeutet somit nicht, dass sich die Birne zufällig verhält, sondern nur, dass die unbekannte Entscheidungsregel mit gleicher Wahrscheinlichkeit Einsen und Nullen produziert. Ein Außenstehender, der die Regel nicht kennt, kann das Verhalten eines Knotens mit geringem Bias nur schwer vorhersagen; bei einem Knoten mit hohem Bias hingegen stehen seine Chancen besser.

Je höher der Bias, so stellten Derrida und Weisbuch fest, desto dichter kann ein Netzwerk verkoppelt sein, bevor der Übergang ins Chaos eintritt. Bei einem durchschnittlichen Bias von 50:50 ereignet sich der Übergang zum Chaos im Bereich zwischen zwei und vier Verbindungen je Knoten, wie auch Kauffman in seiner Studie gezeigt hat. Wenn der durchschnittliche Bias näher bei 75 Prozent liegt, ereignet sich der Übergang oberhalb von vier Verbindungen je Knoten. Bei einem noch höheren Bias verträgt das Netzwerk bis zu sechs Verbindungen je Knoten, bevor es ins Chaos umkippt. Die entscheidende Beobachtung lautet, dass ein Netzwerk eine desto höhere Vernetzungsdichte tolerieren kann, je berechenbarer sich seine Knoten verhalten.

Im Unternehmenskontext können wir den Bias als ein Maß für die Vorhersagbarkeit auffassen. Je vorhersagbarer die Entscheidungen in einem Unternehmen, desto dichter verkoppelt darf das Netzwerk sein, aus dem das Unternehmen besteht, um noch zu funktionieren. Eine weniger vorhersagbare Entscheidungsfindung macht es erforderlich, die Vernetzungsdichte zu reduzieren, die Hierarchie zu verstärken und die Zeitspannen für Kontrollen zu verkleinern. In einer Armee beispielsweise, wo großer Wert auf ein vorhersagbares Verhalten gelegt wird, sind größere Einheiten möglich als beispielsweise in einer kreativen Werbeagentur. Faktoren, die das Verhalten weniger vorhersagbar machen, wie beispielsweise Bürointrigen und Emotionen, verringern die Größe, bis zu der ein Unternehmen wachsen kann, ohne von der eigenen Komplexität überrollt zu werden. Wir sehen hier ein Rezept für die Schaffung eines manövrierunfähigen Unternehmens: Man kombiniere unvorhersagbares Verhalten mit flacher Hierarchie und dichter Vernetzung – die Wahrscheinlichkeit, dass noch irgendetwas geschieht, geht gegen null.

Die Grenze zur Ordnung

Die Arbeiten Kauffmans und anderer führten zu einer kontraintuitiven Erkenntnis. Das Problem, das IBM mit Dell hatte, bestand nicht darin, dass das Spitzenunternehmen zu unempfänglich für Veränderungen war, sondern im Gegenteil, dass es zu empfindlich auf Veränderungen reagierte. Die dichte Vernetzung und der Interaktionsdschungel im IBM-Geschäftssystem bewirkten, dass aus kleinen Veränderungen (»lasst uns Computer per Post verkaufen«) große Probleme erwachsen konnten (»es gibt tausend Gründe, warum wir Computer nicht per Post verkaufen können«).

Hier zeigt sich eine der Gefahren einer rein metaphorischen Interpretation der Komplexitätstheorie. Zahlreiche populäre Managementbücher und Artikel handeln von der »Grenze zum Chaos«. Dabei handelt es sich um jenen Übergangsbereich zwischen Ordnung und Chaos, wo die Natur angeblich am anpassungsfähigsten ist. Diese Vorstellung wird zumeist so interpretiert, dass Unternehmen häufig deshalb nicht genügend anpassungsfähig sind, weil sie zu sehr an den Ordnungsstrukturen festhalten, anstatt etwas mehr Chaos zuzulassen und so den Boden für weitere Innovationen zu bereiten. Auch wenn dies verführerisch klingt, ist die korrekte Anwendung der Wissenschaft etwas komplizierter und führt zu etwas anderen Schlussfolgerungen.

Dazu wollen wir uns noch einmal Kauffmans Netzwerk blinkender Glühbirnen zuwenden. Kauffman stellte fest: Solange jede Birne im Durchschnitt nur mit zwei weiteren Birnen verbunden ist, zeigt das Netzwerk ein vergleichsweise geordnetes Verhalten – kleine Veränderungen bewirken keine großen Veränderungen im Blinkmuster der Lämpchen. Sobald sich aber die Verbindungszahl jeder Birne auf vier erhöht, verändert sich das Verhaltensmuster ganz erheblich. Eine kleine Veränderung in einem Teil des Netzwerks (beispielsweise eine leicht modifizierte Schaltregel für eine der Birnen) löst Kaskaden von Veränderungen aus, die es unmöglich machen, das Blinkmuster der Lämpchen vorherzusagen. Im Unternehmenskontext lösen diese Veränderungskaskaden früher oder später Interessenkonflikte aus.[325] Der Wechsel von zwei zu vier Verbindungen je Knoten hat einen plötzlichen Phasenübergang von einem festen, veränderungsunempfindlichen zu einem chaotischen und veränderungsüberempfindlichen Zustand des Netzwerks zur Folge. Aus Gründen, die wir im späteren Verlauf des Buches noch untersuchen werden, funktionieren Evolutionssysteme bei mittlerer Veränderungsempfindlichkeit am besten. Ist die Veränderungsempfindlichkeit zu gering, kann das System mit dem Veränderungstempo der Umwelt nicht mithalten. Ist sie zu ausgeprägt, führen bereits kleine Veränderungen zu großen Konsequenzen. Diese Überempfindlichkeit ist deshalb problematisch, weil größere Veränderungen für ein System, das in der Vergangenheit erfolgreich war, mit hoher Wahrscheinlichkeit mehr Nachteile als Vorteile mit sich bringen.

Solange jede Glühbirne im Boole'schen Netzwerk im Durchschnitt über zwei bis vier Verbindungen verfügt, so Kauffmans Beobachtungen, verweilt das System in einem hochgradig adaptiven Zwischenzustand. In diesem Zustand ist das System im Allgemeinen geordnet mit großen strukturierten Inseln, aber mit pulsierender Unordnung an den Rändern der Strukturen, die in den geordneten Bereich durchsickert. Kleine Veränderungen in den Schaltregeln des Systems erzeugen kleine Veränderungen in den Ergebnissen; nur gelegentlich setzen kleine Veränderungen größere Veränderungskaskaden in Gang, die sich teils nachteilig, teils aber auch vorteilhaft auf die Systemleistung auswirken. Was Kauffman an seinen Beobachtungen irritierte, war, dass der Verkopplungsgrad dieses speziellen Netzwerks, das sich als ausgesprochen anpassungsfähig erweist, mit zwei bis vier Verbindungen je Knoten weit unter dem bleibt, was wir bei den meisten Netzwerken in der Natur und in den menschlichen Organisationsstrukturen vorfinden.

Wenn wir jedoch Kauffmans ursprüngliches Ergebnis mit den späteren Resultaten zu Hierarchie und Bias kombinieren, verschiebt sich der Phasenübergang in den Bereich zwischen sechs und neun Knoten. Die Zahlen, die sich aus der Analyse Boole'scher Netzwerke ergeben, ähneln interessanterweise dem, was wir typischerweise als vernünftige Teamgröße für menschliche Organisationsstrukturen ansetzen.[326] Firmenvorstände haben neben dem Vorstandsvorsitzenden häufig fünf bis acht Mitglieder. Dem Obersten Gerichtshof der Vereinigten Staaten gehören neben dem Präsidenten acht Beisitzer an, während die Europäische Kommission über fünf Vizepräsidenten und einen Präsidenten verfügt. Einige Anthropologen vertreten die Ansicht, dass diese typischen Gruppenstrukturen und -größen ein Erbe unserer langen Evolutionsgeschichte als Jäger und Sammler sind und dass sich solche Gruppengrößen besonders bei der Jagd bewährten. Die Evolution erweist sich in der Regel als höchst effektiv im Finden von Kompromissen. Die Wahrscheinlichkeit spricht folglich dafür, dass sich diese typischen Gruppengrößen deshalb herausbildeten, weil sie eine Balance zwischen den Skalenvorteilen (eine Gruppe von Jägern kann mehr Nahrung je verbrauchte Kalorie beschaffen als ein einzelner Jäger) und den Skalennachteilen der Komplexität schaffen. Unsere Vorfahren hätten nicht lange überlebt, wenn sie sich in Gruppen von 30 Leuten auf die Jagd begeben hätten, die stundenlang darüber diskutiert hätten, ob man an dem betreffenden Tag dem Wisent oder der Antilope nachstellen sollte.

8. Emergenz: Das Rätsel der Muster

Rund um das Jahr 1315 verfiel die englische Wirtschaft in einen Zustand des freien Falls.[327] Nach zwei wetterbedingten schlechten Ernten in Folge stieg der Preis für einen Scheffel Weizen auf das Achtfache, von 5 auf 40 Schilling. Aufgrund des steigenden Weizenpreises konnten die Müller ihr Korn und die Bäcker ihr Mehl nicht mehr bezahlen. Die Bauern konnten sich kein Viehfutter mehr leisten, sodass die Tiere krank wurden und verendeten. Weil Zugtiere fehlten, konnten die Äcker nicht mehr gepflügt werden, sodass die Ernten noch knapper ausfielen. Als die Nahrungsmittelversorgung zusammenbrach, begannen die verzweifelten Bauern, sich von Katzen, Ratten, Insekten, Bäumen und dergleichen zu ernähren. Als die Bauern hungerten, wurden auch die Händler, Tischler und Schneider in Mitleidenschaft gezogen. Die Aristokratie war auch nicht gegen den Mangel gefeit, und selbst der Hof König Edwards II. hatte Schwierigkeiten, die benötigen Nahrungsmittel aufzutreiben. Die Talfahrt der englischen Wirtschaft griff auf den Kontinent über, und von Paris bis Utrecht breitete sich eine Depression aus.

Depression, Rezession und Inflation sind nicht ausschließlich moderne Begriffe; ihr wiederkehrendes Muster lässt sich bis zu den ersten schriftlichen Aufzeichnungen der Menschheit zurückverfolgen.[328] Es gibt andere ökonomische Muster, die ähnlich alt sind, wie beispielsweise das in Kapitel 1 erwähnte langfristige Wachstum des Pro-Kopf-Wohlstands oder die in Kapitel 4 diskutierte Wohlstandsverteilung. Die Muster können nur so alt sein, weil ihre Ursachen tief im Funktionsprinzip der Ökonomien begründet liegen – unabhängig von den Technologien, staatlichen Vorgaben oder Geschäftspraktiken des jeweiligen Zeitalters.

Die Graphen ökonomischer Zeitreihendaten, ob Warenausstoß, Arbeitslosigkeit oder Inflation, sind häufig durch ein starkes Rauschen gekennzeichnet, bei dem die Linien kräftig ausschlagen. Doch trotz des Rauschens lassen die Daten Muster erkennen. Abbildung 8.1 beispielsweise zeigt einen von David Hackett Fischer von der Brandeis University geschaffenen Index, der die Preisinflation in England für den fast 800-jährigen Zeitraum von 1201 bis 1993 nachzeichnet. Wir erkennen mehrere Muster: einen langfristigen Wachstumstrend (der Graph ist logarithmisch, sodass das Wachstum in Wahrheit eine Exponenzialkurve beschreibt), darüber drei größere Buckel oder Wellen von jeweils einigen 100 Jahren Dauer und schließlich viele nur wenige Jahre umfassende Auf- und Abbewegungen. Die Daten sind weder vollkommen regelmäßig noch vollkommen zufällig.

Andere Zeitreihen zeigen ein ähnliches, weder regelmäßiges noch zufälliges Verhalten. Die Auf- und Abschwünge der US-Konjunktur beispielsweise lassen ein klares Oszillationsmuster erkennen, wobei die Länge der einzelnen Zyklen zwischen 18 Monaten und 9 Jahren schwankt und die Amplitude von milden

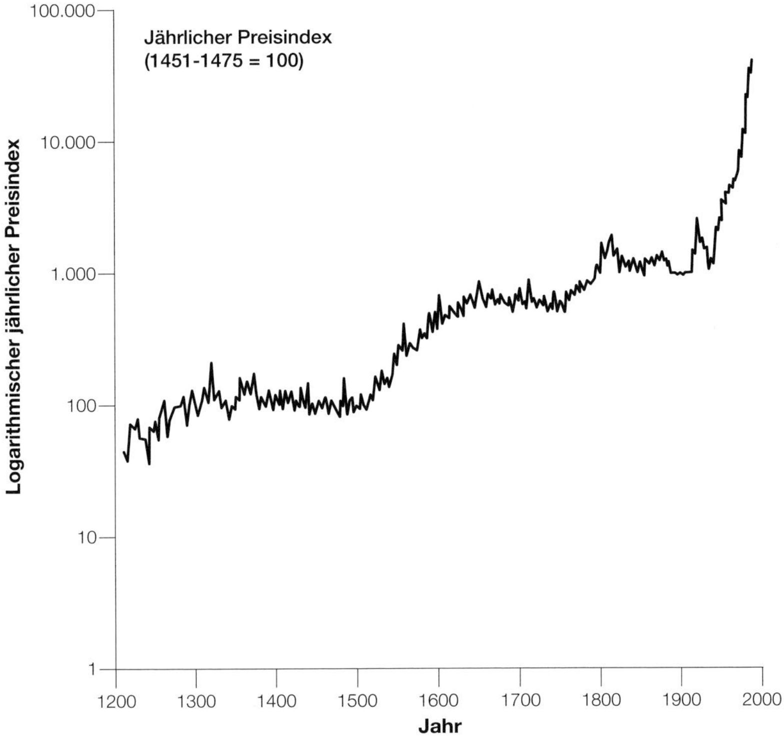

Quelle: Fischer (1996).

Abbildung 8.1: Konsumentenpreise in England, 1201 bis 1993

Abkühlungen bis zu tiefen Depressionen reicht.[329] Bislang ist es den Ökonomen kaum gelungen, aus den unregelmäßigen geschichtlichen Mustern in den ökonomischen Daten Rückschlüsse auf das zukünftige Verhalten der Wirtschaft zu ziehen. Die Ökonomen müssen also zwei Fragen beantworten. Warum ist das charakteristische Muster ökonomischer Daten weder regelmäßig noch zufällig? Und welchen tiefen Struktureigenschaften der Wirtschaft ist die Entstehung bestimmter Typen von Mustern über lange Zeiträume hinweg geschuldet?

Die traditionelle Wirtschaftslehre tut sich mit der Beantwortung dieser Fragen von jeher schwer. Wie bereits erwähnt, setzt sich die Ökonomik aus zwei Teilen zusammen: Mikroökonomik und Makroökonomik. Die Mikroökonomik richtet den Blick von unten auf die Wirtschaft und beginnt bei den einzelnen Akteuren, um sich von dort bis zu den Märkten und Ökonomien vorzuarbeiten. Die Makroökonomik blickt stattdessen von oben herab und setzt bei Fragen wie der nach den Ursachen von Arbeitslosigkeit an. Bislang beschäftigten uns fast ausschließlich mikroökonomische Themen, aber in diesem Kapitel wollen wir uns auf die makroökonomische Ebene begeben. Die meisten Ökonomen halten die Aufspaltung in Mikro- und Makroökonomik nicht für glücklich. Stattdessen sollte es möglich sein, sich vom Mikroverhalten nach oben oder von den Makromustern nach unten vorzuarbeiten und beide Ansätze innerhalb ein und derselben Theorie nahtlos zu kombinieren. Auch wenn viele Konzepte und Techniken sowie das traditionelle Gleichgewichtsmodell als Bezugsrahmen für beide Teildisziplinen Gültigkeit besitzen, haben sie bislang nicht wirklich zueinander gefunden. Wie die beiden Bautrupps, die im 19. Jahrhundert die transkontinentale Eisenbahn quer durch die Vereinigten Staaten legten, bewegen sich Mikro- und Makroökonomen von verschiedenen Seiten aus aufeinander zu. Aber selbst nach einem Jahrhundert haben sie sich noch nicht in der Mitte getroffen. Wir werden einen kurzen Blick auf das werfen, was beide Seiten zum Rätsel der Muster zu sagen haben, um das Problem anschließend aus der komplexitätsökonomischen Perspektive zu betrachten.

Sind Konjunkturzyklen wie Wackelpudding?

Phänomene wie die Oszillationen des Konjunkturverlaufs stellen die traditionelle Mikrotheorie vor grundsätzliche Probleme. Das neoklassische Gleichgewichtsmodell beginnt nicht einfach so von selbst zu tanzen und zu schaukeln. Dazu bedarf es vielmehr exogener Stöße. Somit verhält sich das Gleichgewichtsmodell wie ein *Verbreitungsmechanismus.*[330] Wir versetzen dem Modell einen Input-Stoß, den dieses weiterleitet, um schließlich ein Output-Muster zu erzeugen. Stellen wir uns dazu einen großen Teller mit Wackelpudding vor. Wir schlagen mit einem Löffel leicht auf die Puddingoberfläche und warten, was passiert. Die Schläge werden vom Pudding bis zur gegenüberliegenden Seite transportiert, woraufhin die ganze Oberfläche in Bewegung gerät. Wir können uns die Schläge als exogenen Input und die Bewegungen am anderen Puddingrand als Output-Muster vorstellen. Modelle, die nach diesem Prinzip funktionieren, sind in der traditionellen Wirtschaftsliteratur unter dem Namen *reale Konjunkturmodelle* bekannt. Sie wurden erstmals in den Achtzigerjahren von Fynn Kydland und Edward Prescott entwickelt.[331]

Traditionelle Wackelpuddingmodelle sind jedoch problematisch. Die traditionelle Theorie kennt in der Regel nur zufälligen exogenen Input (oder zumindest solchen ohne ein prognostizierbares Muster). Solange aber die Input-Stöße zufällig sind, gilt dies auch für die Output-Muster. Auch wenn das Signal durch den Verbreitungsmechanismus in irgendeiner Weise verwandelt wird, bleibt der Output zufällig. Angenommen, wir halten unsere löffelinduzierten Input-Stöße und die entsprechenden Output-Bewegungen des Puddings in zwei Kurven fest. Weil die Ausbreitung mit einer Verzögerung verbunden ist und möglicherweise ein Input-Stoß mehrere Output-Bewegungen erzeugt, entspricht die Inputnicht genau der Output-Kurve. Diese Unterschiede ändern jedoch nichts am Zufallscharakter der Output-Bewegungen. Der Pudding selbst kann einen zufälligen, ungeordneten Input nicht mit komplexer Ordnung anreichern.[332]

Der Pudding ist ein Gleichgewichtssystem; sobald die Stöße aufhören, kommt er allmählich wieder zur Ruhe. Geordnete Output-Bewegungen setzen voraus, dass auch die Input-Stöße geordnet erfolgen. Sobald wir beispielsweise den Morsecode »SOS« (dreimal schnell, dreimal langsam, dreimal schnell) auf den Pudding schlagen, sind die Output-Bewegungen nicht mehr zufällig, sondern beinhalten die Struktur des SOS-Signals.

Der klassische Konjunkturansatz der Mikroökonomik steht also vor einem Problem. Wenn wir mit einem zufälligen Input arbeiten, erhalten wir einen Output, der wenig mit der Realität zu tun hat. Verwenden wir hingegen einen strukturierten Input, dann fügt das Modell einige Effekte hinzu, mit der Folge, dass der Output den weder regelmäßigen noch zufälligen Charakter realer Daten aufweist. Der letztere Fall liefert jedoch keine echte Erklärung für das Konjunkturphänomen, sondern verlagert das Problem lediglich auf die exogenen Faktoren.[333]

Heute sind wir alle (Neo-)Keynesianer

Sobald wir uns auf die andere Seite, zur Baustelle der Makroökonomen begeben, präsentiert sich uns ein anderes Bild. Die Makroökonomen setzen bei den Daten an und versuchen, sich darauf einen Reim zu machen. In der Geschichte der makroökonomischen Theorie bestand die einzige Möglichkeit einer glaubwürdigen Erklärung des weder regelmäßigen noch zufälligen Charakters der Wirtschaft darin, sich von der Orthodoxie der traditionellen Mikroökonomik zu lösen. Die Makroökonomen mussten ihre Gleise in eine andere Richtung legen.

Die Abkehr vom rationalen Gleichgewichtsdogma lässt sich vielleicht am besten an John Maynard Keynes' *General Theory of Employment, Interest and Money* aus dem Jahr 1936 festmachen. In den Dreißigerjahren wurde Keynes Zeuge der Großen Depression – eines der tragischsten Nichtgleichgewichtsereignisse der jüngeren Geschichte.[334] Weil sich laut der neoklassischen mikroökonomischen Theorie eine Wirtschaft im Gleichgewicht durch Vollbeschäftigung auszeichnet, musste eine Story entwickelt werden, die erklärte, wie sich die Wirtschaft so weit von diesem Zustand entfernen konnte und wie sie sich schnell wieder dorthin zurückführen ließ. Die zu diesem Zweck von Keynes vorgestellte Story, seine *Allgemeine Theorie*, handelte von Dynamik.[335]

Angenommen, die Menschen in der Wirtschaft werden aus irgendeinem Grund nervös – denken wir an politische Unruhen, eine Naturkatastrophe oder Krieg. Verbraucher und Wirtschaft verhalten sich konservativer, geben weniger aus und legen größere Bargeldreserven an. Weil die Gesamtgeldmenge begrenzt ist, folgt daraus, dass weniger Geld im Umlauf ist. Das Einkommen der Bauern, Handwerker und Händler schrumpft, und auch die übrigen Marktteilnehmer werden nervös und drosseln ihre Ausgaben und Investitionen, was wiederum das

Geld an anderer Stelle knapp werden lässt, und so weiter. Bald kommt es zu ersten Arbeitsplatzverlusten, die Nervosität steigt, und die Ausgabenbereitschaft sinkt noch weiter. Es kommt zu einer Abwärtsspirale sinkender Ausgaben, steigender Arbeitslosigkeit und verstärkter Nervosität unter Verbrauchern und Geschäftsleuten.

Der Gleichgewichtsökonomik zufolge sollte sich eine solche Verknappung der Geldmenge irgendwann von selbst regulieren – die Preise und Löhne sinken entsprechend der verringerten Geldzirkulation, bis sich schließlich wieder ein normales Gleichgewicht mit Vollbeschäftigung einstellt. Während der Großen Depression fielen die Preise und Löhne tatsächlich, aber diese Deflation veranlasste die Menschen nur, noch weniger auszugeben (in einer Deflation ist unser Geld morgen mehr wert als heute), was die Abwärtsspirale noch beschleunigte. Keynes behauptete nun, dass Ökonomien aufgrund dieser Dynamik mitunter lange Zeit benötigen, um wieder einen Gleichgewichtszustand zu erreichen. Um der Wirtschaft wieder zur Vollbeschäftigung zu verhelfen, sollten die Regierungen aktiv eingreifen, indem sie Geld in das System pumpen. Diese Geldspritze sollte den Rückgang der Ausgaben ebenso stoppen wie den Anstieg der Arbeitslosigkeit, sodass sich wieder Zuversicht einstellt und aus der Abwärts- eine Aufwärtsspirale wird.

Die Keynes'schen Ideen erfreuten sich in den Nachkriegsjahren bei den westlichen Regierungen großer Beliebtheit, blieben jedoch in den folgenden Jahrzehnten in Wirtschaftskreisen umstritten. Die Debatte spitzte sich in den Sechziger- und Siebzigerjahren zu, als Milton Friedman verkündete, ein staatliches Eingreifen im Sinne Keynes' fördere langfristig nicht das Wachstum, sondern verstärke nur die Inflation. Besonders in den von hoher Inflation und niedrigem Wachstum geprägten Siebzigerjahren hatten Friedmans Mahnungen erhebliche Brisanz. Das nächste Argument lieferte Friedmans Kollege Robert Lucas von der University of Chicago. Selbst wenn Keynes' Diagnose zutraf, würden die Menschen unter der Annahme vollkommener Rationalität die Situation durchschauen und erkennen, dass sich die Wirtschaft in einer Abwärtsspirale befindet. Sie würden ihr Verhalten entsprechend anpassen und auf diese Weise erreichen, dass die Wirtschaft in einen Gleichgewichtszustand mit Vollbeschäftigung zurückkehrt. Vollkommen rationale Verbraucher und Produzenten würden zudem jeden staatlichen Interventionsversuch durchschauen, die staatlichen Maßnahmen antizipieren und ihre Wirkung auf diese Weise neutralisieren. Ein staatliches Eingreifen war nicht nur nicht in der Lage, eine Rezession zu verhindern, sondern machte vermutlich alles nur noch schlimmer. Lucas' Theorie war mathematisch brillant und verschaffte ihm 1995 den Nobelpreis; das ins Extrem gesteigerte Rationalitätsprinzip stieß aber selbst bei manchem traditionellen Ökonomen auf Skepsis.

In Lucas' Gefolge äußerte der Berkeley-Professor und Nobelpreisträger von 2001, George Akerlof, mit Verweis auf Herbert Simons Ideen die Vermutung, dass die rationale Variante möglicherweise nicht darin bestehe, vor einem harmlosen Tomatenkauf erst einmal ausführliche Schätzungen hinsichtlich der zukünftigen Entwicklung der staatlichen Haushaltslage anzustellen. Das Sammeln und Verarbeiten entsprechender Informationen koste schlicht zu viel Geld und Zeit. Zwar konstruierte Akerlof kein induktives rationales Modell der oben beschriebenen Art, aber er zeigte, dass es genügt, wenn Konsumenten und Produzenten nur ein bisschen von der vollkommenen Rationalität abweichen (unabhängig davon, wie sie ihre Entscheidungen trafen), damit die Keynes'sche Dynamik in Gang kommt und die Wirtschaft in eine Depression stürzt.[336] Akerlof erkannte die wichtige Rolle von Zeitverzögerungen für die wirtschaftliche Dynamik – insbesondere die »Zähigkeit« von Preisen und Löhnen, die eine spontane Anpassung verhindert. Wie sein Modell zeigte, kann die Regierung tatsächlich konstruktiv dazu beitragen, die Abwärtsspirale zu stoppen, indem sie die Liquidität des Marktes erhöht. Akerlofs Arbeiten bildeten gemeinsam mit Arbeiten von Edmund Phelps, Olivier Blanchard, Gregory Mankiw und anderen den Grundstock dessen, was heute als Neokeynesianismus (New Keynesian Economics) gehandelt wird.[337] Während der Neokeynesianismus unter Wirtschaftstheoretikern nach wie vor auf Skepsis stößt, trifft die Vorstellung, wonach die staatliche Beeinflussung von Faktoren wie Zinssatz und Haushaltsdefizit nicht ohne Auswirkung auf die Wirtschaftsleistung bleibt, bei Politik und Finanzwelt zumeist auf offene Ohren.

Zu Beginn des 21. Jahrhunderts liefert uns die traditionelle Wirtschaftslehre somit zwei gegensätzliche Erklärungsmodelle für die in der Wirtschaft beobachteten Oszillationsmuster.[338] Auf der einen Seite haben wir die mikroökonomisch begründete Real-Business-Cycle-Theorie (Theorie realer Konjunkturmodelle), die am rationalen Gleichgewicht festhält und sämtliche Abweichungen davon als Auswirkungen externer Stöße interpretiert. Laut dieser Theorie werden ökonomische Oszillationen vorrangig durch exogene politische Ereignisse, technologischen Wandel und andere Faktoren ausgelöst. Solche Modelle können jedoch nicht erklären, warum die Konjunkturzyklen sich in der Geschichte als so beständig erwiesen haben, ungeachtet der enormen Veränderungen bei den postulierten exogenen Faktoren. Auf der anderen Seite finden wir den makroökonomisch begründeten Neokeynesianismus. Seine Vertreter haben abweichend von den traditionellen Vorstellungen damit begonnen, in ihren Modellen eine weniger als vollkommenene Rationalität, dazu Dynamik und Zeitverzögerungen zuzulassen, in der Hoffnung, auf endogene Erklärungen zu stoßen. In mancherlei Hinsicht stellt der Neokeynesianismus einen Schritt in Richtung Komplexitätsökonomik dar, wenngleich die Neokeynesianer bislang nicht bereit waren, auf das Gleichgewichtsprinzip zu verzichten, mit der Folge, dass ihre empirische Erfolgsbilanz eher mager ausfällt.[339]

»Mehr ist anders«

Wir haben bereits davon gesprochen, wie in einem komplexen adaptiven System das Zusammenspiel der Akteure auf der Mikroebene Strukturen und Muster auf der Makroebene erzeugt. Wir sahen beispielsweise, wie selbst das Zusammenspiel der einfachen Zuckerwelt-Akteure bereits Muster wie Wirtschaftswachstum und Einkommensungleichverteilung hervorbrachte. Es käme einer Sternstunde der Komplexitätsökonomik gleich, sollte es gelingen, eine Theorie zu entwickeln, die uns von den Theorien der Akteure, der Netzwerke und der Evolution bis ganz nach oben zu den Makromustern trägt, die wir allenthalben in der realen Wirtschaft beobachten. Bislang existiert eine solch umfassende Theorie noch nicht, aber wir beginnen zu erahnen, wie sie aussehen könnte.

Eine solche Theorie würde makroökonomische Muster als *emergente* Phänomene begreifen – als Eigenschaften des Gesamtsystems, die sich endogen aus dem Zusammenspiel der Akteure miteinander sowie mit ihrem Umfeld ergeben.[340] Wenngleich wir den Begriff Emergenz bereits gestreift haben, haftet ihm vermutlich noch immer etwas Unklares an. Wie kann etwas mehr sein als die Summe seiner Teile? Oder wie der Physiker Phil Anderson es formulierte: »Warum ist mehr anders? «[341]

Emergenz mag geheimnisvoll erscheinen, ist aber in Wirklichkeit etwas ganz Alltägliches. Ein einzelnes Wassermolekül, bestehend aus zwei Wasserstoff- und einem Sauerstoffatom, fühlt sich nicht nass an (vorausgesetzt, wir könnten einzelne Moleküle fühlen). Aber einige Millionen davon in einer Tasse fühlen sich nass an. Das rührt daher, dass Nässe eine kollektive Eigenschaft des Zusammenspiels der Wassermoleküle in einem bestimmten Temperaturbereich darstellt. Wenn wir die Temperatur senken, verändert sich dieses Zusammenspiel, und es entsteht eine kristalline Struktur, die sich nicht mehr nass, sondern hart anfühlt. Was wir als Symphonie bezeichnen, ist ein Klangmuster, das entsteht, wenn mehrere Musikinstrumente gemeinsam erklingen. Und was sich uns als Niere darstellt, ist ein Muster aus Zellen, die gemeinsam eine Funktion höherer Ordnung erfüllen, die keine Zelle allein zu erfüllen imstande wäre.[342]

Ebenso begreift auch die Komplexitätsökonomik ökonomische Muster wie beispielsweise Konjunkturzyklen, Wachstum und Inflation als emergente Phänomene, die sich endogen aus den Interaktionen des Systems ergeben. Komplexe adaptive Systeme weisen in der Regel charakteristische emergente Muster auf, die sich in vielen Arten von Systemen in ähnlicher Form wiederholen. Diese Muster helfen uns, die Funktionsweise dieser Systeme zu verstehen. Wir wollen drei solcher charakteristischer Muster unter die Lupe nehmen: Oszillationen, punktiertes Gleichgewicht und Potenzgesetze.

Oszillationen: Boom und Bankrott in der Bierbranche

Ein Pendel, die Schwingungen einer Gitarrensaite oder unser Herzschlag sind Beispiele für oszillierende Systeme. Auch ganze Ökonomien oszillieren mit den Auf- und Abschwüngen der Gesamtkonjunktur, mit den in Kapitel 5 besprochenen branchenspezifischen Warenzyklen und mit den längeren Wellen des technologischen Wandels.[343] Warum existieren diese Oszillationen, und warum haben sie sich in der Geschichte als so langlebig erwiesen?

Oszillationen stellen eine ganz normale Eigenschaft komplexer adaptiver Systeme dar. Populationen in biologischen Ökosystemen beispielsweise durchlaufen bestimmte Oszillationsmuster. Zu Beginn des 20. Jahrhunderts konstruierten der ukrainische Chemiker Alfred Lotka und der italienische Mathematiker Vito Volterra ihr berühmtes Modell zur Beschreibung der Oszillationen im Zusammenspiel von Jäger und Beute.[344] Wenn wir uns eine Population von Füchsen und Hasen vorstellen, dann zeigt uns das Lotka-Volterra-Modell Folgendes: Wenn die Hasenpopulation wächst, fressen die Füchse mehr Hasen und erzeugen mehr Nachkommen, die ihrerseits immer mehr Hasen fressen, bis die Zahl der Hasen abnimmt und die Füchse weniger zu fressen haben. Sobald die Fuchspopulation schrumpft, erholt sich der Hasenbestand, und der Kreislauf beginnt von Neuem. Diese Dynamik kommt niemals zur Ruhe, sondern oszilliert ad infinitum. Das Modell kennt keine exogenen Stöße, die für die Oszillationen verantwortlich gemacht werden könnten. Diese resultieren vielmehr aus der Struktur des Systems selbst.

Wie aber kann die Struktur eines ökonomischen Systems endogene Oszillationen erzeugen? In Wahrheit ist es gar nicht schwer, ein ökonomisches System in endogene Schwingungen zu versetzen; es reichen ein paar Studenten sowie einige imaginäre Bierkästen. In den Fünfzigerjahren entwickelte Jay Forrester vom MIT sein sogenanntes Beer Distribution Game, das zeigt, wie eine Kombination aus menschlichem Verhalten und dynamischer Struktur in einem einfachen ökonomischen System Oszillationen erzeugen kann.[345]

Vier Freiwillige simulieren die Herstellung und den Vertrieb einer Ware. Es könnte jede Ware sein, aber Forrester entschied sich spaßeshalber für Bier. Einer spielt den Bierbrauer, ein zweiter das Vertriebszentrum, ein dritter den Großhändler und ein vierter den Einzelhändler. Die Rolle des Bierkonsumenten übernimmt in dem Spiel ein Stapel verdeckter Karten, der sich neben dem Einzelhändler befindet.

Das Spiel läuft folgendermaßen ab. Jeder Teilnehmer verfügt über einen Vorrat an Bierkästen (in Form von Chips auf dem Spielbrett). Zu Beginn jeder Runde nimmt der Einzelhändler eine Karte vom Stapel, entnimmt ihr die Bestellung des Endkunden (beispielsweise vier Kisten) und ordert seinerseits eine bestimmte Anzahl Kisten beim Großhändler. Entsprechend dieser Order macht der Großhändler eine Bestellung beim Vertriebszentrum und dieses beim

Bierbrauer. Sobald alle Bestellungen aufgegeben sind, wird geliefert: Der Bierbrauer liefert an das Vertriebszentrum, das Vertriebszentrum an den Großhändler, der Großhändler an den Einzelhändler und der Einzelhändler an den Endkunden. Anschließend beginnt die nächste Runde.

Zuvor jedoch werden die Spieler zur Kasse gebeten. Jede Kiste im Vorratslager kostet 50 US-Cent (das sind zum Beispiel die Betriebskosten des Lagers), und jede nachgefragte, aber nicht verfügbare Kiste kostet einen US-Dollar (unzufriedene Kunden und entgangener Umsatz). Die Spieler sind folglich an einem Lagerbestand interessiert, mit dem sie die Bestellungen optimal bedienen können. In Anbetracht der asymmetrischen Kosten neigen die Spieler jedoch dazu, eher zu viele als zu wenige Kisten vorrätig zu halten. Es gewinnt derjenige Spieler, der die geringsten Kosten hat. Das klingt einfach, enthält aber einige Fallstricke. Wie im echten Leben gibt es eine zeitliche Verzögerung zwischen der Bestellungsaufgabe und dem Eintreffen der Lieferung; schließlich muss das Bier möglicherweise noch produziert, in jedem Fall aber verladen und transportiert werden. Auch die Bearbeitung der eingehenden Bestellungen erfolgt nicht unmittelbar; jemand muss die Bestellung in Empfang nehmen und in den Computer eingeben, die Kreditwürdigkeit des Bestellers überprüfen und so weiter. Zu guter Letzt dürfen die Spieler nicht anders miteinander kommunizieren als über ihre Bestellungen. Der Bierbrauer weiß also nicht, wie viel der Endkunde beim Einzelhändler bestellt; er sieht lediglich die Order des Vertriebszentrums.

Diese Zeitverzögerungen verkomplizieren die Situation. Angenommen, wir sind das Vertriebszentrum und erhalten eine große Bestellung vom Großhändler, die uns das Lager beinahe leer räumt. Wir geben daraufhin eine Großbestellung beim Bierbrauer auf, um unsere Vorräte aufzustocken, aber es werden einige Runden vergehen, bis das Bier eintrifft, und was ist, wenn wir in der Zwischenzeit noch weitere Bestellungen erhalten? Bestellen wir in Erwartung einer anhaltend hohen Nachfrage gleich noch etwas mehr? Aber was ist, wenn es sich um eine Ausnahme handelt? Dann werden wir nach Eintreffen der Lieferung in einem Meer von Kisten schwimmen. Wir Menschen tun uns schwer mit Situationen, in denen die Reaktion auf unsere Taten verspätet erfolgt – siehe das Beispiel mit dem Justieren des Duschventils aus Kapitel 5.

Das Spiel beginnt im Gleichgewicht, in dem jeder Spieler eine Bestellung von vier Kisten erhält und ebenso viele ausliefert. Die Versorgungskette ist ausreichend bestückt, sodass auch jeder seine vier Kisten erhält und die Lagerbestände überall gleich hoch sind. Von jetzt an sind die Spieler auf sich allein gestellt und müssen selbst entscheiden, wie viel Bier sie ordern. Was sie nicht wissen: Die ersten Karten des Kundenstapels lauten alle auf vier. Je nach der individuellen Risikobereitschaft bestellen manche Spieler etwas mehr, manche etwas weniger. Sonst aber geschieht wenig. Plötzlich jedoch springt die Kundennachfrage auf acht Kisten. Was die Spieler wieder nicht wissen: Daran wird sich für den Rest des Spiels nichts mehr ändern – es bleibt bei dem einmaligen Anstieg auf acht.

Laut traditioneller Wirtschaftslehre handelt es sich um einen exogenen Nachfrageschock, der die Spieler veranlassen sollte, sich im Verlauf weniger Runden in einem neuen Gleichgewicht einzufinden, bei dem jeder stets acht Kisten bestellt und die Lagerbestände konstant bleiben.

In Experimenten mit realen Versuchspersonen zeigt sich jedoch, dass die Spieler regelmäßig überreagieren, sobald die Nachfrage anzieht und die Lagerbestände schrumpfen. Auf ihrem Weg durch die Lieferkette wird diese Welle überhöhter Bestellungen weiter verstärkt. Der von der Nachfrageverdopplung überraschte Einzelhändler muss sein Lager wieder auffüllen und bestellt vorsorglich zwölf Kisten. Der Großhändler, der eine unerwartete Bestellung von zwölf Kisten erhält, bestellt lieber gleich sechzehn neue, und so weiter. Neben dieser Überreaktion bei der Menge berücksichtigen die Spieler die Zeitverzögerung zwischen Bestellung und Lieferung nur ungenügend. Der Einzelhändler hat bereits zwölf Kisten bestellt; weil die aber noch nicht eingetroffen sind und sein Lagerbestand weiter schrumpft, bestellt er noch einmal zwölf Kisten. Die unvermeidliche Folge davon ist, dass irgendwann Bier in Unmengen durch die Versorgungskette fließt und jedermann in Lagerbeständen ertrinkt. Danach schlägt das Überreaktionspendel in die entgegengesetzte Richtung aus, und die Spieler reduzieren ihre Bestellungen teilweise bis auf null. Somit schwappen die Über- und Unterbestellungswellen auf und nieder, und unsere imaginäre Bierbranche leidet unter kostspieligen Konjunkturschwankungen (Abbildung 8.2).

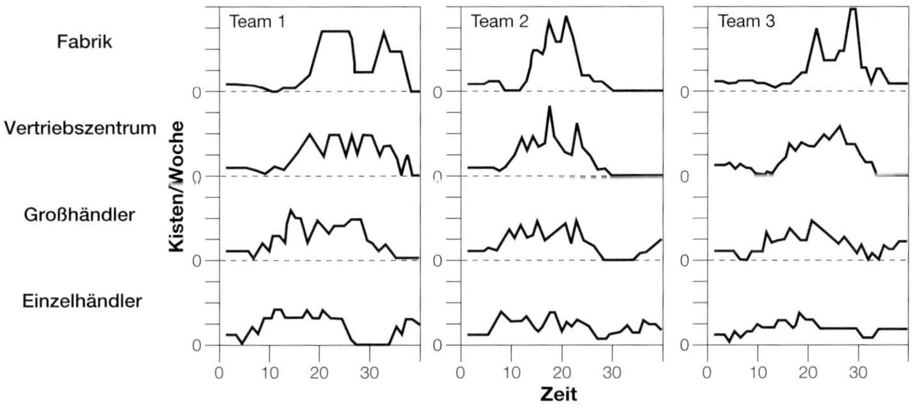

Quelle: Sterman (2000).

Abbildung 8.2: Typische Ergebnisse aus dem Bierspiel – Oszillationen

Der MIT-Professor John Sterman und andere haben das Bierspielexperiment hunderte Male mit Menschen aus aller Welt wiederholt – mit MBA-Studenten, Geschäftsleuten und zufällig ausgewählten Versuchspersonen.[346] Sie haben sogar professionelle Lagermanager und hochgradig rational denkende Ökonomen darauf angesetzt. Das Ergebnis war stets dasselbe – wilde Oszillationen.[347] Der traditionellen Wirtschaftstheorie zufolge würde es zu diesen Oszillationen nicht kommen, wenn die Spieler vollkommen rational wären (in dem Spiel verfügen sie über alle dafür erforderlichen Informationen); das Spiel sollte sich also von einem Gleichgewicht zum nächsten bewegen. Wenn man die in den Experimenten anfallenden Kosten mit denen vergleicht, die im Falle vollkommener Rationalität entstünden, zeigt sich, dass die von realen Menschen verursachten Kosten im Durchschnitt das Zehnfache des rational Notwendigen betragen.

Was für ein Verhalten verursacht so wilde Ausschläge in einem so einfachen Umfeld? Sterman gelang es, die von den Teilnehmern verwendete Entscheidungsregel statistisch zu ermitteln.[348] Diese Regel basiert auf einem Verhalten, das in der psychologischen Literatur als *Verankerung und Anpassung* bekannt ist. Anstatt den zukünftigen Bierbedarf deduktiv zu berechnen, indem wir sämtliche Lagerbestände auf dem Spielfeld (die wir ja sehen können) unter die Lupe nehmen und mögliche Verzögerungseffekte berücksichtigen, schauen wir nur auf die vergangenen Bestell- und Vorratsmengen und orientieren uns induktiv an einem Muster, das uns normal erscheint. Mithilfe unserer WENN-DANN-Regeln versuchen wir sodann, dieses vermeintlich »normale« Muster aufrechtzuerhalten. Nachdem sich in unserer Vorstellung die Zahl von vier Kästen ein für alle Mal als das normale Bestellmuster verankert hat, versuchen wir immer wieder, zu diesem Muster zurückzukehren: »Hilfe! Meine Vorräte schrumpfen. Ich muss Nachschub bestellen.« In einem Umfeld mit Zeitverzögerungen veranlasst die Verankerungs- und Anpassungsregel die Menschen dazu, mal über- und mal unterzureagieren, mit der Folge, dass sich ein zyklisches Verhaltensmuster einstellt.

Beim Bierspiel handelt es sich nicht nur um einen Verbreitungsmechanismus à la Wackelpudding. Das Spiel erleidet einen einzigen exogenen Schock – die Erhöhung der Kundennachfrage von vier auf acht Kisten. Anders als im Puddingbeispiel genügt ein einziger Stoß, um das System für immer oszillieren zu lassen.[349] Denn der eigentliche Grund für die Oszillationen im Bierspiel ist nicht der exogene Schock selbst (er spielt nur den Auslöser), sondern das Verhalten der Teilnehmer und die Rückkoppelungsstruktur des Systems. Das System verbreitet nicht eine exogene Dynamik weiter, sondern es erzeugt sie endogen.

Der Zweck dieses Beispiels ist nicht, der vollkommenen Rationalität einen weiteren Dolchstoß zu versetzen (auch wenn dies zweifellos ein Nebeneffekt ist), sondern zu demonstrieren, wie kleine Launen im individuellen Verhalten auf der Mikroebene zu großen emergenten Konsequenzen auf der Makroebene führen können – wie also in diesem Fall die Verankerungs- und Anpassungsregel Oszillationen erzeugt. Es stellt sich die berechtigte Frage, ob es sich bei den Kreisbewegungen der Makroökonomie nicht möglicherweise um das Ergebnis eines Mechanismus handelt, der, wenngleich weitaus komplexer, dem Bierspiel ähnelt. Schließlich gibt es in der Wirtschaft Versorgungsketten, Vorratslager und Zeitverzögerungen zur Genüge. Auch wenn die konkreten Ursachen der makroökonomischen Oszillationen vielfältig sind, zeigt das Bierspiel, dass sie alle möglicherweise damit zu tun haben, wie sich die induktiven Regeln, auf deren Basis die Einzelakteure ihre Entscheidungen treffen, in der dynamischen Struktur des ökonomischen Systems niederschlagen.

Wenn die Wirtschaft einem riesigen Bierspiel ähnelt, so folgt daraus nicht zuletzt, dass Standardinstrumente wie Zinssenkungen oder staatliche Investitionen das Grundproblem der Konjunkturschwankungen nicht lösen; sie behandeln lediglich die Symptome. Wir können Konjunkturschwankungen niemals verhindern (und wollen es möglicherweise auch nicht in Anbetracht der reinigenden und innovationsfördernden Wirkung gelegentlicher Schrumpfungsperioden), aber wenn die Regierungen die Ausschläge nachhaltiger dämpfen wollen, müssen sie sich mit der Struktur des ökonomischen Systems selbst auseinandersetzen.

Vieles spricht dafür, dass sich die dynamische Struktur der Wirtschaft auch ohne staatliche Eingriffe verändert. Im Bierspiel bieten sich zwei Möglichkeiten an, die Zyklen zu dämpfen: Wir können die Verzögerungszeiten reduzieren, und wir können die Teilnehmer besser informieren (indem wir beispielsweise dem Bierbrauer unmittelbaren Einblick in das Geschehen an der Einzelhandelsfront gewähren).[350] Die informationstechnologische Revolution, die in den Sechzigerjahren einsetzte, wirkt sich auf beide Faktoren unmittelbar aus. Wie die Daten zeigen, hat die Volatilität der Konjunkturzyklen in den USA seit 1959 abgenommen, wobei ein besonders deutlicher Rückgang parallel zur Verbreitung schneller und billiger Computer Anfang der Achtzigerjahre zu verzeichnen war.[351] Per Computer können die Unternehmen Bestellungen rascher verarbeiten, die Lagerhaltung optimieren und die Produzenten elektronisch mit ihrer Vertriebskette verbinden. Wie viel diese technologischen Veränderungen im Vergleich zu anderen Faktoren zur Reduzierung der Volatilität beigetragen haben, bleibt umstritten.[352] Klar ist jedoch, dass sich das makroökonomische Bierspiel seither verändert hat.[353]

Punktiertes Gleichgewicht: Gibt es »Schlüsseltechnologien«?

Nach der Veröffentlichung von Darwins *Die Entstehung der Arten* gingen die Biologen ein Jahrhundert lang davon aus, dass die Evolution in ruhigen und vergleichsweise linearen Bahnen verläuft und dabei fließende Muster der Spezialisierung und Auslöschung erzeugt. In einem bahnbrechenden Aufsatz von 1972 kippten die Paläontologen Niles Eldredge und Stephen Jay Gould diese allgemeingültige Wahrheit, indem sie auf Fossilienfunde verwiesen, die von einem alles andere als glatten Verlauf der biologischen Evolution zeugten.[354] Danach lösten sich lange Phasen relativen Stillstands und Perioden explosionsartiger Erneuerung und Perioden massiven Artensterbens ab. Während des Kambriums vor rund 550 Millionen Jahren beispielsweise explodierte förmlich das Leben: Vielzeller eroberten den Planeten, und es entstanden die meisten biologischen Stämme, die wir heute auf der Erde vorfinden. Im Perm vor rund 245 Millionen Jahren ereignete sich dann das, was Gould als »Großmutter aller Katastrophen« bezeichnet: 96 Prozent aller maritimen Arten auf der Erde verschwanden.[355] Gould prägte den Begriff *punktiertes Gleichgewicht* zur Beschreibung dieses alternierenden Musters aus Ruhe und Sturm (der Begriff ist sachlich nicht ganz korrekt, denn die biologische Evolution befindet sich niemals in einem mathematisch verstandenen Gleichgewicht; eigenen Bekundungen zufolge wollte Gould lediglich den Wechsel von ruhigen und veränderlichen Phasen verdeutlichen, aber weil sich dieser Begriff eingebürgert hat, wollen auch wir ihn verwenden).[356]

Muster punktierten Gleichgewichts lassen sich nicht nur in der biologischen Evolution, sondern auch in anderen komplexen Systemen von Schneelawinen bis zu Börsenkrächen beobachten.[357] Die Komplexitätswissenschaftler erforschen diese Muster und ihre Ursprünge seit den Achtzigerjahren. Ein Ergebnis dieser Forschung ist, dass dieses Verhalten wesentlich auf die Netzwerkstruktur der Interaktionen im System zurückgeht. Wie wir in Kapitel 7 gesehen haben, zeigen die Arbeiten von Duncan Watts und Mark Newman vom Santa Fe Institute, dass die Selbstorganisation vieler Arten von Netzwerken eine Struktur hervorbringt, in der sich dicht verkoppelte Bereiche mit lose verkoppelten Bereichen abwechseln.[358] Der Forscher Sanjay Jain vom Indian Institute of Science und sein Kollege Sandeep Krishna vom Nehru Centre sind überzeugt, dass die beobachtbaren Phänomene punktierten Gleichgewichts in biologischen Ökosystemen ebenfalls auf eine solche Netzwerkstruktur zurückzuführen sind.[359]

Jain und Krishna simulierten die Evolution eines Ökosystems von Computerwesen. Wenn sie dabei nach dem Zufallsprinzip einzelne »Spezies« aus dem simulierten Ökosystem entfernten, passierte in der Regel nichts. Nur gelegentlich setzte eine Kaskade von Ereignissen ein, die in ein Massensterben mündete. Manche Spezies sind im Netz der Nahrungsbeziehungen und des Nischenwettbewerbs dicht mit anderen Spezies verkoppelt. Die Biologen bezeichnen sie als *Schlüsselspezies*. Denken wir beispielsweise an eine Amöbenart, die als Nahrungsquelle für zahlreiche Insekten und Würmer dient, von denen sich diverse Vögel und Säugetiere ernähren, die sich wiederum auf so manche Pflanzenart auswirken, und so weiter. Ein plötzlicher Rückgang der Amöbenpopulation am Anfang dieser Nahrungskette könnte sich über das gesamte Ökosystem hinweg bemerkbar machen.

In ihrer Simulation identifizierten Jain und Krishna im punktierten Gleichgewichtsmuster drei unterschiedliche Phasen. In einer *Zufallsphase* dümpelt das Netzwerk ohne viel Struktur vor sich hin, während Zufallsveränderungen kaum

Wirkung zeigen – das sind die Perioden des »Gleichgewichts« innerhalb des punktierten Gleichgewichtmusters. Dann aber schickt eine Innovation das System plötzlich in eine *Wachstumsphase*. Eine Innovation zieht häufig weitere Innovationen nach sich. Neu entstandene Arten beginnen, das Nahrungs- und Nischennetzwerk um sich herum neu zu ordnen. Irgendwann ebbt die Wachstumsphase ab und wird von einer *strukturierten Phase* abgelöst. In dieser Phase werden die Veränderungen konsolidiert, das Netzwerk ist hochgradig strukturiert, und es bilden sich an wichtigen Punkten des Interaktionsnetzes Schlüsselspezies heraus – wie Drehscheiben im Liniennetz einer Fluggesellschaft. Das Netzwerk plätschert eine Weile vor sich hin (eine weitere Phase des »Gleichgewichts«), bis eine Innovation oder eine Zufallsveränderung eine Schlüsselspezies ereilt. Veränderungen, welche die Schlüsselspezies betreffen, strahlen auf die Gesamtstruktur aus, und eine Welle des Artensterbens rollt über das Netzwerk. Anschließend beginnt eine neue Zufallsphase, auf die irgendwann wieder eine Wachstumsphase folgt, und so weiter.

Auch andere Beobachter, zu denen nicht zuletzt Karl Marx und Joseph Schumpeter gehören, haben den technologischen Innovationsprozess als ein alternierendes Muster aus Ruhe- und Sturmphasen beschrieben.[360] Die meisten technologischen Innovationen haben nur begrenzte Auswirkungen. Im Jahr 1957 beispielsweise entwickelte General Electric eine Quarz-Halogenlampe. In den Achtzigerjahren wurde die Technologie so preisgünstig, dass sie sich zu einem verbreiteten Konsumgut entwickelte. Auch wenn die Halogenlampe gegenüber der gewöhnlichen Glühbirne eine wichtige Verbesserung darstellt, kann man nicht behaupten, dass sie die Gesellschaft dramatisch verändert hätte.

Anders sieht es mit einer Erfindung aus, die anfangs ebenfalls nur eine minimale Verbesserung gegenüber der Vorgängertechnologie zu sein schien. Im Dezember 1901 schickte Guglielmo Marconi mittels Radiowellen drei Morsesignale vom englischen Cornwall über den Atlantik bis nach Neufundland. Marconis Erfindung war lediglich als billigere und bequemere Alternative zur Kabeltelegrafie gedacht und beeindruckte damals nur wenige Menschen. Die Anglo-American Cable Company wurde in der *Financial Times* mit den herablassenden Worten zitiert: »Die Möglichkeiten der kabellosen Telegrafie sind kommerziell von so geringer Bedeutung, dass wir der Zukunft ruhig ins Auge sehen.«[361] Der Rest ist Geschichte. Nicht nur blieb das Radio selbst nicht ohne Wirkung, sondern es zog weitere Erfindungen nach sich: Fernsehen, Mikrowellenkommunikation, Radar, Mobiltelefon und in jüngster Zeit den drahtlosen Internetzugang. Marconis Erfindung trat eine Veränderungslawine los mit dramatischen Folgen für das kulturelle und politische Leben, für unsere Freizeitgestaltung und sogar Militärstrategien.

Im Lauf der Jahre entstanden zahlreiche Studien zum Evolutionscharakter der technologischen Entwicklung.[362] Wir werden auf diesen Punkt in Kapitel 11 zurückkommen. Zwei zentrale Beobachtungen aus diesen Arbeiten sind jedoch im Kontext des punktierten Gleichgewichts von Interesse. Erstens entwickelt sich keine Technologie isoliert. Alle Technologien sind auf ein Netz von Beziehungen zu anderen Technologien angewiesen; die Erfindung des Mobiltelefons beispielsweise baute nicht nur auf der Funktechnik, sondern auch auf anderen Disziplinen auf wie der Computer- und der Verschlüsselungstechnik.[363] Diese Querverbindungen sind nicht nur technologischer, sondern auch ökonomischer Art. Im ökonomischen Netz rund um das Auto beispielsweise tummeln sich so unterschiedliche Branchen wie Stahl, Öl, Hotels und Fastfood.[364]

Zweitens sind Technologien von Natur aus modular, wie Kim Clark von der Harvard Business School feststellt: Ein Auto besteht aus Motor, Getriebe, Karosserie und so weiter.[365] Die Module werden anschließend zu »Architekturen« zusammengesetzt – in diesem Fall zum Auto selbst. Innovationen in den Modulen ermöglichen neue Architekturen (vgl. der Mikrochip, der den Computer ermöglicht), und erst im Kontext dieser Architekturen entfalten die Innovationen in der Regel ihre explosive Kraft (siehe zum Beispiel den Siegeszug des PC). Zwei Eigenschaften führten also zu dem punktierten Gleichgewichtsmuster im Modell von Jain und Krishna: dicht-lockere Interaktionsnetzwerke und die von einzelnen Knoten ausgelösten Kettenreaktionen. Wir werden darauf in Kapitel 11 noch näher zu sprechen kommen; hier genügt die Beobachtung, dass Veränderungskaskaden in technologischen Netzen zu emergenten Mustern punktierten Gleichgewichts führen können und dass dabei möglicherweise bestimmten Technologien eine Schlüsselrolle zukommt.

Potenzgesetze: Erdbeben und Aktienmärkte

Wie ich bereits erwähnte, lautet eine der Vorhersagen der traditionellen Wirtschaftslehre, dass die Aktienkurse eine Zufallsbewegung beschreiben. Eine Zufallsbewegung erhalten wir, indem wir auf einem Blatt Papier mit dem Stift von links nach rechts fahren und dabei nach dem Zufallsprinzip mal ein Stück nach oben und mal ein Stück nach unten wandern – ähnlich dem taumelnden Gang eines Betrunkenen. In Abbildung 8.3, die wir einer Arbeit des Mathematikers Benoît Mandelbrot von der Yale University entnehmen, beschreibt der obere Graph den (logarithmischen) Kursverlauf der IBM-Aktie von 1959 bis 1996, während der untere eine typische Zufallsbewegung (mit einem Wachstumstrend) wiedergibt. Beide Graphen ähneln sich qualitativ, und es fiele schwer, sie korrekt zuzuordnen, hätten wir sie nicht beschriftet. Es ist leicht einzusehen, warum die Zufallsbewegung mehr als ein Jahrhundert lang ein Kernstück der Finanztheorie darstellte.

Als Nächstes wollen wir den Blick statt auf die absoluten Kurse auf die täglichen Kursveränderungen werfen, wie wir sie in Abbildung 8.4 dargestellt finden. Jetzt erkennen wir deutliche Unterschiede zwischen beiden Graphen. Der obere ist eher dornig – neben Perioden mit großen Ausschlägen gibt es andere mit

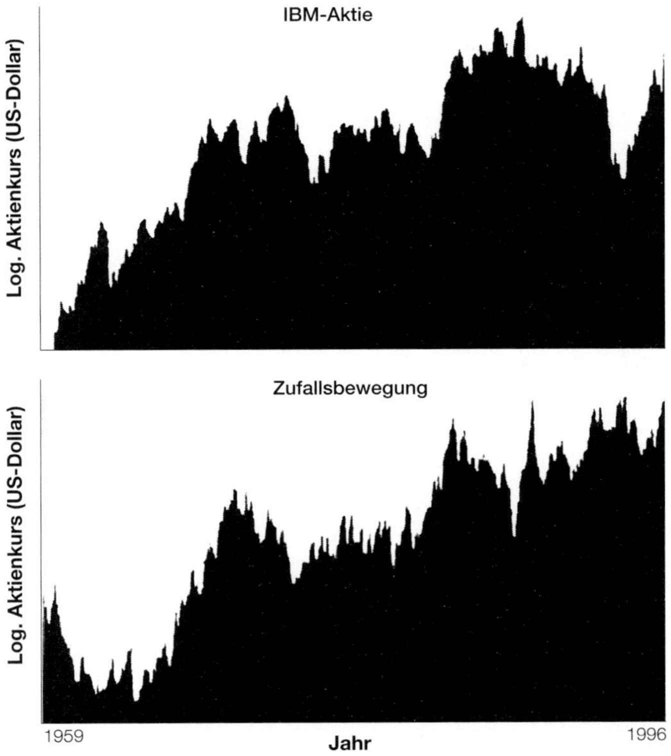

Quelle: Mandelbrot (1997).

Abbildung 8.3: Aktienkurs – IBM kontra Zufallsbewegung

kleineren Bewegungen. Der untere Graph ist struppiger – große und kleine Bewegungen sind bunt gemischt. Die dornigen IBM-Daten ähneln nur wenig den struppigen Daten der Zufallsbewegung (und wie schon in Kapitel 3 erwähnt, haben mehrere Forscher statistisch gezeigt, dass die Aktienkurse tatsächlich keine Zufallsbewegung beschreiben). Der klumpige Charakter des Kursverlaufs der IBM-Aktie zeigt, dass die Kursbewegungen zeitlich korreliert sind. Wir erkennen das im letzten Abschnitt diskutierte Sturm-Ruhe-Sturm-Muster des punktierten Gleichgewichts. Wir bemerken jedoch noch etwas anderes. In den Daten zur Zufallsbewegung gibt es einige große Kursbewegungen, von denen jedoch keine allzu weit über die übrigen Bewegungen hinausgeht. In den realen Daten hingegen erkennen wir einige extreme »Ausreißer« nach oben und nach unten. Was könnte der Grund für so dramatische Kursbewegungen sein?

Der traditionellen Wirtschaftslehre zufolge ändern sich die Aktienkurse, sobald neue Nachrichten im Markt einschlagen. Eine der Vorhersagen der traditionellen Theorie lautet, dass große Kursbewegungen mit großen, unerwarteten Nachrichten korrespondieren. David Cutler, James Poterba und Larry Summers überprüften diese Vorhersagen in einer Studie aus dem Jahr 1989.[366]

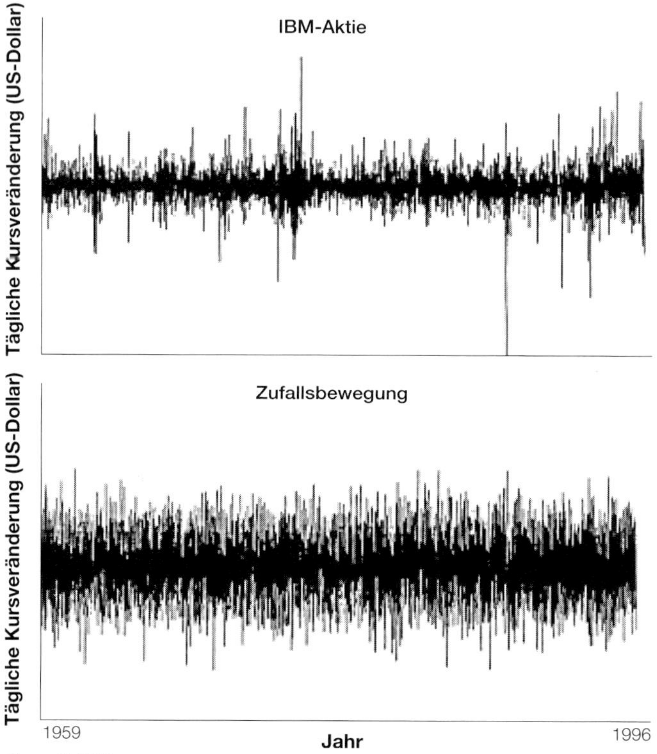

Quelle: Mandelbrot (1997).

Abbildung 8.4: Aktienkursveränderungen – IBM kontra Zufallsbewegung

Sie untersuchten die größten Bewegungen auf dem US-Aktienmarkt zwischen 1941 und 1987 und durchstöberten die Zeitungsarchive nach zeitlich dazu passenden Nachrichten. In den Tagen rund um die größten Börsenkräche wurden sie jedoch kaum fündig. Die Erklärung der *New York Times* für den 20-prozentigen Einbruch des S&P-500-Index vom 19. Oktober 1987 lautete: »Sorge wegen Dollarschwäche und Handelsdefizit«. Am 3. September 1946, dem Datum eines weiteren Börsenkrachs, lautete die Schlagzeile: »Kein erkennbarer Grund für den Angriff auf die Kurse«. Cutler und seine Kollegen gingen auch den umgekehrten Weg. Sie identifizierten die größten Nachrichtenereignisse der Zeit und maßen die Kursbewegungen jener Tage. Als die Japaner Pearl Harbor bombardierten, gab der Markt lediglich um 4,4 Prozent nach. Als die Kubakrise friedlich beigelegt wurde, reagierten die Märkte mit einem Anstieg von nur 2,2 Prozent. Unser Rätsel lautet also: Warum gibt es so viel nachrichtenunabhängige Bewegung auf dem Markt? Eine interessante Beobachtung liefert die

Antwort: So wenig das Verhalten der Aktienkurse einer Zufallsbewegung ähnelt, so sehr erinnert es an ein anderes Phänomen: Erdbeben.

In den Fünfzigerjahren begaben sich die Geophysiker Beno Gutenberg und Charles Richter vom California Institute of Technology in die Institutsbibliothek und suchten dort nach Erdbebenbeschreibungen.[367] Die beiden Wissenschaftler gingen geschichtlich so weit zurück, wie sie konnten. Sie wollten wissen, wie viele Erdbeben sich in den verschiedenen Stärken ereignet hatten. Sie fragten sich beispielsweise: Sind starke Beben häufig oder selten? Ist ein Beben der Stärke 2 doppelt so wahrscheinlich wie ein Beben der Stärke 4? Sie teilten ihre Daten auf mehrere Töpfe auf: einen Topf für die Stärken 2,0 bis 2,5, einen für 2,5 bis 3,0 und so weiter. Anschließend zeichneten sie eine Verteilungskurve ähnlich derjenigen für die Einkommensdaten in Zuckerwelt.

Die bekannteste Verteilung ist die Glockenkurve, auch bekannt als *Normal-* oder *Gaußverteilung* (benannt nach Karl Friedrich Gauß, der sie im 19. Jahrhundert entdeckte). Wenn wir die Daten zur Körpergröße der Frauen in einer Gesellschaft auf verschiedene Töpfe (130 bis 135 cm, 135 bis 140 cm und so weiter) verteilen und die Vorkommen in jedem Topf zählen, erhalten wir eine wohlgeformte Glockenkurve. Der Buckel in der Mitte besagt, dass eine typische Frau zwischen 150 und 180 cm groß ist, während die Ausläufer zu beiden Seiten zeigen, dass es einige wenige sehr kleine und einige wenige sehr große Frauen gibt.

Man könnte nun erwarten, dass der Erdbebengraph ebenfalls eine Gauß'sche Normalverteilung beschreibt. Möglicherweise gibt es eine typische Erdbebengröße, die auf die meisten Beben zutrifft, während ein paar sehr große und ein paar sehr kleine Beben die Ausnahme bilden. Als Gutenberg und Richter ihre Daten grafisch wiedergaben, bot sich ihnen jedoch ein anderes Bild. Zur leichteren Lesbarkeit stellten sie beide Achsen logarithmisch dar. Das Ergebnis war eine nahezu schnurgerade Linie (Abbildung 8.5). Diese gerade Linie auf einer log-log-Skala bedeutet, dass es keine »typische« Größe in der Mitte der Verteilung gibt wie bei der Körpergröße. Vielmehr kommen Erdbeben in allen Größenordnungen vor, wenn auch je größer, desto seltener – konkret: Bei einer Verdoppelung der freigesetzten Energie nimmt die Wahrscheinlichkeit des Erdbebens um den Faktor vier ab. Die Häufigkeitsverteilung bildet also eine fallende Kurve von den kleinsten zu den größten Beben. Die Physiker sprechen in diesem Fall von einem *Potenzgesetz*, weil die Verteilung durch eine Gleichung mit Exponenten beschrieben wird.[368]

Potenzgesetze wurden für zahlreiche Phänomene entdeckt; unter anderem beschreiben sie Häufigkeit und Ausmaß des Artensterbens auf der Erde, die Intensität der Sonneneruptionen, Städtegrößen, Verkehrsstaus, Baumwollpreise, Kriegsopferzahlen und sogar die Verteilung von Geschlechtspartnern in sozialen Netzwerken.[369] Potenzgesetze gehören ebenso zu den charakteristi-

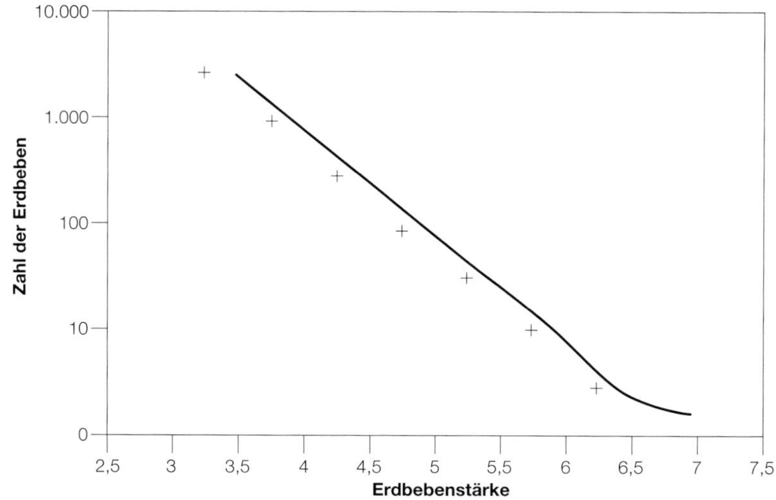

Quelle: Daten von Southern California Earthquake Center. Kurve von Buchanan (2000).

Abbildung 8.5: Beispiel für eine Potenzgesetzverteilung – Erdbebenstärken

schen Eigenschaften komplexer adaptiver Systeme wie Oszillationen und punktiertes Gleichgewicht.

Erdbeben waren jedoch nicht das erste Beispiel, bei dem ein Potenzgesetz beobachtet wurde. Erstmals entdeckt wurde es vielmehr 1895 in der Ökonomik von unserem Freund Vilfredo Pareto, auch wenn er selbst es damals nicht als solches erkannte.[370] Wie wir in Kapitel 4 gesehen haben, fand Pareto in seiner Einkommensstudie viele Arme, eine breite Mittelschicht und wenige Superreiche. Jede Einkommenszunahme um 1 Prozent bedeutet eine Abnahme der Zahl der betroffenen Haushalte um 1,5 Prozent – in log-log-Koordinaten aufgetragen ergibt dies eine Gerade – ein Potenzgesetz. Pareto hatte nicht das mathematische Rüstzeug, um die Bedeutung seiner Resultate vollständig ermessen zu können.[371] Potenzgesetze spielten in den Sechzigerjahren in der Ökonomik erneut eine Rolle, als sich Benoît Mandelbrot für die Baumwollpreisfluktuationen auf der Chicago Mercantile Exchange interessierte. Als er die Daten in einem Graph auftrug, stellte er rasch fest, dass die Preisfluktuationen ähnlich wie im Fall der IBM-Aktie sehr viel größer ausfielen, als es die traditionelle Theorie vorhersagte. Auch bemerkte er, dass die Fluktuationen keine »natürliche« Zeitskala zu haben schienen. Wenn man ein Teilstück des Graphen, sagen wir eine Stunde, auf die Länge eines Tages streckte, war es anschließend nicht möglich zu unterscheiden, welcher Graph eine Stunde und welcher einen Tag bezeichnete. Als er sich die Daten anderer Rohstoffe wie beispielsweise Gold oder Weizen ansah, entdeckte er dasselbe Muster – Potenzgesetze.[372] Als Mandelbrot seine Entdeckung erstmals vorstellte, wurden seine Arbeiten von den Ökonomen weitgehend ignoriert, was sicherlich daran lag, dass er erstens Mathematiker war und zweitens seine Daten nicht zur traditionellen Theorie passten.

Der alarmierende Charakter dessen, was Pareto und Mandelbrot zutage gefördert hatten, blieb lange Zeit unberücksichtigt, bis in den Achtziger- und Neunzigerjahren die Vorstellung von der Wirtschaft als einem komplexen adaptiven System erneut das Interesse an den Potenzgesetzen weckte. Die Physiker brachten Erfahrung in der Analyse von Potenzgesetzen aus natürlichen Systemen mit, und so nahmen nun zahlreiche »Ökonophysiker« die Börsendaten unter die Lupe. Einer von ihnen, Gene Stanley von der Boston University, machte folgende Rechnung auf: Würden die Aktienkurse gemäß dem traditionellen Postulat eine Zufallsbewegung beschreiben, läge die Wahrscheinlichkeit, dass sich ein Börsenkrach wie der Schwarze Montag von 1987 ereignet, bei 10^{-148} Prozent. Um ein Gefühl für diese Zahl zu bekommen: Das kleinste Maß im Universum, die Planck-Länge, liegt in der Größenordnung von 10^{-33} Zentimeter. Entsprechend unwahrscheinlich ist es, dass der Markt einfach so rein zufällig einen Börsenkrach dieser Größenordnung erleidet. Gauß'sche Zufallsbewegungen erzeugen fast nie Fluktuationen, die über fünf Standardabweichungen hinausgehen; im Rahmen von Börsenkrächen kommen Ereignisse mit fünffacher Standardabweichung und mehr jedoch tatsächlich vor.[373]

Um zu begreifen, was dort vor sich geht, besorgten sich Stanley und sein Team für die 1.000 größten US-Unternehmen sämtliche Aktienmarktdaten für den Zeitraum 1994 bis 1995 und bereiteten sie im 5-Minuten-Raster auf. Diese 40 Millionen Einzeldaten jagten sie dann durch ihre Computer. Wie sich dabei herausstellte, gehorchen die Aktienkursfluktuationen an ihren Verteilungsrändern klaren Potenzgesetzen. Um sicherzugehen, schauten sie auch auf die 30 Millionen Tagesberichte für 6.000 US-Aktien aus den 35 Jahren von 1962 bis 1996. Wieder gehorchten die Daten Potenzgesetzen. Ein traditioneller Ökonom könnte einwenden, die Daten seien möglicherweise für den von Stanley verwendeten kurzen Fünfminutentakt nicht normalverteilt; bei einer längeren Taktung sollte sich aber eine Normalverteilung ergeben. Stanley variierte seine Taktung über drei Größenordnungen von 5 Minuten bis 6240 Minuten (sechzehn Tage – darüber hinaus wird es schwer, eine belastbare Menge von Daten zu bekommen). Die Ergebnisse waren zwar der Normalverteilung etwas näher als bei der kurzen Taktung, gehorchten aber immer noch einem klaren Potenzgesetz.[374]

Eine Konsequenz aus dieser Beobachtung lautet, dass die Finanzmärkte sehr viel volatiler sind, als die traditionelle Wirtschaftslehre uns glauben machen will. Wenn die Märkte einem Potenzgesetz gehorchen, ist die Wahrscheinlichkeit für das Eintreten eines Schwarzen Montags größer als 10^{-5} (somit besteht eine gute Chance, dass sich in einem beliebigen Hundertjahreszeitraum ein solcher Tag ereignet) und nicht 10^{-148} – ein deutlicher Unterschied. Das hat natürlich Folgen für den Umgang der Investoren mit bestimmten Risiken. Auch in anderen ökonomischen Daten sind überraschend klare Potenzgesetze zutage getreten. Auf der Grundlage der Daten des US-Zensus von 1997 analysierte Robert

Axtell (wir kennen ihn von Zuckerwelt) alle 5,5 Millionen US-Unternehmen mit einem oder mehr Beschäftigten und zeigte, dass die Verteilung der Beschäftigtenzahlen ebenfalls einem Potenzgesetz gehorcht.[375] Wie Stanley und sein Team ermittelten, beschreibt sowohl das Umsatzwachstum der Unternehmen als auch das BIP-Wachstum der Länder ein Potenzgesetz.[376] Wir werden die Konsequenzen aus diesen Ergebnissen in späteren Kapiteln erörtern.

Warum sind Aktienmärkte so volatil?

Warum sind Aktienmärkte so viel volatiler, als es die traditionelle Theorie vorhersagt? Und warum gehorcht diese Volatilität einem Potenzgesetz? Der Physiker und Teilnehmer der ursprünglichen SFI-Begegnung Doyne Farmer und sein Team sind überzeugt, dass sie die Antwort auf diese Fragen gefunden haben.[377] Entscheidend ist, dass man an den meisten Börsen zwei Arten von Handel tätigen kann. Bei der *Market-Order* erteilt ein Händler den Auftrag zum sofortigen Kauf (oder Verkauf) der Aktie X zum bestverfügbaren Preis. Bei der *Limit-Order* erteilt der Händler den Auftrag, die Aktie X zu kaufen, wenn der Preis bis auf ein bestimmtes Niveau sinkt (oder zu verkaufen, wenn der Preis auf ein bestimmtes Niveau ansteigt). Für jede Aktie auf dem Markt existiert ein Orderbuch, in dem die Limit-Orders festgehalten werden. In alten Zeiten bestand das Orderbuch aus Papier; heute wird es elektronisch geführt.

Im Prinzip stellt das Orderbuch einen Lagerort für unerfüllte Aufträge dar. Wenn ein Händler eine limitierte Kauforder für die Aktie X zum Kurs von 100 US-Dollar erteilt und der gegenwärtige Kurs 110 US-Dollar beträgt, wird die Order so lange im Buch aufbewahrt, bis sie entweder ausgeführt wird, nachdem der Kurs auf 100 US-Dollar gefallen ist, oder gestrichen wird. Zu jedem Zeitpunkt offenbart ein Blick in das Orderbuch das beste Kauf- und das beste Verkaufsangebot. So könnte beispielsweise das beste Kaufanbot 100 und das beste Verkaufsangebot 102 US-Dollar betragen; die Differenz zwischen bestem Kauf- und bestem Verkaufsangebot wird als *Geld-Brief-Spanne* bezeichnet.

Wir wollen jetzt sehen, was passiert, wenn eine neue Market-Order eintrifft. Die Details der Auftragsausführung variieren je nach Börse, wo sie entweder wie in New York per Hand oder wie in London vollkommen elektronisch erfolgt, aber es gibt zwei Regeln, die von den meisten Börsen befolgt werden: *Preispriorität* und *Zeitpriorität.* Eine Market-Order ist gleichbedeutend mit der Aufforderung: Führe den Auftrag unverzüglich zum bestmöglichen Preis aus. Preispriorität bedeutet also, dass wir mit dem besten Preis im Buch beginnen und so viel wie möglich vom Auftrag ausführen, um anschließend beim nächstbesten Preis fortzufahren. Zeitpriorität bedeutet, dass von zwei im Orderbuch verzeichneten Limit-Orders zum gleichen Preis die frühere zuerst ausgeführt wird.

Dazu stellen wir uns folgendes Szenario vor. Wir beauftragen unseren Broker mit einer Market-Order zum Kauf von 1.000 Anteilen der Aktie X, und er leitet sie an die Börse weiter. Das gegenwärtig beste Verkaufsangebot im Buch ist eine Limit-Order zum Preis von 102 US-Dollar, zu dem 200 Anteile zu haben sind. Das System führt unsere Order für 200 Anteile aus; anschließend sucht das System im Buch nach dem nächstbesten Angebot und stößt auf eine Limit-Order über 300 Anteile zum Preis von 105 US-Dollar. Wir kaufen auch diese Anteile, sodass nur noch 500 Anteile ausstehen. Weiter oben im Buch finden sich noch eine Limit-Order über 200 und eine über 600 Anteile, beide zum Preis von 107 US-Dollar. Angenommen, die Order über 200 Anteile steht schon länger im Buch. Das System findet diese 200 Anteile und ergänzt sie durch 300 Anteile aus dem zweiten Block. Unsere Order ist jetzt komplett und wurde zu einem Durchschnittspreis von 105,40 US-Dollar ausgeführt. Angesichts des gegenwärtigen Auftragsstandes war dies der beste Preis, der sich für den Kauf von 1000 Anteilen erzielen ließ. Nach Abschluss der Transaktion verbleiben noch 300 Anteile zum Preis von 107 US-Dollar im Orderbuch, sodass dies jetzt der beste Briefkurs ist. Unsere Market-Order über 1000 Anteile führte dazu, dass der Briefkurs von 102 auf 107 US-Dollar anstieg. Oder, um mit Farmer zu sprechen: Stellen wir uns die Limit-Orders wie Schneeflocken vor, die auf das Orderbuch rieseln. Von Zeit zu Zeit kommt eine Market-Order (oder eine Limit-Order jenseits der Geld-Brief-Spanne) und räumt eine Schneise frei, wodurch der Preis der Aktie steigt oder fällt.

Farmer und sein Team wollten verstehen, wie sich dieser Prozess der Orderausführung und die Struktur des Orderbuchs im Preis niederschlagen. Sie analysierten ein Datenpaket der Londoner Börse, das für 16 der größten und am höchsten gehandelten Aktien kompletten Einblick in das Orderbuch und die getätigten Transaktionen gewährte. Insgesamt werteten sie mehr als 40 Millionen »Ereignisse« (Orderplatzierungen und Streichungen) aus. Wie die Forscher feststellten, waren große Preisfluktuationen auf die Struktur des Orderbuchs selbst zurückzuführen – zu großen Fluktuationen kam es, sobald zwischen den Preisniveaus in den Büchern große Lücken klafften. Als Beispiel nannten die Forscher einen Augenblick im Handel der Aktie des globalen Pharmaunternehmens AstraZeneca. Zu dem betreffenden Zeitpunkt existierte im Orderbuch der Aktie eine kleine Limit-Verkaufsorder zum Preis von 31,84 britischen Pfund, worauf ein großes Loch und schließlich eine Verkaufsorder zum Preis von 32,30 folgten. Eine kleine Market-Kauforder genügte, um den Briefpreis von 31,84 auf 32,30 springen zu lassen – das ist ein Anstieg um 46 Pence oder 1,4 Prozent (Abbildung 8.6). Dieser kleine Handel im Wert von gerade einmal 16.000 Pfund veränderte den Aktienkurs (berechnet als die Mitte der Geld-Brief-Spanne) um 23 Pence und erhöhte den Gesamtmarktwert von AstraZeneca um 374 Millionen Pfund. Dabei fanden sich in den Zeitungen des Tages keinerlei außergewöhnlichen Nachrichten, und AstraZeneca hatte nichts zur Wertveränderung des Unternehmens beigetragen. Diese große Marktwertveränderung war ausschließlich das Ergebnis der Orderverteilung im Orderbuch, wie sie sich im Lauf der Zeit eingestellt hatte. Wie Farmer und sein Team weiter feststellten, sind solche Ereignisse keine Seltenheit, zumal ähnliche Lücken in den Orderbüchern eher die Regel als die Ausnahme bilden. Selbst bei den größten und liquidesten Aktien sind häufig nur um die 30 Preisniveaus mit Limit-Ordern belegt, sodass viele Preise unbelegt bleiben. Man würde erwarten, dass die meisten Orderbücher um die besten Brief- und Geldwerte herum konzentriert wären, und das stellte sich partiell auch als richtig heraus; gleichzeitig fanden sich jedoch über das ganze Buch verteilt weitere Orders. Jemand könnte beispielsweise eine Verkaufsorder weit über dem gegenwärtigen Preis in der Hoffnung auf eine zukünftige Preisentwicklung stehen lassen und so zum Lückenmuster im Orderbuch beitragen.

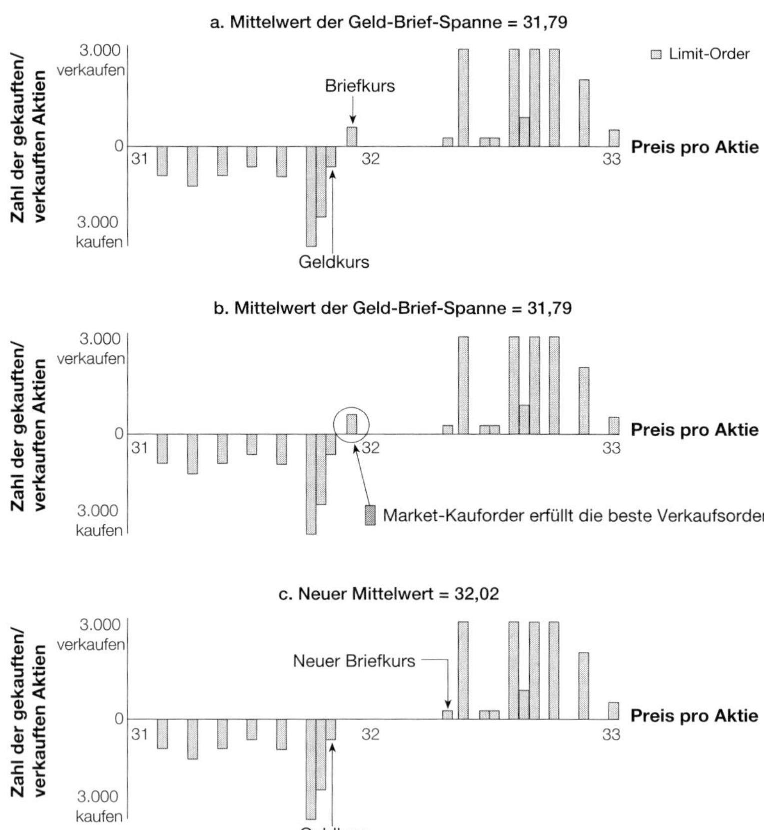

Quelle: Daten von Farmer et al. (2004)

Abbildung 8.6: Große Kursschwankungen aufgrund kleiner Limit-Aufträge im Orderbuch von AstraZeneca

Professionelle Händler wussten immer schon, dass selbst in großen Aktien weniger Liquidität steckt, als man meinen könnte, und dass die Orderbücher reichlich lückenhaft sind. Das ist der Grund, warum sie große Aufträge zeitlich splitten müssen – ein großer Handel würde zu viel Bewegung in den Aktienkurs bringen. Doch erst mit den Arbeiten von Farmer und seinem Team fiel das Augenmerk auf die Rolle der Lückenhaftigkeit der Orderbücher für die Aktienvolatilität. Sie konstruierten ein mathematisches Modell des Orderbuchs und zeigten, dass unter den Bedingungen eines rein zufälligen Handels (ohne, dass reale Nachrichten zugrunde lägen) allein schon die Struktur des Orderbuchs eine signifikante Volatilität erzeugte. Sie bestätigten zudem die naheliegende Vermutung, dass kleinere, dünner gehandelte Aktien volatiler sind als große, liquidere Aktien.

In einer Folgestudie nahmen Farmer und sein Kollege Szabolcs Mike das Muster der Orderplatzierung im Orderbuch unter die Lupe.[378] Die Variable, auf die sie sich konzentrierten, war der Abstand einer neuen Limit-Order zur bestehenden Geld-Brief-Spanne. Wenn der gegenwärtige Geldkurs 100 und der Briefkurs 102 US-Dollar beträgt, wie groß ist dann die Wahrscheinlichkeit, dass eine Limit-Verkaufsorder zum Preis von 101, 102, 103 … US-Dollar oder eine Limit-Kauforder zum Preis von 101, 100, 99 … US-Dollar eintrifft? Wie Farmer und Mike feststellten, folgen die Aufträge einem sehr regelmäßigen Muster, das auf den Namen Student-Verteilung hört (statt einer Glocke stellen wir uns einen spitzen Hexenhut vor) und dessen Zentrum sich in der Mitte der Geld-Brief-Spanne befindet. Laut Farmer und Mike deutete die Regelmäßigkeit der Orderverteilung darauf hin, dass auch das Verhalten der die Aufträge platzierenden Händler eine gewisse Regelmäßigkeit aufwies – ein Ergebnis, das der traditionellen Theorie widersprach, wonach jeder Handel durch unvorhergesehene Nachrichtenereignisse verursacht wird. Indem Farmer und Mike ihre Resultate mit ihrer früheren Studie zum Orderbuch kombinierten, waren sie imstande, die Potenzgesetz-Volatilität der untersuchten Aktien in sehr guter Näherung zu reproduzieren.

Das bedeutet jedoch nicht, dass reale Nachrichten keine Rolle spielen. Wenn AstraZeneca Ergebnisse verkündet, welche die Investoren überraschen, wird die Aktie reagieren. In mancherlei Hinsicht fungiert das Orderbuch als eine Art Gedächtnis oder Archiv für vergangene Nachrichten insofern, als das Muster der darin eingetragenen Aufträge Ausdruck jener Nachrichten ist, die zur Zeit des Eintrags aktuell waren. Das schließt jedoch nicht aus, dass es weitere Aktienkursbewegungen gibt, die keinen Nachrichtenbezug haben, sondern lediglich aus der Wechselwirkung zwischen dem aktuellen Auftragseingang und dem bereits bestehenden Auftragsmuster resultieren, wie sie das Orderbuch in dem betreffenden Augenblick präsentiert. So mancher traditionelle Ökonom könnte diese Bewegungen als kurzfristiges Rauschen abtun, das man getrost vernachlässigen darf. Farmers Antwort darauf ist eine zweifache: Erstens ist die

Wirkung des Orderbuchs nicht ausschließlich kurzfristiger Natur. Wie Farmer und sein Team zeigten, macht sich dieselbe Verteilungsvolatilität auch auf längeren Zeitskalen bemerkbar. Zweitens handelt es sich nicht um Zufallsrauschen. Das Potenzgesetz-Muster der Kursbewegungen ist eine Konsequenz aus der Systemstruktur, ähnlich den Oszillationen im Bierspiel, die sich ebenfalls aus der Systemstruktur ableiteten. Farmer betrachtete zwar nur einzelne Aktien, aber wie wir in Kapitel 17 sehen werden, kann eine Kombination aus nachrichtenunabhängiger Volatilität und den Verhaltensregeln realer menschlicher Aktienhändler Erdbeben auslösen, die den gesamten Markt erfassen.

In vielerlei Hinsicht gleichen sich die Lektionen aus dem Bierspiel und dem Modell von Farmer und seinem Team. Komplexe emergente Phänomene wie Konjunkturzyklen oder Aktienkursbewegungen haben vermutlich drei Wurzeln. Die erste ist das Verhalten der an dem System Beteiligten. Wie wir gesehen haben, weisen reale Menschen bestimmte Verhaltensregelmäßigkeiten auf, sei es die Verankerungs- und Anpassungsregel der Bierspieler oder das noch unerforschte Verhaltensmuster, das für die Student-Verteilung der Orderplatzierung beim Wertpapierhandel verantwortlich ist. Die zweite Wurzel ist die institutionelle Struktur des Systems. Im Fall des Bierspiels erzeugte die Struktur der Vertriebskette vom Hersteller bis zum Einzelhändler eine Dynamik, die in Kombination mit dem Teilnehmerverhalten zu Oszillationen führte. Beim Aktienmarkt bewirkte die Struktur des Limit-Order-Systems in Kombination mit dem Händlerverhalten eine Potenzgesetz-Volatilität. Die dritte und letzte Wurzel bilden die exogenen Einflüsse. Beim Bierspiel war dies der einmalige Anstieg der Konsumentennachfrage, beim Aktienmarkt sind es Nachrichten. Diese exogenen Stöße wirken zweifelsohne als auslösender und verstärkender Faktor auf die Systemdynamik ein. Die Gleichgewichtszwangsjacke der traditionellen Wirtschaftslehre führte allerdings dazu, dass dieser Faktor auf Kosten der anderen beiden stark überbetont wurde.

Die Komplexitätsökonomik hält bei Weitem nicht alle Antworten auf das Rätsel der ökonomischen Muster bereit, aber sie liefert uns neue Werkzeuge, mit deren Hilfe wir besser erkennen können, wie die Kombination dieser Faktoren das beobachtete Verhalten erzeugt. Die reale Wirtschaft ist ein sehr viel interessanterer Ort als die von der traditionellen Wirtschaftslehre erträumte Gleichgewichtswelt. Oszillationen, die nicht zur Ruhe kommen, punktiertes Gleichgewicht, Potenzgesetze – das sind die charakteristischen Verhaltenseigenschaften einer komplexen adaptiven Ökonomie.

9. Evolution: Die Welt ist ein Dschungel

Wie oft hört man jemanden sagen: »Die Welt ist ein Dschungel«? Oder: »Nur die Stärksten überleben«? Geschäftsleute, Journalisten und Hochschuldozenten gebrauchen häufig Begriffe wie Ökosystem oder Evolution, wenn sie von der Wirtschaft sprechen. Eine zentrale Behauptung der Komplexitätsökonomik lautet, dass es sich dabei nicht um Metaphern handelt – Unternehmen, Institutionen, Märkte und ganze Ökonomien ähneln nicht nur Evolutionssystemen, sie sind es im eigentlichen Wortsinn. In diesem Kapitel werden wir sehen, dass Evolution nicht auf die Biologie beschränkt ist. Vielmehr eignet sich Evolution als mächtiges Allzweckmittel für die Suche nach innovativen Lösungen komplexer Probleme. Sie stellt einen Lernalgorithmus dar, der sich an eine veränderliche Umwelt sukzessive anpasst und Wissen zusammenträgt. Sie ist die Formel, die aller biologischen Ordnung, Komplexität und Vielfalt zugrunde liegt. Und wie wir in Teil III dieses Buches sehen werden, ist dieselbe Formel auch für alle Ordnung, Komplexität und Vielfalt in unserer ökonomischen Welt und damit auch für allen darin erzeugten Wohlstand verantwortlich.

Design ohne Designer

Der Evolutionstheoretiker und Direktor des Center for Cognitive Studies an der Tufts University Daniel Dennett (auf dessen Arbeiten ich mich im Folgenden ausführlich beziehen werde) bezeichnet Evolution als eine Methode zur »Erzeugung von Design ohne Designer«.[379] Bei dem Wort Design – alternativ sprechen wir von Entwurf, Bauplan oder Konstruktion – denken wir immer auch an einen Zweck oder eine Bestimmung. Das Design eines Hammers gewährleistet, dass wir damit Nägel in die Wand schlagen können, das Design eines Bakteriums ermöglicht es ihm, in einem gegebenen Umfeld zu überleben und sich zu vermehren. Zudem verbinden wir den Begriff Design mit einem gewissen Grad an Komplexität, Ordnung und Struktur. Die zufällige Sandformation eines Strandes erscheint uns nicht als Design, wohl aber die komplexe Struktur eines Düsentriebwerks, die Spiralkammern einer Nautilusschnecke oder das Notenarrangement eines Musikstückes. Es ist diese Kombination aus zweckgerichteter Eignung und Komplexität, die den Unterschied ausmacht zwischen designten und nicht designten Dingen. Designte Dinge haben eine geringe Entropie. Sie sind alles andere als Zufallsschöpfungen.

Wir können Design in zwei (und nur zwei) Bereichen beobachten: in der Biologie und in den von biologischen Wesen geschaffenen Artefakten. Beispiele aus der Biologie sind die Beine der Kängurus, die ihnen das Springen ermöglichen, die Ultraschallsensoren der Fledermäuse, mit denen sie sich im Dunkeln orientieren können, und die Staubgefäße der Sonnenblumen, welche die Bienen anlocken, indem sie sich als deren Geschlechtsorgane ausgeben. In der Welt der Menschen gibt es Schraubenzieher zum Schraubenziehen, Bratenheber zum Bratenheben und Jumbojets, um damit Menschen zu befördern. Aber die Menschen sind nicht die einzigen Lebewesen, die sich designte Artefakte schaffen; Termiten errichten komplizierte Nester, und Biber bauen aufwendige Dämme.

Der anglikanische Priester und Philosoph William Paley schrieb in seiner *Natural Theory* von 1802, etwas so Komplexes und Durchgestaltetes wie eine Uhr setze einen Uhrmacher voraus. Die Komplexität und Konstruktion der natürlichen Welt sei folglich nicht denkbar ohne die Existenz eines göttlichen Uhrmachers. Hochgradig gestaltete Dinge entstünden in der Welt nicht einfach aus sich selbst heraus. Denn Entwürfe hätten mit Zielsetzung, Intelligenz und Problemlösung zu tun (das ist dasselbe Argument, das gegenwärtig – 200 Jahre später – von den Vertretern der sogenannten Intelligent-Design-Theorie ins Feld geführt wird).[380]

Genau das aber tut die Evolution – sie schafft Design aus sich selbst heraus. Der Oxforder Evolutionstheoretiker Richard Dawkins, auf dessen Arbeiten ich in diesem Kapitel ebenfalls ausführlich Bezug nehmen werde, nannte die Evolution »den blinden Uhrmacher«[381] – eine kopflose, mechanische und simple Formel, die jedoch imstande ist, die erstaunlichsten Formen von raffiniertem Design hervorzubringen.

Künstliches Leben

Im Jahr 1994 wollte der ehemalige Mitarbeiter von MIT Media Lab und heutige Chef von GenArts Inc. Karl Sims der Evolution bei ihrem Wirken zusehen. Sie sollte sich jedoch schneller abspielen und ihm mehr Kontrollmöglichkeiten geben als ein Experiment mit Bakterien oder Fruchtfliegen in einem Labor. Also simulierte er stattdessen eine Evolutionswelt in seinem Supercomputer und bevölkerte sie mit lauter animierten Computerwesen.[382] (Wer weder einen Supercomputer noch die genialen Programmierfähigkeiten von Karl Sims besitzt, findet simulierte Evolutionswelten in zahlreichen kommerziellen Computerspielen wie SimLife von Maxis oder Impossible Creatures von Microsoft.) Die Körper dieser Geschöpfe bestanden aus rechteckigen Quadern, deren Anzahl und jeweilige Form (kubisch, kurz und dick, lang und dünn) beliebig war. Die Verbindung der Blöcke erfolgte über ein frei bewegliches Gelenk (Abbildung 9.1). Ein einfaches Computergehirn koordinierte die Bewegungen dieser Gelenke. Sims gab jedem der Quadergeschöpfe ein Ziel vor, wobei Sensoren es ihnen ermöglichten, ihre Position in Relation zu diesem Ziel zu bestimmen. Durch Bewegung ihrer Gelenke versuchten die Geschöpfe daraufhin, ihr Ziel zu erreichen. Im ersten Experiment bestand das Ziel darin, so schnell wie möglich durch ein simuliertes Wasser zu schwimmen.

Sims versah seine Quaderwelt mit einer biologischen Komponente, indem er jedes Quaderwesen mit einer Art Computer-DNA ausstattete, die (1) die Anordnung der Quader, (2) die Bewegungsmöglichkeiten der Gelenke und (3) den Anfangszustand des simulierten Gehirns beschrieb. Anschließend führte er

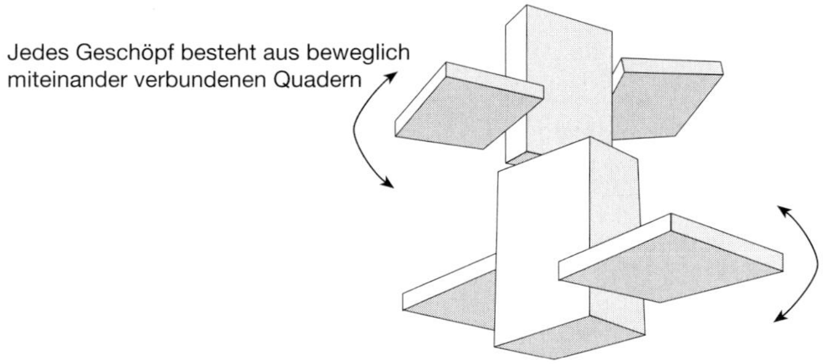

Quelle: Sims (1994).

Abbildung 9.1: Design der Quadergeschöpfe von Karl Sims

eine Reihe von Experimenten durch. Jedes Experiment begann mit einer Population von 300 Quaderwesen, die vollkommen zufällige Computer-DNAs und folglich vollkommen zufällige Körperformen hatten. Die Wesen wurden lose über das simulierte Wasserbecken verteilt. Die meisten von ihnen schlugen wild um sich, taumelten oder sanken. Einige jedoch hatten per Zufall einen Hauch von Überlebenspotenzial – ihnen gelang es irgendwie, sich kontrolliert auszurichten und fortzubewegen. Sims wandte nun auf seine erste Generation von Zufallswesen eine einfache Evolutionsformel an: Er nahm die schlechtesten Schwimmer heraus und ließ die erfolgreichsten miteinander »Computersex« haben, indem er Teile ihrer Computer-DNA zu neuen Quaderwesen kombinierte, die von beiden Eltern bestimmte Eigenschaften erbten. Zudem unterzog er die DNA einiger der neuen Geschöpfe einer Zufallsmutation.

Die Population der Quaderwesen wies also das Merkmal der *Variation* auf: Zu jedem Zeitpunkt existierten Kreaturen mit unterschiedlichen Schwimmeigenschaften. Außerdem gab es ein *Auswahlverfahren*, das erfolglose Schwimmer aussiebte, und ein *Vervielfältigungsverfahren*, das dafür sorgte, dass sich erfolgreiche Entwürfe weiter verbreiteten. Diese einfache Formel von Variation, Selektion und Replikation wiederholte sich nun immer wieder. In der Regel reichten 20 bis 30 Generationen, damit aus den linkisch um sich schlagenden und schlingernden Quaderhaufen Wesen wurden, die tatsächlich schwimmen konnten (Abbildung 9.2). Einige entwickelten große Rümpfe mit einer schlagenden Schwanzflosse, wobei manche Flossen sich auf und ab bewegten wie bei einem Delfin, andere schlugen seitlich wie bei einem Hai. Manchen Geschöpfen wuchsen stabilisierende Seitenflossen, andere entwickelten lange, dünne Körper mit vielen Segmenten, um sich wie Schlangen zu bewegen. Wieder andere hatten viele kleine rudernde Arme wie ein Tausendfüßler. Sogar kleine elegante Seepferdchen waren darunter.

Der Evolutionsalgorithmus brachte keine einzig beste Art des Schwimmens, kein Optimum hervor, sondern, um mit Daniel Dennett zu sprechen, »viele gute

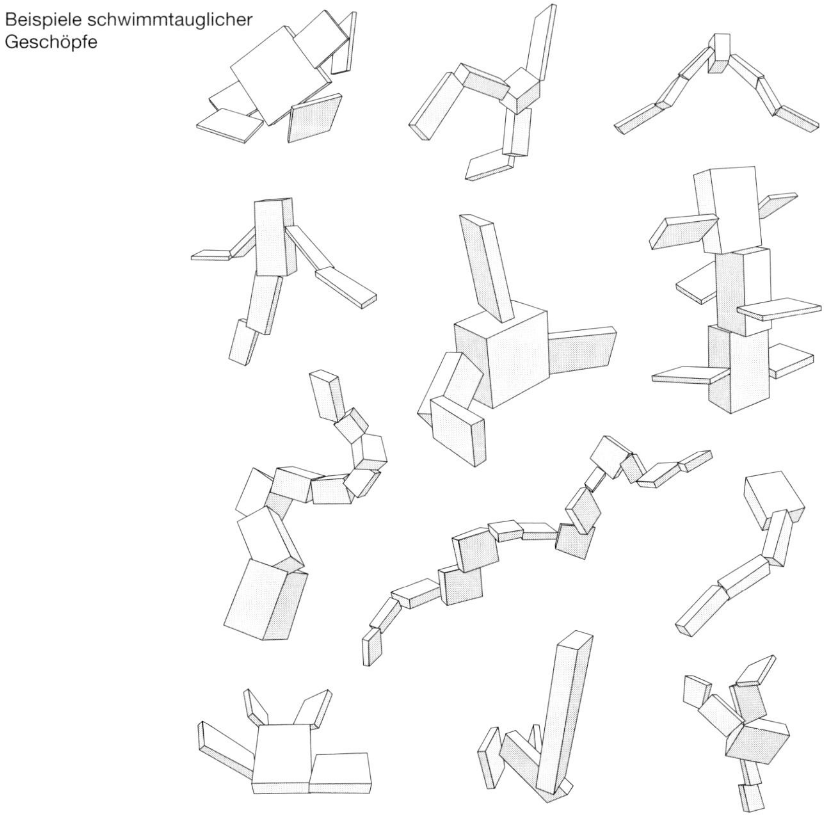

Quelle: Sims (1994).

Abbildung 9.2: Sims' Quadergeschöpfe nach virtueller Evolution

Überlebenstricks«.[383] Allerdings lässt die Physik des Wassers nur eine begrenzte Anzahl von Fortbewegungstechniken zu. Das Manövrieren im Wasser setzt einen Stabilisierungsmechanismus in Form von Schwimmflossen oder eine hydrodynamische Körperform voraus. Auf diese Weise bestimmt das Wasser die Randbedingungen, die über den Schwimmerfolg entscheiden. Das ist der Grund, warum alle realen Wasserlebewesen ebenso wie die von Menschen entworfenen Wasserfahrzeuge aus einem begrenzten Formenreichtum schöpfen und warum die Quaderwesen diese erfolgreichen Baupläne im Evolutionsprozess in so kurzer Zeit »entdecken« konnten.

Der Erfolg der Sims'schen Computerevolution im Finden »guter Tricks« in einer Welt komplexer Randbedingungen blieb nicht auf das Schwimmproblem beschränkt. In anderen Experimenten ließ Sims seine Quaderwesen auf einer glatten Oberfläche laufen. Wieder genügten 20 bis 30 Generationen, damit aus den hilflos um sich schlagenden Quaderungetümen wuselnde Krabben, gleitende Schlangen und krabbelnde, hüpfende, rollende und sogar auf Beinen laufende Geschöpfe wurden. In einem weiteren Experiment mussten sich die Versuchskreaturen eines simulierten Nahrungsblocks bemächtigen, wozu sie Arme, Greifzangen und Münder entwickelten.

Sims machte für die jeweiligen Lösungen keine einschränkenden Vorgaben. Abgesehen von den fest programmierten Evolutionsprinzipien (Computer-DNA und Selektionsprozess) verzichtete er auf jeden gestaltenden Eingriff – Finnen und Flossen, Beine und Klauen waren nirgends im Programm angelegt. All diese Formen entwickelten sich von selbst im Lauf eines sich über viele Generationen erstreckenden Evolutionsprozesses.[384] Dasselbe Prinzip ist seit Jahrmillionen in der realen Welt am Werk, wo biologische Kreaturen so ungeheuer innovative Dinge wie Augen, Panzerschilde, Giftsprays, Flügel oder opponierbare Daumen »erfunden« haben.

Die Frage, die uns im Folgenden beschäftigen soll, lautet: Wie gelingt es der Evolution, eine solche Fülle innovativer Überlebenstricks hervorzubringen?

Ein Innovationsalgorithmus

Mehrfach habe ich die Evolution als *Algorithmus* bezeichnet, aber was genau ist damit gemeint? Wir können uns einen Algorithmus als ein Rezept denken, das diverse Inputs (Mehl, Eier, Zucker, Butter) in einem klar definierten Vorgang (vermischen, 15 Minuten lang bei 175 °C backen) verarbeitet und, wenn die Instruktionen befolgt wurden, verlässlich die gewünschten Outputs (Kekse) erzeugt. Dennett verwies auf das Beispiel eines Tennisturniers mit Viertelfinale, Halbfinale und Finale – mit den Spielern als Input verläuft das Turnier nach bestimmten Regeln, bis am Ende ein Sieger feststeht. Die Turnierregeln bilden einen ziemlich allgemeinen Algorithmus, der sich nicht nur auf das Tennisspiel, sondern ebenso auf Golf, Fußball, Computerspiele, Flohhüpfspiele und andere *Substrate* anwenden lässt. Mit Substrat bezeichnen wir den Input, also das Material oder die Informationen, auf die wir den Algorithmus ansetzen.

Manche Algorithmen sind *substratneutral*, was bedeutet, dass sie sich auf einen Kern reduzieren lassen, der auf die unterschiedlichsten Substrate anwendbar ist, wenn bestimmte Grundvoraussetzungen gegeben sind. So können wir uns beispielsweise einen Algorithmus vorstellen, der bestimmte Dinge der Größe nach ordnet. Mit einem solchen Algorithmus können wir eine Kiste Äpfel ebenso sortieren wie eine Liste mit Nachnamen. Der Algorithmus wird nicht durch sein Substrat definiert, sondern durch die Logik, die er anwendet. Er leistet nicht die physische Arbeit des Sortierens, sondern er verarbeitet die Informationen zum Gewicht der Äpfel oder zur Schreibweise der Namen. Algorithmen sind Formeln zur Informationsverarbeitung. Im Prinzip sind sie nichts anderes als Computerprogramme.[385]

Evolution ist ein substratneutraler Algorithmus, der Informationen zum Design von Dingen völlig mechanisch verarbeitet. Der Algorithmus ist zudem *rekursiv*: Der Output eines Durchlaufs ist der Input des nächsten Durchlaufs. Diese Zirkularität bedeutet, dass der Algorithmus in der Regel nicht von selbst stoppt. Dennetts Turnierbeispiel ist insofern rekursiv, als die Ergebnisse einer Runde die Ausgangslage für die nächste Runde darstellen, bis schließlich der Turniersieger feststeht. Die biologische Evolution kennt jedoch keinen vordefinierten Haltepunkt; sie setzt sich so lange rekursiv fort, bis die Sonne explodiert oder das Leben aus anderen Gründen zu Ende geht.

Die Lego-Bibliothek

Der Biologe und Evolutionstheoretiker Stuart Kauffman gewann eines Tages auf einer Weihnachtsfeier ein Lego-Set.[386] Das traf sich gut, beschäftigte er sich doch im Rahmen seiner Forschungen unter anderem mit der Frage, wie die Evolution aus den einfachsten Bausteinen die kompliziertesten Entwürfe konstruiert. Wie jedes Kind weiß, besteht die Faszination von Lego gerade darin, dass sich seine einfachen bunten Bausteine auf unendlich viele Arten zu interessanten und komplexen Strukturen kombinieren lassen.

Selbst die einfachsten Lego-Steine lassen sich auf vielerlei Weise zusammenstecken; zwei simple Steine mit einer Noppe Breite und zwei Noppen Länge (wir wollen sie als 1×2-Steine bezeichnen) erlauben acht Steckvarianten (vorausgesetzt, die Blöcke sind farblich unterscheidbar), während zwei 1×4-Steine bereits 24 verschiedene Kombinationen zulassen. Mit zunehmender Zahl und Größe der Steine nehmen die Verbindungsmöglichkeiten explosionsartig zu. Die Gesamtzahl aller denkbaren Strukturen, die sich bereits aus dem einfachsten Lego-Set konstruieren lassen, übersteigt alle Vorstellungskraft.

Dennoch ist die Zahl endlich. Evolutionstheoretiker bezeichnen eine solche Menge möglicher Kombinationen als *Möglichkeitsraum*. In der Lego-Grund-Steinebox mit dem passenden Namen »Creator« befinden sich 500 Steine unterschiedlicher Form und Farbe, aus denen sich rund 10^{120} verschiedene Lego-Konstruktionen erstellen lassen. Wir wollen die Menge aller dieser möglichen Konstruktionen als »Bibliothek aller möglichen Lego-Konstruktionen« bezeichnen.[387] Wir können uns diese Bibliothek, die um vieles größer ist als das Universum selbst (das Universum umfasst nur rund 10^{80} Atome), als eine schier endlose Reihe von Regalen voller Pappkärtchen vorstellen, auf denen jeweils die Anleitung für eine Lego-Konstruktion verzeichnet ist. Wenn wir durch die Bibliothek wandern und wahllos Karten aus den Regalen ziehen, erkennen wir, dass die allermeisten dieser Konstruktionen total langweilig sind. Wir finden dort 24 verschiedene Arten, einen blauen 1×4-Stein mit einem roten 1x4-Stein zu kombinieren, und weitere 24 Anleitungen, wie wir einen blauen 1x4-Stein mit einem gelben 1x4-Stein verbinden, kurz: Millionen Möglichkeiten, zwei Steine zusammenzusetzen, Abermillionen Möglichkeiten, drei Steine zu kombinieren und so weiter.

Aber tief im Herzen der Bibliothek vergraben finden wir einen 384-Steine-Entwurf für ein Lego-Raumschiff, welches das Herz jedes 7-Jährigen höher schlagen lässt. Ein faszinierendes Lego-Pferd aus 220 Steinen ist ebenso dabei wie eine Lego-Burg aus 405 Steinen. Natürlich gibt es auch die 406-Steine-Burg, die mit der 405-Steine-Burg bis auf den einen zusätzlichen Stein identisch ist. Überhaupt gibt es zu allen Konstruktionen unzählige Varianten. Aber auch wenn es Billionen solcher Burgen gibt, sind die »interessanten« Konstruktionen in der Lego-Bibliothek extrem selten. Die überwiegende Mehrheit bilden langweilige, zufällige, nach nichts aussehende »Entwürfe«. Viele Konstruktionen sind zwar theoretisch möglich, lassen sich aber in der Praxis nicht verwirklichen, weil sie umkippen, auseinanderbrechen oder der Schwerkraft nicht standhalten. Um mit Dennett zu sprechen: Es ist leichter, einen bestimmten Wassertropfen im Ozean zu finden als ein interessantes Design zwischen all dem Schrott in der Lego-Bibliothek.

Nehmen wir jedoch einmal an, wir hätten die undankbare Aufgabe, die Lego-Bibliothek nach interessanten Entwürfen zu durchforsten. Wie würden wir vorgehen? Wie können wir die Burgen, Raumschiffe und Pferde in jenem unvorstellbar großen Meer voller langweiligem Lego-Schrott ausfindig machen? Wenn wir die Reihen der Bibliothek aufs Geratewohl nach brauchbaren Anleitungen absuchen würden, bräuchten wir möglicherweise Jahrmillionen, bis wir etwas annähernd Brauchbares fänden. Wir benötigen einen Algorithmus, der in diesem riesigen Möglichkeitsraum zuverlässig und schnell ein paar gute Entwürfe ausfindig macht. Wie sich herausstellt, ist die Evolution genau der Algorithmus, den wir suchen. Im Grunde ist sie der Champion unter den Suchalgorithmen.

Versuchsanordnung für die Evolution

Bevor wir unseren Evolutionsalgorithmus auf den Lego-Möglichkeitsraum loslassen, sind einige Vorbereitungen zu treffen. Weil Algorithmen Informationen verarbeiten, müssen wir unsere potenziellen Lego-Entwürfe zuerst in »Informationen« verwandeln. Diese Kodierung ist auf vielerlei Weise möglich. Wie wäre es mit einer Anleitung in deutschen Sätzen: »Setze einen roten 2×6-Stein auf einen blauen 2×2-Stein.« Wir könnten wie die Architekten eine Zeichnung mit Grund- und Aufriss anfertigen. Oder wir entwickeln einen speziellen Code, etwa so: RED26TOPBLUE22AT56TO12, oder vielleicht einen Binärcode: 101011100100101. Wichtig ist nur, dass der Code unsere Konstruktionsanleitungen verlässlich verschlüsselt und sich auch wieder entschlüsseln lässt. Eine solche Kodierungsmethode heißt *Schema*.[388] Sobald wir unser Schema eingerichtet haben, können wir jeden Lego-Entwurf aus unserem Möglichkeitsraum darin darstellen.

Als Nächstes benötigen wir einen Container zur Speicherung der vom Schema gelieferten Informationen. Im Fall der Lego-Bibliothek denken wir uns die Codes der einzelnen Konstruktionen auf kleine Kärtchen geschrieben. Auf einer Karte könnte stehen: RED26TOPBLUE22AT65TO12, auf einer anderen: YELLOW26TOPBLUE22AT56TO12.

Anschließend benötigen wir einen Mechanismus, um die kodierte Konstruktionsanweisung in reale Konstruktionen aus Lego-Plastiksteinen umzuwandeln – also einen *Codeleser*. In der biologischen Welt ist ein Codeleser ein Mechanismus, der die DNA in ein lebendiges Geschöpf verwandelt. Bei Vögeln zum Beispiel dient dazu ein befruchtetes Ei: Es wandelt den DNA-Entwurf für ein Küken um in ein lebendiges Exemplar. Bei den Menschen und anderen Säugetieren ist der Codeleser das befruchtete Ei, das sich in der Gebärmutter einnistet.

Eine wichtige Eigenschaft biologischer Systeme ist die, dass jeder Code seinen eigenen Codeleser enthält. Beim Menschen sind im weiblichen Fötus die Eierstöcke mitsamt ihren Millionen Eiern bereits im zarten Alter von 20 Wochen voll entwickelt. Bevor also eine Frau ein Mädchen zur Welt bringt, sind in ihrer noch ungeborenen Tochter bereits die Eier angelegt, aus denen später vielleicht einmal Enkelkinder werden.

Lego-Konstruktionen haben das Stadium, in dem sie sich selbst fortpflanzen können, jedoch noch nicht erreicht. Wir stellen uns unter einem Lego-Codeleser ein siebenjähriges Kind vor, das sich im Lego-Schema auskennt. Wir schütten vor ihm eine große Kiste Lego-Steine aus und reichen ihm eine Karte mit dem Code für eine Lego-Konstruktion. Das Kind sammelt nun gewissenhaft die benötigen Steine ein und fügt sie in der beschriebenen Weise zusammen.

Wir benötigen jetzt ein Wort, mit dem wir das bezeichnen, was das Kind beziehungsweise der Codeleser gerade zusammensetzt; wir benötigen also einen Ausdruck, mit dem wir das reale Konstrukt vom theoretischen Entwurf im Möglichkeitsraum unterscheiden können. In Anlehnung an den Evolutionsphilosophen David Hull wollen wir von einem *Akteur* sprechen.[389] Ein Akteur ist ein in einem bestimmten Umfeld »realisierter« Entwurf (diese »Realisierung« kann auch in einem Computer erfolgen). Der Begriff »Akteur« bietet sich deshalb an, weil ein Entwurf, der innerhalb eines Evolutionssystems »real« geworden ist, mit seiner Umwelt interagiert und in der Folge dem Selektionsdruck dieser Umwelt ausgesetzt ist.

Als letztes Puzzleteilchen benötigen wir eine *Fitnessfunktion*. Bislang sind wir in der Beschreibung dessen, was wir in der Lego-Bibliothek eigentlich suchen, ziemlich vage geblieben und sprachen lediglich von »interessanten Entwürfen«. Interessant nach welchen Kriterien? In dem Modell von Karl Sims war die Fitnessfunktion als das Schwimmtempo definiert gewesen. Entwürfe dienen einem Zweck, und weil Lego-Steine dazu da sind, Kinder zu unterhalten, wollen wir uns einen zweiten Siebenjährigen vorstellen, der über die Eignung oder »Fitness« unserer Lego-Entwürfe urteilt. Das Codeleser-Kind baut die Lego-Konstruktionen so zusammen, wie es der Code verlangt, und reicht sie anschließend an das Richter-Kind weiter, das sie auf einer Skala von 0 (»ätzend, langweilig«) bis 100 (»voll cool«) bewertet.

Der Evolutionsprozess: ein Kinderspiel

Sobald alles bereit ist, setzen wir den Evolutionsprozess in Gang. Wir schütten einen großen Haufen Lego-Steine vor dem Codeleser aus. Anschließend entnehmen wir der Lego-Bibliothek eine zufällige Auswahl von Codekärtchen und überreichen sie ihm. Sorgfältig setzt er die bezeichneten Konstruktionen zusammen und legt sie dem Richter vor, der sie eins nach dem anderen auf der Ätzend-bis-cool-Skala bewertet. Weil es sich um reine Zufallsprodukte handelt, bekommen die meisten Gebilde nur wenige Punkte, wenn überhaupt. Nur einige sehen etwas interessanter aus und erhalten ein paar mehr Punkte. Wir werden diesen Vorgang, bei dem der Richter die Fitnessfunktion anwendet, als *Selektion* bezeichnen.

Der Codeleser nimmt sich sodann die beiden bestbewerteten Konstruktionen und variiert sie. Dazu nimmt er sich die zugehörigen Codekärtchen, schneidet sie an einer beliebigen Stelle entzwei und setzt sie vertauscht wieder zusammen. Die neuen Varianten enthalten also Codes von beiden Vorlagen – im Evolutionsjargon sprechen wir von einem *Crossover*. Eine wichtige Anforderung an den Evolutionsalgorithmus lautet, dass ein Entwurf für umso mehr Varianten Pate steht, je höher seine Bewertung ist. Auf diese Weise stellen wir sicher, dass sich Eigenschaften, die sich vorteilhaft auf die »Fitness« auswirken, in der Population ausbreiten. Weil aber nur endlich viele Lego-Steine zur Verfügung stehen und die Größe unserer Population von Lego-Konstruktionen folglich beschränkt ist, wollen wir folgende Regel einführen: Von den 20 bestbewerteten Entwürfen erzeugt jedes Paar vier Crossover-Varianten, von den nächsten 20 erzeugt jedes Paar drei Varianten und so weiter bis zur letzten Gruppe, die keine »Nachkommen« hat. Insgesamt erhalten wir also als Ersatz für die ursprünglichen 100 Entwürfe 100 neue (40 + 30 + 20 + 10 + 0). Die alten Konstruktionen werden jetzt zerstört, und die Einzelsteine wandern zurück auf den Haufen. Eine zusätzliche Regel besagt, dass immer dann, wenn ein höher bewerteter Entwurf mehr Steine benötigt, als vorhanden sind, die Konstruktion mit der geringsten Bewertung zerstört und ausgeschlachtet wird – auch in der Lego-Welt existiert ein Wettbewerb um die beschränkten Ressourcen.

Als Letztes wollen wir annehmen, dass das Codeleser-Kind nicht vollkommen ist, sondern gelegentlich Fehler macht. So kommt es vor, dass es, während es einen Codeabschnitt von einer Karte zur nächsten kopiert, aus Versehen ein Zeichen verändert, löscht oder hinzufügt. Die meisten Fehler werden kaum auffallen und sich nur darin äußern, dass ein Stein die Farbe ändert oder eine geringfügig andere Ausrichtung erhält. Manchmal jedoch haben diese Zufallsfehler unübersehbare Auswirkungen auf die Fitness der Konstruktion. Solche Zufallsfehler bezeichnen wir als *Mutationen*.

Stellen wir uns jetzt vor, dass die beiden Kinder diesen Prozess einige Dutzend Mal durchlaufen – was können wir beobachten? Wie in Karl Sims'

Computersimulation sehen wir zu Beginn eine zufällige Population aus mehr oder weniger nichtssagenden Konstruktionen. Die Kinder wühlen sich eine Zeit lang durch eine große Menge uninteressanter Entwürfe. Doch dann fällt der eine oder andere Entwurf dem Richter ins Auge, und schon beginnen diese Entwürfe, Varianten zu erzeugen. Die interessanteren Entwürfe (in den Augen des Richters) nehmen ebenso zu wie die Fitness der gesamten Population. Bestimmte Eigenschaften, für die der Richter eine Vorliebe hegt, treten nun vermehrt auf. Falls der Richter Bilder von Menschen und Tieren besonders gern hat, sehen wir jetzt immer mehr Figuren mit Gliedmaßen und Gesichtern. Wenn Gelb die Lieblingsfarbe des Kindes ist, werden wir von nun an häufiger gelben Steinen begegnen. Irgendwann werden die ersten komplexeren Strukturen auftauchen – Lego-Menschen, Lego-Pferde, Lego-Hunde oder was auch immer unserem Richter-Kind gefällt. Verglichen mit einer Zufallssuche in der Lego-Bibliothek wird diese Entwicklung in Richtung immer interessanterer Entwürfe äußerst rasch vonstatten gehen.

Die Entstehung gemeinsamer Eigenschaften oder »guter Überlebenstricks« in der Population von Akteuren führt uns zu einem weiteren wichtigen Punkt: Komplexe Entwürfe sind ihrem Wesen nach modular.[390] Unsere Körper bestehen aus zahllosen Systemen, Subsystemen und anderen Komponenten, vom Herzkreislaufsystem über das Herz bis zu den einzelnen roten Blutkörperchen, die wiederum über ihre eigenen Systeme und Subsysteme verfügen. Komplexe Entwürfe aus Menschenhand weisen dieselben Merkmale auf wie beispielsweise die Bremssysteme von Autos, die aus den Bremsen selbst und dem Bremspedal bestehen. Ein komplexer Entwurf oder Bauplan besteht in der Regel aus hierarchisch geordneten Modulen und Submodulen. In einem Evolutionssystem existieren zu all diesen Systemen, Subsystemen und Komponenten entsprechende Codeabschnitte. Der Code einer durch Evolution entstandenen Konstruktion besteht folglich aus lauter *Codeabschnitten*, die sich mit anderen Codeabschnitten zu komplexeren Codeabschnitten zusammensetzen, und so weiter. In der Biologie sind die Codeabschnitte unserer DNA einzelne Gene, in denen Dinge kodiert sind wie unsere Augenfarbe oder der chemische Zyklus, der toxisches Ammoniak in weniger gefährlichen Harnstoff verwandelt. In unserem Lego-Beispiel können wir uns Codebausteine vorstellen, die ein Bein oder die Farbe Gelb kodieren. Wenn ein Codeabschnitt sich günstig auf die Fitness der Akteure auswirkt, nimmt seine Häufigkeit innerhalb der Population mit der Zeit zu. So verfügen alle Menschen über ein äußerst nützliches Gen zur Ammoniakaufspaltung, und wenn unser Richter-Kind wirklich eine Vorliebe für Gelb hat, wird der gelbe Codeabschnitt bald in vielen Codes auftauchen.

Wie Dawkins betont, betrifft die Selektion nicht die Akteure selbst, sondern die Codeabschnitte.[391] Wir können uns jede Lego-Konstruktion als eine Ansammlung von Eigenschaften vorstellen, die im entsprechenden Bauplan kodiert sind. Das Richter-Kind bevorzugt bestimmte Eigenschaften (auch wenn wir nicht wissen, um welche es sich handelt), und indem ihm die Evolution diverse Kombinationen vorlegt, probiert sie aus, welche Eigenschaften sein Wohlwollen finden. Die Häufigkeit dieser Eigenschaften (und der entsprechenden Codeabschnitte) nimmt in der Population zu. Die Evolution selektiert also nicht einzelne Konstruktionen, sondern sie sagt: »Dieser Richter hat eine Vorliebe für gelbe Figuren mit Gliedmaßen.«

Angenommen, wir ersetzen jetzt den Richter durch einen anderen Richter. Plötzlich ändern sich die Bewertungsgesetze in der Lego-Welt. Das allgemeine Fitnessniveau sinkt beträchtlich, denn was dem bisherigen Richter gefiel, findet der neue Richter »ätzend«. Irgendwann jedoch beginnt der Evolutionsalgorithmus erneut zu greifen; die ersten akzeptablen Entwürfe tauchen auf und beginnen sich in Variationen über die Population zu verbreiten, bis die allgemeine Fitness letztendlich wieder steigt. Falls der neue Richter Flugzeuge, Autos und die Farbe Grün bevorzugt, werden wir bald zahlreiche Konstruktionen mit Flügeln, Rädern und viel Grün erblicken.[392]

Evolution ist also ein Prozess zur Sichtung eines riesigen Möglichkeitsraums. Zahlreiche Entwürfe werden auf ihre Tauglichkeit hin getestet. Was sich bewährt, wird weiter variiert und erneut beurteilt; was sich nicht bewährt, wird ausrangiert. Es gibt keine Zukunftsschau, keine Planung, keine Rationalität und keinen bewussten Entwurf. Allein der Algorithmus verrichtet seine mechanische Arbeit.

Replikatoren wollen sich nur replizieren

»Aber halt!«, könnten wir rufen. »Handelt es sich da wirklich um Design ohne Designer?« Mag ja sein, dass der Algorithmus allein sein Werk verrichtet, aber was ist mit all der Vorbereitung? Was ist mit den vielen Programmzeilen, die Karl Sims geschrieben hat? Und wie kommen der menschliche Codeleser und der menschliche Richter in unser Lego-Gedankenexperiment?

Um die Logik der *endogenen Evolution,* also der von äußeren Designern und Programmierern unabhängigen Evolution, zu verstehen, wenden wir unseren Blick am besten dem (bislang) einzigen Beispiel zu: der Entwicklung des Lebens auf dieser Erde.[393] Die Erde ist rund 4,6 Milliarden Jahre alt. Während der ersten Milliarden Jahre existierte auf ihr überhaupt kein Leben. In dieser Zeit wurde jedoch ihr reiches Chemikaliengemisch von den Ozeanen kräftig umgerührt, von Landmassen zerrieben und von Vulkanen in die Atmosphäre geschleudert. Astronomische Zahlen von Molekülen interagierten und reagierten miteinander unter den unterschiedlichsten Extrembedingungen und bildeten dabei immer größere und komplexere Moleküle.

Irgendwann vor 3 bis 4 Milliarden Jahren ereignete sich dann ein bemerkenswerter Vorfall – es entstanden Moleküle, die sich selbst reproduzierten. Die ersten kopierfähigen Moleküle waren vermutlich noch recht einfach, nicht mehr als eine Vorlage. Möglicherweise zogen sie »entgegengesetzte« Moleküle aus dem Chemikalienmeer an, die wiederum ihre »Gegenstücke« anzogen und auf diese Weise eine Kopie des Originals erzeugten (wie die Erzeugung eines Fotonegativs, von dem dann ein Abzug gemacht wird). Die Chance, dass sich ein sich selbst reproduzierendes Molekül bildete, und sei es von noch so einfacher Gestalt, war äußerst gering. Aber eine Wahrscheinlichkeit von eins zu einer Quadrillion ist gar nicht so schlecht, wenn man bedenkt, dass da mehrere Quadrillionen Moleküle während einer Milliarde Jahre mehrere Oktillionen Mal interagierten. Einige Wissenschaftler vertreten sogar die These, dass die Gesetze der Thermodynamik die Chancen noch einmal signifikant verbesserten. In der Frühphase der Erde existierten ungeheure Mengen freier Energie aus Vulkanen und anderen geothermischen Aktivitäten, und die für den Stoffwechsel und die Fortpflanzung erforderlichen Reaktionsnetzwerke und komplexen organischen Moleküle stellten möglicherweise eine natürliche und naheliegende Art der Ausbreitung dieser Energie in der Chemie der Ozeane dar.[394]

Noch kennen die Wissenschaftler nicht die genaue Zusammensetzung der ersten sich selbst kopierenden Moleküle, auch wenn daran eifrig geforscht wird. Fest steht jedoch, dass zumindest eines von ihnen wie ein RNA-Prototyp (alles irdische Leben besitzt gemeinsame Gene auf ribosomaler RNA – DNA ist eine jüngere Erfindung der Evolution) ausgesehen haben muss. Aber sobald in der brodelnden chemischen Ursuppe der Erde das erste derartige Molekül auftauchte, kam eine seltsame Logik zum Zuge. Wie Richard Dawkins in *Selfish Gene* darlegt, ist kein Kopiervorgang vollkommen. Früher oder später schleicht sich ein Fehler ein, und das sich selbst kopierende Molekül produziert etwas, das mit ihm fast, aber nicht hundertprozentig identisch ist. Nehmen wir an, dass dieser Fehler nicht groß genug war, um den Selbstkopierprozess zu stören. Nach einiger Zeit war die chemische Ursuppe voller leicht unterschiedlicher Moleküle, die alle die Fähigkeit besaßen, sich selbst zu reproduzieren. Waren alle Varianten gleich stark vertreten? Dawkins verneint diese Frage. Einige Moleküle waren chemisch stabiler als andere und »lebten« folglich länger (auch wenn es sich biologisch noch nicht um Leben handelte) oder reproduzierten sich schneller. Ihr Anteil an der Gesamtpopulation wurde folglich größer. Auch waren die für die Vervielfältigung benötigten Rohmaterialien möglicherweise nicht unbegrenzt verfügbar. Wenn es einem Molekül besser gelang, diese Rohmaterialien chemisch anzuziehen, konnte es auch mehr Kopien von sich erzeugen. Der Wettbewerb um begrenzte Ressourcen war seit ihren Anfängen Bestandteil der Evolution.

Einige Moleküle entwickelten möglicherweise chemische Strukturen, die sie in die Lage versetzten, ihre Artgenossen aufzubrechen und die so entstandenen Teilstrukturen in ihren eigenen Bauplan zu integrieren. Solche zufälligen Innovationen stellten einen enormen Vorteil dar, weil es einfacher war, die vormontierten Rohmaterialien fertig zu übernehmen, als sie selbst aufzufinden und zusammenzusetzen. Moleküle, die sich leicht ausschlachten ließen, nahmen in der Population rasch ab, während die Beutemacher unter den Molekülen gediehen. Aber dann tauchten möglicherweise Moleküle mit bestimmten Chemikalien wie beispielsweise Flüssigkeiten in ihren Außenschichten auf, die als Puffer zwischen dem Reproduktionsmechanismus und der Außenwelt dienten. Hinter dieser Verteidigungsschicht konnten sich die geschützten Moleküle häufiger reproduzieren, sodass ihre Zahl in der Population zunahm. In diesen Strukturen, die sich selbst reproduzieren, andere Strukturen aufbrechen und sich selbst vor der Außenwelt schützen konnten, erkennen wir etwas, das unserem modernen Auge bekannt vorkommt – ein Virus. Ob ein Virus bereits »lebt«, sei dahingestellt; es geht aber mit Sicherheit in diese Richtung.

Die Logik hinter diesen molekularen Schlachten ist einfach: Gute Replikatoren werden repliziert.[395] Es mag tautologisch klingen, beschreibt aber eine der mächtigsten Triebfedern der Evolution. Rein zufällige Unterschiede in der Fähigkeit, sich selbst zu reproduzieren, führen zwangsläufig zur Verbreitung derjenigen Faktoren, die für die bessere Reproduktionsfähigkeit verantwortlich sind. Die Evolution begünstigt solche Codeabschnitte, welche die Reproduktion fördern. Das ist der Kern von Dawkins' berühmter Theorie vom *egoistischen Gen*.[396] Mit egoistisch meinte Dawkins nicht, wie gelegentlich unterstellt, dass unsere Gene uns (und andere Geschöpfe) zu egoistischen Überlebenskämpfern machen – Kooperation stellt sogar für viele Arten, zu denen auch wir Menschen zählen, eine unverzichtbare Überlebenskomponente dar. Allein aus der Replikationslogik folgt jedoch, dass Gene (oder allgemein Codeabschnitte), die für ihre eigene Replikation gut geeignet (also »egoistisch«) sind, sich auch tatsächlich selbst replizieren. Jede andere Strategie hätte in einer Welt des Wettbewerbs keinen Bestand.

Ungefähr vor 3,8 Milliarden Jahren war die Schlacht unter den sich selbst reproduzierenden Molekülen an einem Punkt angelangt, an dem der Replikationsprozess der besseren Replikatoren einer modernen RNA glich, die durch eine elementare Membran von der Umwelt abgeschieden wurde, aber nicht mehr – keine Mitochondrien, Chloroplasten, Zellkerne oder andere Organellen, wie wir sie heute in den Zellen höherer Organismen finden. Diese ersten Lebensformen waren kaum mehr als sich selbst reproduzierende Moleküle in einem Sack, ähnlich den blaugrünen Algen, die in trüben Teppichen über die Ozeane treiben. Auf dieser Entwicklungsstufe, ging das große Rennen erst richtig los. Einzeller von unermesslicher Vielfalt entwickelten immer komplexere innere Strukturen; viele konnten sich bewegen, Sonnenlicht verarbeiten oder einander fressen. Vor rund 1,8 Milliarden Jahren »erfand« die Evolution Designs für multizellulare Lebensformen, womit der Weg frei wurde für die Entwicklung der Pflanzen und Tiere und schließlich des Menschen.

Auch wenn viele wissenschaftliche Details dieser Geschichte noch auf Klärung warten, bedurfte ihre Logik keiner exogenen Faktoren. Die Existenz von Code, Codeleser und Fitnessfunktion genügte, damit die Logik des Evolutionsalgorithmus in Aktion treten konnte. In der Geschichte des Lebens waren Code und Codeleser eins – die sich selbst reproduzierenden Moleküle sind beides zugleich. Auch die Replikationstechnologie entwickelte sich weiter und brachte schließlich Innovationen wie beispielsweise DNA, Zellkernmembrane zu deren Schutz, geschlechtliche Fortpflanzung und, nicht zu vergessen, die Myriaden von Strategien hervor, mit denen sich die Geschlechter gegenseitig anziehen.

Im Lego-Experiment wurde die Fitnessfunktion durch den exogenen Richter ausgeführt. In der Biologie ist die Fitnessfunktion endogen. Einige Randbedingungen der Fitness sind unveränderlich, wie beispielsweise die physikalischen und chemischen Gesetze. Andere wichtige Fitnessparameter entwickeln sich innerhalb des Systems. Die Umwelt eines Organismus wird wesentlich von anderen Organismen bestimmt; die Evolutionsschritte eines Organismus beeinflussen die Fitnessfunktion anderer Organismen. Ein Beutemacher entwickelt möglicherweise schnelle Fortbewegungstechniken (Sprinter-Gene verbessern die Replikationschancen), aber dann entwickelt das Opfer eine Tarnung, woraufhin der Beutemacher seine Sehfähigkeit verbessert, und so weiter in einem unendlichen Wettrüsten der Koevolution. Jedes Mal verändert sich die Fitnessfunktion. Selbst das Klima als ein weiterer Fitnessfaktor verändert sich, während sich das Leben immer weiter entwickelt. Die Pflanzen beispielsweise erhöhten den Sauerstoffgehalt der Luft und machten so den Weg frei für Lebensformen, die Sauerstoff benötigen. Und natürlich verändert der Mensch in seinem Evolutionsprozess auch heute noch das Klima und damit die Fitnessfunktion für das gesamte Leben auf dem Planeten.

Evolution erweist sich somit letztlich als ein Prozess der Informationsverarbeitung. Damit der Evolutionsalgorithmus greifen kann, bedarf er eines Informationsmediums, der das Speichern, Modifizieren und Kopieren von Codes erlaubt. In der biologischen Welt setzte die Evolution erst in dem Augenblick ein, als ein Zusammenwirken von Thermodynamik und Zufall die ersten sich selbst kopierenden Moleküle geschaffen hatte, die es erlaubten, molekulare Strukturen zu speichern, zu modifizieren und zu replizieren. Für die Wirtschaft stellte, wie wir in Teil III dieses Buches sehen werden, die gesprochene und später die geschriebene Sprache eben jenes Informationsmedium bereit, auf dem die Evolution ihr Wirken entfalten konnte. Sobald das Informationsmedium gegeben ist, beginnen die Prozesse der Variation, Selektion und Replikation ihr Werk. Gute Replikatoren replizieren sich, während die Umwelt (zu der auch der Wettbewerb der Replikatoren untereinander gehört) bestimmt, was »fit« ist. Die Evolution beginnt ihren Marsch durch den Möglichkeitsraum und erzeugt dabei immer bessere Replikatoren.

Bislang haben wir gesehen, *wie* die Evolution funktioniert. Die nächste große Frage lautet: *Warum* funktioniert sie so gut?

Erkundungen in der Fitnesslandschaft

Stellen wir uns den Möglichkeitsraum aller denkbaren Geschöpfe vor, die sich in einer DNA-Sequenz kodieren lassen. Das DNA-Alphabet umfasst vier Buchstaben (C, G, A und T für die vier Nukleinbasen Cytosin, Guanin, Adenin und Thymin), die in einer langen Kette von Paaren die Doppelhelix der DNA bilden. Das menschliche Genom umfasst rund sechs Milliarden Basenpaare. Um genügend Freiraum für die Entwicklung von Geschöpfen mit längeren DNA-Strängen als beim Menschen zu lassen, wollen wir von einem Möglichkeitsraum ausgehen, der alle möglichen Basenpaarkombinationen über dem DNA-Alphabet umfasst. Wir notieren jede DNA in einem dicken Buch und breiten alle Bücher auf einem Tisch aus (der natürlich sehr viel größer ist als das Universum). Irgendwo auf dem Tisch befindet sich ein Dreitausendseitenbuch mit unserer eigenen DNA-Sequenz – mitten unter 10^{900} Büchern mit diversen *E.-coli*-Sequenzen, $10^{12.000}$ Büchern mit typischen Pflanzenarten und so weiter.[397] Daniel Dennett bezeichnet diesen Möglichkeitsraum aller möglichen DNA-Geschöpfe als Mendel-Bibliothek nach dem Mönch und Gen-Entdecker aus dem 19. Jahrhundert.[398] Wie im Fall der Lego-Bibliothek ist das meiste Schrott – genetischer Unsinn, der, würde er jemals gebaut, bestenfalls lebensunfähige Mutanten hervorbrächte. Mag die Zahl der möglichen Geschöpfe, die in einer geeigneten Umgebung lebensfähig wären, auch unermesslich groß sein – verglichen mit dem noch viel größeren Möglichkeitsraum ist sie verschwindend klein.

Wie die Lego-Bibliothek ist auch die Mendel-Bibliothek endlich, wenn auch nur zu jedem fest vorgegebenen Zeitpunkt.[399] Im Lauf der Geschichte des irdischen Lebens sind die DNA-Stränge von den einfachen Bakterien bis zu den komplizierten Säugetieren immer länger und der DNA-Möglichkeitsraum dementsprechend immer größer geworden. Wir können uns den Möglichkeitsraum wie die Oberfläche eines Luftballons vorstellen – sie ist endlich zu jedem gegebenen Zeitpunkt, aber sie wird desto größer, je mehr Luft wir in den Ballon blasen. Während die Endlichkeit eines Möglichkeitsraums wie der Mendel-Bibliothek einige mathematische Konsequenzen hat, könnte er für alle praktischen Zwecke genauso gut unendlich sein – ein Vielfaches der Lebensdauer unseres Universums würde nicht ausreichen, um alle möglichen Entwürfe der Menschen und der übrigen Geschöpfe restlos zu erforschen.

Um ein anderes Bild von Dennett zu gebrauchen: Stellen wir uns vor, auf jedem Buch der Mendel-Bibliothek sei ein aufrechter Metallstab errichtet.[400] Die Länge des Stabes stehe für die Fitness der betreffenden DNA-Sequenz – je länger der Stab, desto »fitter« der Entwurf. Fit bezieht sich natürlich auf eine gegebene Umgebung zu einem gegebenen Zeitpunkt. Angenommen, die DNA-Bücher in unserer Mendel-Bibliothek sind so angeordnet, dass der Abstand zwischen zwei benachbarten Büchern lediglich ein »Bit« beträgt: Auf die

Sequenz AGCCT folge CGCCT, dann GGCCT und so weiter. Direkt neben dem Buch mit unserer DNA finden wir alle 30 Milliarden Variationen, die nur in einem »Buchstaben« anders sind.[401] Wir können uns also in der Fitnesslandschaft »buchstabenweise« bewegen und dabei die Veränderung der durch die senkrechten Stäbe angezeigten Fitness beobachten.

Über unserem Koordinatensystem erheben sich jetzt ausgedehnte Berglandschaften, die aus unterschiedlich langen Stäben bestehen (Abbildung 9.3). Eine solche Darstellung des Möglichkeitsraums, bei der die unterschiedlichen Fitnessgrade sichtbar werden, nennen Biologen eine *Fitnesslandschaft*, ein Konzept, das der Evolutionstheoretiker Sewall Wright erstmals im Jahr 1931 formuliert hat.[402] Die Fitnesslandschaft führt uns anschaulich (und für die Forscher mathematisch) vor, wo in einem Möglichkeitsraum sich die guten Entwürfe befinden. Wir können uns einen guten Entwurf als einen Fitnesshügel vorstellen, sodass sich unsere Suche nach guten Entwürfen im nahezu unendlichen Möglichkeitsraum auf die Suche nach Gipfelpunkten in der Fitnesslandschaft reduziert.

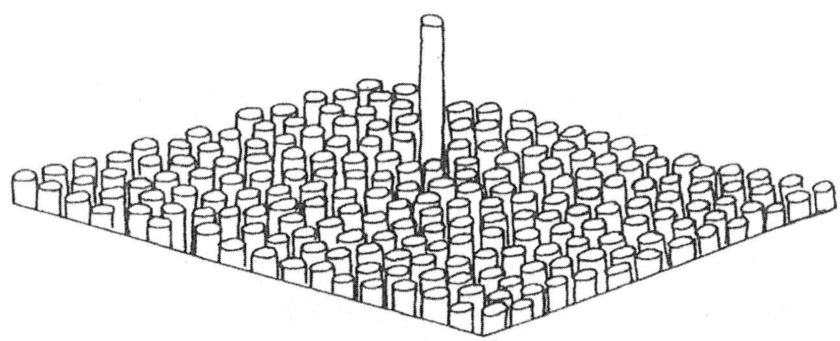

Über jedem DNA-Code ragt ein Stab in die Höhe.

Die Höhe des Stabes steht für die Fitness des kodierten Entwurfs.

Quelle: Dennett (1995).

Abbildung 9.3: Fitnesslandschaften

Wie sieht diese unermessliche Gebirgslandschaft aus? Laut Kauffman lassen sich zwei Extreme denken. Im einen Extrem sind alle einzelnen Stäbe unterschiedlich lang, und die Landschaft ist vollkommen zufällig, wild und zerklüftet (Abbildung 9.4). Im anderen Extrem stellen wir uns eine vollkommen glatte Oberfläche mit einem weichen Anstieg von den Fitnessniederungen bis zu den Fitnesshöhen vor, die in einer Fujiyama-Landschaft gipfeln (Abbildung 9.5). Die Realität, sagt Kauffman, liegt irgendwo dazwischen (Abbildung 9.6).[403] Ein DNA-Buch, das nur einen Buchstaben von unserem eigenen DNA-Buch entfernt ist, wird aller Wahrscheinlichkeit dieselbe Fitness haben (es sei denn, es handelt sich um eine äußerst glückliche oder unglückliche Mutation). Auch ein Buch, das zwei Buchstaben vom unsrigen entfernt ist, wird vermutlich gleich fit sein. Je weiter wir uns jedoch vom eigenen DNA-Buch entfernen, desto größer ist die Wahrscheinlichkeit, dass sich die Veränderungen in der Fitness niederschlagen. Der Übergang findet jedoch nicht gleichmäßig statt, denn während manche kleinen Veränderungen große Konsequenzen haben, macht sich so manche viel größere Veränderung kaum oder gar nicht bemerkbar. Die Fitnesswerte benachbarter Punkte sind also nur grob korreliert. Je größer die Entfernung zwischen den Büchern, desto holpriger der Weg. Laut Kauffman führt diese *grobe Korreliertheit* dazu, dass die Fitnesslandschaft eher den Schweizer Alpen ähnelt als einem zufälligen Durcheinander oder einer Fujiyama-Landschaft.

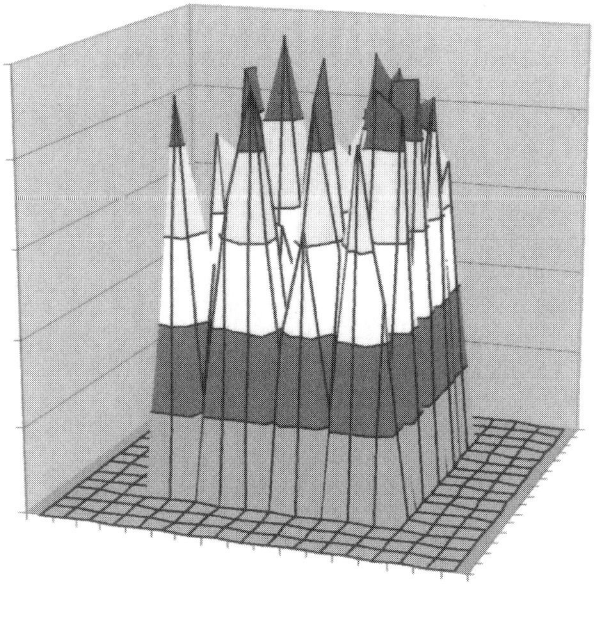

Abbildung 9.4: Eine zufällige Fitnesslandschaft

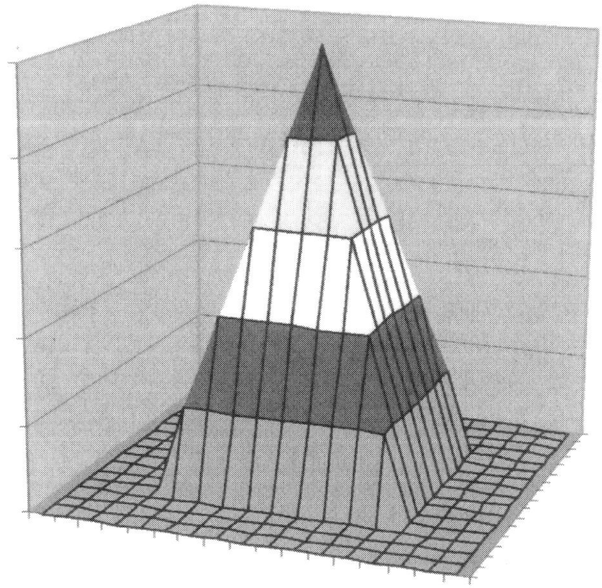

Abbildung 9.5: Fitnesslandschaft als Fujiyama-Landschaft

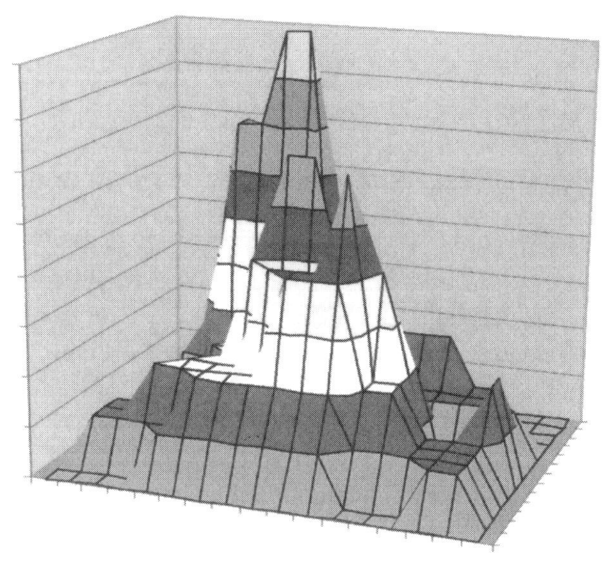

Abbildung 9.6: Eine grob korrelierte Fitnesslandschaft

Andere Forscher wie beispielsweise Jim Crutchfield vom Santa Fe Institute haben die mathematische Gestalt von Fitnesslandschaften untersucht und dabei weitere Eigenschaften festgestellt.[404] Anders als eine übliche Berglandschaft ist die Fitnesslandschaft übersät mit flachen Plateaus. Wie wir schon sagten, wirken sich die meisten kleinen Veränderungen weder positiv noch negativ auf die Fitness aus. Die rund 36 Milliarden Einbuchstabenvarianten unserer DNA und die Quadrillionen von Mehrbuchstabenvarianten bilden also eine ausgedehnte Ebene. Inmitten dieses flachen Plateaus befinden sich jedoch tiefe Krater und Gräben; die Landschaft ist durchlöchert wie ein Schweizer Käse. Ein Schritt in eines dieser Löcher bewirkt einen dramatischen Fittnessabfall. Während die überwiegende Mehrheit kleiner Mutationen harmlos ist, können einige wenige umso gefährlicher sein. Wenn beispielsweise die Bauanleitung für ein Schlüsselprotein des Gehirns von der DNA gestrichen wird, haben wir ein großes Problem. Die andere Seite der Medaille lautet: Es gibt nicht nur negative Mutationen, sondern auch einige höchst positive. Diese kleinen Mutationen können die Fitness dramatisch verbessern und mitunter sogar die Grundlage bilden für Mutationen mit noch größerer Fitness. Crutchfield bezeichnet diese Punkte als *Portale*; sie ähneln Bergkämmen, auf denen wir von einem Plateau zum nächsten gelangen. Im vorigen Kapitel betrachteten wir ein Modell, das punktiertes Gleichgewicht mittels einer Netzwerkstruktur von Artenbeziehungen in einem Ökosystem erklärt. Laut Crutchfield tragen die Plateaus, Krater und Portale der Landschaft auch zu einem punktierten Gleichgewicht bei, indem sie einen nichtlinearen Einfluss auf genetische Veränderungen haben. Die meisten Veränderungen bleiben mehr oder weniger folgenlos; manche jedoch wirken sich massiv auf die Fitnessfunktion und damit unverhältnismäßig auf das Netz der Artenbeziehungen aus.

Wenn Codeveränderungen zumeist folgenlos bleiben, in einzelnen Fällen aber große Fitnessveränderungen bewirken, so ist dies gleichbedeutend damit, dass die biologische Fitnesslandschaft die erwähnte grob korrelierte Gestalt aufweist. Das ist zugleich die Erklärung, warum sich der Evolutionsalgorithmus so gut zur Durchforstung von Fitnesslandschaften eignet.

Der Champion unter den Suchalgorithmen

Stellen wir uns vor, wir hätten die Aufgabe, die gebirgige Fitnesslandschaft der Mendel-Bibliothek nach hohen Gipfeln abzusuchen. Unsere Aufgabe besteht jedoch nicht darin, den höchsten Gipfel zu finden. Erstens gibt es möglicherweise keinen Gipfel, der höher ist als alle anderen; vielleicht existieren weit entfernt voneinander mehrere Gipfel gleicher Höhe. Aber selbst wenn es einen noch höheren Gipfel gibt, sind die Aussichten, dass wir ihn finden, denkbar gering. Außerdem verändern die Stäbe ständig ihre Größe, wie wir gleich sehen werden, sodass unser ersehnter Gipfel, bis wir ihn gefunden haben, vermutlich längst in sich zusammengesackt ist. Statt nach einem globalen Optimum wollen wir also lediglich nach dem höchsten Gipfel suchen, dessen wir im gegenwärtigen Augenblick habhaft werden können.

Bevor wir uns auf Wanderschaft begeben, wollen wir unsere Aufgabe noch um drei zusätzliche Herausforderungen erweitern. Erstens wollen wir annehmen, dass es stockdunkel ist. Wir können spüren, wie die Landschaft unter unseren Füßen ansteigt oder abfällt, aber das ist auch alles; der Evolution ist der Zukunftsblick verwehrt.

Zweitens birgt die Landschaft Gefahren. Kauffman spricht von giftigen Dämpfen, die in den Niederungen der Täler und Krater lauern. Wenn uns unser Weg zu sehr in die Tiefe führt, geraten wir in den Nebel und sterben. Der Nebel repräsentiert die natürliche Auslese – sobald unsere Fitness unter einen bestimmten Punkt sinkt, scheiden wir aus.

Drittens ist die Landschaft nicht statisch, sondern verändert sich ununterbrochen. Mit der Umgebung ändert sich auch die Fitnessfunktion, sodass die Gipfel von heute möglicherweise nicht die Gipfel von morgen sind. Täler falten sich zu neuen Gipfeln auf, während ehemalige Höhen unter die Nebelgrenze sinken. Manche Regionen der Landschaft bleiben stabil, andere verschieben sich gemächlich wie tektonische Platten, während wieder andere hoch aktive Regionen den Störungszonen mit ihren Verwerfungen, Erdbeben und Eruptionen ähneln.

Manche Veränderungen treffen die Landschaft völlig unvermittelt, wenn beispielsweise ein Asteroid auf der Erde einschlägt und das Klima verändert. Aber die meisten Verformungen der Fitnesslandschaft gehen auf die Evolution der Arten selbst zurück. Wie wir bereits erwähnten, existiert zwischen allen Arten ein komplexes Beziehungsnetz: Beutemacher und Beuteopfer, symbiotische oder parasitäre Beziehungen und so weiter. Während sich die Arten nebeneinander entwickeln und Rüstungswettläufe zwischen Angriff und Verteidigung und zwischen Kooperation und Rivalität führen, können Veränderungen in einer Spezies eine ganze Kettenreaktion von Veränderungen für die Fitnessfunktionen anderer Spezies zur Folge haben.

Auf unserem Weg durch die Landschaft wählen wir einen zufälligen Anfangspunkt und verfahren anschließend nach folgender Regel: Wir setzen einen Schritt in eine zufällige Richtung; wenn uns der Schritt aufwärts führt, bleiben wir dort und setzen einen weiteren Zufallsschritt. Wenn nicht, kehren wir zum vorigen Punkt zurück und unternehmen einen neuen Versuch. Falls sich unser Ausgangspunkt in einem Tal befindet und wir diese Regel befolgen, wandern wir anfangs auf dem Talboden hierhin und dorthin. Allmählich finden wir jedoch einen Pfad, der uns rasch bis zum nächsten Gipfel trägt. Diese Regel nennt sich *adaptiver Gang* (Abbildung 9.7).[405] Während sich der adaptive Gang gut zum Erklimmen einzelner Gipfel eignet, liegen seine Nachteile auf der Hand: Sobald wir einen Gipfel erreicht haben, hängen wir dort fest. Dabei gibt es möglicherweise in geringer Entfernung einen sehr viel höheren Gipfel, den wir niemals finden werden, solange wir nicht bereit sind, vom ersten Gipfel wieder abzusteigen. Im ungünstigen Fall endet unser Ausflug auf einem Maulwurfshügel inmitten von lauter Mount Everests.

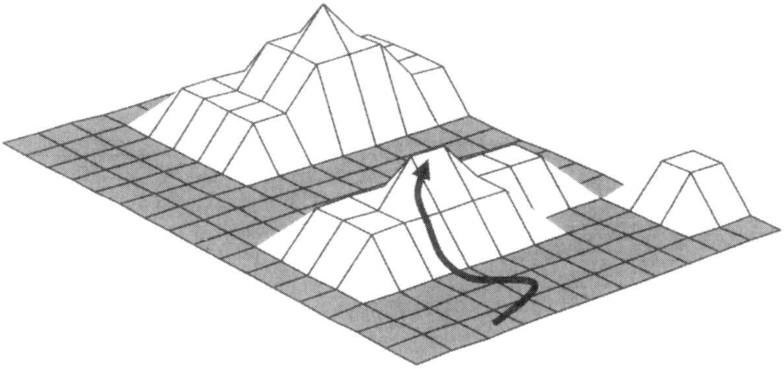

Abbildung 9.7: Ein adaptiver Gang

Eine andere Strategie beginnt ebenfalls an einem Zufallspunkt. Diesmal jedoch machen wir keine Einzelschritte, sondern Sprünge mithilfe eines kräftigen Pogosticks. Sobald wir auf einen Knopf drücken, transportiert uns der Pogostick ein zufälliges Stück weit in eine zufällige Richtung. Wir drücken fleißig auf den Knopf und hoffen, irgendwann auf einem hohen Punkt zu landen. Diese Strategie nennt sich *Zufallssprung* (Abbildung 9.8). Der Vorteil des Zufallssprungs ist, dass wir nicht auf einem lokalen Maximum festhängen – wir können mit einem Sprung über das benachbarte Tal zum nächsten Gipfel hüpfen. Der Nachteil ist, dass wir genauso gut in einer todbringenden Talsohle landen können. Der Zufallssprung ist also riskanter als der adaptive Gang, weil uns Letzterer zumindest vor den tiefsten Tälern und den giftigen Nebeln bewahrt. Auch müssen wir unter Umständen lange probieren, bis wir mittels Zufallssprung einen hohen Gipfel finden. Die Geometrie eines Berges ähnelt der eines Kegels. Wenn wir einen Kegel auf halber Höhe horizontal zerlegen, ist die Fläche der unteren Hälfte stets größer als die Fläche der oberen Hälfte. Der Großteil der Landschaft verläuft folglich in den niederen Fitnessbereichen. Wann immer wir auf einem höheren Punkt landen, ist die Wahrscheinlichkeit groß, dass uns der nächste Sprung wieder in die Tiefe führt – denn wir erinnern uns: Die Zahl guter Entwürfe im Vergleich zur Gesamtgröße des Möglichkeitsraums ist, um mit Dennett zu sprechen, »verschwindend klein«.

Wir haben also offenbar keine Wahl. Entweder begnügen wir uns mit einer risikoarmen Strategie, die uns kaum Chancen lässt, auf einen höheren Gipfel zu gelangen, oder wir wählen die riskante Variante, die uns zwar in die Höhe bringen, aber mit noch viel größerer Wahrscheinlichkeit in die todbringende Tiefe reißen kann.

Als Nächstes wollen wir einen Algorithmus evaluieren, der beide Strategien vereint, indem er uns immer höher und höher klettern lässt, uns aber zugleich ein paar Zufallssprünge an die Hand gibt, damit wir nicht auf den jeweils erreichten Gipfeln festsitzen (Abbildung 9.9).[406] Zudem wollen wir die Wahr-

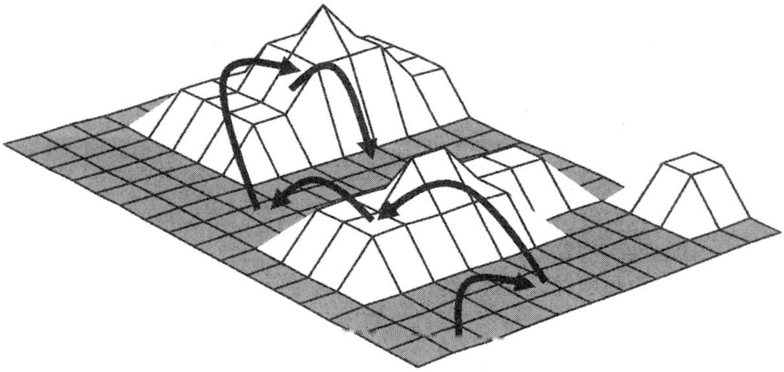

Abbildung 9.8: Zufallssprünge

scheinlichkeit unserer Sprunglängen gewichten: je weiter der Sprung, desto geringer die Wahrscheinlichkeit, dass er sich ereignet. So haben wir die Möglichkeit, uns aus Sackgassen zu befreien, ohne dass das Risiko zu groß wird, dass wir in einem tödlichen Tal landen. Und noch eine Änderung: Statt eines Wanderers schicken wir eine ganze Armee von Wanderern durch die Landschaft. Wie entwickelt sich unsere Suche jetzt?

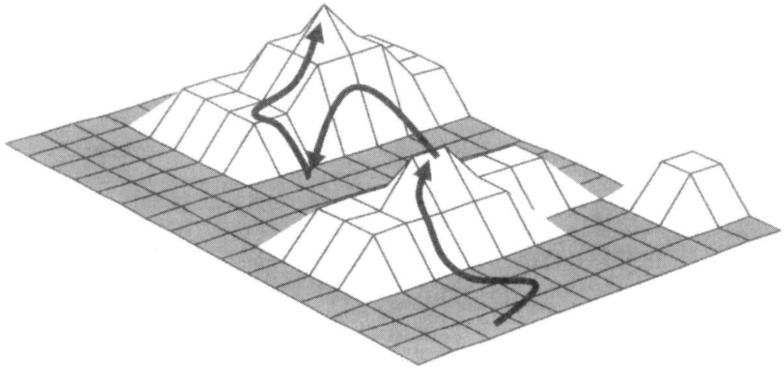

Abbildung 9.9: Kombination aus adaptivem Gang und Zufallssprüngen

Wenn wir mit »Gottes Auge« (Zitat Kauffman) auf unsere Fitnesslandschaft blickten, würde uns jeder einzelne Wanderer wie ein schwarzer Punkt und die gesamte Armee wie eine Wolke von Gipfelstürmern erscheinen.[407] Wir sähen, wie sich die dichte Wolke allmählich in kleinen adaptiven Schritten den Berghang hinaufbewegt. Früher oder später erreicht sie ein lokales Plateau, auf dem sich die Wanderer auf der Suche nach aufwärts führenden Wegen verteilen. Ab und zu spuckt die Wolke ein paar Zufallsspringer aus, die etwas abseits von der Gruppe landen. Wie Pfadfinder ergründen sie neue Wege in der Landschaft.

Einige springen unmittelbar vom Plateaurand in die giftigen Nebel. Andere jedoch finden eine neue Route; vielleicht ist darunter eines von Crutchfields »Portalen«, das sie aus dem Tal geradewegs auf ein neues Hochplateau führt.

Auf diese Weise bekommen wir das Beste von beiden Welten. Das Gros der Wanderer ist mit dem gemächlichen und risikoarmen Aufstieg beschäftigt. Doch wir setzen nicht alles auf eine Karte: Ein Teil der Wanderer macht sich mit einem kleineren oder größeren Sprung von der Gruppe los und sucht nach neuen Routen. Bei dieser Strategie gehen notgedrungen einige Wanderer verloren, aber zugleich wächst die Wahrscheinlichkeit, dass einzelne von ihnen den Weg in höhere Fitnessregionen finden, ohne auf den unterwegs entdeckten Gipfeln stecken zu bleiben.

Diese Streuung des Risikos beschreibt genau das, was die Evolution leistet – jeder Akteur (Organismus) ist wie ein Wanderer. Der Replikationsprozess verstärkt den adaptiven Gang. Wenn »fitte« Wanderer sich mit anderen »fitten« zusammentun, erzeugen sie mehr Nachkommen als die weniger »fitten« Wanderer, und so werden die Wandererwolken auf den Gipfel immer dichter, während sie in den Niederungen ausdünnen. Der Variationsprozess (Crossover und Mutation) hingegen sorgt dafür, dass sich die Wanderer über die Landschaft ausbreiten. Die meisten bewegen sich in Gruppen – und das ist gut so, denn die Wanderer wissen, dass allerorten der giftige Nebel der Selektion lauert und die abwärts führenden Wege stets in der Mehrzahl sind. Aber dann gibt es auch immer noch ein paar Ausreißer, die sich auf die Suche nach neuen Wegen zu höheren Regionen begeben.

Wenn die ausstreunenden Pfadfinder neue Aufwärtswege finden und beispielsweise über eine Landbrücke auf ein Hochplateau gelangen, bedeutet das, dass sie sich schneller reproduzieren und auf dem Hochplateau eine neue Populationswolke hervorbringen. Aus Gottes Auge würden wir einen dichten schwarzen Haufen bemerken – die Geburt einer neuen Art.[408]

Diese Risikostreuung durch Variation ist nicht nur wichtig, um neue Wege zu höheren Fitnessgefilden aufzutun, sondern auch, um sicherzustellen, dass bei veränderter Landschaft zumindest einige der Wanderer überleben. Vielleicht genießen die meisten unserer Wanderer gerade ihr Leben auf irgendeinem Hochplateau, wenn sich plötzlich die Landschaft verändert und das Plateau unter die Nebelgrenze sinkt. Die Einzigen, die überleben, sind die weit verstreuten Pfadfinder, welche die Population wieder aufbauen müssen. Einige Pfadfinder, die sich bislang in tieferen Regionen aufhielten, werden durch die Veränderung der Landschaft möglicherweise nach oben getragen. Darin liegt die wichtige Rolle der genetischen Vielfalt für eine Population: Ohne diese Risikostreuung könnte jede Veränderung der Umweltbedingungen die komplette Gruppe auslöschen.

Durch eine Streuung der Sprunglängen mildert die Evolution das, was John Holland die Spannung zwischen *Exploration* (Erkundung) und *Exploitation*

(Ausschöpfung) nennt.[409] Wenn die Evolution ein Fitnessplateau entdeckt, konzentriert sich die Population zumeist auf das betreffende Areal, wo sie sich repliziert und wächst und von ihrem Glück und ihrer erworbenen Adaptionsfähigkeit profitiert. Aber es wird immer auch einzelne Streuner geben, die sich ins Dunkel hinauswagen, neue Wege erkunden und sich gegen eine »Überanpassung« wehren.

Wie Holland gezeigt hat, findet die Evolution automatisch die richtige Balance zwischen Erkundung und Ausschöpfung. Wenn alles zum Besten steht und die Evolution ein Hochplateau gefunden hat, widmet sie im Verhältnis mehr Populationsressourcen der Ausschöpfung. Jedes Mal, wenn sie in neue Regionen der Fitnesslandschaft vorstößt, investiert sie ihren Einsatz hingegen in das Unbekannte. Aber wie jeder Spieler setzt die Evolution wieder auf die gewinnversprechendsten Bereiche, je mehr sie über die neue Region erfährt. Holland hat die optimale Formel für die Balance zwischen Erkundung und Ausschöpfung errechnet und gezeigt, dass die Evolution dieser optimalen Balance sehr nahe kommt.[410] Die Evolution ist eine Spielerin, aber sie weiß die Risiken gut zu verteilen.

Gute Tricks, erzwungene Schritte und Pfadabhängigkeit

Ich erwähnte bereits Dennetts Begriff der *guten Tricks*.[411] Gute Tricks sind Bewegungen in der Fitnesslandschaft, die nicht deshalb unternommen werden, weil sonst die Auslöschung droht, sondern die so attraktiv sind, dass sie mit hoher Wahrscheinlichkeit wiederholt und unabhängig voneinander von mehreren Suchtrupps der Evolution gefunden werden. Stellen wir uns beispielsweise auf unserer Landschaft eine große, hohe Bergregion namens »Geschöpfe mit Augen« vor, deren sämtliche DNA-Bücher Bauanleitungen für Lichtsensoren enthalten. Die Fähigkeit, mittels Augen Lichtsignale zu entdecken und zu interpretieren, trägt unabhängig von der Umgebung so entscheidend zur Fitness bei, dass die Region der »Geschöpfe mit Augen« auf der Fitnesslandschaft ein sehr großes und stabiles Hochplateau darstellt. Die Größe, Höhe und Stabilität der Region macht es sehr wahrscheinlich, dass sie im Rahmen eines Evolutionsprozesses irgendwann gefunden wird. Zu großen Bergregionen führt in der Regel mehr als ein Evolutionspfad. Gute Tricks können sich also in mehreren Arten unabhängig voneinander entwickeln, wobei sich die Entwürfe im Detail unterscheiden können wie beispielsweise Säugetieraugen und Insektenaugen.

Dennett erwähnt einen weiteren Faktor – *erzwungene Schritte*.[412] Schachspieler finden sich häufig in Positionen wieder, die ihnen hinsichtlich des nächsten Zuges keine Wahl lassen. Sie sind in einer Situation gefangen, in der jeder andere Zug selbstmörderisch wäre. Auch in der Fitnesslandschaft definiert die jeweilige Umgebung die Randbedingungen für die suchenden Schritte der Evolution. So können wir uns entlang eines Grates zwischen giftigen Nebeln bewegen, aber wenn wir seitlich abweichen, sind wir tot. Manche Schritte werden durch die Gesetze der Physik und der Chemie erzwungen. Die Gesetze der Thermodynamik beispielsweise diktieren den biologischen Geschöpfen eine Art Schranke zwischen sich und der übrigen Welt als Barriere zwischen der entropiearmen Innen- und der entropiereichen Außenwelt. Folglich verfügen alle Lebewesen über eine Art Haut, Membran, Hautpanzer, Eiweißschale oder einen anderen Behälter.

Eine dritte und letzte Konsequenz aus der Fitnesstopografie ist die Pfadabhängigkeit, die wir zuvor bereits erwähnten. In Evolutionssystemen zählt die Geschichte: Wo wir in Zukunft hingehen können, hängt davon ab, wo wir in der Vergangenheit waren. Die Populationen können sich durch Variation in ihrer unmittelbaren Umgebung ausbreiten, aber sie können sich nicht nach Belieben an einen anderen Ort beamen. Stellen wir uns einen Gipfel vor, der von einer besonderen Art Fisch okkupiert wird. Die Umgebung verändert sich, die Nische verschwindet und der einstige Gipfel versinkt im tödlichen Nebel. Aus dem Auge Gottes erblicken wir nicht weit davon einen weiteren Gipfel für Fische einer Gestalt, die es noch nicht gibt. Er ragt weit über die giftigen Nebel heraus und scheint stabil zu sein. Zwischen den beiden Entwürfen existiert jedoch kein Pfad – kein Portal, das den Nebel überbrückt. Für Zufallssprünge sind die Entwürfe zu weit voneinander entfernt. Weil es auch keine ausreichend stabilen Nischen zwischen den beiden Entwürfen gibt, wird der Fisch zum Gefangenen seiner Geschichte. Sein spezieller Pfad führte ihn in eine Sackgasse; seine Vergangenheit schränkt seine Zukunftsoptionen ein.

Mathematiker und Evolutionstheoretiker haben diverse alternative Suchalgorithmen auf unterschiedlichen Landschaftsformen getestet. Manche eignen sich besser für vollkommen zufällige Landschaften, andere wiederum für hochgradig geordnete und regelmäßige. In gemäßigten, grob korrelierten Landschaften mit Plateaus, Löchern, Portalen und anderen komplexen Formen ist die Evolution kaum zu schlagen. Sobald sich die Landschaft ständig wandelt, aus dem Suchproblem ein dynamisches wird und die Spannung zwischen Erkundung und Ausschöpfung ausgeglichen werden muss, erweist sich die Evolution als absoluter Champion.[413]

Die Kernelemente der Evolution

Um die Evolution als substratneutralen Algorithmus zu rekapitulieren, wollen wir hier die *notwendigen Bedingungen* dafür nennen, dass die Evolution ihr Werk verrichten kann:

- Es existiert ein *Möglichkeitsraum* denkbarer Entwürfe.
- Diese Entwürfe lassen sich verlässlich mit einem *Schema* kodieren.

- Es existiert eine Art von *Codeleser*, der die einzelnen Codes entschlüsseln und in *Akteure* übersetzen kann. Im Fall einer endogenen Evolution umfassen die Codes den Bauplan für ihre eigenen Codeleser.
- Akteure bestehen aus Modulen und Systemen von Modulen, die durch *Codeabschnitte* verschlüsselt werden.
- Die Akteure sind in eine *Umwelt* eingebettet, die ihnen *Rahmenbedingungen* vorgibt (zum Beispiel physikalische Gesetze, das Klima oder der Richter bei den Lego-Konstrukten). Diese Rahmenbedingungen können sich im Lauf der Zeit verändern. Eine besonders wichtige Rahmenbedingung ist der *Wettbewerb* unter den Akteuren um begrenzte Ressourcen.
- In ihrer Gesamtheit definieren die Eigenschaften und Randbedinungen einer Umgebung eine *Fitnessfunktion*, der zufolge einige Akteure »fitter« sind als andere.

Der Evolutionsprozess lässt sich als ein Algorithmus begreifen, der den Möglichkeitsraum nach »fitten« Entwürfen durchsucht. Diese Suche findet nach folgenden Prinzipien statt:

- Die Codes werden im Lauf der Zeit *variiert*. Diese Variation geschieht durch *Operatoren* wie beispielsweise Crossovers oder Mutationen.
- Durch die Übersetzung der Codes in Akteure entsteht eine *Population.*
- Die Akteure unterliegen einem *Selektionsprozess*, der nach Maßgabe der Fitnessfunktion einige Akteure als »fitter« bewertet als andere. Für weniger fitte Akteure besteht ein höheres Auslöschungsrisiko.
- Die Akteure können sich in unterschiedlichem Maße selbst reproduzieren oder *replizieren*. Fitte Akteure werden mit größerer Wahrscheinlichkeit repliziert, und fitte Entwürfe erzeugen im Durchschnitt mehr Varianten.
- *Codeabschnitte*, die der Fitness der Akteure zuträglich sind, werden häufiger repliziert, und ihre Häufigkeit in der Population nimmt mit der Zeit zu.
- Der Prozess von Variation, Selektion und Replikation operiert *rekursiv* auf der Population; der Output einer Runde bildet zugleich den Input für die nächste Runde.

Sobald der Algorithmus mit den richtigen Parametern auf ein geeignetes Substrat (Informationsmedium) losgelassen wird, können wir folgende Resultate erwarten:[414]

- Schaffung von *Ordnung aus Zufälligkeit*. Aus zufälligen Anfangszuständen erzeugt der Algorithmus komplexe Entwürfe, die im Sinne der Fitnessfunktion »geordnet« sind. Alle Evolutionssysteme operieren in offenen Systemen; das Wirken des Algorithmus entspricht dem Einsatz von Energie zur

Reduzierung lokaler Entropie und der Schaffung von Ordnung anstelle von Zufälligkeit.

- Die Entdeckung *fitter Entwürfe*. Der Algorithmus liefert eine schnelle und effiziente Methode, um einen riesigen Möglichkeitsraum nach »fitten« Entwürfen zu durchsuchen. Im Fall der endogenen Evolution sind Entwürfe genau dann fit, wenn sie überleben und sich unter den gegebenen Umweltbedingungen replizieren (»gute Replikatoren werden repliziert«).
- Kontinuierliche *Anpassung*. Der Algorithmus »lernt«, was die Fitnessfunktion haben will, und sucht nach Entwürfen, die diesen Kriterien entsprechen. Sobald sich die Fitnessfunktion ändert, erzeugt die Evolution Entwürfe, die den neuen Selektionsdruck widerspiegeln.
- Die Ansammlung von *Wissen*. Der Evolutionsprozess sammelt im Lauf der Zeit Wissen an. Wenn wir den Lego-Evolutionsprozess zu einem bestimmten Zeitpunkt anhalten und die Codekärtchen aller augenblicklich existierenden Akteure analysieren, dann spiegeln die Informationen dieser Kärtchen ein bestimmtes Wissen über die Fitnessumgebung wider, in denen sich die Akteure bis dahin bewegt haben. Auch eine DNA enthält unzählige Informationen zu jenen biologischen Entwürfen, die sich in der Vergangenheit bewährt haben. Wären wir ein außerirdischer Besucher von einem anderen Planeten und hätten wir die Erde nie zuvor gesehen, so verriete uns ein DNA-Code sehr viel über die hiesigen Lebensbedingungen (vorausgesetzt, uns stünde ein Codeleser zur Verfügung). Codes sind gewissermaßen die Festplattenspeicher des Evolutionsprozesses; sie füllen sich im Lauf der Zeit mit Informationen.
- Die Entstehung von *Innovationen*. Der Evolutionsalgorithmus erzeugt fortlaufend neue Entwurfsvarianten. Theoretisch sind im Möglichkeitsraum bereits alle möglichen Varianten enthalten, aber indem die Evolution sie entdeckt und in Akteure übersetzt, bringt sie in der realen Welt »neue« Entwürfe hervor. Im Lego-Beispiel spuckt der Algorithmus mit Sicherheit auch Entwürfe aus, auf welche die Kinder nicht so ohne weiteres von selbst gekommen wären, und Konstruktionsverfahren mittels computersimulierter Evolution etwa im Bereich von Düsentriebwerken oder Computerchips erbrachten ebenfalls völlig unerwartete Ergebnisse.[415]
- *Zunahme* der für erfolgreiche Entwürfe zur Verfügung stehenden Ressourcen. Populationen mit erfolgreichen Entwürfen wachsen, während weniger erfolgreiche Populationen im Wettbewerb um die Ressourcen das Nachsehen haben. Erfolgreiche Codes »kontrollieren« mehr Ressourcen (wie Materie, Energie oder Informationen) als weniger erfolgreiche Codes. Ein solches Wachstum beschreibt aber nicht zwangsläufig eine glatte Kurve, sondern möglicherweise ein punktiertes Gleichgewicht in Abhängigkeit von den Netzwerkeffekten des Koevolutionsgeschehens sowie der Form der Fitnesslandschaft selbst.

Die Gründe für die Effizienz der Evolution im Finden »fitter« Entwürfe inmitten eines riesigen Möglichkeitsraums mit einer *grob korrelierten Fitnesslandschaft* sind die folgenden:

- Die Evolution verwendet eine *parallele Suche.* Jedes Mitglied einer Population stellt als Entwurf ein eigenes Experiment dar, und die Zahl der gipfelstürmenden Wanderer ist groß.
- Die Evolution erzeugt ein *Spektrum von Sprüngen* auf der Landschaft. Sie beschränkt sich nicht auf kleine Schritte, die allzu leicht in einem lokalen Optimum enden; ebenso wenig übt sie allzu viele lange und riskante Sprünge aus.
- Die Evolution ist ein *kontinuierlicher Innovationsprozess.* Der rekursive Algorithmus kommt niemals an sein Ende. Das ist wichtig angesichts einer Landschaft, die sich ständig wandelt. Die Suche kennt aktivere und weniger aktive Phasen mit wechselnder Balance zwischen Erkundung und Ausschöpfung, aber sie kommt niemals zum Stillstand. Das System kennt kein Gleichgewicht – in Evolutionssystemen ist Stillstand gleichbedeutend mit Auslöschung.

In der Summe besagt Evolution: »Lasst uns viele Dinge ausprobieren und sehen, was funktioniert; was funktioniert, machen wir weiter, und was nicht funktioniert, lassen wir sein.« Im Verlauf dieses Auswahlprozesses geschehen jedoch bemerkenswerte Dinge. Der Algorithmus lernt, was die Fitnessfunktion »will«; dieses Wissen schlägt sich in den Codes nieder, und der Evolutionsprozess erzeugt immer neue und immer »fittere« Entwürfe.

Evolution ist wie ein Theaterstück. Die Charaktere und der Plot sind fest vorgegeben, aber die Akteure, die Kulisse und viele weitere Details sind offen. Wir können den Evolutionsprozess auf die Biologie, auf Computersimulationen, auf Lego-Spielzeug oder, wie wir noch sehen werden, auf die menschliche Kultur, die technologische Entwicklung und die Wirtschaft ansetzen. Solange die Bedingungen stimmen, erzeugt der universelle Evolutionsprozess unabhängig vom Substrat die soeben beschriebenen Resultate.

Von der Evolutionstheorie zur ökonomischen Wirklichkeit

Wie bereits erwähnt, reichen die Beziehungen zwischen Evolutionstheorie und Ökonomik bis auf Darwins Tage vor rund 160 Jahren zurück. Auch wenn sich nicht wenige ökonomische Koryphäen wie beispielsweise Alfred Marshall oder Friedrich Hayek um eine Integration des Evolutionsgedankens in die Ökonomik bemühten, standen ihnen dabei zwei Dinge im Wege. Erstens hatten sie Schwierigkeiten, die bestehenden biologischen Evolutionsmodelle auf die Ökonomik zu übertragen, wobei es um Fragen ging wie: »Was ist das ökonomische

Gegenstück zum Gen? Bilden die Unternehmen eine Population? Wer sind im ökonomischen Zusammenhang die Eltern und wer ihre Nachkommen?«[416] Häufig machten sie sich dabei mindestens ebenso sehr des metaphorischen Denkens schuldig wie Walras, Jevons und die übrigen Marginalisten. Statt von der Biologie wollen wir in Teil III dieses Buches vom soeben vorgestellten generischen Evolutionsalgorithmus ausgehen. Das moderne algorithmische Evolutionsverständnis begreift Evolutionssysteme als eine universelle Klasse mit universellen Gesetzen. Wir müssen uns also fragen, ob die Wirtschaft zu dieser Klasse gehört und diesen Gesetzen unterworfen ist. Fällt die Antwort positiv aus, dann gehören die ökonomische und die biologische Welt zu ein und derselben universellen Klasse. Möglicherweise implementieren sie den Algorithmus völlig unterschiedlich, sodass es in der Ökonomik keinen Sinn ergibt, nach Eltern und Nachkommen zu fragen. Nichtsdestotrotz unterliegen beide Welten denselben allgemeinen Evolutionsgesetzen, woraus sich zugleich ihre starke Familienähnlichkeit (die Metapher sei mir gestattet) erklären würde.

Die ersten Pioniere, die diesen Weg beschritten, waren vermutlich Richard Nelson und Sidney Winter mit ihrem wegweisenden Buch *Evolutionary Theory of Economic Change.* Damals, in den späten Siebziger- und frühen Achtzigerjahren, lag die substratneutrale, algorithmische Evolutionstheorie jedoch noch in ihren Anfängen. John Hollands Meilenstein *Adaptation in Natural and Artificial Systems* erschien 1975, Richard Dawkins' *Selfish Gene* 1976, John Maynard Smiths *Evolution and the Theory of Games* 1982 und Stuart Kauffmans *Origins of Order* sogar erst 1993. Die in diesen und anderen Werken entwickelten Ideen legten den Grundstein für eine rege Forschungstätigkeit, die in der Mitte der Achtzigerjahre einsetzte und bis heute nicht aufgehört hat, immer neue und wichtige Ergebnisse zu präsentieren.[417]

Nelson und Winter sowie ihren ökonomischen Vorläufern stand jedoch noch eine weitere wichtige Zutat nicht zur Verfügung – die Rechenpower moderner Computer. Wie wir gesehen haben, bedeutet Evolution nichts anderes als das unablässige Mahlen einer einfachen algorithmischen Mühle in tausend-, millionen- und milliardenfacher Wiederholung. Solche Prozesse in der analytischen Manier zu modellieren, wie sie die Ökonomen traditionell angewandt haben, ist so gut wie unmöglich; Alternativen eröffneten sich erst, seitdem in den Neunzigerjahren die ersten leistungsfähigen Computer auf den Markt kamen.

Wir kennen jetzt Rollen und Handlung unseres Evolutionsstücks und können damit beginnen, unsere ökonomischen Akteure zu rekrutieren und die Kulisse aus Unternehmen, Märkten und Volkswirtschaften zu bauen. Die Geschichte des Stücks handelt davon, wie Wohlstand entsteht, und so ist jetzt der Augenblick gekommen, um Shakespeares Falstaff zu zitieren: »Play out the play.«[418]

Teil III

Wie Evolution Wohlstand erzeugt

»Diese Sicht vom Leben hat etwas Großartiges …
indem aus einem so einfachen Ursprung fortlaufend
die schönsten und faszinierendsten Formen erwachsen.«
Charles Darwin, *Die Entstehung der Arten*

10. Möglichkeitsräume: Von der Spieltheorie zur Wirtschaft

Zwei Menschen werden wegen eines Verbrechens verhaftet, aber der Polizei fehlen Beweise. Die Verdächtigen werden in getrennte Zellen gesperrt, damit sie sich nicht verständigen können. Der Verhörbeamte belehrt beide, dass, wer gegen seinen Mithäftling aussagt, für seine Kooperation belohnt und freigelassen wird, vorausgesetzt, der andere sagt nicht gegen ihn aus. Sagen beide gegeneinander aus, müssen sie zwar ins Gefängnis; zum Lohn für die Kooperation fällt die Strafe jedoch geringer aus. Wenn einer von beiden nichts sagt, bestehen zwei Möglichkeiten: Schweigt sein Komplize ebenfalls, kommen mangels Beweisen beide frei. Andernfalls muss der, der geschwiegen hat, mit einer langen Freiheitsstrafe rechnen.

Diese Situation beschreibt das sogenannte Gefangenendilemma – eine Konstellation, die in der Wirtschaft so häufig vorkommt, dass Robert Axelrod von der University of Michigan, ein Pionier der Komplexitätsökonomie, sie einst als »*E. coli* der Sozialwissenschaften« bezeichnete.[419] Wie Biologen, die sich häufig zuerst mit Bakterien, Fruchtfliegen und anderen einfachen Organismen beschäftigen, bevor sie zur Komplexität des Menschen übergehen, wollen auch wir mit einfachen Modellen beginnen, um sodann unser intuitives Wirtschaftsverständnis sukzessive zu erweitern. In diesem Kapitel dient uns das Gefangenendilemma als *E.-coli*-Modell, auf dessen Grundlage wir mithilfe eines Evolutionsalgorithmus Strategiemuster für einfache Spiele entwickeln wollen. Ausgehend von den Spielen werden wir unser Blickfeld im weiteren Verlauf von Teil III dann auf die Evolution der Ökonomik insgesamt ausdehnen.

Das Gefangenendilemma

Die Handlungsalternativen des Gefangenendilemmas lassen sich anhand einer Auszahlungsmatrix darstellen (Abbildung 10.1). Aus den Belohnungen folgt, dass für beide Häftlinge der Anreiz groß ist, gegen den Komplizen auszusagen. Wer das Verhalten des anderen nicht kennt und sich mit ihm nicht absprechen kann, ist stets besser beraten, wenn er aussagt. Denn wenn der Komplize schweigt, wird eine Aussage ebenso belohnt (man erhält 1 gegenüber 0) wie eine Aussageverweigerung (man erhält –2 gegenüber –5). Weil für beide »Spieler« dieselben Anreize gelten, gleitet das Spiel in eine Gleichgewichtssituation, in der beide Häftlinge gestehen und anschließend eine Strafe abbüßen müssen. Aus Sicht der Beschuldigten ist dies jedoch nicht die optimale Lösung, denn könnten sie ihr Verhalten koordinieren, kämen beide frei.

Das Gefangenendilemma beschreibt die klassische Abwägung zwischen der Verfolgung des eigenen Interesses (aussagen, die schlimmsten Konsequenzen

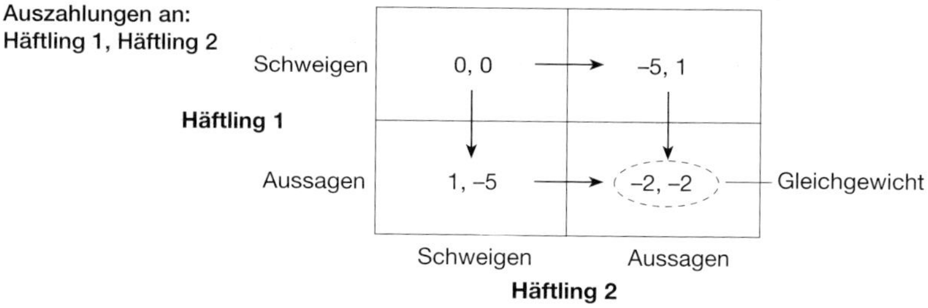

Abbildung 10.1: Auszahlungen im Gefangenendilemma

für sich selbst vermeiden und hoffen, dass der andere schweigt) und dem Versuch, mit jemand anderem zu kooperieren und dabei einen größeren Vorteil zu erlangen (wenn beide schweigen, kommen beide frei). Diese Abwägung taucht in den unterschiedlichsten Kontexten auf, von nuklearer Rüstungskontrolle über Geschäftsstrategien bis zu Ehebeziehungen. Das Gefangenendilemma ist ein Problem aus der Spieltheorie. Wie der Name schon sagt, beschäftigt sich die Spieltheorie mit Situationen, in denen sich mehrere Spieler (beispielsweise zwei Häftlinge), ein Ziel (Belohnung oder kürzere Haftzeit), eine Entscheidungssituation (aussagen oder nicht aussagen) sowie bestimmte Regeln definieren lassen, wie sich die möglichen Entscheidungen auf die Belohnungen der Spieler auswirken.[420]

Das Interessante am Gefangenendilemma ist, dass es sich dabei um ein *Nichtnullsummenspiel* handelt. In einem Nichtnullsummenspiel erhöht die Kooperation zwischen zwei oder mehr Akteuren den Gesamtgewinn der Gruppe. Im Gefangenendilemma haben die Spieler zusammengerechnet mehr davon, wenn sie kooperieren; wenn beide schweigen, beträgt der Lohn insgesamt 0 gegenüber –4 bei allen anderen Alternativen. Die Devise »Eine Hand wäscht die andere« steht für ein Nichtnullsummenspiel, weil wir durch Kooperation mehr bekommen, als wir im Alleingang erreichen können. In einem *Nullsummenspiel* hingegen gibt es für jeden Gewinner einen Verlierer – des einen Freud ist des anderen Leid. Wenn zwei Leute eine Wette über den Ausgang eines Fußballspiels abschließen, wird einer gewinnen und der andere verlieren; die Möglichkeit, dass beide gewinnen, besteht nicht. Wie wir später sehen werden, spielen Nichtnullsummenspiele und die Spannung zwischen Eigeninteresse und Kooperation in der Komplexitätsökonomie eine zentrale Rolle.

Das Gefangenendilemma stellt uns vor ein Rätsel. Die Wirtschaft steht und fällt mit kooperativen Verhaltensweisen – nur gemeinsam können wir produzieren, Handel treiben und so weiter –, und dennoch ist häufig die Versuchung groß, nur auf unser kurzfristiges Eigeninteresse zu schauen, unseren Arbeitseinsatz zu drosseln, Handelspartner übers Ohr zu hauen und uns insgesamt der Kooperation zu verweigern. Auch ohne Betrügereien muss, wer als Erster die Hand zur

Kooperation reicht, möglicherweise größere Risiken in Kauf nehmen, solange er das Verhalten der anderen Akteure nicht kennt. In seinem Buch *Microeconomics* verdeutlicht der Ökonom Samuel Bowles vom Santa Fe Institute dieses Problem anhand eines Wortwechsels, den er einst mit einem Bauern in einem kleinen indischen Dorf namens Palanpur führte:

> Die Bauern von Palanpur bringen ihre Wintersaat mehrere Wochen nach dem Zeitpunkt aus, der den maximalen Ertrag liefern würde. Kein Bauer zweifelt daran, dass eine frühere Aussaat größere Ernten verspricht, aber keiner will der Erste sein, denn dann würden sich die Vögel auf seine Saatkörner stürzen und sie vertilgen. Ich fragte, ob sich jemals eine größere Gruppe von Bauern, möglicherweise Verwandte, darauf verständigt hätte, gemeinsam an einem früheren Tag zu säen, um die Verluste zu minimieren. Der Bauer sah von seiner Hacke auf und sagte: »Wenn wir wüssten, wie das geht, wären wir nicht arm.«[421]

Solche Dilemmata bezeichnet man als *Koordinationsprobleme*. Wie aber funktioniert Koordination in der Wirtschaft? Wie entgehen wir der Versuchung, uns um des vermeintlichen Eigennutzes wegen der Kooperation zu verweigern?

Was würde passieren, wenn unsere Häftlinge eine Entscheidung treffen, die Ergebnisse sehen und anschließend noch einmal entscheiden könnten – würde am Ende etwas anderes dabei herauskommen? Man sollte erwarten, dass die Häftlinge nach mehreren verbüßten Strafen schließlich zu der Einsicht gelangen, dass sie mit Kooperation mehr erreichen, und folglich schweigen. Und wenn die Bauern in Palanpur ihre Aussaat koordinieren würden, müsste es möglich sein, diejenigen, die sich nicht an die Vereinbarung halten, in der folgenden Saison zu bestrafen und auf diese Weise zur Raison zu bringen.

Leider hat diese Logik einen Haken. Wenn das Spiel in einer vorher bekannten Zahl von Wiederholungen gespielt wird, fallen die Akteure wieder in ihr unkooperatives Verhalten zurück. Wenn beispielsweise im Gefangenendilemma beide Spieler wissen, dass die fünfte die letzte Runde sein wird, zwingt die Logik sie dazu, sich in der fünften Runde wie in einem Einrundenspiel zu verhalten. Weil keine weitere Runde folgt, sehen sich beide Spieler veranlasst, auf Nichtkooperation zu setzen. Somit stellt sich dasselbe Dilemma bereits in Runde vier. Wenn wir wissen, dass Kooperation in Runde fünf nicht belohnt werden wird, warum sollten wir dann in Runde vier kooperieren? Und so weiter bis zur ersten Runde.

In der Realität wissen wir häufig nicht mit Sicherheit im Voraus, wie viele Runden gespielt werden. Was passiert, wenn das Spiel eine endliche, aber unbekannte Zahl von Runden dauern wird? Ein Bauer in Palanpur weiß, dass er nur endlich viele Saatzeiten erleben wird, aber die genaue Anzahl kennt er nicht. In diesem Fall verliert das Spiel sein Gleichgewicht, und die konventionelle

Wirtschaftsanalyse liefert uns keine beste Strategie. Also benötigen wir andere Herangehensweisen.[422]

Das Champions-Turnier

In den späten Siebzigerjahren versuchte Robert Axelrod die Frage, wie ein Gefangenendilemma mit einer unbekannten Anzahl von Runden zu spielen sei, mittels eines sehr unkonventionellen Ansatzes zu lösen. Er entschloss sich zu einem Experiment, das seither einige Berühmtheit erlangt hat.[423] Anstatt das Problem mathematisch zu analysieren, veranstaltete er einen Wettbewerb. Er bat vierzehn Sozialwissenschaftler aus aller Welt um ihren Vorschlag für die beste Strategie. Anschließend ließ er in einem Turnier jede Strategie gegen jede andere antreten. Manche Strategien waren sehr anspruchsvoll und beinhalteten komplexe mathematische Formeln. Aber die Siegerstrategie war äußerst einfach. Sie stammte von Anatol Rapoport, zu Lebzeiten Professor für Psychologie und Mathematik an der University of Toronto, und trug den einprägsamen Namen »Tit for Tat« (deutsch »wie du mir, so ich dir«). Sie kooperierte in der ersten Runde und wiederholte in allen weiteren Runden lediglich das Verhalten des Gegners in der vorhergehenden Runde. Wenn der Gegner kooperierte, kooperierte auch »Tit for Tat«; wenn der Gegner eigennützig handelte, dann auch »Tit for Tat«. Der Erfolg dieser simplen Strategie überraschte Axelrod, und er veranstaltete ein zweites, größeres Turnier, um sie erneut zu testen. Diesmal erhielt er 62 Einsendungen von führenden Wirtschaftswissenschaftlern, Mathematikern, Physikern, Informatikern und Evolutionsbiologen. Wieder gewann »Tit for Tat«.

Axelrod war verunsichert. Wie konnte es sein, dass eine so einfache Strategie viel komplizierteren Lösungen haushoch überlegen war? War »Tit for Tat« tatsächlich die beste Strategie, oder gab es noch bessere Lösungen, die es lediglich zu finden galt? »Tit for Tat« war nicht gegen alle Strategien gleichermaßen erfolgreich, sondern erwies sich gewissermaßen als recht launisch. Angenommen, zwei »Tit-for-Tat«-Strategen spielen gegeneinander. Solange beide Seiten kooperierten, ging alles gut, aber wenn plötzlich ein Spieler einen Zufallsfehler machte und eigennützig wurde, gerieten beide Spieler in einen Teufelskreis des permanenten Egoismus. Diese verheerenden Auswirkungen gaben Axelrod besonders in einem seiner Interessengebiete zu denken – der nuklearen Rüstungskontrolle.

Axelrod wollte weitere Strategien erkunden, aber er scheute den mit der Ausrichtung immer größerer Turniere verbundenen Aufwand. John Holland, sein Kollege von der University of Michigan, machte ihn mit einer Technik vertraut, die er Mitte der Siebzigerjahre entwickelt hatte, um Evolution auf dem Computer zu simulieren. (Es handelt sich um die in Kapitel 6 vorgestellte Technik, die Holland zusammen mit Brian Arthur für das Börsenmodell entwickelt hatte.) Axelrod beschloss, Hollands Algorithmus zur Evolutionssimulation auszuprobieren, um zu sehen, ob er, anstatt Menschen um Vorschläge zu bitten, nicht einfach den Computer Strategien entwickeln lassen könnte, um anschließend der Natur im Kampf ums Überleben ihren Lauf zu lassen.

In-Silico-Strategien

Mit der Veröffentlichung seiner Resultate im Jahr 1987 stieß Axelrod eine äußerst ergiebige Forschungsaktivität an, die eine Verknüpfung zwischen Evolutionssimulation und Spieltheorie herstellte.[424] Im Rahmen dieser Forschungen präsentierte unlängst Kristian Lindgren, Physiker an der Chalmers University of Technology sowie der Universität Göteborg, ein Modell, dessen Besonderheit darin besteht, dass hier nicht Paare von Akteuren gegeneinander antreten, sondern mehrere Akteure das Gefangenendilemma auf einer computerisierten Landschaft gleichzeitig spielen, vergleichbar der Interaktion der Akteure in der Zuckerwelt.[425]

Lindgrens Simulation des wiederholten Gefangenendilemmas liefert uns ein vergleichsweise einfaches *E.-coli*-Modell, das in mehreren wichtigen Aspekten demonstriert, wie Evolution im komplexen adaptiven System des realen Wirtschaftsgeschehens funktionieren könnte. Vier Punkte gilt es dabei hervorzuheben: Erstens erzeugt der inhärente Konflikt zwischen Kooperation und Rivalität eine zentrale Spannung, die das System ständig in einem brodelnden Ungleichgewicht erhält. Diese Spannung bewirkt ein wechselndes Muster kooperativer Strukturen, die sich selbst organisieren, wachsen und über kurz oder lang wieder aufbrechen, wie wir sie auch in der realen Wirtschaft beobachten. In Übereinstimmung mit unseren Überlegungen aus Kapitel 6 gelingt es zweitens den Akteuren des Gefangenendilemmas in Lindgrens Modell nicht, ihr Verhalten global zu optimieren. Sie haben lediglich die Möglichkeit, auf ihre eigene Situation und ihre eigene Geschichte zu schauen und daraus das Beste zu machen. Drittens führen die dynamischen Interaktionen der Akteure, wie bereits erläutert, häufig zur Ausbildung komplexer Verhaltensweisen, von denen viele ihrem Wesen nach unvorhersagbar sind; Lindgrens Modell bildet hier keine Ausnahme. Und viertens – das ist vielleicht der interessanteste Punkt – bringt das Modell Innovationen hervor. Ähnlich wie Karl Sims mit seiner evolutionären Suche nach schwimmfähigen Wesen forscht Lindgren mittels Evolution nach erfolgreichen Spielstrategien für das Gefangenendilemma. Lindgren nutzt gewissermaßen die Prinzipien der Evolution, um den astronomisch großen Möglichkeitsraum aller denkbaren Strategien für das Gefangenendilemma zu durchforsten.

Die Gesamtstruktur des Lindgren'schen Modells vereint in Wirklichkeit zwei Spiele: das Gefangenendilemma und das sogenannte *Game of Life*. Letzteres stammt von dem Mathematiker John Horton Conway und wird auf einem zweidimensionalen Raster ähnlich einem großen Schachbrett gespielt (Abbildung 10.2). Jedes einzelne Feld ist zu einem bestimmten Zeitpunkt des Spiels entweder weiß oder schwarz. Jedes Feld grenzt an acht Nachbarfelder – vier unmittelbare und vier diagonale. Ob ein Feld weiß oder schwarz ist, hängt vom Zustand der Nachbarn ab, wobei eine einfache Regel gilt: Ist die Zahl der schwarzen Nachbarn exakt zwei, behält das mittlere Feld in der nächsten Runde seine Farbe. Ist die Zahl exakt drei, wechselt das Feld unabhängig von seinem gegenwärtigen Zustand zur Farbe Schwarz. In allen übrigen Fällen wird das Feld weiß.

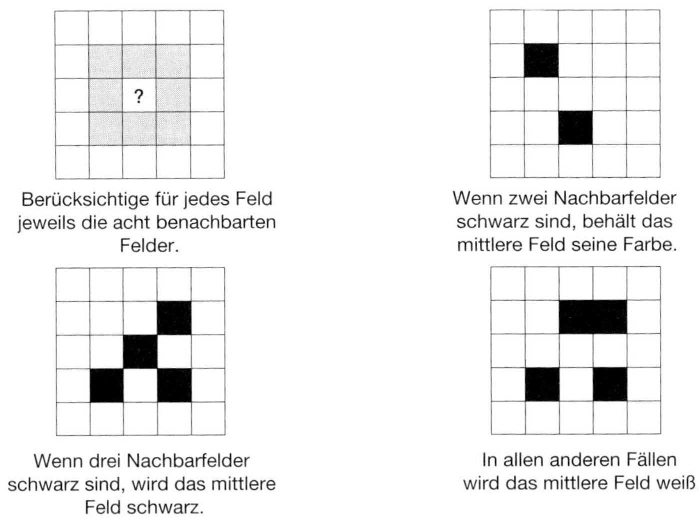

Abbildung 10.2: Game of Life

Der Name des Spiels erklärt sich daraus, dass diese einfachen Regeln genügen, um ein stetig wechselndes Muster von weißen und schwarzen Feldern zu erzeugen, das bisweilen zu »leben« scheint. Mal wechseln die Felder wie zufällig die Farbe, mal bilden sich komplexere Muster, die an wachsende Bakterienkolonien in einer Petrischale erinnern. (Eine gewisse Ähnlichkeit besteht zwischen dem Game of Life und Kauffmans Boole'schen Netzwerken aus Kapitel 7. Beides sind Beispiele für zellulare Automaten, einer sehr allgemeinen Klasse von Rechensystemen, die John von Neumann in den Sechzigerjahren Jahren entwickelte.)[426]

Lindgren verwendete in seinem Modell ein Game-of-Life-Raster, aber statt der üblichen Regeln ließ er die Felder die Farbe danach wechseln, wie sie das Gefangenendilemma gegeneinander spielten. Wir bezeichnen die einzelnen Felder als Akteure und lassen jeden Akteur das Gefangenendilemma mit allen vier unmittelbaren Nachbarn spielen (Abbildung 10.3). Die Strategien der Akteure können unterschiedlich sein. Während möglicherweise der eine »Tit for

Tat« spielt, spielt ein anderer Anti-»Tit-for-Tat« (tue stets das Gegenteil von dem, was der Gegner tut), ein dritter kooperiert immer, und so weiter. Lindgren färbte jedes Feld des Rasters nach der gespielten Strategie ein (beispielsweise blau für »Tit for Tat«). Anschließend bildete er aus den vier Ergebnissen der Spiele eines jeden Akteurs mit seinen Nachbarn den Durchschnitt. Nach jeder Runde wurde der Akteur mit dem höchsten Durchschnittsergebnis zum Sieger erklärt. Der Gewinner übernahm daraufhin das Quadrat im Zentrum seiner Umgebung – wie ein Virus überträgt er seine Gewinnstrategie auf dieses Feld und reproduziert sich so selbst.[427] Wenn beispielsweise ein Akteur mit der Strategie Anti-»Tit-for-Tat« die Runde gewinnt, übernimmt auch der Akteur im Zentrum bis auf Weiteres diese Strategie.

Jedes Feld spielt mit seinen vier unmittelbaren Nachbarn das Gefangenendilemma.

Das Feld mit der höchsten Punktzahl übernimmt das mittlere Feld.

Abbildung 10.3: Kombination von Game of Life und Gefangenendilemma

Wie entscheidet nun der einzelne Akteur, welche Strategie er spielt? Wir könnten willkürlich Strategien über das Raster verteilen und beobachten, was geschieht. Das Ergebnis wäre nicht besonders aufregend, denn es stellt sich mit der Zeit entweder ein Gleichgewicht oder eine wiederholte Abfolge einfacher Muster ein. Das würde uns wenig helfen auf unserer Suche nach einer besseren Strategie als »Tit for Tat«, weil die Wahrscheinlichkeit, durch das Testen zufällig erzeugter Strategien einen guten Fund zu machen, ziemlich gering ist.

Lindgren beschloss also, die Suche nach den bestmöglichen unter allen denkbaren Strategien für das Gefangenendilemma der Evolution zu überlassen. Jeder Akteur auf dem Raster erhielt eine DNA in Form eines Strings aus Einsen und Nullen, der seine Strategie kodierte. Lindgren ging davon aus, dass die Akteure ihre strategische Entscheidung induktiv trafen, indem sie auf die Schritte und Gegenschritte im bisherigen Spielverlauf schauten und aufgrund dieser Erfahrung bestimmten, ob sie in der nächsten Runde kooperierten oder nicht.

Lindgren initialisierte das Spiel mit Akteuren, die sich nur an den letzten vorhergehenden Schritt erinnern konnten. Einem Akteur, der auf nicht mehr als einen Schritt zurückgreifen kann, bleiben nur vier Strategien:

- *Niemals kooperieren*, unabhängig vom Verhalten des Gegners in der letzten Runde.
- *Immer kooperieren*, unabhängig vom Verhalten des Gegners in der letzten Runde.
- *»Tit for Tat«*: Tue stets das, was der Gegner zuletzt tat.
- *Anti-»Tit-for-Tat«*: Tue stets das Gegenteil dessen, was der Gegner zuletzt tat.

Zu Beginn des Spiels ordnete Lindgren sämtlichen Akteuren zufällig eine dieser vier möglichen Strategien zu. Anschließend unterzog er seine Akteure einem Evolutionsprozess, indem er ihre DNA von Zeit zu Zeit nach dem Zufallsprinzip mutieren ließ. Lindgrens Modell sah drei Arten von Mutationen vor. Bei der *punktuellen Mutation* wurden einzelne Gene umgeschaltet, sodass aus 01 beispielsweise 00 werden konnte. Bei der *Genduplikation* wurde ein Stück der DNA kopiert und am Ende angehängt (aus 01 wurde möglicherweise 011). Infolge der Genduplikation konnte das Gedächtnis des Akteurs wachsen und weiter zurückliegende Schritte in die Entscheidung über den nächsten Schritt einbeziehen. Die Akteure konnten komplexere Strategien entwickeln, wie beispielsweise: »Wenn mein Gegner egoistisch handelt, tue ich das auch; wenn er weiter egoistisch handelt, werde ich kooperieren.« Bei der *Genreduktion* wurde die DNA auf der einen oder anderen Seite gekürzt; aus 011011000110001 wurde möglicherweise 011011. Dadurch verringerte sich die Gedächtniskapazität und folglich auch die Komplexität der Strategien.

Zusätzlich zu den Mutationen baute Lindgren weitere zufällige Störungen ein, indem er die Akteure gelegentlich Fehler machen ließ; so konnte beispielsweise ein Akteur, der seiner Strategie zufolge kooperieren müsste, »aus Versehen« egoistisch handeln.

Ein Regenwald aus Bits

Zu Beginn verwendete Lindgren ein Raster von 128 mal 128 Feldern. Die Gesamtzahl der Felder oder Akteure betrug somit 16.384, wobei jedem Akteur nach dem Zufallsprinzip eine der vier Basisstrategien zugeordnet wurde. Lindgren drückte den Einschaltknopf und ließ der Evolution ihren Lauf. Die Strategien begannen zu mutieren, und die stärksten Strategien breiteten sich auf ihre Nachbarfelder aus.

Eine Ökologie war geboren. Zuerst begann die Landschaft der zufällig verteilten simplen Strategien zu schwimmen und zu brodeln, während die vier Ausgangsstrategien im Wechsel gegeneinander antraten – »Tit for tat« und »Immer kooperieren« kooperierten fröhlich und erreichten gemeinsam hohe Punktzahlen. »Niemals kooperieren« beutete hilflose Anti-»Tit-for-Tat«-Akteure aus, und »Immer kooperieren« kooperierte auch dann noch, als »Niemals kooperieren« ununterbrochen egoistisch handelte. Bald jedoch beherrschte »Niemals kooperieren« weite Bereiche des Spielfelds. Aber in diesen Meeren des Misstrauens entstanden Inseln der Kooperation. Sie bestanden zumeist aus einem Kern von »Immer kooperieren«, die miteinander eifrig die Punkte in die Höhe trieben, während um sie herum ein »Tit-for-Tat«-Ring die bösen Kooperationsverweigerer auf Distanz hielt. Diese Kooperationsinseln waren jedoch nicht stabil. Manchmal brachen Egoisten in sie ein und mähten alles nieder. Dann wieder breitete sich eine Insel der Kooperation wie eine Bakterienkolonie aus und fraß sich in das feindliche Meer des Misstrauens. Aus dem Chaos der Ursprungskonstellation entwickelten sich quadratische, verschlungene, gedrehte und andere Gebilde, während sich die Strategien in ihrem Titanenkampf zwischen Kooperation und Nicht-Kooperation geografisch organisierten.

Bald geschah etwas anderes in dieser pulsierenden Strategiensuppe – erste Innovationen tauchten auf. Mutationen vergrößerten das Gedächtnisvermögen der Akteure, die daraufhin weiter in die Vergangenheit zurückblicken und komplexere Strategien entwickeln konnten. Viele Mutanten verkörperten sinnlose Strategien, die alsbald ausstarben. Grundsätzlich jedoch war ein größeres Gedächtnis von Vorteil, und so tauchten neue erfolgreiche Strategien auf, die sich zusehends vermehrten. Einer von ihnen gab Lindgren den Namen »Simpleton«. Sie kooperierte, wenn sich die zwei Akteure in der vorausgegangenen Runde gleich verhalten (entweder beide kooperiert oder beide nicht kooperiert) hatten, aber verweigerte die Kooperation, wenn sich ihre letzten Schritte unterschieden hatten. Eine andere Strategie, die ich »Nachtragend« nennen will, kooperierte anfangs; sobald jedoch der Gegner egoistisch handelte, tat sie das ebenfalls einmal (wie »Tit for Tat«) und dann noch ein zweites Mal, um dem Gegner eine Lektion zu erteilen; anschließend kooperierte sie wieder. Manche Strategien waren ziemlich gewitzt. Wie zuvor erwähnt, ist das Problematische an »Tit for Tat«, dass im Zusammenspiel von zwei »Tit-for-Tat«-Akteuren ein kleiner Fehler genügt, damit beide Akteure für immer die Kooperation verweigern. Eine alternative Strategie namens »Fair« kooperierte anfangs, aber als der Gegner egoistisch handelte, wurde »Fair« böse und strafte ihn so lange mit Kooperationsverweigerung, bis er wieder kooperierte. Wenn der »faire« Akteur jedoch selbst einen Fehler machte, entschuldigte er sich, indem er kooperierte, bis der Gegner ihm verzieh und beide wieder kooperierten. Die »faire« Strategie bewährte sich folglich besonders in fehleranfälligen Umgebungen mit starkem Rauschen.

Der König des Waldes

Wer war Sieger? Welche Strategie erwies sich am Ende als die beste? Das waren, wie Lindgren feststellte, unsinnige Fragen. In einem evolutionären System wie dem Lindgren'schen Modell gibt es keinen einzelnen Gewinner und keine optimale Strategie. Wer zu einem bestimmten Zeitpunkt am Leben ist, gehört zu den Gewinnern, weil alle übrigen tot sind. Um zu überleben, bedarf es einer

Strategie, die geeignet ist, Feinde abzuwehren und gegen die Widrigkeiten der Umwelt zu bestehen. »Jeder ist Sieger« mag etwas platt klingen, aber das Überleben selbst ist keine geringe Leistung. Wie Stuart Kauffman zu betonen pflegt: Die Mehrheit der Arten, die einst auf diesem Planeten existierten, ist mittlerweile ausgestorben. Nur ein winziger Teil des möglichen Lebensspektrums hat einmal in der Realität existiert.

Um ein Gespür dafür zu bekommen, warum die Frage nach dem Gewinner unsinnig ist, wollen wir einen Spaziergang durch einen typischen Wald unternehmen – ein hochgradig komplexes Ökosystem aus Pflanzen, Insekten, Vögeln und anderen Tieren. Sie alle sind Akteure, die ihr Überleben mittels unterschiedlichster Strategien sichern, indem sie miteinander kooperieren oder gegeneinander rivalisieren. Wer ist nun der König des Waldes? Wer verfügt über die beste Überlebens- und Fortpflanzungsstrategie? Der Mensch etwa, der *homo sapiens*? Wir wähnen uns in der Hauptrolle, dabei gibt es uns erst einen evolutionären Wimpernschlag lang, und unsere Zukunftsaussichten sind alles andere als gewiss. Wie steht es mit der kleinen Feldmaus? Sie existiert länger als der Mensch und ist uns zahlenmäßig sicherlich überlegen. Oder die Küchenschabe. Sie ist noch älter als die Maus, und sie scheint gegen fast alles gefeit zu sein, vom Kammerjäger bis zur Nuklearexplosion. Was ist mit dem Unkraut, das all unseren Vernichtungsversuchen zu trotzen scheint? Oder mit den *E.-coli*-Bakterien, die in den Mägen sämtlicher Säugetiere, uns Menschen eingeschlossen, ein unbekümmertes Dasein führen? Und wenn wir heute im Sinne einer *Suche nach Spitzenleistungen* eine Liste der 100 erfolgreichsten Überlebens- und Fortpflanzungsstrategien in unserem Teil des Waldes zusammenstellten und sie mit einer ebensolchen Liste 100 Jahre später (nichts als ein Augenblick in biologischer Zeit) verglichen, würden wir gar feststellen, dass sie völlig unterschiedlich sind. Hochgradig erfolgreiche Strategien von heute können in 100 Jahren die wahren Verlierer sein, und was sich in 100 Jahren bestens bewährt, ist heute möglicherweise nur mäßig erfolgreich, wenn es überhaupt schon existiert.

Ebenso wenig bietet sich in unserer simulierten Welt des Gefangenendilemmas eine einzige Strategie als Sieger an. Wie Lindgrens Modell zeigt, gewinnt von Zeit zu Zeit eine Strategie die Oberhand und dominiert das Spiel eine Weile, um dann unausweichlich einem innovativen Rivalen das Feld zu räumen. Manchmal teilen sich mehrere Strategien das Rampenlicht und machen sich gegenseitig »Marktanteile« streitig, bis irgendein Außenseiter sie wieder vertreibt. Ein andermal bilden zwei Strategien ein symbiotisches Paar, aber wenn schließlich eine von beiden zu straucheln beginnt, reißt sie die andere mit sich. Auch Küchenschaben kommen vor – einfache Strategien wie »Tit for Tat«, die niemals dominieren, aber dennoch stets ihr Auskommen finden.

Das Spiel wies auch Formen eines punktierten Gleichgewichts auf. Im Lauf der Zeit stellte sich eine Art Ordnung ein, und das Spiel durchlief eine vergleichsweise stabile Phase, in der bestimmte Strategien dominierten. Während dieser Phasen kochte jeder sein Süppchen, die Strategien änderten sich kaum, und niemand verspürte großen Veränderungsbedarf; der Evolutionstheoretiker John Maynard Smith prägte dafür den Begriff der *evolutionär stabilen Strategien*.[428] Früher oder später jedoch hält eine kleine Innovation Einzug, und unversehens ist auf dem gesamten Spielfeld der Teufel los; die alte Ordnung zerbricht, während sich allmählich eine neue herausschält. Manchmal gibt es Jahre des Booms, in denen kooperative Strategien von Vorteil sind und jedermann großen Reichtum anhäuft. Doch dann bricht unvermittelt eine dunkle Periode des Misstrauens und der Verluste an (Abbildung 10.4).

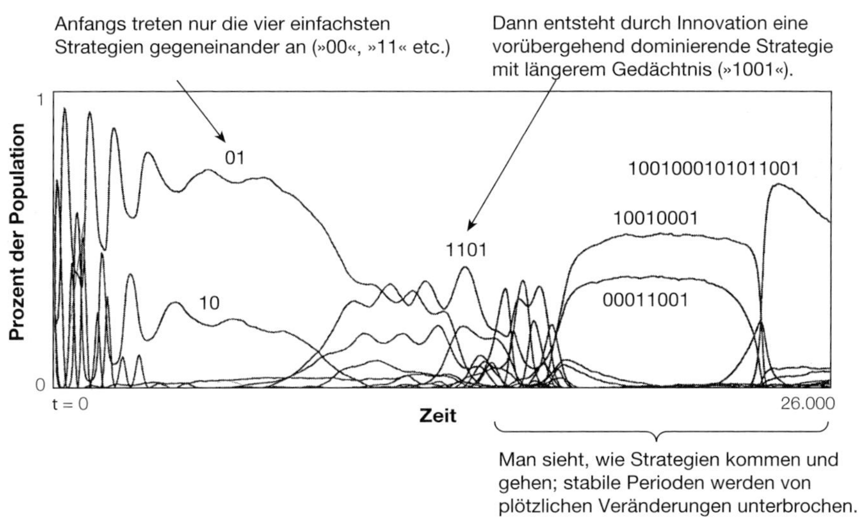

Quelle: Lindgren (1997).

Abbildung 10.4: Die Strategienpopulation im Zeitverlauf

Unvorhersagbar, aber erklärbar

All diese Turbulenzen rühren daher, dass der Erfolg einer Strategie zu einem bestimmten Zeitpunkt hochgradig davon abhängt, welche Strategien sich in ihrem Umfeld befinden. Wir können uns das Spielbrett als ein riesiges ökologisches Netz ähnlich dem in Kapitel 8 beschriebenen Schlüsselspezies-Modell von Jain und Krishna vorstellen. Wie im Modell der Schlüsselspezies können sich kleine lokale Veränderungen im System fortpflanzen und andernorts große Veränderungen nach sich ziehen. Wie gezeigt, kann eine Insel von »Immer kooperieren« zerfallen und von der Landkarte verschwinden, wenn einige kleine Mutationen dafür sorgen, dass der schützende »Tit-for-Tat«-Ring umkippt.

Diese Anfälligkeit für kleine Veränderungen bedeutet, dass wir die Entwicklung des Modells nicht mit Gleichungen vorhersagen können. Es ist ebenso

»unvorhersagbar« wie die echte Wirtschaft. Man könnte versucht sein, diese Unvorhersagbarkeit den Zufallsfaktoren des Modells anzulasten – den Zufallsmutationen und den Zufallsfehlern im Verhalten der Akteure. Als Computerprogramm ist das Modell jedoch vollkommen determiniert. Wenn wir eine Liste von Zufallszahlen für die Mutationen und Fehler erstellen und sie bei einem zweiten Durchlauf erneut verwenden, erhalten wir identisch die Ergebnisse des ersten Durchgangs. Wir kennen die exakten Startpositionen der Akteure, ihre Verhaltensregeln und sogar die »Zufallszahlen« des Spiels im Voraus. Doch all diesen Informationen zum Trotz lässt sich das Spiel in seinem Verlauf nicht präzise vorhersagen – es ist schlicht und einfach zu komplex.

Die einzige Lösung besteht darin, das Modell zu starten und seinen Verlauf zu beobachten – eine Abkürzung gibt es nicht. Bei aller Unvorhersagbarkeit ist es jedoch möglich, das Modell – im wissenschaftlichen Sinn – zu verstehen. So verfügt es über bestimmte Parameter wie beispielsweise die Mutationsrate, die Fehlerrate und die relativen Auszahlungen, die sich allesamt auf das Makroverhalten des Spiels auswirken. Manche Parameterwerte bewirken möglicherweise einen besonders kooperativen Spielverlauf mit hohen Gewinnen. Andere stürzen das Modell in einen gedrückten, unkooperativen Zustand, aus dem es nur schwer herauskommt. Manche Werte scheinen deutlich mehr Innovationen zur Folge zu haben als andere. Auch wenn sich also keine konkreten Vorhersagen machen lassen, sind dennoch Aussagen möglich wie: »Eine Mutationsrate von 0,001 oder weniger bewirkt wenig Innovationen und wenig Kooperation« oder: »Von 0,001 bis 0,01 lässt sich ein Wechsel zu einem hochgradig dynamischen und innovativen Umfeld mit viel Kooperation und hohen Gewinnen beobachten.« Manche Parameter begünstigen zudem einzelne Strategien mehr als andere. Wir können bedingte Aussagen treffen wie: »Die Strategie ›Freundlich, aber bestimmt‹ eignet sich besonders für kooperative Umgebungen mit oder ohne Rauschen, während sich ›Eiserne Faust‹ in unkooperativen Umgebungen bewährt.« Wir können das Modell in Tausenden von Wiederholungen mit stets denselben Parametern, aber mit unterschiedlichen Zufallsstörungen laufen lassen, um die Robustheit der Ergebnisse zu testen. So erhalten wir möglicherweise Aussagen wie: »Bei den Parameterwerten X entwickelt sich mit 60-prozentiger Wahrscheinlichkeit ein Umfeld mit hohen Gewinnen und mit 40-prozentiger Wahrscheinlichkeit ein Umfeld mit niedrigen Gewinnen.« Obwohl sich also die konkreten Ergebnisse des Modells nicht vorhersagen lassen, können wir mittels Erkundung des Parameterraums und Sammlung statistischer Daten einiges über das Modellverhalten in Erfahrung bringen. Ein tieferes Verständnis für die Funktionsweise des Systems mag in mancherlei Hinsicht wertvoller sein als die Möglichkeit exakter Prognosen.

Im vorigen Kapitel sahen wir, wie Karl Sims mittels Evolution das Problem des Schwimmens zu lösen versuchte. Lindgrens Modell demonstrierte, wie man die

Evolution für die Suche nach effektiven Strategien bei einem ökonomischen Problem einsetzen kann. Wir erkannten, dass es keine beste Strategie gibt, sondern dass der Evolutionsprozess ein ganzes Ökosystem von Strategien erzeugt, das im Lauf der Zeit so manchen Schumpeter'schen Sturm kreativer Zerstörung durchlebt. Wenn sich aber Evolution dazu eignet, den Möglichkeitsraum simpler ökonomischer Spiele zu durchsuchen, leistet sie dasselbe auch im Fall komplexerer Spiele? Können wir sie auch auf das größte aller Spiele – die 36,5-Billionen-US-Dollar-Weltwirtschaft – ansetzen?

Die Bibliothek von Babel

Wenn ein Möglichkeitsraum für die Weltwirtschaft wie eine absurde Idee klingt, so wollen wir kurz eine weitere absurde Idee ins Spiel bringen – lassen Sie uns den Raum aller nur denkbaren Literatur betrachten. In seinem Buch *Darwins gefährliches Erbe* entwickelte Daniel Dennett die Vorstellung von einer astronomisch großen Bibliothek, die sämtliche 500-Seiten-Bücher umfasst, die sich jemals auf Englisch schreiben ließen.[429] Diese imaginäre Bibliothek taufte er in Anlehnung an eine Geschichte von Jorge Luis Borges *Bibliothek von Babel*. Eine übliche Buchseite enthält rund zweitausend Zeichen, sodass wir ein 500-Seiten-Buch mit einer Million Zeichen ansetzen können. Weil es in der englischen Sprache unter Berücksichtigung sämtlicher Klein- und Großbuchstaben, Ziffern und Satzzeichen rund hundert Zeichen gibt, enthält die Bibliothek von Babel ungefähr $100^{1.000.000}$ mögliche Bücher. Wie Mendel- und Lego-Bibliothek ist auch die Bibliothek von Babel weit größer als das Universum selbst und folglich lediglich ein theoretisches Konstrukt.

Was finden wir in der Bibliothek von Babel? Dort gibt es einen Band, der ausschließlich aus leeren Seiten besteht, und einen anderen, in dem auf den Buchstaben *a* nur noch leere Seiten folgen. Es gibt auch ein Buch, das von vorn bis hinten mit Fragezeichen gefüllt ist. In den allermeisten Büchern steht nur Kauderwelsch. Allein die Chance, ein Buch mit einem einzigen grammatisch korrekten Satz zu finden, ist, wie Dennett bemerkt, verschwindend klein. Dennoch finden sich in der Bibliothek ein korrektes Exemplar von *Moby Dick* sowie die gesammelten Werke William Shakespeares. Daneben gibt es ein weiteres Exemplar von *Moby Dick*, mit dem einzigen Unterschied, dass der Wal dort *Boby Dick* heißt. Etwas bizarr wirkt die Vorstellung, dass auch meine eigene 500-Seiten-Biografie vertreten ist, in der unter anderem steht, was mir künftig noch widerfahren wird, sowie eine detaillierte Darstellung meines Todes.

Wenn ein Buch kürzer als 500 Seiten ist, wie beispielsweise Albert Camus' 192-seitiger Essay *Der Mythos des Sisyphos*, dann gibt es ein 500-Seiten-Buch, auf dessen ersten 192 Seiten *Der Mythos des Sisyphos* steht und dessen übrige Seiten leer sind. Bücher, die länger als 500 Seiten sind, sind in der Bibliothek als mehrbändige Ausgaben vertreten; James Joyces 933-seitiger Roman *Ulysses* lässt sich in einen 500-seitigen ersten Band und einen zweiten Band mit den restlichen 433 Seiten sowie 67 leeren Seiten zerlegen. Man kann sogar behaupten, dass sich alle Bücher in allen Sprachen irgendwo in den Regalen finden, enthält doch die Bibliothek zumindest die englische Übersetzung eines jeden möglichen Buches in jeder anderen Sprache. Auch der Bestseller des Jahres 2042 fehlt dort nicht, auch wenn er noch nicht geschrieben wurde.

Manche Leser sind zwar bereit einzusehen, dass die Zahl der Lego-Gebilde, die sich aus einem bestimmten Bausatz konstruieren lassen, endlich sei; die Endlichkeit der Zahl aller Bücher, die sich jemals schreiben lassen – mag diese Zahl auch so überastronomisch groß sein, dass sie selbst während der Lebensdauer vieler Universen nicht ausgeschöpft werden kann –, will ihnen jedoch nicht einleuchten. Es ist aber eine mathematische Tatsache, dass solche Möglichkeitsräume endlich sind. Dabei ist unsere intuitive Vorstellung, wonach solche Möglichkeitsräume mit der Zeit wachsen, wenn immer neue Werke hinzukommen, nicht falsch. Die Vorstellung von Möglichkeitsräumen ist widersprüchlich: Einerseits sind sie endlich, andererseits sind sie unbegrenzt und können wie ein aufblasbarer Ballon wachsen. Das Einzige, was die Zahl der Bücher in der Bibliothek von Babel endlich sein lässt, ist Dennetts Beschränkung auf 500 Seiten je Buch (und der Trick mit den mehrbändigen Ausgaben), aber das ist ein willkürliches Limit. Theoretisch gibt es für die Länge eines Buches keine Obergrenze.[430] Dennoch existiert zu jedem Zeitpunkt ein größtes Buch, das zugleich die obere Grenze für alle Buchlängen zu dieser Zeit definiert. Laut *Guinnessbuch der Rekorde* handelt es sich beim längsten bislang geschriebenen Buch um Marcel Prousts dreizehnbändiges, 9.609.000 Zeichen umfassendes Werk *Auf der Suche nach der verlorenen Zeit.* Vor dem Erscheinen von Prousts Roman lag die Obergrenze etwas darunter, und vermutlich wird in Zukunft ein Buch mit über zehn Millionen Zeichen geschrieben werden. *Aber niemand wird jemals ein unendlich langes Buch schreiben oder lesen.* Denn die Gesetze der Physik gestatten es einem Codeleser nicht, einen unendlich langen Code zu lesen.[431] Jedes Design, das sich in der physikalischen Welt realisieren lässt, muss deshalb einen endlichen Code haben, und daraus wiederum folgt, dass wir es mit endlichen Möglichkeitsräumen zu tun haben.

Möglichkeitsräume sind endlich, können aber mit der Zeit wachsen oder schrumpfen, je nachdem, ob die Grenze des längsten realisierbaren Codes wächst oder schrumpft. Wie wir im vorigen Kapitel erwähnten, wächst der Möglichkeitsraum der DNA-basierten Lebewesen auf der Erde mit der Länge der DNA und der Fähigkeit der Arten, diesen verlängerten Code durch geeignete »Technologien« (Eier, Gebärmutter und so weiter) in die Realität zu übersetzen. Ebenso können wir uns vorstellen, wie der literarische Möglichkeitsraum mit der Zeit wächst. Die Bücher waren ohne Zweifel kürzer, solange sich die Drucktechnik darauf beschränkte, Hieroglyphen in Tontafeln zu ritzen, und Prousts Mammutwerk wird vielleicht einmal überschaubar erscheinen, sobald sich Bücher mit hoher Geschwindigkeit direkt ins Gehirn herunterladen lassen.

Die Bibliothek von Babel illustriert einen weiteren wichtigen Aspekt von Möglichkeitsräumen – wir können einen Möglichkeitsraum für alles konstruieren, dessen Bauplan sich in einer Folge von Symbolen wie beispielsweise Buchstaben eines Alphabets, Zahlen, Bildern oder einem chemischen DNA-Code wiedergeben lässt. Für einen Möglichkeitsraum eignet sich somit alles, was digitalisierbar und folglich auf einem Computer speicherbar ist. Wir können uns auf diese Weise endliche, aber unbegrenzte Bibliotheken sämtlicher Musik, Kunst, Kochrezepte oder Gebäudekonstruktionen vorstellen.

Angenommen, wir stolpern über ein herrenloses, beispielsweise von einem Geschäftsmann im Durchleuchtungsgerät eines Flughafens zurückgelassenes Notebook. Was finden wir auf diesem Computer? Möglicherweise einige MP3-Dateien, Familienfotos und Dokumente wie beispielsweise Verkaufspräsentationen, Finanzpläne und E-Mails zu diversen Projekten – und vielleicht auch so etwas wie einen Geschäftsplan.

Die Smith'sche Bibliothek

Wie können wir das Gestaltungsmuster einer Geschäftstätigkeit wiedergeben? Indem wir beispielsweise das Ziel des Unternehmens, seine Wettbewerbsstrategie, seine Produkte und Dienstleistungen, seine Organisationsstruktur, seinen Marketingplan, seinen Produktionsplan, die erforderlichen Technologien und Fähigkeiten, sein Wirtschaftsmodell und so weiter beschreiben. Kurz, indem wir einen *Geschäftsplan* formulieren.[432]

Selbst große, hoch entwickelte Unternehmen verfügen nur selten über einen einheitlichen allumfassenden Geschäftsplan. Meist findet sich der Inhalt eines solchen Plans in den Geschäftsplänen der einzelnen Unternehmensbereiche, in Strategiepräsentationen, Organisationsdiagrammen, Finanzplänen, Jahresberichten, Behördenmitteilungen, Memoranden und in den Köpfen der Mitarbeiter wieder. Viele kleinere Unternehmen verfügen über gar keinen Geschäftsplan; hier ist alles in den Köpfen der Beteiligten gespeichert. Entscheidend ist jedoch, dass sich ein solches geschlossenes Dokument jederzeit erstellen ließe, wenn sich jemand die Mühe machen würde.

Vergleichbar Dennetts Bibliothek von Babel wollen wir uns eine überastronomisch große Bibliothek vorstellen, die jeden möglichen Geschäftsplan enthält, der in einem 500-Seiten-Band oder einem mehrbändigen Konvolut Platz fände. Statt Literatur betrachten wir jetzt Regale über Regale voller Geschäftspläne, die sich quer durch das Universum ziehen. Diese Bibliothek aller möglichen Geschäftspläne wäre natürlich eine Untermenge der Bibliothek von Babel. Ich will ihr nach Adam Smith den Namen *Smith'sche Bibliothek* geben.

In der Smith'schen Bibliothek finden wir den Geschäftsplan für die Einrichtung eines Einmannschuhputzerstandes auf dem Times Square in New York, einen Geschäftsplan, der die IBM-Strategie von heute perfekt wiedergibt, den General-Electric-Geschäftsplan für das Jahr 1952, den Geschäftsplan für einen Weizenbauern im Libanon des Jahres 8500 v. Chr. und den Geschäftsplan für eine Jagdexpedition der Yanomami-Indianer. Die Bibliothek enthält den Geschäftsplan für ein Unternehmen, das Supernanoneuralblastularröhren herstellt, auch wenn Letztere erst im Jahr 2023 erfunden werden. In ihr finden sich zudem Beschreibungen aller denkbaren Organisationsstrukturen, mit denen die Menschen jemals ihr Auskommen gesichert haben oder in Zukunft einmal sichern werden. Wie bei allen Möglichkeitsräumen ist die überwiegende Mehrzahl der in der Bibliothek enthaltenen »Geschäftspläne« purer Unsinn, und nur ein winziger Bruchteil wird jemals zur Ausführung kommen.

Aber wie detailliert müssen diese imaginären Pläne sein? Und wie können wir einen Geschäftsplan von einem literarischen Werk wie *Moby Dick* unterscheiden?

Wir verwenden denselben Test wie bei jedem anderen Code. Ob ein Band aus der Smith'schen Bibliothek stammt, entscheidet sich danach, ob ein *Geschäftsplanleser* mithilfe dieses Plans die in dem Plan beschriebene wirtschaftliche Aktivität in die Wirklichkeit umsetzen kann. Was ist ein Geschäfsplanleser? Ein Managementteam.

Angenommen, wir schreiben das Jahr 2008, und wir entnehmen der Smith'schen Bibliothek einen Band mit dem Titel »Cisco Systems Geschäftsplan 2009«, den wir dem aktuellen Cisco-Managementteam übergeben. Wenn es diesem Team gelingt, nach dem Plan zu handeln und den darin beschriebenen Geschäftsentwurf zu realisieren, dann handelt es sich um einen gültigen Geschäftsplan. Wir könnten dem Cisco-Managementteam diverse 500-Seiten-Texte vorlegen. Wenn der Text Unsinn enthält, passiert nichts. *Moby Dick* böte gewiss eine unterhaltsame Lektüre, hätte aber keine Auswirkungen auf die Geschäfte von Cisco. Gelingt es dem Managementteam jedoch, die Informationen des Dokuments in eine neue Unternehmenspraxis umzusetzen, dann erweist sich der Text damit als möglicher Cisco-Geschäftsplan. Natürlich existieren astronomisch viele denkbare Geschäftspläne. Ein Plan plädiert möglicherweise für eine aggressive internationale Expansion, ein anderer für die forcierte Entwicklung neuer Produkte, ein dritter für eine zurückhaltende Investitionstätigkeit und wieder ein anderer für eine Kombination aus allen diesen Strategien. Einige Pläne sind profitabel, andere nicht. Manche Pläne beschränken sich auf unbedeutende Gewichtsverlagerungen innerhalb des bestehenden Geschäfts, während andere radikale Veränderungen bis hin zum Ausstieg aus der Computerkommunikation und dem Einstieg ins Fastfood-Geschäft vorschlagen.

Man könnte einwenden, dass kein jemals verfasster imaginärer Cisco-Geschäftsplan – und sei er auch Tausende von Seiten lang – genügen würde, um das Unternehmen in der bestehenden Form detailgetreu nachzubauen. Dieser Einwand gilt jedoch für alle Prozesse, in denen ein Code in einen Entwurf umgesetzt wird. Codes stellen notwendigerweise eine Art Kurzschrift dar, die nicht alle erforderlichen Details enthält, um beispielsweise ein Unternehmen wie Cisco zu führen. Ein solcher Geschäftsplan baut auf einem Vorwissen des »Codelesers« hinsichtlich der Unternehmensführungspraxis wirtschaftlichen Umfelds und dergleichen auf, wie auch unser Lego-Code voraussetzt, dass das Kind bereits Bausteine in die Hand zu nehmen und zusammenzusetzen weiß, oder wie ein DNA-Code die Existenz eines Eies und einer Gebärmutter mit den erforderlichen »Lesefähigkeiten« verlangt. Ein gültiger Geschäftsplan müsste also nur gerade so viel Informationen enthalten, dass das Cisco-Managementteam von 2008 damit umgehen könnte, und nicht mehr.

Ähnlich biologischen Systemen entwickeln sich auch Geschäftspläne und ihre Leser weiter. Der Cisco-Geschäftsplan für das Jahr 2007 beispielsweise (ob in geschriebener Form oder in den Köpfen der Beteiligten) beeinflusst die Zusammensetzung des Managementteams von 2008, die Fähigkeiten seiner Mitglieder, ihren Wissensstand und Erfahrungsschatz. Daraus wiederum ergibt sich, welche Art von Plänen das Team im Jahr 2009 zu lesen und umzusetzen in der Lage sein wird, und der Plan des Jahres 2009 wird wiederum Einfluss haben auf die zukünftige Entwicklung des Teams und so weiter.[433] Ein Geschaftsplan für eine Jagdexpedition der Yanomami-Indianer mag für eine Gruppe von Ureinwohnern aus dem Regenwald noch so verständlich und »gültig« sein, das Cisco-Managementteam könnte damit dennoch nichts anfangen. Und ebenso wenig sind die Yanomami in der Lage, ein Unternehmen für Internetrouter aus dem Boden zu stampfen, sobald ihnen ein Cisco-Geschäftsplan in die Hände fällt.

Ein ökonomisches Entwicklungsmodell

Während die Evolution die Smith'sche Bibliothek nach geeigneten Strategien – für eine Yanomami-Jagdexpedition, IBM oder einen Supernanoneuralblastularröhrenhersteller des Jahres 2023 – durchsucht, entwickelt sich die Wirtschaft weiter. Wie sich der Evolutionsalgorithmus durch die Bibliothek aller Strategien des Gefangenendilemmas wühlte und dabei Innovationen, Wachstum und kreative Zerstörung hervorbrachte, so fördert er aus der Smith'schen Bibliothek ähnliche Muster für die reale Wirtschaft zutage.

Wenn wir zu unserem allgemeinen Evolutionsmodell aus Kapitel 9 zurückkehren, dann lautet die nächste Frage, was unter Variation, Selektion und Replikation im Kontext von Geschäftsplänen zu verstehen ist. In den folgenden vier Kapiteln werden wir der Evolution bei ihrer Suche nach geeigneten (»fitten«) Handlungsmustern für die Wirtschaft auf die Finger schauen. Wir werden sehen, dass Variation immer dort stattfindet, wo Menschen experimentieren, improvisieren und neue Geschäftsstrategien und Organisationsformen kreieren. Selektionsprozesse spielen sich auf unterschiedlichen Ebenen ab, mit der Folge, dass einige Geschäftspläne funktionieren und andere nicht. Replikation bedeutet im Rahmen von Wirtschaftssystemen, dass erfolgreiche Rezepte mit mehr Ressourcen ausgestattet und häufiger kopiert werden.

Wirtschaftliche Evolution ist nicht das Ergebnis von Evolution in einem einzigen Möglichkeitsraum, sondern, wie wir im Folgenden darlegen werden, von Koevolution in drei verschiedenen Räumen. In Kapitel 1 zitierte ich zwei Begriffe, die von Richard Nelson von der Columbia University stammen: physikalische und soziale Technologien.[434] *Physikalische Technologien* sind das, was wir für gewöhnlich unter dem Wort *Technologie* verstehen – Rezepte und Verfahren, um Materie, Energie und Informationen in etwas für den Menschen Nützliches zu verwandeln, zum Beispiel, wenn aus Sand Glas oder Siliziumchips entstehen. *Soziale Technologien* sind ebenso wichtig, auch wenn wir uns ihrer häufig weniger bewusst sind. Sie betreffen die Art und Weise, wie sich Menschen organisieren. Dörfer, Armeen, Matrixorganisationen, Papiergeld, Rechtsstaatsprinzip und Just-in-Time-Lagerhaltung sind Beispiele für soziale Technologien.

Geschäftsplänen fällt die entscheidende Rolle zu, physikalische und soziale Technologien unter dem Dach einer *Strategie* miteinander zu verbinden und dem Ergebnis in der Welt der Wirtschaft praktisch Ausdruck zu verleihen. Wir müssen uns Geschäftspläne, soziale Technologien und physikalische Technologien als drei getrennte Möglichkeitsräume vorstellen, weil in ihnen jeweils andere Fitnessfunktionen als Überlebensregeln gelten. Geschäftspläne werden zumeist nach wirtschaftlichen Gesichtspunkten ausgewählt, während physikalische und soziale Technologien andere Ziele verfolgen können. Erfindungen im Bereich physikalischer Technologien dienten häufig der Befriedigung militärischer, medizinischer oder anderer gesellschaftlicher Bedürfnisse, oder sie sind das Produkt reiner wissenschaftlicher Neugier und Experimentierfreude. Auch wenn viele soziale Technologien wie das Rechtsstaatsprinzip oder die allgemeine Schulpflicht mit einem entscheidenden wirtschaftlichen Nutzen verbunden sind, verdanken sie ihre Existenz möglicherweise anderen Faktoren. Wie wir sehen werden, ist allen Evolutionssystemen gemeinsam, dass sie Erfindungen mit Vorliebe »zweckentfremden« und auf andere Anwendungsfelder übertragen – ein Vorgang, der als *Exaptation* bezeichnet wird.[435]

Das Modell, das ich vorstellen werde, versteht wirtschaftliche Evolution als Koppelprodukt von Evolutionsprozessen in den Räumen der physikalischen Technologien, der sozialen Technologien und der Geschäftspläne. Wir können diese drei Räume als eigenständige, aber miteinander verknüpfte und sich gemeinsam entwickelnde Möglichkeitsräume begreifen. In jedem dieser Räume treibt die Evolution ihr Spiel, indem sie nach möglichen Lösungen sucht, Funktionierendes an die Oberfläche bringt und verstärkt und Unbrauchbares verwirft, bis jene Ordnung entsteht, die wir in unseren technologischen, gesellschaftlichen und wirtschaftlichen Welten beobachten können.

11. Physikalische Technologien: Vom Faustkeil zum Raumschiff

Stanley Kubricks filmisches Meisterwerk *2001: Odyssee im Weltraum* beginnt mit einer Szene, welche die Überschrift trägt: »Der Morgen der Menschheit«. Über der zeitlosen Schönheit der ostafrikanischen Savanne erhebt sich die Sonne, und wir sehen eine Gruppe affenartiger Geschöpfe aus dem Schlaf erwachen. Es sind frühe Hominiden – nicht mehr Affe und noch nicht Mensch. Sie brechen zur Wasserstelle auf, einer begehrten Ressource in der ausgedörrten Landschaft, wo sie auf eine weitere Gruppe von Vormenschen treffen. Die erste Gruppe ist etwas größer, aggressiver und für ihren Angriff besser organisiert. Der Kampf geht knapp aus, aber es gelingt der ersten Gruppe, die andere von der Wasserquelle zu vertreiben. Größe, Aggression und soziale Organisation bringen Vorteile. Dieses Ergebnis ist aus der Evolutionsperspektive nicht überraschend; dieselbe Geschichte ließe sich über viele andere Arten erzählen.

In der zweiten, einige hunderttausend Jahre später spielenden Szene wird ein etwas größerer und aufrechterer Hominide dabei gezeigt, wie er in den Knochen eines Wildschweins wühlt. Seine geschickten, für das Greifen von Ästen ausgelegten Hände schließen sich um den Oberschenkelknochen des Schweins, und er beginnt ihn hin und her zu schwenken und auf die anderen Knochen niedersausen zu lassen. Während er immer eifriger auf die Schweineknochen eindrischt, entsteht in seinem Nicht-mehr-Affen- und Noch-nicht-Menschengehirn eine wichtige Verknüpfung: Dass er den Schenkelknochen als Schläger verwenden kann, um damit lebenden Schweinen den Schädel einzuschlagen, wie er es gerade mit dem toten tut – eine sehr nützliche Erkenntnis (im Film ist dieser entscheidende Augenblick mit der Melodie *Also sprach Zarathustra* von Richard Strauss hinterlegt). Diese Entwicklung ist in Evolutionsmaßstäben zwar etwas ungewöhnlicher, aber auch wiederum nicht einzigartig. Auch andere Spezies wie beispielsweise die Primaten nutzen gefundene Gegenstände als Werkzeuge. Kapuzineraffen bearbeiten Nüsse mit Steinen, um sie zu öffnen, und Schimpansen fischen mit Stöcken in Baumlöchern nach Insekten.

In der dritten und letzten Szene wird es wirklich interessant. Einige hunderttausend Jahre später sehen wir eine Gruppe von Hominiden Knochen und Äste bearbeiten, bis daraus erkennbare Schlagkeulen werden. Indem unsere Vorfahren dazu übergingen, Werkzeuge nicht mehr nur zu sammeln, sondern sie selbst anzufertigen – die Anthropologen unterscheiden zwischen *Naturafakt* und *Artefakt* –, vollzog die Menschheit einen Evolutionsschritt, der sie von allen anderen Spezies auf dem Planeten entfernte.

Ein erwachsener Hominide zeigt einem Kind, wie man eine Keule anfertigt; die Details der Werkzeugherstellung werden nicht genetisch, sondern kulturell weitergegeben. Dabei sind weder das Beibringen noch die kulturelle Wissensvermittlung menschenspezifisch; Löwenmütter lehren ihre Jungen das Jagen, und als die britischen Meisen einmal heraushatten, wie man mit Folie verschlossene Milchflaschen mit dem Schnabel öffnet, verbreitete sich diese Technik, wie der Evolutionstheoretiker Richard Dawkins berichtet, durch Nachahmung über die gesamte Population.[436] Aber die Kombination von Werkzeugherstellung und Wissensweitergabe an Altersgenossen und Nachkommen ist in der Tat den Menschen vorbehalten – an diesem Punkt schwappte die Evolution buchstäblich aus unseren Körpern in unsere Kultur über. Das war die Geburtsstunde der physikalischen Technologien.

Anschließend beobachten wir Kubricks Hominiden dabei, wie sie ihre neu gewonnenen Fähigkeiten fröhlich einsetzen, um Wildschweine zu erschlagen und sich an den zusätzlichen Kalorien und Proteinen zu laben. Dann aber kommt es an besagter Wasserstelle zu einer weiteren Konfrontation mit einem weniger entwickelten Hominidenstamm. Doch diesmal findet kein Kampf statt; die keulenbewehrten Artefaktschöpfer prügeln ihre Rivalen in die Flucht. Vor Begeisterung schleudert das Alphamännchen der siegreichen Gruppe seine Keule hoch in die Luft, wo sie sich zu einem Raumschiff verwandelt, das (zu den Klängen des Walzers *An der schönen blauen Donau* von Johann Strauß) die Erde umkreist. Kubricks Botschaft ist unmissverständlich. Nachdem der erste Durchbruch in der Werkzeugherstellung und in der Wissensweitergabe geschafft war, bedurfte es nur noch eines evolutionären Dreisprungs, um zur modernen Welt der Raumschiffe und all der übrigen Technologien zu gelangen.

Der Morgen des ökonomischen Menschen

In der Nichthollywoodversion dieser Geschichte ereignete sich dieser Durchbruch in der Werkzeugherstellung vor rund 2,5 Millionen Jahren. Bei den frühesten Belegen handelt es sich um grob behauene Faustkeile aus Feuerstein, die vom *homo habilis* hergestellt und in der Olduvaischlucht in Tansania gefunden wurden. Bis zur Zeit des *homo erectus* vor rund einer Million Jahren wurden daraus feine, beidseitig behauene Steinklingen unterschiedlichster Form. Dem *homo erectus* gelang zudem eine weitere wichtige Erfindung – das Feuermachen. Unsere Vorfahren hatten also damit begonnen, Materie und Energie ihrem Willen zu unterwerfen und ihr Wissen an ihre Kinder und Artgenossen weiterzugeben.

Natürlich weiß niemand genau, wann und wie es zur ersten wirtschaftlichen Aktivität kam. Aber irgendwann in dieser Zeit muss es geschehen sein, dass zwei Hominiden – nennen wir sie Harry und Larry – beieinander saßen und Harry zu Larry mehr grunzte und gestikulierte als sprach: »Ich gebe dir Fleisch, du gibst mir Axt, okay?«[437] Vielleicht hatte Harry einen erfolgreichen Jagdtag hinter sich und wusste nicht, wohin mit dem ganzen Fleisch. Außerdem war er vielleicht nicht besonders geschickt im Herstellen von Äxten oder hatte schlicht keine Lust dazu.

Und Larry, der Spaß am Steineklopfen hatte, war nach einer erfolglosen Jagd hungrig geblieben. Also grunzte Larry: »Geht klar, Kumpel.« Sie schlossen einen Handel, und die Wirtschaft war geboren (Einsatz Strauss ...).[438]

Ökonomien setzen die Existenz von zwei Faktoren voraus: Physikalische Technologien ermöglichen dem Menschen, Produkte und Dienstleistungen zu erzeugen, mit denen es sich zu handeln lohnt, während soziale Technologien die erforderliche Kooperationsbasis schaffen, um Produkte und Dienstleistungen gemeinsam zu erzeugen und mit Nichtverwandten zu handeln. Vieles weist darauf hin, dass in den Gesellschaften des *homo habilis* und des *homo erectus* beide Voraussetzungen gegeben waren. Somit können wir davon ausgehen, dass eine rudimentäre Wirtschaft schon damals existierte (auch wenn der Handel über weite Entfernungen eine Erfindung sehr viel späterer Zeiten war).[439]

Die ersten Vorstöße in die Werkzeugherstellung geschahen sicherlich aufgrund logischer, deduktiver Erwägungen (»Wenn ich einen härteren Stein zum Bearbeiten verwende, lässt sich der weichere leichter bearbeiten«), die zum Experimentieren verleiteten (Ausprobieren von Steinen unterschiedlicher Härte). Erfolgreiche Experimente mündeten in induktive Faustregeln zur Werkzeugherstellung (»Mit diesem Stein lassen sich Faustkeile besonders gut bearbeiten«). Diese induktiven Rezepte konnten dann an Kinder und Artgenossen weitergegeben werden, sodass die Axt nicht immer neu erfunden werden brauchte. Diese Tradierung von Rezepten, bei der jede Generation aus den Erfolgen und Misserfolgen der vorigen lernen konnte, ermöglichte den Menschen, auf der technologischen Leiter immer höher zu klettern und mit der Zeit immer leistungsfähigere und komplexere Werkzeuge zu entwickeln. Archäologische Funde bezeugen eindrucksvoll, wie in immer kürzeren Zeiträumen immer neue Generationen von Werkzeugen entstanden.

Der PT-Möglichkeitsraum

Dieselben Evolutionsmuster erkennen wir in der modernen Technologieentwicklung, wo aus dem Ford Model T schließlich das mikroprozessorgesteuerte Auto wird oder Mobiltelefone von ihrer anfänglichen Handtaschengröße auf Kreditkartenformat schrumpfen.[440] Sogar eine Form von Artenbildung lässt sich beobachten – das Flugzeug bildet zusammen mit dem Heißluftballon, dem Luftschiff und dem Hängegleiter so etwas wie die Spezies der Luftfahrzeuge. Zudem sterben manche Technologien aus. Mitten in Washington D. C. finden wir die Reste eines Kanalsystems aus dem 19. Jahrhundert, auf dem einst mit Kohle, Nahrungsmitteln und anderen Waren beladene Lastkähne fuhren. Heute dient der Kanal als Joggingpfad; an seinen Ufern liegen einzelne liebevoll restaurierte Kähne wie ausgestopfte Museumsexponate einer längst untergegangenen Technologiespezies.

Aber handelt es sich bei der »technologischen Evolution« nicht womöglich nur wieder um eine Metapher der Art, wie wir sie vermeiden wollten? Wir können der Metaphernfalle entgehen, indem wir nachweisen, dass sich die technologische Evolution auf das in Kapitel 9 dargelegte allgemeine Evolutionsmodell übertragen lässt. Dazu wollen wir zunächst den Begriff der physikalischen Technologie präziser fassen:[441]

> Physikalische Technologien (PTs) *sind Methoden und Entwürfe zur Umwandlung von Materie, Energie und Informationen zwecks Erreichung eines oder mehrerer Ziele.*

Der Hominid Larry beispielsweise erzeugt einen Faustkeil (Entwurf) zum Zerkleinern von Tierknochen (Ziel), indem er mit Steinen (Materie) aufeinander schlägt und dabei Kalorien (Energie) verbraucht. Ein Programmierer füttert sein Gehirn mit Fastfood-Kalorien und seinen Computer mit Strom (Energie) und verwandelt Software-Bits (Informationen) in den Code eines Videospiels (Entwurf), damit sich die Menschen damit die Zeit vertreiben können (Ziel). Manche PTs münden in der Erzeugung eines Artefakts (Faustkeil oder Computerprogramm), während andere eine Dienstleistung zum Ergebnis haben. Denkbar sind beispielsweise PTs, mit denen wir einen Bankkredit bereitstellen oder eine Shiatsumassage verabreichen. Dienstleistungen sind ebenso wie Artefakte das Ergebnis einer zweckgerichteten Transformation von Materie, Energie und Informationen; für eine Shiatsumassage setzen wir Energie (die Kalorien des Masseurs) in konkrete Bewegungen (Entwurf) um, damit sich die Muskeln des Massageempfängers entspannen können.

»Physikalische Technologie« bezeichnet nicht das Produkt (Faustkeil, Software, Massage), sondern seinen Entwurf sowie die Anleitung und die Technik seiner Herstellung. Wir können uns eine physikalische Technologie als eine gedruckte Anleitung vorstellen. In der Anleitung für die Herstellung eines Faustkeils finden wir möglicherweise Zeichnungen von der fertigen Axt, eine Beschreibung der benötigten Steine und Hinweise dazu, wie man sie aufeinander schlagen muss, damit der beabsichtigte Entwurf entsteht. Wie im Fall der Smith'schen Bibliothek können wir ein Schema für die PT-Kodierung mittels natürlicher Sprache, mathematischer Symbole, Bilder, Blaupausen, Videos und so weiter definieren. Alles, was sich zumindest theoretisch digitalisieren lässt, ist geeignet. Im Prinzip lässt sich so gut wie alles – von verbalen Instruktionen bis zu stillschweigendem Wissen – im Rahmen eines Schemas kodieren; ein Anthropologe beispielsweise könnte Larry bei seiner Arbeit zuschauen und das Gesehene anschließend in einer detaillierten Beschreibung festhalten.

Meine Definition von physikalischer Technologie ähnelt in vielerlei Hinsicht dem Technologiebegriff der traditionellen Wirtschaftslehre. Die traditionelle Theorie spricht von »Produktionsfunktionen«, die Rohstoffe, Kapital und Arbeit in Produkte und Dienstleistungen verwandeln. Technologie ist somit definiert als die Methode, nach der die Verwandlung erfolgt. Aber während die traditionelle Theorie Technologie in aller Regel als exogene Blackbox beschreibt, wollen wir uns ihre Struktur als Evolutionssystem vergegenwärtigen und versuchen, ihre Funktionsweise zu begreifen.

Stellen wir uns einen unserer universumsprengenden Möglichkeitsräume vor – diesmal die Bibliothek aller denkbaren physikalischen Theorien.[442] Sie ist ebenso wie unsere anderen Bibliotheken in jedem gegebenen Augenblick endlich, und ihre Größe bestimmt sich aus der Länge der längsten und kompliziertesten lesbaren Codes; zugleich ist sie unbeschränkt und kann im Lauf der Zeit wachsen (oder schrumpfen). Die Bibliothek umfasst nahezu unendlich viele Regale voller Blaupausen, Entwürfe, Instruktionen und Rezepte für die Transformation von Materie, Energie und Informationen.

Und wie bei unseren anderen Möglichkeitsräumen sind auch die in der Bibliothek aller denkbaren PTs enthaltenen Entwürfe größtenteils unbrauchbar. Selbst wenn sie sich physikalisch realisieren lassen, sind sie in ihrer überwiegenden Mehrzahl langweilig, sinnlos oder absurd. Die Bibliothek ist voller Fahrräder mit quadratischen Rädern, Wasserkrügen mit Löchern im Boden und Hämmern aus Käse – und das sind noch einige der kohärentesten Beispiele. Ökonomisch brauchbare Produkt- und Dienstleistungsentwürfe machen einen winzigen Bruchteil der Gesamtbibliothek aus. Fast alle Entwürfe, die technisch realisierbar wären, haben keinerlei ökonomischen Wert. Die Aufgabe der technologischen Evolution besteht folglich darin, praktikable PT-Nadeln im unermesslichen Heuhaufen sinnlosen Technikmülls zu finden. Danach muss die ökonomische Evolution sich daranmachen, daraus die ökonomisch werthaltigen PTs herauszufischen.

PT-Codeleser

Wie im Fall der übrigen Möglichkeitsräume müssen sich auch die PTs durch einen Codeleser lesen lassen. Wir benötigen also jemanden (oder etwas), der die PT-Informationen in ein reales Muster aus Materie, Energie und Informationen verwandelt. Mit anderen Worten: Jemand muss anhand der Instruktionen für den Bau eines Hauses tatsächlich auch ein Haus errichten. Unsere Anforderungen an den Code sind nicht so hoch, dass jedermann ihn verstehen muss; vielmehr braucht er nur so viele Informationen zu enthalten, dass ein qualifizierter Codeleser daraus ein Produkt oder eine Dienstleistung erstellen kann. Wir erwarten also, dass qualifizierte Architekten die Codeanweisungen in konkrete Baupläne übersetzen oder dass die Pharmakologen von Eli Lilly auf ihrer Basis das Medikament Raloxifen herstellen können. Die Instruktionen einer PT müssen nicht in einem Dokument zusammengefasst, sondern können auf mehrere Dokumente oder auf die Köpfe der Menschen verteilt sein. Entscheidend ist, dass die Instruktionen theoretisch (wenn auch möglicherweise nicht praktisch) in irgendeiner Form gespeichert und an andere Leser weitergegeben werden können. Und wie in der Mendel- und der Smith'schen Bibliothek entwickeln sich die Codes und ihre Codeleser parallel. In dem Maße, wie sich die Methoden und Techniken der Architekten ändern, ändern sich auch die Entwürfe, und wenn sich die Entwürfe ändern, ändern sich auch die Anforderungen an die Architekten.

Wir könnten einwenden, dass sich manche Aspekte stillschweigenden Wissens schlicht nicht in Codes (oder Instruktionen) übersetzen lassen. Ein Wissen jedoch, das sich nicht in irgendeiner Weise festhalten lässt, lässt sich auch nicht weitergeben. Wir bezeichnen ein solches Wissen als *Kunst* und schließen es aus der Bibliothek aus. Evolution kann nur funktionieren, solange Wissen vermittelbar (und folglich in irgendeiner Form kodierbar) ist. Wenn Larry eine undefinierbare Begabung für die Herstellung besonders schöner Faustkeile besitzt, dieses Wissen aber weder festhalten noch weitergeben kann, dann wird dieses Wissen, so traurig das sein mag, mit Larry sterben.

In der frühesten Menschheitsgeschichte bestanden PTs aus einfachen Faustregeln, welche die Herstellung eines Werkzeuges beschrieben (»Nimm diesen Stein und schlage von beiden Seiten dreimal darauf ...«); ihre Weitergabe erfolgte anfangs durch Nachahmung, Grunzlaute und Gesten. Die Bandbreite nichtverbaler Signale zur Übermittlung von Codes ist denkbar gering, sodass sich auch Größe und Komplexität des PT-Möglichkeitsraums in Grenzen hielten. Grunzlaute und dergleichen sind zudem keine allzu zuverlässige Kommunikationsmethode. Die frühe PT-Übermittlung war zwangsläufig fehleranfällig, doch Evolution kann nur richtig funktionieren, wenn die Informationsweitergabe mit einem Minimum an Verlässlichkeit erfolgt.[443] Insofern bedeutete die Entstehung von Sprache einen gewaltigen Fortschritt in der Fähigkeit, größere und komplexere PTs zuverlässig zu kodieren und zu vermitteln. Archäologische Funde belegen eine eindrucksvolle Zunahme neuer und vielfältiger Werkzeuge während des Jungpaläolithikums. Das Spektrum der verwendeten Materialien erweiterte sich, und es entstanden neue Entwürfe wie beispielsweise Angelhaken und Nähnadeln. Wenngleich umstritten ist, wann genau wir unsere sprachlichen Fähigkeiten erwarben, sind einige Wissenschaftler der Ansicht, dass sich eine derart plötzliche Zunahme in der Vielfalt der verwendeten Werkzeuge nur mit der Entwicklung von Sprache erklären lässt.[444]

Physikalische Technologien verstärken sich selbst

Zu den bemerkenswertesten Eigenschaften menschlicher PTs gehört, dass jede neue Erfindung zugleich die Möglichkeit und die Notwendigkeit weiterer Erfindungen schafft. Wie Stuart Kauffman feststellte, führte die Erfindung des Verbrennungsmotors zur Erfindung des Automobils, die wiederum die Erfindung des aufblasbaren Reifens, des Scheibenwischers, des Asphaltbelags, des Motels, des Fastfoods, der Mautstation und der Drive-through-Hochzeitskapelle in Las Vegas nach sich zog.[445] Jede Erfindung eröffnet neue Nischen für zukünftige Erfindungen, wobei häufig Komponenten einer Erfindung in anderer Form wiederverwertet werden. Wie wir bereits an anderer Stelle erwähnten, lösen manche Erfindungen, wie beispielsweise die des Automobils, ganze Veränderungslawinen aus, andere dagegen bewirken nur kleinere Veränderungen (die Größenverteilung beschreibt laut Kauffman ein Potenzgesetz); es gibt jedoch keine noch so kleine Erfindung, die folgenlos bleibt.[446] Warum hat Technologie diese exponenzielle, sich selbst verstärkende Eigenschaft? Wie nährt sich das technologische Wachstum aus sich selbst?

Physikalische Technologien haben wie andere Codes einen modularen Bausteincharakter. Jede PT kodiert sowohl *Komponenten* als auch eine *Architektur*.[447] Ein Haus verfügt über Komponenten (Räume, Rohrsysteme, Fenster) und einen Gesamtstil (zum Beispiel Historizismus). Eine Shiatsu-Massage besteht aus Komponenten (die Kniesehnen strecken) und einem Gesamtablauf.

Selbst etwas Primitives wie ein Faustkeil lässt sich so begreifen. Ein Faustkeil ist im Prinzip ein Stein, dessen eine Seite durch Bearbeitung mit einem anderen Stein eine spitze Kante erhalten hat. Die Komponenten eines Faustkeils wären somit der Teil des Steines, den der Benutzer mit seiner Hand umfasst, und die spitzkantige Schneide. Dagegen ist die Architektur die Gesamtgestalt, also in diesem Fall der Handgriff mit Schneide. Die diversen Kombinationen aus Komponenten und Architektur definieren die möglichen Varianten des Entwurfs. So wären beispielsweise zwei Handgriffvarianten denkbar – die eine kompakt und rund, sodass sie gut auf der Handfläche liegt, die andere eher länglich, sodass wir sie wie eine Stange greifen können. Auch für die Schneide sind zwei Varianten denkbar – die einseitig und die beidseitig behauene. Auch auf der Ebene der Architektur sind Varianten möglich: Unser Faustkeil könnte groß oder klein, aus Granit oder aus Feuerstein sein. Nachdem wir diese Dimensionen definiert haben, können wir alle möglichen Faustkeilvarianten aufzählen: {groß, Granit, rund, beidseitig behauen}, {groß, Feuerstein, rund, einseitig behauen}, {groß, Granit, länglich, beidseitig behauen} und so weiter, insgesamt 16 Varianten. Auch komplexere Artefakte können wir in dieser Weise beschreiben. Denken wir an ein Auto {V6, 1,8 Liter, 200 PS, viertürig, Ledersitze et cetera} oder einen PC {2 GHz Pentium 4, 128 MB Speicher, 80 GB Festplatte, 4-CD-Brenner et cetera}.[448]

Dieser freien Kombinierbarkeit von Komponenten und Architekturen verdankt der PT-Raum seine universumsprengende Größe. Sie ist auch der Grund, warum Innovationen den PT-Raum exponenziell erweitern. Nehmen wir an, es gäbe zwei Arten, einen Faustkeil herzustellen – durch einseitiges sowie durch beidseitiges Behauen der Schneide. Eines Tages entdeckt der Hominide Harry, dass es auch noch besser geht. Für seine neue »Feinschliffmethode« bearbeitet er die Klinge sukzessive mit immer kleineren Steinen. Jetzt haben wir drei Typen von Schneiden: einseitig behauen, doppelseitig behauen und mit »Feinschliff«.

Mit dieser einfachen Innovation erhöht sich die Zahl der möglichen Faustkeilvarianten von 16 auf 24. Um das in Kapitel 1 verwendete Maß für die Produktvielfalt zu verwenden: Die Anzahl der im PT-Raum entdeckten potenziellen SKUs nimmt aufgrund einer einzigen Innovation um 8 SKUs oder 50 Prozent zu. Genauso lässt sich feststellen, dass jedes Mal, wenn Intel seine Mikroprozessorpalette um eine neue Variante erweitert, die Zahl potenzieller SKUs im Computermarkt einen großen Sprung macht.

Innovationen in den Architekturen können ebenfalls SKU-Sprünge bewirken. Angenommen, der innovative Harry nimmt eines Tages einen großen, länglichen Faustkeil und verpasst ihm statt einer scharfen Kante eine abgestumpfte Spitze.[449] Das mag auf den ersten Blick wie ein kleines Detail erscheinen, führt aber zu einer völlig neuen Architektur – mit einem Steinmörser lassen sich Nüsse, Körner und andere Dinge zerkleinern und zerquetschen. Mit einer kleinen Detailveränderung erweiterte Harry die Palette der Steinwerkzeuge um vier neue potenzielle SKUs: {groß, Granitmörser}, {klein, Granitmörser}, {groß, Feuersteinmörser} und {klein, Feuersteinmörser}. Die Zahl der durch eine Innovation neu erzeugten SKUs wächst exponenziell mit der Komplexität der Artefakte. Eine Architektur mit nur zwei Komponenten und zwei Varianten je Komponente hat vier potenzielle SKUs, eine Architektur mit drei Komponenten und drei Varianten je Komponente 27 und eine Architektur mit vier Komponenten und vier Varianten je Komponente 256. Innovative Architekturen können ebenfalls Innovationen in den Komponenten nach sich ziehen. Die Entwicklung des PCs beispielsweise stieß viele Innovationen im Komponentendesign an. Jede Innovation sendet große und kleine Stoßwellen durch den PT-Raum, und die Zahl der möglichen SKUs nimmt mit jeder einzelnen Innovation exponenziell zu.

Aber nur ein verschwindender Bruchteil der *möglichen* SKUs im PT-Raum wird jemals gedacht, geschweige denn erforscht oder in Produkten und Dienstleistungen realisiert. Mögen gegenwärtig auch Tausende oder Zehntausende PC-Varianten auf dem Markt sein, so wird doch nur ein winziger Bruchteil der insgesamt denkbaren Computervarianten jemals gebaut und verkauft. Apple bietet einen Computer mit PowerPC-Prozessor in leuchtend-durchscheinendem Orange an. Dell verkauft einen schwarzen Computer mit Pentium-Prozessor. Niemand sah sich je veranlasst, einen orangefarbenen Computer mit Pentium-Prozessor anzubieten, und so bleibt diese Variante eine potenzielle, aber nicht realisierte SKU im PT-Raum. Jede Innovation vergrößert folglich nicht nur die Zahl der tatsächlichen SKUs, sondern erweitert auch den Raum der *potenziellen* SKUs. Jede Erfindung schafft mehr Freiraum für weitere Erfindungen, und der PT-Raum entwickelt sich spiralförmig vom Faustkeil bis zu Kubricks Bild eines die Erde umkreisenden Raumschiffs.

Technologische Evolution mittels deduktiven Probierens

Wie in Kapitel 9 erwähnt, sind die Fitnesslandschaften von Evolutionssystemen grob korreliert; sie sind weder vollkommen zufällig noch sind sie vollkommen geordnet mit einem eindeutig definierten höchsten Punkt. Typische Evolutionslandschaften sind irgendwo dazwischen anzusiedeln und ähneln gewissermaßen den Alpen. Somit stellt sich nun die Frage, ob auch die Fitnesslandschaft des PT-Raums grob korreliert ist, denn danach entscheidet sich, ob die Evolution das beste Instrument zu seiner Erkundung darstellt.

Ein grob korrelierter PT-Raum leuchtet intuitiv ein. Das würde nämlich bedeuten, dass eng verwandte Entwürfe zumeist über einen vergleichbaren Fitnessgrad verfügen. So würden wir beispielsweise erwarten, dass zwei Motoren ähnlicher Bauart mit geringfügig unterschiedlichen Parametern für die Zündkerzen eine ähnliche, wenn auch nicht identische, Leistung erzeugen. Während sich also in der Nähe hoher Punkte häufig weitere hohe Punkte befinden, weist die Landschaft dennoch Unebenheiten und Brüche in Form von Plateaus und Löchern wie beim Schweizer Käse auf.[450]

Ein weiterer Beweis für die grobe Korreliertheit des PT-Raums geht folgendermaßen. Die Evolution eignet sich, wie bereits gezeigt, besonders gut für das Durchsuchen grob korrelierter Räume, und der Evolutionsprozess erzeugt mit Vorliebe grob korrelierte Räume.[451] Wenn wir also zeigen können, dass die Suche der Menschen nach PT-Innovationen dem Muster eines evolutionären Suchprozesses folgt, so spricht dies dafür, dass der PT-Raum tatsächlich grob korreliert ist.

Sobald wir die Möglichkeit von PT-Innovationen als Evolutionsprozess in Betracht ziehen, drängt sich der Einwand auf: »Aber die Evolution ist ein blinder und zufälliger Prozess, während technologische Innovationen von menschlicher Vernunft und Intention gesteuert sind. Wie passt das zusammen?« Die Antwort lautet: Das Wesen des Evolutionsalgorithmus schließt Intentionalität und Rationalität nicht aus, und niemand verlangt, dass alles vollkommen zufällig vonstatten geht. Evolution ist im Kern ein iterativer Prozess des Experimentierens, Selektierens und Verstärkens von Dingen, die funktionieren. In der biologischen Evolution manifestiert sich der Zufall in der Erzeugung jener Vielfalt, die anschließend Gegenstand der Selektion wird.[452] Aber auch hier herrscht der Zufall nicht uneingeschränkt. Mutationen mögen zufällig sein, nicht jedoch die geschlechtliche Fortpflanzung. Der Wettbewerb unter den Paarungskandidaten gewährleistet, dass sich fitte Organismen häufiger mit anderen fitten Organismen paaren.

Der Algorithmus muss lediglich gewährleisten, dass ausreichend Varianten zur Verfügung stehen, auf denen der Selektionsprozess wirken kann. Die Experimente müssen einen hinreichend großen Ausschnitt der Fitnesslandschaft abdecken, damit der Algorithmus die Chance bekommt, den einen oder anderen Gipfel ausfindig zu machen. Aus der Perspektive des Algorithmus betrachtet spielt es keine Rolle, auf welchem Wege Vielfalt erreicht wird. Im Fall der menschlichen Erforschung des PT-Raums bezieht der Evolutionsalgorithmus seine Vielfalt aus Experimenten, die ich als *deduktives Probieren* bezeichnen will. Dieser Begriff stellt eine Kombination aus Ideen des Psychologen Donald Campbell und Herbert Simons Terminus der »zweckgerichteten Adaption« dar.[453] Die menschliche Erfindungstätigkeit beruht im Wesentlichen auf zwei kognitiven Prozessen. Der eine ist unser deduktives, logisches Denkvermögen. In ihrer elementaren Form ist Deduktion das, was jener Hominide tut, wenn er sich mental klarmacht, dass man mit einer Schlagkeule auch Tiere töten kann. In ihrer komplexen Form ist Deduktion das, was der Techniker von Intel tut, der mittels quantenmechanischer Überlegungen berechnet, wie viele Schaltkreise maximal auf einem Chip Platz finden.

Der zweite Teil des Erfindungsmodells betrifft das Ausprobieren. Auch heute verlassen sich die Konstrukteure nicht nur auf wissenschaftliche Überlegungen; häufig verfahren sie nach dem Motto: »Probieren wir's einfach aus und schauen, was dabei herauskommt.«[454] Es sind zahlreiche Geschichten von Menschen im Umlauf, die über ihre Erfindungen geradezu gestolpert sind. In den Achtzigerjahren beispielsweise versuchte der Chemiker Spence Silver von der Firma 3M einen stärkeren Klebstoff zu entwickeln und erhielt stattdessen einen, der schwächer war. Sein Kollege Art Fry stellte daraus ein selbsthaftendes Lesezeichen her, aus dem schließlich die heute allgegenwärtigen Post-it-Zettel wurden.[455] Ihre Erfindung geht nicht allein auf deduktive Logik zurück; ein glücklicher Zufall beim Probieren spielte eine mindestens ebenso große Rolle. Wie Henry Petroski, Professor für Bauingenieurwesen von der Duke University, sagt: »Form follows failure.«[456] Das für das Probieren maßgebliche Bauchgefühl ist sicherlich Ausdruck unbewusster induktiver, assoziativer und analogischer Denkprozesse, sodass es sich auch beim Probieren nicht um einen rein zufälligen Prozess handelt. Dennoch besteht die Aufgabe des Probierens darin, die experimentelle Basis über das deduktiv Erreichbare hinaus zu erweitern.

Neben deduktiver Logik und induktivem Probieren bestimmt gelegentlich auch reine Zufallslaune das menschliche Tun. Im Jahr 1982 beispielsweise kaufte der 33-jährige kalifornische Lastwagenfahrer Larry Walters eines Tages bei Sears eine Gartenliege, befestigte daran 45 heliumgefüllte Wetterballons und unternahm mit einer Kühltasche voller Bier und einer Luftpistole im Gepäck einen Ausflug auf 5000 Meter Höhe, mit der Folge, dass der Flugverkehr über Südkalifornien zum Erliegen kam.[457] Ursprünglich wollte er landen, indem er genügend Ballons abschoss, aber nachdem er vor Aufregung über die erreichte Höhe nach wenigen Schüssen die Pistole hatte fallen lassen, blieb ihm nichts anderes übrig, als nach einigen Stunden langsam zu Boden zu gleiten, wo er sich schließlich in Überlandleitungen verfing und großen Teilen von Long Beach einen Blackout bescherte. Zuletzt gelang es ihm, sich aus seinem Gefährt zu befreien. Walters schien weder von dem Interesse geleitet, aeronautische

Theorien deduktiv zu testen, noch, das kommerzielle Potenzial von Liegestuhlflügen zu erforschen – er wollte einfach nur fliegen. Allem wissenschaftlichen, deduktiven Konstruieren und sorgfältigen induktiven Testen zum Trotz wird es immer Menschen geben, die verrückte Dinge probieren. Auch wenn sich die fliegende Gartenliege nicht als wichtige neue Technologie entpuppte, tragen Verrücktheiten zur Verbreiterung der experimentellen Basis des PT-Raums bei.

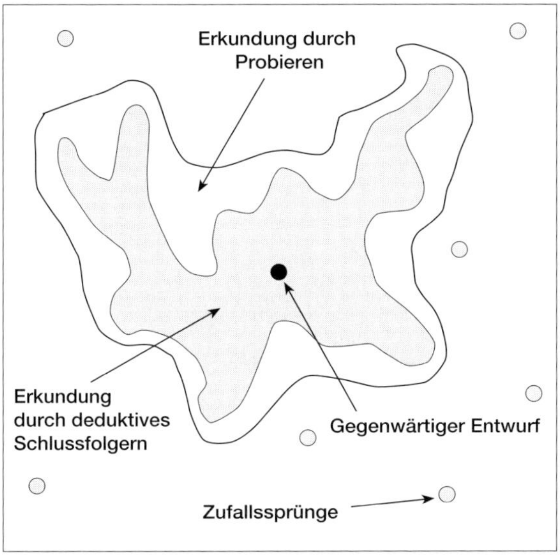

Abbildung 11.1: Deduktives Probieren in der Landschaft

Um uns die Funktionsweise des deduktiven Probierens bildhaft zu vergegenwärtigen, stellen wir uns einen Punkt auf einer alpinen, grob korrelierten Fitnesslandschaft vor. Dieser Punkt repräsentiert einen bestimmten PT Entwurf wie beispielsweise ein Mikrochipdesign. Wir zeichnen rund um den Punkt einen Experimentierbereich ein, der wie in Abbildung 11.1 dargestellt aussehen könnte. Tentakelartige Arme führen vom gegenwärtigen Entwurf in die Landschaft hinein. Es handelt sich um streng zielorientierte deduktive Erkundungen. Die Arme konzentrieren sich auf Bereiche, die laut Theorie, Wissenschaft und vergangener Erfahrung vielversprechend sind, während weniger attraktive Gegenden gemieden werden. In unserem Mikrochipbeispiel entsprechen die Tentakelarme den sorgfältigen Bemühungen der Ingenieure um inkrementelle Verbesserungen und Optimierungen. Um sie herum sehen wir eine erweiterte Region des Probierens. Sie entspricht den mutigeren und spekulativeren Versuchen der Konstrukteure, auch riskanteren Ideen nachzugehen. Und schließlich sehen wir einige Zufallstupfer in der Landschaft: Das sind Leute, die einfach nur so irgendwelche Dinge ausprobieren. Die Verteilung der Experimente ist eine andere, als wenn wir es mit rein zufälligen Mutationen und Crossover-Entwürfen zu tun hätten (Abbildung 11.2). Entscheidend ist, dass genügend Experimente zur Verfügung stehen, damit die Evolution ihre Wirkung entfalten kann.

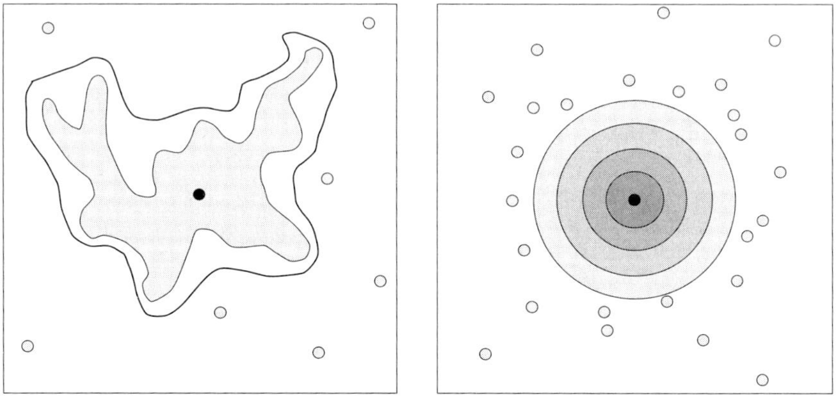

Auch wenn deduktives Probieren (links) und Zufallsmutation und Crossover (rechts) leicht unterschiedliche Muster aufweisen, erzeugen beide eine Streuung der Experimente über die Landschaft und bieten der Evolution eine Quelle der Differenzierung.

Abbildung 11.2: Deduktives Probieren kontra Zufallsmutation und Crossover

Selektion in der PT-Landschaft

Deduktives Probieren liefert also einen Mechanismus für die Variation physikalischer Technologien. Aber wie funktioniert die Selektion, und wonach bemisst sich in der PT-Landschaft Fitness?

Wie die Variation läuft auch die Selektion anders ab als in der biologischen Evolution, aber dennoch in Übereinstimmung mit dem allgemeinen Algorithmus. Alle PTs erfüllen einen Zweck.[458] Mobiltelefone sind dazu gedacht, dass wir damit kommunizieren, Kaffeetassen sind für Kaffee da, und Glaskugeln mit Schnee-Effekt sollen uns an unseren letzten Urlaub erinnern. Physikalische Technologien werden danach selektiert, wie gut sie ihren jeweiligen Zweck erfüllen. Wir suchen also nach PTs, die ihren Zweck besser erfüllen als alternative PTs. »Besser« bedeutet, dass sie ihren Zweck effektiver und zugleich ökonomisch effizienter erfüllen als die Alternativen. Das Überleben und der weit verbreitete Einsatz von PTs zur Schneekugelherstellung ist also der Anscheinsbeweis dafür, dass sie ihren Unterhaltungs- und Erinnerungszweck in den Augen vieler Menschen effektiv und effizient erfüllen. Die Tatsache, dass es die Figuren noch gibt, spricht dafür, dass sie den Vergleich mit anderen Souvenirartikeln wie Kaffeebechern, Geschirrtüchern oder T-Shirts nicht zu scheuen brauchen.

Nur dann kann Selektion in einem Evolutionssystem wirken, wenn in diesem System eine Bedingung gegeben ist, die Joel Mokyr von der Northwestern University als *Superfekundität* bezeichnet: Es existieren mehr Entwürfe, als die

Umgebung unterstützen kann, sodass es zu einem Wettbewerb kommt.[459] In der Biologie gibt es mehr potenzielle Organismusformen, als irgendein ökologisches System tragen könnte. In der Technologie existieren mehr mögliche PTs, als irgendwer jemals nutzen kann; so gibt es zum Beispiel mehr mögliche Andenkenentwürfe, als die Touristen der Welt jemals kaufen können. Evolution funktioniert im PT-Raum, weil es eine Superfekundität von PTs gibt, die miteinander wetteifern, und weil die Menschen mit der Zeit jene PTs auswählen, die ihren jeweiligen Zweck am effektivsten und effizientesten erfüllen.

Nachahmung ist die ehrlichste Form der Schmeichelei

Der letzte Punkt auf unserer Evolutionscheckliste ist die Replikation. Ob Evolution funktioniert, zeigt sich nicht zuletzt daran, ob die Häufigkeit erfolgreicher Entwürfe in der Gesamtpopulation der Entwürfe zunimmt. In der Biologie liegt dieser Zusammenhang auf der Hand. Gene, welche die Fitness fördern, werden mit größerer Wahrscheinlichkeit an die nachfolgenden Generationen weitergegeben als Gene, die der Fitness abträglich sind. Die Häufigkeit fitter Gene nimmt folglich zu. Aber wie funktioniert das in der Technologie? Wie replizieren sich physikalische Technologien? Was steuert ihre Zunahme innerhalb der PT-Population?

PTs, die für die Menschen von Nutzen sind, werden kopiert. Nachdem beispielsweise vor rund 7000 Jahren in Mesopotamien die erste PT für die Herstellung geformter Ziegel entdeckt wurde, wurde diese nützliche Erfindung ausführlich kopiert, und es wurden mittels deduktiven Probierens die unterschiedlichsten PT-Varianten für die Ziegelherstellung entwickelt.[460] Die erforderlichen Informationen wurden in den Köpfen der Menschen, in den Artefakten selbst und in schriftlichen Aufzeichnungen gespeichert. Die Menschen kopierten, was sie sahen, die Meister unterrichteten ihre Lehrlinge, und die Kunst der Ziegelherstellung breitete sich alsbald in alle vier Himmelsrichtungen aus.

Physikalische Technologien werden folglich repliziert, indem die Menschen sie mündlich weitergeben, die sie verkörpernden Artefakte kopieren, sie auf Steintafeln schreiben, in Bücher drucken oder auf Webseiten setzen. Die einzelnen PTs haben einen »Marktanteil«, der mit der Zeit zunimmt, wenn die PTs erfolgreich sind, und abnimmt, sobald sie ihren Zweck nicht mehr erfüllen. Ziegel-PTs beispielsweise erlebten ihre Glanzzeit im viktorianischen London, mussten aber im 20. Jahrhundert anderen PTs Platz machen, die Glas und Stahl verwendeten. Ziegel-PTs genossen also einen zeitlich begrenzten Replikationsvorteil, den sie aufgrund der Popularitätszunahme anderer PTs mittlerweile eingebüßt haben.

Nachdem wir die PT-Evolution in ihren Umrissen beschrieben haben, können wir einen kurzen Blick auf einige ihrer Konsequenzen werfen. Erstens wollen wir sehen, wie die grob korrelierte Geometrie der Landschaft dazu beiträgt, das

Phänomen der technologischen S-Kurve zu erklären. Zweitens wollen wir untersuchen, inwieweit die Modularität und das Wechselspiel zwischen den einzelnen PTs für die Durchschlagskraft disruptiver Technologien verantwortlich sind. Und schließlich wollen wir auf den Einfluss der Wissenschaft auf den PT-Evolutionsprozess selbst zu sprechen kommen.

Technologische S-Kurven

In den Achtzigerjahren entwickelte mein McKinsey-Kollege Richard Foster eine Theorie des natürlichen Lebenszyklus von Technologien und beschrieb sie in seinem Buch *Innovation: The Attacker's Advantage.*[461] Fosters Theorie basiert auf Beobachtungen und Fallstudien vom Segelschiff bis zum Mikroprozessor. Dabei wiesen die betrachteten Beispiele und Daten ein erstaunlich einheitliches Muster auf. Im Anfangsstadium einer neuen Technologie ist die Leistung schlecht und der Fortschritt langsam. Nach einer Zeit des Investierens und Experimentierens mit verschiedenen Entwürfen beginnt die Leistung der Technologie plötzlich eine exponenzielle Verbesserungskurve zu beschreiben. Während dieser Phase schlägt sich jeder investierte F&E-Dollar in substanziellen Leistungsgewinnen nieder. Mit zunehmender Reife der Technologie flacht die Leistungsverbesserungskurve jedoch wieder ab, und die Rendite der eingesetzten Mittel sinkt. Foster bezeichnete dieses Muster als S-Kurve entsprechend der Form des Graphen, der die Leistung der Technologie in Abhängigkeit der zu ihrer Verbesserung getätigten Investitionen beschreibt (Abbildung 11.3).

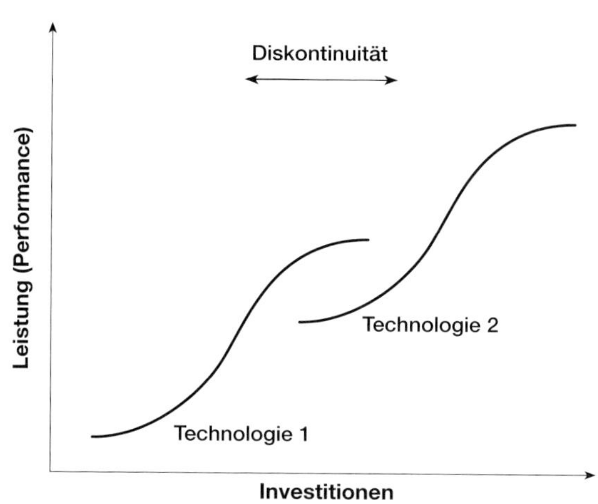

Abbildung 11.3: Technologische S-Kurven

Dem zweiten Teil der Foster'schen Theorie zufolge besteht ein Anreiz, nach neuen Technologien Ausschau zu halten, von dem Augenblick an, in dem die Rendite der in die bisherige Technologie getätigten Investitionen schrumpft. Auch diesmal ist der anfängliche Fortschritt zäh, bis ein Punkt erreicht ist, an dem die neue Technologie Fahrt aufnimmt und die alte ersetzt. Fosters Botschaft an die Unternehmen lautete, dass die größte Gefahr im Übergang von einer zur nächsten Technologie lauert, also in der Phase der Diskontinuität zweier S-Kurven. Etablierte Marktteilnehmer neigen dazu, die Früchte der alten Technologie möglichst lange zu ernten, in der Erwartung, dass sich die bisherige Leistungssteigerung fortschreiben lässt. Die Bedrohung durch andere Technologien wird häufig auch dann noch ignoriert, wenn die eigene Leistungskurve bereits stagniert. In dieser Phase ist die Gefahr am größten, dass kleinere Unternehmen, die ganz auf die neue Technologie setzen, zum Angriff blasen.

Wenn die Fitnesslandschaft des PT-Raums tatsächlich grob korreliert ist, so sollten wir dort genau die von Foster beobachteten S-Kurven wieder finden. Laut Stuart Kauffman gab es in der Frühphase des Fahrrads eine Vielzahl experimenteller Entwürfe – große Vorder- und kleine Hinterräder, diverse Lenkmechanismen und so weiter.[462] Aber sobald sich die heute vertraute Architektur mit den zwei gleich großen Rädern durchgesetzt hatte, ließen weitere Verbesserungen nicht lange auf sich warten, und die Leistung der Fahrräder verbesserte sich zusehends. Nach dieser Fortschrittsphase näherte sich die S-Kurve ihrem oberen Ende; die Verbesserungen beschränkten sich zunehmend auf Einzelkomponenten wie beispielsweise bessere Gangschaltungen und leichtere Rahmenmaterialien innerhalb einer feststehenden Gesamtarchitektur. Mit der Zeit wurden neue Architekturen wie das Rennrad und das Mountainbike entdeckt, und es setzten neue S-Kurven ein.

Wir wollen uns die Situation in der Fitnesslandschaft vergegenwärtigen und annehmen, ein bestimmter Punkt repräsentiere den allerersten Fahrradentwurf mit einem ihm zugeordneten Fitnesslevel (Abbildung 11.4). Um diesen Punkt herum warten diverse Entwurfsvarianten darauf, entdeckt zu werden. Gegenden in der Nähe des Ausgangspunktes stehen für kleine Veränderungen in der Fahrradkonstruktion; entferntere Bereiche verkörpern radikalere Innovationen. Mit dem Ziel im Auge, die Fitness des Fahrrads zu verbessern, beginnen wir mit unserem gegenwärtigen Entwurf zu experimentieren, um herauszufinden, welche Veränderungen sich positiv oder negativ auf seine Leistung auswirken. Wir erkunden also die Fitnesslandschaft nach benachbarten Gipfeln und Tälern.

Weil wir mit dem ersten jemals entdeckten Fahrraddesign beginnen, existieren unendlich viele Varianten, die noch nie getestet wurden. Viele davon versprechen eine verbesserte Fitness, aber noch mehr führen in tiefere Fitnessregionen, gibt es doch mehr Möglichkeiten, schlechte Fahrräder zu bauen als gute. Sobald wir die Richtung der guten Entwürfe ausfindig gemacht haben, begeben wir uns auf die Wanderschaft. Zuerst sind unsere Schritte zögerlich,

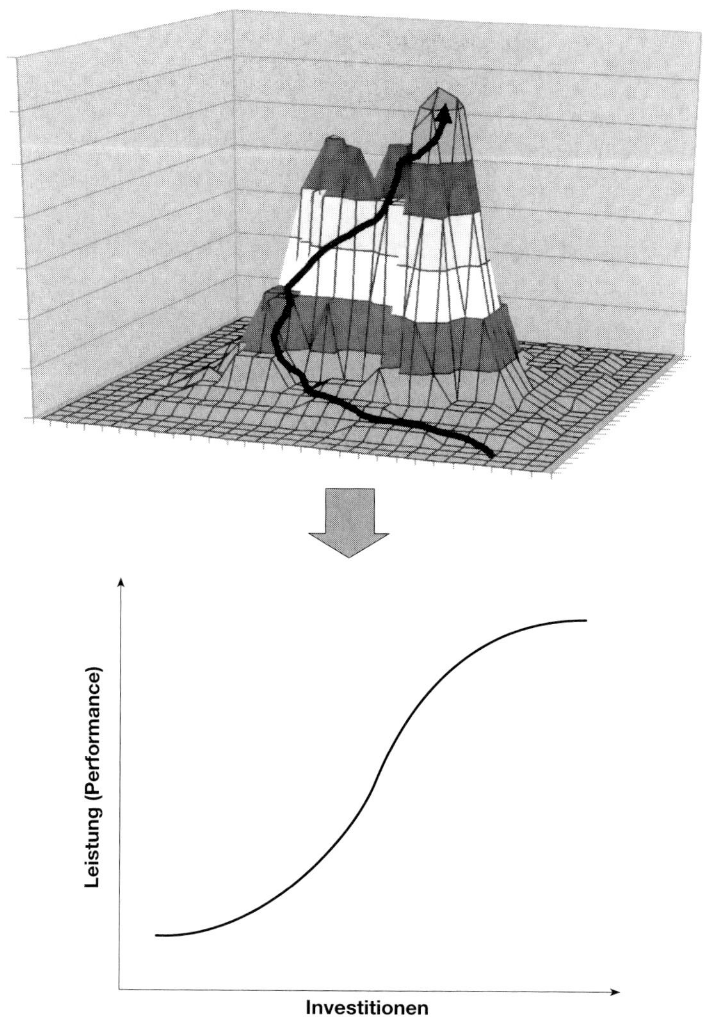

Abbildung 11.4: Grob korrelierte Technologielandschaften führen zu S-Kurven

und wir probieren diesen und jenen Weg aus. Die hohen Gipfel sind noch fern, und wir befinden uns in den allerersten Ausläufern. Aber nach einigem Suchen stoßen wir auf ein gutes Design (zwei gleiche Räder, das Hinterrad angetrieben), was einem zügig ansteigenden Weg in der Landschaft entspricht. Während wir rasch an Höhe gewinnen, nimmt unsere Fitness ständig zu. Früher oder später nähern wir uns jedoch dem Gipfel, und die Aufstiegsgeschwindigkeit verlangsamt sich. Je höher wir steigen, desto weniger Seitenwege führen ebenfalls aufwärts. Zu Beginn hatte es noch jede Menge alternativer Richtungen und Entwürfe gegeben. In der Nähe des Gipfels reduzieren sich die Aufwärtspfade auf wenige Detailverbesserungen.

Wäre die Fitnesslandschaft des PT-Raums vollkommen zufällig, so sähen wir keine S-Kurven. Investitionen in eine gegebene Technologie erbrächten zufällige Erträge, wie auch unsere Schritte einen zufälligen Fitnessgewinn oder -verlust zur Folge hätten. Wäre die Fitnesslandschaft im PT-Raum hingegen glatt und vollkommen korreliert (Fujiyama-Landschaft), so gäbe es nur ein optimales Fahrraddesign. Fahrradfanatiker bräuchten nicht darüber zu streiten, was besser ist: ein Specialized S-Works Model 04 oder ein Cannondale R500. Und wir hätten auch nicht die Sprünge von einer S-Kurve zur nächsten. In einer vollkommen korrelierten Welt gäbe es außer dem ersten und einzigen Gipfel nichts mehr zu erreichen. S-Kurven sind vielmehr das natürliche Ergebnis einer grob korrelierten Fitnesslandschaft.

Disruptive Technologien

In seinem Buch *The Innovator's Dilemma* fragt Professor Clayton Christensen von der Harvard Business School nach den Gründen, warum große und erfolgreiche Unternehmen so häufig am Übergang von einer S-Kurve zur nächsten straucheln. Wie er anhand einer detaillierten Studie zur Entwicklung von Festplattenherstellern für Computer feststellt, können scheinbar kleine technologische Veränderungen mitunter äußerst disruptiv wirken.

Laut Christensen hängt die disruptive Sprengkraft einer technologischen Entwicklung weniger von ihrer Radikalität ab, als vielmehr von ihren Auswirkungen auf die S-Kurve. Eine Technologie, welche die Leistung entlang einer bestehenden S-Kurve vorantreibt, verstärkt tendenziell die Macht der bestehenden Akteure. Macht eine Technologie jedoch eine neue S-Kurve erforderlich, die womöglich bei einem schlechteren Preis-Leistungs-Verhältnis als die gegenwärtige Technologie einsetzt, besteht die Gefahr, dass die neue Technologie mit ihrem disruptiven Potenzial die Branchenstruktur verändert. Erfolgreiche etablierte Unternehmen tun sich in der Regel schwer mit dem Gedanken, in eine Technologie zu investieren, die zumindest vorläufig ein schlechteres Preis-Leistungs-Verhältnis verspricht. Die ersten 3,5-Zoll-Disketten waren langsam und teuer und konnten nur wenige Daten speichern; ein führender Hersteller von 5-Zoll-Disketten mochte sich also fragen: »Warum sollten sich unsere Kunden dafür interessieren?« Sobald jedoch die neue Technologie die S-Kurve erklimmt, führen die etablierten Vertreter der alten Technologie zumeist nur noch hoffnungslose Rückzugsgefechte.

Das »Dilemma des Erneuerers«, wie Christensen es nennt, lässt sich im Kontext einer grob korrelierten PT-Landschaft bestens nachvollziehen. Als der Durchmesser der üblichen Festplatten sukzessive von 14 Zoll auf 1,8 Zoll abnahm, war es mit Verkleinern allein nicht getan. Zahlreiche Komponenten mussten neu entworfen, Fertigungstechniken umgestellt und mechanische Teile durch elektronische ersetzt werden. Während die Veränderungen äußerlich möglicherweise kaum auffielen, stellten sie dennoch auf der Fitnesslandschaft große Sprünge dar. Auch wenn wir der Einfachheit halber eine dreidimensionale Visualisierung der Fitnesslandschaft gewählt haben, impliziert die Modularität der Entwürfe in Wahrheit eine hochgradig multidimensionale Struktur. Indem wir fünf Komponenten eines Entwurfs verändern, bewegen wir uns in der Fitnesslandschaft in fünf Dimensionen. »Abstand« ist in der Fitnesslandschaft eine Funktion sowohl der Zahl der veränderlichen Dimensionen als auch des Ausmaßes der Veränderungen in jeder einzelnen Dimension. Eine multidimensionale Veränderung wie im Fall der Entwicklung der Festplatte in Richtung immer kleinerer Radien stellt also einen größeren Schritt in der Fitnesslandschaft dar.

Neue Architekturen erfordern fast immer gleichzeitige Veränderungen in vielen Details, ob beim Übergang vom Segel- zum Dampfschiff oder vom Rennrad zum Mountainbike. In einer detaillierten Studie zur Halbleiterbranche zeigten Rebecca Henderson vom MIT und Kim Clark von der Harvard Business School, dass Innovationen im Bereich der Architekturen in der Regel mit mehr disruptiver Sprengkraft verbunden sind als Innovationen im Bereich einzelner Komponenten.[463] Indem wir Innovation als eine Suche in der Fitnesslandschaft verstehen, erkennen wir den roten Faden in den Arbeiten von Foster, Christensen sowie Henderson und Clark: Erfolgreiche, etablierte Unternehmen tun sich besonders schwer mit weiten Sprüngen in der PT-Landschaft. Von einem lokalen Gipfel aus führen sehr viel mehr Wege die Fitnesslandschaft hinab als hinauf, und der Sprung zu einer neuen Architektur erscheint riskant. Einem Start-up-Unternehmen hingegen, das sich noch in den Niederungen der Landschaft bewegt, eröffnen sich zahlreiche aufsteigende Pfade zu neuen und unerforschten Gipfeln. Zwar enden die meisten in unwegsamem Gelände oder auf enttäuschend niedrigen Gipfeln. Aber solange nur genug Wanderer unterwegs sind, wird schon jemand auf eine attraktive Route stoßen.[464]

Die wissenschaftliche Revolution: Evolution neu programmiert

Ein wichtiges Merkmal der PT-Evolution ist, dass die Tentakelarme der deduktiven Erkundung mit größerer Wahrscheinlichkeit zu höheren Fitnessgipfeln führen als reines Probieren oder der bloße Zufall. Auch wenn die menschliche Deduktion nicht vollkommen ist, kann sie doch extrem hilfreich sein, um die potenziellen Konsequenzen von Handlungen zu erkennen und reale Tests durch geistige Simulationen zu ersetzen. Während 99,9 Prozent der Menschheitsgeschichte blieb die Reichweite unserer deduktiven Fähigkeiten relativ beschränkt, sodass beim Modell des deduktiven Probierens das Probieren überwog. Wir Menschen verfügten über viele PTs, die funktionierten, ohne dass wir wussten, warum sie funktionierten oder wie sie funktionierten. Dennoch erzeugten wir und unsere Vorfahren im Laufe von 2,5 Millionen Jahren einen langsam wachsenden Innovationsfluss.

Rund um das Jahr 1750 geschah jedoch, wie in Kapitel 1 erwähnt, etwas ganz Außergewöhnliches – der PT-Raum und die Zahl der SKUs in der Wirtschaft explodierten. Auslöser war die wissenschaftliche Revolution. Die Ursprünge der wissenschaftlichen Revolution reichen bis in die Zeit um 1500 zurück, zur Wiederbelebung des klassischen Wissens und dem neu erwachten Interesse an der Natur während der italienischen Renaissance. Von diesem Interesse ließen sich im 16. Jahrhundert Persönlichkeiten wie Leonardo da Vinci und Nikolaus Kopernikus leiten. Dabei waren sie in vielerlei Hinsicht weniger Wissenschaftler als vielmehr Bastler. Erst nachdem Francis Bacon die wissenschaftliche Methode formuliert und Galileo Galilei die Rolle des Experiments bestimmt hatten, war im 17. Jahrhundert der Boden bereitet für die gewaltigen Fortschritte Isaac Newtons, Robert Boyles und anderer. Die Wissenschaft setzte zu einer exponenziellen Entdeckungskurve an, auf der sie sich bis heute befindet.[465]

Die Wissenschaft hat die Trefferrate des deduktiven Schlussfolgerns dramatisch erhöht. Die Deduktion spielte plötzlich eine sehr viel größere Rolle innerhalb der kombinierten Methode des deduktiven Probierens. Deduktive wissenschaftliche Theorien konnten das Probieren nicht vollkommen ersetzen; jeder Ingenieur weiß, dass Theorie und Praxis nicht immer übereinstimmen. Vielmehr entstand ein sehr potenter Mix, der das Tempo, mit der die Evolution hohe Gipfel in der PT-Landschaft aufspürt, dramatisch beschleunigte.

Die technologische Evolution ist nicht nur eine Metapher. Sie ist das Ergebnis der deduktiv-probierenden Suche der Menschheit in den nahezu unendlichen Möglichkeiten des PT-Raums. Auch wenn dieser Prozess aus Differenzierung, Selektion und Replikation einige Unterschiede zur Biologie aufweist, handelt es sich dennoch um einen Evolutionsprozess. Das bedeutet, dass die PT-Evolution denselben allgemeinen Gesetzen folgt, die für alle Evolutionssysteme gelten. Es bedeutet außerdem, dass sie Verhaltensweisen zeigt, die sich auch in anderen Evolutionssystemen wieder finden lassen, beispielsweise dass Innovationen häufig weitere Innovationen nach sich ziehen oder dass der technologische Wandel ein punktiertes Gleichgewicht beschreibt. Die PT-Evolution weist jedoch ein Merkmal auf, das sich in dieser Form nur in menschlichen Systemen findet: Wir können unseren eigenen evolutionären Suchalgorithmus umprogrammieren. Die Erfindung der Wissenschaft hat die Menschheit in die Lage versetzt, die Erkundung des PT-Raums explosionsartig voranzutreiben, und die aufeinander folgenden Innovationen der industriellen Revolution und der Informationsrevolution haben die Gesellschaft und den ganzen Planeten transformiert. Nach unserer Reise vom »Morgen der Menschheit« bis zur Welt der Raumschiffe wollen wir nun zu unseren steinzeitlichen Freunden zurückkehren, denn die physikalischen Technologien sind nur die Hälfte der Geschichte.

12. Soziale Technologien: Vom Jäger und Sammler zum multinationalen Unternehmen

Im Jahr 2002 nahmen William Easterly vom Institute for International Economics und Ross Levine von der University of Minnesota in einer Studie 72 reiche und arme Länder unter die Lupe und stellten sich die Frage: »Was macht einige Länder wohlhabender als andere?«[466] Man könnte annehmen, dass dabei Faktoren wie die Existenz natürlicher Ressourcen, die Kompetenz der Regierungspolitik oder der Entwicklungsstand der physikalischen Technologien eine Rolle spielen. Wie Easterly und Levine jedoch feststellten, war ein anderer Faktor noch weit wichtiger: der Zustand der sozialen Technologien in einem Land. Rechtsstaatlichkeitsprinzip, Eigentumsrechte, ein funktionierendes Bankensystem, ökonomische Transparenz, keine Korruption und andere soziale und institutionelle Faktoren waren für den nationalen Wirtschaftserfolg wichtiger als jede andere Kategorie. Selbst Länder mit wenigen Ressourcen und inkompetenten Regierungen schnitten vergleichsweise gut ab, wenn sie über starke und gut entwickelte soziale Technologien verfügten. Länder hingegen mit unzureichenden sozialen Technologien schnitten durchweg schlechter ab, mochten sie über noch so viele Ressourcen und eine noch so disziplinierte makroökonomische Politik verfügen.

Soziale Technologien wirken sich nicht nur auf die Gesamtperformance eines Landes aus, sondern erklären auch die Unterschiede zwischen einzelnen Branchen und Unternehmen. Ende der Neunzigerjahre bemerkten die Ökonomen einen rapiden Produktivitätsanstieg in der US-Wirtschaft. Anfangs suchten sie die Erklärung in den physikalischen Technologien. Nach zwei Jahrzehnten massiver Investitionen in die Computerleistung schienen sich hier nun die Früchte dieser Investitionen zu zeigen. Meine Kollegen vom McKinsey Global Institute waren jedoch skeptisch und warfen einen Blick hinter die schlagzeilenträchtigen Produktivitätszahlen.[467] Wie sie feststellten, ging die verbesserte Produktivität in erster Linie auf Veränderungen in der Organisation und im Management der Unternehmen zurück – mit anderen Worten: auf Innovationen im Bereich der sozialen Technologien.

Das McKinsey-Team interessierte sich unter anderem für den Einzelhandel und insbesondere für den Einfluss von Wal-Mart auf die Gesamtproduktivität des Sektors. Nachdem das Unternehmen in den Achtziger- und frühen Neunzigerjahren massiv in großflächige Geschäfte und hocheffiziente Logistiksysteme investiert hatte, erreichte es jetzt eine um 40 Prozent höhere Produktivität als seine Wettbewerber. Die Herausforderung zwang die Wettbewerber, die innovative Unternehmensstruktur von Wal-Mart zu imitieren und ihre eigene Produktivität zu steigern; dies gelang bis Ende der Neunzigerjahre um 28 Prozent. In der Zwischenzeit blieb wiederum Wal-Mart nicht untätig und erhöhte die eigene Produktivität um weitere 22 Prozent. Allein dieses Innovationswettrennen im

Bereich der sozialen Technologien im Einzelhandelssektor war für beinahe ein Viertel des Wachstums der US-Gesamtproduktivität in diesem Zeitraum verantwortlich. Den Rest machten ähnliche Innovationswettrennen in fünf anderen Sektoren aus, in denen es ebenfalls um soziale Technologien ging. Sicherlich kam dem Computer dabei eine wichtige Rolle zu; ohne ihn wären die komplizierten Logistikprozesse von Wal-Mart nicht zu realisieren gewesen. Letztlich spielte die Computertechnologie jedoch nur eine unterstützende Rolle; die entscheidenden Produktivitätsgewinne resultierten aus Innovationen im Bereich der Unternehmensstrukturen und -prozesse.

Wir tun uns zusammen

Im vorigen Kapitel definierte ich physikalische Technologien (PT) als Methoden und Entwürfe zur Umwandlung von Materie, Energie und Informationen von einem Zustand in einen anderen zwecks Erreichung eines oder mehrerer Ziele. Soziale Technologien lassen sich ähnlich definieren:[468]

> Soziale Technologien (STs) *sind Methoden und Entwürfe zur Interaktion und Organisation von Menschen zwecks Erreichung eines oder mehrerer Ziele.*

Menschen können sich zu einer Gruppe zusammentun und ein Unternehmen, eine Religion oder einen Kegelklub gründen. Solche Gründungen verfolgen stets ein Ziel, sei es finanzieller, spiritueller oder unterhaltender Art. Wie PTs dazu da sind, in der physikalischen Welt eine Ordnung zu schaffen, die den Bedürfnissen der Menschen gerecht wird, so versuchen STs, in der zwischenmenschlichen Welt eine bedarfsgerechte Ordnung zu schaffen.

Der Ausdruck *soziale Technologien* ist ein naher Verwandter des von den Ökonomen verwendeten Begriffs der *Institutionen*. Der Nobelpreisträger Douglass North definiert Institutionen als »die Spielregeln in einer Gesellschaft«.[469] Institutionen sind sicherlich ein Bestandteil des Organisierens; meine ST-Definition ist jedoch breiter angelegt und umfasst zusätzliche Elemente wie beispielsweise Strukturen, Rollen, Prozesse und kulturelle Normen. Alles, was zum Organisieren erforderlich ist, findet in den sozialen Technologien Platz. Zu den STs einer Fußballmannschaft gehören nicht nur die Spielregeln, sondern auch die Aufgabenbeschreibung des Torhüters, die kulturellen Normen des Teams und das Spielsystem (zum Beispiel 4-3-3). Während sich unter den STs einer Fußballmannschaft auch die komplette Beschreibung der Organisationsmethoden des Teams befindet, gehört die verwendete Spielstrategie nicht dazu. Rezepte wie »über die linke Seite angreifen« oder »kurze Pässe spielen« sucht man dort vergeblich. Im ökonomischen Kontext sind solche Strategien Bestandteil des Geschäftsplans. Auf diese Unterscheidung werden wir später noch einmal zurückkommen.

Wie sich soziale Technologien entwickeln

Auch die STs bilden wieder einmal einen großen theoretischen Möglichkeitsraum – die Bibliothek aller denkbaren sozialen Technologien. Wir werden denselben Weg gehen, den wir auch im Fall der physikalischen Technologien gegangen sind. Die ST-Bibliothek umfasst die Codes der einzelnen Entwürfe und Instruktionen für die Schaffung sozialer Strukturen. Wir können beispielsweise die Instruktionen für die Organisation einer Yanomami-Jagd notieren, die Organisationsstruktur von GE beschreiben oder die europäischen Bankenverordnungen darlegen. Diese Instruktionen können Text in natürlicher Sprache, Diagramme und Tabellen enthalten, in denen die Organisationsstrukturen, Rollen, Entscheidungsprozesse, formalen Regeln, Anreizsysteme, Verhaltensnormen und so weiter festgehalten sind. Wie zuvor können wir uns diese STs in 500-Seiten-Büchern (darunter auch mehrbändige Werke) kodiert vorstellen – auch die Bibliothek aller denkbaren sozialen Technologien ist somit weit größer als das Universum.

Wie im Fall der PTs und der Geschäftspläne liegen manche STs in der realen Welt in Schriftform vor, während andere nur in den Köpfen der Menschen existieren. Soziale Technologien müssen nicht wirklich niedergeschrieben werden, lassen sich aber bei Bedarf so notieren, dass ein qualifizierter Leser den kodierten Entwurf realisieren kann. Ein Yanomami-Jäger könnte den Code für eine Jagdgemeinschaft entziffern, ein GE-Manager die Beschreibung der GE-Organisationsstruktur und ein einschlägig erfahrener EU-Bürokrat die Struktur der Bankenverordnungen.

Wie die übrigen Möglichkeitsräume verfügt auch die ST-Bibliothek über drei wichtige Attribute. Erstens nährt sich der ST-Raum aus sich selbst und entfaltet sich exponenziell – wie sein Verwandter, der PT-Raum.[470] Jede ST-Innovation schafft mehr Freiraum für weitere ST-Innovationen – die Erfindung des Geldes führte zur Erfindung der Buchhaltung, die wiederum die Erfindung der Aktiengesellschaft und die Erfindung des Aktienmarkts nach sich zog, und so weiter.

Zweitens zeichnen sich STs durch ihre Modularität und ihren Bausteincharakter aus. Der Unternehmensentwurf eines großen multinationalen Konzerns beispielsweise besteht aus lauter Modulen mit den Einzelentwürfen der Geschäftseinheiten, der Buchhaltungs- und Kontrollsysteme, der Entscheidungsstrukturen und der kulturellen Verhaltensnormen.[471]

Drittens ist die Fitnesslandschaft über dem ST-Raum grob korreliert. Kleine Unterschiede im ST-Entwurf bewirken zumeist nur kleine Fitnessunterschiede; nur gelegentlich machen kleine Veränderungen eine ST unbrauchbar oder viel besser. Die ST-Fitnesslandschaft ist also wie unsere übrigen Fitnesslandschaften von alpiner, grob korrelierter Gestalt mit flachen Regionen, Löchern wie beim Schweizer Käse und gelegentlich auftretenden »Portalen« zu höheren Ebenen. Aus dieser Annahme folgt, dass wir im ST-Raum, nicht anders als im PT-Raum, mit S-Kurven und disruptiven Technologien rechnen dürfen. Die Geschichte scheint dies zu bestätigen.[472] Der Sprung von der Jäger-und-Sammler-ST zur sesshaften Landwirtschaft beispielsweise lässt sich als ein wichtiger Sprung in der S-Kurve der menschlichen Wirtschaftsstrukturen auffassen.[473] Das von Henry Ford entwickelte Fließband als eine radikal neue Methode der Arbeitsorganisation war eine hochgradig disruptive ST, welche die Struktur der frühen Automobilindustrie und vieler weiterer Branchen einschneidend veränderte.[474]

Deduktives Probieren im ST-Raum

Wenn die ST-Fitnesslandschaft tatsächlich grob korreliert ist, dann bietet sich als effektive Suchmethode unser großer Champion an: der Evolutionsalgorithmus. Wie die Menschen mittels deduktiven Probierens den PT-Raum durchforsten, so suchen sie auch im ST-Raum mittels deduktiven Probierens nach geeigneten, »fitten« STs. Als beispielsweise Henry Ford und seine Leute das Fließband entwickelten, entwarfen sie ihre Ideen nicht nur auf dem Papier.[475] Auch probierten sie nicht einfach aufs Geratewohl. Vielmehr taten sie von beidem etwas. Ford wollte ein Automobil herstellen, das sich der einfache Bürger leisten konnte. Dazu musste er die Zahl der für den Herstellungsprozess benötigten Fachkräfte verringern, damit ein größerer Teil der Arbeit von weniger qualifizierten und billigeren Kräften geleistet werden konnte. Ford wusste um die Erfolge der US-Waffenschmiede Springfield Armory in Massachusetts bei der Verwendung standardisierter, austauschbarer Teile im Herstellungsprozess, und auch ohne das ausführliche Studium theoretischer ökonomischer Schriften war er mit Vorteilen der Spezialisierung von Arbeitskräften ungefähr vertraut. Auf der Grundlage diverser deduktiver Theorien begann Ford zwischen 1908 und 1912, mit verschiedenen Konfigurationen seiner Fabrik zu experimentieren. Im Jahr 1913 kam er dann zu der Einsicht, dass sich die Autos und nicht die Arbeiter bewegen mussten, und 1914 war das erste Fließband einsatzbereit.

Bei den sozialen Technologien spielt das Probieren im Vergleich zur Deduktion eine größere Rolle als bei den physikalischen Technologien. Trotz der Fortschritte in der Ökonomik und in der Organisationstheorie gleichen Tätigkeiten wie das Umstrukturieren eines Unternehmens oder die Einrichtung eines Zentralbanksystems weit eher einer Kunst als einer Wissenschaft – ganz anders als etwa der Bau eines Düsenjets oder die Entwicklung eines neuen Herzmedikaments. Das Suchmuster auf der ST-Fitnesslandschaft weist deshalb relativ wenige zielgerichtete Finger des deduktiven Schließens und dafür umso mehr Wolken des Testens und Probierens auf. Eines der Versprechen der Komplexitätsökonomik lautet, dass sie in den sozialen Technologien die Grenze, wo die Kunst aufhört und die Wissenschaft beginnt, allmählich zugunsten der Wissenschaft verschieben wird. Trotz der untergeordneten Rolle der Deduktion im ST-Raum handelt es sich bei der Suche nach fitten STs mittels deduktiven

Probierens dennoch um einen Evolutionsprozess. Die Menschen experimentieren mit diversen STs: Die erfolgreichen Entwürfe bleiben erhalten, während die weniger erfolgreichen wieder verschwinden. Erfolgreiche Entwürfe werden kopiert und vervielfältigt, ziehen Ressourcen an und breiten sich aus. Fords innovative Fließbandidee beispielsweise verbreitete sich rasch im Herstellungssektor, wo sie andere STs verdrängte und bis heute ein Standardverfahren geblieben ist.[476]

Es existieren enge Verbindungen zwischen PTs und STs. Während sich die Menschen über die PT-Fitnesslandschaft bewegen, erzeugen sie Erschütterungen, Erdbeben und andere Störungen in der ST-Landschaft, und umgekehrt. Fortschritte im PT-Raum wie beispielsweise der von Ochsen gezogene Pflug waren erst nach der ST-Innovation einer sesshaften Landwirtschaft möglich (die Vorstellung eines Nomaden, der einen Pflug transportiert, erscheint absurd). Ebenso basieren viele Innovationen im Management auf Fortschritten in der Computer- und Kommunikationstechnologie. Agrarrevolution, industrielle Revolution und Informationsrevolution lassen sich jeweils als koevolutionäre Begleit- und Folgeerscheinungen von PT-Fortschritten betrachten, die neue Formen von STs hervorbrachten, die wiederum Auslöser weiterer PT-Fortschritte waren, und so weiter.

Der Wettbewerb um Kooperation

Als Nächstes können wir fragen, was die Menschheit dazu treibt, den ST-Raum zu durchforsten. Warum versuchen wir, uns ständig neu und besser zu organisieren? Die Antwort liegt in der Magie des Nichtnullsummenspiels.

In Kapitel 10 sprach ich über den Unterschied zwischen Nullsummenspielen, bei denen der Gewinn des einen der Verlust des anderen ist, und Nichtnullsummenspielen, bei denen beide Seiten von einer Kooperation profitieren. Kooperation in einem Nichtnullsummenspiel folgt der Logik »1 + 1 = 3«: Wenn du mir den Rücken kraulst, kraule ich dir den Rücken, und zusammen können wir etwas tun, was keiner von uns alleine tun könnte, und so profitieren wir beide. Die Nichtnullsummenkooperation gehört zu den guten Tricks des Überlebens, von denen die biologische Evolution reichlich Gebrauch macht. Hunde jagen in Rudeln, Termiten bauen gemeinsam Hügel, Fische schwimmen in Schwärmen, und die Vertreter des *Homo sapiens* leben wie die meisten Primaten in Gruppen.

Aber während die Vorteile einer Kooperation in Nichtnullsummenspielen beträchtlich sein können, wie das Gefangenendilemma zeigt, besteht mitunter ein Konflikt zwischen der Kooperation zugunsten eines höheren Zieles und der engstirnigen Verfolgung von Eigeninteressen.[477] In seinem anregenden Buch *Non Zero* behauptet der Journalist und Wissenschaftsautor Robert Wright, die menschliche Geschichte lasse sich im Wesentlichen als das Ergebnis dieser zentralen Spannung zwischen Kooperation und Eigeninteresse verstehen.[478]

Wright sieht hinter der allmählichen Zunahme der gesellschaftlichen Komplexität von den einfachen Jäger- und Sammlergemeinschaften über organisierte Dörfer und Nationalstaaten bis zu globalen Unternehmen das menschliche Streben nach immer neuen und immer breiter angelegten Kooperationsformen sowie nach immer komplexeren und profitableren Nichtnullsummenspielen. In einer Welt, in der die Ressourcen zu jedem gegebenen Augenblick begrenzt sind, zwingt der Wettbewerb zur Kooperation. Gesellschaften, die sich besser organisieren können, sind auf lange Sicht jenen Gesellschaften, die in der Schaffung kooperativer Strukturen weniger erfolgreich sind, sozial, ökonomisch und militärisch überlegen. Soziale Innovation ist folglich das Ergebnis eines Kooperationswettbewerbs.

Wenn wir Wrights These in unsere Sprache übersetzen, erkennen wir in der deduktiv-probierenden Suche in der ST-Fitnesslandschaft das Bestreben, Nichtnullsummenspiele zu ermöglichen und von ihnen zu profitieren. Die ST-Fitness hängt folglich von drei Faktoren ab. Erstens muss die ST Nichtnullsummengewinne ermöglichen. Zweitens muss sie diese Gewinne so verteilen, dass die Menschen einen Anreiz erhalten, sich an dem Spiel zu beteiligen. Und drittens muss die ST einen Mechanismus zur Lösung des Egoismusproblems enthalten. Wir wollen jeden dieser Faktoren genauer unter die Lupe nehmen.

Die Nichtnullmagie

Es gibt in Nullsummenspielen vier entscheidende Quellen für die »1 + 1 = 3«-Magie. Alle vier sind in der traditionellen ökonomischen Theorie seit Langem bekannt. Die erste ist die Arbeitsteilung. Wie in Kapitel 2 erwähnt, wies Adam Smith vor über zwei Jahrhunderten auf diesen Vorteil hin. Wenn die Fähigkeiten zweier Menschen auch nur geringfügig divergieren, profitieren beide davon, wenn sich beide auf das konzentrieren, was sie am besten können, um anschließend im Handel einen Ausgleich zu schaffen. Wenn Larry ein guter Jäger ist und Harry sich auf die Herstellung von Äxten versteht, hat Larry mehr davon, wenn er bei seiner Jagd bleibt, als wenn er mit Steinen aufeinander schlägt – und umgekehrt.

Die zweite ist die Heterogenität der Menschen. Ihre unterschiedlichen Bedürfnisse und Vorlieben schaffen Gelegenheiten für einen beidseitig vorteilhaften Handel (wie wir in Zuckerwelt gesehen haben). Charles Darwin beobachtete die Vorteile dieser Art von Handel bei seinen Begegnungen mit den Feuerlandindianern während seiner Reise auf der *HMS Beagle*: »Beide Seiten lachen, staunen, blicken einander fassungslos an; wir mitleidig, dass sie uns für Lumpen guten Fisch und Krabben geben […]; sie glücklich, jemanden gefunden zu haben, der so edlen Schmuck gegen eine simple Mahlzeit eintauscht.«[479]

Die dritte Quelle sind die Vorteile wachsender Skalenerträge, von denen in Kapitel 3 bereits die Rede war. Ein einsamer Jäger investiert möglicherweise

500 Kilokalorien (kcal) Energie in einige Stunden der Jagd und erhält dafür die 20-prozentige Chance, ein Tier mit einem Nährwert von 2500 kcal zu erlegen. Seine erwartete Rendite beträgt also im Mittel 500 kcal, sodass er gerade seinen Einsatz herausbekommt. Nehmen wir jetzt an, dass er mit zwei anderen eine Jagdgesellschaft bildet. Die drei investieren immer noch je 500 kcal, aber ihre Chance, ein Tier zu erlegen, beträgt nun 90 Prozent. Der Erwartungswert liegt jetzt bei 750 kcal je Person (90 Prozent von 2500 kcal geteilt durch drei). Indem sie sich zusammenschließen, machen unsere Steinzeitjäger einen Gewinn pro Kopf von 250 kcal.

Und viertens gleicht Kooperation Unsicherheiten über die Zeit aus. Wenn die eine Jagdgesellschaft einen erfolgreichen und die andere einen weniger erfolgreichen Tag hatte, kann die erste ihre Beute mit der zweiten teilen, vorausgesetzt, diese tut dasselbe, sobald die Situation umgekehrt eintritt (und möglicherweise kommen zur Erstattung noch Zinsen hinzu). Kooperation ist folglich ein guter Trick, um Risiken zu mildern. Sind wir während einer Pechsträhne auf uns allein gestellt, so verhungern wir. Befinden wir uns jedoch in einer Gruppe, so können unsere Kollegen uns unterstützen, bis wir uns bei nächster Gelegenheit revanchieren.

Die Verteilung der Beute

Diese vier Quellen von Nichtnullsummenspielen lassen sich in diversen Kontexten anwenden und kombinieren, sodass beinahe unbegrenzt viele Varianten entstehen, wie Menschen zum wechselseitigen Nutzen kooperieren können. Als Kooperationsanreiz müssen die Beteiligten jedoch am zusätzlichen Nutzen beteiligt werden. Deshalb kommt der Aufteilung der »Beute« eine entscheidende Bedeutung zu. Wenn die Belohnungen falsch verteilt werden, fällt die Kooperation in sich zusammen, und die Nichtnullsummengewinne verflüchtigen sich.

Die Verteilung der Kooperationsgewinne war das Thema einer Arbeit mit dem Titel »The Bargaining Problem«, mit der sich der Mathematiker John Nash (wunderbar porträtiert in Buch und Film *A Beautiful Mind*) im Jahr 1950 erstmals einen Namen machte.[480] In diesem Aufsatz stellt Nash die simple Frage, wie zwei Handelspartner zu einer Vereinbarung gelangen. Wie viel Fleisch erhält Larry von Harry für seine Handaxt? Generationen von Ökonomen haben sich mit diesem scheinbar so einfachen Problem herumgeschlagen. Nashs elegante Lösung lautete, dass die Handelspartner ihre Gewinne entsprechend dem jeweiligen Wert aufteilen, den sie dem Ergebnis beimessen, was wiederum von den verfügbaren Alternativen abhängt. Jeder versucht, das bestmögliche Ergebnis für sich herauszuschlagen, wobei er annimmt, dass die übrigen Beteiligten sich ebenso verhalten; die Übereinkunft findet an einem Punkt statt, an dem niemand einen Anreiz hat, in Anbetracht des augenblicklichen Verhaltens der anderen seine eigene Position zu verändern. Dieser Punkt erhielt den Namen *Nash-Gleichgewicht.* Wenn Harry und Larry über die Axt verhandeln, werden sie früher oder später einen Punkt erreichen, an dem beide über den Handel froh sind und keiner seine Position verbessern kann, ohne den Handel platzen zu lassen. Beide sind nach dem Handel besser dran als ohne Handel; zusammen profitieren sie von den Nichtnullsummengewinnen der Kooperation.

Aber die Existenz eines Nash-Gleichgewichts garantiert noch lange kein glückliches Kooperationsergebnis. Wenn das Gefangenendilemma nur eine Runde lang gespielt wird, besteht das Nash-Gleichgewicht in jener Lösung, in der sich die beiden Gefangenen gegenseitig verpfeifen und ins Gefängnis wandern. Denn solange wir als Gefangener nicht wissen, ob unser Kompagnon auspackt oder schweigt, sind wir besser dran, wenn wir reden. Weil sich unser Kompagnon in derselben Lage befindet, dürfen wir annehmen, dass auch er sich zum Reden entschließt. Nashs Theorem zufolge kommt es in einem Nichtnullsummenspiel nur dann zur Kooperation, wenn entweder die Auszahlungen so sind, dass Kooperation für alle Beteiligten die beste Lösung ist, oder wenn sich die Möglichkeit einer Absprache oder Koordination bietet. Angenommen, die Gefangenen haben einen Mafiaboss, der ankündigt, denjenigen umbringen zu lassen, der auspackt, und den zu belohnen, der schweigt. Dadurch würde sich die Auszahlungsstruktur ändern; das Schweigen beider Gefangener würde zum Nash-Gleichgewicht. Ähnlich verhielte es sich, wenn die Gefangenen miteinander kommunizieren könnten und wüssten, was dem anderen geboten wurde: Dann könnten sie ihre Reaktion abstimmen und der Egoismusfalle entgehen. Diese letzte Lösung ließe aber immer noch die Möglichkeit offen, dass einer der Gefangenen den anderen ans Messer liefert; Gauner kennen schließlich keine Ehre. Das führt uns zu unserem dritten entscheidenden Faktor für die ST-Fitness: Fitte STs erfordern einen Mechanismus für den Umgang mit Falschspielern.

Betrüger gewinnen (fast) nie und Gewinner betrügen (fast) nie

Dank der Attraktivität des Betrugs ist Kooperation schwer erreichbar und zudem ein vergleichsweise instabiler Zustand. Ein Jäger, der etwas langsamer läuft als seine Freunde und nur 400 kcal verausgabt, wird dennoch seinen Fleischanteil von 750 kcal erhalten, solange den Freunden nichts auffällt. Das Fleisch, mit dem Harry die Handaxt bezahlt, ist möglicherweise nicht mehr taufrisch, oder es sind nur 150 statt der ausgemachten 180 Gramm. Die eigennützige Logik der biologischen Evolution besagt, dass Betrüger, die betrügen und damit durchkommen, die Chancen verbessern, ihre betrügerischen Gene an ihre Nachkommen weiterzureichen. Wer betrügt, wird also von der Evolution belohnt.

Aber wenn die biologische Selektion erfolgreiche Betrüger besser behandelt als Einfaltspinsel, wie kann Kooperation dann in einer Population Fuß fassen?

Die Antwort lautet: Die Gewinne aus der Kooperation sind so gewaltig, dass die Kooperationsgene dennoch den Betrügergenen überlegen sind – allerdings nur, wenn die Gene nicht naiv sind und sich nicht übers Ohr hauen lassen, sondern dafür sorgen, dass die Betrüger bestraft werden.[481] Um zu überleben, benötigen kooperative Gene einen ausgeklügelten Verteidigungsmechanismus. Wir erinnern an unsere früheren Bemerkungen zu Kristian Lindgrens Modell. Wenn zwei Spieler nur eine Runde des Gefangenendilemmas spielen, haben sie beide ein Interesse daran, sich gegenseitig zu verpfeifen. Sobald das Spiel aber eine unbekannte Zahl von Runden hat, wird die Dynamik komplexer. Widerstandsfähige, erfolgreiche Strategien folgen in der Regel einer Logik wie dieser: »Ich beginne mit der Annahme wechselseitiger Kooperation. Wenn ich betrogen werde, verweigere ich nicht nur die Kooperation, sondern ich strafe den Betrüger, auch wenn mir selbst daraus kurzfristig Nachteile erwachsen. Nach einiger Zeit vergebe ich dem Betrüger und versuche erneut zu kooperieren – für den Fall, dass der Betrug auf einem Irrtum oder einem Missverständnis beruhte oder meine strafende Reaktion mittlerweile erzieherisch gewirkt hat. Werde ich aber erneut betrogen, so vergebe ich fortan weniger schnell und bestrafe härter.«[482]

Diese Art von Logik erzeugte die Evolution nicht nur in der Welt von Lindgrens Computermodell, sondern auch in den Köpfen und Instinkten unserer Vorfahren. An anderer Stelle erwähnten wir bereits das sogenannte Ultimatumspiel, bei dem zwei Kandidaten eine Summe Geldes in Aussicht gestellt bekommen, wenn der zweite Kandidat die vom ersten Kandidat vorgeschlagene Aufteilung des Geldes akzeptiert. Die Resultate dieser reziproken Experimente waren erstaunlich. Ökonomischer Logik zufolge müsste für den zweiten Kandidaten jede Aufteilung akzeptabel sein, ist es doch besser, ein wenig Geld zu bekommen als keines. Reale Versuchspersonen lehnten jedoch regelmäßig Vorschläge ab, die sie als unfair empfanden. Die Ergebnisse glichen sich überall auf der Welt, in Jäger-und-Sammler-Kulturen wie auch in New York. Andere Spiele und Experimente bestätigen die tiefe Verwurzelung des kooperativ-reziproken Verhaltens in der menschlichen Natur.[483] Die Evolution hat uns so geprägt, dass wir von Natur aus zur Kooperation neigen, um von Nichtnullsummengewinnen zu profitieren. Sie hat uns aber auch mit einem Gespür für Betrug, einer Erwartungshaltung in Bezug auf Fairness sowie der Bereitschaft ausgestattet, Regelübertretungen zu bestrafen. Die Evolution hat unsere geistige Software mit einer Art intuitiven Nash-Gleichgewichts- und Fairnessdetektoren ausgestattet, die es uns ermöglichen, vergleichsweise stabile und gegen Betrüger und egoistische Schmarotzer resistente Koalitionen zu bilden.[484]

Unsere Reziprozitätssoftware ist jedoch nicht fest verdrahtet – sie kann sich an lokale Umstände anpassen. Wenn wir uns in einem Umfeld befinden, in dem wir überwiegend Kooperation und Gegenseitigkeit erfahren und dessen soziale Normen uns signalisieren, dass wir den Menschen vertrauen können (wenn etwa häufig Geschichten von aufopferungsvollen und vertrauenswürdigen Menschen erzählt werden), dann wird auch unsere geistige Software zur Kooperation tendieren. Beispiele von Egoismus oder Betrug stoßen auf größeres Erstaunen und größere Vergebungsbereitschaft. Wir selbst ticken statistisch gesehen ähnlich wie die Welt um uns herum, und wenn wir in der Regel kooperativ sind und einem Betrüger begegnen, sind wir eher geneigt, das Verhalten des anderen für die Folge eines Irrtums oder eines Missverständnisses zu halten. In einem Umfeld hingegen, in dem die Kooperationsbereitschaft gering und Betrügereien an der Tagesordnung sind und dessen soziale Normen nichts von Kooperation halten (in diesem Falle werden die Geschichten häufig von Gaunern handeln und zur Vorsicht mahnen), neigt auch unsere kognitive Kooperationssoftware zum Argwohn. Wir reagieren schroff auf die ersten Betrugsanzeichen, vergeben nur langsam, wenn überhaupt, und warten auf ein Kooperationszeichen von der anderen Seite, bevor wir uns selbst erneut auf eine Kooperation einlassen.

Die lokale Feineinstellung der Reziprozitätsnormen kann auf der Ebene von Populationen eine sehr komplexe Dynamik erzeugen. In hochgradig kooperativen Gesellschaften kann die Kooperationsbereitschaft plötzlich einbrechen, wenn die Betrügereien eine kritische Masse erreichen; Gesellschaften mit geringer Kooperationsbereitschaft können in eine Sackgasse der wirtschaftlichen Verarmung geraten; und wenn Menschen mit unterschiedlichen Kooperationstraditionen zusammenkommen, kann es zu Missverständnissen und Unruhen kommen.[485] Dieselben Fragen betreffen auch Unternehmen. Wie wir in Kapitel 16 sehen werden, zeigen Unternehmen mit einer von Kooperation und Vertrauen geprägten Kultur tendenziell eine bessere ökonomische Performance, während Unternehmenszusammenschlüsse immer dann zu großen Problemen führen, wenn Belegschaften mit unterschiedlichen Vertrauensparametern plötzlich in einen Topf geworfen werden.

Soziale Technologien, die besser geeignet sind, Quellen von Nichtnullsummengewinnen aufzutun, kooperative Nash-Gleichgewichte für die Verteilung dieser Gewinne zu finden und das Egoismus- beziehungsweise Betrugsproblem zu lösen, sind folglich in der Fitnesslandschaft höher angesiedelt als solche, denen dies nicht gelingt. Bei ihrer deduktiv-probierenden Suche nach überlegenen STs haben die Menschen immer komplexere und ausgeklügeltere soziale Strukturen mit diesen drei Eigenschaften entwickelt.

Von Familieneinheiten zu Unternehmenseinheiten

Die ST-Evolution begann mit unserer genetischen Prädisposition zur Kooperation mit unseren nächsten Verwandten.[486] Unsere Familienmitglieder tragen manche unserer Gene, und indem wir ihnen helfen, vergrößern wir die Wahrscheinlichkeit, dass diese unsere Gene in die nächste Generation weitergereicht werden. Die früheste soziale Kooperationsstruktur unserer Vorfahren war also die Familie, wobei der Familiensinn der Hominiden irgendwo zwischen den flatterhaften Schimpansen und den monogamen Menschenaffen angesiedelt war. In den meisten Jäger- und Sammlerstämmen hatten die Männer mehrere Frauen, wenn sie konnten, wobei die Zahl der Partnerinnen mit dem Status wuchs.[487] Die frühen Menschen waren zwar in der Regel polygyn, aber die Männer blieben häufig in der Nähe ihrer Partnerinnen und Nachkommen, sodass wir von vergleichsweise stabilen Familieneinheiten sprechen können. Manche Gesellschaften sind nie über diese elementare Sozialstruktur hinausgekommen. Robert Wright beispielsweise verweist auf die Nunamiut und die Schoschonen, die bis vor Kurzem in Familieneinheiten ohne nennenswerte weitere Sozialstrukturen organisiert waren.[488]

Die erste Stufe auf der sozialen Strukturleiter bildeten kooperative Jagdgemeinschaften. Die elementare Kalorienlogik – das Kollektiv bekommt mehr zu essen – ist so überzeugend, dass die meisten Jäger- und Sammlergesellschaften und folglich die meisten frühen Gesellschaften früher oder später die Kooperation entdeckten. Die kooperativen Jagdgemeinschaften waren aber in den meisten frühen Gesellschaften vergleichsweise klein und bestanden vorwiegend aus nahen Verwandten.

Der Urknall in der sozialen Kooperation kam mit der sesshaften Landwirtschaft. Vor rund 11.000 Jahren wurden in verschiedenen Teilen der Welt unabhängig voneinander physikalische Technologien für die Domestikation von Getreide erfunden.[489] Dank vermehrter Kalorien und verminderter Risiken der sesshaften Landwirtschaft wurden die Siedlungen dauerhafter, und die Größe der menschlichen Gemeinschaften nahm deutlich zu; Kooperation blieb fortan nicht mehr nur auf Familienangehörige beschränkt. Dadurch wurden diverse neue Nichtnullsummenspiele möglich.[490] Kooperative Gruppen konnten von Skalenvorteilen profitieren, indem sie beispielsweise Wohn- und andere Gebäude gemeinsam statt nur mit Familienmitgliedern errichteten, die Herstellung von Artefakten mittels Arbeitsteilung effizienter gestalteten und zwischen entfernten Dörfern Handel trieben.

All diese Innovationen in der Kooperation erzeugten jedoch ein neues Problem: die von Nash untersuchte Verteilung des zusätzlich geschaffenen Wohlstands. Die sexuelle Hierarchie unseres Primatenhintergrunds lieferte darauf eine natürliche Antwort, die Robert Wright und andere als die »Big Man«-Gesellschaft bezeichneten.[491] Wie in vielen anderen Spezies buhlen auch bei unseren engsten Primatenverwandten die Männchen um den sexuellen Zugang zu den Weibchen. Große, kräftige, kluge und aggressive Männchen verdrängen dabei ihre schwächeren Artgenossen, mit der Folge, dass sie die großen, kräftigen, klugen und aggressiven Gene verstärkt an die Nachkommen vererben. In polygynen Gesellschaften wie denen der frühen Menschen gilt: Je dominanter der Mann, desto mehr Partnerinnen und folglich desto mehr

Nachkommen hat er. So entsteht unter den Männchen eine Statushierarchie. Als sich aus den Gruppen früher Menschen Gesellschaften von Nichtverwandten bildeten, verwandelte sich diese sexuelle Hierarchie auf natürliche Weise in eine sozioökonomische Statushierarchie zwecks Aufteilung der Kooperationsgewinne. Die beiden Hierarchien sind freilich nur zwei Seiten ein und derselben Medaille: Auch in der Welt unserer Vorfahren pflegten sich die Merkmale der sexuellen Dominanz (beispielsweise Größe, Intelligenz und Aggressivität) in ökonomischem Erfolg und somit in sexuellem Status niederzuschlagen, denn Wohlstand bedeutet mehr Ressourcen für Partnerinnen und Nachkommen.[492] Von den alten griechischen Mythen bis zu den modernen Boulevardzeitungen waren die drei wichtigsten Gesprächsthemen der Menschheit – Sex, Geld und Status – stets eng miteinander verwoben.

Wie bereits erwähnt, ist Hierarchie nicht gerade en vogue. Niemand schätzt Diktatoren. Den Unternehmen wird empfohlen, sich eine flache Teamstruktur zu verpassen, und wer als Chef wie ein Alphamännchen oder Alphaweibchen durch sein Reich stolziert, kommt nicht gut an. Wie jedoch die Netzwerktheorie zeigt, spielt Hierarchie in jedem informationsverarbeitenden System – ob Computerchip, Internet, menschliches Gehirn oder Wirtschaft – eine wichtige Rolle. Um von Arbeitsteilung und Skalenvorteilen zu profitieren, braucht es jemanden, der die Aufgaben zuweist, ihre Ausführung koordiniert, die Ergebnisse zusammenführt und die Gewinne verteilt. In den frühen Gesellschaften war dieser Jemand in der Regel ein sexuell dominantes Männchen. Wright beschreibt die Rolle dieses »Big Man« in einem frühen Stamm von der amerikanischen Nordwestküste:

> Der Chefplaner war der politische Anführer, der »Big Man«. Er hatte das Vertrauen eines Klans, vielleicht eines Dorfes. Er organisierte den Bau von Lachsfallen und Fischkellern und sorgte dafür, dass sich einige Dorfbewohner beispielsweise auf die Herstellung von Kanus spezialisierten, welche die übrigen Dorfbewohner anschließend nutzen konnten. Um all dies bezahlen zu können, erhielt er zwischen einem Fünftel und der Hälfte aller Jagdausbeuten. Ein Teil dieser Einkünfte kehrte in Form von Festessen, die er ausrichtete, zu den Menschen zurück ... Natürlich schöpfte auch der Big Man seinen Teil davon ab. Er lebte in einem überdurchschnittlich schönen Haus und verfügte über eine überdurchschnittlich ausgestattete Garderobe.[493]

Wie man sieht, ist der Unterschied zu modernen Vorstandschefs und Politikern nicht allzu groß.

Nachdem die Menschen die Hierarchie erfunden hatten, war es nur noch ein kleiner Schritt zur verschachtelten Struktur einer Hierarchie von Hierarchien. Wir können uns die Entwicklung so vorstellen: Ein erfolgreicher Big Man an der Spitze eines wachsenden Dorfes hat irgendwann nicht mehr genug Zeit, um die

Produktion der Lachsfallen persönlich zu überwachen, und überträgt diese Aufgabe seinem jüngeren Bruder oder besten Freund – und schon ist der Geschäftsbereich geboren. Der große Boss delegiert Aufgaben an kleine Bosse, die wiederum Aufgaben an noch kleinere Bosse delegieren, und so weiter. Hierarchie erleichtert die Arbeitsteilung und die Informationsverarbeitung. Wir finden sie in allen menschlichen Gesellschaftsstrukturen von den Stämmen der Jäger und Sammler über Kegelklubs bis hin zu großen Unternehmen.[494]

Friede, Liebe und Verständigung

Während soziale und ökonomische Hierarchien wichtige Vorteile für die Informationsverarbeitung bieten, sind ihre Strukturen von Natur aus instabil. Es gibt ein ständiges Gerangel um die Spitzenplätze und die unvermeidlichen Nachfolgekämpfe, sobald der Big Man schwächelt oder stirbt. Unruhe im Unternehmen ist kostspielig, während Stabilität mit vielerlei Vorteilen verbunden ist. Stabile Unternehmen können sukzessive Wissen und Fähigkeiten sammeln, Nichtnullsummenspiele über längere Zeiträume (mit potenziell höheren Gewinnen) spielen und den Beteiligten mehr Sicherheit bieten, sodass diese für weniger Geld zur Kooperation bereit sind. In Primatengemeinschaften sind die Hierarchien vergleichsweise einfach strukturiert. Ein großes, kluges und aggressives Männchen herrscht so lange über die Gruppe, bis es von einem noch größeren, klügeren und aggressiveren Männchen gewaltsam verdrängt wird. Diese Praxis finden wir noch heute in Diktaturen, Verbrechersyndikaten und anderen zwielichtigen Gesellschaftsstrukturen.

Seit der Erfindung der Landwirtschaft mit ihren größeren und dauerhafteren Siedlungsformen wurden zahlreiche innovative Methoden entwickelt, um Machtwechsel in Hierarchien ohne kostspielige Gewalt zu bewerkstelligen. Zu diesen Innovationen gehörte das Erstgeburtsrecht oder die Wahl der Stammesführer durch einen Ältestenrat (wie die afghanische *Loja Dschirga* oder das vatikanische Konklave). Zu den jüngeren Innovationen gehören das demokratische allgemeine Wahlrecht und die Shareholder Governance in Unternehmen. Hinter der zivilen Oberfläche lauert auch in den modernen Versionen dieser Prozesse noch die Drohung physischer Gewaltanwendung. Würde sich ein US-Präsident nach dem Verlust einer gültigen Wahl weigern, das Weiße Haus zu verlassen, würde er vermutlich von einigen muskulösen Männern mit schwarzen Sonnenbrillen hinausbefördert. Dennoch spielen soziale Technologien zur friedlichen Veränderung hierarchischer Strukturen eine entscheidende Rolle für die Stabilität und den zeitlichen Bestand von Organisationsstrukturen jeder Art.

Nicht nur innerhalb der Hierarchien gilt es Rivalitäten zu managen; der Wettbewerb zwischen Mitgliedern unterschiedlicher Hierarchien birgt ebenfalls Chancen und Gefahren. Menschliche Gruppen benötigen STs, damit Fremde miteinander kooperieren können. Das erste Problem zweier Fremder besteht darin, dass sie nicht wissen, ob sie einander vertrauen können. Möglicherweise unterscheiden sich ihre kooperativen und reziproken Normen stark voneinander, sodass eine Seite allzu leicht übervorteilt wird. Die Menschen benötigen also STs, um festzustellen, wem außer ihren unmittelbaren Verwandten sie trauen können und wem nicht. Die erste solche ST, die über die einzelnen Dorfgemeinschaften hinausging, war mit Sicherheit die Stammeszugehörigkeit. Indem wir die »eigenen« Leute von den Fremden unterscheiden, können wir leichter feststellen, wer vermutlich unsere gesellschaftlichen Normen teilt. Und weil sich Interaktionen innerhalb eines Stammes häufiger wiederholen, ist die Wahrscheinlichkeit von Übervorteilung und destruktiven Missverständnissen geringer.

Die ersten Handelsnetzwerke entwickelten sich innerhalb von Stammes-, Volks- und Religionsgruppen. Beispiele sind das Handelsnetz der Maya, das sich von 250 bis 900 n. Chr. über große Teile Mexikos, Guatemalas und Belizes erstreckte, das tausendjährige muslimische Handelsnetz von Nordafrika über den Nahen Osten bis nach Zentralasien und die Ivy-League-dominierten Wall-Street-Firmen. Die hässliche Seite dieser Etikettierung in »eigene Leute« und »Fremde« ist eine Diskriminierung, die ihrem Wesen nach selbstbeschränkend ist. In Ermangelung anderer Informationen ist Etikettierung eine Strategie, die zwar Risiken vermindert, zugleich aber eine größere Welt potenziell vorteilhafter Beziehungen ausschließt.

Eine ausschließende Etikettierung ist in gewissem Sinne wie ein geschlossenes Computerumfeld, in dem nur Computer derselben Marke miteinander reden können (beispielsweise IBM mit IBM oder Dell mit Dell) – proprietäre Kommunikations- und Verhaltensprotokolle mögen gewisse Vorteile haben, jedoch auf Kosten der Skalierbarkeit. Der große ST-Durchbruch bestand in der Entwicklung eines offenen Protokolls, auf dessen Basis Fremde kooperieren konnten: allgemeine Gesetze. Gesetze ermöglichen es Fremden mit unterschiedlicher Herkunft, Geschichte, ethnischer Zugehörigkeit und sozialen Normen, ohne allzu großes Risiko miteinander Geschäfte zu machen. Eine größere Investition wie beispielsweise ein Hauskauf kann selbst angesichts von Eigentumsgesetzen, Bauvorschriften und Versicherungsregeln beängstigend sein. Wie würde man sich bei solchen Transaktionen erst fühlen, wenn sie vollkommen ungeregelt abliefen? Es existiert ein starker Zusammenhang zwischen dem Wohlstand einer Gesellschaft und der Existenz geschriebener Gesetze sowie entsprechender Vollzugs- und Rechtsprechungsinstrumente.[495] Entwicklungsökonomen erachten die Rechtsstaatlichkeit als eine zentrale Voraussetzung für die Wachstumsstimulierung in armen Ländern; Länder ohne starkes Rechtssystem fallen unweigerlich auf die Etikettierung als weniger effizientes und sozial trennendes Ersatzinstrument zurück. Gesetze können Vertrauen natürlich nicht vollständig ersetzen, und Gesellschaften können funktionsunfähig werden, wenn das Vertrauen schwindet und sich die Menschen ausschließlich auf

Rechtsinstitutionen verlassen (siehe die zunehmende Prozessiersucht der US-Gesellschaft). Eine komplexe, umfangreiche Kooperation ist jedoch ohne die Kooperationsprotokolle eines funktionierenden Rechts- und Vorschriftensystems unmöglich.

Eine weitere Voraussetzung für die Entstehung kooperativer Verhaltensweisen ist Kommunikation. Die Entwicklung von Sprache erhöhte das gesellschaftliche und ökonomische Kooperationspotenzial erheblich, indem sie viele neue Nichtnullsummengewinne zugänglich machte. Zum Ursprung der Sprache gibt es zahlreiche Meinungen – sie entwickelte sich spätestens vor 30.000 Jahren und frühestens vor rund einer Million Jahren.[496] Vermutlich entstand sie lange nach der Werkzeugherstellung, für die es erste Belege aus der Zeit von vor 2,5 Millionen Jahren gibt. Folglich gab es eine prälinguistische und in ihrer Komplexität entsprechend eingeschränkte Phase der menschlichen ökonomischen Aktivität. So wie die Sprache die Fähigkeit der Menschheit veränderte, physikalische Technologien zu erzeugen, so beeinflusste sie auch die ST-Erzeugung. Wir können uns vorstellen, welche Vorteile die sprachlichen Gene mit sich gebracht haben müssen; mit zunehmendem Vokabular wuchs der Raum vorteilhafter kooperativer gesellschaftlicher Spiele exponenziell an. Stellen wir uns vor, wie wir versuchen, nur mit Grunzlauten und Gesten eine komplexe Abmachung auszuhandeln. Nehmen wir jetzt an, dass wir dasselbe in schlechtem Touristenfranzösisch mit einem Vokabular von 50 Worten versuchen. Und nun vergleichen wir dies mit den Verhandlungsmöglichkeiten eines Muttersprachlers.

Sobald Sprache existierte, wurde ihr Wert für kooperative Aktivitäten durch zahlreiche PT-Innovationen weiter erhöht. Die Schrift, die vor rund 5.000 Jahren entstand (und folglich gemessen an der Gesamtdauer der Menschheitsgeschichte eine vergleichsweise junge Erfindung ist), ermöglichte es den Menschen, ihr Wissen breit zu streuen und langfristig zu konservieren. Es steht zu bezweifeln, ob hochkomplexe Gesellschaften wie das alte Ägypten, Griechenland oder Rom ohne Schrift vorstellbar gewesen wären. Der Aufstieg Europas aus dem Dunkel der Stammeskulturen war sicherlich nicht zuletzt der Druckerpresse zu verdanken, und die sozialen Innovationen der industriellen Revolution wären ohne einen verlässlichen Postdienst nicht denkbar gewesen. Die komplexen Strukturen moderner globaler Unternehmen ließen sich ohne Telefon, Fax und E-Mail ebenfalls nicht managen.

Aus Menschen werden Computer

Wie wir bereits feststellten, haben viele ST-Innovationen einen informationsverarbeitenden Aspekt, und Netzwerke, die aus informationsverarbeitenden Einheiten bestehen, bringen eine Rechenfähigkeit mit. Als die ST-Evolution jenes Stadium erreichte, in dem große Gruppen von Menschen kooperative Netzwerke bilden, kommunizieren und große Datenmengen speichern konnten, nahmen die menschlichen Organisationen einen anderen Charakter an – sie entwickelten eine emergente Rechenfähigkeit.[497]

Menschliche Organisationen haben die Fähigkeit, Informationen zu verarbeiten und Probleme zu lösen, die ein Einzelner nicht eigenständig verarbeiten oder lösen kann. British Petroleum (BP) beispielsweise lässt sich als ein Computer zur Lösung des Problems auffassen, wie sich Öl und Ergas aus diversen Quellen auf der ganzen Welt gewinnen, raffinieren und an Millionen von Energieverbrauchern verteilen lassen. Niemand bei BP könnte uns in allen Details beschreiben, wie dieses ungeheuer komplexe Problem gelöst wird. Denken wir an den gewaltigen Datenstrom, der BP täglich erreicht, und an all die Entscheidungen, die zu treffen sind, ob auf der Leitungsebene oder auf den einzelnen Förderplattformen in der Nordsee. Mögen wir uns unter einem CEO auch häufig eine allmächtige Kontrollinstanz vorstellen, so war doch selbst ein John Browne nicht imstande, mehr als einen Bruchteil der Tausenden oder möglicherweise Millionen Entscheidungen zu überblicken, die in einer großen Organisation in jedem Augenblick gefällt werden. Das ungeheuer komplexe Problem des Aufspürens, Förderns, Raffinierens und Verteilens von Öl wird tagtäglich auf hochgradig dezentrale Weise gelöst.

Wie ein Ameisenhügel oder ein Gehirn weisen menschliche Organisationen eine Form von vernetzter emergenter Intelligenz auf. Der Anthropologe und Kognitionswissenschaftler Edwin Hutchins von der University of California in San Diego hat die Problemlösungsfähigkeiten von Individuen mit denen von organisierten Gruppen unter zahlreichen Voraussetzungen miteinander verglichen. Dabei kam er zu dem Schluss, dass die Organisationen über kollektive, emergente Fähigkeiten verfügen, die auf individueller Ebene innerhalb der Gruppe nicht vorhanden sind.[498] BP ist also nicht nur klüger als jeder seiner Mitarbeiter, sondern auch klüger als alle seine Mitarbeiter zusammen.

Man kann über die Rolle großer globaler Unternehmen für die Gesellschaft streiten. Aber selbst der härteste Kritiker wird zugeben müssen, dass ein Unternehmen wie BP mit seinen 103.000 Mitarbeitern in über 100 Ländern ein Wunderwerk menschlicher Kooperation darstellt. Die meisten Mitarbeiter sind einander niemals begegnet und werden einander auch niemals begegnen, und dennoch sind sie in einem Netz sozialer Strukturen, Normen, Protokolle, Rechtsstrukturen und Anreize eingebunden, das es ihnen ermöglicht, für ein gemeinsames Ziel zu arbeiten. Wenn wir dieses Kooperationsnetz nicht auf die Beschäftigten des Unternehmens beschränken, sondern auf seine Millionen Aktionäre und seine Tausende von Zuliefer- und Partnerunternehmen ausdehnen, wird seine soziale Struktur noch eindrucksvoller.

Ohne jene gewaltige Menge von ST-Innovationen, welche die Gesellschaft im Lauf von Jahrtausenden hervorgebracht hat, könnte eine Organisation dieser Größe und Komplexität gar nicht existieren. Zu diesen Innovationen gehören

STs wie Geld, das erstmals vor rund 2600 Jahren in Mesopotamien verwendet wurde und so etwas wie einen universellen Nutzenkonverter darstellt – mit seiner Hilfe ist es möglich, die ökonomischen Bedürfnisse und Wünsche eines Menschen in dieselbe Einheit zu übersetzen wie die Bedürfnisse und Wünsche eines anderen Menschen.[499] Zudem könnte BP kaum bestehen ohne ein zentrales Nervensystem für Finanzinformationen, das die ursprünglich im 13. Jahrhundert von italienischen Händlern entwickelte ST der doppelten Buchführung bereitstellt.[500] Auch ist BP nicht ohne eine klare Rechtsform denkbar, in diesem Falle der Limited Liability Joint Stock Corporation, die vom britischen Parlament zwischen 1825 und 1862 in einer Reihe von Gesetzen geschaffen wurde.[501] Während der BP-Betrieb stark von STs abhängt, nimmt er zugleich am ökonomischen Evolutionssystem teil, indem seine Manager deduktiv-probierend nach neuen Organisations- und Managementmethoden suchen und indem erfolgreiche STs innerhalb und außerhalb von BP übernommen und verbreitet werden.

Von unseren Primatenvorfahren haben wir die Bereitschaft zur Kooperation für einen wechselseitigen Vorteil und den Drang zur Rivalität in Dominanzhierarchien geerbt, und irgendwann gab uns unser Gehirn die Sprache. Aus diesen bescheidenen Anfängen entsprang ein Evolutionsprozess des deduktiven Probierens, in dessen über zehntausendjährigem Verlauf die Menschen mit diversen Möglichkeiten der Organisation ihrer gesellschaftlichen und ökonomischen Aktivitäten experimentierten. Die kooperationsbedingten Nichtnullsummengewinne belohnten diejenigen STs, die funktionierten, und so entwickelte die Menschheit im Lauf der Zeit gute Tricks für den Unternehmenserfolg. Während sich unsere Spezies ihren Weg durch die grob korrelierte ST-Landschaft suchte, eröffneten jeder gefundene Trick und jede erfolgreiche Innovation Möglichkeiten für weitere Errungenschaften. Je mehr solche Innovationen die Fähigkeiten von Organisationen verbesserten, Informationen zu verarbeiten und Probleme zu lösen, desto reichere Gegenden der ST-Fitnesslandschaft eröffneten sich ihnen. ST-Raum und PT-Raum entwickelten sich parallel, wobei sich durch Entdeckungen in der einen Sphäre neue Chancen in der anderen Sphäre auftaten.

Wir sind jetzt den Weg vom Faustkeil bis zum Raumschiff und von der Jagdgemeinschaft zum multinationalen Unternehmen gegangen. Im folgenden Kapitel werden wir die letzten Puzzleteile der ökonomischen Evolution zusammensetzen.

13. Ökonomische Evolution: Vom Big Man zum Markt

Wir haben ein generisches Evolutionsmodell skizziert und auf das Substrat ökonomischer Systeme übertragen. In Kapitel 10 führte ich den Gedanken ein, dass die ökonomische Evolution als eine Suche nach überlegenen Entwürfen im Möglichkeitsraum aller denkbaren Geschäftspläne – der Smith'schen Bibliothek – aufgefasst werden kann. In den Kapiteln 11 und 12 beschrieb ich, wie die Evolution der physikalischen und sozialen Technologien die entscheidenden Bausteine für die ökonomische Evolution liefert. In diesem Kapitel werden wir sehen, wie sich alles zusammenfügt, sobald sich der ökonomische Evolutionsprozess in der Welt der Unternehmen und Märkte entfaltet.

Anhand unserer Checkliste für das generische Evolutionsmodell stellen wir fest, dass unser Modell beinahe komplett ist. Wir haben einen Möglichkeitsraum für die ökonomische Evolution definiert (die Smith'schen Bibliothek), ein Schema für die Codierung der Entwürfe (Geschäftspläne), den Entwürfen zugrunde liegende Codeabschnitte (PTs und STs), einen Codeleser zur Realisierung der Geschäftspläne (Managementteams) sowie eine Umgebung, in der sich der Evolutionswettbewerb abspielt (Markt). Zwei wichtige Elemente fehlen jedoch noch.

Zuerst müssen wir die *Akteure* der ökonomischen Evolution definieren. In der biologischen Implementierung der Evolution wurde diese Rolle durch die individuellen Organismen wahrgenommen; sie interagieren miteinander und mit ihrem Umfeld und leisten die evolutionäre Arbeit des Lebens und Sterbens. Wer aber »lebt und stirbt« im ökonomischen Substrat?

Und zweitens müssen wir die Selektionseinheiten der ökonomischen Evolution identifizieren. In der biologischen Implementierung spielte sich die Selektion auf den Genen ab.[502] Wie aber funktioniert Selektion im ökonomischen Kontext?

Diese beiden Fragen werden in der Evolutionsökonomik seit Langem diskutiert.[503] Ich werde eine Sichtweise präsentieren, die mit unserem bisher dargelegten Evolutionsverständnis kompatibel ist und sich in das Rahmenkonzept der Komplexitätsökonomik einfügt. Sobald unser Modell vollständig ist, werden wir uns näher mit den Funktionsprinzipien der Märkte vertraut machen, um ein neues Verständnis für die um das Jahr 1750 einsetzende ökonomische Innovationsexplosion zu gewinnen. Im nächsten Kapitel werden wir uns dann unmittelbar mit den Ursprüngen des Wohlstands beschäftigen.

Geschäftseinheiten »leben und sterben«

Im generischen Modell ist der Bauplan für die Akteure in Codes festgelegt. Im biologischen Kontext sind die Organismen, welche die Rolle der Akteure übernehmen, DNA-codiert. Wenn also entsprechend unserer bisherigen Vorgehensweise in ökonomischen Systemen Geschäftspläne den Part des Codes übernehmen, dann handelt es sich bei den kodierten Dingen folglich um »Geschäfte« – sie sind das, was lebt und stirbt.

Was aber ist ein »Geschäft«? Wir müssen klar unterscheiden zwischen dem ökonomischen Geschäftskonzept und der rechtlichen Firmierung, die in den Bereich der sozialen Technologien fällt.

Entsprechend unseren Definitionen von physikalischen und sozialen Technologien wollen wir *Geschäftseinheit* folgendermaßen definieren:

> Eine Geschäftseinheit ist eine Person oder eine strukturierte Gruppe von Personen, die Materie, Energie und Informationen von einem Zustand in einen anderen verwandelt, mit dem Ziel, einen Gewinn zu machen.

Eine Geschäftseinheit kann also Harry der Hominide sein, der Steine in Handäxte verwandelt und sie gegen Fleisch eintauscht, um aus diesem Fleisch mehr Kalorien zu ziehen, als er in die Herstellung der Handäxte investiert. Die Definition trifft auch auf die Firma IBM zu, die Metall, Plastik, Silikon, Elektrizität und die Energie seiner Arbeiter in Computer verwandelt, um sie gewinnbringend zu verkaufen. In der Dienstleistungssparte verwandelt ein Schuhputzer ungeputzte Schuhe mittels Schuhcreme und Muskelkraft in geputzte Schuhe, weil er sich davon einen finanziellen Gewinn erhofft. Andere Aktivitäten wie beispielsweise der Verkauf von selbst gebackenem Kuchen beim Schulfest fallen hingegen nicht unter diese Definition. Zwar werden für diese Verkaufsaktion Eier, Zucker, Mehl und die Energie von Eltern und Schülern in Kuchen verwandelt; dies geschieht aber nicht in Gewinnabsicht, sondern zu einem guten Zweck (wir werden auf die Definition des Gewinns und seine Rolle als Geschäftsziel in den Kapiteln 16 und 17 zurückkommen).

Gemäß dieser Definition können wir nun leicht zwischen dem ökonomischen und dem rechtlichen Geschäftskonzept unterscheiden. Bei General Electric beispielsweise handelt es sich rechtlich um ein einziges großes Unternehmen, das jedoch ökonomisch gesehen aus mehreren Geschäftseinheiten oder Geschäftsbereichen mit so unterschiedlichen Betätigungsfeldern wie Plastik, Beleuchtung, Medien, Finanzdienstleistung und so weiter zusammengesetzt ist. Die meisten großen Unternehmen sind im Grunde Ansammlungen von mehreren Geschäftsbereichen. Coca-Cola gliedert sich beispielsweise in geografische Einheiten (Coke North America, Coke Asia) und nach Getränkeprodukten. Viele kleinere Firmen bestehen jedoch aus nur einer einzigen Geschäftseinheit. So betreibt die Firma »Eighteenth Street News-Mags« möglicherweise nur einen einzigen Zeitungskiosk.

Wir wollen *Firma* folgendermaßen definieren:

> Eine Firma besteht aus einer oder mehreren Geschäftseinheiten, die von einer Person oder einer Gruppe von Personen kontrolliert werden.

Heutzutage können Firmen unterschiedliche Rechtsformen haben: Einzelunternehmen, Personengesellschaft, Kapitalgesellschaft und so weiter. Aber auch ohne solche formalen STs können wir sagen, dass Harry der Einzelunternehmer seiner Handaxtmanufaktur war, weil er sie kontrollierte. Eine Yanomami-Jagdgesellschaft entspricht in etwa einer Kommanditgesellschaft, die von den Partnern kontrolliert wird (ich spreche bewusst von Kontrolle und nicht von Besitz, da Besitz die ST der Besitzrechte voraussetzt). Und General Electric ist eine Firma, weil seine diversen Geschäftseinheiten letztlich von derselben Gruppe von Anteilseignern kontrolliert werden.

Mit Blick auf die obigen Definitionen behaupte ich, dass die Geschäftseinheiten und nicht die Firmen die Akteure des Evolutionssystems bilden. Wie der Name impliziert, sind die Akteure in einem Evolutionssystem jene Einheiten, die miteinander und mit ihrem Umfeld interagieren und dabei dem Selektionsdruck des Umfelds mit unterschiedlichem Erfolg standhalten. Bei Firmen mit nur einer Geschäftstätigkeit spielt diese Unterscheidung keine große Rolle; Geschäftseinheit und Firma sind praktisch identisch – wenn der Zeitungskiosk Eighteenth Street News-Mags gedeiht oder scheitert, dann auch die Firma Eighteenth Street News-Mags. Im Fall von GE jedoch finden die Interaktionen mit Kunden, Zulieferern und Wettbewerbern in erster Linie auf der Ebene der einzelnen Geschäftsbereiche und nicht auf der Ebene der Gesamtfirma statt. Nicht das Überleben von GE als Gesamtfirma steht in der Plastiksparte auf dem Spiel, sondern nur das von GE Plastics. Ein Scheitern von GE Plastics wäre für GE ein finanzieller Schlag; als Firma würde GE jedoch auf der Grundlage seiner übrigen Geschäftsaktivitäten überleben.

Die nächste Unterscheidungsebene besteht zwischen Geschäftseinheiten und einzelnen Produkten und Dienstleistungen. Beispielsweise ließe sich darüber streiten, ob GE Plastics eine Geschäftseinheit darstellt oder selbst aus diversen Geschäftseinheiten wie Lexan oder Noryl zusammengesetzt ist. Das Hauptmerkmal einer Geschäftseinheit ist, dass sie als Interaktionssubjekt in Erscheinung tritt. Bei der Unterscheidung zwischen Geschäftseinheit und einzelnen Produktlinien müssen wir uns folglich an Kriterien wie der Existenz gemeinsamer Kunden, Wettbewerber, geografischer Standorte, Technologien und Zulieferer orientieren. Der Tante-Emma-Laden ist eine einzige Geschäftseinheit und kein Konglomerat aus Milch- und Zeitungsladen, weil Milch und Zeitungen in der Regel von denselben Kunden gekauft werden, die wichtigsten Wettbewerber andere Tante-Emma-Läden sind und die Interaktionen auf der Ladenebene stattfinden. Eine Arzneimittelfirma hingegen hat möglicherweise eine Sparte für Herz- und eine für Krebsmedikamente – mit völlig unterschiedlichen Kunden, Wettbewerbern und Technologien.

Diese Grenzziehung ist sicherlich etwas willkürlich und subjektiv, und die Firmen handhaben die Unterscheidung zwischen Geschäftseinheit und Produktlinie uneinheitlich. Für unsere Zwecke sollen deshalb diejenigen Geschäftseinheiten als Akteure der ökonomischen Evolution gelten, die von den Firmen selbst als solche definiert werden (wir überlassen es also GE zu entscheiden, ob Lexan ein Geschäftseinheit oder ein Produkt ist). Dieser Ansatz hat den weiteren Vorteil, dass wir die Dynamik dieser Grenzsetzung berücksichtigen können. In dem Ausmaß, wie sich die Umfeldbedingungen, Technologien, Kunden und Wettbewerber verändern, revidieren die Managementteams regelmäßig ihre internen Firmenstrukturen.

Selektionseinheiten

Geschäftseinheiten stellen somit die Akteure dar, die im realen ökonomischen Wettbewerb um ihr Überleben kämpfen. Daraus folgt jedoch nicht, dass die Geschäftseinheiten zugleich jene Schicht bilden, in der sich der Selektionsprozess der Evolution abspielt – wie die biologische Selektion ja auch nicht die realen Organismen zum Gegenstand hat.[504] Um zu sehen, wie die Evolution wirklich funktioniert, müssen wir uns auf eine andere Ebene begeben.

Im Rahmen unserer früheren Überlegungen zur Evolutionslogik sprachen wir davon, dass gute Replikatoren repliziert werden. Im generischen Evolutionsmodell sind die Selektionseinheiten jene Codes, welche die »Merkmale« festhalten, durch die sich die Akteure in ihrem Überlebens- und Replikationswettbewerb unterscheiden. In der Biologie leisten dies die Gene. Wenn beispielsweise bestimmte Gene einen Organismus mit einer besseren Tarnung ausstatten und eine solche Tarnung einen Überlebens- und Replikationsvorteil bedeutet, dann wird die Häufigkeit dieser Gene in der Bevölkerung im Lauf der Zeit zunehmen.

Was aber sind die Selektionseinheiten in der ökonomischen Evolution? Falls Selektionseinheiten Abschnitte von Codes sind, dann handelt es sich in diesem Fall um Teile von Geschäftsplänen. Aber welche Teile? Wie können wir sie erkennen? Und auf welcher Granularitätsebene? Ist eine Selektionseinheit eher durch eine Marketingstrategie oder die physikalische Technologie für ein bestimmtes Produkt gegeben?

Wir können diese Frage nur beantworten, indem wir zeitlich zurückblicken und ergründen, was letztlich für den Wettbewerbserfolg oder -misserfolg einer Geschäftseinheit verantwortlich war. Wenn es der Buchhandelskette Borders gelang, mit einem veränderten Ladenformat dem Konkurrenten Barnes & Noble ein paar Prozente Marktanteil abzujagen, dann bildete das Ladenformat zu diesem Zeitpunkt eine Selektionseinheit. Wenn ein verändertes Lagerhaltungssystem ohne Auswirkungen blieb, dann war es zu diesem Zeitpunkt keine Selektionseinheit (auch wenn es zukünftig eine werden kann).

Es klingt leicht tautologisch, wenn wir eine Selektionseinheit als das definieren, was sich im Nachhinein als Selektionskriterium erwiesen hat. Aber wir haben keine andere Wahl; Fitnessfunktionen sind hochgradig komplex, multidimensional und veränderlich. Wir können nicht im Voraus bestimmen, was selektionsentscheidend sein wird; wir können der Selektion nur im Rückblick auf die Finger schauen und konstatieren, worin die Selektionseinheit bestand.

Dieser rückwärtsgewandte, empirische Ansatz gilt auch für die Biologie. Die Definition eines Gens ist etwas verschwommen. Der verbreiteten Vorstellung zufolge besteht ein Gen für ein Merkmal wie beispielsweise lange Beine aus jener DNA-Sequenz, die für die langen Beine verantwortlich ist. In Wahrheit jedoch gibt es keinen klar definierten DNA-Abschnitt, der ausschließlich für die langen Beine zuständig ist. Eine DNA ähnelt weniger einer Blaupause als vielmehr einem dichten und komplexen Schaltplan. Das Merkmal »lange Beine« setzt sich aus unzähligen interagierenden Untermodulen zusammen, die alle potenziell vererbbar sind (Knochenwachstum, Muskelaufbau), und auch diese Module bestehen wieder aus Untermodulen, und so weiter bis zur Ebene der einzelnen Proteine. Zugleich sind diese Module möglicherweise noch an diversen anderen Merkmalen beteiligt. Die Biologen verfolgen deshalb bei der Genidentifikation einen praktischen und empirischen Ansatz. Angenommen, eine Krankheit wird durch ein fehlendes Protein ausgelöst. Sobald die Wissenschaftler eine DNA-Sequenz finden, die für dieses Protein verantwortlich zu sein scheint, verkünden sie, dass sie das Krankheitsgen gefunden haben, selbst wenn dieser spezielle DNA-Abschnitt möglicherweise noch an einer Reihe anderer Mechanismen beteiligt ist. »Gen« ist folglich nur ein bequemes Etikett für ein Konglomerat von Codeschnipseln, die über die DNA verteilt sind und Einfluss auf ein vererbbares Merkmal haben, das sich möglicherweise auf die Überlebens- und Reproduktionseigenschaften des Organismus auswirkt.

Wir wollen bei der Identifizierung der Selektionseinheiten der ökonomischen Evolution ähnlich pragmatisch und empirisch verfahren und den neuen Begriff *Modul* wie folgt definieren:

> Ein Modul ist eine Komponente eines Geschäftsplans, die in der Vergangenheit als Selektionskriterium zwischen Geschäftseinheiten in einem Wettbewerbsumfeld gedient hat oder in der Zukunft dienen könnte.

Um Module zu identifizieren, können wir unter anderem fragen: »Wäre ich Manager einer Geschäftseinheit, was könnte ich verändern, um die Leistung dieser Geschäftseinheit zu verbessern?« Wir könnten beispielsweise eine neue Verkaufskampagne starten, die Kundenbetreuung umgestalten, neue Instrumente zur Kostenkontrolle einführen oder unsere Produkte verbessern. Jede dieser Aktivitäten, die Einfluss auf die Leistung der Geschäftseinheit hat (oder vielmehr die entsprechenden Teile des Geschäftsplans, in denen diese Aktivitäten kodiert sind), stellt ein Modul dar.

Vieles spricht dafür, dass die Menschen sehr wohl in der Lage sind, Module nachträglich zu identifizieren. Eine ganze Kaste von Beratern, Professoren und

Gurus lebt von der Identifizierung und Verbreitung sogenannter »Best Practices«, die nichts anderes sind als Module (auch »Worst Practices« sind Module, allerdings mit einem geringen Fitnessgrad).[505] Sie durchsuchen die Unternehmen nach Praktiken, die in der Vergangenheit wirtschaftlichen Erfolg brachten, und beschreiben sie in schriftlichen und mündlichen Präsentationen (Codes), die sie an Managementteams (qualifizierte Codeleser) weiterreichen. Die Managementteams versuchen sodann, diese Praktiken in ihren Unternehmen zu implementieren, um daraus einen Wettbewerbsvorteil zu ziehen (also als Selektionseinheit zu wirken).

Wie unsere übrigen Definitionen enthält auch diese zwangsläufig eine subjektive Komponente. Häufig sind die Gründe für Leistungsunterschiede zwischen Geschäftseinheiten vielschichtig und komplex (wie auch die Beiträge zur Fitness in Organismen äußerst komplex sind). Wie wir in Kapitel 15 sehen werden, bringt ein Best-Practice-Modul, das in der Vergangenheit als Selektionseinheit gewirkt hat, in der Zukunft möglicherweise keine Vorteile mehr. Dennoch können wir festhalten, dass sich der Selektionsmechanismus der Evolution nicht auf ganze Geschäftspläne, sondern auf einzelne Geschäftsplanbausteine auswirkt.

Die Frage nach den Selektionseinheiten bleibt in der Ökonomik ebenso wie in der Biologie ein viel diskutierter Forschungsgegenstand. Im Lauf der Jahre wurden die unterschiedlichsten Selektionseinheiten in ökonomischen Systemen (beispielsweise die »Routinen« von Richard Nelson und Sidney Winter) und allgemeiner in sozialen Systemen (das »Mem«-Konzept von Richard Dawkins oder die »Kulturvarianten« von Robert Boyd und Peter Richerson) ins Gespräch gebracht.[506] Jeder dieser Begriffe hat seine eigenen konzeptionellen Stärken und Schwächen, und das Modulkonzept greift auf diese Ideen zurück. Mit der Einführung eines neuen Terminus will ich lediglich die Konsistenz mit dem von uns entwickelten generischen Evolutionsmodell gewährleisten und die Unterscheidung zwischen Codes, Akteuren und Selektionseinheiten im ökonomischen Kontext verdeutlichen.

Klebstoff Strategie

Der Ausdruck *Modul* beinhaltet weitere Konnotationen. Wie bereits erwähnt, sind Evolutionscodes aus Codeabschnitten zusammengesetzt (das macht die Möglichkeitsräume so groß). Mit dem Ausdruck *Modul* soll angedeutet werden, dass Geschäftspläne aus Modulen zusammengesetzt sind und dass wir sie variieren können, indem wir Module austauschen und anders zusammensetzen. Wenn wir den echten Geschäftsplan eines echten Unternehmens (im Gegensatz zu den hier besprochenen theoretischen Geschäftsplänen) aufschlagen und einen Blick auf das Inhaltsverzeichnis werfen, werden wir üblicherweise Überschriften wie die folgenden sehen:[507]

- Marktumfeld,
- Strategie,
- Produkte und Dienstleistungen,
- Produktion,
- Vermarktung und Vertrieb,
- Organisation.

Jede dieser Komponenten eines Geschäftsplans hat wieder Unterkomponenten und Unterunterkomponenten. Innerhalb des Geschäftsplans eines Chemieunternehmens beispielsweise gibt es möglicherweise ein Produktmodul, das beschreibt, wie das Unternehmen spezielle Kohlefasermaterialien für die Flugzeugindustrie bereitstellt. Das Modul baut auf einem Cluster physikalischer Technologien zur Herstellung von Kohlefasermaterialien auf. Im Vermarktungs- und Vertriebsabschnitt finden sich möglicherweise Module für den Verkauf dieser Produkte im Direktvertrieb. Dieses Modul wiederum baut auf zahlreichen sozialen Technologien zur Organisation, Führung und Motivation von Verkaufspersonal auf.

Geschäftspläne bestehen folglich aus atomistischen PTs und STs, die erst zu Modulen und schließlich zu Geschäftsplänen kombiniert werden. Der Klebstoff, der alle Teile zusammenhält, ist die Strategie. Wir werden in Kapitel 15 ausführlicher über Strategie sprechen; vorläufig denken wir uns eine Strategie als eine Hypothese hinsichtlich der Frage, welche Kombinationen von Modulen in einem gegebenen Umfeld gewinnträchtig sind. So könnte ein Unternehmer die Hypothese aufstellen, dass die Kombination aus PTs zur Erzeugung einfach zu bedienender elektronischer Geräte à la Apple und STs zum internetgestützten Vertrieb à la Dell zusammen mit einem eigenen Produktentwurf gute Gewinne verspricht. Eine solche Hypothese wäre eine Strategie. Der Unternehmer könnte die Strategie mit einem Geschäftsplan beschreiben und sich bei den Beteiligungsgesellschaften von Silicon Valley Kapital beschaffen. Geschäftspläne sind der Ort, an dem sich PTs und STs unter dem Dach einer Strategie treffen, um in der ökonomischen Welt als Geschäftseinheiten realisiert zu werden.

Differenzierung: Von Unternehmern zu Bürokraten

Die Darsteller im großen Theaterstück der Evolution stehen nun fest, und so ist es an der Zeit, die Handlung in Bewegung zu setzen und zu sehen, wie sich der Evolutionsprozess im ökonomischen Substrat entfaltet. In den vorhergehenden Kapiteln sahen wir, wie durch deduktives Probieren ein Differenzierungsmechanismus im Raum der physikalischen und sozialen Technologien einsetzt. Dasselbe Prinzip gilt für die Differenzierung von Geschäftsplänen. Die Manager geben ihr Bestes, um auf rational-deduktivem Weg einen vielversprechenden Geschäftsplan zu erstellen. Anschließend kommt es jedoch darauf an, »vieles auszuprobieren und das beizubehalten, was funktioniert«, wie James Collins und Jerry Porras in ihrer Studie zu langlebigen Unternehmen, *Build to Last*, schreiben.[508] Zu jedem Zeitpunkt existiert eine atemberaubende Vielfalt von Geschäftsplanexperimenten, sei es der Start des 3G-mobile-Internetservices von Vodafone in Großbritannien, die Erprobung von Geschäftsoptionen in Russland bei BP oder einfach nur die Umstellung auf eine neue Bohnensorte in einem Tante-Emma-Laden in Bolivien, um zu sehen, ob sie bei den Kunden gut ankommt. Das deduktive Probieren im Möglichkeitsraum der Geschäftspläne liefert also eine enorme Differenzierung – ein Überangebot, auf dem die Selektion ihr Werk verrichten kann. Die Entwicklung erfolgreicher Geschäftspläne ist ebenso wie die Entwicklung neuer STs mehr eine Kunst als eine Wissenschaft. Auch wenn der Prozess nicht vollkommen blind abläuft wie im Fall der biologischen Evolution, erfordert die Geschäftsplandifferenzierung immer noch sehr viel mehr Probieren als deduktives Schließen.

Am einen Ende des Spektrums finden sich kreative Unternehmer, die völlig neue Geschäftspläne erfinden. Sie verfahren dabei deduktiv probierend, indem sie Module verschiedener Geschäftspläne neu zusammenstellen oder neue PTs oder STs in die Geschäftswelt importieren. Die Gründer von Home Depot beispielsweise kombinierten das Handelskonzept des Mega-Store auf der grünen Wiese mit dem Heimwerkersortiment zu einem neuartigen und erfolgreichen Geschäftsplan.

Der große englische Ökonom Alfred Marshall verglich Unternehmer mit mittelalterlichen Rittern und pries sie als die Helden des Kapitalismus.[509] Aus der Evolutionsperspektive betrachtet sind sie jedoch nicht die einzige Quelle ökonomischer Innovation und somit auch nicht die einzigen Helden. Auch mittlere Führungskräfte können Helden sein. Stellen wir uns einen Abteilungsleiter in Gebäude 12, Raum 23Q, von Mega Corp., Inc., vor, der gerade ein neues Verfahren im Umgang mit Gewährleistungsansprüchen vorgeschlagen hat. Er verwendet denselben Prozess des deduktiven Probierens wie der mutige Unternehmer (wenn auch vielleicht mit weniger Weitsicht und Begabung), wenn er seine Aktionen plant, um sich im weiteren Verlauf am Feedback des Umfelds (Kunden und Vorgesetzte) zu orientieren. In den Augen der Evolution ist die mittlere Führungskraft eine mindestens ebenso wichtige Quelle von Geschäftsplanvielfalt wie der Unternehmer.

Aus der alpinen Gestalt der Fitnesslandschaft folgt, dass die Evolution ein Spektrum von Sprüngen benötigt, um in ihrer Suche erfolgreich zu sein. Die meisten Innovationen sollten kleinere, kürzere Sprünge sein, weil die Mehrzahl der radikalen Langsprunginnovationen scheitern werden. Die mittlere Führungskraft in Büro 23Q wird mit ihrer inkrementellen Innovation mit größerer Wahrscheinlichkeit erfolgreicher sein als der Unternehmer mit seinem mutigen Plan. Aber einige mittlere und lange Sprünge müssen sein, damit die Evolution nicht auf lokale Gipfel beschränkt bleibt. Die Evolution braucht also die fleißigen Bürokraten ebenso wie die waghalsigen Unternehmer.

Selektion: »Big Men« kontra Märkte

Nachdem Unternehmer, Manager und Bürokraten mittels deduktiven Probierens für eine hinreichende Differenzierung der Geschäftspläne sorgen, stellt sich nun die Frage nach dem Selektionsverfahren. Im Lauf ihrer Geschichte hat die Menschheit zwei ökonomische Auswahlverfahren entwickelt: Big Men und Märkte.[510] Wir wollen beides nacheinander besprechen.

In den Anfangstagen der Wirtschaft war der Selektionsprozess ein einfacher: Es ging schlicht ums Überleben. War unser Geschäftsplan mit seiner Kombination aus PTs (Bogen und Pfeile) und STs (Jagdgesellschaft) unter einer Strategie (nahe des Flusses Impalas jagen) erfolgreich, so waren unsere Kalorieneinnahmen höher als unsere Kalorienausgaben. Diesen Kaloriengewinn konnten wir beispielsweise in Kinder investieren. Je höher die Kaloriengewinne, desto größer war die Wahrscheinlichkeit, dass der Geschäftsplan neue Anhänger fand und in die nächste Generation weitergereicht wurde. Kalorienmäßig weniger erfolgreiche Geschäftspläne (mit Steinschleudern in der Ebene Straußenvögel jagen) mussten Ressourcen an erfolgreichere Pläne abgeben und starben aus, weil ihre Anhänger zu anderen Plänen wechselten oder selbst ausstarben.

Mit zunehmender Komplexität von Gesellschaft und Wirtschaft wurden jedoch auch die Rückkopplungsschleifen weniger direkt, und es entstand eine mittelbare, gesellschaftlich motivierte Selektion. Zur ersten Kollision zwischen Selektion und Gesellschaft kam es vermutlich, als ein Big Man sagte: »Dieses fruchtbare Stück Land soll nicht Mister X (ein exzellenter Bauer), sondern der Vetter meiner dritten Frau (ein erbärmlicher Bauer) besitzen.« Wir dürfen getrost davon ausgehen, dass die politische Einmischung in wirtschaftliche Angelegenheiten so alt ist wie Politik und Wirtschaft selbst. Solche Entscheidungen, die schlechten Geschäftsplänen (der Vetter erhält das Land) den Vorzug vor guten Geschäftsplänen (Mister X erhält das Land) geben, überdauerten nicht lang in einem Umfeld, in dem jeder ständig um sein Überleben kämpfen musste – wandte Big Man diese Methode allzu häufig an, ging entweder sein ganzer Stamm unter, oder er wurde gestürzt. Aber sobald eine Gesellschaft die Überlebensschwelle passiert hatte (besonders nach der Erfindung der sesshaften Landwirtschaft), wurde eine solche Umgehung des Selektionsprozesses nicht nur möglich, sondern umso wahrscheinlicher, je wohlhabender die Gruppe war.

Solange ein Stamm grundsätzlich überlebt und die Korruption und die Inkompetenz des Big Man nicht lebensbedrohlich sind, fällt der damit verbundene Verlust an zusätzlichem Wohlstand möglicherweise den wenigsten Menschen auf. Wie Robert Wright erläutert, setzt der Wettbewerb diesem Verhalten einige Schranken, indem irgendwann ein anderer Big Man verspricht, alles besser zu machen, und den ersten Big Man stürzt, oder indem der Stamm durch einen besser organisierten Stamm gewaltsam erobert wird.[511] Aber nichts garantiert, dass der neue Big Man oder der neue Stamm besser ist als der alte. Der wichtigste Einfluss der politischen Einmischung in den Prozess der Geschäftsplanselektion besteht also in einer Verlangsamung des Evolutionsgeschehens. In extremen Fällen können Stammesführer, Könige, Diktatoren und andere Big Men die ökonomische Evolution ganz zum Stillstand bringen, und solange die Menschen damit nur an den Rand der Existenz gedrängt werden, ohne tatsächlich zu sterben, können solche evolutionären Sackgassen sehr lange dauern.

Das Big-Man-System der Geschäftsplanselektion birgt ein weiteres Problem. Big Men verzerren die Fitnessfunktion. Eine Eigenschaft von Evolutionsalgorithmen ist ihre Anpassungsfähigkeit an beliebige vorgegebene Fitnesskriterien. Als der Computer Scientist Karl Sims seine künstlichen Geschöpfe nach ihrer Schwimmfähigkeit selektierte, erhielt er eine erstaunliche Auswahl geschickter Schwimmer. Sobald er von seinen Geschöpfen verlangte, dass sie sich auf dem Trockenen bewegen konnten, verschwanden Schwanz- und Seitenflossen zugunsten von Beinen und Schlangenkörpern. Wenn Ingenieure mittels künstlicher Evolution Halbleiter, Software oder neue Medikamente entwickeln, müssen sie bei der Definition der Fitnessfunktion äußerst sorgfältig vorgehen, denn eine falsche Fitnessfunktion erzeugt unweigerlich falsche Entwürfe. In einem Big-Man-System maximiert die Fitnessfunktion nicht den ökonomischen Wohlstand der Gesellschaft, sondern Reichtum und Macht des Big Man (und seiner Günstlinge). Die kreativen, unternehmerischen und deduktiv probierenden Energien der Bevölkerung sind ausschließlich auf die Bedürfnisse des Big Man ausgerichtet. Die Herrenhäuser und Paläste dieser Welt von den französischen Schlössern bis zur Petersburger Eremitage, an deren extravagantem Prunk sich die Touristen erfreuen, zeugen von der Effektivität der ökonomischen Evolution, wenn es darum geht, die Fitnessfunktion des Big-Man-Wohlstands zu maximieren.

Das einzige alternative Selektionssystem, das der Mensch bislang erfunden hat, ist der Markt. Der Markt ist sowohl eine alte als auch eine junge Erfindung. Freie Märkte existierten, seitdem Harry und Larry erstmals eine Handaxt gegen Fleisch tauschten. Während ein solcher informeller, bilateraler Handel seit Ewigkeiten existiert, reichen die Zeugnisse von organisierten Märkten nur bis zum Beginn der sesshaften Landwirtschaft und zur Entstehung von Städten wie Ur und Babylon im Fruchtbaren Halbmond zwischen 9000 und 7000 v. Chr. zurück.[512]

Eine der Errungenschaften der traditionellen Wirtschaftslehre besteht in dem Nachweis, dass Märkte versuchen, den Wohlstand der an ihnen teilhabenden Menschen zu maximieren. In einer Big-Man-Wirtschaft leben und sterben

Geschäftseinheiten in Abhängigkeit davon, ob sie politische Gunst genießen. In einer marktorientierten Wirtschaft leben und sterben Geschäftseinheiten je nachdem, ob die Kunden mit ihnen zufrieden und bereit sind, für die gebotenen Produkte und Dienstleistungen zu zahlen. In einer Big-Man-Wirtschaft werden die Ressourcen in Aktivitäten gelenkt, welche die Taschen der Big Men am effektivsten füllen. In einer Marktwirtschaft werden die Ressourcen in Aktivitäten gelenkt, die aus ihnen den bestmöglichen ökonomischen Nutzen ziehen.

Alle Ökonomien der Geschichte waren in Wahrheit eine Mischung zwischen Big Men und Märkten. In unserer Jäger-und-Sammler-Vergangenheit waren wir frei, miteinander Handel zu treiben, solange der Big Man nichts dagegen hatte und seinen Anteil abbekam. Die Händler der babylonischen Basare und der athenischen Agora erhielten ihre »Lizenz« über politische Verbindungen, Steuern, Bestechungsgelder und andere Tribute an die Hierarchie. Selbst in der Sowjetunion als einer der am strengsten kontrollierten Big-Man-Hierarchien der Geschichte spielte sich ein Fünftel aller ökonomischen Aktivitäten auf dem unkontrollierten Schwarzmarkt ab.

Über weite Strecken der Geschichte war die Geschäftsplanselektion jedoch von Big Men dominiert. Der Ökonom William Baumol beispielsweise schätzt, dass die aristokratischen Hierarchien des feudalen Europa über 80 Prozent der Wirtschaftsproduktion kontrollierten.[513] Erst vor rund 300 Jahren begann sich das Machtverhältnis zwischen Big Men und Märkten umzukehren. Bevor wir jedoch erneut zur Geschichte zurückkehren, wollen wir zunächst einen Blick auf das Selektionsgeschehen in marktbasierten Systemen werfen.

Selektion in marktbasierten Systemen

Während sich der Selektionsprozess in Big-Man-Ökonomien relativ einfach beschreiben lässt, stellt er sich in marktbasierten Ökonomien etwas komplexer dar. Aus der Evolutionsperspektive besteht das Kennzeichen einer Marktwirtschaft in der zentralen Rolle der Märkte für die Geschäftsplanselektion. Das bedeutet nicht, dass es in einer Marktwirtschaft keine Big-Man-Hierarchien gibt – im Gegenteil, in kapitalistischen Gesellschaften wimmelt es nur so von Räuberbaronen, Firmenautokraten und anderen Bonzen. Die Organigramme moderner Großunternehmen unterscheiden sich kaum von jeder anderen Big-Man-Hierarchie (besonders da die Unternehmenswelt immer noch von Männern dominiert wird). Dennoch, die einzige Möglichkeit, in einer kapitalistischen Gesellschaft Big-Man-Status zu erreichen, besteht darin, Geschäftspläne zu präsentieren, die vom Markt (und somit von der Gesellschaft) gutgeheißen werden.

Marktbasierte Ökonomien verwenden ein Zweischichtensystem der Geschäftsplanselektion. Die überwiegende Mehrzahl der ökonomischen Entscheidungen wird von Hierarchien, in diesem Fall Unternehmenshierarchien, getroffen. Wie der Wirtschaftshistoriker Alfred Chandler in den Siebzigerjahren feststellte, ist die »sichtbare Hand« der Unternehmenshierarchien für weit mehr ökonomische Entscheidungen verantwortlich als die Adam Smith'sche »unsichtbare Hand« der Märkte.[514] Über diesen gewaltigen Hierarchien befindet sich eine dünne, aber entscheidende Schicht, in der die Hierarchien mit dem Markt zusammentreffen. Marktökonomien sind Systeme evolutionär konkurrierender Hierarchien.

Wir sprachen bereits darüber, wie deduktives Probieren Differenzierung zwischen Geschäftsplänen schafft. Nun wollen wir genauer sehen, wie Differenzierung im Marktkontext funktioniert und wie Interaktion mit dem Umfeld anschließend zur Geschäftsplanselektion führt.

Stellen wir uns eine Führungskraft an der Spitze einer Geschäftseinheit eines großen Unternehmens vor. Sie versucht, ihren Geschäftsplan so zu modifizieren, dass ihre Geschäftseinheit mehr Gewinn macht. Als Erstes entwirft sie diverse Geschäftsoptionen: »Ich könnte versuchen, die Produktlinie A zu erweitern, eine neue Dienstleistung B einzuführen, hier Kosten zu sparen und dort umzustrukturieren«, und so weiter. Jede Option ist mit der Änderung einiger Module des Geschäftsplans verbunden. Für die Erzeugung dieser Optionen setzt sie alle ihre kognitiven Fähigkeiten ein: Einige der Ideen sind das Ergebnis deduktiver Überlegungen, andere haben ihren Ursprung in Analogien und Musterübertragungen aus anderen Erfahrungen (»Das funktionierte in meinem früheren Unternehmen gut«), manche sind Imitationen (»Mein Konkurrent brachte so ein Produkt heraus, und es war ein Erfolg«), und manche gehen auf Anregungen anderer zurück (»Was David vom Marketing da vorschlägt, ist möglicherweise gar nicht so verkehrt«).

Sobald unsere Führungskraft mehrere Optionen zusammenhat, wird sie mittels gedanklicher Simulation versuchen, die beste Option zu bestimmen. Sobald sie die Optionen in ihrem Kopf gesichtet hat, kann sie in der nächsten Phase weitere Optionen erzeugen und testen. Sie kann sich von Kollegen zusätzliche Anregungen holen oder sie bitten, die bestehenden Optionen ihrerseits einmal im Kopf durchzuspielen. Die auf diese Weise ermittelte engere Auswahlliste von Optionen kann anschließend gründlicheren Simulationstests unterzogen werden. Es werden Kalkulationstabellen erstellt, Pilotprojekte gestartet, Kosten analysiert und Marktanalysen in Auftrag gegeben. Zusammen mit ihren Mitarbeitern wertet die Führungskraft die Ergebnisse aus. Möglicherweise konsultiert sie auch den einen oder anderen Vorgesetzten im Mutterunternehmen. Zuletzt wählt sie eine oder mehrere Optionen aus, trifft ihre Entscheidungen und ersetzt den bestehenden Geschäftsplan durch den neuen. Was dann geschieht, betrifft die reale Welt: Budgets und Mitarbeiter werden alloziert, Produkte verändert, Marketingkampagnen abgewandelt und so weiter. Sobald die Aktionen in der Wirklichkeit Form annehmen, reagiert der Markt; je nachdem, ob die Umsätze steigen oder sinken und die Gewinne zu- oder abnehmen, stellt sich der neue Geschäftsplan als Erfolg oder Misserfolg heraus.

Auch wenn der Prozess nicht immer so formal oder explizit abläuft, besteht die Grundidee in einer iterativen Schleife aus Erzeugen, Ausprobieren und Selektieren von Optionen. Die Schleife beginnt mit den geistigen Modellen einzelner Akteure, durchläuft diverse Gruppen von Akteuren und endet in realen Aktionen in der realen Welt. Die Optionsselektion läuft also auf mehreren Ebenen ab: im Kopf der einzelnen Akteure, innerhalb der Unternehmenshierarchie und schließlich im Markt selbst.

Replikation: Erfolg breitet sich aus

Der letzte Schritt des Evolutionsalgorithmus ist die Replikation. In der biologischen Evolution erfolgt Replikation entweder durch Zellteilung oder durch geschlechtliche Fortpflanzung. Gene, die sich positiv auf die Überlebens- und Fortpflanzungsfähigkeit eines Organismus auswirken, werden repliziert. Die Replikation sorgt also letztlich dafür, dass die Häufigkeit geeigneter Gene in der Population zunimmt, während weniger geeignete Gene seltener werden und verschwinden. In biologischen Systemen bemisst sich Häufigkeit danach, wie viel Prozent der Population ein bestimmtes Gens, besitzen. Wenn wir die Häufigkeit messen, fragen wir also im Prinzip, wie viele Akteure (zum Beispiel 20 Prozent) in der Gesamtpopulation der Akteure (Menschen) eine bestimmte Selektionseinheit aufweisen (Gene für blaue Augen).

Wenn wir dieses Maß des Replikationserfolgs auf ökonomische Systeme übertragen wollten, müssten wir fragen, welcher Anteil der Gesamtpopulation aller Geschäftseinheiten ein bestimmtes Modul aufweist. Dabei ergibt sich jedoch ein Problem. In den meisten biologischen Spezies unterscheiden sich die einzelnen Akteure in ihrer Größe nur unwesentlich. Erwachsene Menschen beispielsweise sind grob gesprochen zwischen einem und zweieinhalb Meter groß, was einer Schwankungsbreite von weniger als einer Größenordnung entspricht. Die Geschäftseinheiten als die Akteure einer Wirtschaft reichen jedoch vom Einmannschuhputzbetrieb bis zu Ölriesen wie Exxon Mobil, was immerhin einem Unterschied von neun Größenordnungen entspricht. Wir müssen auf die eine oder andere Weise berücksichtigen, dass ein Geschäftsplanmodul, das sich in fünf Schuhputzständen wiederholt, nicht dieselbe ökonomische Wirkung hat wie ein Modul, das sich in fünf großen Ölfirmen wiederfindet.

Eine Möglichkeit, das Problem zu umgehen, besteht darin, dass wir das Häufigkeitsmaß auch in der Biologie als Abstraktion eines korrekteren Maßes auffassen. Statt nach dem zahlenmäßigen Anteil der Organismen, die das betreffende Gen enthalten, zu fragen, könnten wir den Anteil an der Gesamtbiomasse der Population zugrunde legen. Dieses Maß bewährt sich insbesondere dann, wenn wir uns auf die Ebene der Gene begeben: Hier liefert es jenen

Anteil an den endlichen Materie- und Energieressourcen, der von einem bestimmten Gen kontrolliert oder beeinflusst wird. Weil die Biomasse der einzelnen Organismen in den meisten Spezies nicht allzu sehr variiert, bietet sich die Häufigkeit als leichter zu messende Ersatzgröße an. Würden wir also fragen, welcher Anteil der menschlichen Gesamtbiomasse in seiner Fitness von Blaue-Augen-Genen beeinflusst wird, erhielten wir immer noch ein Ergebnis nahe 20 Prozent. Dieses ressourcenbezogene Maß passt also besser zu unserem substratneutralen Evolutionsansatz, denn es lässt sich auf diverse Systeme von Computern (Anteil der Computerressourcen) bis zu Lego-Steinen (Anteil an der Gesamtbausteinmasse) anwenden.

In diesem Sinne wollen wir den Replikationserfolg als den Anteil an den Gesamtressourcen definieren, deren Fitness von einem bestimmten Geschäftsplanmodul beeinflusst wird. Mögliche Ressourcenkandidaten sind Geld, Menschen, Betriebseinrichtung oder auch immaterielle Werte wie Markenbewusstsein, technisches Know-how, Kundenbeziehungen – alles, was nur in endlicher Menge vorhanden ist und um das Geschäftseinheiten in Wettbewerb treten können (der ressourcenbezogene Ansatz ist kompatibel mit der ressourcentheoretischen Unternehmensbewertung, auf die wir in Kapitel 16 zurückkommen werden).[515] Und weil wir es jetzt nicht mehr mit einem diskreten, sondern mit einem kontinuierlichen Maß zu tun haben, wollen wir im Zusammenhang mit Geschäftsplanmodulen nicht von Replikation, sondern von *Amplifikation* sprechen. Ein Geschäftsplanmodul wird also im Geschäftsplanraum amplifiziert, es dehnt sich aus, wenn sein Einfluss auf die Ressourcen im Lauf der Zeit wächst.[516]

Wir können jetzt an unsere Überlegungen zur Selektion anknüpfen und sehen, wie erfolgreiche Geschäftsplanmodule amplifiziert und mit zusätzlichem Ressourceneinfluss belohnt werden. Zuerst versetzen wir uns in den Kopf unserer imaginären Führungskraft. Sie erwägt die verschiedenen Optionen für ihren Geschäftsplan, trifft eine Entscheidung und wählt eine bestimmte Modulkonfiguration, von der sie glaubt, dass sie erfolgreich sein wird. Sie belohnt diese Konfiguration, indem sie den Plan implementiert und für seine Ausführung Personal, Geld und andere Ressourcen abstellt. Die ausgewählten Module werden also mittels zusätzlicher Ressourcen amplifiziert. Die zehn übrigen Optionen, die sie in Erwägung gezogen und wieder verworfen hatte, werden nicht belohnt und sind damit zumindest in ihrer Geschäftseinheit bis auf Weiteres gestorben. Angenommen, die ersten Resultate des Geschäftsplans sehen vielversprechend aus; der Umsatz steigt und die Gewinne nehmen zu. Die Leitung des Gesamtunternehmens ist beeindruckt und möchte einige der Module auf andere Geschäftseinheiten übertragen. Daraufhin fließt mehr Geld und mehr Personal in die Implementierung dieser Module, die folglich weiter amplifiziert werden.

Einige Monate später bemerkt ein Wettbewerber die Veränderungen und kopiert die Module, die auf diese Weise weiter amplifiziert werden, weil sie nun auch in dem anderen Unternehmen Ressourcen beeinflussen. Nicht zuletzt aufgrund der erfolgreichen Module wachsen beide Unternehmen und ziehen mehr Kapital von Banken und Aktionären an. Der Einfluss des Moduls wächst weiter. Schließlich beschließt unsere Führungskraft, ein kleineres Unternehmen aufzukaufen, welches das Modul bislang noch nicht übernommen hat. Einer der Beweggründe für die Akquisition ist die Möglichkeit, das Modul zu implementieren und das Zielunternehmen damit auf Vordermann zu bringen. Nach der Übernahme wird das Modul in das erworbene Unternehmen implementiert, wodurch der Einflussbereich des Moduls erneut wächst. In Anlehnung an die biologische Maxime »gute Replikatoren werden repliziert« können wir für die ökonomische Welt formulieren: »Gute Amplifikatoren werden amplifiziert.«

Wir können also eine Vielzahl von Mechanismen für die Übermittlung und Verbreitung von Geschäftsplanmodulen beobachten. Dazu gehören gedankliche Simulation und Entscheidungsfindung durch Einzelpersonen, Problemlösung und Entscheidungsfindung durch Gruppen, die Imitation innerhalb und außerhalb von Unternehmen, die Ressourcenzuweisung an erfolgreiche Module durch den Markt und Unternehmensakquisitionen.

Die ökonomische Evolution kurz zusammengefasst

Wir verfügen jetzt über alle Elemente eines Evolutionsmodells zur Durchforstung der Smith'schen Bibliothek nach geeigneten Geschäftsplänen. Wie wir gesehen haben, sind Geschäftspläne Instruktionen zur Schaffung von Geschäftseinheiten, die von qualifizierten Geschäftsplanlesern implementiert werden können. Diese Instruktionen führen physikalische und soziale Technologien in Modulen unter einer Strategie zusammen. Geschäftspläne werden durch das deduktive Probieren der nach potenziell gewinnträchtigen Plänen suchenden Akteure differenziert. Während sich die Verteilung der durch diesen Prozess erzeugten Experimente von der rein zufälligen Differenzierung der biologischen Evolution unterscheidet, füttert sie dennoch den Evolutionsalgorithmus mit einem Überangebot an Geschäftsplänen, das Gegenstand der Selektion wird.

Dieser Selektionsprozess ist verschachtelt und geschieht auf mehreren Ebenen von der gedanklichen Simulation durch Einzelpersonen bis zur Problemlösung durch Gruppen. Zur weiteren Selektion kommt es, wenn Geschäftspläne Unternehmenshierarchien aufwärts und abwärts durchlaufen, bis sie früher oder später implementiert und dem Urteil des Marktes ausgesetzt werden.

Erfolgreiche Module werden durch einen Zugewinn an Einfluss über diverse Ressourcen belohnt. Der Erfolg eines Moduls tritt auf zwei Ebenen ein. Die erste Ebene befindet sich innerhalb des Unternehmens, wenn ein Geschäftsplan implementiert wird und die erforderlichen Ressourcen für seine Ausführung beispielsweise in Form von Mitarbeitern und Budget erhält. Die zweite Ebene ist, wenn sich Module im Markt bewähren und von den Kunden und Finanzmärkten mit Wachstum und mehr Kapital belohnt werden. Dabei handelt es sich um einen Ausleseprozess; das Überangebot an Geschäftsplänen bedeutet, dass innerhalb eines Unternehmens weit mehr Optionen in Erwägung gezogen als implementiert werden und dass längst nicht alle Pläne, die im Markt getestet werden, am Ende auch erfolgreich sind. Während des Selektionsprozesses erlangen die überlegenen Module Einfluss über einen immer größeren Anteil am gesamten Ressourcenumfang der Wirtschaft. Das ist ein hochgradig dynamischer Prozess; was heute überlegen ist, ist morgen möglicherweise unterlegen. Der Evolutionsprozess hört folglich niemals auf, während Module kommen und gehen und Geschäftseinheiten sich mehr oder weniger erfolgreich an die Bedürfnisse des Marktes anpassen.

Jenseits der elementaren Maschinerie des Evolutionsalgorithmus würden wir keine besonderen Ähnlichkeiten zwischen der ökonomischen und der biologischen Evolution erwarten.[517] Dass beispielsweise die Selektionseinheiten in der biologischen Evolution über diskrete Generationen den Weg der »modifizierten Abstammung« gehen, in der ökonomischen Evolution hingegen von Geschäftsplan zu Geschäftsplan wilde Sprünge machen, ändert nichts am evolutionären Charakter des Prozesses. Und auch wenn sich aufgrund der Fähigkeit der Menschen, ihren Verstand einzusetzen und die Zukunft zu antizipieren, die Mechanismen der Differenzierung und Selektion in ökonomischen Systemen stark von denen in biologischen Systemen unterscheiden, sind sie dennoch evolutionär.

In dem von mir vorgestellten Rahmenkonzept ist die Existenz moderner STs – organisierte Märkte, Geld, Privateigentum, Unternehmen oder sogar Schrift – durch nichts vorbestimmt. Dieselben Prozesse gelten für Harry den Hominiden, der sich darüber Gedanken macht, wie er für seine Handäxte mehr Fleisch bekommt, wie für die leitende Führungskraft eines modernen multinationalen Unternehmens, die sich Strategien für China ausdenkt.

Lob der Märkte – aus verschiedenen Gründen

Wenn sich traditionelle Ökonomen in einem einig sind, dann darin, dass Märkte gut sind – Märkte sind vielleicht nicht immer vollkommen und haben einige altbekannte Mängel, aber wo sie funktionieren, sind sie nicht zu schlagen. Diese auf dem Fundament des allgemeinen Gleichgewichts basierende Schlussfolgerung stand im Zentrum der ideologischen Auseinandersetzung des Kalten Krieges und liefert bis heute die intellektuelle Basis für den globalen Kapitalismus. Aus der Evolutionsperspektive betrachtet scheinen die Märkte ebenfalls gut zu sein, jedoch aus ganz anderen Gründen.

Die traditionellen Ökonomen betonen, dass Märkte die beste Methode sind, um Ressourcen so zu verteilen, dass der Wohlstand der Gesellschaft unter

Gleichgewichtsbedingungen optimiert wird.[518] Das Problem ist, wie wir gesehen haben, dass die Gleichgewichtsbedingungen in der realen Welt niemals erfüllt sind. Wenn aber die Gleichgewichtsannahmen der traditionellen Wirtschaftslehre falsch sind, wie können wir dann sicher sein, dass Märkte eine gute Einrichtung sind?

Entsprechend dem gerade beschriebenen Rahmenkonzept können wir die Märkte als einen evolutionären Suchmechanismus interpretieren. Märkte bieten Anreize für den deduktiv probierenden Differenzierungsprozess. Sie liefern sodann eine Fitnessfunktion und einen Selektionsprozess, welche die breiten Bedürfnisse der Bevölkerung (und nicht nur diejenigen einiger weniger Big Men) repräsentieren. Zu guter Letzt stellen sie Methoden bereit, um Ressourcen von weniger geeigneten Modulen zu besser geeigneten umzulenken und auf diese Weise den Einfluss der besser geeigneten Module auszudehnen.

Dass Märkte so gut funktionieren, erklärt sich im Prinzip aus dem, was Evolutionstheoretiker als »Orgels Regel« (nach dem Biochemiker Leslie Orgel) bezeichnen: »Die Evolution ist klüger als wir.« Selbst ein hochgradig rationaler, intelligenter und wohlwollender Big Man kann die Gipfel in der ökonomischen Fitnesslandschaft niemals so gut finden wie ein Evolutionsalgorithmus. Märkte siegen über Befehl und Kontrolle, aber nicht aufgrund *effizienter* Ressourcenverteilung im Gleichgewicht, sondern aufgrund *effektiver* Innovation im Nichtgleichgewicht.

Die Komplexitätsökonomen verkennen nicht die allozierende Rolle der Märkte.[519] In ihren Augen sind die Märkte auch darin ziemlich gut und in der Regel besser als die Big-Man-Alternative. Aber während die traditionellen Ökonomen gern über die »vollkommene Effizienz« von Märkten im Gleichgewicht sprechen, verstehen die Komplexitätsökonomen die Markteffizienz eher als einen relativen Begriff. Aus Komplexitätssicht existiert ein idealer Zustand vollkommener Effizienz möglicherweise gar nicht, und wenn doch, dann verhindert die Nichtgleichgewichtsnatur der Märkte vermutlich, dass ein solcher Zustand jemals erreicht wird. Märkte können niemals vollkommen effizient sein, wie sich auch der Motor eines Autos niemals zu 100 Prozent thermodynamisch effizient machen lässt. Der Grund, warum Märkte gute Ressourcenverteiler sind, hat mehr damit zu tun, dass sie ein verteiltes Verarbeitungssystem mit hoher Recheneffizienz darstellen (die richtigen Signale gelangen zu den richtigen Leuten), als mit ihrer Fähigkeit, ein mythisches globales Gleichgewicht zu erreichen.[520]

Die empirische Bilanz der Märkte belegt ihren Erfolg als Evolutionsalgorithmus. Dem Ökonomen William Baumol zufolge waren freie Märkte schon immer »Innovationsmaschinen«.[521] Werfen wir einen Blick auf unsere eigene materielle Umgebung – wie viele SKUs in unserem Umfeld wurden in Big-Man-Ökonomien erfunden oder gestaltet (und nicht nur hergestellt)? Mit wenigen Ausnahmen stammt die Masse der PT- und ST-Innovationen der modernen Welt von einer Hand voll marktorientierter Ökonomien. Und die wenigen Innovationen aus Big-Man-Ökonomien wie die sowjetischen Errungenschaften im Flugzeugdesign erfüllten in aller Regel militärische und keine ökonomischen Bedürfnisse.

Damit soll nicht behauptet werden, dass marktorientierte Gesellschaften vollkommen seien. Die Gesellschaften der reichen kapitalistischen Welt haben gravierende Probleme mit Ungleichheit, Umweltzerstörung und Gesundheitskrisen wie AIDS. Und vieles spricht dafür, dass der ungezügelte Materialismus dieser Gesellschaften die Menschen nicht unbedingt glücklicher macht.[522] Verarmte Big-Man-Gesellschaften haben dieselben Probleme, nur häufig in stärkerem Ausmaß, mit weniger Ressourcen zu ihrer Behebung und einer geringeren Wahrscheinlichkeit, dass innovative Ansätze Abhilfe schaffen. Das evolutionäre Marktverständnis verringert nicht die Schwierigkeiten, die viele Länder beim Übergang von der Big-Man- zur Marktwirtschaft haben – ein Übergang, der unweigerlich mit einschneidenden sozialen Veränderungen einhergeht. Wie wir in Kapitel 18 sehen werden, wirft die Komplexitätstheorie ein anderes Licht auf die Beschränkungen und Schwächen der Märkte. Aber letztendlich stimmen die Menschen mit den Füßen ab, und die weltweiten Migrationsbewegungen insbesondere der heutigen Zeit verlaufen fast ausnahmslos von Big-Man- in Richtung markorientierter Ökonomien.

Das komplexitätstheoretische Marktverständnis schärft also unser Bewusstsein für die Stärken der Märkte bezüglich Innovation und Wachstum. Zu den eloquentesten Kritikern der Big-Man-Wirtschaftssysteme gehört Václav Havel, der einst als Dissident die Gefängnisse der kommunistischen Tschechoslowakei kennenlernte, bevor er Präsident der demokratischen Tschechischen Republik wurde: »Das Leben ist in seinem Wesen selbst unendlich und geheimnisvoll vielgestaltig und von keinem Zentralgehirn in seiner Fülle und Veränderlichkeit erfassbar und planbar.«[523]

Metainnovationen: Noch einmal 1750

Wie ich zu Beginn des Buches erwähnte, gehört die um 1750 einsetzende und bis heute anhaltende explosionsartige Zunahme von Wohlstand und ökonomischer Komplexität zu den erstaunlichsten Phänomenen der Menschheitsgeschichte. Mit unserem Evolutionskonzept können wir nun damit beginnen, uns ein Bild vom Wie und Warum dieses Geschehens zu machen. Während der letzten zweieinhalb Jahrhunderte haben zahlreiche Innovationen im Bereich der sozialen Technologien das Tempo der ökonomischen Evolution signifikant beschleunigt.

In Kapitel 11 sprachen wir über die erste Metainnovation, die wissenschaftliche Revolution. Vor 1500 wurde menschliches Wissen vorwiegend durch Ausprobieren gewonnen. Die beginnende Wissenschaft beschleunigte das Tempo der menschlichen Suche im PT-Raum und erhöhte die Effektivität sowohl des deduktiven Schließens als auch des experimentellen Probierens.[524]

Die zweite Metainnovation war die Entstehung organisierter Märkte. Die Entwicklung marktbasierter Ökonomien erfolgte nicht in einem Urknall, sondern war das Resultat einer zweihundertjährigen ST-Evolution. Zwei Schlüsselereignisse, die diesen Wandel anstießen, waren die Schaffung der parlamentarischen Demokratie in England und die amerikanische Revolution.

Von 1509 bis 1547 war Henry VIII. von England ein Big Man, wie er im Buche steht – ein absoluter Herrscher über sein Königreich. Bis zum Ende des 17. Jahrhunderts jedoch hatte sich England nach einem Jahrhundert der Aufstände und Reformen in eine konstitutionelle Monarchie verwandelt. Das Parlament übernahm die Kontrolle über den Staatshaushalt und gründete die Bank of England zur Lenkung der nationalen Währung.[525] In dieser Zeit wurden zudem wichtige Schritte zur Sicherung der Rechtsstaatlichkeit und zum Schutz der individuellen Eigentumsrechte unternommen. Von besonderer Bedeutung waren die Petition of Right von 1628 und der Habeas Corpus Act von 1679. Alle diese grundlegenden Veränderungen in den sozialen Technologien machten es möglich, dass sich die Ökonomie während des folgenden Jahrhunderts von einer feudalen, hierarchischen Big-Man-Gesellschaft in eine Marktwirtschaft mit einer wachsenden Händlerschicht, konkurrenzfähigen Privatunternehmen und Kapitalmärkten transformierte. Obwohl andere europäische Mächte ihre Ökonomien weiterhin streng kontrollierten, fanden auch in einer Reihe weiterer Länder insbesondere Nordeuropas institutionelle Reformen statt, die dazu führten, dass die Marktwirtschaft auf dem Kontinent allmählich Fuß fasste.

Die amerikanische Revolution, die im Jahr 1776 begann (im selben Jahr, in dem Adam Smith seine großartige Arbeit veröffentlichte), brachte den zweiten wichtigen Entwicklungsschub für die Marktökonomien. Wie der Historiker Paul Johnson anmerkt, unterschied sich die ökonomische Haltung der Briten zu ihren Kolonien deutlich von der der übrigen europäischen Mächte.[526] Frankreich, Spanien und Portugal übertrugen hochgradig zentralisierte und hierarchische politische, militärische und religiöse Befehlsstrukturen auf ihre Besitzungen in der neuen Welt, was zu einer strengen Kontrolle der jungen Ökonomien führte. Die Briten hingegen sparten sich die Mühe, die für eine solche Art von Kontrolle erforderlichen militärischen Ressourcen zu investieren. Für sie gab es an anderen Stellen des Empire dringendere Aufgaben, nicht zuletzt in der stets komplizierten Beziehung zum europäischen Kontinent. Die britisch-amerikanischen Kolonien entwickelten sich folglich als weit verstreute Siedlungen hochgradig unabhängiger Bauern und Händler. Britisch Nordamerika war von Anfang an ein Ort des *Anything goes*, des freien Handels, der freien Ideen und der freien Religionsausübung. Jedes Mal, wenn die Briten oder die Kolonialbehörden vor Ort die Zügel strafften, zogen die Bewohner einfach weiter in Richtung Niemandsland und entzogen sich so der Kontrolle.

Als die Revolution von 1776 kam, hatte die neue Nation bereits ein Jahrhundert relativer ökonomischer Freiheit erlebt und eine egalitäre, populistische Kultur entwickelt, in der jede Big-Man-Kontrolle mit Argwohn betrachtet wurde. Die Kolonien verfügten zudem über eine große und wohlhabende Mittelklasse. Johnson schreibt, dass der typische Ostküstenfarmer im Jahr 1750 zwischen 25 und 40 Hektar Land, zehn Rinder, sechzehn Schafe, sechs Schweine, zwei Pferde und etliche Ochsen besaß. Eine durchschnittliche Familie hatte sechs bis sieben Kinder, von denen vielleicht vier oder fünf die Kindheit überlebten, und nur drei bis fünf Prozent der männlichen Erwachsenen mittleren Alters waren arm.[527] Bis zur Zeit der Revolution hatte sich das amerikanische Experiment des freien Marktes als beachtlicher Erfolg herausgestellt; noch 1700 hatte Amerikas BIP fünf Prozent des britischen betragen; 1775 waren es bereits 40 Prozent – laut Johnson »eine der größten Wachstumsraten, welche die Welt jemals gesehen hat.«[528]

Ende des 18. Jahrhunderts waren die ST-Fundamente für Marktökonomien in Nordamerika, Großbritannien und in unterschiedlichem Maße in anderen Teilen Nordeuropas gelegt. Nach unserem heutigen Verständnis handelte es sich noch nicht um echte Marktsysteme. Die Bankensysteme beispielsweise waren noch recht primitiv, und die Kapitalgesellschaft mit beschränkter Haftung war noch nicht erfunden. Aber die Big Men wurden aus der Geschäftsplanselektion gedrängt, und das freie Unternehmertum gedieh.

Das waren zugleich die Regionen, in denen die Wissenschaft ihre tiefsten Wurzeln schlug. So überrascht es nicht, dass diese Regionen zugleich der Brennpunkt der industriellen Revolution waren. Während des 19. und 20. Jahrhunderts sorgte die Wissenschaft für eine rasante Beschleunigung in der Entdeckung neuer PTs, und die Märkte ermöglichten die rasche Evolution von Geschäftsplänen zur Verwandlung dieser PTs in Produkte und Dienstleistungen. Eine positive Spirale aus PT-, ST- und Geschäftsplaninnovationen setzte ein, die zur größten Periode wirtschaftlichen Wachstums führte, welche die Welt je erlebt hat.

14. Eine neue Wohlstandsdefinition: Überlegene Ordnung

Man schrieb das Jahr 1948, und Nicholas Georgescu-Roegen und seine Frau hatten Angst. In Fässern verborgen war es ihnen gelungen, sich an Bord eines Frachters zu schmuggeln, der sie von ihrer Heimat Rumänien nach Istanbul bringen sollte.[529] Sie wussten, dass ihnen der Tod drohte, falls sie entdeckt würden.

Der Ökonom Georgescu-Roegen hatte für die rumänische Nachkriegsregierung gearbeitet. Gelernt hatte er an der Sorbonne in Paris und unter Joseph Schumpeter in Harvard, bevor er in den Dreißigerjahren nach Rumänien zurückkehrte. Die Nachkriegsjahre waren chaotisch und voller Machtkämpfe. Aber im Friedensabkommen von 1947 beugten sich die Westmächte der Realität der Besetzung Bukarests durch die Rote Armee, und bis zum Jahresende hatten die Sowjets ein totalitäres Regime installiert. Mitglieder der Vorgängerregierung wurden von ihren Posten entfernt, in Schauprozessen verurteilt und teilweise hingerichtet. Für Georgescu-Roegen war es Zeit, das Land zu verlassen.

Zusammen mit seiner Frau gelangte er schließlich bis nach Amerika, wo er an der Vanderbilt University in Nashville eine Anstellung bekam. Während der folgenden 20 Jahre leistete Georgescu-Roegen wichtige Beiträge zur traditionellen Wirtschaftstheorie. Seine mathematische Virtuosität machte ihn zu einem aufsteigenden Stern, und Chefneoklassiker Paul Samuelson verlieh ihm die ultimative Auszeichnung »ein Ökonom von einem Ökonomen«. Im Jahr 1966 jedoch verwandelte sich der 60-jährige Star in einen Rebellen, als er die traditionelle Theorie frontal angriff.[530] Anschließend suchte er in der Evolutionstheorie und in der Physik nach Antworten auf die Unzulänglichkeiten der traditionellen Wirtschaftslehre und veröffentlichte im Jahr 1971 sein Opus magnum *The Entropy Law and the Economic Process*.[531]

Wie wir in diesem Kapitel sehen werden, war Georgescu-Roegen seiner Zeit weit voraus. Die wichtigste Erkenntnis in *The Entropy Law and the Economic Process* lautete, dass ökonomische Aktivität grundsätzlich mit Ordnungserzeugung zu tun hat und dass diese Aufgabe von einem Evolutionsmechanismus geleistet wird. Wir werden Georgescu-Roegens bahnbrechende Ideen untersuchen, sie mit dem aktuellen Stand der Wissenschaften abgleichen und in das hier vorgestellte Evolutionsmodell einpassen. Auf diese Weise erreichen wir unser Ziel: eine neue Sichtweise von der Entstehung des Wohlstands.

Spinner und Phantasten

Die Argumentation, die Georgescu-Roegen in seinem Buch entwickelt, ist die folgende: Während sich die biologische Form der menschlichen Spezies »endosomatisch« nur langsam weiterentwickelt, entwickeln wir uns gleichzeitig »exosomatisch« über unsere Kultur in raschem Tempo. Georgescu-Roegen war nicht der Erste, der diese Beobachtung machte. Für Darwin folgte dies aus seiner Theorie, und in den Fünfzigerjahren entwickelte der katholische Theologe Pierre Teilhard de Chardin eine auf der Idee der endosomatischen und exosomatischen Evolution basierende Philosophie.[532] Ebenso wenig war Georgescu-Roegen der einzige Ökonom seiner Zeit, der in der kulturellen Evolution nach Antworten suchte. Friedrich Hayek schrieb über kulturelle Evolution in seinem Buch *The Constitution of Liberty* von 1960, und Kenneth Boulding veröffentlichte seine Theorie von der kulturellen und ökonomischen Evolution in den Siebzigerjahren.[533] Einzig Georgescu-Roegen jedoch vermochte seine Theorie und insbesondere die Verbindung zwischen Evolution und Thermodynamik wissenschaftlich zu fundieren.

In Kapitel 3 sprachen wir über den zweiten Hauptsatz der Thermodynamik – das Prinzip, wonach sich das Universum unaufhaltsam von einem Zustand niedriger Entropie in Richtung eines Zustands höherer Entropie bewegt. Auf sich allein gestellt driftet die Welt von der Ordnung zur Unordnung. Aber indem wir Energie in ein offenes System geben, können wir den Entropieanstieg temporär bekämpfen und in einem begrenzten Bereich des Universums Ordnung erzeugen. Der zweite Hauptsatz muss jedoch zu seinem Recht kommen, und jedes offene System mit abnehmender Entropie muss seine Entropie in Form von Wärme und Unrat an das Universum abgeben, sodass die Gesamtentropie des Universums weiterhin steigt. Das bedeutet jedoch auch, dass ständig Energie in ein offenes System fließen muss, damit dieses in der Lage ist, Entropie zu bekämpfen; ohne Energiezufuhr lässt sich die Ordnung nicht länger aufrechterhalten, und das System verkommt und zerfällt.

Der zweite Hauptsatz hat die Evolution in der biologischen Welt grundlegend geformt.[534] Aus thermodynamischer Sicht stellt ein Organismus eine Ansammlung hochgradig geordneter Moleküle dar. Alle Organismen verfügen über eine Barriere in Form von Membran, Haut, Muschelschale oder Ähnlichem, die ihr geordnetes Innenleben von der ungeordneten Außenwelt trennt. Die Aufrechterhaltung dieser Trennung zwischen innen und außen erfordert Energie. Wir können sagen, dass die Moleküle innerhalb der Grenze geordnet sind, weil die Wahrscheinlichkeit, spezielle Chemikalienmuster innerhalb eines Organismus durch zufällige Molekülbewegung zu erzeugen, infinitesimal gering ist. So ist es beispielsweise extrem unwahrscheinlich, dass Moleküle, die Zufallsbewegungen vollführen, sich spontan zu einem voll funktionsfähigen Bakterium zusammensetzen. Der Biochemiker Robert Shapiro von der New York University vergleicht dies mit der Wahrscheinlichkeit, dass ein Tornado aus einem Schrottplatz eine Boeing 747 zaubert.[535] Jeder Organismus benötigt eine Energiequelle, um seine komplexe innere Ordnung zu bewahren und zu mehren, und alles Leben gibt Entropie in Form von Wärme und Abfall an das

Universum ab. Sobald dieser Prozess aufhört, kehren die Moleküle des Organismus in die Unordnung der Umgebung zurück – der Tod ist die Kapitulation vor dem zweiten Hauptsatz.

Der zweite Hauptsatz beschreibt somit die wichtigste Randbedingung jedes Lebens: Die Energiezufuhr muss größer sein als der Energieverbrauch. Alle Organismen müssen einen thermodynamischen »Gewinn« machen, um zu überleben und sich fortzupflanzen. Der Entwurf eines Organismus repräsentiert eine Strategie, lang genug thermodynamische Gewinne zu machen, um sich fortzupflanzen, bevor der zweite Hauptsatz sein Recht einfordert. Ein afrikanischer Elefant ist eine Strategie, um im Umfeld des afrikanischen Busches thermodynamische Gewinne zu machen und sich fortzupflanzen, und eine Kronenqualle ist eine andere, besonders erfolgreiche Strategie, die sich seit rund 200 Millionen Jahren ununterbrochen bewährt. Der Wettbewerb um die für die Ordnungserzeugung benötigte Energie und Materie ist natürlich hart; Pflanzen wetteifern um Boden, Wasser, Sonnenlicht, und viele Spezies verfügen über eine besondere Strategie, wie sie anderen Spezies Energie und Materie stehlen können: indem sie sie fressen. Die biologische Evolution ist gleichbedeutend mit der drei Milliarden Jahre alten Suche nach thermodynamisch rentablen Strategien in einer wettbewerbsgeprägten, veränderlichen Welt.

Wie Georgescu-Roegen in *The Entropy Law and the Economic Process* bemerkte, ist der ökonomische Prozess ähnlich dem biologischen im Prinzip nichts anderes als eine Transformation hoher Entropie in niedrige Entropie.[536] Georgescu-Roegen hielt der traditionellen Wirtschaftslehre vor, dass sie die Bedeutung der Entropie für die Ökonomik übersah, und er behauptete, die neoklassische Theorie verletze letztlich die Gesetze der Physik, weil sie die thermodynamischen Randbedingungen in ihren Modellen unberücksichtigt lasse.[537] Er verglich diese Haltung mit einer »Vernachlässigung des Unterschieds zwischen der realen Welt und dem Garten Eden« und nannte die neoklassische Produktionsfunktion einen »Zaubertrick«.[538]

Georgescu-Roegens Kritik wurde vom ökonomischen Establishment niemals kommentiert, und sein Buch geriet an den Rand der Vergessenheit.[539] Eine seiner Warnungen lautete, dass eine ökonomische Entropiereduktion notgedrungen mit Umweltverschmutzung einhergehe. Seine Ideen wurden von der Umweltbewegung aufgegriffen, mit der Folge, dass ihn heute die meisten Ökonomen als Umweltökonom einstufen und vergessen, dass seine Kritik das gesamte Gebäude der traditionellen Wirtschaftslehre infrage stellte.[540]

Ein Grund, warum Georgescu-Roegen ignoriert wurde, war vielleicht die unglückliche Geschichte des Entropiekonzepts in der Ökonomik. Viele Forscher hatten jahrzehntelang nach metaphorischen Entropie- und Energieäquivalenten in der Ökonomik gesucht, indem sie beispielsweise Geld mit Entropie oder Haushaltsbeschränkungen mit Energieerhaltung verglichen.[541] Entsprechend erklärte Paul Samuelson (der Georgescu-Roegens Beitrag zur traditionellen Theorie pries) in seiner Nobelpreisrede von 1970: »Wie viele langweilige Arbeiten musste ich begutachten, in denen nach Entsprechungen zur Entropie oder zur einen oder anderen Energieform gesucht wurde.«[542] In einer Arbeit aus dem Jahr 1972 ging er noch weiter: »Und ich könnte hinzufügen: Einen Spinner oder Phantasten in den Gesellschaftswissenschaften erkennt man daran, dass er im sozialen System irgendein Pendant zum physikalischen Begriff der ›Entropie‹ sucht.«[543]

Samuelson hatte Recht. Solche metaphorischen Vergleiche sind in der Regel unsinnig (auch wenn dies genau das war, was Walras, Jevons und die übrigen Begründer der traditionellen Theorie getan hatten). Aber Georgescu-Roegen war kein Spinner, und er suchte nicht nach einem Vergleich. Vielmehr behauptete er wie ich in Kapitel 3, dass ökonomische Systeme in der realen physikalischen Welt bestehen und dass sie folglich demselben Entropiegesetz unterworfen sind wie alle Dinge des Universums.[544] Wie der britische Astrophysiker Sir Arthur Eddington einst anmerkte: »Eine Theorie, die gegen den zweiten Hauptsatz der Thermodynamik verstößt, hat schon verloren; auf sie wartet nichts als die tiefste Demütigung.«[545]

Ein Vorschlag: Drei Bedingungen für die Wertschöpfung

Georgescu-Roegen machte drei Beobachtungen, welche die Vorstellung von der Wirtschaft als einem sich entwickelnden, komplexen System grundsätzlich mit unserer Frage nach der Entstehung von Wohlstand verbinden.

Erstens beobachtete er, dass Prozesse, die ökonomischen Wert erzeugen, ihrem Wesen nach unumkehrbar sind. Die Zeit hat in ökonomischen Systemen eine eindeutige Richtung – oder, um seine Worte zu zitieren: Wir können eine Lokomotive nicht zweimal mit demselben Stück Kohle befeuern.[546]

Zweitens schrieb er: »Eine oberflächliche Beobachtung genügt, um zu erkennen, dass sich unser ganzes ökonomisches Leben aus geringer Entropie speist, also aus Tuch, Holz, Porzellan, Kupfer und so weiter … lauter hochgradig geordneten Strukturen.«[547] Wie wir bereits sahen, handeln sämtliche ökonomischen Prozesse von der Umwandlung vergleichsweise schwach geordneter Ausgangsmaterialien und -informationen in hochgradig geordnete Produkte und Dienstleistungen.

Und während drittens die Herstellung von Produkten und Dienstleistungen ihrem Wesen nach eine Ordnung erzeugende Tätigkeit ist, besitzt nicht jede Ordnung ökonomischen Wert. Oder mit Georgescu-Roegens Worten: »Niemand hat Verwendung für die niedrige Entropie giftiger Pilze, und nicht jeder ist auf diejenige von Meeresalgen und Käfern erpicht.«[548]

Ich werde jetzt einen Schritt über Georgescu-Roegens Behauptungen hinausgehen und die These aufstellen, dass diese drei Beobachtungen zusammengenommen genau jene Bedingungen bezeichnen, die erfüllt sein müssen, damit ökonomischer Wert erzeugt wird, was uns zugleich zu einer neuen Wohlstandsdefinition führt. Um Georgescu-Roegens Beobachtungen präziser zu machen, will ich sie formeller fassen und kollektiv als *G-R-Bedingungen* bezeichnen.

Ein Muster aus Materie, Energie und/oder Informationen besitzt ökonomischen Wert, wenn die folgenden drei Bedingungen erfüllt sind:

- *Unumkehrbarkeit.* Alle werterzeugenden ökonomischen Transformationen und Transaktionen sind thermodynamisch unumkehrbar.
- *Entropie.* Alle werterzeugenden ökonomischen Transformationen und Transaktionen reduzieren die Entropie lokal innerhalb des ökonomischen Systems und vermehren sie global.
- *Fitness.* Alle werterzeugenden ökonomischen Transformationen und Transaktionen produzieren Artefakte und/oder Aktionen, die menschlichen Zweckkriterien genügen.

Wir werden der Reihe nach alle drei Bedingungen diskutieren.

Unumkehrbarkeit: Eier aufschlagen, um ein Omelette zuzubereiten

Zuvor hatten wir *Geschäftseinheit* als eine Person oder eine Gruppe von Menschen definiert, die mit dem Ziel, Gewinn zu machen, Materie, Energie und Informationen von einem Zustand in einen anderen zu transformieren. Physikalische und soziale Technologien definierten wir ebenfalls als Transformationen. Die Vorstellung von der Umwandlung einer Sache von einem Zustand in einen anderen ist ein thermodynamisches Konzept.[549] Im 19. Jahrhundert unterteilte der französische Ingenieur Sadi Carnot alle Umwandlungen in zwei Gruppen: die umkehrbaren und die unumkehrbaren. Die Umkreisung der Sonne durch die Erde ist eine *umkehrbare* Transformation (wir können von einer Transformation sprechen, weil sich die Position der Himmelskörper von einem Augenblick zum nächsten verändert). Es gibt keinen speziellen Grund, warum sich die Erde ausgerechnet in dieser Richtung bewegt, und wir wären nicht in der Lage, die Vorwärts- von der Rückwärtsrichtung zu unterscheiden, da die Veränderung der Erdposition in der Zeit völlig symmetrisch erfolgt.[550] Wenn wir hingegen einen Film, in dem eine Milchflasche vom Tisch fällt und auf dem Boden zerbricht, einmal vorwärts und einmal rückwärts sehen, wissen wir sofort, um welche Richtung es sich jeweils handelt. Das Zerbrechen einer Milchflasche ist ein *unumkehrbarer* Vorgang.

Auf der makroskopischen Ebene unseres Lebens und der ökonomischen Phänomene können wir darauf zählen, dass die Zeit nur in eine Richtung läuft.[551] Der Zeitpfeil geht auf den zweiten Hauptsatz der Thermodynamik zurück. Unser Gehirn weiß intuitiv, dass die Entropie zunimmt und dass sich Entropie nur mittels Energie und Arbeit verringern lässt. Wenn wir einen Film sehen, in dem eine Milchflasche zerbricht oder ein Tropfen Tinte sich im Wasser verteilt, registrieren wir, dass die Ordnung dieser Systeme abnimmt und die Zeit vorwärts läuft. Wenn wir sehen, wie die zerbrochene Milchflasche spontan aufspringt und sich wieder zusammensetzt oder wie sich die Farbe aus dem Wasser wieder zu einem hübschen Tropfen zusammenzieht, wissen wir, dass die Zeit rückwärts läuft – eine solche Ordnung entsteht nicht von selbst. Sobald wir jedoch sehen, wie jemand die Scherben der Milchflasche sorgfältig zusammenklebt, scheint uns die Zeit vorwärts zu laufen, weil wir jemanden dabei beobachten, wie er Energie in das System steckt und Ordnung erzeugt. Vom Physiker Richard Feynman stammt folgender Test: Wenn wir den Film einer Transformation rückwärts laufen lassen und alle lachen, dann handelt es sich um einen unumkehrbaren Vorgang.[552]

Unumkehrbarkeit hängt folglich eng mit Entropie und Ordnungserzeugung zusammen. Diese Verbindung geschieht über die Gesetze der Wahrscheinlichkeit. Eine brauchbare Vorstellung von Ordnung erhalten wir, wenn wir nach der Wahrscheinlichkeit fragen, mit der ein bestimmter Zustand allein durch die Zufallsbewegung der Moleküle eintreten kann. Wenn wir Milch in eine Tasse Kaffee geben und nur warten, ohne umzurühren, wird sich die Milch infolge der Zufallsbewegungen der diversen Milch- und Kaffeemoleküle verteilen, bis das Getränk eine gleichmäßige Temperatur hat. Wir wären sehr überrascht, wenn wir nach ein paar Minuten den schwarzen Kaffee hübsch getrennt von der weißen Milch erblicken würden. Theoretisch wäre ein solches Ergebnis als Folge der Zufallsbewegungen der Moleküle denkbar, aber mit einer unvorstellbar geringen Wahrscheinlichkeit. Stellen wir uns jetzt vor, dass wir in die Mitte unserer Kaffee-Milch-Mischung eine Schranke setzen, die von einem Nanoroboter bedient wird. Unser kleiner Roboter lässt Kaffeemoleküle nur in die eine Richtung und Milchmoleküle nur in die andere Richtung passieren. Immer wenn ein Milch- oder Kaffeemolekül gegen die Schranke prallt, lässt der Roboter es entweder passieren oder nicht, je nachdem, von welcher Seite es kommt und ob es ein Milch- oder Kaffeemolekül ist. Sukzessive gelangen immer mehr Milchmoleküle auf die eine und Kaffeemoleküle auf die andere Seite der Schranke. Der Nanoroboter erhöht die Ordnung (verringert die Entropie) in der Kaffeetasse, indem er einen Zustand von geringerer Wahrscheinlichkeit herbeiführt. Diese Ordnung hat jedoch ihren unvermeidlichen Preis. Wir müssten den Nanoroboter mit Energie füttern, damit er seine Arbeit verrichten kann, und er würde im Gegenzug Wärme abgeben. Die Entropie würde innerhalb der Kaffeetasse abnehmen, aber im umliegenden Universum zunehmen. In der Physik ist dieser imaginäre Schrankenwärter als Maxwell'scher Dämon bekannt, nach James Clerk Maxwell, der dieses Gedankenexperiment 1867 vorschlug (im Original war der Schrankenwärter ein »gehorsamer und fingerfertiger Dämon«).[553] Nach 140 Jahren des Debattierens, Theoretisierens und Experimentierens sind die Wissenschaftler zu dem Schluss gekommen, dass der Maxwell'sche Dämon den Entropiefluss ohne Energiequelle nicht umdrehen kann – Ordnung ist umsonst nicht zu haben.

Im Prinzip behauptete Georgescu-Roegen, dass die Ökonomen dem zweiten Hauptsatz ebenso wenig entfliehen können wie das Universum insgesamt.[554] Transformationen oder andere Prozesse, die ökonomischen Wert erzeugen, sind unumkehrbar. Das bedeutet nicht, dass es unmöglich ist, einen werterzeugenden Prozess umzukehren. Vielmehr ist Energie erforderlich, um Dinge herzustellen, und ebenso, um diese Herstellung rückgängig zu machen. In ökonomischen Systemen hat Zeit eine Richtung. Denken wir beispielsweise an die Papierherstellung. Bäume werden im Wald gefällt und auf Lastwagen verladen, das Holz wird zu einem Faserbrei verrührt und mit Chemikalien versetzt, in Rollen gepresst, getrocknet und geschnitten. Es wäre äußerst schwierig, aus einem Papierstapel wieder einen Baum zu machen. Um Feynmans Test zu bemühen: Wenn wir einen Film sähen, wo aus Faserbrei wieder Stämme werden, die vom Lastwagen springen und sich aufrichten, dann wissen wir sofort, dass der Film rückwärts läuft. Filme von Autos, die in ihre Einzelteile zerfallen, von Flugzeugen, die rückwärts fliegen, und von Bankkassierern, die ihren Computern Zeichen »enttippen«, würden vom Publikum mit Kichern quittiert.

Dennoch können wir uns eine Form von werterzeugender ökonomischer Transformation vorstellen, die vollkommen umkehrbar wäre. Im Jahr 1982 demonstrierte der IBM-Physiker Charles Bennett die theoretische Möglichkeit eines reversiblen Computers – einer Maschine, die Berechnungen ohne thermodynamischen Verlust sowohl vorwärts als auch rückwärts durchführen kann. Ein solcher Computer könnte, wenn er denn existierte, ökonomisch nützliche Arbeit verrichten und dennoch reversibel sein – scheinbar im Widerspruch zur ersten G-R-Bedingung. In späteren Arbeiten zeigte jedoch Bennetts IBM-Kollege Rolf Landauer, dass ein solcher reversibler Computer einen unendlichen Speicher benötigen würde. Sobald der Computer beginnt, Informationen in seinem Speicher durch neue Informationen zu überschreiben, vollzieht er einen unumkehrbaren Prozess. Solange die Wirtschaft also eine endliche Grenze hat (solange die Wirtschaft ein Subsystem des Universums und nicht das Universum selbst ist), ist Georgescu-Roegens Theorie sicher und die vorgeschlagene ökonomische Unumkehrbarkeitsbedingung unverletzt.[555]

Die erste G-R-Bedingung besagt also, dass alle Produkte und Dienstleistungen von ökonomischem Wert mittels thermodynamisch unumkehrbarer Transformationen erzeugt werden. Oder einfacher: Kein Omelette ohne ein paar zerschlagene Eier.

In der Formulierung der Unumkehrbarkeitsbedingung habe ich dem Wort *Transformationen* noch das Wort *Transaktionen* zur Seite gestellt. Denn ökonomischer Wert wird nicht nur durch die Herstellung von Produkten und Dienstleistungen erzeugt, sondern auch durch ihren Austausch. Wie bereits erwähnt, hat die traditionelle Wirtschaftslehre diesen Punkt, der auf den unterschiedlichen Präferenzen der Menschen beruht, seit Langem erkannt; Handel erzeugt Wert, indem er die weltweite Produkt- und Dienstleistungskonfiguration besser auf die Präferenzen der Menschen abstimmt. Ebenso wie die werterzeugende Produktion ist auch der werterzeugende Handel unumkehrbar.[556] Intuitiv gesprochen: Wenn sich zwei Menschen auf einen Handel verständigen, weil er für beide nutzbringend (werterzeugend) ist, wollen sie ihn nicht unmittelbar anschließend wieder rückgängig machen. Denn damit würden beide den durch den Handel gewonnenen Wert wieder verlieren (solange nicht neue Informationen – der Handelsgegenstand ist fehlerhaft – aufgetaucht sind, aufgrund deren eine der beiden Seiten ihre Absicht revidiert).

Aus der physikalischen, thermodynamischen Perspektive betrachtet ist die Charakterisierung des Handels etwas kniffliger. Wenn wir zwei Menschen dabei beobachten, wie sie Autogrammkarten der Baseball-Legenden Hank Aaron und Babe Ruth tauschen, können wir nicht sagen, ob der Handel vorwärts oder rückwärts läuft – war es Ruth gegen Aaron oder Aaron gegen Ruth? Dazu bräuchten wir einige verborgene Informationen – die Präferenzen der Handelspartner und den vorhandenen Bestand an Autogrammkarten. Angenommen, wir beauftragen einen Marktforscher damit, vor dem Handel die beiden Sammler zu interviewen und nach ihren Lieblingsspielern und vorhandenen Karten zu fragen. Dann sehen wir nach dem Handel eine bessere Überstimmung von Vorlieben und Kartenkollektionen als vor dem Handel, sodass wir wissen, in welcher Richtung sich der Handel abgespielt hat.[557] Wir wüssten auch, dass die beiden Seiten ihren Handel nicht unmittelbar rückgängig machen wollen. Im thermodynamischen Sinn wäre die Transaktion unumkehrbar.

Unumkehrbarkeit ist eine notwendige, aber keine hinreichende Bedingung für Werterzeugung. Es fällt nicht schwer, sich unumkehrbare Prozesse auszudenken, die Wert zerstören; Orkane, Explosionen und inkompetente Managementteams zerstören Wert auf eine Art und Weise, die sich nur mit Energieeinsatz rückgängig machen lässt. Die erste G-R-Bedingung gibt der Zeit in ökonomischen Systemen eine Richtung, aber wir benötigen die zweite Bedingung, um auch der Entropie eine Richtung zu geben und den Kreis der werterzeugenden Transformationen und Transaktionen weiter einzuschränken.

Entropieminderung: Sind rosa Autos und Bomben werterzeugend?

Aufgrund der zweiten G-R-Bedingung, wonach alle werterzeugenden ökonomischen Transformationen und Transaktionen die Entropie lokal innerhalb des ökonomischen Systems reduzieren und global vermehren, können wir zwischen dem Steinwurf durchs Fenster und der Reparatur desselben unterscheiden. Als werterzeugende Prozesse kommen nur solche infrage, die sowohl unumkehrbar sind als auch die Entropie vermindern.

Die meisten ökonomischen Transformationen vermindern die Entropie in offensichtlicher Weise, wie Georgescu-Roegens Beispiele von Tuch, Holz, Porzellan und Kupfer illustrieren. Aber gibt es nicht auch ökonomische Transformationen, bei denen sich die Entropie erhöht? Könnte nicht auch der Abriss eines Gebäudes Wert erzeugen? Und was ist mit der Bombenherstellung für das Militär?

Ich würde argumentieren, dass der Abriss eines Gebäudes einen Zwischenschritt in einer größeren ökonomischen Transformation darstellt, wie auch die Verwandlung von Bäumen in Faserbrei nur ein Zwischenschritt in der Papierherstellung ist. Menschen reißen Gebäude nicht einfach so ab.[558] Gebäude werden abgerissen, um Platz für ein neues Gebäude zu machen oder das Land für andere Zwecke (wie beispielsweise Straßenbau oder Renaturierung) zu nutzen.[559] Dasselbe Argument betrifft die Müllbeseitigung, die Altlastensanierung und das Recycling, die sich alle als Teil des größeren Transformationsprozesses der Erzeugung von Produkten und Dienstleistungen auffassen lassen (das ist einer der Gründe, warum Georgescu-Roegen bei Umweltaktivisten so hoch im Kurs steht: Produktion und Beseitigung sind zwei Seiten einer Medaille). Die Rolle der Zerstörung als Zwischenschritt in der Werterzeugung gilt auch in biologischen Systemen. Bevor unser Körper in seinen Zellen und Systemen neue Ordnung erzeugen kann, muss er die wohlgeordneten Chemikalien- und Energiepakete unserer Nahrung aufbrechen. Auch hier passt das Bild mit dem Omelette und den Eiern.

Sprengstoff ist jedoch ein etwas anderer Fall. Die Verwandlung von Chemikalien in Dynamit oder Plastiksprengstoff ist eine entropiemindernde Aktivität. Die Sprengstoffhersteller investieren Energie und Wissen, um ungeordnete Moleküle in hochpotente Energiepakete zu verwandeln, die sich für sinnvolle Tätigkeiten wie Bergbau und Gebäudeabrisse verwenden lassen. Aus thermodynamischer Sicht ist die Wahrscheinlichkeit, dass sich aus der Zufallsbewegung der Moleküle spontan Dynamitstangen bilden, äußert gering. Wenn jedoch das Militär mit dem Sprengstoff feindliche Ziele zerstört, verteidigt es damit möglicherweise die nationale Sicherheit, aber niemand würde behaupten, dass der Bombeneinsatz eine ökonomisch werterzeugende Transformation darstellt. Die Herstellung einer Bombe verringert die Entropie und erzeugt Wert (was sich allein schon darin zeigt, dass jemand bereit ist, dafür zu bezahlen), aber die Verwendung der Bomben erhöht die Entropie der feindlichen Anlagen, indem sie sie zerstört; hier wird ökonomischer Wert zerstört und nicht geschaffen. Krieg erhöht unweigerlich die Entropie, indem er die mühsam gewonnene Ordnung der Ökonomien in Schutt und Asche legt und die biologische Ordnung der menschlichen Körper verletzt und zerstört.

Bislang verwendete ich das Wort Ordnung eher beiläufig. *Ordnung* ist jedoch ein mehrdeutiger und schwieriger Begriff. So könnten wir beispielsweise mitten in der Nacht durch Ann Arbor in Michigan schleichen und alle Autos rosa anstreichen.[560] Man kann schwerlich sagen, dass dadurch Wert erzeugt würde – die Bewohner Ann Arbors wären vermutlich ziemlich böse und würden uns sicherlich kein Geld dafür geben. Aber immerhin hätten wir die Entropie vermindert. Wir hätten Energie aufgewendet, um einen Zustand mit einer geringeren Wahrscheinlichkeit zu erzeugen. Eine Stadt mit ausschließlich rosa Autos ist weniger wahrscheinlich als eine Stadt mit einer durchschnittlichen Autofarbenmischung. Andererseits haben wir die Entropie erhöht: Indem wir alle Autos rosa lackiert haben, haben wir Informationen zerstört, und die Leute haben viel mehr Mühe, ihre Autos wieder zu finden. Wir haben zwar Energie investiert, aber es war Vandalismus – nicht anders, als wenn wir Scheiben eingeworfen hätten. Haben wir also mit unserer Autolackieraktion Ordnung geschaffen oder Informationen zerstört?

Das hängt von unserem Blickwinkel ab. Was Ordnung und was Unordnung ist, lässt sich nur relativ bestimmen. Für einen Verkehrsplaner im Hubschrauber, der die Autos in Ann Arbor zu zählen versucht, erhöht die einheitliche rosa Farbe den Ordnungsgrad, weil er die Autos jetzt leichter und akkurater erfassen kann – vielleicht wäre er sogar bereit, für diese Annehmlichkeit Geld zu zahlen. Aus Sicht des Autobesitzers ist die Aktion kontraproduktiv, weil Informationen verloren gehen (die vorige Farbe; dass der Besitzer für Rosa weniger übrig hat, ist ein anderes Thema, auf das wir im nächsten Abschnitt zu sprechen kommen).

Diese relative Natur der Ordnung ist in der Thermodynamik ein wohlbekanntes Phänomen. Der polnische Physiker Wojciech Zurek illustriert dies an einem Kartentrick.[561] Ein Zauberer zeigt uns einen Stapel Karten; die Karten sind säuberlich nach Zahlen und Farben geordnet (auf Herz zwei folgt Herz drei und so weiter für alle Farben). Der Zauberer mischt die Karten daraufhin gründlich durch, bis ihre Ordnung vollkommen zufällig ist. Er zeigt uns den Stapel erneut. Dann gibt er uns einen zweiten vollkommen geordneten Stapel und bietet uns eine Wette um 20 Dollar an, dass wir das, was er gerade tat, nicht wiederholen können. Wir sagen uns: »Wieso sollten wir die Karten nicht gut durchmischen können?« Wir schlagen ein und mischen, was das Zeug hält. Anschließend reichen wir den Stapel dem Zauberer zurück und freuen uns auf unsere 20 Dollar. Er aber erwidert: »Tut mir leid. Aber in meinem Stapel lautete die Reihenfolge: Pik Dame, Kreuz zehn, Karo vier und so weiter. Dieser Stapel aber sieht ganz anders aus. Also her mit den zwanzig Dollar.« Der Witz ist, dass jede Kartenreihenfolge gleich wahrscheinlich oder unwahrscheinlich ist – die Wahrscheinlichkeit einer perfekten Ordnung ist dieselbe wie die jeder anderen Reihenfolge. Wir haben lediglich eine bestimmte Konfiguration ausgewählt und sie aufgrund der willkürlichen Beschriftung der Karten als »geordnet« bezeichnet.

Geringe Entropie ist also möglicherweise eine *notwendige* Bedingung dafür, dass etwas ökonomischen Wert hat, aber die Frage, welche Art von Ordnung werthaltig ist und welche nicht, scheint eher subjektiv zu sein – Ordnung entsteht im Auge des Betrachters. Unsere ersten zwei G-R-Bedingungen sind also zwar notwendig, aber nicht hinreichend für die Werterzeugung.

Fitness (1. Teil): Präferenzen aus der Evolutionsperspektive

Unumkehrbarkeit und Ordnung sind grundsätzlich mit der ökonomischen Werterzeugung verknüpft, aber wir benötigen irgendwelche Anhaltspunkte, warum Menschen bestimmte Arten von Ordnung anderen Arten vorziehen – warum wir lieber in Autos mit individuellen Farben fahren und lieber einen knackigen Apfel als einen knackigen Käfer verspeisen. Wir könnten im Stil der traditionellen Wirtschaftslehre verfahren und einfach annehmen, dass die Menschen Präferenzen haben, die sich logisch ordnen lassen, und dass die Menschen sich so verhalten, dass diese Präferenzen optimal erfüllt werden – sie offenbaren sich im Handels- und Konsumgeschehen, und wir brauchen nicht zu wissen, wie sie entstehen oder sich zeitlich verändern. Wohlstand wäre somit gleichbedeutend mit »Ordnungsmustern, die den Menschen gefallen«. Das Unbefriedigende an diesem Ansatz ist, dass das menschliche Handeln weitestgehend in eine mysteriöse exogene Blackbox namens »Präferenzen« verlagert wird. Wir wollen also versuchen, einen Blick in die Box zu werfen und ihn mit dem größeren Evolutionskonzept zu verknüpfen, das wir bislang entwickelt haben.[562] Warum wollen wir, was wir wollen? Warum wünschen wir uns ein nettes Abendessen, neue Kleider, eine Reise auf eine tropische Insel, einen roten Sportwagen oder eine Diamantenkette? Und warum ist uns die Diamantenkette wichtiger als das Abendessen?

Präferenzen sind ein psychologisches Phänomen. Freud postulierte, dass unsere materiellen Bedürfnisse von den tierischen Trieben unseres Es hervorgebracht und von unserem Über-Ich in Schach gehalten werden – unsere ökonomischen Präferenzen sind also das Ergebnis von Kämpfen zwischen »Ich will dieses teure Auto jetzt!« und »Ich sollte das Geld für die Ausbildung meiner Kinder sparen!«. B. F. Skinner wiederum befand, dass Präferenzen im Prinzip erlernt sind. Ein Skinnerianer würde also sagen: Wir wollen das schicke Auto, weil wir von der Gesellschaft gelernt haben, dass schicke Autos erstrebenswert sind, und weil uns der Autohersteller mit verführerischen Werbebotschaften diesen Wunsch suggeriert hat. Eine weitere Theorie, die zwischen Freuds tierischen Trieben und Skinners erlerntem Verhalten angesiedelt ist, wurde in den Sechzigerjahren von dem Psychologen Abraham Maslow entwickelt. Er behauptete, dass die Menschen eine »Bedürfnishierarchie« haben, die bei den elementaren Körperbedürfnissen nach Nahrung, Wasser, Sex, Obdach, Schlaf und so weiter beginnt und über diverse Stufen bis hinauf zur Selbstachtung und zum sozialen Status reicht. Ein Mittelschichtbürger, dessen elementare Nahrungs- und Obdachbedürfnisse befriedigt sind, sehnt sich folglich nach schicken Autos und Kleidern, um auf diese Weise sein soziales Statusbedürfnis zu befriedigen. Die höchste Stufe der Maslow'schen Hierarchie betrifft die *Selbstverwirklichung*. Wenn wir den Status des Megamillionärs erreicht haben und alles besitzen, können wir den Materialismus ablegen und zum Gutmenschen werden, in Tibet auf Selbstsuche gehen oder in der heißen Badewanne über die Bedeutung des Lebens sinnieren. Deshalb finden sich auch unter den wirklich reichen Hollywoodstars so viele Vegetarier und Zen-Buddhisten – nur B-Promis fahren Ferraris.

Auch wenn Maslow unsere Bedürfnisse in ein nützliches (wenn auch etwas willkürliches) Rahmenkonzept einpasst, beantwortet seine Theorie nicht die tiefere Frage nach der Herkunft dieser Bedürfnisse und dem Grund für ihre hierarchische Anordnung. Jüngere Arbeiten aus dem Bereich der Evolutionspsychologie können hier vielleicht weiterhelfen.[563] Der Evolutionspsychologie zufolge erfüllen unsere Gehirne einen einzigen Zweck: Sie retten unsere Gene in die nächste Generation. Viele Menschen verwechseln Evolutionspsychologie mit der Vorstellung, alles Verhalten sei genetisch vorbestimmt. Kein Evolutionspsychologe würde behaupten, dass eine Vorliebe für Burger King gegenüber McDonald's in den Genen verankert sei. Vielmehr behauptet die Evolutionspsychologie, dass viele unserer Verhaltensweisen so sind, wie sie sind, weil sie unseren Vorfahren in der afrikanischen Savanne vor 100.000 bis 500.000 Jahren geholfen haben, zu überleben und sich fortzupflanzen. Während alle Menschen gemeinsame Verhaltensweisen haben (beispielsweise das Bedürfnis nach Nahrung, Sex und sozialem Status), sind sie auch sehr anpassungsfähig; sie nehmen gewissermaßen eine Feinabstimmung an ihr lokales Umfeld vor.[564] Für einen Evolutionspsychologen stellt sich die Frage »angeboren oder angelernt« nicht, weil beide Faktoren gleichermaßen in das Verhalten einfließen. Interessanter ist es zu fragen, warum uns gewisse Eigenschaften angeboren sind, wie das Lebensumfeld die Feinabstimmung beeinflusst und wie beide Aspekte des menschlichen Verhaltens miteinander interagieren.

Wie wir aus anthropologischen Beobachtungen von Jäger-und-Sammler-Stämmen erkennen können, ist das Präferenzverhalten unmittelbar auf Dinge ausgerichtet, die es den Menschen ermöglichen, in ihrem Umfeld zu überleben, Status zu erwerben, sich fortzupflanzen und ihre Kinder großzuziehen. Auch wenn dieser Zusammenhang inmitten all der Abstraktionen des modernen Lebens kaum noch durchscheint, wird ein Evolutionspsychologe darauf bestehen, dass auch unsere modernen ökonomischen Präferenzen noch von unserem Vorleben als Jäger und Sammler in der afrikanischen Savanne zeugen. Laut Statistiken des US-amerikanischen Arbeitsministeriums verteilen sich 90 Prozent des privaten Konsums in den USA auf sieben große Kategorien.[565] Wenn wir diese Kategorien aus der Perspektive der Evolutionspsychologie betrachten, ergibt sich ein bestimmtes Muster:

- *Wohnen* (32 Prozent der Ausgaben). Wir wünschen uns in der Regel eine Wohnform, die uns vor den Elementen schützt, unserer Familie ein gutes Lebensumfeld bietet und mit seiner Größe, Ausstattung und Lage unseren sozialen Status unterstreicht. Der Evolutionsvorteil eines Schutzraums für uns und unsere Kinder liegt auf der Hand. Die Wohnform als Status- und Wohlstandskennzeichen lässt sich bereits in den frühesten menschlichen Siedlungsfunden nachweisen.[566] Der Kognitionswissenschaftler Steven Pinker vom MIT behauptet sogar, dass manche unserer modernen Präferenzen hinsichtlich eines attraktiven Wohnumfelds auf evolutionstechnisch erfolgreichen Umgebungen in unserer frühesten Geschichte basieren.[567]
- *Transport* (20 Prozent). Transport ist für uns wichtig, um unseren Lebensunterhalt zu verdienen und den Kontakt mit Verwandten und Freunden zu halten. Männer nutzen Transport gelegentlich als Statussymbol, um auf Frauen attraktiv zu wirken.
- *Nahrung* (14 Prozent). Die evolutionstechnische Notwendigkeit von Nahrung ist offensichtlich. Unsere speziellen Vorlieben für bestimmte Nahrungsmittel, insbesondere reichhaltige, süße und fette Speisen, zeugen davon, dass sie im Lebensumfeld unserer Urahnen selten und ernährungstechnisch wertvoll waren.[568] Zahlreiche Unternehmen von McDonald's bis zu den edelsten französischen Restaurants leben davon, dass sie Geschmäckern gerecht werden, die, wie Robert Wright feststellt, entstanden sind, lange bevor gesättigte Fette an jeder Straßenecke erhältlich waren und die Menschen den meisten Teil des Tages sitzend verbrachten.[569]
- *Lebensversicherung und Rente* (9 Prozent). Eine Lebensversicherung maximiert die Überlebenschancen unserer genetischen Nachkommen und Partner, falls uns etwas zustößt. Renten helfen uns überleben, nachdem wir Nachkommen in die Welt gesetzt und diese Nachkommen das Erwachsenenalter erreicht haben.
- *Gesundheitspflege* (5 Prozent). Die Evolutionsvorteile einer guten Gesundheit liegen auf der Hand, und wie die Evolutionstheorie voraussagt, sind wir in der Regel besonders um unsere eigene Gesundheit und die unserer genetischen Anverwandten besorgt.
- *Kleidung* (5 Prozent). Jenseits der unmittelbaren Überlebensvorteile der Kleidung als Schutz vor den Elementen nutzen wir Kleidung häufig als Statussymbol, als Ausweis unserer Zugehörigkeit zu einer Gruppe und um Partner anzuziehen. Eine Cartier-Uhr zeugt möglicherweise von unserem hohen Status, unser Schuhwerk weist uns als Mitglieder des Hip-Hop- oder des Steuerberaterstammes aus, und unser sexy Kleid oder unser schicker Anzug lassen uns für potenzielle Partner attraktiv erscheinen. Aber das betrifft nicht nur Luxusgüter. Auch bodenständige Marken spielen auf dieselben Bedürfnisse an, wenn auch mit anderen Botschaften. Ein in Land's End gekleideter Mann signalisiert damit möglicherweise: »Ich gehöre zur

Chinohosen und blaue Hemden tragenden Mittelklasse; ich bin ein verlässlicher Partner und habe Protz nicht nötig.«

- *Unterhaltung, Medien und Kommunikation* (5 Prozent). Sogar unsere Vorstellungen von Spaß und Unterhaltung haben etwas mit Evolutionsvorteilen zu tun, wenn wir Freundschaften knüpfen, Koalitionen beim Abendessen schmieden oder in der Bar mit potenziellen Partnern anbändeln. Der Sport mit seinen Wettkämpfen lebt von Trieben, die lange vor unserer Hominidenvergangenheit angelegt wurden. Geschichten, Neuigkeiten, Gerüchte und Informationen boten enorme Überlebensvorteile im Lebensumfeld unserer Urahnen. Eine Studie zur Mobiltelefonnutzung kam zu dem Ergebnis, dass das Handy wesentlich zur »sozialen Fellpflege« genutzt wird – zum Aufbau und Erhalt eines sozialen Netzwerks, nicht viel anders, als es auch schon unsere Primatenvorfahren taten.[570] Wie eine andere Studie zeigte, nutzen Männer ihre Handys häufiger in Gegenwart von Frauen, als wenn sie allein oder unter ihresgleichen sind; offenbar dient das Telefon als Symbol für Wohlstand, Status und soziale Verbindungen – Faktoren, die im Umfeld unserer Urahnen die Chancen einer erfolgreichen Reproduktion erhöhten.[571]

Fitness (2. Teil): Wir betätigen unsere Lustschalter

Big Mac, Porsche, Jimmy-Choo-Schuhe und Handy gab es in der afrikanischen Savanne unserer jagenden und sammelnden Vorfahren noch nicht. Viele jener Triebe, die sich damals entwickelten, um die Überlebens- und Reproduktionschancen zu erhöhen, spiegeln sich jedoch noch heute in unseren Bedürfnissen, Wünschen und Gefühlen wider und tragen zu Erklärung unserer Bedürfnisse in der modernen Konsumwelt bei.

Auch wenn es Evolutionsgründe geben mag, warum wir so viel für Nahrung, Obdach, Kleidung, Gesundheit und vielleicht sogar Mobiltelefone ausgeben, gibt es andere Konsumartikel, deren Verbindung zur Evolution sich nur sehr viel schwerer erkennen lässt. Warum beispielsweise geben wir so viel Geld für ein Gemälde oder einen Musikgenuss aus? Ein Zyniker könnte antworten: Das sind Statussymbole, mit denen wir versuchen, Partner anzuziehen. Wie Pinker schreibt: »Welchen besseren Beweis gibt es, dass wir Geld im Überfluss haben, als wenn wir es für Dinge ausgeben, die weder den Magen füllen noch den Regen abhalten.«[572] In der Geschichte waren es fast immer die Reichen, welche die Künste gefördert haben. Viele Menschen würden jedoch behaupten, dass das ästhetische Erlebnis selbst einen Wert hat und dass nicht nur die Reichen solche Genüsse zu schätzen wissen. Welchen Evolutionsvorteil bedeutete das Kunstbedürfnis für unsere fernen Vorfahren? Die Antwort lautet: keinen. Den Evolutionspsychologen zufolge ist Kunst etwas, das in der Evolutionstheorie als *Exaptation* bezeichnet wird – ein Nebeneffekt von etwas, das wir aus anderen

Gründen entwickelt haben. Möglicherweise haben wir aus anderen Gründen ein Gespür für schöne Landschaften, attraktive Gesichter oder angenehme Klänge entwickelt. Überall auf der Welt haben Menschen Freude an Landschaften mit Wasser, Hügellandschaften, schattigen Bäumen und so weiter, die möglicherweise mehr mit dem Überleben unserer Vorfahren als mit Ästhetik zu tun haben. Gesichter, die als schön gelten, sind häufig symmetrisch, was ein Zeichen für Jugend und reproduktive Gesundheit ist.

Pinker beschreibt Kunst als »geistigen Käsekuchen«.[573] Käsekuchen gab es zur Zeit unserer Vorfahren noch nicht, aber viele Menschen sind verrückt nach ihm. Käsekuchen schmeckt uns, weil uns Fett und Zucker schmecken, die in früheren Zeiten Seltenheitswert hatten, und weil sich damit Speicher für magere Zeiten anlegen und Kinder großziehen lassen. Und ebenso, wie wir später lernten, unsere früher entstandenen körperlichen Bedürfnisse durch Käsekuchen zu befriedigen, so lernten wir später, unser früher entwickeltes Bedürfnis nach attraktiven Bildern und Klängen durch Kunst zu befriedigen. Damit sollen nicht die intensiven und aufrichtigen Gefühle geleugnet werden, die wir Kunst gegenüber empfinden, noch soll die Einzigartigkeit des kunstschaffenden Genies bestritten werden; die Evolutionspsychologie erklärt lediglich, warum Kunst überhaupt existiert.

Die menschliche Psyche erwickelte also in frühester Zeit diverse Lust- und Schmerzschalter, mit deren Hilfe die Menschen besser überleben und sich reproduzieren konnten. Wir großhirnigen, fingerfertigen Menschen haben jedoch gelernt, unsere metaphorischen Lustschalter selbst zu betätigen (und die Schmerzschalter zu vermeiden), ob mittels McDonald's, Haute Cuisine oder hoher Kunst. Die traditionelle Wirtschaftslehre konzentrierte sich bislang vorrangig auf die Präferenzunterschiede. Interessanter ist jedoch in Anbetracht einer Weltbevölkerung von 6,4 Milliarden Menschen, warum so viele Ähnlichkeiten in den Präferenzen bestehen. Warum trinken Menschen auf der ganzen Welt gern sprudelnde, süße Getränke à la Coca-Cola – zum Leidwesen von Ernährungsexperten und Globalisierungsgegnern? Warum sind Jugendliche von Russland bis Brasilien wild auf Nike-Turnschuhe? Und warum war die TV-Serie *Bay Watch* im ländlichen China ein ebenso großer Erfolg wie in den US-amerikanischen Vorstädten? Für die Evolutionspsychologen liegt die Antwort auf der Hand – Zuckergetränke, Statusobjekte und Menschen mit Sexappeal drücken auf unsere metaphorischen Lustschalter, die sich vor langer Zeit herausgebildet haben. Auch wenn sich die Evolutionspsychologie erst seit Kurzem mit ökonomischen Präferenzen und Konsumentenverhalten beschäftigt und ihre Ergebnisse noch etwas spekulativ sind, hilft sie uns doch zu erkennen, warum einige Formen der Ordnung die Menschen mehr ansprechen als andere.

Im Kontext der ökonomischen Evolution können wir nun erkennen, dass unsere Präferenzen eine einschränkende Fitnessbedingung für die Geschäftsplanevolution darstellen und dass sich die Entwicklung von Geschäftsplänen und

Präferenzen wechselseitig vollzieht. Die Evolutionstheoretiker bezeichnen einen solchen Prozess als *Nischenbildung*; indem sich die Organismen entwickeln, beeinflussen sie ihr Umfeld, das sich wiederum auf ihre Entwicklung auswirkt.[574] Pflanzen beispielsweise verbrauchen Kohlendioxid und erzeugen Sauerstoff, während aerobe Organismen (Würmer, Fische, Säugetiere) Sauerstoff verbrauchen und Kohlendioxid erzeugen. Beide Organismengruppen haben sich parallel herausgebildet und den Sauerstoffgehalt der Atmosphäre von einem Prozent im Proterozoikum auf heute 21 Prozent angehoben, was wiederum eine Fitnessbedingung für die zukünftige Entwicklung darstellt.

Im ökonomischen Bereich können wir das Phänomen der Koevolution zwischen unseren Bedürfnissen und Vorlieben und den Geschäftsplänen beobachten, die sich an diese Vorgaben anpassen. Unser Gehör beispielsweise entwickelte sich als Überlebensmechanismus in unserer Primatenvergangenheit, passte sich anschließend an die Erfordernis an, im Umfeld der afrikanischen Savanne nützliche Lautmuster (die Gegenwart von Beutetieren oder Feinden) aufzuschnappen, und entwickelte sich schließlich weiter, als die Menschen zu sprechen lernten. Musik entstand vor rund 30.000 Jahren als Exaptation oder »auditiver Käsekuchen«.[575] Der Wunsch nach einem MP3-Player ist somit nicht unmittelbar an unser Überleben und unsere Fortpflanzung gekoppelt. Aus den genannten Gründen jedoch entwickelten die Menschen einen Geschmack für Musik, und die Geschäftspläne bemühen sich seither, dieses Bedürfnis zu befriedigen – anfangs mittels Herstellung und Handel von Knochenflöten und Felltrommeln, dann mit Gitarren und Harmonikas und schließlich mit Transistorradios und MP3-Playern. Während also unser Bedürfnis, Musik zu hören, recht alt ist und von einer Evolutionslogik gestützt wird, haben sich die Lösungen zur Befriedigung dieses Bedürfnisses im Lauf der Zeit stark gewandelt. Unsere Präferenzen wirken sich auf die Geschäftsplanevolution aus, und die Geschäftsplanevolution beeinflusst wiederum die Evolution unserer Präferenzen.

Die universelle Nutzenfunktion

In ihrer Gesamtheit besagen die drei G-R-Bedingungen, dass ökonomische Aktivität grundsätzlich mit Ordnungserzeugung zu tun hat. Die mit der Ungeordnetheit und Zufälligkeit der Welt konfrontierten Menschen verbringen den meisten Teil ihrer wachen Stunden damit, ihr Umfeld auf vielfältige Weise zu ordnen und zu einem wohnlicheren und angenehmeren Ort zu machen. Wir ordnen unsere Welt, indem wir Energie, Materie und Informationen in die Güter und Dienstleistungen verwandeln, die wir haben wollen, und wir kennen den »guten Trick«, dass wir durch Kooperation, Spezialisierung und Handel mehr Ordnung schaffen können, als es uns allein möglich wäre. Aber was ist der Zweck all unseres emsigen Aufräumens? Warum tun wir so etwas?

An diesem Punkt wich Georgescu-Roegen etwas ins Mystische aus und behauptete, dass all unsere ordnungschaffende Aktivität darauf ausgerichtet sei, das menschliche Glück zu mehren. Er bediente sich einer Erklärung, die auf Benthams Nutzenbegriff zurückgeht, wonach es einen mysteriösen Äther gibt, den Georgescu-Roegen als *psychischen Fluss* bezeichnete. Dieser Äther durchfließe ständig die Menschen und sei ein Maß für ihren jeweiligen augenblicklichen Glückszustand.[576] In Evolutionsbegriffen wollte Georgescu-Roegen sagen, dass die Fitnessfunktion all unserer entropiemindernden Aktivitäten das individuelle menschliche Glück ist.

Hier weiche ich von Georgescu-Roegen ab, weil ich eine weniger mystische und wissenschaftlich begründetere Alternative sehe. In der biologischen Evolutionstheorie existiert nur eine einzige universelle Nutzenfunktion – die Replikation der Gene. Danach konstruieren die Gene unsere Körper so, dass dadurch ihre eigene Replikation gesichert ist. Zu dieser Strategie gehörte unsere Körper mit großen Gehirnen auszustatten, die es den Menschen gestatteten, in komplexen, kooperativen sozialen Umgebungen zu leben und Werkzeuge anzufertigen. Diese Gehirne wurden für den Zweck konstruiert, die Replikation der sie konstruierenden Gene zu gewährleisten. Das Gehirn entwickelte folglich Ziele, Präferenzen und Triebe, die sich als nützlich erwiesen, als es darum ging, im Lebensumfeld unserer Urahnen zu überleben, sich zu paaren und Nachwuchs aufzuziehen. Wir haben unsere größeren Gehirne genutzt, um unsere Umgebung entsprechend unseren Zielen, Präferenzen und Trieben zu ordnen.

Wie Richard Dawkins klargestellt hat, ist die Befriedigung unserer historischen Replikationsinteressen nicht identisch mit der Befriedigung unserer gegenwärtigen Glücksbedürfnisse.[577] Unsere Gene geben uns das Verlangen nach Fett und Zucker, die im Umfeld unserer Urahnen Mangelware waren; in der modernen Welt sind diese Nährstoffe häufiger schädlich als nützlich. Ebenso geben uns unsere Gene die emotionale Veranlagung zu irrationalen Zornesausbrüchen. In den Tagen unserer sprachlosen jagenden und sammelnden Vorfahren war das vermutlich eine gute Strategie, als Bestrafung einen wichtigen Teil der Kooperationsgleichung darstellte und die Kommunikationsmöglichkeiten beschränkt waren. Aber in der modernen Gesellschaft mit ihren Gesetzen, Normen und anderen Mechanismen zur Durchsetzung des Wohlverhaltens sind solche irrationalen Ausbrüche häufig eher schädlich als nützlich. Die Evolution schert sich nicht darum, ob wir glücklich sind, und sie gibt uns auch nicht zwangsläufig Ziele, Vorlieben und Triebe, die uns in einen glücklicheren Zustand versetzen. Alles, was die Evolution uns geben kann, sind Strategien, die einst unserem Überleben und unserer Replikationsfähigkeit gedient haben.

Obwohl die spirituellen Implikationen dieser Erkenntnis den Rahmen dieses Buches sprengen, helfen sie doch, ein Geheimnis unseres modernen Lebens zu erklären: Warum macht Geld nicht glücklich? Das ist kein Klischee, sondern eine empirische Tatsache. Etliche Psychologen, darunter der Nobelpreisträger

Daniel Kahneman von der Princeton University, haben die Gründe für das menschliche Glück quer durch die Kulturen und Zeiten studiert.[578] Dabei sind sie auf eine starke genetische Verbindung gestoßen, die rund 50 Prozent unseres Glücks erklärt. Da die Wissenschaftler wissen, dass im Gehirn eine ausgeprägte biochemische Grundlage für Glücksgefühle besteht (weshalb Antidepressiva bei vielen Menschen wirken), ist es nicht überraschend, dass die Genetik Einfluss auf das relative Glück in unserer individuellen Hirnchemie hat. Aber was ist mit den verbleibenden 50 Prozent? Wie Kahneman und seine Kollegen in ihrer Studie feststellten, haben Faktoren wie Ehe, soziale Kontakte, Beschäftigung, sozialer Status und das allgemeine Umfeld allesamt signifikanten Einfluss. Und auch hier überrascht es aus der Evolutionsperspektive nicht, dass ein Partner, soziale Bindungen, hoher Status und ein komfortables Umfeld im Gehirn Glückshormone freisetzen – alle diese Faktoren waren im Lebensumfeld unserer Urahnen ausschlaggebend für eine erfolgreiche Genreplikation.

Das absolute Niveau des eigenen Wohlstands spielt für das Glücksempfinden zwar eine Rolle, aber diese Beziehung ist nicht linear. Menschen, die sehr arm sind und um ihr Überleben kämpfen, sind in der Regel weniger glücklich. Sobald jedoch die Ebene erreicht ist, an der die Grundbedürfnisse befriedigt sind, flacht die Beziehung zwischen Glück und Wohlstand deutlich ab. Jenseits dieser Schwelle empfinden die Menschen Wohlstand in der Regel relativ und nicht absolut. Wohlstandszuwächse, insbesondere unerwartete, machen uns glücklich, doch unser Glücksempfinden sinkt anschließend bald wieder auf die Grundlinie. Ein unerwartetes Plus in der Lohntüte lässt uns einige Monate lang jubeln, bis wir uns an das zusätzliche Geld gewöhnt haben und uns über kurz oder lang wieder für unterbezahlt halten. Studien von Lottogewinnern zeigen ein ähnliches Muster, bei dem nach der anfänglichen großen Freude und der Erwartung, dass nun alle Probleme gelöst seien, allzu bald die bisherige Stimmungslage oder sogar eine Ernüchterung eintritt. Auch diese Haltung gegenüber Wohlstand lässt sich aus der Evolutionslogik erklären. Wir können uns vorstellen, wie in einer von Wettbewerb geprägten Welt ehrgeizige, auf Wohlstand erpichte, ruhelose und niemals zufriedene Gene gegenüber den selbstgenügsamen und bequemen Genen mitunter im Vorteil sind. Gier mag zwar unserem Glück und dem Glück anderer abträglich sein, aber ein gewisses (durch soziale Normen und Strukturen begrenztes) Maß davon war in unserer fernen Vergangenheit für unsere Genreplikation durchaus nützlich.

Wohlstand ist »geeignete Ordnung«

Aller Wohlstand wird durch thermodynamisch unumkehrbare, entropiemindernde Prozesse erzeugt. Wir erzeugen Wohlstand, indem wir Ordnung erzeugen, aber nicht alle Ordnung schafft Wohlstand. Einzelpersonen, Organisationen und Märkte durchforsten die Geschäftspläne nach unterschiedlichen Formen ökonomischer Ordnung; die Märkte machen Vorschläge und die Konsumenten entscheiden. Sie orientieren sich dabei an ihren Bedürfnissen, Trieben und Vorlieben, die modern erscheinen mögen, in Wahrheit aber tiefe historische Wurzeln in der universellen Nutzenfunktion unserer Gene haben. Wohlstand ist somit eine Form der »Antientropie«. Er ist eine Form der Ordnung, aber nicht jede Ordnung – es kommt auf die *Fitness* der Ordnung an. Ökonomische Ordnungsmuster in Form von Produkten und Dienstleistungen wetteifern um die Bedürfnisse, Wünsche und Sehnsüchte der Konsumenten. Im Rückblick können wir sagen, dass diejenigen ökonomischen Ordnungsmuster *fit* sind, die sich im Wettbewerb um die Befriedigung unserer Bedürfnisse bewährt haben, und dass Geschäfsplanmodule, die zur Erzeugung einer geeigneten ökonomischen Ordnung beigetragen haben, mit der Zeit amplifiziert werden. Und wie sich die Arten und ihre Umgebungen in ihrer Entwicklung gegenseitig beeinflussen, so beeinflussen sich auch die Geschäftsplanumgebungen und die Konsumentenpräferenzen; Fitness erweist sich als relativer Begriff – was heute fit ist, muss es morgen nicht sein, und umgekehrt.

Wir können die Vorstellung von Wohlstand als »geeigneter Ordnung« auf den traditionellen Begriff des ökonomischen Werts zurückführen. In der klassischen Periode orteten die Ökonomen die Quelle ökonomischen Werts auf der Angebotsseite, wo er sich aus den Produktionsfaktoren ableitete. Cantillon beispielsweise definierte den Wert einer Sache nach der Menge Land, die für ihre Herstellung erforderlich war. Marx betrachtete die Arbeit als die eigentliche Wertquelle, und Ricardo verwies auf die entscheidende Rolle des eingesetzten Kapitals. Jevons und die Marginalisten verlagerten die Theorie auf die Nachfrageseite, indem sie behaupteten, dass der Wert durch die relativen Nutzenfunktionen bestimmt sei, welche die Menschen den jeweiligen Gütern zuwiesen. In der neoklassischen Synthese verschmolzen beide Seiten: Knappe Produktionsfaktoren werden durch die Marktmechanismen mit den individuellen Konsumentenbedürfnissen zusammengebracht, und der Wert ist das, was zwei Menschen miteinander als Preis aushandeln. Wenn ein Hersteller bereit ist, etwas für einen Dollar zu verkaufen, und sich ein Konsument findet, der diesen Dollar bezahlt, dann beträgt der Wert der gehandelten Ware einen Dollar.

Auch aus der Evolutionsperspektive hat Wert eine Angebots- und eine Nachfrageseite. Auf der Angebotsseite ist werthaltig, was geringe Entropie hat. Dinge mit geringer Entropie sind definitionsgemäß knapp und erfordern zu ihrer Herstellung Energie, Materie und Informationen. Auf der Nachfrageseite bestimmen unsere Präferenzen die relative Attraktivität der um unsere Aufmerksamkeit buhlenden Produkte und Dienstleistungen. Wie in der traditionellen Wirtschaftlehre finden beide Seiten über die Mechanismen des Marktes zueinander, indem Geschäftspläne identifiziert werden, die knappe Ressourcen und individuelle Präferenzen in Einklang bringen. Geld ist eine soziale Technologie, mit deren Hilfe wir über diese Interaktionen stets Buch führen können.

Der Wert unserer Ware bleibt auch in der Komplexitätsökonomik ein Dollar, aber wir verstehen nun besser, weshalb das so ist.

Ökonomischer Wohlstand und biologischer Wohlstand sind thermodynamisch vergleichbare Phänomene. In beiden Fällen haben wir es mit Systemen geringer lokaler Entropie und mit Ordnungsmustern zu tun, die sich unter den Beschränkungen der Fitnessfunktionen sukzessive entwickeln. In beiden Fällen ist Wohlstand geeignete Ordnung. Und die ökonomische Fitnessfunktion – unsere Geschmäcker und Vorlieben – sind grundsätzlich mit der biologischen Fitnessfunktion – Genreplikation – verknüpft. Die Wirtschaft ist letztlich eine genetische Replikationsstrategie. Sie ist ein weiterer »guter Trick« der Evolution, vergleichbar mit dem Leopardenfell, dem Fledermausradar und den Fruchtfliegenaugen. Die Wirtschaft ist ein äußerst komplexer guter Trick, der auf den komplexen guten Tricks des großen Gehirns, der fingerfertigen Hände, der Kooperationsinstinkte, der Sprache und Kultur aufbaut.[579]

Wenn Wohlstand geeignete Ordnung ist, dann können wir ihn mit einem geläufigeren Wort beschreiben. In der Physik ist Ordnung so viel wie Informationen, und somit können wir auch Wohlstand als geeignete Informationen oder *Wissen* auffassen. Für sich genommen können Informationen wertlos sein. Wissen hingegen bezeichnet nützliche Informationen, mit denen wir etwas anfangen können und die zu etwas gut sind. Somit hat sich der Kreis geschlossen, und der Begründer der traditionellen Wachstumstheorie Robert Solow hat recht behalten. Der Ursprung des Wohlstands ist Wissen. Anstatt jedoch Wissen als Annahme, als exogenen Input und mysteriösen Prozess jenseits der ökonomischen Mauern zu behandeln, macht die von mir umrissene Komplexitätsperspektive die Wissenserzeugung zum endogenen Zentrum der Wirtschaft.[580]

Evolution ist eine Maschine zur Wissenserzeugung – ein Lernalgorithmus.[581] Denken wir an das in der genetischen Artenvielfalt der biologischen Welt gespeicherte Wissen. Ein Grashüpfer ist ein konstruktionstechnisches Wunderwerk, ein Warenhaus des physikalischen, chemischen und biomechanischen Wissens. Ein Grashüpfer sagt zudem viel über das Umfeld aus, in dem er entstanden ist, die verfügbare Nahrung, die natürlichen Feinde und die Strategien, die sich als nützlich erwiesen haben, um Partner anzuziehen und das Überleben der Nachkommen zu sichern. Ein einziger Grashüpfer verkörpert Terabytes an Wissen. Versuchen wir jetzt, das in der gesamten Biosphäre enthaltene Wissen zu ermessen. All diese Ordnung und Komplexität und all dieses Wissen wurde mit den einfachsten Rezepten geschaffen: Differenzierung, Selektion, Replikation und das Ganze von vorn.

Schauen wir uns jetzt in dem Raum um, in dem wir uns gerade befinden, und denken wir an all das Wissen, das in den uns umgebenden Objekten enthalten ist. Die Tischlerkunst unseres Stuhls, das Baumwollzucht-, Tuchmacher- und Schneiderwissen für unsere Kleidung, die Elektrizitäts- und Materialkunde in unserer Beleuchtung und all das Wissen in unseren Büchern. Der schiere

Umfang des Wissens in der Ökonosphäre ist ebenso atemberaubend wie in der Biosphäre. Auch die Ökonosphäre ist durch Differenzierung, Selektierung und Amplifizierung entstanden.

Wir haben die Antwort auf unsere Frage gefunden. Wohlstand ist Wissen, und sein Ursprung ist Evolution.

Haben wir den Test bestanden?

Zu Beginn des Buches habe ich einen Test beschrieben, den jede Theorie, die behauptet, die Entstehung von Wohlstand zu erklären, bestehen müsse. Die Theorie muss bei einem »Naturzustand« mit einer Gruppe von Menschen und bestimmten Naturressourcen ansetzen und einen geschichtlichen Prozess erzeugen, der zeigt, wie die Entropie abnimmt und Komplexität, Strukturierung, Vielfalt und Wohlstand zunehmen. Die Theorie muss uns im diskontinuierlichen, explosiven, von punktiertem Gleichgewicht geprägten Muster des historischen Verlaufs von den Hominiden mit ihren Steinwerkzeugen bis zu den Chardonnay schlürfenden New Yorkern führen. Das alles soll sie leisten, ohne auf eine exogene Schlüsseldynamik zurückzugreifen und mit einem Minimum an Ad-hoc-Annahmen. Und schließlich muss die Theorie mit anderen allgemein anerkannten wissenschaftlichen Theorien vereinbar sein.

Das ist ein langer Wunschzettel, der bislang von keiner Theorie vollständig erfüllt wird. Aber ich bin überzeugt, dass es sie einst geben wird. In den zurückliegenden fünf Kapiteln habe ich die Arbeiten vieler Menschen zu einer Skizze zusammengefügt, aus der die Umrisse einer solchen Theorie hervorgehen. Wir können mit unserem Modell im Prinzip bei unserer Hominidenvergangenheit vor rund 2,5 Millionen Jahren ansetzen, als der Raum der physikalischen Technologien mit der Erfindung der ersten steinernen Handaxt und der Raum der sozialen Technologien mit kleinen Gruppen enger Verwandter ihren Ausgang nahmen. Die einzigen exogenen Faktoren sind die physikalischen Inputs Energie und Materie und die Outputs Wärme und Abfall. Die einzigen exogenen Dynamiken sind biologischer Art, wie beispielsweise das Anwachsen des menschlichen deduktiv probierenden Gehirns, die Entwicklung der Sprache und die Evolution der elementaren Vorlieben. Nach ihrer Initialisierung entwickeln sich PT-, ST- und Geschäftsplanraum von selbst, indem sie sich gegenseitig beeinflussen und im Laufe sukzessiver Entdeckungen exponenziell expandieren. Das Entwicklungsmuster dieser drei Möglichkeitsräume zeigt eine graduelle Anfangsentwicklung mit punktierten Perioden rascher und langsamer Veränderung, wobei sich der Trend in Richtung geringerer Entropie, größerer Komplexität und Vielfalt sowie wachsenden Wohlstands immer weiter beschleunigt. Ein solcher Trend in Richtung größerer Ordnung und vermehrten Wohlstands ist kein zwingendes Ergebnis von Evolution; vielmehr müssen die richtigen Bedingungen gegeben sein. Auch ist keineswegs garantiert, dass eine

Wiederholung des Evolutionsgeschehens wieder in derselben Wirtschaft münden würde, die wir heute haben. Evolution ist die Akkumulation von Millionen kleiner Zufälle und Fügungen; selbst kleine Veränderungen in diesem geschichtlichen Prozess können zu ganz anderen Resultaten führen.[582] Aber eine solche Theorie würde uns helfen, die notwendigen Bedingungen zu verstehen, damit ökonomische Komplexität entstehen und wachsen kann, sowie die Parameter, welche die Entwicklung der Wirtschaft, wie wir sie heute haben, ermöglichten.

Georgescu-Roegens Einsichten, die wir in den drei G-R-Bedingungen zum Ausdruck brachten, liefern eine potenziell wichtige Grundlage für jede solche Theorie. Man könnte argumentieren, dass es sich bei den ersten beiden Bedingungen – Unumkehrbarkeit und abnehmende Entropie – um empirische ökonomische Gesetze handelt. Weil das eine ziemlich starke Behauptung ist, will ich kurz erklären, was ich unter einem Gesetz verstehe. Wenn wir eine universelle Regelmäßigkeit in der Natur beobachten, zu der uns keine Ausnahmen bekannt sind, erklären wir sie zum *Gesetz*.[583] Ein Gesetz ist für sich genommen noch keine Erklärung, warum die Regelmäßigkeit besteht; es konstatiert lediglich ihre Existenz. Eine Theorie hingegen liefert Erklärungen, warum Regelmäßigkeiten existieren und wie sie funktionieren. Wissenschaft ist dann am stärksten, wenn sie sowohl die empirischen Gesetze als auch tief greifende theoretische Erklärungen für diese Gesetze liefern kann. Die Hauptsätze der Thermodynamik beispielsweise sind empirische Gesetzmäßigkeiten, für die es jedoch tiefgreifende quantentheoretische Erklärungen gibt. Bei dem, was üblicherweise als ökonomische Gesetze verkauft wird, handelt es sich jedoch, wie wir in Kapitel 3 gesehen haben, bei näherer Betrachtung lediglich um grobe Näherungen. Die ersten beiden G-R-Bedingungen sind insofern Gesetze, als sie sich empirisch überprüfen lassen und, wie ich behaupte, ohne Ausnahme gültig sind. (Wann haben wir jemals für etwas bezahlt, das nicht das Ergebnis eines unumkehrbaren Prozesses mit abnehmender Entropie war?) Die dritte G-R-Bedingung ist etwas diffiziler, weil sich Fitness nur im Nachhinein beobachten lässt, sodass wir ökonomische Fitness nur daran erkennen können, dass jemand bereit war, etwas für einen bestimmten Preis zu erwerben oder zu veräußern. Die dritte G-R-Bedingung ist folglich eher ein logisches Konstrukt als ein empirisches Gesetz.

Es erfordert vermutlich noch jahrelange Forschungsarbeit, bis wir über ein exaktes, mathematisches, empirisch verifizierbares Evolutionsmodell von der Wirtschaft verfügen, das alle diese Punkte berücksichtigt. Aber die umfangreichen Arbeiten in der Komplexitätsökonomik, die wir in den Teilen II und III dieses Buches vorgestellt haben, zeigen, dass viele Teile des Puzzles bereits vorhanden sind und dass eine solche Theorie nicht nur möglich, sondern für die kommenden Jahre höchst wahrscheinlich ist. Einige der in diesen Kapiteln formulierten Vermutungen werden sich möglicherweise als falsch oder revisionsbedürftig herausstellen, aber der breite Bogen, der uns vom Gleichgewichtsverständnis zu einem komplexitätsbasierten Evolutionsverständnis der Wirtschaft führt, liegt bereits klar vor uns. Die vielfältigen und weit reichenden Implikationen dieses Paradigmenwechsels werden uns in Teil IV des Buches beschäftigen.

Teil IV

Die Bedeutung für Wirtschaft und Gesellschaft

»Wollen wir die Natur beherrschen, müssen wir ihr gehorchen.«
Francis Bacon

15. Strategie: Mit der roten Königin um die Wette rennen

Die Botschaft der traditionellen Wirtschaftslehre lautet: Solange die Menschen sich nur rational genug verhalten und über ausreichend Informationen verfügen, verläuft die Wirtschaft so exakt und vorhersehbar wie ein Uhrwerk. Sogar die verbleibenden Unsicherheiten der traditionellen Wirtschaftslehre sind gutartig.[584] Doch der Traum von einem Universum, das wie ein Uhrwerk funktioniert, endete für die Wissenschaft im 20. und für die Ökonomik im 21. Jahrhundert. Die Wirtschaft ist zu komplex, zu nichtlinear, zu dynamisch und zu empfindlich für Zufallsverzerrungen, als dass in ihr Voraussagen möglich wären, die über die allerkürzesten Zeiträume hinausgehen.[585] Selbst wenn wir so rational wie möglich wären und über alle erdenklichen Informationen verfügten, wäre die Wirtschaft rechnerisch so komplex, dass die Zukunft bereits da wäre, bevor wir die Zeit hätten, sie vorherzusagen.[586]

Das ist eine ernüchternde Nachricht. Besonders weil die Menschen eigentlich ständig Entscheidungen treffen müssen, die solcher langfristigen Vorhersagen bedürfen. Dies betrifft nicht nur Ökonomen, die versuchen, sich ein Bild von der zukünftigen Entwicklung vom BIP und von der Inflation zu machen. Vorstände sollen entscheiden, ob eine Geschäftsstrategie in Zukunft bessere Resultate bringen wird als eine andere. Investoren sollen entscheiden, ob eine Investition eine bessere Rendite einbringen wird als eine andere. Und Politiker sollen entscheiden, ob ein politisches Programm den zukünftigen Erfordernissen der Gesellschaft besser gerecht wird als ein anderes.

Wie lautet in diesem Zusammenhang die Botschaft der Komplexitätsökonomik? Heute wursteln wir uns so durch. Unternehmenschefs, Investoren und Politiker machen so gut es geht von ihrer Vernunft Gebrauch. Sie machen Voraussagen und treffen Entscheidungen, und sie liegen damit manchmal richtig und manchmal falsch; sie experimentieren und berichtigen den Kurs – kurz: Sie üben sich in deduktivem Probieren. Will uns die Komplexitätsökonomik weismachen, dass dies bereits das Optimum ist?

Während uns die Komplexitätsökonomik der Illusion beraubt, wir könnten unser ökonomisches Schicksal bis ins Letzte steuern, gibt sie uns doch einen Hebel in die Hand – einen Hebel, den wir immer schon besaßen, jedoch nicht hinreichend zu würdigen wussten. Vielleicht können wir die ökonomische Evolution nicht vorhersagen oder dirigieren, aber wir können unsere Institutionen und Gesellschaften mehr oder weniger evolutionstauglich gestalten.

Welche Kraft in diesem Hebel steckt, haben wir bereits gesehen. Im 18. und 19. Jahrhundert entwickelte die Menschheit die sozialen Technologien der Wissenschaft und des Marktes, mit der Folge, dass sich die ökonomische Evolution beschleunigte und der Wohlstand in einem Tempo wuchs wie niemals zuvor. Die Botschaft der Komplexitätsökonomik lautet, dass die Evolution zwar möglicherweise klüger ist als wir Menschen, doch anstatt sie zu überlisten, können wir lernen, sie zu verstehen und ihre Kraft für unsere Zwecke einzusetzen. Wie dies gelingen kann, ist das Thema dieses vierten und letzten Teiles des Buches. Beginnen wollen wir mit der Geschäftsstrategie.

Sind wir entschlossen genug?

Es gibt fast so viele Definitionen, was eine Geschäftsstrategie ist, wie es Business-School-Professoren und Managementgurus gibt.[587] Eine der ersten und zugleich besten Definitionen stammt aus dem Klassiker des Wirtschaftshistorikers Alfred Chandler *Strategy and Structure* von 1962:

> Strategie lässt sich definieren als die Bestimmung der grundlegenden langfristigen Ziele eines Unternehmens und die Ausführung der dafür notwendigen Schritte und Ressourcenzuteilungen.[588]

Chandlers Definition ist ein guter Ausgangspunkt, weil sie zwei Aspekte umfasst, die seither Bestandteil jeder Strategiedefinition sind. Erstens blickt eine Strategie stets in die Zukunft. Wenn wir eine Strategie entwickeln wollen, müssen wir uns darüber klar werden, wo wir in Zukunft stehen wollen. Zweitens geht es bei einer Strategie darum, einen Plan aufzustellen, wie wir den erwünschten zukünftigen Zustand erreichen können, und um den Entschluss, die in diesem Plan definierten Schritte auch wirklich durchzuführen.

Diese zwei Elemente bilden das Kernstück jeder Strategieentwicklung in den meisten Unternehmen.[589] Der Planungsprozess beginnt in der Regel mit einer Situationsanalyse, die den gegenwärtigen Zustand des Unternehmens und der Branche erfasst. Das Management bestimmt die wichtigsten Trends hinsichtlich Konsumenten, Wettbewerber, Technologien und so weiter, entwirft diverse Zukunftsszenarien und identifiziert attraktive Positionierungen in diesen Szenarien. Kennzeichen einer attraktiven Positionierung ist, dass sie dem Unternehmen einen *nachhaltigen Wettbewerbsvorteil* gewährt, in dem es überdurchschnittliche Gewinne erwirtschaften kann.

Der traditionellen Wirtschaftslehre zufolge macht im vollkommenen Wettbewerbsgleichgewicht kein Unternehmen Gewinne, die oberhalb der von den Kapitalgebern verlangten minimalen Rendite liegen. In seinen wegweisenden Arbeiten aus den Achtzigerjahren vertrat der Harvard-Professor Michael Porter die Ansicht, dass Unternehmen nur dadurch Gewinne oberhalb des erforderlichen Minimums erwirtschaften können, dass sie einen Wettbewerbsvorteil erringen, der den Wettbewerb (in rechtlich zulässiger Weise) verringert und die Marktkraft des Unternehmens erhöht.[590] Ein Unternehmen, das über einen Wettbewerbsvorteil beispielsweise in Form von proprietären Technologien, starken Marken oder privilegierten Beziehungen zu wichtigen Partnern verfügt, kann entweder seine Kosten senken oder seine Produkte differenzieren.[591] Aufgrund einer Kombination aus proprietären Logistik- und Lagerhaltungsmethoden, bekanntem Markennamen und Macht über die Zulieferer kann beispielsweise Wal-Mart höhere Gewinne erwirtschaften als seine Wettbewerber im Einzelhandel.

Nachdem in einem Zukunftsszenario eine Positionierung identifiziert wurde, die einen nachhaltigen Wettbewerbsvorteil verspricht, muss ein Plan entwickelt werden, der beschreibt, wie das Unternehmen diese Positionierung erreichen kann. Wie der Harvard-Professor Pankaj Ghemawat beobachtete, gehört zu allen Strategieplänen ein Element der Entschlossenheit.[592] Wahrhaft strategische Entscheidungen lassen sich nur mit Mühe oder unter hohem Kostenaufwand revidieren. Dabei kann es sich um Entscheidungen handeln wie die, in einen neuen Markt einzutreten, ein Unternehmen aufzukaufen oder in eine bestimmte Markenpositionierung zu investieren. Am Grad der erforderlichen Entschlossenheit entscheidet sich, ob es sich um eine strategische oder eine taktische Maßnahme handelt. Eine Preisreduzierung beispielsweise ist so lange eine taktische Entscheidung, wie sie sich leicht revidieren lässt (nach einer Sonderaktion lassen sich die Preise problemlos wieder anheben). Strategisch ist eine Entscheidung zur Preisreduzierung beispielsweise dann, wenn sie wie im Fall von Wal-Mart auf Dauer angelegt ist und umfassend beworben wird: »Everyday low prices«. Ein solches Versprechen lässt sich nur schwer zurücknehmen. Als der spanische Konquistador Cortés im Jahr 1519 an der Südostküste Mexikos landete, ließ er seine Leute die Schiffe verbrennen, damit sie keine andere Wahl hatten, als mit ihm landeinwärts zu ziehen. Das ist wahre Entschlossenheit.

Eine Positionierung, die einen nachhaltigen Wettbewerbsvorteil gewährt, setzt Entschlossenheit voraus, weil nur dadurch eine leichte Imitierbarkeit ausgeschlossen werden kann. Während beispielsweise eine temporäre Verkaufsaktion unschwer zu imitieren ist, erfordert ein Versprechen wie »Tag für Tag Tiefpreise« schon mehr Entschlossenheit. Strategien sind riskant, weil sie mit irreversiblen Entscheidungen einhergehen. Ließen sich strategische Entscheidungen ohne hohen Kostenaufwand rückgängig machen, wären sie auch mit keinem Risiko verbunden. Ghemawats Beobachtung hängt folglich unmittelbar mit der im vorigen Kapitel vorgestellten ersten G-R-Bedingung zusammen: Ohne Unumkehrbarkeit entsteht kein Wohlstand, und eben diese Unumkehrbarkeit macht die Wohlstandserzeugung riskant.

Der strategische Standardansatz geht folglich von zwei grundsätzlichen Annahmen aus: Erstens ist es möglich, sichere Vorhersagen über den zukünftigen Erfolg von Strategien zu machen. Zweitens gibt es strategische Entscheidungen, die einen nachhaltigen Wettbewerbsvorteil schaffen. Auf der Grundlage dieser Annahmen werden täglich Unternehmensinvestitionen in Milliardenhöhe getätigt. Leider sind jedoch beide Annahmen falsch.

Ein 270-Milliarden-Dollar-Zufall

Manche Menschen beschäftigen sich mit »alternativer Geschichte«, indem sie sich vorstellen, wie die Geschichte verlaufen wäre, wenn bestimmte kleine Zufallsereignisse anders ausgegangen wären. Zu meinen Lieblingsbeispielen gehört eine Darstellung, die ich erstmals von dem Physiker Murray Gell-Mann hörte.[593] Im späten 19. Jahrhundert tourte William Frederick Cody mit seiner »Buffalo Bill's Wild West Show« durch die Vereinigten Staaten, die Schießereien, Reitkünste und andere Cowboygeschichten zum Thema hatte. Zu den beliebtesten Darbietungen gehörte jene, in der eine Frau namens Phoebe Moses mit Spitznamen Annie Oakley auftrat. Von ihr heißt es, dass sie bereits im Alter von zwölf Jahren einer laufenden Wachtel den Kopf abschießen konnte, und in Buffalo Bills Show demonstrierte sie ihre Fähigkeiten, indem sie mit gezielten Schüssen Kerzen löschte und Flaschen entkorkte. Für das Finale kündigte sie an, dass sie einer von einem Mann im Mund gehaltenen brennenden Zigarette die Glut wegschießen werde, und bat um einen tapferen Freiwilligen aus dem Publikum. Weil sich in der Regel kein Mutiger fand, verbarg sich Annies Mann Frank im Publikum. Mit ihm als »Freiwilligem« konnte sie dann ihr Kunststück vorführen. Als die Wildwestshow 1890 nach Europa kam, befand sich einmal ein junger Kronprinz, der spätere Kaiser Wilhelm, unter den Zuschauern. Als das große Finale kam, stand er zu Annies Überraschung auf und meldete sich als Freiwilliger. Der zukünftige deutsche Kaiser schritt in den Ring, nahm die Zigarette in den Mund und wartete. Annie, die in der Nacht zuvor lange in einem Biergarten gesessen hatte, verlor angesichts der unerwarteten Entwicklung den Mut. Sie nahm die Zigarette ins Visier, drückte ab … und traf genau ins Ziel.

Viele Menschen haben Spekulationen darüber angestellt, was passiert wäre, wenn Annies Hand gezittert und der Erste Weltkrieg niemals stattgefunden hätte. 8,5 Millionen Soldaten und 13 Millionen Zivilisten wären am Leben geblieben. Hitler wäre nicht aus der Asche des besiegten Deutschland auferstanden, und Lenin hätte keine demoralisierte russische Regierung gestürzt. Das Zittern einer Hand im rechten Augenblick hätte genügt, um die Geschichte des 20. Jahrhunderts vollkommen zu verändern. Damals jedoch hätte niemand die Bedeutung des Augenblicks vorhersagen können.

Die Geschichte von Annie Oakley ist ein Beispiel für das, was Gell-Mann einen »gefrorenen Zufall« nennt – eine winzige Zufallsbegebenheit, die über den zukünftigen Geschichtsverlauf entscheidet.[594] Aus der Nichtlinearität und Dynamik komplexer adaptiver Systeme folgt, dass sogar die kleinsten Ereignisse den Verlauf der Geschichte einschneidend verändern können.

Auch die Wirtschaftsgeschichte beruht auf vielen solchen gefrorenen Zufällen. Zu den berühmtesten Beispielen aus der jüngeren Geschichte gehört eine Begebenheit vom Sommer 1980, als bei IBM die Vorbereitungen für den Einstieg in den von Apple angeführten PC-Markt auf Hochtouren liefen. IBM wandte sich an eine kleine Firma mit 40 Angestellten in Bellevue im US-Bundesstaat Washington. Die Firma hieß Microsoft und wurde von einem Harvard-Abbrecher namens Bill Gates und seinem Freund Paul Allen geleitet. IBM wollte mit der Firma über die Entwicklung einer angepassten Version der Programmiersprache BASIC für ihren neuen PC sprechen. Bei dem Meeting erkundigte sich IBM, welches Betriebssystem Gates für das neue Gerät vorschlage. Gates verwies auf Gary Kildall von Digital Research, dessen Betriebssystem CP/M in der Hobbywelt der Mikrocomputer mittlerweile Standard war. Kildall jedoch, dem die IBM-Leute in ihren blauen Anzügen suspekt waren, setzte sich in seinen Heißluftballon und überließ es seiner Frau und Anwältin, die irritierten Manager zu empfangen und dabei nichts zu unterschreiben, nicht einmal eine Vertraulichkeitserklärung. Die frustrierten IBM-Manager wandten sich daraufhin erneut an Bill Gates und fragten ihn, ob er an dem Projekt Betriebssystem interessiert sei. Obgleich Gates niemals ein Betriebssystem geschrieben hatte, sagte er zu. Er recherchierte ein bisschen und erwarb schließlich von der kleinen Firma Seattle Computer Products für 50.000 US-Dollar die Lizenz für ein Produkt mit dem passenden Namen Quick and Dirty Operating System (Q-DOS), modifizierte es und lizenzierte es als PC-DOS an IBM weiter. Als IBM und Microsoft die letzten Details der Vereinbarung besprachen, bat Gates um eine kleine Änderung. Er behielt sich das Recht vor, auf Nicht-IBM-Geräten eine Version seines Betriebssystems namens MS-DOS zu vertreiben. Gates machte dem Unternehmen einen guten Preis, und da IBM mehr am Hardware- als am Softwareverkauf interessiert war, willigte es ein. Der Vertrag wurde am 12. August 1981 unterzeichnet. Der Rest ist Geschichte. Heute ist Microsoft mit 270 Milliarden US-Dollar fast doppelt so viel wert wie IBM.

Diese Story ist voller gefrorener Zufälle: Was wäre passiert, wenn sich Kildall nicht in seinen Heißluftballon gesetzt hätte? Wenn Seattle Computer Products sein Q-DOS nicht lizenziert hätte? Wenn Gates versäumt hätte, den Vertrag umzuformulieren? Jede dieser kleinen Änderungen hätte den Verlauf der Wirtschaftsgeschichte einschneidend verändert. Aber wie Annie Oakley und ihr Publikum konnte niemand die historischen Folgen dieser Begebenheit im Augenblick ihres Geschehens vorhersehen.

»Die Zukunft ist auch nicht mehr das, was sie einmal war«

Man könnte entgegnen, dass der Faktor Unsicherheit weder in der Ökonomik noch in der Strategieplanung etwas Neuartiges ist.[595] Ein Großteil der traditionellen Wirtschaftslehre ist dem Versuch gewidmet, Unsicherheit zu verstehen, und die strategischen Planer versuchen, der Unsicherheit mit zahlreichen Instrumenten wie beispielsweise der Szenarioanalyse beizukommen.[596] Wir dürfen jedoch nicht vergessen, dass die traditionelle Wirtschaftslehre eine große Vermutung anstellt bezüglich der Art der infrage kommenden Unsicherheit. Wenn Ökonomen Unsicherheiten modellieren, dann in der Regel als Zufallsereignisse.[597] Denn Zufallsereignisse verhalten sich gutartig, sodass sich mittels statistischer Gesetze Vorhersagen über Zufallssysteme machen lassen. Die Unsicherheit, die wir in den Geschichten von Annie Oakley und Microsoft sahen, ist von jener weder regelmäßigen noch rein zufälligen Art, die wir in Kapitel 8 betrachteten. Zufallsereignisse spielen eine Rolle – ein Fingerzucken hier, eine zufällige Begegnung dort –, aber erst die dynamische, nichtlineare Struktur des Systems selbst verleiht diesen kleinen Begebenheiten ihre geschichtsverändernde Wirkung. Diese Art von Unsicherheit lässt sich besser mit punktiertem Gleichgewicht und Potenzgesetzen als mit gewöhnlicher Zufälligkeit charakterisieren.

Die Kombination aus punktiertem Gleichgewicht und Potenzgesetzen in komplexen adaptiven Systemen wiegt die Menschen in einem fast teuflischen Sicherheitsgefühl. Aus Kapitel 6 wissen wir, dass wir Menschen gute Mustererkenner sind. Wir treffen Vorhersagen, indem wir in der Vergangenheit nach Mustern suchen, die wir in die Zukunft extrapolieren. Meist funktioniert das ziemlich gut (wenn dem nicht so wäre, hätte sich unser Gehirn im Lauf der Evolution anders herausgebildet). Denn in der Regel ist die Welt vergleichsweise stabil. Häufig kann uns die konventionelle Strategieanalyse sehr nützliche Dinge erzählen, und wir können hinreichend genaue kurzfristige Voraussagen machen. Dennoch bleibt das durch diese regelmäßigen »stabilen« Perioden vermittelte Gefühl der Verlässlichkeit trügerisch – nichts ist gefährlicher als eine »stabile« Branche.[598] Aus der Existenz von Potenzgesetzen folgt, dass das Eintreten großer Veränderungen sehr viel wahrscheinlicher ist, als es unsere gedanklichen Modelle auf der Basis vergangener Erfahrungen erwarten lassen.[599]

Das folgende Szenario wurde in diversen Branchen immer wieder durchgespielt.[600] Ein junges Start-up-Unternehmen hat Erfolg und wächst zu einem großen Unternehmen heran. Die mustererkennenden Manager an der Unternehmensspitze sagen sich angesichts des Erfolgs: »Wunderbar – jetzt wissen wir, wie die Branche tickt.« Folglich extrapolieren sie die gegenwärtigen Muster in die Zukunft und entwerfen einen strategischen Plan. Die Strategie geht auf, und das Unternehmen setzt seinen Erfolgskurs fort. Je länger die Branche vergleichsweise stabil bleibt, desto mehr ist das Management davon überzeugt, dass es den Markt versteht und die Zukunft der Branche vorhersagen kann. Je überzeugter es wird, desto präziser richtet es die vorhandenen Ressourcen auf das wahrgenommene Umfeld aus. Aber eines Tages zittert Annies Hand – eine Technologie wird entwickelt, ein Wettbewerber hat eine Idee oder die Konsumentenpräferenzen beginnen sich zu verändern –, ohne dass die Unternehmensführung davon überhaupt etwas mitbekommt. Die Geschichte gabelt sich, und die Welt schlägt eine neue Richtung ein. Zuerst will die Unternehmensführung die Veränderungen nicht wahrhaben. Sie glaubt, dass die beobachteten Probleme vorübergehender Natur sind, und wartet ab – schließlich ist sie seit Langem mit ihrer Branche vertraut. Unterdessen jedoch verändert sich die Welt weiter, und die Lawine gewinnt an Tempo. Das Unternehmen befindet sich jetzt mitten in einem Phasenwechsel, und die Unternehmensführung erkennt auf einmal, dass es mit seinen Modellen und Ressourcen für die neue Spielrunde nicht gerüstet ist. Wenn das Unternehmen Glück hat und die Veränderungen nicht zu groß sind, kann es mit einiger Anstrengung überleben. Verändert sich das Umfeld jedoch zu stark und zu schnell, so stirbt das Unternehmen, oder es wird von einem anderen geschluckt, das auf die neuen Bedingungen besser vorbereitet ist.

Wir stehen somit vor einem Problem. Einerseits erfordert strategische Planung, dass wir auf der Basis geeigneter Zukunftsprognosen unumkehrbare Entscheidungen treffen. Andererseits ist die Zahl der möglichen Zukunftsszenarios nahezu unbegrenzt, und welches davon eintritt, hängt von zahlreichen gefrorenen Zufällen ab, die sich unmöglich vorhersehen lassen. Gleichzeitig verleitet der punktierte Charakter des Phasenwechsels die mustererkennenden Menschen dazu, die Welt für stabiler zu halten, als sie ist.

Der Mythos vom nachhaltigen Wettbewerbsvorteil

Im 17. und 18. Jahrhundert war die British East India Company strategisch positioniert wie kaum ein anderes Unternehmen. Im Vergleich dazu wirkt Microsoft heute wie ein Tante-Emma-Laden. Sie verfügte in vier Ländern über ein vollständiges Handelsmonopol, handelte weltweit mit Waren wie Kaffee, Wollprodukten und Opium, kommandierte eine eigene Armee und Marine, war von der Krone ermächtigt, Krieg zu führen, wo immer sie ihre Geschäftsinteressen bedroht sah, und herrschte praktisch über ein Fünftel der Weltbevölkerung. Die British East India Company nähme heute auf der Liste der »meistbewunderten (oder gefürchteten) Unternehmen« mit Sicherheit den ersten Platz ein. Alle Skalenvorteile, Wettbewerbsbehinderung, Sonderbeziehungen und Kernkompetenzen (wie beispielsweise die brutale Behandlung von Eingeborenen) konnten jedoch nicht verhindern, dass die Mauer des Wettbewerbsvorsprungs im Lauf des 19. Jahrhunderts angesichts neuer technologischer Entwicklungen und neuer Wettbewerber zu bröckeln begann, bis die Gesellschaft Ende 1873 aufgelöst wurde.[601] Auch wenn die British East India Company eine lange Zeit überdauerte, hielt sie am Ende mit den Veränderungen der Welt nicht Schritt.

Jeder Wettbewerbsvorsprung ist von begrenzter Dauer.[602] Manche Wettbewerbsvorteile halten länger als andere, aber sie alle tragen ein Verfallsdatum. Das mag wie eine Binsenwahrheit klingen, wird jedoch bei der immerwährenden Suche nach »Top-Unternehmen«, die aufgrund eines nachhaltigen Wettbewerbsvorteils ein Jahr ums andere die Nase vorn haben, allzu häufig übersehen. Mein Regal ist voller Bücher, die beschreiben, was diese Top-Unternehmen taten und was ein Unternehmen tun muss, das ebenso erfolgreich sein will. Darunter sind Klassiker wie *In Search of Excellence* von Tom Peters und Bob Waterman, *Built to Last* von Jim Collins und Jerry Porras und Titel von bewunderten Firmenlenkern wie Jack Welch oder Larry Bossidy.

Auf der anderen Seite meines Regals stehen jedoch die Bücher zum Thema: »Warum große Unternehmen scheitern«. Hier finden sich Bestseller wie Clay Christensens *Innovator's Dilemma* und Gary Hamels *Leading the Revolution*. Diese Bücher erzählen Schauergeschichten vom Scheitern großer, einst erfolgreicher Unternehmen, davon, wie branchenverändernde Innovationen, eine übersteigerte Bürokratie und Hybris den mächtigsten Institutionen zum Verhängnis wurden. Die zentrale Botschaft dieser Bücher lautet: Wer einem vergleichbaren Schicksal entrinnen will, muss sich ständig erneuern und die Macht des Giganten mit der Flinkheit des Start-ups kombinieren. Garniert wird diese Botschaft in der Regel mit Beispielen von jungen, aufstrebenden Unternehmen, die den Platzhirschen das Leben zur Hölle machen.

Das Faszinierende an diesen Büchern ist, dass dieselben Unternehmen auf beiden Seiten des Regals ihren Auftritt haben. Während IBM in den frühen Achtzigerjahren zu den »Top-Unternehmen« gehörte, musste es in den Neunzigerjahren als Negativbeispiel herhalten. Apple hat die gesamte Regallänge durchschritten: Nachdem aus dem aufstrebenden Jungunternehmen erst ein Musterunternehmen und anschließend ein Sorgenkind wurde, erlangte es mittlerweile dank seiner jüngsten Erfolge unter Steve Jobs wieder Bestleistungsstatus. Ein erschreckender Anteil der in *In Search of Excellence* als Vorbilder dargestellten Unternehmen wie Amdahl, Digital Equipment Corporation, Westinghouse, Atari, Polaroid und Kmart hat sich durch Bankrott, Zerfall oder Veräußerung vollkommen vom Regal verabschiedet. Viele andere wie Xerox und Lockheed Martin existieren zwar noch, jedoch längst nicht mehr auf dem einstigen Leistungsniveau. Zwei der meistgepriesenen Unternehmen der Neunzigerjahre, Enron und Worldcom, lösten sich auf spektakuläre und tragische Weise im Jahr 2002 auf.

Aber während viele Unternehmen scheitern, muss es doch zumindest *einige* Unternehmen mit einem nachhaltigen Wettbewerbsvorteil und einem anhaltend hohen Performanceniveau geben. Meine ehemaligen McKinsey-Kollegen Dick Foster und Sarah Kaplan untersuchten diese Frage in ihrem Buch *Creative Destruction*, in dem sie die älteste Unternehmensrangliste, die *Forbes 100*, unter die Lupe nahmen.[603] Im Jahr 1917 veröffentlichte Bertie Forbes, der Begründer der Zeitschrift *Forbes*, seine erste Forbes-100-Liste der größten US-Unternehmen. Im Jahr 1987 druckte die Zeitschrift die ursprüngliche Liste zu ihrem siebzigjährigen Jubiläum noch einmal ab und fragte: »Wo stehen sie heute?« Die Mehrheit der 100 Unternehmen der Originalliste, nämlich 61, hatten auf die eine oder andere Weise das Zeitliche gesegnet, indem sie in anderen Unternehmen aufgegangen oder Pleite gemacht hatten.[604] Von den überlebenden Unternehmen hatten 21 den Kreis der obersten 100 verlassen, und zu den verbleibenden 18 Unternehmen in dieser Elitegruppe gehörten so ehrenwerte Namen wie Procter & Gamble, Exxon und Citibank. Sie waren, wie Foster und Kaplan schrieben, die großen Überlebenskünstler, welche die Stürme der Großen Depression, des Zweiten Weltkriegs, der inflationären Siebzigerjahre, die Fusionen und Übernahmen der Achtzigerjahre und die technologische Revolution der Neunzigerjahre überdauert hatten. Sie müssten eigentlich großartige Performer, wahre »Bestleister« sein. Aber Irrtum: Mit Ausnahme von General Electric und Kodak war ihr Marktwert in diesen 70 Jahren unterdurchschnittlich gewachsen, und auch Kodaks Leistung hat seit 1987 nachgelassen, sodass GE als einziges Unternehmen der ursprünglichen Forbes-100-Liste die vergangenen acht Jahrzehnte überlebt und dabei stärker zugelegt hat als der Durchschnitt des Marktes.[605] Foster und Kaplan betrachteten zudem die 500 Unternehmen, mit denen der Standard & Poor's (S&P) 500 im Jahr 1957 startete, und stellten fest, dass von diesen nur 74 bis zum Jahr 1997 überlebt hatten. Die Gesamtleistung der 74 überlebenden Unternehmen blieb um 20 Prozent unter dem gesamten S&P-500-Index.

Zusammengenommen und über einen längeren Zeitraum geht es bei den in den genannten Büchern beschriebenen Beispielen von »Top-Unternehmen« nicht um nachhaltigen Wettbewerbsvorteil und anhaltende Höchstleistung. Vielmehr verdeutlichen sie die Vergänglichkeit von Marktvorteilen und die unglaubliche Dynamik von Aufstieg und Fall der Unternehmen in ihren Märkten.

Das Rote-Königin-Rennen

In zwei 2002 und 2005 veröffentlichten Studien brachten Robert Wiggins von der University of Memphis und Tim Ruefli von der University of Texas etwas mehr statistische Strenge in die Diskussion um Wettbewerbsvorteile.[606] Sie untersuchten eine Auswahl von 6772 Unternehmen aus 40 Branchen zwischen 1974 und 1997 und unterteilten sie in überlegene, unterlegene und durchschnittliche Performer in ihrer jeweiligen Branche.[607] Die Forscher versuchten dabei, zwei für viele »Bestleistungs«-Studien kennzeichnende Fehler zu vermeiden. Erstens achteten sie darauf, dass die Leistungsüberlegenheit der obersten Unternehmen signifikant war. Wenn hinreichend viele Menschen ein Münzwurfexperiment durchführen, findet sich mit Sicherheit jemand, der viele Male hintereinander Kopf wirft; Wiggins und Ruefli wollten sicherstellen, dass die beobachteten Muster keine Zufallsfolge waren. Indem sie zweitens den Beobachtungszeitraum in Fünfjahresabschnitte aufteilten, gewährleisteten sie zudem, dass die Leistung beständig war und nicht ausschließlich von wenigen wirklich guten Jahren oder von dem betrachteten Gesamtzeitraum abhing.

Ihre Ergebnisse bestätigten einmal mehr die Seltenheit und relative Kurzlebigkeit echter Wettbewerbsvorteile.[608] Sie stellten fest, dass nur fünf Prozent der betrachteten Unternehmen jemals ein überlegenes Leistungsniveau erreichten, das zehn Jahre oder länger anhielt. Nur 32 Unternehmen oder weniger als fünf Promille hielten ein solches Niveau 20 Jahre durch, und nur drei Unternehmen (American Home Products, Eli Lilly und 3M) erreichten die 50-Jahre-Marke. Wiggins und Ruefli zufolge nahm die Intensität des Wettbewerbs im betrachteten Zeitraum von 23 Jahren zu. Die Durchschnittsdauer anhaltenden Wettbewerbsvorteils sank und der Wechsel der Unternehmen in den obersten Leistungsrängen erfolgte immer schneller, während sich die Wahrscheinlichkeit, eine einmal errungene überlegene Position wieder zu verlieren, während des betrachteten Zeitraums nahezu verdoppelte.[609]

Wiggins und Ruefli zeigten zudem, dass es eine sichere und stabile Branche nicht geben kann. Sie unterteilten ihre Auswahl in eine Hightech- und eine Lowtech-Gruppe und stellten fest, dass die Veränderungsgeschwindigkeit in der Hightech-Gruppe zwar etwas höher war, dass sich jedoch die Muster in allen Branchen ähnelten. Die Forscher fanden Schumpeter bestätigt: Die Stürme kreativer Zerstörung bliesen stärker denn je zuvor.

Während die von Wiggins und Ruefli vorgestellten Daten den Strategiebegriff der traditionellen Wirtschaftslehre auf eine Belastungsprobe stellten, kamen sie für den Evolutionsbiologen nicht überraschend. Auch in der biologischen Welt sind Wettbewerbsvorteile selten und kurzlebig. Genau das ist in jedem Evolutionssystem sogar zu erwarten. In biologischen Systemen sind die Arten in einem ewigen Koevolutionswettrennen gefangen. Der Beutemacher lernt möglicherweise, sich schneller fortzubewegen, woraufhin das Beutetier seine Tarnung verbessert und der Beutemacher wiederum eine empfindlichere Nase entwickelt, und so weiter. Die Biologen bezeichnen eine solche Koevolutionsspirale als *Red Queen's race* nach der roten Königin in Lewis Carrols Kinderbuch *Alice hinter den Spiegeln* (der Fortsetzung von *Alice im Wunderland*). Sie war es, die zu Alice sagte: »Hierzulande musst du so schnell rennen wie du kannst, wenn du am selben Fleck bleiben willst.«[610]

Ein Rote-Königin-Rennen lässt sich nicht gewinnen; wir können bestenfalls schneller laufen als die Konkurrenz. Aus Kristian Lindgrens Evolutionsmodell des Gefangenendilemmas in Kapitel 10 wissen wir, dass es auf die Frage nach der besten Strategie keine Antwort gibt. Erfolgreiche Gefangenendilemmastrategien provozieren zwangsläufig Reaktionen und Innovationen anderer Strategien, die das Strategieumfeld und damit auch die Kriterien für eine gewinnträchtige Strategie dynamisch verändern. Evolutionssysteme kennen keine nachhaltigen Wettbewerbsvorteile, sondern nur ein ewiges Wettrennen um temporäre Wettbewerbsvorteile.

Unsere Definition eines Top-Unternehmens ändert sich folglich von einem, das über sehr lange Zeiträume eine kontinuierlich hohe Performance zeigt (etwas, das praktisch nicht vorkommt), zu einem, dem es gelingt, viele temporäre Wettbewerbsvorteile in Folge zu erringen – mit anderen Worten: einem starken Sprinter im Rote-Königin-Rennen.[611] Ein perfektes Timing, bei dem der Niedergang eines Wettbewerbsvorteils mit der Entstehung eines neuen zeitlich zusammenfällt, lässt sich unmöglich erzwingen. Also ist auch bei Top-Unternehmen ein Entwicklungsmuster wahrscheinlich, wonach das Unternehmen in die Spitzenränge aufsteigt und, nachdem es eine Niederlage einstecken musste, nicht aufgibt, sondern wie ein zäher Boxer weiterkämpft und erneut gewinnt. Wiggins und Ruefli konnten genau dieses Muster bei zahlreichen Unternehmen nachweisen. Sie durchforsteten ihre Datenbank nach Unternehmen, die sich während eines Fünfjahresfensters in der obersten Sphäre bewegten, um irgendwann in den mittleren oder unteren Bereich abzusinken und anschließend für mindestens weitere fünf Jahre erneut in die Spitze aufzusteigen. Zu den Beispielen gehörten so bekannte Namen wie Johnson & Johnson und Merck, aber auch weniger bekannte Unternehmen wie Family Dollar Stores und Illinois Tool Works.[612] Die Zahl der Unternehmen, die dieses Muster wiederholter Bestleistung erreichten, betrug lediglich 1 Prozent der Auswahl, aber mit leicht zunehmender Tendenz, was ein Hinweis darauf sein könnte, dass der intensivere Wettbewerb immer mehr Unternehmen dazu veranlasst, sich regelmäßig um Innovationen zu bemühen.

Nicht Unternehmen führen Innovationen ein, sondern Märkte

Dass die über Jahrzehnte anhaltende unternehmerische Bestleistung so gut wie gar nicht (weniger als fünf Promille) und die wiederholte Bestleistung nur sehr selten (ein Prozent) vorkommt, bringt uns die brutale Wirklichkeit der allermeisten Unternehmen zu Bewusstsein. Märkte sind hochgradig dynamisch; die überwiegende Mehrheit der Unternehmen ist es nicht.

Dem Soziologen Michael Hannan und dem Managementforscher John Freeman zufolge sind Unternehmen ihrem Wesen nach träge. In den Siebzigerjahren starteten Hannan und Freeman eine Reihe von Studien zur »Organisationsökologie« der Märkte.[613] Wie diese Studien zeigten, gibt es in der Wirtschaft zwar eine rege Innovationstätigkeit auf der Ebene der Märkte, aber in nur sehr viel geringerem Umfang auf der Ebene der Einzelunternehmen. Die Autoren kamen zu dem Schluss, dass sich die Veränderungen in der Wirtschaft hauptsächlich im Ein- und Austritt von Unternehmen und weit weniger in der Anpassung einzelner Unternehmen manifestieren. Der Entwicklung in der Halbleiterbranche von den Transistoren der Fünfzigerjahre zu den hochintegrierten Schaltungen der Achtzigerjahre beispielsweise erfolgte nicht dadurch, dass sich die führenden Unternehmen wie Hughes, Transitron oder Philco anpassten.[614] Die Veränderung kam vielmehr, weil andere Unternehmen wie Intel, Hitachi oder Philips an ihre Stelle traten. Von den ursprünglichen obersten zehn Halbleiterproduzenten überlebten nur Texas Instruments und Motorola den Wandel. Und auch wenn solche Veränderungen in Technologiebranchen möglicherweise besonders dramatisch verlaufen, haben etliche Organisationsökologen gezeigt, dass die Dynamik der Unternehmenspopulationen ein Kennzeichen sämtlicher Branchen ist.[615]

Dieses dynamische Ein- und Austrittsmuster liefert zugleich die Erklärung für ein von Foster und Kaplan beobachtetes scheinbar paradoxes Phänomen, wonach die Langzeitüberlebenden unter den S&P-500-Unternehmen als Gruppe eine unterdurchschnittliche Leistung zeigten. Denn der Durchschnitt wird durch ständige Neueintritte in die Höhe getrieben.

Auch diese empirischen Befunde sollten uns nicht überraschen. In Teil III dieses Buches sprachen wir davon, dass im Evolutionssystem der Marktökonomien die Rolle der Akteure durch die Geschäftseinheiten wahrgenommen wird. Aus der Marktperspektive ist jede Geschäftseinheit ein Experiment im Möglichkeitsraum der Geschäftspläne; einige sind erfolgreich und werden amplifiziert, während andere scheitern und verschwinden. Das Schicksal der Unternehmen, zu denen diese Geschäftseinheiten gehören, entwickelt sich entsprechend. Diese Befunde zeigen, dass der Prozess der Differenzierung, Selektion und Amplifizierung von Geschäftsplänen auf der Ebene der Märkte besser funktioniert als innerhalb der Mauern der meisten Unternehmen. Wie Foster und Kaplan schreiben: »Märkte erzeugen mehr Überraschung und Innovation als Unternehmen.«[616]

Unternehmen sind Big-Man-Hierarchien mit all ihren menschlichen Schwächen und Verzerrungen, während die Märkte nahezu reine Evolutionsmaschinen darstellen. Die Unternehmen müssen mit dem grundsätzlichen Nachteil leben, dass sie niemals die Geschäftsplanvielfalt des Gesamtmarktes erzeugen können. Weder können sie den Selektionsdruck des echten Marktes vollständig imitieren noch verfügen sie über die nahezu unendlichen Ressourcen des Kapitalmarkts für die Amplifizierung erfolgreicher Geschäftspläne. Aus der unsentimentalen Perspektive des Evolutionsalgorithmus erscheinen die Geschäftseinheiten als reine Experimentiermasse.

Bisher habe ich ein eher deprimierendes Bild gezeichnet. Strategie hat mit langfristigen Entscheidungen zu tun, die einen Wettbewerbsvorteil versprechen. Aufgrund der unberechenbaren Folgen möglicher gefrorener Zufälle lässt sich die Zukunft nicht besonders gut vorhersagen. Wettbewerbsvorteile sind selten und unbeständig, und ihre Haltbarkeitsdauer scheint immer mehr abzunehmen. Augenscheinlich sind die allermeisten Unternehmen schlechte Sprinter im Rote-Königin-Rennen und unfähig, mit den Veränderungen ihrer Märkte Schritt zu halten.

Es stellt sich somit die Frage: Gibt es etwas, das wir verbessern können? Können wir die Unternehmen anpassungsfähiger machen? Können wir insbesondere das Vorhersageproblem umgehen und einen robusteren und anpassungsfähigeren Strategieansatz entwickeln?[617]

Strategie als Portfolio von Experimenten

Was wir tatsächlich tun können, ist, die Evolution in das Unternehmen hineinzutragen, damit Differenzierung, Selektion und Amplifizierung innerhalb der Unternehmensmauern ihr Werk verrichten können. Wir sollten Strategie weniger als einen einzigen geschlossenen Plan auf der Grundlage bestimmter Zukunftsprognosen begreifen, sondern vielmehr als ein Portfolio von Experimenten oder eine sich dynamisch entwickelnde Population konkurrierender Geschäftspläne.[618] Bevor wir die Elemente eines solchen Ansatzes vorstellen, wollen wir uns anhand eines Beispiels ein Bild von einem möglichen Portfolio strategischer Experimente machen.

Kehren wir noch einmal zur Microsoft-Story zurück und versetzen wir uns in das Jahr 1987, sechs Jahre, nachdem Gates den Vertrag mit IBM schloss. Die noch junge PC-Branche verzeichnet explosionsartige Zuwachsraten.[619] Niemand reitet diese Welle bravouröser als Microsoft. Doch MS-DOS nähert sich dem Ende seines natürlichen Lebenszyklus. Die Kunden beginnen, nach alternativen Betriebssystemen Ausschau zu halten, mit denen sich die grafischen und rechnerischen Möglichkeiten der neuen Gerätegeneration besser nutzen lassen. Ein Wechsel der S-Kurve steht bevor, und in der Branche herrscht Unsicherheit hinsichtlich der zukünftigen Entwicklung. Trotz seiner Erfolge ist Microsoft immer noch ein 346-Millionen-US-Dollar-Zwerg verglichen mit den Multimilliarden-Riesen, die seine lukrative Position mit lüsternen Augen belauern. IBM entwickelt sein eigenes mächtiges multitaskingfähiges Betriebssystem OS/2, AT&T schickt sich im Verbund mit weiteren Unternehmen wie Sun Microsystems und Xerox an, eine benutzerfreundliche Version des vielfach bewunderten Unix-Betriebssystems zu erstellen, und Hewlett-Packard und Digital Equipment Corporation treiben ihre eigene Unix-Version voran. Auch Apple ist noch immer eine Bedrohung; mit seinen Innovationen liegt das Unternehmen in seiner Branche weit vorn, und der grafisch hervorragende Macintosh verkauft sich gut.

Es fällt nicht schwer sich vorstellen, welche Alternativen sich Microsoft bieten. Option 1: Gates setzt sein Unternehmen aufs Spiel, indem er ein neues Betriebssystem namens Windows entwickelt und versucht, seine DOS-Kunden zu einem Wechsel zu bewegen, möglichst bevor ein Wettbewerber mit seinem eigenen System eine kritische Masse erreicht. Option 2: Er überlässt das Feld der Betriebssysteme größeren und finanziell besser ausgestatteten Wettbewerbern und konzentriert sich stattdessen auf Anwenderprogramme, für die sein schlankes und wendiges Unternehmen möglicherweise besser geeignet ist. Option 3: Er verkauft das Unternehmen oder verbündet sich mit einem seiner Hauptwettbewerber. Während Microsoft mit Option 3 seine Unabhängigkeit verlöre, verschöbe sich die Machtbalance vermutlich zugunsten desjenigen Unternehmens, mit dem es eine Partnerschaft einginge.

Alle drei Optionen erforderten klare Entscheidungen, die sich nur schwer revidieren ließen, während die Risiken erheblich waren. Die meisten Menschen sind überzeugt, dass Gates sich damals für Option 1 entschied und das Spiel um sein Unternehmen gewann; Microsoft dominierte weiterhin den Markt der Desktopbetriebssysteme und kämpfte in den Folgejahren mit den Kartellbehörden. Die Wirklichkeit sah jedoch anders aus. Was Gates und sein Team taten, war viel interessanter – sie verfolgten gleichzeitig sechs strategische Experimente.

Erstens investierte Microsoft weiter in MS-DOS. Wenngleich alle das Ende des Betriebssystems für gekommen sahen, war seine Kundenbasis gigantisch. Viele Kunden wollten nicht wechseln, und jede neue DOS-Version war leistungsfähiger als die vorige. Es bestand zumindest eine geringe Chance, dass sich DOS weiterentwickelte und die Kunden noch eine Weile zufriedenstellte.

Zweitens begriff Microsoft IBM als reale Bedrohung. Big Blue war 1987, was die Hardware betraf, immer noch eine starke Bastion und wollte die Kontrolle über den Betriebssystemmarkt zurückgewinnen. Aber IBM wusste auch, dass es riskant war, diesen Weg allein zu gehen. Wie Michael Corleone in *Der Pate, Teil 2* sagt: »Pflege vertrauten Umgang mit deinen Freunden, aber noch vertrauteren mit deinen Feinden.« Gates und IBM beschlossen, IBMs Betriebssystem OS/2 zu einem Joint Venture zu machen.

Drittens betrachtete Microsoft auch Unix als Bedrohung, wenn auch nicht in dem Maße wie IBM. Microsoft verhandelte mit diversen Unternehmen wie beispielsweise AT&T über mögliche gemeinsame Unix-Projekte. Es hielt sich alle Optionen offen, indem es sich in das Geschehen einklinkte und zugleich Spekulationen über eine eigene Unix-Strategie nährte. Das hatte den Vorteil, dass die Unix-Befürworter verunsichert und in ihrem Fortschritt gebremst wurden.

Neben dem Spiel mit potenziellen Unix-Bündnissen kaufte Microsoft viertens Anteile des größten Anbieters von Unix-Systemen für PCs, eines Unternehmens namens The Santa Cruz Operation. Sollte sich Unix auf dem Markt durchsetzen, wäre Microsoft zumindest mit einem Produkt dabei.

Fünftens zog sich Gates aus dem Anwendungsbereich nicht zurück, sondern baute ihn trotz beschränkter Ressourcen weiter aus. Microsoft engagierte sich insbesondere im Bereich der Software für Apple-Macintosh-Computer und wurde zum führenden Anbieter noch vor Apple selbst. Das war ein Sicherheitsnetz für den Fall, dass sich Apple die Diskontinuität des Marktes zunutze machte, um sein eigenes Betriebssystem nach vorn zu bringen.

Sechstens und letztens investierte Gates in Windows. Windows sollte zur besten aller Welten werden. Es baute auf DOS auf und war mit dessen Anwendungen rückwärtskompatibel; es war wie OS/2 und Unix multitaskingfähig und ebenso einfach zu benutzen wie der Macintosh. Vor allem aber behielt Microsoft damit die Kontrolle des PC-Betriebssystemmarktes fest in seinen

Händen. Ein erfolgreiches Windows stand auf der Wunschliste des Unternehmens sicherlich an oberster Stelle.

Gates setzte nicht auf eine einzige Zukunftsoption, sondern auf ein ganzes Portfolio von Optionen. Was er tat, lässt sich damit beschreiben, dass er sich ein anspruchsvolles Ziel steckte – zum führenden PC-Software-Anbieter zu werden – und anschließend ein Portfolio strategischer Experimente entwarf, welche die Möglichkeit boten, dieses Ziel zu erreichen.

Wir dürfen nicht vergessen, dass Windows im Jahr 1987 noch lange nicht als Gewinner feststand. Version 1.0 von 1985 verkaufte sich schleppend, und Version 2.0 von 1987 war von technischen Problemen und Verzögerungen geplagt. Erst mit der Version 3.0 von 1990 fasste Microsoft im Betriebssystemmarkt sicher Tritt. Annies Hand hätte auch in anderer Richtung zucken können; wenn IBM mit OS/2 eine Spur schneller gewesen wäre, wenn die Unix-Unternehmen sich zusammengetan hätten oder wenn Microsoft seine technischen Probleme mit Windows nicht in den Griff bekommen hätte, wäre die Geschichte vermutlich einen anderen Weg gegangen.

Anstatt zu versuchen, die Zukunft vorherzusagen, schuf Gates eine Population konkurrierender Geschäftspläne innerhalb von Microsoft, die das Evolutionsgeschehen im Wettbewerbsumfeld des Marktes widerspiegelten. So konnte sich Microsoft buchstäblich selbst in die Zukunft entwickeln. Fast alle Initiativen wurden früher oder später eingestellt oder zurückgefahren; nur Windows wurde amplifiziert und bildete fortan den Schwerpunkt der Betriebssystembemühungen des Unternehmens. Gates wurde seinerzeit für diesen Portfolioansatz heftig kritisiert. Viele Journalisten befanden, Microsofts Verhalten lasse kein Konzept und keine Strategie erkennen. Auch für die Beschäftigten des Unternehmens war es eine schwierige Erfahrung, in unmittelbarer Konkurrenz zu ihren Kollegen ein paar Türen weiter zu stehen. Ob Bill Gates sich von der Evolutionstheorie inspirieren ließ oder an Fitnesslandschaften dachte, als er seine Strategie entwarf, ist nicht bekannt. Das Ergebnis war jedenfalls eine adaptive Strategie, die gegenüber dem potenziellen Verlauf der Geschichte robust war. Microsoft blieb diesem Ansatz auch weiterhin treu und verfolgt heute ein Portfolio von konkurrierenden Experimenten in Bereichen, die vom Internet über die Rechnerausstattung von Unternehmen und die häusliche Unterhaltung bis zu mobilen Endgeräten reicht.

Aus diesem Strategieansatz eines Portfolios von Experimenten lassen sich einige allgemeine Lehren ziehen. Erstens müssen die Unternehmen einen Strategiekontext schaffen. Portfolios von Experimenten setzen ein kollektives Verständnis von der aktuellen Situation und gemeinsame Zielvorstellungen unter den Führungskräften des Unternehmens voraus. Zweitens bedarf es eines Differenzierungsprozesses, der ein breit gestreutes Portfolio unterschiedlicher Geschäftspläne zum Ergebnis hat. Drittens muss ein unternehmensinternes Selektionsumfeld geschaffen werden, welches das äußere Umfeld des Marktes widerspiegelt. Viertens und letztens sind Prozesse erforderlich, die gewährleisten, dass erfolgreiche Geschäftspläne amplifiziert und erfolglose eliminiert werden. Wir werden der Reihe nach auf alle diese Punkte zu sprechen kommen.

Kontext: Geistige Vorbereitung

Ich arbeitete einst mit einem äußerst pragmatisch eingestellten Manager zusammen, der strategische Planung für Schwachsinn hielt. Er war zudem sehr erfolgreich. Es war ihm gelungen, aus einem Sammelsurium von Industriebetrieben im Laufe mehrerer Jahre ein eindrucksvolles Wachstum und ansehnliche Margen herauszupressen. Eines Tages las ich die Unterlagen für einen Workshop über strategische Planung und stellte fest, dass die von diesem Manager und seinem Team erstellten Analysen mit Abstand die besten waren. Am nächsten Tag fragte ich ihn, warum er, der von strategischer Planung so wenig hielt, sich so viel Mühe mit der Analyse gegeben hatte. Er erwiderte: »Ich glaube nicht an strategische Planung. Ich mache dies zur geistigen Vorbereitung.« Nach meiner ersten Verwunderung darüber, dass dieser so pragmatisch eingestellte Manager Louis Pasteurs »Le hasard favorise l'esprit préparé« zitierte, ging mir die beinahe Zen-artige Weisheit seiner Bemerkung auf. Er und sein Team verwendeten die Instrumente der konventionellen Strategieanalyse nicht, um Wahrsagerei zu betreiben. Sie nutzten sie vielmehr, um einen Kontext zu schaffen, der es ihnen ermöglichte, Entscheidungen in Echtzeit zu treffen und auf die Unsicherheiten zu reagieren, mit denen sie notgedrungen rechnen mussten. Wie mir mein Gesprächspartner weiter erklärte, war die Übung in strategischer Planung ein entscheidendes Mittel zur Förderung der Kommunikation unter den Führungskräften, indem ein gemeinsamer Bezugsrahmen, ein gemeinsames Faktenverständnis und eine gemeinsame Sprache geschaffen wurden.[620]

Ein ehemaliger leitender Angestellter von GE Capital berichtete mir von einer ähnlichen Philosophie, die er in der Akquisitionsplanung anwandte. Er sah den Sinn der strategischen Planung nicht in der Vorhersage der Zukunft, sondern in der Vorbereitung der Mitarbeiter auf eine Zukunft, die notgedrungen ungewiss war. So konnte man beispielsweise niemals wissen, wann sich eine wichtige Chance für eine Akquisition ergeben würde. Auch ohne dass ein konkreter Plan bestand, die Unternehmen X, Y und Z zu kaufen, konnten seine Leute auf eine sich bietende Gelegenheit, Unternehmen X zu kaufen, schneller mit einem fundierten Angebot reagieren als alle anderen und auf diese Weise ihre Erfolgsaussichten steigern. Sie waren dazu deshalb in der Lage, weil sie sich bereits ausführlich mit dem Markt und mit dem Unternehmen X beschäftigt hatten und wussten, wie es sich auf ihre ökonomische Situation auswirken würde, und so weiter. Sie verfügten bereits über eine gemeinsame Vorstellung von der Bedeutung der Akquisition. Sie waren mit anderen Worten geistig vorbereitet.

Die Botschaft lautet nicht, die Strategiebücher aus den Regalen zu entfernen, sondern den Instrumenten der konventionellen Strategieanalyse einen anderen Sinn zu geben. Ihr Zweck ist nicht die Erstellung eines Fünfjahresplans auf der Grundlage konkreter Zukunftserwartungen, sondern die geistige Vorbereitung. Dazu ist wichtig zu entscheiden, wer geistig vorbereitet werden soll und wie sich das am besten bewerkstelligen lässt.

In den meisten Unternehmen erfordert ein solcher Perspektivwechsel eine wesentliche Umgestaltung des strategischen Planungsprozesses. Die meisten Prozesse handeln ausschließlich vom Planen und Entscheiden, nicht aber vom Lernen. Ein Planungsprozess, in dem das Lernen im Mittelpunkt steht, zeichnet sich durch dreierlei aus.[621]

Erstens sollte sich der Prozess auf die Strukturierung einer gründlichen Diskussion und Debatte unter den wichtigsten Entscheidungsträgern konzentrieren. Typische Planungsprozesse beschränken sich darauf, dass niedere Angestellte ihren Vorgesetzten fertige Folien präsentieren, ohne dass nennenswerte Lernprozesse stattfinden. Wichtiger wäre es jedoch, ein Forum zu schaffen, in dem die Entscheidungsträger selbst gemeinsam die Ärmel hochkrempeln und intensiv mit den Problemen (und gelegentlich miteinander) ringen.[622] Solche Foren müssen klein sein (wenn zu viele Mitarbeiter im Raum sind, sprechen die Vorgesetzten nicht mehr offen) und ausreichend Zeit haben – eine gute Faustregel ist Minimum ein ganzer Tag pro Geschäftseinheit und Jahr für den Unternehmensvorstand statt der für die meisten Unternehmen typischen ein bis zwei Stunden.

Zweitens muss sich der Prozess auf Fakten und Analysen stützen. Solange nur Meinungen geäußert werden, ist die Wahrscheinlichkeit groß, dass die Beteiligten den Raum mit denselben gedanklichen Modellen verlassen, mit denen sie ihn betreten haben. Dazu sind intensive Vorbereitungen in den Monaten vor dem Strategiegespräch erforderlich, und während Mitarbeiter und Berater ihren Teil beitragen können, müssen sich auch die Vorgesetzten in der Vorbereitung engagieren. Das wichtigste Ergebnis des Prozesses ist ein gemeinsames Verständnis von der Faktenbasis.

Drittens muss es andere Foren geben, die für die Entscheidungsfindung zuständig sind. Wenn der Strategieprozess mit kurzfristigen Entscheidungen zum Budget, zur Zielsetzung und zur Kapitalverteilung überfrachtet wird, bleibt kein Platz mehr für Lernerfahrungen. Die Entscheidungsforen sollten zwar mit dem strategischen Lernprozess verknüpft, aber dennoch klar von ihm getrennt sein. Der Schwerpunkt des Strategieforums muss darauf liegen, einen geeigneten Kontext für den Entwurf und die Umsetzung des Portfolios von Experimenten zu schaffen.

Differenzierung: Wie verzweigt ist unser Strategiebaum?

Typische strategische Planungsprozesse beschäftigen sich schwerpunktmäßig mit der Reduzierung der Äste des Strategiebaums, mit der Eliminierung von Optionen und mit dem Treffen weit reichender Entscheidungen. Im Evolutionskontext bedeutet Strategie hingegen, Wahlmöglichkeiten zu schaffen, Optionen offenzuhalten und den Möglichkeitenbaum zu jedem Zeitpunkt so ausladend wie möglich zu machen. Optionen haben Wert.[623] Ein Portfolio strategischer Experimente bietet dem Management mehr Auswahl, sodass die Wahrscheinlichkeit, dass die eine oder andere Alternative richtig ist, wächst, oder, wie mein McKinsey-Kollege Lowell Bryan es formulierte, »der Würfel geladen wird«.[624] Das Ziel ist, viele kleine Wetten einzugehen und große Wetteinsätze erst im Rahmen der Amplifizierung erfolgreicher Experimente zu tätigen, wenn die Unsicherheiten bereits stark reduziert sind. Der Zwang, Alles-oder-nichts-Wetten unter Unsicherheitsbedingungen einzugehen, ist das Gegenteil eines ausladenden strategischen Baums. Während die Medien den Mut und die Vision von Unternehmensführern loben, die große und gewagte Wetten eingehen, zögern sie auch nicht, dieselben Unternehmensführer an den Pranger zu stellen, wenn sie ihre Wetten verlieren.

Evolution braucht einen Überfluss an Geschäftsplänen, um zu funktionieren. Natürlich kann kein Unternehmen die Vielfalt der Geschäftspläne im echten Markt eins zu eins imitieren, aber die meisten Unternehmen tendieren zum anderen Extrem, indem sie für jeden Geschäftsbereich nur einen einzigen Plan verfolgen. In Bezug auf die Geschäftsplanvielfalt sind die Unternehmen häufig sich selbst der schlimmste Feind. Der Grund liegt in der unvermeidlichen Spannung zwischen der Notwendigkeit, Neuland zu erkunden und innovativ zu sein, und der Notwendigkeit, bestehende Fähigkeiten zu nutzen und auszuschöpfen.[625] Ein erfolgreicher, effizienter Betrieb setzt Konzentration und Disziplin sowie eine klare Führung und Zielvorgabe voraus. Für eine Evolutionsstrategie ist es jedoch wichtig, unterschiedliche Richtungen gleichzeitig zu verfolgen und mit riskanten Ideen zu experimentieren. Im operativen Bereich sind die Rückkopplungsschleifen eng und messbar; die Resultate kann man in jedem Quartal sehen. Evolutionsstrategische Rückkopplungsschleifen lassen sich hingegen schwer messen und dauern mitunter viele Jahre. Im Übrigen hat Redundanz keinen guten Ruf – Manager sind immer bemüht, die Effizienz durch den Abbau überschüssiger Kapazitäten zu verbessern –, aber Vielfalt geht notgedrungen mit Redundanz, Überlappung und Überschusskapazitäten einher. Das Streben nach operativer Effizienz, so notwendig und lobenswert es ist, führt deshalb häufig zum unbeabsichtigten Nebeneffekt einer Reduzierung der Vielfalt strategischer Experimente und des unternehmensinternen Wettbewerbs zwischen möglichen Geschäftsplänen.

Neben der Schaffung eines Portfolios mit einer hinreichenden Zahl von Experimenten kommt es darauf an, dass die konkurrierenden Geschäftspläne so über die Fitnesslandschaft verteilt sind, dass die Effektivität des evolutionären Suchprozesses maximiert wird. Wie wir zuvor sahen, beruht die Effektivität der Evolution in der Erkundung grob korrelierter Landschaften unter anderem auf der Mischung unterschiedlicher Sprunglängen. In der Biologie wird diese Mischung aus kurzen und langen Sprüngen durch eine Kombination aus Mutationen und geschlechtlicher Paarung gewährleistet. Beim Stichwort »Sprunglänge« sollten wir in der Geschäftsplanlandschaft drei Dimensionen beziehungsweise Kriterien berücksichtigen: Risiko, Verwandtschaft und Zeithorizont. Risiko bezieht sich auf all jene Unsicherheiten, die das Ergebnis eines strategischen Experiments beeinflussen können, sowie auf den Grad der Unumkehrbarkeit des Engagements. Verwandtschaft bezieht sich auf den Abstand des Experiments von den Erfahrungen, Fähigkeiten und Produktionsanlagen, über welche die Geschäftseinheit bereits verfügt.[626] Zeithorizont bezieht sich auf die erwartete Zeit, bis sich die Experimente auszahlen.

Im Fall von Microsoft beispielsweise waren die Unix-Initiativen vergleichsweise risikoreich, langfristig angelegt und weniger verwandt mit der bestehenden Angebotspalette des Unternehmens als die anderen Experimente. Windows musste nach diesen Kriterien in der Mitte eingestuft werden, während das technisch weniger ambitionierte und mit dem gefährlichsten Rivalen gemeinsam entwickelte OS/2 vermutlich mit dem geringsten Risiko verbunden war. Die Wetten, die Microsoft einging, waren also breit über die Landschaft verstreut. Die exakte Zahl der strategischen Experimente im Portfolio und ihre Verteilung in den genannten Kriterien sind letztlich eine Frage des Ermessens und abhängig von den konkreten Umständen des Geschäftsbereichs; die Zahl sollte jedoch deutlich größer als eins sein.

Eine verbreitete Entgegnung auf die Vorstellung von einem Strategieportfolio lautet, dass sich nicht jedes Unternehmen leisten könne, wie einst Microsoft sechs Strategien gleichzeitig zu verfolgen. Dabei dürfen wir jedoch nicht vergessen, dass Microsoft das kleinste und ressourcenärmste Unternehmen unter seinen Konkurrenten war. Es war nicht so, dass Microsoft sechs Geschäftspläne für sein Betriebssystem testete und IBM zwölf – IBM beschränkte sich im Wesentlichen auf einen einzigen. Und nicht alle Optionen wurden mit dem gleichen Engagement verfolgt. Für Microsoft war ein Windows-Sieg das bevorzugte Ergebnis, und deshalb erhielt diese Initiative auch den höchsten Einsatz. Natürlich sind die Ressourcen eines Unternehmens beschränkt, aber der Grund, warum nicht mehrere Optionen verfolgt werden, ist in der Regel ein anderer: Ursächlich sind die Geisteshaltung der Führungskräfte sowie die Prozesse und die Kultur des Unternehmens.

Und schließlich gilt es, zwischen der Vielfalt der Geschäftspläne und der Vielfalt der Geschäftseinheiten zu unterscheiden. In den Sechzigerjahren war die Argumentation verbreitet, wonach Unternehmen vielfältige Portfolios von Geschäftseinheiten schaffen sollten, um ihr Risiko zu vermindern – ein Geschäftsbereich gedieh möglicherweise in Zeiten wirtschaftlichen Aufschwungs, während ein anderer von einem Konjunkturabschwung profitierte. Das Ergebnis waren performanceschwache Konglomerate unzusammenhängender Geschäftsbereiche, von denen viele später von sogenannten Corporate Raiders (»Heuschrecken«) aufgebrochen wurden. Wie Wiggins und Rueflis Daten und andere Studien zeigen, sind mit der Beschränkung auf eine begrenzte Anzahl von Geschäftsbereichen signifikante Performancevorteile verbunden.[627] Was ich hier empfehle, ist etwas ganz anderes – innerhalb einer Geschäftseinheit sollte es ein Portfolio von Experimenten geben. Microsofts Portfolio von Experimenten beispielsweise betraf ausnahmslos das Geschäft mit Betriebssystemen.

Selektionsdruck: Ziele setzen

Ein weiterer Bereich, mit dem viele Unternehmen Schwierigkeiten haben, ist die Geschäftsplanselektion. Die Unternehmen versuchen, den Selektionsdruck des Marktes in ihrem Inneren zu imitieren, aber sobald Signale aus dem Markt durch die Wände des Unternehmens dringen, werden sie »wie in einem Zerrspiegel«, so ein Manager, entstellt. In den Unternehmen gibt es zahlreiche Varianten von Selektionsdruck, die im Markt nicht existieren, wie beispielsweise: »Das ist die Lieblingsidee unseres Chefs, die können wir ihm nicht einfach streichen« oder: »Das gehört in meine Abteilung«. Solche Verzerrungen sind die Folge von interner Politik, Bürokratie und anderen Faktoren, wie sie auch ohne böse Absicht in jeder Organisation realer Menschen vorkommen. Wie bereits erwähnt, haben die Psychologen festgestellt, dass die Menschen zahlreichen Vorurteilen und systematischen Wahrnehmungsverzerrungen unterworfen sind und in gesellschaftlichen Hierarchien einen tief verwurzelten Statusinstinkt offenbaren. Diese menschlichen Schwächen wirken sich unweigerlich auf die Interpretation der Marktsignale in den Unternehmen aus.

Wir können den Zerrspiegeleffekt auf zweierlei Weise bekämpfen. Die erste liegt auf der Hand: Wir können die Quantität, Qualität und Geschwindigkeit des Informationsflusses vom Markt in das Unternehmen verbessern. Dazu gehören Umsatz- und Kundendaten, Markterhebungen, Kundenzufriedenheit, Informationen zu den Wettbewerbern und so weiter. Solange das Feedback aus dem Markt fehlt oder unvollständig ist, wird das Informationsvakuum häufig durch Meinungen und Vorurteile gefüllt, die sich verzerrend auf die Geschäftsplanselektion auswirken.

Die zweite ist etwas diffiziler. Vorstandsvorsitzende und ihre Vorstandskollegen spielen eine wichtige Rolle bei der Erzeugung des Selektionsumfeldes innerhalb ihrer Organisationen mittels diverser Mechanismen. Dazu gehören

Prämiensysteme und Beförderungsprozesse ebenso wie die Themen, über welche die Vorstände anlässlich ihrer Meetings sprechen. Gemeinsam schaffen diese Mechanismen eine Reihe von Signalen, die den Mitarbeitern zu verstehen geben, welche Art von Verhaltensweisen und Entscheidungen belohnt werden. Wenn eine Gruppe mittlerer Manager in einem Raum sitzt und über die Vorzüge eines Geschäftsplans spricht, beeinflussen diese Signale zwangsläufig ihre Überlegungen dazu, welche Arten von Plänen unterstützt werden sollen und welche nicht. Dieses interne Selektionsumfeld muss sorgfältig und mit Bedacht gestaltet werden. Vorstandsvorsitzende und ihre Vorstandskollegen können immer nur einen Bruchteil der Entscheidungen in ihren Organisationen überblicken; viele wichtige Selektionsentscheidungen tauchen auf ihren Radarschirmen gar nicht auf. Ein durchdachtes Selektionsumfeld hilft sicherzustellen, dass diese Entscheidungen sowohl die Marktrealitäten als auch die Prioritäten des Unternehmens widerspiegeln.

Ein wichtiger Hebel für die Gestaltung des internen Selektionsumfelds sind die Unternehmensziele. Die meisten Unternehmen haben Missions-, Visions-, Werte- und andere Absichtsbekundungen. In vielen Unternehmen hängen solche Statements als bunte Poster an den Wänden der Unternehmenszentrale, um Besucher zu beeindrucken, aber die Worte haben wenig Einfluss auf das, was die Mitarbeiter tatsächlich tun. Einige Führungsteams verstehen es jedoch, mittels solcher Zielformulierungen die Marktsignale in ihr Unternehmen zu tragen und die Entscheidungsfindung zu prägen.

Darüber, wie eine gute Zielformulierung aussieht und wie sie entwickelt und kommuniziert werden sollte, existiert eine reichhaltige Literatur.[628] Für unsere Zwecke sind jedoch vier Eigenschaften maßgeblich, damit die Unternehmensziele eine effektive Rolle in der Geschäftsplanselektion spielen können.

Erstens müssen die Ziele von vielen Menschen in der Organisation »verinnerlicht« werden. Laut James Collins und Jerry Porras spricht eine gute Zielformulierung die Menschen unmittelbar an und appelliert an ihre Intuition. »Sie ist konkret, anspornend und hochgradig fokussiert. Die Menschen verstehen sie ohne zusätzliche Erklärungen.«[629] Die meisten Unternehmen haben jedoch Zielformulierungen, die niemanden ansprechen, sondern nur nach PR-Einheitsbrei klingen. Im Rahmen ihrer Untersuchung sichteten Collins und Porras Hunderte von Missions-, Visions- und Wertestatements und zitieren als positives Paradebeispiel die Zielformulierung von Jack Welch für General Electric aus dem Jahr 1980: »Die Nummer 1 oder Nummer 2 in jedem Markt werden, den wir bedienen, und dieses Unternehmen so revolutionieren, dass es die Geschwindigkeit und Beweglichkeit eines kleinen Unternehmens erreicht.«[630] Als Gegenbeispiel führen Collins und Porras die Allgemeinplätze à la »Total Quality, Marktführerschaft, technologiebasiert …« des (einst vorbildlichen) Unternehmens Westinghouse an. Welchs Vision ist klar, fordernd, emotional und einprägsam. Aber Worte allein garantieren noch nicht, dass eine

Zielformulierung in die Köpfe der Menschen dringt. Welch sorgte dafür, dass die Idee von der Nummer 1 oder Nummer 2 in den Prämienmodellen, Leistungsbewertungen und Berichten der Geschäftseinheiten verankert wurde, und er erwähnte sie bei jeder Gelegenheit.[631] Er schuf rund um die Zieldefinition ein Selektionsumfeld und prägte auf diese Weise das Denken von Tausenden von Mitarbeitern und Hunderttausende von Entscheidungen, von denen abhing, welche Geschäftspläne überleben und welche sterben würden. In den Achtzigerjahren erhielt ein mögliches neues GE-Produkt, das eine Nummer-3-Geschäftseinheit an seinen Wettbewerbern vorbei zur Nummer 2 im Markt machen würde, viel Aufmerksamkeit und Ressourcen. Ein Plan, der Investitionen in eine Nummer-5-Geschäftseinheit vorsah, mochte noch so rentabel sein; solange er nicht das Potenzial hatte, die Geschäftseinheit auf die vordersten Plätze zu hieven, erhielt er keine Unterstützung. Welch achtete darauf, dass der durch die Zieldefinition erzeugte Selektionsdruck echte Konsequenzen hatte – was schätzen Sie, wie viele von Welchs Topmanagern anschließend noch Nummer-3- oder Nummer-4-Geschäftseinheiten leiteten?

Zweitens muss die Zielformulierung wesentliche Einsichten über den Selektionsdruck vermitteln, dem das Unternehmen in der Außenwelt ausgeliefert ist. Als Jack Welch 1981 sein berühmtes Nummer-1-oder-Nummer-2-Ziel formulierte, war General Electric nahe daran, zerschlagen zu werden. Damals wurde das Unternehmen mit einem »Mischkonzernabschlag« gehandelt: Die einzelnen Geschäftseinheiten mit ihren diversen Betätigungsfeldern von Plastik über Haushaltsgeräte bis zu Flugzeugteilen waren in der Summe mehr wert als der Gesamtkonzern GE. Gleichzeitig machten Corporate Raiders im großen Stil Jagd auf Unternehmen, die sie aufkaufen und anschließend aufspalten konnten. Welch stand unter gewaltigem Druck der GE-Anteilseigner, den Wert des Konzerns zu steigern und den Mischkonzernabschlag zu eliminieren. »Nummer 1 oder Nummer 2« war seine Methode, um diesen externen Selektionsdruck zu interpretieren und so in das Unternehmen hineinzutragen, dass jeder ihn intellektuell und emotional verstehen und sein Handeln danach ausrichten konnte. Nur zu sagen: »Wir müssen den Mischkonzernabschlag abschaffen« hätte nicht genügt. Von der »Nummer 1 oder Nummer 2«-Herausforderung fühlten sich jedoch die wettbewerbsbewussten GE-Manager emotional angesprochen.

Drittens muss eine Zielformulierung ein wichtiges Gleichgewicht wahren. Sie muss konkret genug sein, um Selektionsdruck auszuüben, aber nicht so konkret, dass sie auf bestimmte Zukunftserwartungen Bezug nimmt. Das Ziel, »ein Unternehmen zu sein, das sich um das Wohl seiner Mitarbeiter kümmert«, ist allzu zahnlos und unspezifisch; niemand weiß so recht, was er damit anfangen soll. Eine Zieldefinition wie »der führende Walknochenkorsetthersteller in Nordengland« beinhaltet gewagte Annahmen hinsichtlich der Zukunftschancen von Walknochenkorsetts in Nordengland. Welchs »Nummer 1 oder Nummer 2«

wahrt ebenso die Balance wie auch Henry Fords »ein Auto für die Massen bauen«. Fords Vision war explizit genug, um Selektionsdruck auszuüben, da sie Kriterien ermöglichte wie: »Verringert eine bestimmte Geschäftsplanveränderung die Kosten eines Autos und macht es für den Durchschnittsmenschen erschwinglicher?« Oder: »Macht ein neues Gestaltungsmerkmal das Auto für Menschen ohne mechanische Kenntnisse zuverlässiger?« Dennoch ließ Fords Vision genug Raum für deduktives Probieren, wie dieses Ziel erreicht werden kann. Wir können Zukunftserwartungen nicht vollkommen ausklammern. Fords Ziel implizierte, dass es einen Markt für solche Autos geben würde, aber im Jahr 1907, als sich nur reiche Kunden Autos leisten konnten, brauchte es nur wenig Mut dazu, um zu prognostizieren, dass ein »Auto für die Massen« ein großer Hit werden würde. Auch hier besteht die Idee darin, in der Zielformulierung wesentliche Einsichten zum realen Selektionsdruck im externen Markt einzufangen.

Viertens und letztens stellt eine gute Zieldefinition eine starke Motivationskraft dar, die das Unternehmen beständig in Bewegung hält und es veranlasst, neue Dinge auszuprobieren, also die Moral des Experimentierens hochzuhalten. In Evolutionssystemen kommt Stillstand auf der Fitnesslandschaft einem Todesurteil gleich – wer nicht mehr experimentiert und sich vorwärtsbewegt, ist erledigt. Ein Unternehmen, das sich den Überlebensbedingungen anpassen will, darf sich niemals auf dem Erreichten ausruhen, sondern muss unaufhörlich suchen und experimentieren. Wie Intels einstiger Chef Andy Grove sagte: »Nur die Paranoiden überleben.« Indem Jack Welch seine Ziele für GE formulierte und erklärte: »Nummer 1 oder Nummer 2 zu sein, ist nicht nur ein Ziel. Es ist eine Notwendigkeit«, machte er sicherlich jedem Beine, dessen Geschäftseinheit lediglich eine Nummer 3 oder Nummer 4 war.

Keine Zieldefinition taugt für die Ewigkeit. Mit dem Wandel des Selektionsdrucks im externen Umfeld muss sich auch die Zielsetzung ändern, die für den inneren Selektionsdruck verantwortlich ist. Ziele werden entweder erreicht, wie im Fall von Ford, oder ihre Bedeutung ändert sich. Auch wenn GE niemals den Punkt erreichte, an dem buchstäblich jede seiner Geschäftseinheiten »eine Nummer 1 oder Nummer 2« war, hatten Jack Welch und sein Team bis Ende der Achtzigerjahre die meisten leistungsschwachen Geschäftseinheiten entweder auf Vordermann gebracht oder abgestoßen; der Mischkonzernabschlag war beseitigt, und die meisten Geschäftseinheiten liefen gut. Welch wechselte folglich zu anderen Zielsetzungen wie der Globalisierung oder dem Ausbau der GE-Präsenz in der Dienstleistungssparte.

Amplifizierung: Wie schwärmende Bienen

Selbst wenn es einem Unternehmen gelingt, vielversprechende Geschäftsideen zu entwickeln und auszuwählen, ist es häufig nicht leicht, ihnen den nötigen

Schwung zu verleihen. Geschichten von Unternehmen, denen es nicht gelang, neue Ideen, die zum Greifen nahe waren, erfolgreich umzusetzen, gibt es zuhauf. Unternehmen haben definitionsgemäß nur einen begrenzten Vorrat an Talent und Kapital, verglichen mit dem reichen Nachschub beider Ressourcen im Gesamtmarkt. Im internen Wettbewerb um Talent und Kapital sitzen traditionsreiche Geschäftseinheiten naturgemäß am längeren Hebel. Jüngere, experimentelle Geschäftsbereiche müssen häufig mit weniger Kapital, mit Mitarbeitern zweiter Wahl und einer begrenzten Aufmerksamkeit der Unternehmensführung auskommen. Oder sie werden in größere, etablierte Geschäftsbereiche eingegliedert, in denen sie ersticken. Die Verteilung von Talent und Kapital erfolgt zudem in den meisten Unternehmen eher schleppend verglichen mit dem größeren Markt – während Aktienhändler ihr Kapital binnen Sekunden zwischen den Unternehmen verschieben, dauern ähnliche Prozesse innerhalb der Unternehmen mitunter Monate oder Jahre. Außerdem verzerren viele Unternehmen ihre Ressourcenverteilung, indem sie große, alte und etablierte Geschäftseinheiten mit demselben Maß messen wie junge und kleine. Große Unternehmen neigen grundsätzlich eher dazu, die Früchte ihrer traditionellen Geschäftsbereiche und Strategien zu ernten und ihre Ressourcenverteilung und Messverfahren entsprechend zu gewichten. Märkte hingegen bevorzugen das Neue und Wachsende.

Aus der Evolutionsperspektive betrachtet sollte ein Strategiebaum weit verzweigt sein und die Optionen so lang wie möglich offenhalten. Unumkehrbarkeit – die erste G-R-Bedingung der Wohlstandserzeugung – lässt sich jedoch auf Dauer nicht vermeiden, sodass irgendwann der Zeitpunkt gekommen ist, an dem irreversible Entscheidungen getroffen werden müssen. Unternehmen sind Hierarchien, und die Unternehmensführung muss entschlossen zu Werke gehen und die begrenzten Ressourcen verteilen. Wie lassen sich aber solche Entscheidungen in einem Evolutionskontext treffen?

CapitalOne, ein wachsendes und innovatives Kreditkartenunternehmen, setzt explizit auf die Strategiesuche durch Experimente, um nach neuen Fitnessgipfeln in der Finanzdienstleistungslandschaft Ausschau zu halten. Auf die Frage, wie CapitelOne entscheidet, welche Experimente ausgebaut und welche gestoppt werden sollen, antwortete ein Vertreter der Unternehmensführung mit der Beschreibung eines Phänomens, das sich im Verhalten von Honigbienen beobachten lässt. Bienenschwärme verwenden für ihre Suche nach guten Nektarquellen ein bestimmtes Suchmuster. Wenn eine Biene Nektar findet, kehrt sie zum Nest zurück und vollführt einen Tanz vor den übrigen Bienen. Je mehr Nektar sie gefunden hat, desto wilder tanzt sie, und desto mehr Bienen folgen ihr zum Blütenfeld. Sobald das Feld abgeerntet ist, kehren die Bienen zum Nest zurück und warten auf den nächsten Tänzer.[632] Der Manager von CapitalOne sagte: »Wir schauen, wie viel die Bienen tanzen. Wenn sie viel tanzen, schwärmen wir alle aus, um unsere Chance zu nutzen.«[633]

Wenn wir bei der Bienenanalogie bleiben, gibt es drei wichtige Faktoren für eine erfolgreiche Amplifizierung: Wir müssen wissen, wo sich im Portfolio der Experimente der »Nektar« befindet, benötigen überzählige »Bienen«, die zu attraktiven Nektarfundstellen ausschwärmen können, und müssen in der Lage sein, je nach veränderter Situation von einem »Feld« zum nächsten zu wechseln.

Erstens müssen wir wissen, welche Initiativen vielversprechend sind und welche nicht. In das Portfolio der Experimente müssen explizite Mechanismen für Feedback aus dem Markt eingebaut sein. Jeder Geschäftsplan muss über klare, überlegte Maßeinheiten für Erfolg und über einen Plan zur Datensammlung verfügen, die so weit wie möglich in Echtzeit erfolgt. Viele Unternehmen machen den Fehler, dass sie die Performance aller Geschäftseinheiten und strategischen Experimente mit denselben Maßeinheiten bewerten. Häufig geschieht dies aus falsch verstandener Rücksicht auf die Finanzmärkte: »Der Markt beurteilt das Gesamtunternehmen nach Gewinn und Kapitalrendite, und deshalb legen wir dieselben Kriterien an alle unsere Geschäftseinheiten an.« Aber diese Maßeinheiten sind in der Regel für etablierte, reife Geschäftseinheiten besser geeignet als für neue, experimentelle Initiativen. Für solche Geschäftseinheiten sind Meilensteinkriterien wie die Rekrutierung einer zentralen Führungskraft, die Anwerbung früher Kunden oder die Einhaltung der Budgetziele möglicherweise besser geeignet. Finanzkriterien sind zudem häufig Spätindikatoren des Marktechos. Andere, operativere Kriterien wie Kundenzufriedenheit, Montagezeit, Umsatz pro Quadratmeter, Umsatz pro Mitarbeiter und Nachbearbeitungszeit liefern im Verein mit den Finanzkriterien möglicherweise ein vollständigeres und aktuelleres Bild von der Gesundheit eines strategischen Experiments als die gewöhnlichen buchführungstechnischen Finanzindikatoren allein. Der Evolutionsansatz kann nur funktionieren, wenn wir Echtzeitrückmeldungen erhalten, wo der Nektar ist, und deshalb benötigt jedes Strategieexperiment eine spezielle *Balanced Scorecard* und entsprechende Messsysteme.[634] Ich werde auf das Konzept später zurückkommen; für den Augenblick möge die Erklärung genügen, dass es sich bei einer Balanced Scorecard um eine Menge von Leistungskennzahlen handelt, welche die Wertschöpfung in einer konkreten Geschäftseinheit sichtbar machen sollen. Balanced Scorecards vermitteln ein multidimensionales Bild von der Performance und umfassen in der Regel sowohl finanzielle als auch nichtfinanzielle Kennzahlen.

Damit die Evolution ihr Werk verrichten kann, muss das System zweitens über Überschusskapazitäten verfügen, die Experimente ermöglichen (ausschwärmende Bienen). Wenn ein Unternehmen sämtliche verfügbaren Ressourcen in die Ausführung seiner angestammten Geschäftspläne investiert, kann es keine neuen entwickeln. Viele Unternehmen machen den Fehler, dass sie im Rahmen der Finanzplanung alle Überschusskapazitäten aus den Geschäftseinheiten tilgen und sie unter eine zentralisierte Kontrolle stellen. In der Regel kontrolliert die Unternehmenszentrale dann einen Topf mit Geld für neue

Initiativen. Das Problematische an diesem Ansatz ist, dass die Topmanager zu weit weg von der Front sind, um den Erfolg kleinformatiger Experimente wirklich beurteilen zu können. So kommt es, dass häufig zu wenige und zu große Initiativen ins Leben gerufen werden. Deshalb ist es wichtig, die Überschussressourcen in die Geschäftsbereiche weiterzureichen und ihnen die Zuständigkeit und Verantwortung für die Zusammenstellung und Budgetierung ihrer Portfolios von Experimenten zu geben. Die Unternehmensführung hingegen muss dennoch einige Verteilungsentscheidungen auf höchster Ebene treffen. In einer grob korrelierten Landschaft treten hohe Gipfel in der Regel gehäuft auf, und so ist es sinnvoll, Geschäftseinheiten, deren Initiativen gemäß den Kennzahlen der Balanced Scorecard erfolgreich sind, mit mehr Ressourcen auszustatten als solche, die mit Schwierigkeiten kämpfen. Das bedeutet möglicherweise einen Wechsel im Muster der Ressourcenverteilung, die sich fortan nicht mehr nach der gegenwärtigen Größe der Geschäftseinheiten, sondern nach den Ergebnissen neuer Wachstumsinitiativen richtet.

Das führt uns zum dritten und letzten Punkt: Die Verteilung der Ressourcen unter den Experimenten muss flexibel und in Echtzeit veränderbar erfolgen. Echtzeitfeedback, Balanced Scorecards und eine dezentrale Entscheidungsfindung nützen wenig ohne Echtzeitanpassungen im Portfolio. Aber nur wenige Unternehmen können Ressourcen im Jahresverlauf je nach Feedback umschichten – die Budgets werden jährlich festgelegt, und die Eventualitätsreserven sind gering und nur für den kurzfristigen Einsatz vorgesehen. Weil die zentralen Unternehmensprozesse so langsam reagieren, lässt sich eine Verschiebung der Ressourcenverteilung in Richtung Echtzeit nur erreichen, indem Entscheidungskompetenzen zur Ressourcenverteilung tiefer in das Unternehmen hinein verlagert werden. Die Chefs der Geschäftseinheiten müssen ihre Überschusskapazitäten kennen und in der Lage sein, die Performance dieser Ressourcen zu messen, anstatt die Überschüsse lediglich im normalen Tagesgeschäft zu verbrauchen. Wenn sie keine gute Verwendung für ihre Überschüsse haben, sollte ein Anreiz bestehen, sie zurückzugeben. Ebenso sollten Anreize bestehen, Ressourcen von unproduktiven und wenig versprechenden Experimenten abzuziehen und neu zu verteilen.

Eine adaptive Einstellung

Von den Chefs großer Unternehmen wird erwartet, dass sie wie tapfere Generäle die Zukunft vorhersagen, großartige Strategien entwerfen, ihre Truppen in ruhmreiche Schlachten führen – und nach dem ersten verlorenen Scharmützel ihren Hut nehmen. Es braucht eine mutige Führungspersönlichkeit, um sich dieser Erwartungshaltung zu widersetzen, die zwangsläufige Ungewissheit der Zukunft einzugestehen und Lernen und Anpassung über Vorhersage und Planung zu stellen.

Der wichtigste Faktor für die Erzeugung eines adaptiven Strategieansatzes ist vermutlich die passende Einstellung. Eine adaptive Einstellung ist etwas, das wir eher in einem Risikokapitalgeber als in einem Manager finden.[635] Risikokapitalfirmen sind im Prinzip nichts anderes als Portfolios von Strategieexperimenten. Ihre Portfolios umfassen diverse Investitionen mit unterschiedlichem Risiko, Verwandtheitsgrad und Zeithorizont. Risikokapitalportfolios haben häufig mehr als eine Investition im selben Branchensegment; praktisch testen sie diverse Geschäftspläne und setzen darauf, dass zumindest einer davon auf einen Fitnessgipfel trifft. Die Position des Risikokapitalgebers liegt irgendwo zwischen der breiten Abdeckung der Fitnesslandschaft durch den Markt und seiner selektiven Abdeckung durch das einzelne Unternehmen. Risikokapitalgeber sind auch sehr rasch dabei, die Unterstützung für erfolgreiche Projekte zu erhöhen und für erfolglose Projekte zu reduzieren. Auch wenn sie häufig an einer kurzfristigen Rendite ihrer Investitionen interessiert sind, üben sie Selektionsdruck auch über langfristige Renditeaussichten und Ertragsziele aus. Nur wenige Risikokapitalgeber haben die Hybris, genaue Voraussagen für die Branchen zu machen, in die sie investieren, und sie halten sich auch nicht lange mit konventioneller strategischer Planung auf. Sie nutzen vielmehr ihre Portfolios als Erfahrungsboden, um aus einigen der riskantesten und veränderlichsten Märkte der Geschäftswelt hohe Gewinne zu ziehen.

Üblicherweise gilt eine Einstellung als innovativ, die Risiko, Mehrdeutigkeit und einen Mangel an Kontrolle toleriert.[636] Der von mir beschriebene Ansatz erfordert keine solche Einstellung, sondern vielmehr eine Neudefinition dieser Konzepte. Anstelle großer, gewagter Innovationen ist es besser, viele kleine Innovationen zu versuchen und nur dort im großen Stil einzusteigen, wo sich bereits erste Erfolge zeigen. Die gleichzeitige Verfolgung mehrerer Geschäftspläne ist nicht gleichbedeutend mit Unentschiedenheit, solange Klarheit über den Selektionsdruck besteht, der zwischen guten und schlechten Plänen unterscheidet. Und während die Unternehmensführung nicht die Ergebnisse sämtlicher strategischer Experimente kontrollieren kann, lassen sich zumindest deren Erfolgschancen erhöhen, indem das Management den Prozess der Erzeugung, Selektierung und Amplifizierung von Experimenten steuert.

In vielerlei Hinsicht ist eine adaptive Einstellung das Gegenteil dessen, was gemeinhin unter »visionär« verstanden wird. Eine adaptive Einstellung ist hochgradig pragmatisch. Sie bewertet heutige Fakten höher als Schätzungen für morgen, erwartet nicht, dass alles nach Plan verläuft, und bevorzugt viele kleine gegenüber wenigen großen Fehlschlägen. Und vor allem ist eine adaptive Einstellung bereit zu sagen: »Wir haben etwas Neues gelernt und müssen unseren Kurs ändern.«

Im Rückblick beschrieb der ehemalige CEO von BP, Lord Browne, die späten Achtzigerjahre, als BP eine Reihe wichtiger strategischer Veränderungen vornahm, als »eine Folge von Schritten, die ohne einen vorgefertigten Plan auseinander hervorgingen. Wir taten, was notwendig war, und wenn wir dabei auf Schwierigkeiten stießen, wussten wir, was als Nächstes zu tun war.« Sein Kollege Rodney Chase fügte hinzu: »Es war keine Gerade. Wir machten Fehler, und nicht alles funktionierte. Aber wir stellten fest, dass wir sukzessive dazulernten. Mit jedem Stolpern kamen wir weiter.«[637]

16. Organisation: Eine Gesellschaft der Köpfe

Westinghouse und General Electric waren die Zwillingstitanen der amerikanischen Industrie zu Beginn des 20. Jahrhunderts.[638] Beide wurden von charismatischen Erfindern gegründet – Westinghouse von George Westinghouse Jr. und GE von Thomas Edison. Sowohl GE als auch Westinghouse waren Pioniere in Eisenbahn- und Elektrizitätstechnologie. Beide Unternehmen litten unter der Großen Depression, leisteten ihren Beitrag zu den amerikanischen Kriegsanstrengungen während der Vierzigerjahre und profitierten vom Nachkriegsboom bei Produkten wie Kühlschränken oder Radios. Beide Rivalen waren in den Fünfziger- und Sechzigerjahren große Haushaltsmarken.

In den Siebzigerjahren jedoch ließ der Nachkriegsboom nach, und beide Unternehmen gerieten unter Druck. Westinghouse wuchs nicht mehr, die Margen schmolzen, und das Unternehmen entwickelte sich zu einem behäbigen und bürokratischen Ungetüm. Als die Schwierigkeiten zunahmen, versuchte man sich als Mischkonzern mit neuen Bereichen wie beispielsweise dem Immobilienhandel. In den Achtzigerjahren begann Westinghouse, Geschäftsbereiche abzustoßen und Fabriken zu schließen. Bis zum Ende des Jahrzehnts hatte das Unternehmen einen Großteil seiner Transport- und Fertigungssparte verkauft. In einem letzten Versuch, sein Schicksal zu wenden und sich als Medienunternehmen neu zu positionieren, kaufte Westinghouse Mitte der Neunzigerjahre den Fernsehsender CBS. Aber es half nichts: Das einstmals glanzvolle Unternehmen erlebte das neue Jahrtausend nicht mehr. Viacom übernahm CBS, die übrigen Geschäftsbereiche wurden einzeln verkauft, und der Markenname Westinghouse ging an einen Unternehmensbereich von British Nuclear Fuels.

GE geriet im schwierigen Klima der Siebziger- und Achtzigerjahre ebenfalls ins Wanken. Es kämpfte mit gesättigten Märkten, gebremstem Wachstum und wachsender Bürokratie. Aber irgendwie schaffte es das Unternehmen, diese Kämpfe siegreich zu bestehen und in den Neunzigerjahren ein weltweit einmaliges Leistungsniveau zu erreichen. In diesen Jahrzehnten durchlief GE dramatische Veränderungen, in deren Verlauf aus dem Mischkonzern für Industrie- und langlebige Gebrauchsgüter ein postindustrielles Finanzdienstleistungs-, Medien- und Technologieunternehmen wurde. Gegen Ende des Jahrhunderts war GE das wertvollste Unternehmen der Welt.

Soziale Architektur und Anpassungsfähigkeit

Wie konnten zwei Unternehmen aus letztlich derselben Branche, mit einer ähnlichen Geschichte und fast identischen strategischen Positionen so unterschiedlich enden? Warum gelang es GE, sich anzupassen, nicht aber Westinghouse? Manche verweisen auf die charismatische Führungspersönlichkeit eines

Jack Welch, der GE in dieser entscheidenden Periode als CEO lenkte. Die Kenner von GE, unter ihnen Jack Welch selbst, sind jedoch überzeugt, dass hier noch weitere Faktoren im Spiel waren.[639]

GE ist eine Gesellschaft, die sich im Lauf ihrer langen Geschichte mehrere Male neu erfunden hat, und Welchs Wiederbelebung des Unternehmens in den Achtzigerjahren war nur das letzte Beispiel dafür. Die Firmengeschichte war voller schwieriger Augenblicke, zu denen die Beinahepleite von 1893, die historische Entscheidung zugunsten des von Westinghouse propagierten Wechselstroms als US-Standard (also gegen Edisons Gleichstrom), schwere wirtschaftliche Probleme während der Großen Depression, ein größerer Moralskandal in den Fünfzigern sowie eine Zeit der Malaise in den Siebzigerjahren gehörten. Aber nach dem im vorigen Kapitel definierten Bestleistungsmuster erreichte das Unternehmen immer wieder Performancespitzen und bewies eine bemerkenswerte Fähigkeit, sich den veränderten ökonomischen Realitäten anzupassen.

Von seinen frühesten Tagen an war GE mehr als ein Unternehmen. Angefangen mit der Führung unter CEO Charles Coffin im beginnenden 20. Jahrhundert entwickelte sich GE zu einer Institution mit einer legendären Kultur und starken Werten. Wie James Collins und Jerry Porras in *Built to Last* betonen, gelang es Westinghouse zu keiner Zeit, ein ähnliches institutionelles Fundament zu errichten.[640] Welch war sowohl ein Produkt der GE-Kultur als auch als CEO ihr eifrigster Verfechter. Er bezeichnete die besondere Kombination aus Mitarbeitern, Struktur und Kultur als »soziale Architektur«, in der er das Geheimnis der einzigartigen Leistungs- und Anpassungsfähigkeit des Unternehmens sah.[641] Weil er sich sicher war, dass es keinem Wettbewerber gelingen würde, eine soziale Architektur aus dem Boden zu stampfen, scheute er auch nicht davor zurück, über dieses »Geheimnis« offen zu sprechen.[642]

Die These dieses Kapitels lautet, dass Welch recht hatte und dass die soziale Architektur eines Unternehmens eine entscheidende Rolle für seine Anpassungsfähigkeit spielt. Wir definieren *soziale Architektur* als die Summe der folgenden Komponenten:

- Die *Verhaltensweisen* der Mitarbeiter des Unternehmens.
- Die *Strukturen und Prozesse*, mittels deren die Mitarbeiter und Ressourcen zur Erreichung der Unternehmensziele koordiniert werden.
- Die *Kultur*, die aus den Interaktionen der Mitarbeiter des Unternehmens untereinander und mit ihrem Umfeld erwächst.

Bevor wir verstehen können, was eine effektive soziale Architektur ist, müssen wir zuerst untersuchen, was Unternehmen sind und warum sie so häufig veränderungsresistent scheinen. Wir beginnen mit der Frage, was Unternehmen sind, warum sie existieren und welchen Platz sie in unserem Evolutionskontext einnehmen. Anschließend werfen wir einen Blick auf jene tief verwurzelten Faktoren, die der Anpassungsfähigkeit von Unternehmen häufig im Wege stehen. Zuletzt werden wir sehen, wie sich viele dieser Barrieren durch eine geeignete soziale Architektur umgehen lassen, insbesondere wenn die soziale Architektur das gewünschte Verhalten der Mitarbeiter weniger durch die »Hardware« der Struktur als vielmehr durch die »Software« der Kultur fördert. Mit der Erzeugung einer effektiven sozialen Architektur kann ein Unternehmen die Evolution in seinem Inneren wirken lassen und auf diese Weise zu einem schnellen Sprinter im Rote-Königin-Rennen werden.

Organisationen sind komplexe adaptive Systeme

Wenn man eine Gruppe von Akademikern bittet zu definieren, was eine Organisation ist, erhält man ein breites Spektrum von Antworten, je nachdem, ob der Befragte Ökonom, Soziologe, Psychologe, Anthropologe oder Jurist ist. Alle diese Disziplinen haben sich aus ihrer jeweiligen Perspektive mit Organisationen befasst, und jede Perspektive liefert nützliche Erkenntnisse.[643] Eine Sichtweise jedoch verläuft quer durch alle diese Disziplinen und führt zu einem gemeinsamen Nenner: Organisationen sind komplexe adaptive Systeme.[644]

Organisationen bestehen aus individuellen Akteuren, die dynamisch miteinander interagieren, wobei sich die Verhaltensregeln und Interaktionsnetzwerke dieser Akteure entsprechend den Veränderungen des Umfelds verändern; und die Interaktionen der Akteure wiederum erzeugen emergente Verhaltensmuster auf der Makroebene. Wenn wir sagen: »Ford hatte ein gutes Quartal« oder »Sony ist ein innovatives Unternehmen«, dann meinen wir das emergente Ergebnis der Handlungen und Interaktionen von Zehntausenden von Menschen. Unternehmen sind komplexe adaptive Systeme, die in das größere adaptive System der Wirtschaft eingebettet sind.

Die Klassifizierung von Organisationen als komplexe adaptive Systeme wird sich als nützlich erweisen, aber wir sollten sie noch weiter eingrenzen und präzisieren. Auch andere menschliche Gruppierungen wie beispielsweise die in einem Stau gefangenen Autofahrer lassen sich als komplexe adaptive Systeme auffassen, ohne dass wir sie als Organisationen bezeichnen würden. Um diese Unterscheidung deutlich zu machen, wollen wir auf eine Definition des Soziologen Howard Aldrich von der University of North Carolina zurückgreifen:

> Organisationen sind zielgerichtete, grenzerhaltende und sozial konstruierte Systeme menschlicher Aktivität.[645]

Organisationen sind mit anderen Worten für einen bestimmten Zweck entworfen und errichtet. Die Ziele einer Organisation stellen eine Kraft dar, die zu bestimmten Handlungen motiviert – es gibt einen gegenwärtigen und einen angestrebten Zustand, und die Handlungen sollen den Abstand zwischen beiden überbrücken. In menschlichen Organisationen können diese Ziele darin bestehen, Geld zu verdienen (ein Unternehmen), Kindern zu helfen (eine Wohltätigkeitsorganisation) oder eine Meisterschaft zu gewinnen (eine Sportmannschaft). Die Existenz von kollektiven Zielen und koordinierten Handlungen unterschiedet Organisationen von anderen menschlichen Gruppen wie beispielsweise den Menschen, die gemeinsam in einem Stau stecken, oder einem Freundeskreis.[646]

Laut Aldrichs Definition sind Organisationen zudem *grenzziehend*. Auf diesen Punkt wies der deutsche Sozialphilosoph Max Weber schon Anfang des 20. Jahrhunderts hin: Organisationen unterscheiden zwischen Mitgliedern und Nichtmitgliedern. Unternehmen suchen sich ihre Mitarbeiter sorgsam aus, Bürger wählen Politiker in Regierungsorgane, und Religionen haben Aufnahmezeremonien für neue Mitglieder. Allgemein können wir sagen, dass Organisationen offene thermodynamische Systeme darstellen. Es gibt eine Grenze zwischen der Innen- und der Außenwelt, und die Ziele der Organisation motivieren zu Handlungen, welche die Entropie innerhalb des Organisationssystems im Vergleich zum äußeren Umfeld verringern.

Und schließlich verfügen Organisationen laut Aldrich über »Handlungssysteme zur Verrichtung von Arbeit, wozu die Verarbeitung von Rohmaterial und Information gehört.«[647] In den in Teil III dieses Buches entwickelten Begriffen führen Organisationen thermodynamisch unumkehrbare Transformationen von Materie, Energie und Informationen aus, wobei der Output weniger Entropie hat als der Input. Diese Transformationen erfolgen im Interesse der Ziele der Organisation. Wir können Organisationen also als Vehikel zur Erzeugung von »geeigneter Ordnung« oder Wohlstand auffassen.

Warum Unternehmen existieren

In Teil III bezeichnete ich Geschäftseinheiten als die Akteure der ökonomischen Evolution. Unternehmen wiederum sind Ansammlungen von Geschäftseinheiten unter der Kontrolle einer Gruppe von Menschen. In elementaren Begriffen sind Firmen also Organisationen, die mit dem kollektiven Ziel, finanziellen Gewinn zu machen, Geschäftspläne entwickeln und ausführen.

Aber warum existieren Unternehmen?[648] Zuvor sprach ich davon, dass Unternehmen über eine Nichtnullsummenmagie im Sinne von 1 + 1 = 3 verfügen. Indem sich Menschen Aufgaben teilen, können sie gemeinsam Dinge verrichten, die sie allein nicht zustande brächten. Aber das ist die Antwort auf die Frage: »Warum organisieren wir uns?« und nicht auf die Frage: »Warum bilden wir Organisationen?« Warum sind wir nicht bloß Freelancer, die sich für bestimmte Projekte zusammenfinden und anschließend wieder ihrer eigenen Wege gehen? Warum erzeugen wir dauerhaftere Strukturen in Form von Partnerschaften und Unternehmen?

Das waren die provokativen Fragen, die der junge Arbeitsrechtler Ronald Coase im Jahr 1937 in einem wegweisenden Artikel mit dem Titel »The Nature of the Firm« stellte.[649] Die Antwort, die Coase gab, war einfach und aufschlussreich zugleich: Die Menschen bilden Organisationen, um die »Transaktionskosten« zu minimieren. Wenn Bauherr und Tischler lediglich in einem einzigen Projekt zusammenarbeiten, ist es möglicherweise zweckmäßig, einen Vertrag aufzusetzen und fertig. Wenn sie jedoch in mehreren Projekten und möglicherweise in mehreren Rollen miteinander zu tun haben, wäre der Aufwand, für jedes Projekt und jede Rolle immer wieder neue Verträge zu schließen, unverhältnismäßig. Hier ist es dann billiger, eine dauerhafte Beziehung einzugehen und entweder als Partner oder als Arbeitgeber und Arbeitnehmer eine Organisation zu bilden. Coase sagt: Freelancer werden in dem Augenblick fest in eine Organisation übernommen, wenn sich dadurch Kosten vermeiden lassen.

Wir können diesen Gedanken in unseren Evolutionskontext übertragen, indem wir feststellen, dass Organisationen als Kooperationsmechanismen in bestimmten Situationen nicht nur billiger, sondern auch in der Lage sind, Bereiche des Möglichkeitsraums aller Geschäftspläne zu erreichen, die mit dem Freelancermodell unerreichbar wären. Organisationen sind also bessere Vehikel, um den Raum aller denkbaren Geschäftspläne zu durchforsten, und somit auch bessere Vehikel für die Wohlstandserzeugung. Dafür gibt es vier Gründe.

Der erste betrifft die sogenannten *unvollständigen Verträge*.[650] Ungeachtet des Geschicks der Anwälte kann kein Vertrag jemals sämtliche Eventualitäten berücksichtigen; das Leben ist einfach zu komplex. Je komplexer die erforderliche Kooperation, desto größer ist die Wahrscheinlichkeit eines unvollständigen Vertrages. Das Problem der unvollständigen Verträge beschränkt das Freelancermodell auf vergleichsweise einfache Teile des Geschäftsplanraums.

Der zweite Grund betrifft ein Problem, das die Ökonomen als *Hold-up* (»Überfall«) bezeichnen.[651] Wie besprochen, setzt Wohlstandserzeugung unumkehrbare oder schwer umkehrbare Entscheidungen voraus. Bei diesen Entscheidungen geht es häufig um Investitionen in *spezifische Anlagen*. Wie der Name suggeriert, sind solche Anlagen lediglich für bestimmte Verrichtungen innerhalb eines gegebenen Herstellungsprozesses zu gebrauchen. Ein Pizzaofen beispielsweise eignet sich hervorragend zum Backen von Pizzas; zum Kochen ist er aber eher ungeeignet. Das Problem unvollständiger Verträge bedeutet, dass in einer Gruppe von Freelancern stets das Risiko besteht, dass der Vertrag vorzeitig aufgelöst wird und der eine oder andere auf seinen teuren und schwer veräußerbaren Anlagen sitzen bleibt. Die übrigen Freelancer können dann den Besitzer der Anlagen »überfallen«, indem sie damit drohen abzuspringen, falls sie keine besseren Bedingungen bekommen. Durch die Schaffung gemeinsamer Besitzverhältnisse und die Abstimmung der Interessen der Beteiligten können Organisationen das mit spezifischen Anlageninvestitionen und schwer umkehrbaren Entscheidungen verbundene Risiko reduzieren.

Drittens bieten Organisationen eine Kooperationsstruktur, die über längere Zeit bestehen bleibt, auch wenn die einzelnen Akteure wechseln. Manche Projekte dauern viele Jahre – bei der Entdeckung, Erprobung und Herstellung eines neuen Medikaments können zehn Jahre oder mehr vergehen. Einzelne Menschen jedoch können kündigen, entlassen werden, zu einem anderen Unternehmen wechseln, erkranken oder sogar sterben. Müsste sich GlaxoSmithKline jedes Mal auflösen und neu formieren, wenn jemand das Unternehmen verlässt, würde es kaum etwas zustande bringen. Durch die Schaffung von Kooperationsstrukturen, welche die Teilnahme individueller Akteure überdauern, ermöglichen uns Organisationen erneut, sehr viel komplexere Geschäftspläne zu erreichen, als dies in einer reinen Freelancer-Ökonomie möglich wäre.

Viertens und letztens bieten Organisationen ein Vehikel zum kollektiven Lernen. Wir sind gewohnt, Lernen als eine individuelle Tätigkeit aufzufassen. In den Fünfzigerjahren wies jedoch der französische Wissenschaftler Pierre Grassé in einer Reihe von Experimenten nach, dass auch Organisationen lernen können.[652] Weil menschliche Organisationen etwas kompliziert sind, verwendete der Zoologe Grassé für seine Experimente eine einfachere Organisationsform – Termitenkolonien. Wenn Termiten ihre Nester bauen, errichten sie Erdpfeiler, die zugleich für Stabilität sorgen und eine Belüftung zulassen. Diese Pfeiler weisen erstaunlich regelmäßige Abstände und Höhen auf. In Anbetracht der geringen Intelligenz und der beschränkten Kommunikationsmöglichkeiten der Termiten fragte sich Grassé, wie sie sich diese kollektive Fähigkeit aneignen konnten. Aufgrund sorgfältiger Beobachtungen kam er zu dem Schluss, dass die Termiten durch das gemeinsame Produkt ihrer Arbeit lernten. Als eine Termite mit der Errichtung eines Pfeilers begann, wurden in anderen Termiten simple WENN-DANN-Regeln ausgelöst, die sie veranlassten, sich am Bau zu beteiligen. Die Existenz eines Pfeilers löste weitere Regeln aus, welche die Termiten daran hinderten, in bestimmten Bereichen ebenfalls Pfeiler zu bauen, was den Pfeilern ihre gleichmäßigen Abstände verlieh. Die Termiten »lasen« also die in den Pfeilern (ihrem gemeinsamen Arbeitsprodukt) enthaltenen Informationen und reagierten entsprechend. Wenn ein Pfeiler zu klein war, kam eine Termite und fügte noch Erde hinzu; sobald er hoch genug war, rückte die Termite zum nächsten Pfeiler vor; zudem verhinderten die Termiten, dass in einem bestimmten Umkreis um bereits bestehende Pfeiler neue Pfeiler errichtet wurden. Grassé bezeichnete diese Form des Lernens als *Stigmergie*.[653]

Menschen tun exakt dasselbe. Wir erzeugen gemeinsam bestimmte Artefakte, in denen Informationen eingebettet sind, und wir verändern unser Verhalten gemäß den Informationen, die wir in diesen Artefakten vorfinden. Stellen wir uns beispielsweise eine Gruppe von Architekten vor, die gemeinsam an einem Gebäudeentwurf arbeitet. Jemand nimmt Änderungen an den Plänen vor und reicht sie an einen Kollegen weiter, damit dieser ebenfalls Änderungen vornehmen kann. Er übergibt die Pläne einem Ingenieur, der sie seinerseits weiterleitet und so weiter; die Modifizierung der Pläne stellt zugleich einen Gruppenlernprozess dar. Die Pläne (das gemeinsame Arbeitsprodukt) mit ihren eingebetteten Informationen bilden das Vehikel für das kollektive Lernen. Organisationen sind voller Dokumente, Diagramme, Computer und anderer Artefakte, die stigmergisches Lernen ermöglichen, auch wenn die Akteure wechseln. Im begrifflichen Kontext aus Teil III dieses Buches können wir also sagen: Die Organisationen übernehmen die zentrale Rolle eines kollektiven Codegedächtnisses.

Lernen ist aber nicht dasselbe wie *Anpassung*. Lernen ist der Erwerb von Wissen, um ein Ziel zu erreichen, während Anpassung eine Veränderung in Reaktion auf den Selektionsdruck des Umfeldes beschreibt. Auch wenn Anpassung Wissenserwerb voraussetzt und Lernen auf äußeren Druck hin geschehen kann, wird sich eine Unterscheidung zwischen diesen beiden Begriffen als nützlich erweisen. Wie wir nämlich sehen werden, sind Organisationen in der Regel gut im Lernen, während es mit der Anpassung oft hapert.

Auf der Basis der Erkenntnisse von Ronald Coase können wir festhalten, das eine aus Organisationen bestehende Wirtschaft gegenüber einer Wirtschaft, in der die Menschen nur nach dem Freelancermodell kooperieren, gewaltige Vorteile bietet. Der Wichtigste ist, dass wir mittels Organisationen weite Bereiche des Geschäftsplanraums erreichen können, die für uns andernfalls unzugänglich wären. Mit zunehmender Entwicklung unserer Organisationsmethoden – unserer sozialen Technologien – konnten wir immer ausgefeiltere Organisationen bauen, die es uns wiederum ermöglichten, noch komplexere und wohlstandsträchtigere Geschäftspläne zu entdecken und auszuführen.[654]

Ausführung und Anpassung

Jedes Wirtschaftsunternehmen muss zwei zentrale Herausforderungen meistern: Es muss seine gegenwärtigen Geschäftspläne ausführen, um im Hier und Jetzt zu bestehen, und es muss dieselben Pläne anpassen, um auch in Zukunft zu bestehen.

Ausführung und Anpassung sind die ultimativen Anforderungen an jeden Entwurf in einem Evolutionssystem.[655] In einer Welt, in welcher der zweite Hauptsatz der Thermodynamik regiert, ist die erfolgreiche Ausschöpfung der eigenen Nische im gegenwärtigen Umfeld für das Überleben unverzichtbar – die Kalorienzufuhr muss größer sein als der Kalorienverbrauch, und der Geldzufluss muss größer sein als der Geldabfluss. Weil Strategien in Evolutionssystemen mitunter eine sehr kurze Haltbarkeitsdauer haben, müssen wir ständig nach neuen Strategien suchen, damit wir uns nicht unversehens in einer schlechten Position wiederfinden, wenn sich das Umfeld ändert. Aber weil Ausführung und Anpassung gleichermaßen Ressourcen benötigen, besteht in dem System eine natürliche Spannung. Wie viel soll in die heutige Ausführung oder in die Anpassung für morgen investiert werden? In Geschäftsorganisationen existiert ein ständiger Wettbewerb um Geld, Mitarbeiter und Zeitressourcen der Unternehmensführung, die verteilt werden müssen auf die kurzfristige Notwendigkeit, gute Leistung zu erbringen, und die langfristige Notwendigkeit, in Innovationen zu investieren.

In ihrem Buch *In Search of Excellence* aus dem Jahr 1982 wiesen Tom Peters und Bob Waterman auf die Konsequenzen dieser Konfliktlage für die Unternehmenspraxis hin.[656] Ihr Vorschlag an die Unternehmen lautete, eine »enge« Ausführung mit einer »lockeren« Anpassung zu kombinieren. Diese Dialektik ist seither ein zentrales Thema der Managementliteratur geblieben: Collins und Porras unterstreichen in *Built to Last* die Bedeutung von »Kontrolle« und »Kreativität«, Dick Foster und Sarah Kaplan beschreiben in *Creative Destruction* die Notwendigkeit, einen Ausgleich zwischen »Betrieb« und »Innovation« zu finden, und Michael Tushman und Charles O'Reilly schildern in *Winning Through Innovation* ihre Vision »ambidextrer« Organisationen, die zu beidem in der Lage sind.[657] Zu den bekanntesten und meistzitierten akademischen Arbeiten zu diesem Thema gehört ein Aufsatz von James March aus dem Jahr 1991, in dem er das Begriffspaar »Exploitation« (Ausschöpfung) und »Exploration« (Erkundung) einführt.[658] Auch wenn jeder Autor seine eigenen Begriffe und Nuancen verwendet, taucht das Yin-Yang-Muster der gegensätzlichen Herausforderungen nicht von ungefähr immer wieder auf.

Man könnte argumentieren, dass wir es hier lediglich mit der natürlichen Ordnung der Dinge zu tun haben, dass die ökonomische Evolution in den Händen des Marktes am besten aufgehoben ist und dass sich die Organisationen auf ihre Rolle als Ausführungsmaschinen konzentrieren sollten. Es existieren jedoch Gründe dafür, dass eine größere Anpassung der Betriebe für die Gesellschaft besser ist. Eine Anpassung reduziert die mit einem Konkurs und Arbeitslosigkeit verbundenen Verluste. Wenn sich ein Unternehmen nicht anpasst, hat das unter Umständen tragische Konsequenzen für Einzelexistenzen und Kommunen. Im Übrigen ist das Problem mangelnder Anpassungsfähigkeit nicht auf ökonomische Organisationen beschränkt. Viele andere Arten von Organisationen beispielsweise aus dem Nonprofit-, Regierungs- und Militärbereich leiden an den gleichen Symptomen.[659]

Nachdem wir eine Vorstellung davon gewonnen haben, was Organisationen sind und warum sie existieren, können wir uns nun der Frage zuwenden, warum ihre Performance auf der Ausführungsseite der Gleichung so viel überzeugender ist als auf der Anpassungsseite. Unter Berücksichtigung der Tatsache, dass es sich bei Organisationen um komplexe adaptive Systeme handelt, wollen wir sie auf drei Ebenen untersuchen:

- *Die einzelnen Akteure.* Welche Eigenschaft unserer gedanklichen Modelle macht es uns so schwierig, uns anzupassen?

- *Die Struktur der Organisationen.* Wie erzeugen Hierarchien, Komplexitätskatastrophen und die Konfiguration der Ressourcen Anpassungsbarrieren?
- *Emergenz.* Woraus erklärt sich die entscheidende Rolle der Unternehmenskultur für das emergente Gesamtverhalten der Organisation?

Diese drei Ebenen korrespondieren mit den drei Elementen unserer Definition von sozialer Architektur: Verhalten, Struktur und Kultur. Die Aufgabe der sozialen Architektur besteht im Wesentlichen darin, auf allen diesen Ebenen die Anpassungsbarrieren niederzureißen und der Organisation zu ermöglichen, eine Balance zwischen kurzfristiger Leistung und langfristiger Evolution herzustellen.

Individuen: Durch die rosarote Brille

Wie gut sich eine Organisation anpasst, hängt unter anderem von der Anpassungsfähigkeit der an ihr beteiligten Individuen ab. Diese Frage betrifft nicht nur die Führungs-, sondern sämtliche Hierarchieebenen – es hilft wenig, wenn nur der Chef die Notwendigkeit von Veränderungen sieht oder wenn die jungen Manager sie sehen, aber nicht die alten Käuze im Vorstand. Dabei ist eine solche Einsicht gar nicht so trivial. Jüngste kognitionswissenschaftliche Arbeiten zeigen, dass Lernprozesse überwiegend im Kontext eines gedanklichen Modells stattfinden. Und während es den Menschen vergleichsweise leichtfällt, ihr bestehendes Denkmodell um neue Informationen zu erweitern, tun sie sich mit einem Wechsel des Gesamtmodells sehr viel schwerer. Wir neigen dazu, uns an Vertrautem festzuklammern.

Vier Gründe sind für die mangelnde individuelle Anpassungsfähigkeit maßgeblich verantwortlich: Erstens neigen die Menschen zu einem Überoptimismus, durch den die Notwendigkeit von Veränderungen nicht unmittelbar wahrgenommen wird. Zweitens tendieren sie von Natur aus dazu, Verluste stärker wahrzunehmen als Gewinne, sodass sie bestimmte Risiken nicht eingehen. Drittens können unsere Kategorisierung der Welt und unsere Denkmodelle eine Veränderung behindern. Und viertens begünstigt das punktierte Gleichgewichtsmuster von Veränderungen einen unflexiblen Führungsstil.[660]

Bevor die Menschen beginnen, ihre gedanklichen Modelle zu verändern, müssen sie zuerst ein Gespür für die Notwendigkeit von Veränderungen entwickeln. Sie müssen die Diskrepanz zwischen ihren Zielen und dem gegenwärtigen Zustand und der Entwicklungsrichtung der Welt wahrnehmen. Damit ein grundlegender Wandel eintritt, müssen die Menschen zur Überzeugung kommen, dass ohne einen solchen Wandel etwas Schlimmes passieren wird. Berichte von den Vorgängen innerhalb der US-Regierung in den Monaten vor dem 11. September 2001 erzählen von Denkweisen, die in früheren Paradigmen gefangen waren: von CIA-Agenten, die noch in den Kategorien des kalten

Krieges dachten, von FBI-Agenten, die Unterweltpaten für gefährlicher hielten als Terroristen, und von Politikern, welche die Welt durch die Nationalstaatenlinse betrachteten.[661] Doch obwohl die Bedrohung durch Al-Qaida offensichtlich war, musste erst eine Tragödie passieren, damit die Menschen die notwendigen Anpassungen wirklich angingen. Die Menschen sind generell geneigt, die Realität positiver wahrzunehmen, als sie ist, und unbequeme Fakten auszublenden. Sie brauchen einen gewaltigen Schubs, um zu erkennen, was alles nicht ist, wie es sein sollte.

Dan Lovallo von der Australian Graduate School of Management und der Princeton-Professor und Nobelpreisträger Daniel Kahneman bezeichnen einen solchen Optimismus im Angesicht gegenteiliger Fakten als *wahnhaften Optimismus*.[662] Beispiele sehen sie in dem fast zwanghaften Überoptimismus zahlreicher Geschäftsprognosen und -pläne. So ergab eine Studie der Rand Corporation zu 44 Bauprojekten für Chemiefabriken, dass die Anlagen im Durchschnitt das Doppelte der ursprünglich veranschlagten Baukosten erzeugten und nur drei Viertel der erwarteten Kapazität erreichten. In der Realität treten Prognosen häufig nicht ein, Projekte verzögern sich, Technologien funktionieren nicht wie geplant, und Fusionen sind weniger erfolgreich als erhofft. Die Tendenz zum Überoptimismus ist Teil des tief verwurzelten Bedürfnisses des Menschen, an sich und seine Fähigkeiten zu glauben. Lovallo und Kahneman zitieren eine weitere Studie, in der von einer Million befragter Studenten 70 Prozent die eigenen Führungsqualitäten als überdurchschnittlich und nur zwei Prozent als unterdurchschnittlich einstuften.

Ein weiterer Faktor ist, dass Manager häufig wegen ihres Optimismus ausgewählt werden. Mit Optimisten macht die Arbeit mehr Spaß, während Pessimisten mitunter als illoyal wahrgenommen werden. Wie Lovallo und Kahneman anmerken: »Die Verkünder schlechter Nachrichten werden von anderen Beschäftigten ignoriert, gemieden und geächtet. Wenn pessimistische Ansichten unterdrückt und optimistische belohnt werden, leidet darunter die kritische Denkfähigkeit des Unternehmens. Die Beschäftigten bestätigen sich gegenseitig in ihrem Hang zu übertriebenem Optimismus, und die Gruppe belohnt unrealistische Zukunftsvorstellungen.«[663]

Das bedeutet, dass der Anteil der Optimisten wächst, je näher wir der Spitze der Unternehmenshierarchie kommen. Darunter leidet die Anpassungsfähigkeit des Unternehmens, denn die Optimisten nehmen den Veränderungsbedarf weniger akut wahr als die Pessimisten.

Lovallo und Kahneman empfehlen, dafür Sorge zu tragen, dass regelmäßig Ansichten und Daten von außen in die Organisation hineingetragen werden. Wer beispielsweise eine chemische Fabrik errichtet, sollte sich auch mit den übrigen 44 Projekten vertraut machen. Überoptimismus lässt sich auch mit einer Kultur des Realismus bekämpfen. Jack Welch war dafür berüchtigt, dass er mit Vorliebe die übertrieben optimistischen Seifenblasen seiner Mitarbeiter zum

Platzen brachte, und eine seiner Maximen lautete, dass Manager »sich der Realität stellen und die Dinge so sehen müssen, wie sie sind, und nicht, wie sie sie gerne hätten«.[664]

Individuen: Anpassungsfähigkeit und Verlustaversion

Wie Daniel Kahneman ferner zeigte, haben die Menschen eine weitere Eigenschaft, die ihrer Anpassungsfähigkeit im Wege steht – einen Hang zur Verlustaversion. Wer bei einer Münzwurfwette entweder 1500 US-Dollar gewinnen oder 1000 US-Dollar verlieren kann, sollte diese Wette im Sinne der Rationalität der traditionellen Wirtschaftslehre stets eingehen. Viele Experimente haben jedoch gezeigt, dass die meisten Menschen dankend ablehnen. Ihnen erscheinen die gewonnenen 1500 US-Dollar als eine »nette Zugabe«, die verlorenen 1000 US-Dollar jedoch als großes Unglück. Diese überproportionale Verlustwahrnehmung kommt auch in nichtmonetären Situationen zum Ausdruck, wenn beispielsweise ein Vortragender bei einer wichtigen Präsentation mehr darum besorgt ist, keinen schlechten Eindruck zu hinterlassen, als darum, seinen Inhalt klar darzustellen.

Dieser allgemeine Hang zur Verlustaversion verstärkt die Vorsicht der Unternehmen im Bereich der »Exploration« und veranlasst sie, sich vermehrt auf die »Exploitation« zu konzentrieren. Die Erkundung ist naturgemäß mit mehr Unsicherheiten und Risiken verbunden. Dabei spielt jedoch noch ein weiterer Effekt eine Rolle. Bei der Risikoeinschätzung verwenden die Menschen in der Regel einen relativen Maßstab. Für einen CEO ist eine 100-Millionen-Dollar-Entscheidung möglicherweise eine große Sache, bei der sich die Verlustaversion bemerkbar macht, während eine 1-Million-Dollar-Entscheidung keinen vergleichbaren Reflex auslöst. Der mittlere Manager hingegen bekommt bei einer 1-Million-Entscheidung bereits dasselbe Muffensausen wie der CEO bei der 100-Millionen-Entscheidung. Folglich werden beide Entscheidungen mit derselben Risikoaversion getroffen. Dabei sollte die Organisation bei der 100-Millionen-Entscheidung sehr viel risikobewusster sein. Aber die Bestrafung für den mittleren Manager, der sein 1-Million-Ding vermasselt und entlassen wird, ist subjektiv nicht weniger schmerzhaft als die Bestrafung des CEO, der sein 100-Millionen-Ding vergeigt – möglicherweise fällt der CEO mit seinem goldenen Abfindungsfallschirm sogar weicher. Wie Kahneman unterstreicht, führt dieser Relativismus dazu, dass Organisationen häufig auf den unteren Ebenen zu viel und auf der obersten Ebene zu wenig Risikoaversion zeigen.

Risikoaversion in kleinen Entscheidungen läuft der Notwendigkeit des Experimentierens diametral entgegen. Wie wir in den vorangegangenen Kapiteln sahen, funktioniert Evolution am besten im Substrat eines vielfältigen Spektrums von Experimenten mit unterschiedlichen Risikograden. Ein Unternehmen, das sich kein Portfolio mit kleinen Risiken leistet, setzt seinen gesamten Einsatz gezwungenermaßen auf große Investitionen, Fusionen und Akquisitionen. Je weniger wir die mittleren und unteren Manager für ihre »kleinen« Entscheidungen zur Rechenschaft ziehen, umso mehr schaffen wir Raum für Experimente und fördern so die Anpassungsfähigkeit.

Individuen: Der Preis der Erfahrung

In Kapitel 6 erwähnten wir die »Standardhierarchien«, in denen nach Auffassung des Kognitionswissenschaftlers John Holland und seiner Kollegen die gedanklichen Modelle der Menschen organisiert sind.[665] Demnach sind begriffliche Konzepte in hierarchischen Strukturen gruppiert (die Kategorie »Fliege« beispielsweise umfasst kleine, blaue, unruhige Dinge), und unsere WENN-DANN-Regeln nutzen konkrete Informationen, falls vorhanden; sobald jedoch Unsicherheit besteht, weichen sie auf Standardentscheidungen aus.

Die Struktur der Standardhierarchie hat den großen Vorteil, dass wir selbst dann Entscheidungen treffen können, wenn wir nur über unvollständige Informationen verfügen. Je mehr konkrete Informationen und Erfahrungswerte wir sammeln, desto feiner können wir unsere Reaktionen auf einzelne Situationen abstimmen. Die Standardhierarchie macht Erfahrung jedoch zu einem zweischneidigen Schwert.[666] Solange wir jung und unerfahren sind, sind unsere Standardhierarchien flach und unsere Vorstellungen von der Welt mehr allgemeiner als konkreter Natur. Diese Denkweise hat sowohl Vor- als auch Nachteile. Der Vorteil ist, dass sich unsere gedanklichen Modelle leicht verändern lassen. Neue Erfahrungen werden bereitwillig übernommen, und eine Umstrukturierung der Hierarchie bereitet keine große Mühe, weil es wenig umzustrukturieren gibt. Der Nachteil besteht in der geringeren Wahrscheinlichkeit, auf eine gegebene Situation richtig zu reagieren. Das Stereotyp vom jungen Menschen als jemandem, dessen Denken noch formbar und dessen Handeln bisweilen Glücksache ist, ist demnach nicht ganz unbegründet.

Indem wir Erfahrungen sammeln, füllen sich unsere Standardhierarchien, bis sich die Situation umkehrt. Jetzt verfügen wir über einen großen Schatz an konkreten Erfahrungswerten; wir wissen, was sich bewährt hat und was nicht. Unsere gedanklichen Modelle entwickeln sich zu hochgradig komplexen Strukturen aus Kategorien, verschachtelten Regeln und Gewichtungen. Die Wahrscheinlichkeit, dass uns etwas vollkommen neu vorkommt, sinkt; stattdessen versuchen wir, neue Erkenntnisse mit früheren Erfahrungen in Beziehung zu setzen und diese Erfahrungen in die bestehenden Kategorien einzuordnen. Immer wieder treffen wir auf Dinge außerhalb unseres bisherigen Erfahrungshorizonts, für die wir eine neue Kategorie anlegen oder die bestehenden Kategorien neu arrangieren. Je komplexer jedoch unsere gedanklichen Modelle werden, desto schwerer fallen uns solche Umgestaltungen. Die Restrukturierung eines älteren, erfahrenen Denkmodells ist vergleichbar mit einer Restrukturierung von General Motors, während die Restrukturierung eines jüngeren, unerfahrenen Modells der Restrukturierung eines Start-up-Unternehmens ähnelt. Unsere gedanklichen Modelle verfestigen sich also mit der Zeit, und es braucht immer größere Stöße, um sie aufzurütteln.

Im Prinzip versuchen wir unser Leben lang, die richtige Balance zwischen Erkundung und Ausschöpfung zu finden. Anfangs, während unsere gedanklichen Modelle noch in der Entstehung begriffen sind und wir das Feedback des Umfelds aktiv aufnehmen, liegt die Betonung auf der Erkundung. Sobald wir uns jedoch in einem Modell eingerichtet haben, verlagern wir den Schwerpunkt auf die Ausschöpfung. Das ist nicht diskriminierend gemeint, denn es gibt mit Sicherheit unflexible Zwanzigjährige und höchst anpassungsfähige Siebzigjährige. Aber im Großen und Ganzen verändern sich unsere gedanklichen Modelle mit der Zeit, und jedes Stadium dieser Entwicklung kennt seine Stärken und Schwächen.

Die Folgen für die Organisationen sind beträchtlich. Stabile Denkmodelle funktionieren am besten in stabilen Umfeldern, zumindest im Regelfall. In komplexen adaptiven Systemen gaukelt uns der Wandel durch seine punktierte Beschaffenheit eine illusorische Stabilität vor, um uns mustererkennende, regelbildende Menschen sodann mit großen Veränderungen zu überrumpeln. Unternehmen haben üblicherweise eine hierarchische Struktur mit den erfahrensten Menschen an der Spitze. Dieses Arrangement stellt einen Kompromiss dar: Die gedanklichen Modelle an der Spitze bewähren sich besonders in stabilen Situationen, in denen der Schwerpunkt auf der Ausführung liegt; für die Erkundung und die Anpassung an ein veränderliches Umfeld sind sie weniger geeignet. Infolgedessen zeigen viele Unternehmen deutliche Zeichen von Trägheit, sobald sich das Umfeld verändert. Diese Trägheit der Denkmodelle erklärt auch, warum Umstrukturierungen von Unternehmen häufig mit einem kompletten Austausch der Führungsspitze einhergehen. Es ist mitunter einfacher und schneller, die Menschen auszutauschen als ihre gedanklichen Modelle.

Wenn Veränderungsresistenz in erfahrenen Denkmodellen eine tief im menschlichen Kognitionsmechanismus verankerte Eigenschaft ist, wie können wir uns dann dagegen schützen? Ein guter Ausgangpunkt ist die simple Anerkenntnis dieser Tatsache durch die obersten Führungskräfte. Wer ein Unternehmen leitet, muss sich des Umstands bewusst sein, dass das umfassendste Wissen kein Ersatz ist für Veränderungssensibilität und Flexibilität. Weniger hochrangige Mitarbeiter, die Veränderungen im Umfeld häufig früher wahrnehmen, haben möglicherweise Scheu, ihre Wahrnehmungen kundzutun. Die vielleicht wichtigste Gegenmaßnahme könnte darin bestehen, die oberste Führungsetage bewusst mit einem breit gefächerten Alters- und Erfahrungsspektrum zu besetzen. Wenn im Vorstand nur ergraute Köpfe sitzen, ist das kein gutes Zeichen. Doch nicht nur beim Alter, sondern auch bei den Erfahrungshorizonten sollte ein breites Spektrum vorhanden sein – unterschiedliche Branchen, funktionelle Hintergründe, außerbetriebliche Erfahrungen und so weiter. Ein breit gefächertes Sortiment gedanklicher Modelle an der Spitze erhöht die Wahrscheinlichkeit, dass wenigstens einer der Beteiligten eine Sensibilität für wichtige Umfeldveränderungen mitbringt. Damit eine solche Vielfalt gedanklicher Modelle ihre Wirkung entfalten kann, muss die Unternehmensführung eine nichthierarchische Struktur pflegen, in der Platz ist für unterschiedliche Ansichten und Perspektiven. Ein noch so lebendiges und vielfältiges Management kann wenig ausrichten, solange es von einem autoritären CEO an der kurzen Leine gehalten wird.

Individuen: Unbeirrbar kontra flexibel

1980, anlässlich der Jahreskonferenz der britischen Tories, verteidigte Premierministerin Margaret Thatcher in einer ihrer berühmtesten Reden die Bilanz ihrer Regierung. Nach einem »Winter der Unzufriedenheit« mit Streiks und gewalttätigen Protesten lehnte es Thatcher kategorisch ab, von ihrem ökonomischen Reformkurs abzuweichen, indem sie erklärte: »Wer mit angehaltenem Atem auf das Wort von der Kehrtwende wartet, dem sage ich: Machen Sie kehrt, wenn Sie wollen. Die Lady hält Kurs.«[667] Thatcher war eine legendäre Führungspersönlichkeit. Die eiserne Lady hatte eine klare Vision und Ideologie, wie Großbritannien geführt werden sollte, wich selten von diesem Kurs ab und war taub für die Rufe ihrer Kritiker. Manche Menschen verehrten sie für ihren willensstarken Führungsstil; andere hassten sie für ihre Gefühllosigkeit und Unnachgiebigkeit.

US-Präsident Bill Clinton hingegen wurde in der Presse häufig als der »große Schwafler« beschrieben. Seine Kritiker warfen ihm Mangel an ideologischer Festigkeit, allzu große Kompromissbereitschaft, Unentschiedenheit und Ausrichtung seiner Politik auf Meinungsumfragen vor. Aber genau diese Qualitäten der Flexibilität und des Gespürs für sein Umfeld machten es möglich, dass Clinton nach einer schwierigen ersten Amtszeit als Gouverneur von Arkansas wiedergewählt wurde und dass er sich von der verheerenden Zwischenwahl von 1994 erholen und 1996 erfolgreich für eine zweite Amtszeit als Präsident kandidieren konnte. Dank eben dieser Qualitäten gelang es ihm auch, eine Reihe umstrittener Programme von der Gesundheitsreform bis zum Nordamerikanischen Freihandelsabkommen trotz eines scharf gespaltenen Kongresses durchzudrücken. Die einen verehrten Clinton, weil er zuhören konnte, wegen seiner Anpassungsfähigkeit und seiner Kunst, Konsens herzustellen. Andere konnten ihn wegen seines Opportunismus und seiner Kungeleien nicht leiden.

Zwei archetypische Führungspersönlichkeiten: die eiserne Lady und das Stehaufmännchen, die unbeirrbare Befehlshaberin und der flexible Konsensfinder, jeder mit seinen Stärken und Schwächen, Erfolgen und Niederlagen. Es sind zugleich die Archetypen, denen wir vermutlich in unserer eigenen Lebenswelt begegnen (wenn auch zumeist in abgeschwächter Form). Angesichts dieser beiden kontrastierenden Führungsstile stellt sich die Frage, ob hier möglicherweise ein Zusammenhang besteht zur stark oder schwach ausgeprägten Flexibilität von Organisationen.

Diese Frage beschäftigte auch den Ökonomen Joseph Harrington Jr. von der Johns Hopkins University. Als Erstes konstruierte er ein vergleichsweise einfaches Modell, das eine Organisation als Hierarchie beschrieb. Die Akteure betreten die Organisation auf der untersten Ebene und werden je nach ihrer Leistung befördert oder entlassen, und wer es bis an die Spitze schafft, wird schließlich in den Ruhestand geschickt, sobald er ein bestimmtes Alter erreicht hat.[668] In Harringtons Modell gibt es zwei Arten von Akteuren, den unbeirrbaren Margaret-Thatcher-Typ und den flexiblen Bill-Clinton-Typ. Die Akteure in der Hierarchie müssen sich in jeder Spielrunde für die Strategie A oder B entscheiden. Es existiert ein externes Umfeld, in dem entweder A oder B die bessere Wahl ist, und die Leistung der Akteure bemisst sich zu einem Teil danach, wie gut ihre Entscheidungen in ihr Umfeld passen.

Unbeirrbare Akteure werden gewissermaßen mit fertigen Entscheidungen geboren. Sie spielen immer dieselbe Strategie, ob A oder B, unabhängig von dem, was sich in ihrem Umfeld abspielt. Flexible Akteure hingegen orientieren sich bei ihrer Entscheidung für Strategie A oder B jedes Mal neu an den Erfordernissen des Umfelds.

Man könnte vermuten, dass flexible Akteure in jedem Fall gewinnen, weil ihre Entscheidungen stets auf die Umweltbedingungen abgestimmt sind. Aber es gab noch einen weiteren Faktor. Harrington maß der Erfahrung eine bestimmte Bedeutung bei. Wenn ein Akteur eine Strategie in seinem Leben insgesamt fünfmal und ein anderer nur dreimal gespielt hatte, gewann der erfahrenere Spieler. Die Gesamtleistung eines Spielers hing folglich nicht nur von der Übereinstimmung der Strategie mit dem Umfeld, sondern auch von der Erfahrung ab. Harrington modellierte die Beförderung der Akteure in der Hierarchie als ein Ausscheidungsturnier, bei dem die Akteure mit der höheren Leistung weiterkamen, während die übrigen ausschieden. Wer hatte die besseren Chancen, an die Spitze zu kommen, die Unbeirrbaren oder die Flexiblen?

Die Antwort lautete, dass es vom betrachteten Umfeld abhing. Wenn das Umfeld vollkommen zufällig war, gewannen überwiegend die flexiblen Akteure, sodass sie die oberen Ränge fast ausschließlich besetzten. In einem solchen Umfeld betrug die Wahrscheinlichkeit für die unbeirrbaren Akteure, die richtige Entscheidung zu treffen, gerade einmal 50 Prozent. Kaum einer von ihnen erhielt die Gelegenheit, ausreichend Erfahrung zu sammeln.

Sobald das Umfeld jedoch stabiler war und eine bestimmte Strategie, sagen wir B, bevorzugte, gewannen die unbeirrbaren Akteure die Oberhand. Akteure, die unbeirrbar die Strategie B spielten, hatten in diesem Beispiel eine Chance von mehr als 50 Prozent, dass ihre Entscheidung zum Umfeld passte, und somit lag auch ihre Beförderungswahrscheinlichkeit bei über 50 Prozent. Immer wenn ein unbeirrbarer Spieler, der die richtige Strategie spielte, auf einen flexiblen Spieler mit derselben Strategie traf, gewann der unbeirrbare aufgrund seiner höheren Erfahrung – während er immer B gespielt hatte, hatte der flexible nur manchmal B gespielt. Selbst wenn das Umfeld nach der Strategie A verlangte, bestand für den unbeirrbaren Spieler eine Chance von einem Drittel, auf einen anderen unbeirrbaren Spieler zu treffen, sodass derjenige von beiden gewann, der mehr Erfahrung hatte – bei Gleichstand entschied ein Münzwurf. Die oberen Ränge der Hierarchie bestanden nun überwiegend aus unbeirrbaren Spielern, welche die bevorzugte Strategie spielten. Folglich lautet das Ergebnis: In einem stabilen Umfeld zählt Erfahrung.

Das ist natürlich ein stark vereinfachtes Modell, aber es beschreibt zumindest die Grundzüge einer Dynamik, die sich auch in realen Organisationen beobachten lässt. Wenn das Umfeld eine bestimmte Strategie bevorzugt, haben diejenigen die besseren Aufstiegschancen, die diese Strategie unbeirrt verfolgen. Sobald sich das Umfeld aber ändert, fehlen im Unternehmen die Leute, die sich ebenfalls ändern können.

Harrington bereicherte sein Modell um eine weitere Prise Realismus. Statt eines Umfelds, in dem die geforderten Strategien A und B zufällig verteilt waren (möglicherweise mit einem überproportionalen Vorkommen der einen oder anderen Strategie), betrachtete er ein Umfeld, in dem die Veränderungen ein punktiertes Gleichgewichtsmuster bildeten. A und B traten nunmehr gehäuft auf, sodass das Umfeld eine Weile stabil blieb (nur A), um nach einer Unruhephase (häufiger Wechsel zwischen A und B) wieder zur Ruhe zu kommen (nur B). Er stellte fest, dass das punktierte Gleichgewichtsmuster zu einer verstärkten Präsenz der Unbeirrbaren an der Spitze führte. Die intuitive Erklärung dafür lautet, dass die Unbeirrbaren in den langen stabilen Perioden aufgrund ihrer Erfahrung signifikant im Vorteil sind und bis zur Spitze aufsteigen. Alles geht seinen Gang, bis die Umbruchphase anbricht. Dann spielen die Unbeirrbaren nicht mehr die richtige Strategie und werden vertrieben. Die Flexiblen übernehmen das Ruder, bis sich das Umfeld wieder beruhigt und eine neue Generation von Unbeirrbaren die Rangleiter erklimmt und sich der Kreislauf wiederholt. Trotz der Einfachheit des Harrington'schen Modells ähnelt dieses Muster auf unheimliche Weise den Veränderungsmustern im Management so manchen großen Unternehmens.

Je seltener, abrupter und einschneidender die Übergänge, so Harrington, desto dominanter werden die Unbeirrbaren und desto katastrophaler sieht es für das betreffende Unternehmen aus, wenn sich das Umfeld verändert. In Umgebungen mit kontinuierlicher Volatilität bewähren sich die Flexiblen in der Regel besser. Harrington bewertete die ökonomische Effizienz seiner Modellorganisationen während dieser Übergänge und stellte fest, dass der wirtschaftliche

Verlust unmittelbar mit der Zahl der Flexiblen zusammenhing, welche die Organisation während der stabilen Perioden an sich binden konnte. Organisationen, welche die Flexiblen vertrieben und von Unbeirrbaren dominiert wurden, bewährten sich besonders in den stabilen Phasen (erreichten also ihre Ertragsziele), wurden aber von der nächsten Veränderung umso härter getroffen. Organisationen, denen eine bessere Mischung zwischen den beiden Typen gelang, sodass auch über stabile Perioden hinweg eine Reserve von Flexiblen erhalten blieb, bestanden die stabilen Zeiten etwas weniger gut (waren also weniger effizient), konnten sich aber auch besser an die Veränderungen anpassen.

Struktur: Wie viel Hierarchie?

Wir wollen jetzt eine Stufe höher gehen und uns mit dem Einfluss der Organisationsstruktur auf die Anpassungsfähigkeit beschäftigen. Jack Welch bezeichnete die Struktur als die »Hardware« eines Unternehmens – Berichtsstrukturen, Managementprozesse und Ressourcenkonfiguration.[669] Zuvor sprachen wir bereits von der nützlichen Rolle von Hierarchien in Organisationen. Aufgrund von Hierarchien ist es in Netzwerkstrukturen möglich, Entscheidungen zu treffen, ohne dass jeder mit jedem sprechen muss, was unweigerlich in einer Komplexitätskatastrophe enden würde. Organisationen ohne ausreichende Hierarchie haben Schwierigkeiten, sich zu verändern und anzupassen, weil die Kommunikationsdichte zu hoch ist und der Zwang zum Konsens die Entscheidungsfindung verlangsamt. Dennoch lautete unsere Zwischenüberschrift in Kapitel 7 nur »Ein zweifach Hoch auf die Hierarchie« und nicht »dreifach …«. Wie wir in diesem Abschnitt sehen werden, kann die Hierarchie, so notwendig sie ist, die Anpassungsfähigkeit auch beeinträchtigen.

Der Politikwissenschaftler Scott Page vom Center for the Study of Complex Systems an der University of Michigan hat sich mit der Frage beschäftigt, warum Organisationen einen unterschiedlichen Grad von Hierarchie ausbilden.[670] Warum sind manche Organisationen breit und flach, während andere schmal und tief sind? Page vermutete, dass die Organisationsstruktur mit der Art der Probleme zusammenhängt, deren Lösung sich die Organisation widmet. Die Probleme, mit denen sich Organisationen beschäftigen, sind äußerst vielfältig; sie reichen von der Herstellung eines Produkts oder einer Dienstleistung über die Rekrutierung von Mitarbeitern bis zur Verwaltung der Unternehmensfinanzen. Diese Probleme sind von unterschiedlicher Komplexität. Die Koordinierung von zwei Putzkräften, die ein Haus säubern, mag vergleichsweise einfach erscheinen verglichen mit der Koordinierung einiger tausend Techniker für den Bau eines Airbus A380.

Laut Page bemisst sich der Schwierigkeitsgrad eines ökonomischen Koordinierungsproblems in zwei Dimensionen. Eine Dimension betrifft die Mühe, die es kostet, das Problem in kleine Teile zu zerlegen, die parallel gelöst werden können. Die Putzkräfte beispielsweise könnten ihre Arbeit so aufteilen, dass einer die Küche säubert, während der andere das Bad reinigt. Die Schwierigkeit der parallelen Ausführung bemisst sich in diesem Fall nach der Zeit, die für die längste Einzeltätigkeit benötigt wird (vielleicht dauert das Säubern der Küche länger). Die zweite Dimension betrifft die Zahl der Schritte, die nacheinander ausgeführt werden müssen. Beim Bau einer A380 müssen die Flügel in der richtigen Reihenfolge mit Treibstofftanks und Querruder versehen werden, und der Einbau der Flügel muss zu einem bestimmten Zeitpunkt innerhalb der Gesamtmontage erfolgen. Je mehr sequenzielle Schritte erforderlich sind, desto schwieriger ist es (und desto länger dauert es), die richtige Abfolge zu bestimmen, die zur Erreichung des angestrebten Ziels erforderlich ist. Ein Problem, dessen Teile jeweils viel Zeit in Anspruch nehmen und in einer komplizierten sequenziellen Beziehung zueinander stehen, kann als schwierig bezeichnet werden.

Page zufolge entwickeln sich Organisationen so, dass sie bestmöglich auf die Art und die Schwierigkeit der Probleme abgestimmt sind, die sie zu lösen versuchen. Wenn sich ein Problem leicht in parallele Aufgaben unterteilen lässt und dabei kaum sequentielle Abhängigkeiten zu berücksichtigen sind, wird sich diese Einfachheit auch in der breiten und flachen Struktur der Organisation widerspiegeln. Wenn sich ein Problem nicht leicht aufspalten lässt und lange sequenzielle Abhängigkeitsketten zu berücksichtigen sind, so dürfen wir eine schmale und tiefe Organisationshierarchie erwarten. In einer Anwaltskanzlei beispielsweise können kleine Juristenteams ohne viel wechselseitige Koordination die Fälle ihrer Klienten parallel bearbeiten. Wir erwarten folglich in einer Anwaltskanzlei eine vergleichsweise flache Organisationsstruktur, und tatsächlich verfügen selbst große Kanzleien selten über mehr als vier oder fünf hierarchische Ebenen. Die Konstruktion und Fertigung eines Düsenflugzeugs hingegen erfordert eine komplexe Mischung aus sorgfältig aufgeteilten und parallelen Arbeitsschritten, deren Koordination nur durch zahlreiche »Verkehrspolizisten« gewährleistet werden kann. Wir erwarten also, dass eine Organisation wie Airbus über entsprechend viele Hierarchieebenen verfügt.

Diese Beziehung zwischen der Hierarchie und dem Schwierigkeitsgrad erklärt nicht nur, warum Organisationen in verschiedenen Branchen mitunter unterschiedliche Strukturformen aufweisen, sondern auch, warum Ausführung und Anpassung innerhalb einer Organisation unterschiedliche Strukturen erforderlich machen. Generell sind Ausführungstätigkeiten mit zahlreichen komplexen sequenziellen und parallelen Prozessen verbunden, die eine tiefe Hierarchie erfordern. Erkundungstätigkeiten hingegen lassen sich in der Regel besser mit einer breiten und flachen Organisation bewerkstelligen. Portfolios strategischer Experimente werden zumeist von vielen kleinen Teams ausgeführt, die abgesehen von einer bescheidenen Koordination auf Portfolioebene parallel und weitestgehend autonom agieren. Die unterschiedliche Beschaffenheit von Ausführungsproblemen und Erkundungsproblemen erzeugt eine natürliche Spannung. Ausführungsorganisationen mit ihren großen, tiefen Hierarchien sind darauf eingestellt, große komplexe Probleme zu lösen und Kontrolle, Effizienz und Verantwortlichkeit zu optimieren. Sie sind nicht darauf vorbereitet, viele kleine Aufgaben parallel auszuführen, bei denen es auf Geschwindigkeit, Flexibilität und Autonomie sowie eine hohe Toleranz für Redundanz und kleinere Fehler ankommt.

Folglich entwickeln sich Erkundungsaktivitäten nur selten organisch aus den Hauptzweigen der Ausführungshierarchien – Organisationsstruktur und Beschaffenheit des Problems passen in diesem Fall nicht zusammen. Das ist auch der Grund, warum Unternehmensführungen, welche die Notwendigkeit von Erkundungsaktivitäten erkennen, kleine Teams außerhalb der Hierarchie bilden, die sie in getrennte Gebäude setzen und mit der nötigen Autonomie ausstatten, damit sie ihre innovativen Initiativen nach Art der legendären Skunk Works eigenständig entwickeln können. Solche Initiativen können erfolgreich verlaufen. Der Apple Macintosh beispielsweise wurde von einem kleinen autonomen Team entwickelt, auf dessen separatem Gebäude eine Piratenflagge wehte.

Von der Ausführungshierarchie völlig losgelöste autonome Entwicklungsteams stellen häufig die einzige Möglichkeit dar, dieses Missverhältnis zu überbrücken. Dabei tauchen jedoch häufig zwei Probleme auf. Wenn erstens alle solche Erkundungsinitiativen von der Unternehmenszentrale organisiert und finanziert werden, beschränkt sich die Erkundung notgedrungen auf einen sehr begrenzten Teil der Fitnesslandschaft – jenen Abschnitt, der sich zufällig auf den Radarschirmen der Führungsetage befindet. Zweitens ist die Reintegration solcher Initiativen in die Gesamtorganisation häufig mit Schwierigkeiten verbunden. Eine Wiedereingliederung ist natürlich wichtig, damit erfolgreiche Initiativen amplifiziert werden können. Beide Probleme lassen sich dadurch mildern, dass zusätzlich zum unternehmensweiten Portfolio auch die Geschäftseinheiten über geeignete Ressourcen und die nötige Autonomie verfügen, um ihrerseits Portfolios von Experimenten durchzuführen. Somit kann die Landschaft weiträumiger erkundet werden, und erfolgreiche Initiativen werden auf natürlichem Weg in die Organisation integriert.

Struktur: Die Koevolution von Ressourcen und Geschäftsplänen

Lange bevor die Spannung zwischen Erkundung (Exploration) und Ausführung (Ausschöpfung, Exploitation) in den Managementkreisen zum Topos wurde, veröffentlichte die Ökonomin Edith Penrose von der London School of Economics ein schlankes, aber einflussreiches Büchlein mit dem Titel *The Theory of the Growth of the Firm.*[671] Penrose betrachtete das Unternehmenswachstum als einen Prozess der Suche und Erkundung, wobei das Management in seinem Umfeld nach neuen Gelegenheiten Ausschau hält, die es dann mittels der Ressourcen des Unternehmens ausschöpft. Während Penrose vorrangig von den physikalischen (Betriebseinrichtung) und menschlichen (Begabung der Manager, Fähigkeiten der Mitarbeiter) Ressourcen des Unternehmens sprach, hat die moderne Theorie ihre Definition auf weniger fassbare, aber deswegen nicht weniger wichtige Ressourcen wie Wissen, Marken, Reputation und Beziehungen ausgedehnt. Ressourcen sind demnach kurz gesagt alles, was dem Management dabei behilflich ist, sich bietende Gelegenheiten auszuschöpfen.[672]

Aus Penroses Theorie ergeben sich zwei Folgerungen. Erstens werden die Ressourcen eines Unternehmens durch die speziellen Gelegenheiten definiert, die sein Management ausschöpfen will. Wenn ein Management gute Gelegenheiten in der Nanotechnologie sieht, wird es Forscher mit Erfahrung in der Nanotechnologie anwerben, Maschinen für die Herstellung nanotechnologischer Produkte kaufen und versuchen, sich ein Image als Experte in Sachen Nanotechnologie zuzulegen. Die Kehrseite der Medaille ist, dass die Ressourcen eines Unternehmens zu einem bestimmten Zeitpunkt auch seine Erkundungsfähigkeit definieren und eingrenzen. Wenn der Chef einer fischverarbeitenden Fabrik eines Morgens aufwacht und von der Nanotechnologie schwärmt, ist das schön und gut. Natürlich bietet die Nanotechnologie gute Gelegenheiten, aber die vorhandenen Ressourcen des Unternehmens (Arbeiter, die Fisch filettieren können, Konservenmaschinen und eine Marke namens »Taste O'Sea«) beschränken die potenziellen Gelegenheiten des Unternehmens auf Dinge, die mit Fischverarbeitung, und nicht unbedingt mit Nanotechnologie zu tun haben.

Wir können die Ideen von Penrose mit der in Teil III dieses Buches entwickelten Terminologie wiedergeben.[673] Managementteams suchen mittels deduktiven Probierens nach rentablen Geschäftsplänen, aber diese Suche bleibt auf Pläne beschränkt, von denen sie annehmen, dass sie diese auch ausführen können, was wiederum vom gegenwärtigen Zustand der Unternehmensressourcen abhängt. Im Zuge der Ausführung der Pläne verändert das Management jedoch die Ressourcenkonfiguration und damit den Möglichkeitsraum zukünftiger Geschäftspläne. Es existiert also eine kontinuierliche Koevolutionsschleife zwischen den Geschäftsplänen und den Unternehmensressourcen.

Diese Koevolution zwischen Plänen und Ressourcen erzeugt eine Pfadabhängigkeit in der Struktur der Organisationen und wirkt als weitere wichtige Anpassungsbarriere. Man kann nicht einfach von der Fischverarbeitung zur Nanotechnologie wechseln, selbst wenn das Umfeld Nanotechnologieunternehmen mehr belohnt als Fischfabriken. Ein solcher Wechsel wäre zumindest nicht ratsam. Investmentbanker würden unserer Fischfabrik nur allzu gern ein Nanotechnologiegeschäft verkaufen, wenn die das nötige Geld hätte, aber das Management der Fischfabrik hätte nicht die Fähigkeiten und Erfahrungen, um in der Nanotechnologiebranche erfolgreich zu sein. In ähnlicher Weise versuchte sich Westinghouse kurzerhand von einem Industrie- in ein Medienunternehmen zu verwandeln – mit vorhersehbarem Erfolg.

Größere Veränderung in der Branchen- und Strategieausrichtung sind möglich, müssen aber in kleineren Teilschritten erfolgen. In ihrem mittlerweile zum Klassiker avancierten Artikel »The Core Competence of the Corporation« aus dem Jahr 1990 beschrieben C. K. Prahalad und Gary Hamel, wie Canon auf der Grundlage seiner vorhandenen Ressourcen aus dem Fotografie- und Lithografiegeschäft (insbesondere Optik und Präzisionsmechanik) in das Fotokopierergeschäft einstieg.[674] Dieser Schritt eröffnete wiederum Möglichkeiten in den Bereichen Laserdrucker und Faxgeräte. Dazu musste Canon seine mikroelektronischen Fähigkeiten erweitern, wodurch das Unternehmen später eine führende Position in der Digitalfotografie einnehmen konnte, indem es die Kameras und die Drucker lieferte. Im Lauf der Zeit führen Ressourcen zu Gelegenheiten und umgekehrt.

Die Pfadabhängigkeit der Ressourcen und die Koevolutionsschleife zwischen Geschäftsplänen und Ressourcen stellen folglich eine weitere Anpassungsbarriere dar. So kommt es nicht selten vor, dass einem Unternehmen schlicht die Ressourcen fehlen, um in die Richtung zu gehen, in die es sich bewegen müsste, und eine Neukonfiguration der Ressourcen würde mehr Zeit und Geld in Anspruch nehmen, als verfügbar sind.

Penroses Theorie unterstreicht noch einmal die Notwendigkeit zur Bildung von Portfolios strategischer Experimente. Solche Portfolios schaffen nicht nur eine größere Geschäftsplanvielfalt innerhalb der Organisation, sondern sie sorgen zugleich für eine größere Ressourcenvielfalt. Für eine neue Initiative müssen in der Regel neue Mitarbeiter rekrutiert, neue Fähigkeiten erworben und Anlagen gekauft werden und so weiter. Um auf das Microsoft-Beispiel zurückzukommen: Um das Potenzial sowohl von Windows als auch von Unix auszuloten, musste Gates Mitarbeiter einstellen, die sich in den jeweiligen Feldern auskannten, darunter Unix-Programmierer, und er kaufte sogar die Rechte an einem bestehenden unixbasierten PC-Betriebssystem. Hätte sich der Markt zugunsten von Unix entwickelt, hätte er neben dem Feedback aus seinen Geschäftsplanexperimenten bereits auf einen wichtigen Kern von Unix-Ressourcen zurückgreifen können.

Kultur: Verhaltensregeln

Wir wenden uns jetzt der dritten und letzten Ebene unserer sozialen Architektur zu: der Organisationskultur. Ich habe die Kultur an die Spitze meines Modells gesetzt, weil sie eine emergente Eigenschaft der Organisation darstellt. Wenn wir Aussagen treffen wie: »Emerson Electric hat eine leistungsorientierte Kultur«, sagen wir etwas über das emergente Resultat von Tausenden von individuellen Entscheidungen und Verhaltensweisen aus.[675]

Kultur ist häufig ein diffuser Begriff, für den im Lauf der Jahre die unterschiedlichsten Definitionen vorgebracht wurden.[676] Für unsere Zwecke werde ich eine Definition verwenden, die in unser Evolutionskonzept passt, in ihrem Geist aber einer häufig verwendeten Definition der Anthropologen Robert Boyd und Peter Richerson ähnelt:

> *Kultur* ist eine emergente Eigenschaft einer Gruppe von Akteuren, die von den Verhaltensregeln (oder Normen) der Akteure für ihre Interaktionen untereinander und mit ihrem sozialen Umfeld bestimmt wird. Kulturelle Regeln werden gesellschaftlich weitergegeben und gelernt.[677]

Kulturelle Normen sind kurz gesagt Faustregeln für das menschliche Verhalten in einem sozialen Umfeld. Normen sind »Soll«-Aussagen, aus denen hervorgeht, welche Verhaltensweisen die Gesellschaft oder die Organisation in einer gegebenen Situation für richtig oder angemessen hält oder von uns erwartet.[678]

Wir können uns Kultur im Organisationskontext als eine Menge ineinander geschachtelter Ringe vorstellen, mit einem Verlauf von allgemein geltenden Normen bis zu eher speziellen und individuellen Normen. Im äußersten Ring finden wir die Normen, die praktisch für alle Menschen gelten. Anthropologen und Kognitionswissenschaftler konnten zeigen, dass eine vergleichsweise kleine Gruppe von Normen zur Standardausstattung des menschlichen Geistes gehört und vermutlich aus unserer biologischen Evolution resultiert.[679] Mord beispielsweise ist ein universelles Verbot, und ebenso kennen alle Gesellschaften, reziproke Verhaltensnormen, wie wir bereits gesehen haben. Die konkrete Feinabstimmung dieser Grundnormen erfolgt jedoch in einem Prozess der Nachahmung und der Anleitung – hier greift die kulturelle Tradierung. Was beispielsweise unter Mord verstanden wird, ist je nach Gesellschaft unterschiedlich (siehe die Definitionen von Ehrenmord, Notwehr und Krieg), und auch der Begriff der Fairness wird von den Gesellschaften unterschiedlich ausgelegt, wie wir in Kapitel 6 gesehen haben.[680]

Der nächstinnere Ring enthält ein ganzes Universum kulturspezifischer Normen. Diese Normen sind in bestimmten Gesellschaften entstanden und werden sukzessive von einem Menschen zum nächsten, von den Eltern an ihre Kinder, von den Lehrern an ihre Schüler, von den Vorgesetzten an ihre Mitarbeiter, von Freunden zu Freunden weitergereicht. Kulturspezifische Normen werden über die unterschiedlichsten Kanäle übertragen: Geschichten, Musik, Religion, Schrifttum und andere Medien. Diese Normen decken in der Regel ein weites Spektrum von Verhaltensweisen ab, von sexuellen Normen über den Umgang mit Gästen bis zu Respektbekundungen. Solche Verhaltensregeln sorgen für endlose Reibungspunkte, wenn sich Menschen aus unterschiedlichen Kulturen begegnen, und für so manchen Spaß, wenn Touristen versuchen, sich in einem fremden Land zurechtzufinden. Innerhalb des gesellschaftlichen Normenbestands gibt es häufig diverse Untergruppen und Unteruntergruppen von Normen, die geografische, religiöse oder andere Besonderheiten widerspiegeln. So können wir von einer deutschen Kultur, einer bayerischen Kultur und einer katholisch-bayerischen Kultur sprechen.

Den nächstinneren Ring bildet die Organisationskultur. Organisationskulturen sind stets in den breiteren Kontext der gesellschaftlichen Kulturen und allgemein der menschlichen Kulturen eingebettet. Aber Organisationen wie beispielsweise Unternehmen entwickeln mit der Zeit auch ihre eigenen unverwechselbaren Kulturen. Wir können sie uns als Verhaltensregeln für das menschliche Zusammenspiel in der jeweiligen Organisation vorstellen. So kann die Kultur eines Unternehmens ihren rangniedrigeren Mitarbeitern das Gefühl vermitteln, dass sie ihre Ansichten frei äußern dürfen, oder sie verbreitet ein autoritäres Klima, in dem die rangniedrigeren Mitarbeiter ihren Vorgesetzten das Reden überlassen. Alternativ könnte ein Unternehmen eine Kultur pflegen, in der einmal getroffene Entscheidungen flexibel gehandhabt und nicht so streng befolgt werden, oder eine, in der Entscheidungen unbedingt einzuhalten sind und ihre Missachtung empfindliche Konsequenzen nach sich zieht. Entscheidend ist, dass es sich hierbei um organisationsspezifische Normen handelt, die nicht für die gesamte Gesellschaft gelten müssen. Sony und Matsushita beispielsweise sind von bestimmten kulturellen Zügen geprägt, die man als japanisch bezeichnen könnte. Jenseits dieser typisch japanischen Merkmale finden wir jedoch ganz unterschiedliche, für das jeweilige Unternehmen charakteristische Verhaltensweisen. Diese Teilmenge der Normen bezeichnen wir als Organisationskultur.

Viele Unternehmen und Managementbücher verwenden im Zusammenhang mit der Unternehmenskultur den Begriff der *Werte*, und wir sollten zwischen Werten und Normen unterscheiden. *Werte* bringen zum Ausdruck, was wir für wichtig halten, wenn wir beispielsweise sagen: »Wir glauben, dass Teamarbeit von einem egalitären Ansatz profitiert.« *Normen* hingegen sind Aussagen mit Soll- beziehungsweise Handlungsanweisungscharakter, wenn wir etwa sagen: »Wir erwarten, dass sich die Teammitglieder unhierarchisch verhalten«. Werte und Normen treten zumeist in Paaren auf (Glaube an die Vorzüge des egalitären Ansatzes und Erwartungshaltung bezüglich des Auftretens der Teammitglieder). Viele Unternehmen verwenden die Begriffe synonym, aber wir wollen hier von *Normen* oder *kulturellen Regeln* sprechen, um zu betonen, dass es auf die Übersetzung in individuelle Verhaltensweisen ankommt.

Den innersten Kreis bilden die individuellen Normen. Jeder Mensch verfügt über eine individuelle Menge von Verhaltensregeln, die er befolgt. Die Mitarbeiter von Matsushita unterliegen einheitlich den menschlichen, den japanischen und den Matsushita-Normen, aber sie sind immer noch Individuen, die sich mitunter unterschiedlich verhalten. Um zwischen individuellen, unternehmensspezifischen, gesellschaftsspezifischen und allgemeinmenschlichen Normen zu unterscheiden, brauchen wir lediglich zu fragen, wie weit eine bestimmte Norm verbreitet ist. Möglicherweise hat jemand in seiner Jugend die Erfahrung gemacht, dass persönliche Initiative belohnt wird, während ein anderer zu der Überzeugung gelangt ist, dass es mehr bringt, den Kopf einzuziehen und mit dem Strom zu schwimmen. Wenn die Bereitschaft zur Initiative ein verbindendes Merkmal in einer Gesellschaft ist, dann sprechen wir von einer gesellschaftlichen Norm; wenn sie in der Gesellschaft nur zufällig und vereinzelt auftaucht, aber gemeinsames Merkmal einer Organisation ist, handelt es sich um eine organisationsspezifische Norm. Wenn diese Verhaltensweise in der Orgnisation nur hier und dort vorkommt, also nur von bestimmten Einzelpersonen befolgt wird, dann sprechen wir von einer individuellen Norm.

Kultur: Die zehn Gebote

Es ist offensichtlich, wie Kultur die Leistung einer Organisation beeinflusst. Wenn sich alle oder die meisten Mitarbeiter eines Unternehmens in einer bestimmten Weise verhalten, wirkt sich dieses Verhalten auf die Gesamtleistung des Unternehmens aus. Interessanter ist nun die Frage, welche Verhaltensweisen wünschenswert sind und welche nicht.

Natürlich hängt es stark vom jeweiligen Unternehmen, von der Branche, vom Geschäftsplan, von der Wettbewerbssituation und so weiter ab, welche Normen dem Erfolg des Unternehmens zuträglich sind. Aber gemäß Tolstois berühmtem Ausspruch: »Alle glücklichen Familien ähneln einander, jede unglückliche aber ist auf ihre eigene Art unglücklich« tauchen einige Merkmale in den Studien über die Kultur leistungsstarker und adaptiver Unternehmen immer wieder auf.[681]

Ich habe einige dieser Merkmale beziehungsweise Normen in einer Liste zusammengefasst. Sie ist nicht erschöpfend, und man kann sicherlich darüber streiten, was dazugehört und was nicht. Die Liste soll in etwa zeigen, welche Arten von Normen die verschiedenen Forscher ausgemacht haben. Ich habe die Normen in drei Kategorien unterteilt. Die erste betrifft die individuelle Leistung: »Wie sollte ich mich verhalten, wenn ich allein bin und von niemandem beobachtet werde?« Die zweite beschreibt kooperative Verhaltensweisen: »Wie sollte ich mich im Zusammenspiel mit anderen verhalten?« Und die dritte beschreibt Verhaltensweisen, die Erkundung und Innovation fördern.

Leistungsnormen:

1. *Leistungsorientierung.* Gib immer dein Bestes, geh auch mal Umwege, sei initiativ und werde immer besser.
2. *Ehrlichkeit.* Sei ehrlich zu anderen und zu dir selbst, sei transparent und stelle dich der Realität.
3. *Meritokratie.* Belohne andere nach Leistung.

Kooperationsnormen:

4. *Gegenseitiges Vertrauen.* Vertraue auf die Motivation deiner Kollegen, und vertraue auf ihre Befähigung für den Job.
5. *Reziprozität.* Lebe nach der goldenen Regel »Was du nicht willst, dass man dir tu, das füg' auch keinem andern zu«.
6. *Gemeinsames Ziel.* Stelle die Interessen der Organisation über deine eigenen, und verhalte dich so, als würden alle in einem Boot sitzen.

Innovationsnormen:

7. *Keine Hierarchien.* Mitarbeiter sollen gegenüber ihren Vorgesetzten mit ihren Ansichten nicht hinterm Berg halten, und was zählt, ist die Qualität der Idee und nicht der Titel dessen, der sie äußert.
8. *Offenheit.* Sei neugierig, offen gegenüber Außenansichten und bereit zu experimentieren; suche stets das Beste, wo immer es auch sein mag.
9. *Faktenorientierung.* Suche nach den Fakten; am Ende zählen Fakten und nicht Meinungen.
10. *Herausforderung.* Lass dich vom Wettbewerb inspirieren; es ist ein Rennen ohne Ziellinie.

Auf den ersten Blick scheint es sich bei diesen Normen um Allgemeinplätze zu handeln. Es gehört wenig dazu, sie zu äußern und sich mit ihnen einverstanden zu erklären. Schwierig wird es, wenn es darum geht, sie in das soziale Gewebe einer großen Organisation zu integrieren und Hunderte, Tausende oder sogar Hunderttausende von Mitarbeitern mit allen Arten von Hintergründen und Persönlichkeiten darauf einzuschwören.

Dennoch gelingt es einigen Unternehmen, zumindest für einen Teil dieser Normen Wort und Tat in Einklang zu bringen. Johnson & Johnson ist bekannt für sein »Credo«, das Robert W. Johnson Jr. im Jahr 1943 verfasste und das seither das Verhalten im Unternehmen maßgeblich bestimmt. Das Credo umfasst den gemeinsamen höheren Zweck, »den Kranken und denen, die sie pflegen, zu dienen« (Norm 6), Prinzipien der Meritokratie (Norm 3) und ethisches Verhalten (Norm 2). Der Gründer von Johnson & Johnson, Robert W. Johnson Sr., tat einst den berühmten Ausspruch: »Misserfolge sind unser wichtigstes Produkt«, womit er die Bereitschaft zum Experiment und zum Risiko (Norm 8) signalisierte.[682]

Das Unternehmen McKinsey & Company, mit dem ich verbunden bin, ist ebenfalls für seine starke Kultur bekannt. Eine Reihe von Normen werden jedem neuen Mitarbeiter nahegebracht, seit Marvin Bower sie in den Vierziger- und Fünfzigerjahren entwickelte.[683] Die Formulierung ist heute anders, aber die zentralen Konzepte sind gleich geblieben. McKinsey ist weltweit »*eine* Firma«, ein Konzept, das die Normen des gegenseitigen Vertrauens und der Reziprozität (Normen 4 und 5) fördert. McKinsey ist eine »fürsorgliche Meritokratie« (Norm 3) und eine »nichthierarchische Firma« (Norm 7). Seine Norm der »positiven nachhaltigen Wirkung auf die Klienten« gibt allen Associates und Partnern ein gemeinsames Ziel (Norm 6). Die Politik des »Up or Out«, wonach Mitarbeiter entweder befördert werden oder das Unternehmen verlassen, erzeugt zudem eine intensive Leistungskultur (Normen 1 und 10).

Auch General Electric ist für seine konkurrenzbetonte, leistungsorientierte Kultur bekannt, mit Konzepten wie *»A-Player in allen Geschäftsbereichen«*, *»Fix it, close it, or sell it«* und den vier E der Unternehmensführung (*energy, edge, energizer* und *execution*).[684] Eine von Jack Welchs berühmtesten Wortschöpfungen, die »grenzenlose Organisation«, spielt unmittelbar auf Norm 8 an. Sein »der Realität ins Auge sehen« entspricht Norm 2, während die Anerkennung von »A-Ideen« unabhängig vom Rang dessen, der sie vorbringt, Norm 7 widerspiegelt.

Vermutlich existiert kein Unternehmen, das alle zehn Normen vollständig erfüllt. Selbst das Vorzeigeunternehmen General Electric missachtet (mitunter) die eine oder andere Kooperationsnorm. Und die einzelnen Organisationen interpretieren diese Normen zwangsläufig jeweils auf ihre eigene Weise und setzen unterschiedliche Schwerpunkte. Es geht hier nicht darum, ob die von mir angeführten Normen nun in Stein gemeißelt werden sollten oder nicht. Entscheidend ist, dass es möglich ist, kulturelle Regeln zu identifizieren, die, wenn sie in einer Bevölkerung im großen Stil zur Anwendung kommen, vermutlich einen positiven Einfluss auf die Makroperformance haben.

Kultur: Inhärente Spannungen

Jede dieser Normen spielt eine entscheidende Rolle im Kontext von Ausführung und Anpassung und für die Reduzierung der Abhängigkeit der Organisation von Struktur und Kontrolle. Individuelle Leistungsnormen haben sicherlich entscheidende Auswirkungen auf die Ausführung. Aber sie spielen auch bei der Anpassung eine Rolle. Wenn individuelle Leistungsnormen tief in der Organisation verwurzelt sind und das individuelle Verhalten maßgeblich prägen, müssen Hierarchie und Prozesse nicht so eng und restriktiv sein, um eine gute Leistung zu erzielen. Wenn Hierarchie und zentrale Kontrollprozesse nicht so eng sein müssen, kann die Organisation mehr Ressourcen für die Erkundung erübrigen und die Verantwortlichkeiten stärker an die Basis delegieren. Sind die individuellen Leistungsnormen jedoch nur schwach ausgeprägt, neigt die Hierarchie dazu, die Zügel anzuziehen, was zwar der Ausführung zugute kommen mag, aber der Anpassungsfähigkeit des Unternehmens schadet.

Kooperationsnormen wirken sich ebenfalls entscheidend auf die Anpassung und die Ausführung aus. In Umgebungen mit geringem Vertrauen und geringer Kooperation muss das Zusammenspiel der Akteure mittels zahlreicher Regeln vorgegeben werden. Wir beobachten dies in Organisationen, in denen das Verhältnis zwischen Arbeitnehmern und Arbeitgeber schlecht ist und die Gewerkschaften in detaillierten Verträgen aushandeln, wer welchen Schraubenzieher in die Hand nehmen darf. Normen, die Vertrauen und Kooperation fördern, ermöglichen den Mitarbeitern, in der jeweiligen Situation selbst zu entscheiden, was das Beste ist. Und das kommt nicht nur der Leistung zugute, sondern erweitert auch den Raum für Experimente und Verbesserungen.

Normen für individuelle Leistung, Vertrauen und Kooperationsverhalten sind notwendige, aber keine hinreichenden Bedingungen für die Anpassungsfähigkeit. Deshalb sind zusätzliche Normen erforderlich, welche die Individuen veranlassen, sich der Erkundung zu widmen und Risiken einzugehen. Außerdem werden Normen benötigt, die solche Individuen innerhalb der Organisation schützen (siehe Normen 7 und 9) und ihnen Raum für innovative Initiativen geben.

In Wirklichkeit befolgen die meisten Organisationen nur wenige oder gar keine dieser Normen. Ungeachtet der Sprüche auf den Schautafeln in der Empfangshalle oder auf den Plastikwürfeln auf den Schreibtischen haben Werte und Kultur für die meisten Unternehmensführungen keine Priorität. In solchen Unternehmen entwickelt sich die Kultur organisch und ohne großes Zutun des Topmanagements aus dem Zusammenspiel der Mitarbeiter. Solche Unternehmenskulturen stellen häufig eine Mischung aus Stärken und Schwächen dar. Manche Organisationen haben möglicherweise starke individuelle Leistungs-, aber schwache Kooperationsnormen oder umgekehrt. Unter den Normen auf meiner Top-Ten-Liste gibt es inhärente Spannungen – siehe beispielsweise die Spannung zwischen einer intensiven, leistungsorientierten Meritokratie und der Notwendigkeit von Teamarbeit. Solange diese Spannungen nicht durch das Topmanagement aktiv gelenkt und von der Struktur der Organisation aufgefangen werden, besteht die Gefahr, dass einzelne Normen auf Kosten anderer die Oberhand gewinnen. So ist es praktisch unmöglich, dass eine ausgewogene Mischung von individuellen, Kooperations- und Innovationsnormen ohne die lenkende Hand einer starken Unternehmensführung organisch entsteht.

Die Erzeugung einer adaptiven sozialen Architektur

Wir haben über eine Reihe von Faktoren gesprochen, die erklären könnten, warum sich Organisationen im Allgemeinen nicht so schnell oder so erfolgreich anpassen wie die Märkte.

Individuen:

- Die gedanklichen Modelle des Menschen tendieren zu einem überzogenen Optimismus, der ihn die Notwendigkeit von Veränderungen nicht erkennen lässt.

- Eine angeborene Tendenz zur Verlustaversion führt dazu, dass Menschen regelmäßig zu wenig in Experimente investieren.
- Je mehr Erfahrungen unsere Denkmodelle in einem stabilen Umfeld sammeln, desto effektiver werden sie in diesem Umfeld, jedoch um den Preis einer reduzierten Flexibilität.
- In einem stabilen Umfeld steigen in Organisationshierarchien bevorzugt Menschen auf, die Erfahrungen und Kenntnisse in der Ausführung bestehender Geschäftsmodelle haben, während Menschen, deren Fähigkeiten mehr auf die Erkundung und Anpassung ausgerichtet sind, in den oberen Rängen unterrepräsentiert sind.

Struktur:

- Die Aufgabe, komplexe Produktions- und Dienstleistungsprozesse auszuführen, führt zu tiefen und eng vernetzten Hierarchien in den entsprechenden Organisationen. Diese Strukturen widersprechen jedoch den Aufgaben der Erkundung, für die flachere und autonomere Organisationsformen erforderlich sind.
- Die Koevolutionsbeziehung zwischen Geschäftsplänen und Ressourcen limitiert den Raum der Geschäftspläne, den ein Unternehmen erkunden kann, und die Pfadabhängigkeit der Ressourcen beschränkt eine Organisation in ihrer Fähigkeit, rasch zu einem neuen Geschäftsplan zu wechseln.

Kultur:

- Starke kulturelle Normen sind wichtig für die Anpassungsfähigkeit, weil sie der Organisation ermöglichen, ihre zentrale hierarchische Kontrolle ohne Verluste bei der Ausführungsleistung zu reduzieren.
- Es existieren jedoch inhärente Spannungen zwischen den kulturellen Normen, welche die individuelle Leistung, die Kooperation und die Innovation fördern; es ist Aufgabe des Topmanagements, dafür zu sorgen, dass sich diese Spannungen nicht einseitig zugunsten bestimmter Normen auflösen.

Ausführung und Anpassung scheinen unversöhnliche Gegensätze zu sein, und die im vorigen Kapitel präsentierten empirischen Daten deuten darauf hin, dass die meisten Unternehmen die Ausführung über die Anpassung stellen. Aber indem wir die Gründe für diese Spaltung erkennen, sehen wir zugleich die Umrisse einer möglichen Lösung. Diese besteht im Wesentlichen darin, die zentralen Hebel des Managements von der Hardware der Organisationsstruktur auf die Software der Kultur zu verlagern.

Große Unternehmen lassen sich grob gesprochen auf zwei Weisen führen. Die eine bedient sich der Struktur der Managementhierarchie. Wir definieren

Rollen, Ziele, Aufgaben und Vorgehensweisen, messen die Leistung von Individuen und Gruppen nach Maßgabe dieser Ziele und belohnen und bestrafen entsprechend. Eine solche Struktur reduziert die Freiheitsgrade der einzelnen Akteure und zwingt sie zu einem bestimmten Verhalten. Die Vorteile dieses Ansatzes sind Kontrolle, Verlässlichkeit und Berechenbarkeit. Mit der Verwendung des Strukturhebels erhöht sich die Wahrscheinlichkeit, dass die Mitarbeiter das tun und lassen, was von ihnen erwartet wird. Auch wenn ich die hierarchische Methode mit wenig schmeichelhaften Worten beschrieben habe, kann es für die Mitarbeiter sehr befriedigend sein, eine genaue Rolle zugewiesen zu bekommen, interessante Aufgaben zu lösen und sich an klaren Leistungskriterien orientieren zu können – besonders wenn die Bezahlung stimmt. Ohne solche hierarchischen Strukturen würden wir immer noch in Höhlen sitzen und Holzstäbe aneinander reiben, um Feuer zu entfachen.

Die zweite Methode benötigt ebenfalls ein hierarchisches Skelett, kommt aber mit weniger Befehls- und Kontrollmuskeln aus. Hier bestimmen nicht Struktur und Prozesse das individuelle Verhalten, sondern in verstärktem Maße die Kultur der Organisation. Der primäre Vorteil einer kulturbasierten Organisation ist, dass die kulturellen Regeln zumeist flexibler sind als die Strukturen. Kulturelle Regeln geben Leitlinien vor, überlassen das »Wie« aber den Individuen. Mit anderen Worten: Sie erwarten von jedem Einzelnen, dass er seinen Kopf gebraucht.

Kulturelle Regeln eignen sich zur Lösung aller genannten Probleme. Gegen Überoptimismus und Risikoaversion helfen kulturelle Normen, welche die Mitarbeiter ermutigen, sich der Realität zu stellen, faktenbezogene Entscheidungen zu treffen und kontrollierte Risiken einzugehen. Festgefahrene Modelle der Unternehmensführung lassen sich durch eine nichthierarchische Kultur überwinden, die von Mitarbeitern in niedrigeren Positionen nicht nur erwartet, sondern geradezu fordert, dass sie ihren Mund aufmachen und sagen, was sie denken (McKinsey spricht von der »Verpflichtung zum Widerspruch«). Der Konflikt zwischen Unbeirrbarkeit und Flexibilität lässt sich durch eine Kultur abschwächen, die eine Vielfalt der Führungsstile befürwortet und Ausführungsfähigkeiten ebenso honoriert wie Innovationsfähigkeiten. Strukturelle Gegebenheiten, bei denen die experimentelle Seite tendenziell zu kurz kommt, können ebenfalls durch kulturelle Veränderungen behoben werden. Insbesondere kann eine Förderung der individuellen Leistung und der Kooperationsnormen zu einer lockereren hierarchischen Struktur führen, ohne dass die kurzfristige Ausführungsleistung darunter leidet. Dadurch wiederum ist es möglich, Ressourcen und Verantwortlichkeiten tiefer in die Organisation hinein zu transportieren.

Der Übergang zu einer stärker kulturell geprägten Unternehmensführung bedeutet nicht den generellen Verzicht auf Struktur und Prozesse. Wie wir gesehen haben, benötigt eine soziale Architektur beides. Wichtig ist vielmehr, dass Hardware und Software einer Organisation harmonieren und sich gegenseitig verstärken. Man kann den umgekehrten Weg gehen und fragen, wie eine Kultur aussehen müsste, die eine bessere Ausgewogenheit zwischen Ausführung und Anpassung schafft, und welche Art von Struktur und Prozessen zu einer solchen Kultur passen würde. Wenn beispielsweise das Ziel »individuelle Verantwortlichkeit« heißt, ohne dass die Erreichung dieses Ziels belohnt und seine Nichterreichung bestraft wird, dann handelt es sich bei dieser Norm um nichts als leere Worte. Ebenso müssen Innovations- und Risikonormen ausreichend mit Budget, Personal und Leistungskontrollen ausgestattet sein.

Die vielleicht wichtigsten Hardwarehebel in einer sozialen Architektur sind die Personalentwicklung und die Fortbildungsprogramme eines Unternehmens. Anstatt gegen die menschliche Natur anzukämpfen, wissen Unternehmen mit einer starken Kultur, dass es einfacher ist, passende Mitarbeiter zu rekrutieren, die mit der Kultur des Unternehmen harmonieren, als sie zu formen. Diese Unternehmen haben also eine sehr starke Vorstellung von der »DNA«, die Stellenbewerber mitbringen müssen. Aber auch wenn die neuen Mitarbeiter die richtigen Voraussetzungen mitbringen, erwarten kulturorientierte Unternehmen nicht, dass sie die Kultur durch schlichte Osmose übernehmen. Solche Unternehmen praktizieren vielmehr sorgfältig gestaltete Einführungsprozesse, welche die neuen Mitarbeiter in die Normen einführen, und verstärken die Normen auch im weiteren Beschäftigungsverlauf mit Schulungs- und anderen Programmen. Beurteilung und Beförderung verstärken die Kultur zusätzlich, indem sie jene belohnen, welche die Normen leben. Diese Prozesse vermitteln den Mitarbeitern vom ersten Einstellungsgespräch bis zur Pensionierung eine unmissverständliche Botschaft in Bezug auf die Unternehmenskultur.

Das Verhalten und die Kommunikation des Topmanagements spielt ebenfalls eine maßgebliche Rolle für den Aufbau und den Erhalt einer kulturbasierten sozialen Architektur. So klischeehaft es klingen mag: Wenn das Topmanagement nicht tut, was es predigt, und die gewünschten Normen nicht vorlebt, wird es auch kein anderer tun. Wie bereits erwähnt, entstehen ausgewogene kulturelle Normensysteme nicht von selbst, weshalb alle Unternehmen mit einer starken Kultur in ihrer Geschichte von Zeit zu Zeit einen CEO hatten, der die Rolle des obersten Kulturarchitekten und Vollzugsbeamten spielte. Diese Führungspersönlichkeiten stellten für ihre Unternehmen einen Katalog wünschenswerter Normen zusammen und achteten leidenschaftlich darauf, dass das Management diese Normen strikt einhielt und sie tief in der Organisation verankerte. Sie entwarfen geeignete Mechanismen, um zu gewährleisteten, dass die Normen in der Organisation langfristig Bestand hatten. Sobald eine Kultur in einem Unternehmen etabliert ist, obliegt es dem gesamten Führungsteam, für die Ausgestaltung und Durchsetzung dieser Kultur zu sorgen, aber in der entscheidenden Anfangsphase hängt alles von den persönlichen Führungsqualitäten des CEO ab.

Auch die Kommunikation ist natürlich wichtig. Die Kognitionswissenschaft erzählt uns, dass die meisten Veränderungsprogramme in Unternehmen scheitern.[685] Wir Menschen sind von Natur aus ziemlich stur; ein paar Reden unseres Chefs, PowerPoint-Präsentationen und mit inspirierenden Sprüchen bedruckte Plastikwürfel auf unseren Schreibtischen können uns kaum veranlassen, unsere Denkmodelle und Verhaltensweisen zu ändern. Anstelle unseres faktenbezogenen, deduktiven Verständnisses muss ein Veränderungsprogramm unsere geschichtenliebende, mustererkennende emotionale und induktive Seite ansprechen. Die Menschen müssen aus ihren bisherigen Denkmodellen gerissen werden, damit sie die zwingende und persönliche Diskrepanz zwischen dem Status quo und dem erstrebenswerten Zustand erkennen. Ein Veränderungsprogramm muss auf faktenbezogenen Argumenten basieren, aber die Kommunikation sollte den Schwerpunkt auf Geschichten, Analogien und Muster legen, die den Menschen helfen, die Probleme zu sehen. Die meisten Veränderungsprogramme sind sehr passiv angelegt; ihre Kommunikation ergießt sich im Wesentlichen von oben nach unten. Aber Lernen ist ein interaktiver Vorgang, und so kann ein Veränderungsprogramm nur dann fruchten, wenn es die Menschen anregt, sich aktiv mit den Problemen zu befassen.

Viele Manager halten die Soundbite-Methode gelinde gesagt für geschmacklos und bringen sie in erster Linie mit Politikern in Verbindung. Tatsache ist jedoch, dass wir Menschen uns kurze, einprägsame und rhythmische Sätze mit Alliterationen, Metaphern, humorvollen Verdrehungen und anderen Tricks besonders gut merken können. Jack Welch war ein Meister des sorgfältig formulierten Merkspruchs, und er nutzte ihn mit Bravour, um seiner Organisation die von ihm gewünschten Verhaltensnormen beizubringen.[686] Zudem kommt es auf die Wiederholung an. Nicht von ungefähr finden Gottesdienste im Wochenrhythmus statt und verkünden Politiker ihre immer selben Parolen, bis sie blau im Gesicht sind – unsere Auffassungsgabe gewichtet die Botschaften mindestens so sehr nach ihrer Häufigkeit wie nach ihrer inhaltlichen Qualität.

Diese Art von Unternehmensführung ist nicht einfach und deshalb selten. Robert Wiggins und Tim Ruefli zufolge machen die Unternehmen, die sich durch ein Muster von Anpassungsfähigkeit und wiederholtem Erfolg auszeichnen, nur ein Prozent der gesamten Unternehmenspopulation aus. GE, Hewlett-Packard, IBM, Johnson & Johnson, British Petroleum, DuPont, Procter & Gamble und Goldman Sachs gehören zu den häufig zitierten Beispielen von Unternehmen, denen es gelungen ist, eine adaptive soziale Architektur zu errichten.[687] Keines dieser Unternehmen ist perfekt, aber sie alle haben immer wieder zu einem hohen Leistungsniveau zurückgefunden, widrige Zeiten überstanden und lange Perioden mit großen Umfeldveränderungen überdauert.

Eine Gesellschaft der Köpfe

Zu den Fragen, die Edith Penrose in ihrer *Theory of the Growth of the Firm* beantwortete, gehörte die nach den grundlegenden Beschränkungen für die

Größe und das Wachstum von Unternehmen.[688] Sie fand zwei. Die erste ist die Fähigkeit, Komplexität zu verwalten. Ab einem gewissen Punkt wird eine Organisation schlicht »zu groß, um noch effizient geführt zu werden«.[689] Diese Beschränkung verliert jedoch mit der Entwicklung unserer physikalischen und sozialen Technologien immer mehr an Bedeutung. Sicherlich ist es einfacher, eine große, weltweite Organisation mit Computer, Telefon, Flugzeug und modernen Managementtechniken zu führen als mit Brief, Brieftaube, Dampfschiff und den STs des 19. Jahrhunderts. Dass diese Beschränkung nicht mehr so relevant ist, zeigt sich daran, dass sich die Durchschnittszahl der Beschäftigten der *Fortune*-500-Unternehmen in knapp 50 Jahren nahezu verdreifacht hat – von 16.000 im Jahr 1955, als die Liste erstmals veröffentlicht wurde, auf fast 48.000 im Jahr 2003.[690]

Die zweite Beschränkung betrifft das Wissen. Ein Unternehmen kann nur so schnell wachsen wie sein Wissen.[691] Und weil Wissen das Produkt eines Evolutionsprozesses ist, können wir sagen, dass ein Unternehmen nur so schnell wachsen kann, wie seine Evolutionsprozesse dies zulassen. Obwohl die Größe der Organisationen in der Wirtschaft zunimmt, bleiben die Verteilungskurven sowohl der Unternehmensgrößen als auch ihrer Wachstumsraten bemerkenswert stabil. Wie Robert Axtell von der Brookings Institution und Gene Stanley von der Boston University zeigten, beschreiben beide ein Potenzgesetz.[692] Die Existenz dieser Potenzgesetze lässt darauf schließen, dass wir es hier tatsächlich mit systemischen Beschränkungen zu tun haben. Was uns zurückhält, ist wohl insbesondere die zweite Penrose'sche Beschränkung. Unsere PTs und STs ermöglichten den Organisationen, Koordinierungs-, Kontroll- und Ausführungsfähigkeiten zu entwickeln, die ihren Innovations- und Wissenserzeugungskünsten um Längen voraus sind.

Wenn das wahr ist, so folgt daraus, dass wir unser menschliches Potenzial bei Weitem nicht ausschöpfen. Dem großen Kognitionswissenschaftler und KI-Forscher Marvin Minsky zufolge ist das, was wir als »Intelligenz« bezeichnen, kein singuläres, sondern vielmehr ein emergentes Phänomen, das aus dem Zusammenspiel vieler Einzelteile entsteht. Die Magie der Intelligenz beruht auf dem Umstand, dass diese Teile, wenn sie in bestimmter Weise organisiert sind, Dinge vollbringen können, zu denen kein Einzelteil allein in der Lage wäre. Minsky bezeichnete die so verstandene Intelligenz als »Society of Mind«.[693]

Wir können die Entwicklung menschlicher Organisationen in drei Phasen unterteilen. Die erste Phase war die Evolution der STs, die es Fremden ermöglichten, miteinander zu kooperieren. Die zweite Phase umfasste die Entstehung großer Organisationen, welche die PTs der industriellen Revolution ausschöpften. Heute stehen wir möglicherweise am Beginn der dritten Phase. Wir lernen gerade erst, in unseren größten Organisationen »Gesellschaften von Köpfen« zu bilden.

Viele Organisationen nutzen nur einen Bruchteil der Verstandeskräfte ihrer Mitarbeiter. Die hierarchischen, auf Befehl und Kontrolle basierenden Organisationen aus dem Industriezeitalter ermöglichten es den Menschen, einen nie dagewesenen Kooperationsgrad zu erreichen und Geschäftspläne von ungeheurer Komplexität auszuführen. Aufgrund ihrer inhärenten Unbeweglichkeit sind diese Strukturen dennoch nicht viel mehr als Evolutionsfutter für die Tätigkeit der Märkte. Erst durch den Hebel der Kultur erzeugen die Unternehmen in ihrem Inneren wahre Gesellschaften frei denkender Mitarbeiter. Wie in jeder Gesellschaft kommt mit der Freiheit die Verantwortung, und die Kultur muss Leistung und Ausführung ebenso unterstützen wie Erkundung und Anpassung. Die Schaffung einer solchen Kultur ist echtes »Social Engineering« mit all den Risiken und Unwägbarkeiten, die wir mit diesem Ausdruck verbinden. Erfolgreiche Unternehmen werden jedoch damit belohnt, dass sie Institutionen schaffen, die möglicherweise über viele Generationen die Motoren der Wohlstandserzeugung sein werden.

17. Finanzmärkte: Wechselspiel der Erwartungen

Im Sommer 1998 erhielt der CEO des milliardenschweren Hedgefonds Long-Term Capital Management (LTCM) John Meriwether mitten im Urlaub einen dringenden Telefonanruf. Der August war für die Finanzmärkte der Welt eine einzige Achterbahnfahrt gewesen, die eine asiatische Volkswirtschaft nach der anderen in den Ruin getrieben und auf den US-Märkten wilde Turbulenzen ausgelöst hatte. Zum Monatsende sprang die Achterbahn vollends aus den Gleisen. LTCM verlor innerhalb weniger Tage 4,4 Milliarden US-Dollar.[694] Meriwether wurde nach Greenwich, Connecticut, zitiert, um die Vorbereitungen für einen Notverkauf zu treffen.

Bruchlandung der Nobelpreise

Der Sommer 1998 bleibt möglicherweise als die Zeitspanne in Erinnerung, in der eine Ära der Finanztheorie endete und eine neue begann. Der große Börsenkrach von 1987 hatte die Fundamente des Elfenbeinturms ins Wanken gebracht, aber die Ereignisse von 1998 brachten ihn zum Einsturz. Die unglaubliche Volatilität der Märkte, der reihenweise Zusammenbruch ganzer Volkswirtschaften und die plötzlichen Veränderungen in der Risikowahrnehmung waren sämtlich Phänomene, welche die traditionelle Wirtschaftslehre kaum oder gar nicht erklären konnte. Es war zugleich eine Zeitspanne höchster Ironie, denn die Investmentstrategie von LTCM wurde maßgeblich von zwei Vätern der modernen Finanztheorie entwickelt – von den Nobelpreisträgern Robert Merton und Myron Scholes. Am Tag nach dem LTCM-Zusammenbruch gab Merton zu Protokoll: »Laut unseren Modellen hätte so etwas nicht passieren können« – und dennoch war es eingetreten, nachzulesen auf der Titelseite des *Wall Street Journal*.[695]

Die jüngsten Ereignisse sind dazu angetan, die Zweifel an den finanztheoretischen Vorstellungen der traditionellen Wirtschaftslehre noch weiter zu verstärken. In der geordneten, rationalen Gleichgewichtswelt der traditionellen Finanzlehre existieren keine Spekulationsblasen. Doch während der großen Börsenhausse von 1997 bis 2000 nahm der Wert des US-Finanzmarkts um 12,7 Billionen US-Dollar zu, von denen sich während der Pleitewelle zur Jahrtausendwende 10,8 Billionen US-Dollar wieder verflüchtigten. Die Kluft zwischen der realen Welt und den Lehrbüchern ließ sich nicht länger leugnen.

Die Finanzlehre gehört zu den wenigen Feldern der Ökonomik, in denen die akademischen Theorien und Gleichungen fast unmittelbar in der Realität zur Anwendung kommen. Investoren, Banken, Unternehmensmanager und Politiker machen von den Instrumenten der traditionellen Finanzlehre ausführlich Gebrauch. Auf ihrer Basis werden Handelsverträge in Milliardenhöhe geschlossen, aber auch Entscheidungen über Unternehmensfusionen oder die Zinssätze der Zentralbanken getroffen. Wer also behauptet, dass die traditionelle Finanzlehre falsch ist, rüttelt an den Grundfesten unserer Wirtschaft.

Die Finanztheorie ist zudem der empirisch am gründlichsten analysierte Bereich der Ökonomik. Finanzökonomen können auf einen unvorstellbaren Datenreichtum zurückgreifen. Jede Minute treffen Handelsdaten von Zehntausenden von Anlagewerten ein. Zudem sind die Börsen in der Regel alte Einrichtungen mit gut geführten Büchern, sodass den Ökonomen neben Echtzeitdaten auch Archive zur Verfügung stehen, die viele Jahrzehnte umfassen. Leider sprechen all diese Daten nicht gerade zugunsten der traditionellen Theorie.

Vergessene Franzosen und verstaubte Bibliotheken

Im Jahr 1900 vollendete der junge französische Mathematikstudent Louis Bachelier an der Sorbonne seine Dissertation zum Thema *Théorie de la Spéculation*.[696] Darin stellte er die bemerkenswerte Behauptung auf, die Börsenkurse vollführten eine Zufallsbewegung. Wie bereits beschrieben, liegt eine Zufallsbewegung (Random Walk) dann vor, wenn etwas in jeder Zeiteinheit eine zufällige Strecke in einer zufälligen Richtung zurücklegt. Die radikale Folgerung aus Bacheliers Behauptung lautete, dass der Kursverlauf einer Aktie nicht mehr verwertbare Informationen enthält als die Torkelschritte eines Betrunkenen auf den Straßen von Paris. Unglücklicherweise fanden die Herren Professoren vom Dissertationsausschuss Bacheliers Arbeit nicht überzeugend, und so blieb sie 60 Jahre lang weitgehend unbeachtet.[697]

Im Jahr 1954 entdeckte ein Statistiker namens Jimmie Savage in den Bibliotheksbeständen der University of Chicago ein staubiges Büchlein eines gewissen L. Bachelier aus dem Jahr 1914. Savage unterrichtete den legendären Ökonomen Paul Samuelson von seinem Fund, der sich daraufhin ein Exemplar des Werkes von der Sorbonne kommen ließ. Durch Samuelsons Einfluss entwickelte sich die Hypothese der Zufallsbewegung (Random-Walk-Hypothese) zu einem Eckpfeiler der traditionellen Finanzlehre.

Während der folgenden drei Jahrzehnte wurden die wichtigsten Ideen der traditionellen Finanzlehre von zahlreichen namhaften Ökonomen weiter ausgearbeitet, unter ihnen Samuelson, Paul Cootner, Harry Markowitz, James Tobin, Franco Modigliani, Merton Miller, Fisher Black, Myron Scholes, Eugene Fama, William Sharpe und Robert Merton. Im Jahr 1973 veröffentlichte der Princeton-Professor Burton Malkiel sein Buch *A Random Walk Down Wall Street*, in dem er den Forschungsstand dieser Ära zusammenfasste und sowohl für professionelle Händler und Analysten als auch für private Kleinanleger aufbereitete.[698] Das Buch wurde zum Bestseller und zur Pflichtlektüre von MBA-Studenten, und eine ganze Generation von Investoren wuchs mit den Ideen auf, deren Grundstein der vergessene Franzose gelegt hatte.

Aktienkauf nach dem Lehrbuch

Laut traditioneller Finanzlehre bewerten wir eine Aktie (oder jedes andere Finanzinstrument), indem wir auf die zukünftigen Cashflows schauen, die wir aus ihr beziehen werden.[699] Stellen wir uns ein Unternehmen namens Predictable Enterprises vor, das auf seine Aktien eine Dividende zahlt. Stellen wir uns außerdem vor, wir verfügten über eine Kristallkugel und könnten exakt vorhersagen, dass Predictable Enterprises während der nächsten fünf Jahre eine jährliche Dividende von 10 US-Dollar je Aktie zahlen wird. Unsere Kristallkugel verrät uns zudem, dass das Unternehmen im sechsten Jahre von Nobel Ventures für 100 US-Dollar in bar pro Aktie übernommen wird. Wenn wir eine Aktie besitzen, erhalten wir fünf Jahr lang eine Auszahlung von je 10 US-Dollar und anschließend einen Einmalbetrag von 100 US-Dollar (unter Vernachlässigung von Steuern). Der Zukunftswert einer Predictable-Enterprises-Aktie beträgt demnach 150 US-Dollar. Wie wir jedoch alle wissen, ist ein Dollar heute mehr wert als morgen. In der Regel kauft niemand heute eine Aktie für 150 US-Dollar, nur um in sechs Jahren 150 US-Dollar zurückzuerhalten; eine gewisse Rendite sollte da schon drin sein. Wie viel Rendite wir für angemessen halten, hängt vom Risiko der Investition und von unseren Alternativen ab. Stellen wir uns jetzt vor, wir hätten keine Kristallkugel, sondern erwarteten lediglich, dass sich die Performance von Predictable Enterprises in der beschriebenen Art entwickelt. Dabei raten wir nicht ins Blaue hinein, sondern wir haben vielmehr sämtliche Berichte des Unternehmens gelesen, seine Marktposition analysiert und bei unserer Entscheidung alle öffentlich verfügbaren Informationen berücksichtigt. Aber während wir eine bestimmte Erwartungshaltung haben, wissen wir auch, dass es sowohl schlechter als auch besser kommen kann. Wir wissen auch, dass wir unser Geld statt in das risikobehaftete Wertpapier in ein verzinstes Sparkonto mit so gut wie keinem Risiko investieren können. Nehmen wir also an, dass wir die Predictable-Enterprises-Aktie für so riskant halten, dass wir eine mindestens zehnprozentige Jahresrendite erwarten, damit wir sie kaufen. In diesem Fall wären wir heute nicht bereit, mehr als 94 US-Dollar für eine Investition auszugeben, die uns in sechs Jahren 150 US-Dollar verspricht.[700] Der Umstand, dass Investoren einen Dollar heute höher bewerten als morgen, wird als *Diskontierung* bezeichnet, und wie stark diese Diskontierung ausfällt, hängt vom Risiko ab, das der Investor nach eigener Einschätzung eingeht.

In der Welt der traditionellen Finanzlehre denken und handeln alle Investoren rational. Sie beschaffen sich sämtliche verfügbaren Informationen zu einem bestimmten Wertpapier, bilden die Erwartungswerte für die zukünftigen Cashflows dieser Investition, bestimmen daraus eine Diskontierungsrate und errechnen den heutigen Wert der Aktie. Der Preis einer Aktie spiegelt folglich sämtliche verfügbaren Informationen zu dieser Aktie und die aus diesen Informationen abgeleiteten Erwartungen wider. Entsprechend sind die Erwartungen der Investoren hinsichtlich des zukünftigen Wachstums einer Aktie ebenfalls in ihrem heutigen Wert enthalten. Erwartungen, wonach der Wert einer Aktie sinken wird, führen ebenfalls bereits heute zu einer Abwertung. Ähnlich würde sich eine veränderte Einschätzung des mit der Investition verbundenen Risikos auf die Diskontierung und damit auf den Wert niederschlagen, den wir der Aktie beimessen.

Nachdem wir alle verfügbaren Informationen ausgewertet und den Preis, den wir zu zahlen bereit sind, errechnet haben, verändert sich dieser Preis der Theorie zufolge nur dann, wenn neue Informationen uns veranlassen, unsere Zukunftserwartungen zu revidieren. Wenn wir also erfahren, dass Predictable Enterprises eine weitere Dividende von 10 US-Dollar erwartungsgemäß gezahlt hat, bestätigt dies nur unsere Erwartungen, und wir bewerten die Aktie nach wie vor mit 94 US-Dollar. Wenn wir stattdessen die unerwartete Nachricht erhalten, dass Predictable Enterprises seine Dividende erhöhte, steigt der von uns ermittelte Aktienwert um einen angemessenen Betrag.

Bislang habe ich referiert, wie die traditionelle Finanzlehre die Entscheidungsfindung einzelner Investoren beschreibt, aber was geschieht, wenn mehrere Investoren miteinander handeln? Nicht jeder interpretiert die verfügbaren Informationen auf gleiche Weise. Der eine sieht die Entwicklung von Predictable Enterprises optimistisch und bewertet die Aktie mit 101 US-Dollar, während der Pessimist bereit ist, zu jedem Preis zu verkaufen, der über 87 US-Dollar liegt. Auf diese Weise kommen diese beiden Akteure möglicherweise ins Geschäft. Angenommen, der Markt besteht aus vielen solchen Händlern mit diversen Zukunftserwartungen und Aktienbeständen. Dann können wir eine Auktion veranstalten, auf der alle miteinander Handel treiben, bis die Pessimisten ihre Aktien an die Optimisten verkauft haben und alle Interessen ausgeglichen sind. Zuletzt besitzen alle Investoren so viele Aktien, wie sie zu dem verfügbaren Preis haben wollen. An diesem Punkt, an dem alle zufrieden sind und niemand mehr handeln will, ist der Markt im Gleichgewicht, und der vom Auktionator ermittelte Preis ist der *Marktpreis*. Der Marktpreis verkörpert somit einen Konsens bezüglich der im Markt vorhandenen Erwartungen und Informationen.

Von jetzt an sollte der Markt so lange im Gleichgewicht verweilen, bis neue Informationen hereinkommen. Wir können uns vorstellen, wie jedermann auf dem Börsenparkett gähnend Däumchen dreht, bis plötzlich die Nachricht einschlägt, dass Predictable Enterprises einen unerwarteten Großauftrag bekommen hat. Diese Ankündigung führt zu großer Hektik, und alle versuchen, so viel wie möglich über diesen neuen Deal in Erfahrung zu bringen. Die Investoren aktualisieren ihre Erwartungen hinsichtlich der Cashflows und Risiken von Predictable Enterprises und entwickeln neue Bewertungen, die wiederum eine neue Handelsrunde einleiten. Es wird so lange gehandelt, bis wieder jedermann zufrieden ist; der Markt fällt erneut ins Gleichgewicht und wartet im Ruhezustand auf die nächste Neuigkeit.

Verantwortlich für die Zufallsbewegungen der Aktienkurse ist die Effizienz, mit welcher der Markt Informationen verarbeitet. Wenn jedermann alle verfügbaren Informationen aufnimmt und seine Berechnungen korrekt durchführt, können nur neue Nachrichten den Preis der Predictable-Enterprises-Aktie verändern. Weil die traditionelle Wirtschaftslehre den Nachrichteneingang als zufällig betrachtet und niemand weiß, ob als Nächstes eine gute oder eine schlechte Nachricht eintrifft, bewegen sich die Aktienkurse so zufällig wie eine Fahne im Wind. Weil aber die Ökonomien der industrialisierten Welt im Durchschnitt jedes Jahr ein paar Prozentpunkte wachsen, modellieren die Ökonomen die Zufälligkeit der Nachrichten mit einem leichten Überhang zugunsten der guten Nachrichten. Ohne weitere Detailinformationen über Predictable Enterprises würden wir annehmen, dass auch dieses Unternehmen vom allgemeinen Wirtschaftswachstum profitiert und geringfügig mehr gute als schlechte Nachrichten produziert. Man spricht in diesem Zusammenhang von einer *Zufallsbewegung mit Drift*. Während also die Märkte eine Zufallsbewegung vollführen, zeigen die durchschnittlichen Aktienkurse eine leichte Aufwärtsbewegung.

Glücksspiel, Pferdewetten und die Börse

Eine wichtige Folgerung aus der Random-Walk-Hypothese ist, dass vergangene Aktienkursbewegungen keine nützlichen Informationen enthalten. Ob die Aktie gestern stieg oder fiel, hat keine Auswirkung darauf, ob sie morgen steigen oder fallen wird; das Einzige, was die Preise beeinflusst, sind Nachrichten, die ihrerseits rein zufällig eintreffen. Gäbe es in den Kursen der Vergangenheit irgendwelche Muster, würden rationale Investoren sie erkennen und als nützliche Informationen in ihre Bewertungen einfließen lassen. Sie würden die Muster aus dem Markt herausarbitrieren und ihn wieder zufällig machen.

Die Kombination von rationalen Investoren und Arbitrage bedeutet, dass es unmöglich ist, den Markt zu schlagen und höhere Renditen zu erzielen als der Markt insgesamt. Das ist der Inhalt der sogenannten *Markteffizienzhypothese*. Einer der frühen Architekten dieser Theorie, Eugene Fama von der University of Chicago, definiert einen Markt als effizient, wenn die Preise alle verfügbaren und relevanten Informationen »vollständig widerspiegeln«.[701] Wenn jeder dieselben Formeln zur Berechnung der Preise verwendet (vollkommene Rationalität) und Zugang zu denselben Informationen hat, so die Idee, dann spiegeln die Preise dies wider. Weil niemand klüger als die vollkommene Rationalität sein kann, wird nur derjenige einen »realeren« Preis ermitteln, der über zusätzliche Informationen verfügt. Aber die Veröffentlichung und Verwendung von Informationen ist mit Bedacht so geregelt, dass »Insider« wie beispielsweise Unternehmensmitarbeiter, ihre Freunde oder ihre Familien daran gehindert werden, mit den Informationen, die sie den übrigen Investoren voraus haben, unfairen Handel zu treiben. Und wenn neue Informationen den Markt erreichen, wird durch die Verfügbarkeit von Nachrichten rund um die Uhr und das Internet praktisch garantiert, dass alle Beteiligten die Informationen zur gleichen Zeit erhalten. Aus der Prämisse des effizienten Marktes folgt, dass es nicht möglich ist, einen Vorteil gegenüber dem Markt zu erlangen und ihn systematisch zu übertreffen. Wie Paul Samuelson einmal sagte: »Es ist nicht leicht, in Las Vegas, in Churchill Downs[702] oder in einem Merrill-Lynch-Büro reich zu werden.«[703]

Aber halt: Was ist mit Warren Buffett? Gibt es nicht raffinierte und weniger raffinierte Investoren? Ein traditioneller Finanztheoretiker würde antworten: Natürlich gibt es weniger schlaue Investoren, aber die intelligenten bestimmen den Preis. Angenommen, wir haben einen Markt mit zwei Arten von Investoren: Warren-Buffett-Investoren, die sämtliche aktuellen Informationen durchkämmen und mit ihren brillanten Köpfen perfekt analysieren, und Otto-Normal-Investoren, die sich in Sachen Aktien von Taxifahrern und Kneipenwirten beraten lassen. Wenn wir sie gemeinsam handeln lassen, werden die Warren-Buffett-Investoren die Otto-Normal-Investoren so lange über den Tisch ziehen, bis der Marktpreis dem Warren-Buffett-Preis entspricht und keiner mehr handeln will. Die Otto-Normal-Investoren verlieren ihr Geld allmählich an die Warren Buffetts, bis schließlich das meiste Geld in den Händen der »schlauen« Händler landet.[704] In realen Märkten befindet sich das meiste Geld in den Händen von Pensionsfonds, Investmentfonds und anderen professionellen Anlegern, deren Handelsaktivitäten die Preise weitestgehend bestimmen.

Vielleicht haben die Otto-Normal-Anleger gegen die Profis keine Chance, aber was ist mit den Charts in den Anzeigen von Publikumsfonds, die zeigen, wie ein bestimmter Fonds sich besser entwickelte als der Marktdurchschnitt oder die Konkurrenz? Den traditionellen Finanzökonomen zufolge gibt es dafür zwei Erklärungen. Die eine lautet, dass der Fonds mit einem höheren Risiko verbunden ist als der Marktdurchschnitt. In einem effizienten Markt sind überdurchschnittliche Renditen möglich, aber nicht zum Nulltarif. Der Preis wird in Form eines erhöhten Risikos gezahlt, sodass sich nach Herausrechnung des Risikos wieder der Marktdurchschnitt ergibt. Die zweite Erklärung ist glücklicher Zufall. Wie im Fall der »Top-Unternehmen« finden wir in jeder hinreichend großen Auswahl von Anlagefonds immer den einen oder anderen, der über einen bestimmten Beobachtungszeitraum besser abschneidet als andere. Wie Malkiel in seinem Buch von 1973 schrieb, zeigen diverse Studien, dass Pensionsfonds und professionelle Anleger die Marktindizes wie beispielsweise den S&P 500 auf langfristiger, risikobereinigter Basis nicht statistisch signifikant übertreffen; in Wirklichkeit hinken sie ihnen sogar hinterher.[705]

Die traditionelle Finanzlehre hat ihre Ideen zu einer exakten und kohärenten Theorie verdichtet, die das Verhalten einzelner Anleger ebenso beschreibt wie die Bewegungen der globalen Märkte. In mancherlei Hinsicht gehört sie zu den elegantesten und am weitesten entwickelten Bereichen der traditionellen Wirtschaftslehre.

Während der vergangenen zwei Jahrzehnte war die Realität der Theorie jedoch nicht wohlgesinnt. Wie zu Beginn des Kapitels erwähnt, haben Ereignisse wie der Börsenkrach von 1987 oder die Technologieblase der frühen Neunzigerjahre die traditionelle Finanzlehre auf eine harte Probe gestellt. Noch entscheidender ist aber vielleicht, dass die Kernaussagen der Theorie mittlerweile von einer neuen Generation empirischer Arbeiten infrage gestellt wird, die sich neuester statistischer Instrumente bedienen. Aus dem Blickwinkel dieser Arbeiten erscheint die Theorie bestenfalls als grobe Näherung unter bestimmten Umständen; im schlimmsten Fall ist sie schlicht und einfach falsch. Um zum Kern der Diskussion vorzudringen, müssen wir zunächst dreierlei festhalten:

- Erstens zeigen umfangreiche empirische und experimentelle Befunde, dass reale Investoren wenig Ähnlichkeit mit ihren theoretischen, vollkommen rationalen Pendants haben.[706] Anleger diskontieren nicht in der Weise, wie die traditionelle Theorie annimmt; sie schätzen Risiken subjektiv ein, machen in der Informationsverarbeitung systematische Fehler und treffen ihre Entscheidungen heuristisch. Wie wir in Kapitel 6 bereits gesehen haben, heißt das aber nicht, dass Investoren irrational sind oder ihre Entscheidungen ausschließlich emotional treffen. Vielmehr ist ihre Rationalität eher induktiv als deduktiv. Die Arbeiten aus drei Jahrzehnten lassen kaum einen Zweifel, dass die vollkommene Rationalität eine schlechte Näherung der ökonomischen Realität darstellt.
- Zweitens hatte Bachelier Unrecht. Die Märkte beschreiben keine Zufallsbewegungen. Wie wir sehen werden, weisen die Marktdaten eine erkleckliche Struktur mit allen typischen Merkmalen eines komplexen adaptiven Systems auf.
- Drittens sind Finanzmärkte nicht effizient im traditionellen Sinne des Wortes; dafür sind sie, wie wir sehen werden, aus der Evolutionsperspektive betrachtet hochgradig *effektiv*.

Baumwollpreise, schwere Ränder und Fraktale

Um zu verstehen, wo die traditionelle Theorie irrt und um welches Phänomen es sich bei den Finanzmärkten in Wirklichkeit handelt, müssen wir bis in die Sechzigerjahre und zu dem riesigen Forschungszentrum von IBM in Yorktown Heights im US-Bundesstaat New York zurückgehen. Zu den vielversprechenden Stars dort gehörte ein in Polen gebürtiger und in Frankreich aufgewachsener Mathematiker namens Benoît Mandelbrot (wir erwähnten seine Arbeiten bereits in Kapitel 8).[707] Seit seinen frühesten Tagen war Mandelbrot so etwas wie ein Rebell. Während sich die französische Mathematik wie besessen mit dem bourbakischen Programm der reinen Logik beschäftigte, interessierte sich

Mandelbrot für das unmodische Thema Geometrie, wobei er seine Daten häufig lieber mit Zeichnungen statt mit Gleichungen veranschaulichte.

Mandelbrot gab 1960 eine Vorlesung in Harvard. Dort entdeckte er an einem schwarzen Brett ein Bild, das ihn faszinierte. Es handelte sich um die grafische Aufbereitung von Baumwollpreisen, die der Ökonomikprofessor Hendrik Houthakker gesammelt hatte. Houthakker hatte die täglichen Veränderungen oder Varianzen der Preise in einer Kurve aufgetragen und versucht, sie mit einer Gaußschen Glockenkurve, wie sie die Hypothese der Zufallsbewegung vorsah, in Einklang zu bringen, was ihm jedoch nicht gelang. Mandelbrot glaubte, das von den Daten erzeugte Muster zu kennen, und nahm die Daten in Form einer Schachtel voller Computerlochkarten nach Yorktown Heights mit. Im Jahr 1963 veröffentlichte er seine Analyseergebnisse in einem Artikel mit der Überschritt »The Variation of Certain Speculative Prices«. Mit vier Schlägen brachte er die Random-Walk-Hypothese zu Fall: (1) Die Datenverteilung wies sehr viel schwerere Ränder auf als eine Glockenkurve; es gab mit anderen Worten sehr viel mehr extreme Preisausschläge, als sich mit der Zufallsbewegung erklären ließ. (2) Diese Extreme waren tatsächlich sehr extrem; ein Großteil der Gesamtvarianz ging auf Kosten einiger weniger starker Preisausschläge. (3) Preisbewegungen traten zeitlich gehäuft auf; sie beschrieben mit anderen Worten ein punktiertes Gleichgewichtsmuster. (4) Die Mittelwerte der Daten blieben zeitlich nicht konstant, wie sie es laut der Hypothese der Zufallsbewegung hätten sein müssen.[708]

Mandelbrot entthronte nicht nur die Random-Walk-Hypothese, sondern schlug auch eine Alternative vor. Danach beschrieben die Ränder der Baumwollpreisverteilung ein Potenzgesetz.[709] Mandelbrots These liefert eine elegante Erklärung für die schweren Ränder und die extreme Volatilität der Daten – jene Eigenschaften, welche die Random-Walk-Hypothese nicht erklären konnte. In nachfolgenden Arbeiten diagnostizierte Mandelbrot in den Finanzmarktkursen eine »fraktale Geometrie« – die Finanzdaten verfügten nicht nur über eine Struktur, sondern die Struktur wiederholte sich in unterschiedlichen Zeitskalen von Minuten bis zu Monaten ähnlich den Mustern der fraktalen Darstellungen, mit denen Mandelbrot berühmt wurde.[710]

Als die Arbeit von 1963 erschien, löste sie feindselige Reaktionen aus. Paul Cootner, ein führender Vertreter der Random-Walk-Hypothese, sagte: »Bevor wir die Arbeit von Jahrhunderten verloren geben, möchten wir natürlich sicher sein, dass sie wirklich nutzlos war.«[711] Es folgte eine Debatte über Mandelbrots Arbeit und ein wohl überlegter Beitrag von Eugene Fama von der University of Chicago.[712] In einer weiteren Arbeit aus dem Jahr 1967 antwortete Mandelbrot seinen Kritikern und bestätigte seine Ergebnisse mit zusätzlichen Daten wie beispielsweise Weizenpreisen, Eisenbahnaktien, Zinssätzen und Wechselkursen.[713] Allmählich legte sich der Sturm, und die Ökonomen wandten sich wieder anderen Themen zu. Mandelbrot blieb ein Außenseiter, ein IBM-Mathematiker und kein Ökonom. Die Random-Walk-Hypothese hatte die Macht der traditionellen Theorie hinter sich, während Mandelbrots Befunde durch keine vergleichbare Theorie gestützt wurden. Es mussten noch zwei Jahrzehnte vergehen, bis die Vorstellung vom komplexen adaptiven System und die entsprechenden Analyseinstrumente entwickelt wurden. Mandelbrots Arbeiten verschwanden in der Schublade »lästiger Anomalien«, wo sie wie Bacheliers frühere Arbeiten so gut wie vergessen wurden, bis eine neue Generation sie wiederentdeckte.

»A Non-Random Walk Down Wall Street«

Im Jahr 1986 präsentierten der junge MIT-Professor Andy Lo und sein Mitarbeiter Craig MacKinlay von der Wharton School auf einer Konferenz illustrer Finanzwissenschaftler eine Arbeit, in der sie behaupteten, sie könnten beweisen, dass Aktienmärkte keine Zufallsbewegung vollführen. In ihrem Buch *A Non-Random Walk Down Wall Street* von 1999 beschreiben sie die fassungslosen Reaktionen der Anwesenden.[714] Während ihres Vortrags stellte ein erfahrener und angesehener Ökonom zuversichtlich fest, ihre Ergebnisse könnten unmöglich zutreffen; es müsse sich wohl um einen Programmierfehler handeln.

Aber in den nachfolgenden Jahren wiederholten sich ihre Ergebnisse, die Programmierung erwies sich als sauber und die Schlussfolgerungen als gerechtfertigt. Im Gegensatz zu Mandelbrot stammten Lo und MacKinlay aus der Finanzwelt, und die in ihrer Studie verwendeten Techniken waren in der traditionellen Finanzlehre gang und gäbe. Vor der Arbeit von Lo und MacKinlay war die Random-Walk-Hypothese jahrzehntelang statistisch getestet worden, aber diese Tests hatten sich auf die Frage konzentriert, ob sich die zukünftige Kursentwicklung aus dem Kursverlauf der Vergangenheit ableiten ließ.[715] Die Antwort fiel negativ aus; wie jedoch Lo und MacKinlay zeigten, ist eine Antwort, die mit der Random-Walk-Hypothese konsistent ist, noch kein Beweis derselben. Die beiden Forscher stellten ihre Frage etwas anders: Gibt es in den Daten irgendwelche Muster oder Regelmäßigkeiten, die in statistisch signifikanter Weise von einem rein zufälligen Muster abweichen?[716] Ob man mit irgendeinem dieser Muster Geld verdienen konnte, war ein anderes Thema. Lo und MacKinlay fanden zwei Muster, welche die Random-Walk-Hypothese eindrucksvoll widerlegten (beide deckten sich mit den Ergebnissen Mandelbrots). Erstens bestand eine Korrelation zwischen Preisen und Zeit, und zweitens verhielt sich die Varianz der Marktpreise nicht, wie sie es laut Random-Walk-Hypothese hätte tun müssen.[717]

Lo und MacKinlay verbrachten die nächsten zehn Jahre damit, ihre Resultate gegen diverse Kritiker zu verteidigen und mit weiteren Belegen zu untermauern. Zahlreiche weitere Wissenschaftler, ausgerüstet mit immer leistungsfähigeren Computern und statistischen Instrumenten, spürten in den Daten der globalen Finanzmärkte die unterschiedlichsten Muster auf.[718] Am Sarg der Random-

Walk-Hypothese wurde eifrig gezimmert. Sogar Burton Malkiel musste in der siebten Ausgabe seines Buches *A Random Walk Down Wall Street* aus dem Jahr 2000 eingestehen, dass die Märkte de facto keine Zufallsbewegung beschreiben.

Angriff der Ökonophysiker

Ungefähr zu der Zeit, als Lo und MacKinlay die Fundamente der traditionellen Finanzlehre von innen her untergruben, blies eine andere Gruppe von Forschern zum Angriff von außen. Am 9. November 1989 fiel die Berliner Mauer, und die ganze Welt feierte. Plötzlich redeten alle von reduzierten Verteidigungsausgaben und einer »Friedensdividende«. Während sich die Welt darüber freute, bedeutete es für die Tausende von Physikern und Mathematikern, die in den US-Rüstungslabors wie Los Alamos oder Sandia beschäftigt waren, den Verlust ihres Arbeitsplatzes. Auf der anderen Seite der Welt mussten die Weltklassewissenschaftler der sowjetischen Rüstungsindustrie ebenfalls damit rechnen, bald ihre Jobs zu verlieren. Gleichzeitig jedoch hatte die boomende Wall Street einen unstillbaren Hunger nach gut ausgebildeten Mathematikern. So kam es, dass Angebot und Nachfrage rasch zusammenfanden und eine Flut von Raketenforschern aus der ganzen Welt in den Büros von Goldman Sachs, Morgan Stanley und diversen Hedgefonds landete, wo sich ihr Ehrgeiz fortan auf die Bewertung von Derivaten statt auf die Zerstörung der Welt richtete.

Anfangs arbeiteten sich die – meist noch recht jungen – Physiker durch die finanztheoretischen Lehrbücher und ließen ihre Computermodelle nach Geldquellen suchen. Vielen von ihnen blieb jedoch die Diskrepanz zwischen den realen Daten und den Lehrbuchbeschreibungen nicht lange verborgen. Zur selben Zeit gaben Chaostheorie, nichtlineare Dynamik und Komplexitätstheorie Vollgas und erreichten ihren Durchbruch. Da blieb es nicht aus, dass sich die Physiker hier nach Antworten umsahen und sich Finanz- und Komplexitätstheorie einander annäherten. Bald füllten sich die traditionellen naturwissenschaftlichen Fachzeitschriften wie beispielsweise *Physical Review Letters* und *Nature* mit Artikeln über Finanzthemen aus der Feder der »Ökonophysiker«.[719] In den Neunzigerjahren besannen sich Wissenschaftler wie Eugene Stanley, Jean-Philippe Bouchaud, Neil Johnson, Rosario Mantegna und Didier Sornette auf Mandelbrots Thesen und konfrontierten die traditionelle Finanzlehre mit der Vorstellung von volatilen, randlastigen Aktienmärkten – eine Vorstellung, die dem von den Lehrbüchern vermittelten Bild deutlich widersprach.[720]

Zu den Physikern, die aus der Welt der Rüstungslabore in die Wall Street gewechselt waren, gehörte Doyne Farmer. Farmer hatte am ursprünglichen SFI-Ökonomik-Workshop teilgenommen (wir sprachen über einige seiner Arbeiten zum Thema Potenzgesetze und Aktienmärkte in Kapitel 8). Im Jahr 1991 kündigte Farmer als Leiter der Complex Systems Group am Los Alamos National Laboratory, um mit seinem langjährigen Freund und Physikerkollegen

Norman Packard ein Unternehmen namens Prediction Company zu gründen. Das Ziel des neuen Unternehmens bestand darin, die neuesten Konzepte der Physik auf die Finanzmärkte zu übertragen. Farmer war in der Physikergemeinde nicht nur für seine Pionierleistungen im Bereich der Theorie komplexer Systeme bekannt, sondern auch wegen seines in jugendlichen Jahren unternommenen Versuchs, mithilfe seiner Physikkenntnisse in Las Vegas beim Roulette abzuräumen. Er und mehrere Mitverschwörer, darunter Packard, programmierten ein nichtlineares Roulettemodell in Minicomputern, die sie in ihren Schuhen versteckten, und versuchten in den Casinos ihr Glück. Auch wenn sie nicht die Millionen gewannen, die sie sich erhofft hatten, waren sie doch so erfolgreich, dass der Bundesstaat Nevada ein Gesetz zum Verbot des computergestützten Glücksspiels erließ. Die Prediction Company war nun ihr Versuch, den »Schuhcomputer« auf das größte Spielcasino von allen – die Wall Street – zu übertragen. Nach acht Jahren realer Handelstätigkeit für Prediction-Company-Klienten wie beispielsweise UBS beschloss Farmer, in die akademische Welt des Santa Fe Institute zurückzukehren, um das Gelernte in die Theorie zu übertragen.[721]

Märkte als sich entwickelnde Ökosysteme

Eine zentrale Aussage der traditionellen Finanzlehre lautet, dass alle eventuellen Muster oder Signale in einem Markt durch die Arbitragetätigkeit aufmerksamer und unersättlicher Investoren neutralisiert werden. Wie bereits erwähnt, nimmt die traditionelle Finanzlehre an, dass alle Investoren Zugang zu denselben Informationen haben und jedes Muster in den Aktienkursen erkennen und in ihre Preisentscheidungen einbeziehen, mit der Folge, dass der Markt unmittelbar zur Zufallsbewegung zurückfindet. Farmer stellte jedoch fest, dass der Arbitragebegriff der traditionellen Wirtschaftslehre unter dem in Kapitel 3 beschriebenen Zwanzigdollarnotenproblem leidet. Das Gleichgewichtspostulat verleitet die Ökonomen dazu, den Zeitfaktor und den dynamischen Charakter der Märkte zu übersehen. Farmer und seine Kollegen von der Prediction Company registrierten in den Marktdaten statistisch signifikante Signale (Abbildung 17.1).[722] Diese »Signale« bestanden aus komplexen Mustern und Beziehungen zwischen diversen Faktoren, die Rückschlüsse auf zukünftige Kursverläufe zuließen (beispielsweise Zinssätze oder Handelsvolumen – da es sich um proprietäre Signale handelte, wurden nicht alle Details veröffentlicht). Der traditionellen Theorie zufolge sollten solche Signale nach ihrer Entdeckung unmittelbar durch Arbitrage neutralisiert werden. Laut Farmer und seinen Leuten blieben die Signale jedoch häufig über Tage, Monate oder sogar Jahre bestehen (Abbildung 17.1a). Häufig wurden die Signale schwächer, sobald Händler (wie sie selbst) sie entdeckten und ausschöpften. Die komplexe, nichtlineare Dynamik der Märkte erzeugte jedoch ständig neue Signale (Abbildung 17.1b).

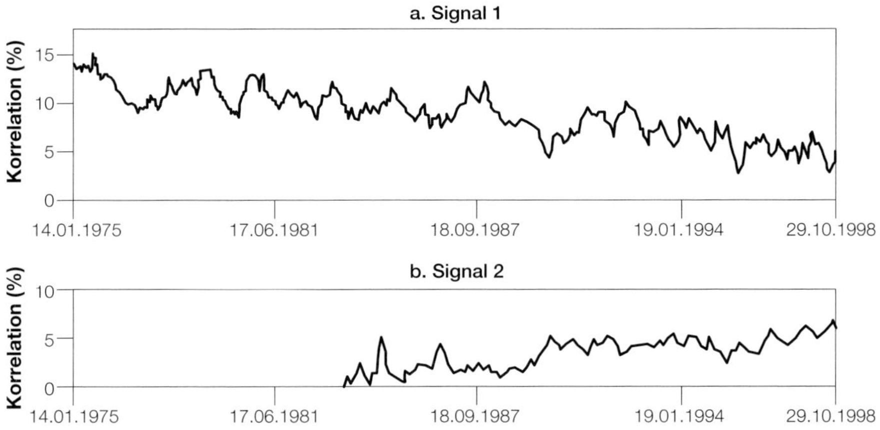

Quelle: Farmer (2001)

Abbildung 17.1: Signale kommen und gehen – Stärke zweier proprietärer prädiktiver Signale (1975 bis 1998)

Farmer gewann aus seinen Handelserfahrungen und Forschungen den deutlichen Eindruck, dass Märkte eine Art sich entwickelndes Ökosystem darstellen. Die Märkte werden von heterogenen Händlern und Anlegern mit einer Vielzahl mentaler Modelle und Strategien bevölkert. Im wechselseitigen Zusammenspiel lernen diese Akteure ständig hinzu und passen ihre Strategien an – man könnte sagen, dass sie sich deduktiv probierend durch die Bibliothek aller möglichen Anlagestrategien bewegen. Den komplexen Interaktionen dieser Akteure, ihren veränderlichen Strategien sowie neuen Informationen aus dem Umfeld ist es zu verdanken, dass ständig Muster und Handelsgelegenheiten entstehen und wieder verschwinden.

Brian Arthur vom Santa Fe Institute bezeichnete Märkte einst als »Erwartungsökosysteme«, um damit das Zusammenspiel der Akteure und ihrer Strategien zu beschreiben.[723] In Kapitel 6 sprachen wir über das künstliche Aktienmarktmodell (SFI-Modell) von Arthur, John Holland und Kollegen.[724] Ihre Alternative zur vollkommen rationalen Idealisierung der traditionellen Finanzlehre war die Vorstellung vom »induktiv rationalen« Anleger.[725] Im SFI-Modell begeben sich die Akteure auf die evolutionäre Suche nach gewinnbringenden Strategien. Welche Strategien zu einem bestimmten Zeitpunkt erfolgreich sind, hängt von den Strategien der übrigen Akteure im Markt ab. So entsteht eine Dynamik, bei der bestimmte Strategiekombinationen im Markt Muster und Strukturen erzeugen, die sich wiederum auf das Verhalten anderer Akteure auswirken, die versuchen, von diesen Strategien zu profitieren, wodurch weitere Muster entstehen, die wiederum andere Akteure zu einer Reaktion veranlassen, und so weiter. Die Ergebnisse des SFI-Modells gaben die statistischen Merkmale realer Märkte wie beispielsweise die geclusterte Volatilität (also punktiertes Gleichgewicht) gut wieder. Darüber hinaus replizierte es qualitativ das von

Farmer beobachtete Kommen und Gehen der Muster.[726] Das Modell hat jedoch den Nachteil, dass es aufgrund seiner Realitätsnähe extrem kompliziert ist. Weil die Akteure unter einer nahezu unendlichen Vielfalt möglicher Strategien wählen können, ist das Modell fast ebenso schwierig zu verstehen wie der reale Markt selbst. Aus seinen physikalischen Arbeiten wusste Farmer jedoch, dass ein komplexes Makroverhalten mitunter das Ergebnis eines vergleichsweise einfachen Mikroverhaltens ist. Sein Ziel bestand also nicht in einem Modell mit größtmöglicher Realitätsnähe, sondern in einem »möglichst einfachen Modell, das noch vernünftig war«.[727]

Auf der Grundlage seiner Handelserfahrungen in realen Märkten begann Farmer mit dem Entwurf eines einfacheren Modells.[728] Anstatt jedem Akteur zu gestatten, bei der Anlagestrategie sein eigenes Süppchen zu kochen, beschränkte er sich auf drei Typen.[729] Der erste war der *Value-Investor*, der eine Aktie auf der Basis sogenannter Fundamentaldaten wie beispielsweise Ergebnis, Wachstum oder Wettbewerbsposition eines Unternehmens kaufte oder verkaufte. Ein Value-Investor verhält sich im Prinzip so, wie die traditionelle Theorie von ihm erwartet.

Der zweite Typ war der *technische Händler*. Statt auf die Fundamentaldaten richtet dieser Investor seine Strategie nach dem bisherigen Kursverlauf und den Handelsvolumina aus. Sieht er beispielsweise den Kurs einer Aktie steigen, so versucht er, auf die Welle aufzuspringen, indem er Anteile erwirbt. Der traditionellen Theorie zufolge könnte dieser Anleger niemals Gewinn machen, weil der Markt eine Zufallsbewegung beschreibt und die Kursverläufe keine verwertbaren Informationen enthalten. Wie Farmer jedoch feststellte, ist die reale Welt voller Händler mit einer technischen beziehungsweise einer halb technischen und einer halb wertorientierten Strategie.

Farmer berücksichtigte noch einen weiteren Typ von Akteuren: den *Liquiditätshändler*. Das ist jemand, der beispielsweise ein Haus erwerben will und deshalb einen Schwung Aktien verkauft, um mit dem Erlös die fällige Anzahlung zu leisten. Ein solcher Händler verkauft nicht, weil er eine Aktie für über- oder unterbewertet hält, sondern weil er Bargeld benötigt.

Schließlich bereicherte Farmer seinen künstlichen Markt noch um einen letzten Akteur. Er war kein Händler, spielte aber dennoch eine entscheidende Rolle: der *Marktmacher*. Die meisten traditionellen Finanzmodelle gehen davon aus, dass die institutionellen Details realer Aktienmärkte nicht wichtig sind und dass die Kurse über eine Walras'sche Auktion festgelegt werden.[730] Wie wir an früherer Stelle erwähnten, bereicherte Léon Walras die traditionelle Theorie um die Standardannahme, wonach ein gottähnlicher Auktionator Käufer und Verkäufer zusammenführt und so die Preise festlegt. Die Anregung zu seinem Auktionator erhielt Walras von der Pariser Börse des späten 19. Jahrhunderts. Aber die meisten modernen Finanzmärkte haben sich von der Walras'schen Auktion schon längst verabschiedet und verwenden stattdessen die *kontinuierli-*

che Doppelauktion (kontinuierlich, weil die Auktion läuft, solange der Markt offen ist, und doppelt, weil die Händler sowohl kaufen als auch verkaufen können). Farmer und seine Kollegen zeigten, dass die institutionellen Details der Märkte in der Tat eine wichtige Rolle für die Marktdynamik spielen, indem sie insbesondere Potenzgesetzverteilungen der Volatilität erzeugen. Auch wenn der Marktmacher in diesem speziellen Modell im Vergleich zu realen Märkten immer noch eine Vereinfachung darstellte, war er realistischer als das typische traditionelle Modell, weil hier an die Stelle der Walras'schen Auktion die kontinuierliche Doppelauktion trat. Dadurch war gewährleistet, dass die Dynamik des Handels und die Kursauswirkungen großer Aufträge Berücksichtigung fanden, während sich nach Walras'scher Annahme alles zugleich hätte abspielen müssen.

Kurs ist nicht gleich Wert

Anfangs bestückte Farmer seinen Markt lediglich mit einem Value-Investor und dem Marktmacher. Zur weiteren Vereinfachung nahm er an, dass der Value-Investor den wahren, vollkommen rationalen Wert der Aktie zu jedem Zeitpunkt kannte. In einer Verneigung vor der traditionellen Finanzlehre nahm Farmer ferner an, dass dieser wahre Wert eine Zufallsbewegung vollführte. Dem Value-Investor gab er eine einfache Regel an die Hand: Kaufe, wenn der Kurs der Aktie unter ihren Wert fällt, und verkaufe, wenn der Kurs den Wert übersteigt. Ein solcher Versuchsaufbau mit einem vollkommen rationalen und vollständig informierten Akteur sollte, so die Erwartung, die Gleichgewichtsbedingungen der traditionellen Finanzlehre replizieren, mit der Folge, dass der Marktkurs der Aktie ihrem wahren Wert folgen und ebenfalls eine Zufallsbewegung vollführen würde.

Das Ergebnis sah anders aus (Abbildung 17.2). Kurs- und Wertverlauf deckten sich annähernd, aber nicht vollkommen. Den Grund bildeten jene Zeitverschiebungen, die wir im Kontext dynamischer Systeme in Kapitel 5 untersuchten. Denken wir an das Beispiel mit der Dusche, wo sich die Betätigung des Mischventils nur mit zeitlicher Verzögerung auf die Temperatur des Duschwassers auswirkt – anfangs oszilliert die Temperatur um den gewünschten Wert, bis wir das Prinzip heraushaben und die Oszillationen immer kleiner werden und wir letztendlich die gewünschte Temperatur erreicht haben. Nehmen wir jetzt an, dass die gewünschte Temperatur nicht konstant ist, sondern eine zufällige Bewegung vollführt. In diesem Fall würden die Oszillationen niemals aufhören. Macht die gewünschte Temperatur einen großen Sprung nach oben oder unten, hinken wir sogar noch weiter hinterher, sodass die Versuchung groß ist, mit der Korrektur zu übertreiben. Der tatsächliche Verlauf der Wassertemperatur folgt zwar annähernd den Zufallsbewegungen der gewünschten Temperatur, aber nicht exakt. Unsere Erfahrungen mit dem Duschwasser ergäben einen ähnlichen Graphen wie in

Abbildung 17.2. In Farmers Marktmodell erzeugen die kleinen Zeitverzögerungen zwischen den Aktionen des Händlers und den Reaktionen des Marktmachers eine dynamische Beziehung, bei der Kurs- und Wertverlauf nicht perfekt übereinstimmen. Die traditionelle Finanzlehre mit ihrem Gleichgewichtspostulat nimmt hingegen an, dass all diese Dinge gleichzeitig geschehen, und lässt folglich für eine solche Dynamik keinen Raum.

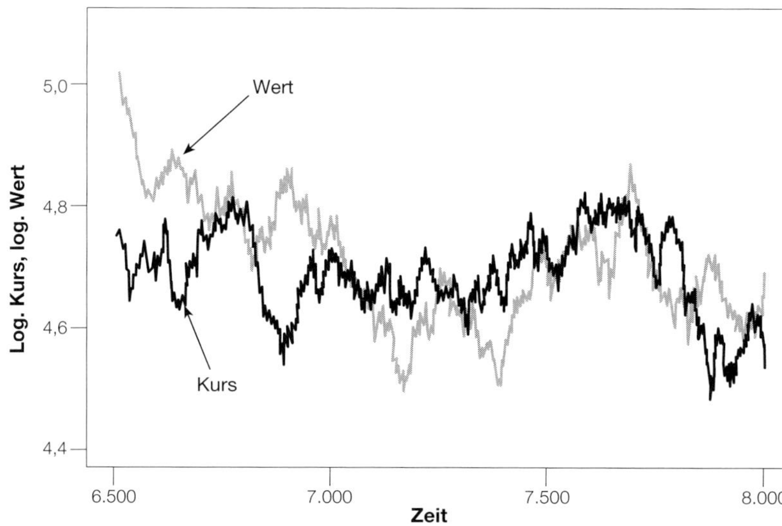

Quelle: Farmer und Joshi (2000)

Abbildung 17.2: Kurs kontra Wert bei einem rationalen Akteur

Ein traditioneller Ökonom könnte erwidern: »Aber die Abweichungen des Kurses vom Wert sind unverzerrt, sodass wir sie als Zufallsrauschen behandeln können. Außerdem betragen die Zeitverzögerungen im realen Marketmaking nur wenige Sekunden oder Minuten und sind daher so geringfügig, dass sie auf einer Zeitskala von Tagen und Wochen keine Rolle spielen sollten.« Aber es gibt ein Gegenargument. Die Abweichungen selbst sind in Wirklichkeit nicht zufällig. Auch wenn der wahre Wert eine Zufallszahl sein mag, ist der Kurs, der sich aus der Dynamik des Zusammenspiels von Händler und Marktmacher ergibt, kein bloßes Rauschen, sondern eine *temporale Struktur*, wie die Physiker sagen. Im Kursverlauf zeigen sich Trends und Tendenzen. Und auch wenn sich diese temporale Struktur anfangs nur auf der Sekunden- und Minutenebene manifestiert, bilden sich aufgrund der Dynamik des Systems möglicherweise bald sehr viel größere Muster heraus.

Um dies zu belegen, führte Farmer einen zweiten Händlertyp in das Modell ein: den technischen Händler. Der Einfachheit halber nahm er an, dass es sich um einen Trend-Follower handelte, der immer dann kaufte, wenn der Kurs stieg, und verkaufte, wenn er sank. Mit der Einführung des technischen Händlers verstärkte sich die Dynamik. Stellen wir uns noch einmal vor, wir stünden unter der Dusche und versuchten, den Verlauf der Wassertemperatur mit einer zufälligen Sollkurve in Übereinstimmung zu bringen (wir sind somit praktisch der Value-Investor). Im Keller dreht jedoch ebenfalls jemand an den Zuflusshähnen (der technische Händler). Wenn wir nun den Heißwasserhahn aufdrehen, um die Temperatur zu erhöhen, wird das Wasser tatsächlich wärmer, wenn auch mit leichter Verzögerung. Der technische Händler im Keller sieht die Temperatur steigen und dreht nun seinerseits den Heißwasserhahn auf, sodass die Temperatur noch stärker steigt. Wir drehen zum Ausgleich das kalte Wasser auf, müssen aber gegen den technischen Händler ankämpfen. Schließlich geben wir so viel Kaltwasser hinzu, dass die Temperatur anfängt zu sinken – in diesem Augenblick ändert auch der technische Händler im Keller sein Verhalten und verstärkt seinerseits die Kaltwasserzufuhr. Unser Job, die tatsächliche Temperatur auf den Sollwert zu bringen, wird dadurch erheblich erschwert. Aus den kleineren Schwankungen im ersten Szenario werden jetzt größere Fluktuationen mit langen Perioden, in denen das Wasser deutlich zu kalt oder zu heiß ist.

Damit ist im Prinzip das Geschehen in Farmers Modell beschrieben. Der technische Händler, der stur dem Trend folgt, verstärkt die temporale Struktur der Kurse, und die Dynamik des Zusammenspiels zwischen Value-Investor und technischem Händler erzeugt lang anhaltende Abweichungen vom wahren Wert.[731] Farmer stellte fest, dass die Diskrepanz zwischen Kurs und Wert durch weitere reale Faktoren noch verstärkt wird. Insbesondere neigen erfolgreiche Investoren dazu, ihre Gewinne sofort wieder zu investieren und ihr Kapital weiter zu vermehren, mit der Folge, dass der Einfluss ihrer Strategien auf den Markt zunimmt. Ist ein technischer Händler eine Zeit lang erfolgreich, so wächst damit sein Kapital, was den Kurs noch weiter vom Wert entfernt.

An diesem Punkt könnte ein traditioneller Ökonom widersprechen: »Was ist mit der Arbitrage? Bringen die Arbitrageure den Kurs nicht wieder zu ihrem Wert zurück?« Laut traditioneller Finanzlehre können Kurs und Wert differieren, aber diese Differenz stellt lediglich ein zufälliges, kurzfristiges Rauschen dar, bis der Kurs wieder seinem Wert entspricht, sodass Kurs und Wert im Durchschnitt identisch sind. Da die Abweichungen vom wahren Wert zufälliger und kurzfristiger Natur sind, kann damit niemand Geld verdienen, und so bleibt als einzig vernünftige Strategie die des Value-Investors übrig. Diese Annahme beleuchtet ein in der Markteffizienzhypothese enthaltenes Paradox, auf das erstmals Milton Friedman hinwies: Die Märkte sind auf technische Händler angewiesen, welche die Abweichungen vom wahren Wert durch ihre Arbitrage neutralisieren und so die Effizienz der Märkte gewährleisten; in effizienten Märkten jedoch können die technischen Händler nichts verdienen, sodass sie diese alsbald wieder verlassen. Das führt uns zu einer weiteren Frage, welche die Ökonomen seit Jahrzehnten beschäftigt. Wenn die Märkte so effizient sind und ein technischer Handel so wenig gewinnbringend ist, warum gibt es dann so viele technische Händler?

Farmer fand eine Erklärung für dieses Paradox. In seinem Modell nahm er den wahren Wert der Aktie als konstant an. Dann schuf er eine Gruppe von sogenannten *saisonalen Händlern*, welche die Aktie alternierend mal kauften und mal verkauften. Der Aktienkurs zeigte daraufhin ein regelmäßiges Oszillationsmuster. Als Nächstes schuf Farmer eine Gruppe technischer Händler. Jeder von ihnen bekam eine zufällig erzeugte Strategie zugewiesen, deren Regeln vom Kursverhalten in den vorangegangenen Spielrunden abhingen (beispielsweise: WENN <Kurs stieg und fiel> DANN <kaufen> oder: WENN <Kurs fiel zweimal hintereinander> DANN <verkaufen>). Jeder Akteur erhielt zu Beginn etwas Geld, und erfolgreiche Händler konnten ihre Gewinne erneut investieren. Es handelte sich im Prinzip um ein einfaches Evolutionssystem. Die Akteure probierten diverse technische Strategien aus; was funktionierte, wurde beibehalten, und was nicht funktionierte, verschwand. Laut traditioneller Finanzlehre hätte der Spuk schon bald zu Ende sein müssen. Sobald die technischen Händler mit der richtigen Strategie den Oszillationen gefolgt wären, hätte ihre Handelsaktivität die Oszillationen neutralisiert, und der Markt wäre wieder effizient geworden. Aber als Farmer sein Modell startete, beobachtete er ein sehr viel interessanteres Geschehen.

Zunächst lief alles, wie es die traditionelle Theorie vorsieht. Die technischen Händler hatten wenig Geld und beeinflussten den Kurs kaum. Rasch jedoch machten sie sich das oszillierende Muster zunutze und begannen mit der Arbitrage, die sich für sie als sehr einträglich erwies. Je erfolgreicher sie wurden, desto größere Transaktionen unternahmen sie – mit deutlichen Folgen für den Kursverlauf. Die Oszillationen nahmen ab, und der Kurs näherte sich immer mehr seinem wahren Wert von 21,5 (Abbildung 17.3). Nach 5.000 Spielrunden waren die Oszillationen praktisch verschwunden, und der Markt schien gegen ein vollkommenes Gleichgewicht zu streben. Plötzlich jedoch begann eine wilde Handelstätigkeit, und der Kursverlauf nahm chaotische Züge an. Was war passiert? Mit zunehmendem Reichtum der technischen Händler wurden ihre Transaktionen immer größer und die Auswirkungen dieser Transaktionen auf den Kursverlauf immer spürbarer. Andere technische Händler versuchten nun, die von ihren Kollegen ausgelösten Kursschwankungen für eigene Arbitragegeschäfte zu nutzen. Und als die technischen Händler die saisonalen Händler platt gemacht hatten, stürzten sie sich aufeinander.

Farmer ließ sein Modell mehrere zehntausend Runden laufen, ohne dass das wilde Muster zur Ruhe kam. Das Muster rechts von der Mitte in Abbildung 17.3 ist übrigens nur scheinbar zufällig. In Wahrheit ist das Modell vollkommen deterministisch, und das emergente Muster wird ausschließlich von der Dynamik des Zusammenspiels der Akteure erzeugt. Ein traditioneller Ökonom könnte einwenden, der Handel zwischen den technischen Händlern sei ein reines Nullsummenspiel, Geld fließe lediglich von einer Tasche in die andere,

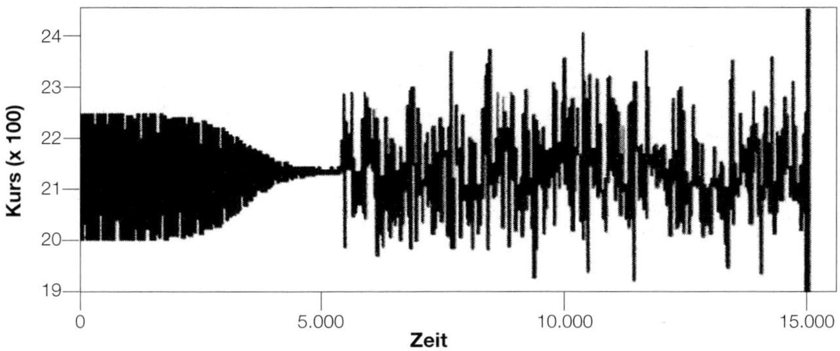

Quelle: Farmer (2001)

Abbildung 17.3: Arbitrage durch technische Händler schlägt fehl

und in der Summe ziehe niemand daraus Gewinn. Wären die Händler vollkommen rational, würden sie sich auf das Spiel nicht einlassen. Sie würden nach 5000 Runden aussteigen und den Markt in seinem ungestörten und effizienten Gleichgewicht belassen. Aber wie wir bereits gesehen haben, existieren in realen Märkten Menschen, die nicht vollkommen rational handeln. Sie tendieren in Richtung Optimismus, halten sich selbst für überdurchschnittlich begabt und lernen aus der Praxis. Indem die Investoren mit unterschiedlichen Strategien im Markt experimentieren, erzeugen sie Muster, die von anderen Investoren ausgenutzt werden. Auch diese wiederum hinterlassen Muster, auf die noch andere Investoren aufspringen, und so weiter. Manche von ihnen machen eine Zeit lang Gewinne, bis sie das Glück verlässt. Während neue Investoren in den Markt strömen, verlassen die Erfolglosen den Markt wieder. Farmers Modell erzeugte genau das Verhalten, das er von seiner realen Händlererfahrung her kannte. Die komplexe Marktdynamik brachte fortlaufend neue Muster hervor, und ruhige und stürmische Perioden wechselten einander ab.

Für Farmers Modell sprachen nicht nur seine persönlichen Erfahrungen, sondern auch zahlreiche empirische Daten. Erstens wiederholten seine Ergebnisse die wichtigsten qualitativ-statistischen Eigenschaften realer Daten wie beispielsweise die von Mandelbrot entdeckten schweren Ränder. Zweitens beweisen diverse Studien, dass ein technischer Handel entgegen den Aussagen der traditionellen Theorie sehr wohl gewinnträchtig sein kann.[732] Und drittens zeigen mehrere Untersuchungen, dass der wahre Wert einer Aktie ihren Kursverlauf nur sehr unzureichend erklärt. Abbildung 17.4b gibt die Resultate einer solchen Untersuchung wieder, und die Ähnlichkeit mit den Resultaten aus Farmers Modell (Abbildung 17.4a) ist nicht zu übersehen.[733] Es handelt sich wohlgemerkt nicht um einen kurzfristigen Effekt; eine große Diskrepanz zwischen Wert und Kurs einer Aktie kann unter Umständen Jahre oder Jahrzehnte bestehen bleiben.

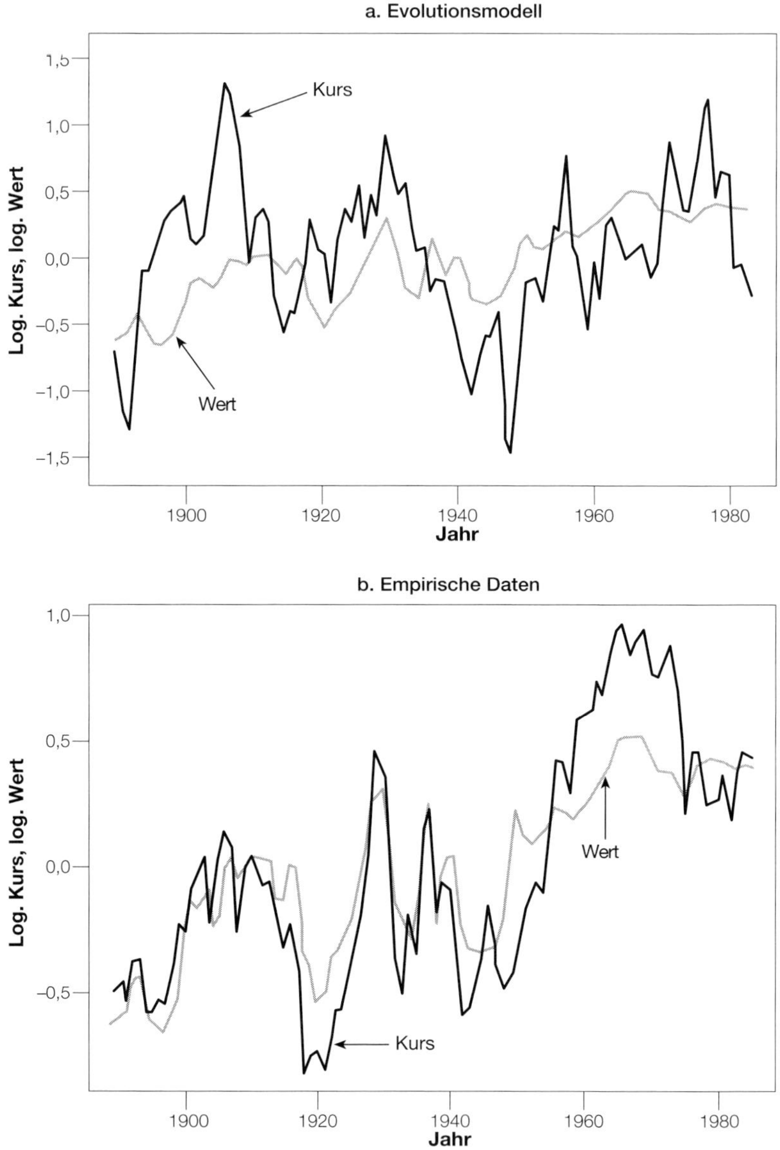

Quelle: Farmer (2002)

Abbildung 17.4: Evolutionsmodell ähnelt qualitativ den empirischen Daten

Eine neue Definition von Markteffizienz

Sind Finanzmärkte effizient? Aus Sicht der Komplexitätsökonomik stellen Finanzmärkte ein sich entwickelndes Ökosystem konkurrierender Strategien dar. Die Frage nach der Effizienz von Märkten ist etwa so sinnvoll wie die Frage nach der Effizienz des Ökosystems des Amazonas-Regenwaldes. Effizient nach welchem Kriterium?

Wir können jedoch diverse sinnvollere und konkretere Fragen stellen. Können die Märkte rasch auf neue Informationen reagieren? Ja, durchaus. Zahlreiche Studien zeigen, dass Märkte auf neue Nachrichten fast augenblicklich reagieren.[734] Der Wettbewerbscharakter des Marktevolutionssystems sorgt für äußerste Sensibilität – wie wenn ein zartes junges Blatt aus den Baumkronen des Amazonas auf dem Waldboden aufschlägt und die Vibrationen eine ganze Schar von Insekten in Bewegung setzt, um sich seiner zu bemächtigen. CNN, Bloomberg, das Internet, eine verbesserte Rechenleistung der Computer und andere Entwicklungen sorgen für eine immer schnellere Informationsverarbeitung durch die Märkte. Der traditionellen Theorie zufolge sollte die Volatilität der Preise mit der Verbesserung des Informationsflusses abnehmen; in Wirklichkeit geschieht jedoch das Gegenteil. Die zunehmende Leistungsfähigkeit der Informationstechnologie scheint die Märkte volatiler zu machen.[735] Die evolutionstheoretische Erklärung lautet, dass eine verbesserte Informationstechnologie den Möglichkeitsraum aller denkbaren Anlagestrategien weiter öffnet und mehr Gelegenheiten für Arbitrage und technischen Handel schafft, wie sich beispielsweise an der dramatischen Zunahme der sogenannten Hedgefonds zeigt.[736]

Sind die Märkte effiziente Informationsverarbeiter? Auch hier lautet die Antwort: Ja. Märkte sind ausgezeichnete Instrumente, um große Mengen von Informationen aus den unterschiedlichsten Quellen zu sichten und ihren Bedeutungsgehalt auf einen gemeinsamen Nenner zu bringen.[737] In Experimenten wurden Märkte dafür genutzt, Wahlausgänge, Sportergebnisse oder Oscar-Preisträger vorherzusagen, und häufig lagen die Märkte mit ihren Prognosen richtiger als einzelne Experten oder simple Umfragen.[738] Diese Informationseffizienz ist ein Eckpfeiler der Markteffizienzhypothese. Die Theorie geht jedoch davon aus, dass die Märkte ihre ausgezeichneten Prognosefähigkeiten nur auf die Fundamentaldaten der Aktien anwenden, während die Händler in Wirklichkeit auch das Denken und Handeln der übrigen Händler in ihre Einschätzungen einbeziehen. Eine solche Dynamik schafft einen ewigen Kreislauf von Erwartungen bezüglich Erwartungen bezüglich Erwartungen und so weiter. Diese unendliche Regression wurde von John Maynard Keynes erkannt – »Wir widmen unsere Intelligenz der Antizipation der erwarteten Durchschnittsmeinung darüber, wie eben diese Durchschnittsmeinung sein wird« – und wurde von Brian Arthur in seinem Bar-Problem, über das wir in Kapitel 6 sprachen, mathematisch aufbereitet.[739] Diese Erwartungserwartungen verstärken die Evolutionsdynamik des Marktes, mit der Folge, dass die Märkte zwar sehr leistungsfähige Informationsverarbeiter sind, ohne jedoch im Verständnis der traditionellen Wirtschaftslehre »effizient« zu sein.

Sind alle Anleger vollkommen rational? Nein. Aber sind alle Anleger auf ihr Eigeninteresse bedacht? Ja. Finanzmärkte sind keine Benefizveranstaltungen, sondern seit eh und je von Angst und Gier getrieben. Sind Anleger schlau? Im Allgemeinen: Ja. Das meiste Geld wird von professionellen Anlegern verwaltet – von gewitzten Parketthändlern ebenso wie von promovierten Raketenwissenschaftlern. Vermögensverwalter verfügen über alle menschlichen Stärken wie beispielsweise gute Mustererkennungs- und kreative Lernfähigkeiten und über alle menschlichen Schwächen wie beispielsweise Irrationalitäten und Voreingenommenheiten. Sind Märkte wettbewerbsbestimmt? Die Antwort lautet: In hohem Maße. Ein Blick in die gestressten Gesichter auf den Handelsparketts verdeutlicht dies. Und mit der Deregulierung der globalen Kapitalströme hat der Wettbewerbscharakter der Märkte eher noch zugenommen.

Können geschickte Investoren mittels Arbitrage Gewinne machen und dem Markt auf diese Weise zur Effizienz verhelfen? Manchmal, aber nicht immer. Wie Farmer ausführt, macht die traditionelle Theorie zwei entscheidende Annahmen zur Markteffizienz.[740] Erstens kann Arbitrage nur funktionieren, wenn die Händler imstande sind, Strategien zu erkennen, die abnormale Gewinne abwerfen. Zweitens müssen die in den Handel mit abnormal gewinnträchtigen Strategien investierten Geldsummen hinreichend groß sein, um den Markt zur Effizienz zurückzuführen. Laut Farmer sind beide Annahmen in der Realität problematisch. Das Maß einer abnormal gewinnträchtigen Strategie ist die *Information-Ratio* (auch Sharpe-Ratio oder Return-to-Risk-Ratio) – die erwartete Jahresrendite geteilt durch die erwartete Standardabweichung von dieser Rendite. Eine Strategie mit hohen Renditen und geringem Risiko hat folglich eine hohe Information-Ratio, während eine Strategie mit geringer Rendite und hohem Risiko eine geringe Information-Ratio aufweist. Viele Händler betrachten eine Information-Ratio von 1 als Indikator für eine attraktive Strategie. Laut Farmer benötigt man jedoch Zeit, um die Information-Ratio einer Strategie zu ermitteln. Geht man von normalverteilten Renditen aus (Glockenkurve), dann dauert es vier Jahre, um mit 95-prozentiger Sicherheit sagen zu können, dass die Strategie eines Händlers eine Information-Ratio von mindestens dem Wert 1 hat (weil geeignete Daten fehlen, reicht es nicht, die Vergangenheit unter die Lupe zu nehmen – man muss die Strategie vielmehr in der laufenden Anwendung testen). Wenn die Renditen schwere Ränder haben (was nach realer Datenlage der Fall ist), dauert es sogar noch länger. Entsprechend dürfte die unter Händlern verbreitete Faustregel ungefähr hinkommen, wonach es fünf Performancejahre braucht, bis wir sagen können, ob eine Strategie hält, was sie verspricht. Die Zeitskala dehnt sich weiter aus durch das Infinite-Monkey-Theorem. Wenn hinreichend viele Händler ihren Geschäften nachgehen, wird es mit hoher Wahrscheinlichkeit jemanden geben, der aus purem Zufall fünf Jahre lang erfolgreich ist, wodurch sich die Zeit, die es braucht, um abnormal gewinnträchtige Strategien zuverlässig zu identifizieren, noch weiter verlängert.

Die zweite Annahme bringt ähnliche Schwierigkeiten mit sich. Die traditionelle Theorie geht davon aus, dass für abnormal gewinnträchtige Strategien augenblicklich unendliches Kapital verfügbar ist. In der realen Welt müssen die Händler jedoch erst allmählich Kapital aufbauen. Wenn ein Händler mit einer Million US-Dollar startet und eine 25-prozentige Rendite erwirtschaftet (was sehr viel ist), benötigt er 30 Jahre, bis das von ihm verwaltete Kapital auf 1 Milliarde US-Dollar anwächst. Wenn er sein Kapital jedes Jahr aus anderen Quellen verdoppelt, benötigt er immer noch zehn Jahre. Auch wenn erfolgreiche Händler in sehr viel kürzerer Zeit große Mengen Kapital aus anderen Quellen mobilisieren können, benötigen sie Farmer zufolge immer noch Jahre, bis sie sich das dafür erforderliche Renommee aufgebaut haben. Aber die Märkte stehen in der Zwischenzeit nicht still, und so können profitable Handelsstrategien schneller kommen und gehen, als der Markt sie durch Arbitrage neutralisieren kann.

Gibt es eine magische Formel, wie man reich wird? Nein. Samuelson sagte zu Recht, es ist keine leichte Aufgabe, in Las Vegas, in Churchill Downs oder in einem Büro von Merrill Lynch reich zu werden. Nur bei den Gründen irrte er. Sie betreffen nicht die vermeintlichen Zufallsbewegungen des Marktes, sondern den Umstand, dass es in jeder wettbewerbsbestimmten Evolutionsumgebung schwerfällt, reich zu werden – ganz gleich, ob als Händler an der Wall Street oder als Laubfrosch im brasilianischen Regenwald. Dennoch gibt es einen entscheidenden Unterschied zwischen der Wall Street und Las Vegas. In Las Vegas können wir unsere Chancen niemals verbessern, so sehr wir uns auch anstrengen (solange wir keinen Schuhcomputer mitbringen). Aber die Wall Street ist kein reines Zufallsspiel, sondern ein hochgradig dynamisches, sich ständig entwickelndes komplexes System. Es lässt sich gar nicht vermeiden, dass einige das System stets besser verstehen als andere und zumindest vorübergehend reich werden. Die traditionelle Wirtschaftslehre sollte sich fragen: Wenn die Finanzmärkte angeblich so effizient sind, warum gibt es dann in der Wall Street so viele Porsches und Ferraris? Aber Wettbewerbsvorteile sind in den Finanzmärkten ebenso kurzlebig wie in den Waren- und Dienstleistungsmärkten. Früher oder später kommt ein anderer mit einer besseren Idee, einer intelligenteren Strategie oder einer leistungsfähigeren Technologie und gelangt für einen Moment auf die Sonnenseite des Lebens.

Die Markteffizienzhypothese ist ein aus den Gleichgewichtstheorien des 19. Jahrhunderts und Bacheliers Zufallsbewegung geborener Mythos. Auch wenn die traditionelle Markteffizienz kein besonders sinnvolles Konzept ist, sind die Finanzmärkte hochgradig *effektive* Evolutionssysteme. Märkte sind die beste jemals entworfene soziale Technologie, um die Ansichten vieler Menschen zur Bewertung komplexer Vermögenswerte und zum zweckmäßigen Kapitaleinsatz auf einen gemeinsamen Nenner zu bringen. Zudem sorgt ihre Wettbewerbsintensität für eine rasche Informationsverarbeitung sowie für den nötigen Innovationsdruck. Andrew Lo vom MIT bezeichnet diese Evolutionseffektivität der Märkte als »Marktadaptivitätshypothese«.[741] Wenn es an der Wall Street, in der Londoner

City oder anderswo in der Welt eine magische Formel gibt, so lautet sie: differenzieren, selektieren, amplifizieren und das Ganze immer wieder von vorn.

Die komplexitätsökonomische Finanztheorie ist noch lange nicht ausgereift, und viele Fragen bleiben unbeantwortet. Klar ist jedoch, dass die traditionellen Theorien unbefriedigend und neue Ansätze unbedingt erforderlich sind. Was die Komplexitätstheorie für die Finanzwelt bedeutet, beginnt sich gerade erst herauszustellen. Eine Reihe von Firmen, ob größere Banken oder Hedgefonds, entwickeln ihre Anlagestrategien inzwischen mithilfe komplexitätsökonomischer Statistik- und Modellbildungstechniken – viele von ihnen beschäftigen Ökonophysiker und Verhaltensökonomen oder lassen sich von solchen beraten. Natürlich äußern sich die Firmen nur sehr verhalten zu dem, was sie tun oder welche Ergebnisse sie dabei erzielen. Die Komplexitätswissenschaft wird jedoch die Finanzwelt verändern und zahlreiche Innovationen im Rote-Königin-Rennen der Anlagestrategien hervorbringen.

Die Bedeutung dieser Neuerungen für das Verhalten einzelner Anleger wird vermutlich längerfristig sein. Die komplexitätsökonomische Finanztheorie ändert nichts an den allgemeinen Richtlinien für einzelne Anleger, wie beispielsweise an der Bedeutung breit gestreuter Portfolios und langfristiger Investitionen. Aber die meisten Finanzinnovationen sickern irgendwann von den institutionellen zu den Privatanlegern durch, und Fonds, die sich diese Techniken zunutze machen, werden früher oder später auch einzelnen Anlegern zugänglich sein.

Implikationen für Führungskräfte

Es gibt jedoch noch eine weitere Gruppe, für welche die komplexitätsökonomische Finanztheorie mehrere wichtige Fragen aufwirft – Führungskräfte. Die komplexitätsökonomische Finanztheorie betrifft die Unternehmenswelt in drei Bereichen. Erstens können sich vielfach verwendete Methoden zur Berechnung der Kapitalkosten eines Unternehmens als falsch herausstellen. Zweitens wirft die komplexitätsökonomische Finanztheorie Fragen hinsichtlich der Angemessenheit von Aktienoptionen im Rahmen eines Prämienmodells für Führungskräfte auf. Drittens zwingt sie uns, neu über den grundlegenden Zweck von Unternehmen und das Wesen des Shareholderkapitalismus nachzudenken. Wir werden uns diesen Punkten der Reihe nach widmen.

Die Kapitalkosten

Die Kapitalkosten eines Unternehmens klingen eher nach einer trockenen und fachlichen Materie. Sie sind aber die Grundlage wichtiger Entscheidungen von Führungskräften, beispielsweise welche Investitionen sie tätigen, welche Strategien sie verfolgen und ob sie eine bestimmte Fusion oder eine Übernahme durchführen sollen.[742]

Alle Unternehmen beziehen ihr Kapital von irgendwoher, ob als Bankkredit oder als Anlegerinvestitionen. Wer Kapital bereitstellt, erwartet dafür eine Rendite, und die Kapitalkosten bezeichnen schlicht und einfach den gewichteten Durchschnitt der von den diversen Kapitalbereitstellern erwarteten Renditen. Wenn beispielsweise die Hälfte des Firmenkapitals als Bankkredit mit sechsprozentiger Verzinsung aufgenommen wird und die andere Hälfte von Investoren stammt, die 12 Prozent Rendite erwarten, dann betragen die Kapitalkosten des Unternehmens 9 Prozent. Diese Zahl dient dem Unternehmen dann als Benchmark – jede Investition, die das Management unternimmt, muss mindestens 9 Prozent Rendite einbringen, um die Kosten des eingesetzten Kapitals zu decken. Weil das Risiko, ob das Management diese Aufgabe erfolgreich meistert, bei den Anteilseignern oder Shareholdern liegt, erzeugt oder vernichtet das Management Shareholder-Value, je nachdem, ob die Rendite des Unternehmens ober- oder unterhalb dieser Messlatte liegt.

Die Berechnung der Benchmark ist also wichtig, um zu bestimmen, ob eine Unternehmensführung ihre Arbeit gut macht. Bedauerlicherweise sind die am häufigsten verwendeten Methoden zur Berechnung dieser Zahl unmittelbar aus den Theorien der traditionellen Finanzlehre abgeleitet. Die Standardmethode ist unter dem Stichwort *Capital Asset Pricing Model* oder *CAPM* bekannt und beinhaltet all die üblichen Annahmen hinsichtlich vollkommen rationaler Investoren, effizienter Märkte und Gleichgewicht.[743] Wichtige Prämissen betreffen auch die Art und Weise, wie Anleger mit Risiko umgehen. Die von dem Ökonomen Harry Markowitz von der University of Chicago in den Fünfzigerjahren entwickelte CAPM-Methode nimmt an, dass sämtliche Anleger Portfolios unterhalten, die einen optimalen Ausgleich zwischen Risiko und Rendite schaffen. Wenn alle Marktteilnehmer über solche Portfolios verfügen, lassen diese sich zum *Marktportfolio* zusammenfassen. Das Risiko eines einzelnen Wertpapiers wird relativ zum theoretischen Marktportfolio gemessen. Mithilfe dieses Risikofaktors, der auch als Beta-Faktor bezeichnet wird (oftmals wird kurz der griechische Buchstabe β verwendet), werden sodann die Eigenkapitalkosten beziehungsweise die Rendite berechnet, welche die Shareholder als angemessenen Risikoausgleich erwarten dürfen.

Problematisch daran ist, dass niemand, geschweige denn jeder Marktteilnehmer über ein Markowitz-vollkommenes Portfolio verfügt.[744] Eine tatsächliche Implementierung der Markowitz'schen Idee ist praktisch unmöglich. Die Theorie geht beispielsweise von vollständigen Informationen zum Unternehmensrisiko, einer unbegrenzten Fähigkeit, Leerverkäufe zu tätigen, und gleichen Zeithorizonten für alle Investoren aus. Weil sich zudem Risiko- und Renditeprofile ändern, muss das Marktportfolio ständig aktualisiert werden. Aber in der Realität erzeugt die Hinzunahme, Herausnahme oder Umgewichtung eines

Wertpapiers in einem Portfolio beträchtliche Transaktionskosten, mit der Folge, dass Portfolios nicht so häufig umgeschichtet werden, wie die Theorie vorschreibt. Nicht einmal die Ökonomen selbst können das theoretische Marktportfolio erzeugen, und zum Überprüfen der Theorie verwenden sie stattdessen einen gewichteten Durchschnitt aller Wertpapiere des Marktes als Näherung.[745] In der Realität werden Investmentmanager statt nach dem Markowitz'schen theoretischen Marktportfolio zumeist nach sehr viel weniger rechenaufwendigen Indizes wie dem S&P 500 oder dem FTSE 100 bewertet. Außerdem belegen die Erfahrungen, dass die Manager mehr an den Renditen selbst als an einer Optimierung des Risiko-Rendite-Verhältnisses entsprechend den CAPM-Annahmen interessiert sind.[746]

Angesichts der unrealistischen CAPM-Annahmen überrascht es wenig, wenn die Voraussagen der Theorie bei empirischen Überprüfungen schlecht abschneiden. Wie sich insbesondere zeigt, besitzt die Variable β als Risikomaß so gut wie keinen Informationswert.[747] Die Berechnung der Eigenkapitalkosten eines Unternehmens auf der Grundlage der CAPM-Formel ist folglich wenig sinnvoll, zumal das CAPM-Modell in der Realität weitere Annahmen und Schätzungen voraussetzt. Die Berechnung des Risikoaufschlags von Eigenkapital im Vergleich zu Krediten beispielsweise fällt je nach verwendetem Index und betrachtetem Zeitraum sehr unterschiedlich aus, und auch die risikofreie Rendite hängt von Annahmen ab.[748] Insgesamt folgt daraus, dass die CAPM-Methode aus theoretischen wie praktischen Gründen zur Berechnung der Kapitalkosten von sehr fraglichem Wert ist. Vorgeschlagene Alternativen wie beispielsweise Multifaktorenmodelle (Arbitrage Pricing Model) sind weitestgehend mit denselben Problemen behaftet wie die CAPM-Methode.[749]

Warren Buffett, »das Orakel von Omaha«, äußerte sich zu den Kapitalkosten folgendermaßen: »Charlie [Munger] und ich haben nicht die leistete Vorstellung von der Höhe unserer Kapitalkosten, und wir halten das gesamte Konzept für ziemlich verrückt. Ehrlich gesagt habe ich bislang noch keine Kapitalkosten gesehen, die mir sinnvoll erschienen.«[750] Die traditionellen Kapitalkostenberechnungsmethoden sind zwar fehlerhaft, doch bislang gibt es bedauerlicherweise noch keine Alternativen.[751] Daher hat die Entwicklung einer CAPM-Alternative und neuer Verfahren zur Risikobewertung eine hohe Priorität innerhalb des komplexitätsökonomischen Forschungsprogramms. Gegenwärtig sind Finanzchefs und andere Führungskräfte auf die traditionellen Methoden angewiesen, aber sie sollten diese Zahlen mit der gebotenen Vorsicht genießen und die Auswirkungen dieser Berechnungen auf ihre Entscheidungen sorgfältig hinterfragen.

Was bringen Aktienoptionen?

Eines der Resultate der akademischen Finanzrevolution der Siebzigerjahre war, dass fortan die Performance an der Börse als primäres Kriterium diente, nach dem Unternehmensvorstände und Managementteams den Erfolg eines Unternehmens bestimmten. Das wiederum führte dazu, dass die Managervergütung über Aktienoptionen verstärkt an die Aktienperformance gekoppelt wurde.

Die Motivation und die ursprüngliche Idee hinter dieser Entwicklung waren einleuchtend. Börsennotierte Unternehmen leiden unter dem Agentenproblem (Principal-Agent-Problem), wonach Anteilseigner (Principals) und Management (Agents) unterschiedliche Interessen vertreten. Die Anteilseigner wollen, dass das jeweilige Unternehmen so geführt wird, dass ihre Anteile einen maximalen Wert erlangen. Das Management ist aber möglicherweise an einer Unternehmensführung interessiert, die andere Dinge maximiert, wie beispielsweise die Managervergütung, die künstlerische Ausgestaltung der Firmenzentrale oder die Größe des Firmenjets. In den Sechziger- und Siebzigerjahren wurden viele Unternehmen quasi Gefangene ihrer eigenen Managementteams, die nur auf ihre Vergütungen und ihre Egos schauten, aber nicht auf das Wohl des Unternehmens. Die traditionellen Finanzprofessoren taten uns einen guten Dienst, indem sie uns daran erinnerten, dass die Unternehmen in Wirklichkeit den Anteilseignern gehören und dass Vorstand und Management für diese Shareholder und nicht für sich selbst zu arbeiten haben.

Um die Interessen der Eigentümer und des Managements in Einklang zu bringen, erscheint es logisch, die Leistung des Managements nach der Performance der Unternehmensaktie zu bemessen und ihm finanzielle Anreize zu geben, Dinge zu tun, die sich positiv auf den Aktienkurs auswirken. Für die beste Lösung hielt man die Gewährung von Aktienoptionen, welche die zukünftige Vergütung beziehungsweise zu erwartende Prämien an die zukünftige Aktienperformance koppelte. Diese Praxis verbreitete sich in den Achtzigerjahren wie ein Lauffeuer, besonders als eine Welle feindlicher Übernahmen die Vorstände unter Druck setzte, die Aktienperformance ihrer Unternehmen zu verbessern. Der durchschnittliche Anteil der Aktienoptionen an der Gesamtvergütung US-amerikanischer CEOs kletterte von 23 Prozent im Jahr 1983 auf 45 Prozent 1998.[752]

Was in der Theorie einleuchtet, ist sowohl aus komplexitätsökonomischer Sicht als auch in der Praxis etwas problematischer. Die Treuepflicht der Managementteams, also die Verpflichtung, den Interessen der Shareholder zu dienen, ist in den meisten Ländern gesetzlich festgeschrieben, wobei die meisten Komplexitätsökonomen die Bedeutung des Agentenproblems nicht abstreiten würden. Sie würden zugleich jedoch auf ein größeres Problem verweisen. CEOs und Managementteams haben in Wirklichkeit kaum Einfluss auf die Aktienkurse. Sie kontrollieren Dinge wie Strategie, Kosten, Investitionen und Mitarbeiter, von denen wiederum Dinge wie Ertrag, Gewinne, Kapitalrendite und Wachstum abhängen. Die von CEOs und Managementteams betätigten Hebel wirken unmittelbar auf die Fähigkeit des Unternehmens, ökonomischen Wert zu erzeugen, aber nur mittelbar auf den Aktienkurs.

Traditionelle Ökonomen befürworteten die Kopplung der Managervergütung an die Aktienkurse, weil in effizienten Märkten die von den Führungskräften beeinflussten Fundamentaldaten zugleich die treibende Kraft der (langfristigen) Aktienkursentwicklung sind. Wie wir jedoch gesehen haben, folgen die Kurse in der realen Welt nicht immer dem Wert, und die Abweichungen können mitunter über Jahre hinweg signifikant bleiben. Eine gewisse Korrelation zwischen den Fundamentaldaten und dem Aktienkurs besteht natürlich dennoch, und der Markt ist nicht völlig unempfindlich für das Verhalten der jeweiligen Unternehmensführung; realistischerweise würde man diese Korrelation jedoch als eher schwach bezeichnen.

Wie wir gesehen haben, wird der Aktienkurs manchmal eher durch das Zusammenspiel zwischen Investmentstrategien, Händlerpsychologie, institutionellen Marktstrukturen und anderen außerhalb des Einflussbereichs des Managements liegenden Faktoren bestimmt als durch Faktoren, die über den »eigentlichen Wert« des Unternehmens Auskunft geben. Die gewaltige Spekulationsblase während der Neunzigerjahre beispielsweise machte viele CEOs unglaublich reich, obwohl sie lediglich auf der Welle mitschwammen. Das Platzen der Blase hatte den gegenteiligen Effekt, indem die Vergütungen guter und schlechter Führungskräfte gleichermaßen abschmolzen. Eine McKinsey-Studie zeigte, dass zwischen 1991 und 2000 rund 70 Prozent des Ertrags einzelner Unternehmen auf Marktfaktoren und nur 30 Prozent auf unternehmensspezifische Faktoren zurückgingen.[753] Theoretisch ist es möglich, den Bewegungseffekt aus den Marktindizes herauszurechnen, damit wäre aber die Bedeutung der verbleibenden Kursentwicklungskomponente immer noch unklar. Ist der Aktienkurs gestiegen, weil die neue Strategie des CEO dem Markt gefiel oder weil sich die Computer mehrerer großer Hedgefonds eine multidimensionale mathematische Schlacht lieferten? Letztlich lässt sich diese Frage nicht eindeutig beantworten.

Die Kopplung ihrer Vergütung an die Aktienperformance hat das Verhalten der CEOs zwangsläufig verändert. Wenn ein CEO mehr Verantwortung für die Performance seines Unternehmens trägt, so ist dies sicherlich positiv zu sehen. Viele interessieren sich jedoch mittlerweile mehr für die Zuckungen und Ausschläge des Marktes und konzentrieren sich darauf, dem Markt kurzfristig das zu geben, was er zu fordern scheint (zumeist die nächsten Quartalszahlen), anstatt langfristig Wert zu schaffen und das Unternehmen stark und anpassungsfähig zu machen. Die Schattenseite einer ausschließlichen Fixierung auf den Aktienmarkt haben wir in den Skandalen um Enron, Worldcom und Tyco gesehen, bei denen Angst und Gier des Managements zu Ertragsmanipulationen und eindeutigem Betrug führten.

Ich behaupte nicht, dass CEOs und Managementteams keinen Einfluss auf die Aktienperformance hätten – natürlich haben sie ihn. Aber sie sind nur einer von mehreren Faktoren, und die von ihnen erzeugten Signale gehen häufig in der Kakophonie einer Dynamik unter, die das Produkt eines komplexen, sich entwickelnden Marktes ist. Ebenso wenig behaupte ich, dass CEOs nicht an die Performance ihrer Aktien gebunden sein sollten; wir wollen sicherlich nicht in die Zeit unverantwortlicher, die Shareholder in Geiselhaft nehmender CEOs zurückkehren. Aber anstatt CEOs für einen Aktienkurs zur Rechenschaft zu ziehen, der sich ihrer Kontrolle entzieht, sollten wir sie für das verantwortlich machen, was sie tatsächlich beeinflussen: die fundamentale ökonomische Performance und die langfristige Wertschöpfung. Seit den frühen Neunzigerjahren werben der Harvard-Professor Robert Kaplan und sein Co-Autor David Norton für ihren Ansatz einer Leistungsbewertung von Unternehmen, den sie *Balanced Scorecard* getauft haben.[754] Ihrer Ansicht nach kann kein einzelner Indikator wie beispielsweise der Aktienkurs die Leistung eines Unternehmens vollständig widerspiegeln. Stattdessen empfehlen die Autoren den Unternehmen, die maßgeblichen Wertschöpfungsfaktoren in ihrem Geschäftsmodell zu definieren und eine aus diesen Faktoren maßgeschneiderte Wertungsliste zu erstellen. Eine solche Liste sollte einen Kennzahlen-Mix aus Rechnungswesen, Finanzierung und anderen Bereichen (wie beispielsweise Mitarbeiter und Kunden) enthalten, die über Wachstum, Rentabilität und Kapitalrendite des Unternehmens Auskunft geben und sowohl einen Blick in die Vergangenheit als auch in die Zukunft erlauben. Der Schwerpunkt sollte jedoch auf der langfristigen Wertschöpfung liegen.[755]

Zweifelsohne werden im Rahmen der Erforschung der Finanzmärkte in Zukunft neue Kennzahlen für die Unternehmensleistung entwickelt werden. Bis dahin bietet eine Balanced Scorecard jedoch eine bessere Basis für den Performancevertrag zwischen Management und Shareholdern (und ihren Vertretern im Unternehmensvorstand) als der Aktienkurs allein.

Was ist das Ziel eines Unternehmens?

Wenn die Entwicklung des Aktienkurses als Messgrundlage für die Unternehmensperformance problematisch ist, stellt sich die grundlegendere Frage: Worin sollten die Ziele eines Unternehmens bestehen? Traditionelle Ökonomen sehen den Zweck von Unternehmen einheitlich darin, den Interessen der Gesellschaft zu dienen. Wie wir gesehen haben, besagt die allgemeine Gleichgewichtstheorie, dass die Ressourcen aus gesellschaftlicher Sicht genau dann optimal verteilt werden, wenn die Manager die Gewinne des jeweiligen Unternehmens und die Konsumenten ihren Verbrauchernutzen maximieren. Wie John Maynard Keynes einst formulierte: »Kapitalismus ist die erstaunliche Überzeugung, dass die schlimmsten Menschen die schlechtesten Dinge tun müssen, damit der größte Nutzen für alle dabei herauskommt.« Der Gesellschaft ist also am meisten gedient, wenn die Manager versuchen, die Profite ihrer Unternehmen zu maximieren.[756]

Das Ziel der Gewinnmaximierung führt jedoch zu Problemen. Wie wissen wir, ob das Management die Gewinne tatsächlich maximiert? Sind 10 Prozent Gewinn gut genug? Oder sollten es 15 Prozent sein? Welchen Vergleichsmaßstab legen wir an? Ob das Management gute Arbeit leistet, lässt sich der traditionellen Wirtschaftslehre zufolge am besten an den Kapitalmärkten ablesen. Auf ihr Eigeninteresse bedachte Anleger werden ihr Kapital dort investieren, wo es in Anbetracht der involvierten Risiken die höchste Rendite bringt. Weil Kredite fest vereinbarte Zinsen erwirtschaften, während sich die Eigenkapitalrendite nach der Rentabilität der Unternehmen richtet, sollten wir uns bei unserer Kriteriensuche auf die Shareholder konzentrieren. Gewinnmaximierung lässt sich also als Maximierung des Shareholder-Value operationalisieren.

In vielen Ländern existieren gesetzlich festgeschriebene *Treuepflichten*, wonach die Vorstände und Managementteams den ökonomischen Interessen der Shareholder zu dienen haben. Die Vereinigten Staaten und Großbritannien gehen dabei am weitesten, indem sie den Shareholdern ein Primat einräumen. Andere Länder wie beispielsweise viele kontinentaleuropäische Länder und Japan kennen solche gesetzliche Treuepflichten zwar ebenfalls, aber hier bilden die Anteilseigner nur eine Gruppe neben anderen *Stakeholdern*, deren Interessen ebenfalls zu berücksichtigen sind. Zu diesen Stakeholdern gehören die Beschäftigten (üblicherweise vertreten durch Gewerkschaften), die Verbraucher, die Kommunen, in denen die Unternehmen tätig sind, und der Staat. In Holland beispielsweise müssen die Vorstände großer Unternehmen mit Gewerkschaftsvertretern besetzt sein, und das Unternehmensziel besteht weniger in der Maximierung des Shareholder-Value als vielmehr in der Fortsetzung der Unternehmenstätigkeit. Die Befürworter eines Shareholder-Kapitalismus argumentieren, dass solche Stakeholder-Systeme im Trüben fischen, indem sie widersprüchlichen Interessen gerecht zu werden versuchen, das Management teilweise aus der Verantwortung entlassen und letztlich der Gesamtgesellschaft weniger dienen als reine Shareholder-Systeme. Zum Beweis führen sie die produktivitäts-, wachstums- und beschäftigungsintensive Wirtschaft der Vereinigten Staaten an.[757]

Das ist nicht nur ein akademisches Problem. Die Frage, welchen Interessen die Unternehmen dienen sollten, bildet den Kern hitziger Debatten über Corporate-Governance-Reformen, die Sozialverantwortung der Unternehmen, die Globalisierung sowie das zukünftige Wirtschaftsmodell der Europäischen Union.[758]

Überleben und Wachsen

Die Komplexitätsökonomik widerspricht der traditionellen Argumentation keineswegs in allen Punkten. Auch hier bleiben die Märkte die effektivsten Mechanismen für Preisbildung und Ressourcenverteilung. Die Shareholder sind nach wie vor die gesetzlichen Eigentümer der Unternehmen. Und das Management muss für seine Leistung weiterhin zur Verantwortung gezogen werden. Jedoch stellt die Komplexitätstheorie einige Punkte nuancierter dar, formuliert einige wichtige Fragen und schlägt eine alternative Zielfunktion vor.

Wenn wir zu den Anfängen unseres Evolutionskonzeptes zurückkehren, können wir die Frage nach den Unternehmenszielen möglicherweise besser verstehen. Wie in Kapitel 9 dargelegt, haben Evolutionssysteme eine bestechend klare Logik: Gute Replikatoren werden repliziert. Die Zielfunktion jedes Codes muss sein, das Überleben und die Replikation (oder Amplifikation) seines Akteurs zu sichern. Jede andere Zielfunktion führt geradewegs in die Auslöschung. In den ökonomischen Kontext übersetzt bedeutet dies, dass das Ziel eines Geschäftsplans im Überleben und in der Amplifikation der von ihm kodierten Geschäftseinheit liegen muss. Die Aufgabe des Managements besteht folglich darin, Geschäftspläne zu entwerfen und umzusetzen, die dieser Zielfunktion genügen. Mit anderen Worten: Das Management muss Geschäftspläne entwerfen und ausführen, die den Geschäftseinheiten des Unternehmens ermöglichen, über längere Zeit zu bestehen und zu wachsen.

Auf den ersten Blick erinnert die Zielfunktion des »Überlebens und Wachsens« eher an das holländische Kontinuitätsziel als an das US-amerikanische Ziel der Maximierung des Shareholder-Value. Bei näherer Betrachtung zeigt sich jedoch, dass die beiden Ziele möglicherweise gar nicht so weit auseinanderliegen.

Sämtliche Evolutionssysteme sind Randbedingungen unterworfen, die ihnen von den Hauptsätzen der Thermodynamik diktiert werden. Überleben und Replikation erfordern Energie-, Materie- und Informationsströme, die gegen die Entropie ankämpfen. In biologischen Systemen folgt daraus, dass alle Organismen thermodynamisch rentabel sein müssen, indem sie mindestens so viele Kalorien aufnehmen, wie sie für ihren Selbsterhalt benötigen. Gute Replikatoren sind kalorienmäßig rentable Replikatoren, und sie müssen diese Rentabilität in einem Umfeld beweisen, das von einem harten Wettbewerb um die begrenzten Ressourcen geprägt ist. In ökonomischen Systemen erfordert die Entropiereduktion ebenfalls Energie-, Materie- und Informationsflüsse (die in modernen Ökonomien in Geld gemessen werden), und alle Geschäftseinheiten müssen der Randbedingung genügen, wonach die Zuflüsse größer oder gleich den Abflüssen sind.

In Evolutionssystemen ist Rentabilität kein Selbstzweck; vielmehr handelt es sich um eine fundamentale Randbedingung, die eine Geschäftseinheit erfüllen muss, um ihr Überlebens- und Replikationsziel zu erreichen. Der Managementtheoretiker Charles Handy illustriert diesen Unterschied mit der Analogie zur Nahrungsaufnahme, die zwar eine Randbedingung des Lebens darstellt, aber nicht unbedingt als Ziel des Lebens bezeichnet werden kann.[759]

Wenn wir den Begriff der Rentabilität im ökonomischen Kontext analysieren, stoßen wir auf eine weitere Randbedingung. Um einen Geschäftsplan erfolgreich auszuführen, muss das Management ein Ökosystem der Kooperation innerhalb und außerhalb des Unternehmens errichten. Kapital muss angeworben werden, und die Bereitsteller des Kapitals müssen die Chance wittern, mehr Rendite als in alternativen Anlageformen zu erwirtschaften. Mitarbeiter müssen rekrutiert werden und Anreize erhalten, um produktiv zu arbeiten. Zulieferer müssen die Möglichkeit einer rentablen Beziehung zu dem Unternehmen erkennen. Und das Unternehmen muss Waren und Dienstleistungen bereitstellen, die von den Konsumenten gewünscht werden. Aber das ist noch nicht alles. Das Management muss zugleich sicherstellen, dass die gesetzlichen Bestimmungen eingehalten, Steuern entrichtet und keine Aktivitäten unternommen werden, die den Unmut der Gesellschaft erregen. Rentabilität ist in Wirklichkeit ein multidimensionales Problem, bei dem zahlreiche Menschen zufriedengestellt werden müssen. In Evolutionsbegriffen ist das die ökonomische Fitnessfunktion: Überlegene Unternehmen erfüllen diese multidimensionale Randbedingung besser als andere. Aus der Evolutionsperspektive besteht folglich kein grundsätzlicher Unterschied zwischen Shareholder- und Stakeholder-Systemen. Die Fitnessfunktion ist, was sie ist – sie beschreibt schlicht und einfach, was das Management für seine Geschäftseinheit tun muss, damit diese überlebt und wächst.

Shareholder- kontra Stakeholder-System ist also in der Praxis die falsche Unterscheidung. Die meisten Befürworter eines Shareholder-Kapitalismus wissen auch, dass ein Unternehmen, das die Interessen seiner Mitarbeiter missachtet, Gesetze bricht und seine Kunden schlecht behandelt, auf lange Sicht seinen Shareholdern keine gute Rendite bieten kann. Und die meisten Befürworter eines Stakeholder-Systems geben zu, dass Unternehmen eine konkurrenzfähige Kapitalrendite erwirtschaften müssen, um ihre Geldgeber bei der Stange zu halten. Den Schlüssel zu dieser faktischen Äquivalenz zwischen Shareholder- und Stakeholder-Systemen bilden wettbewerbsintensive Märkte; Arbeitskräfte, Kapital, Kunden und Zulieferer müssen alle in der Lage sein, anderswohin zu gehen.

Aber es gibt einen weiteren Grund, warum die traditionelle Wirtschaftslehre zwischen Shareholdern und Stakeholdern unterscheidet: Nur Shareholder haben *Restansprüche* an das Unternehmen. Mit anderen Worten: Sie bekommen, was übrig bleibt, nachdem alle übrigen Anspruchsberechtigten ihren Anteil erhalten haben, und riskieren, unter Umständen leer auszugehen. Folglich haben die Shareholder das größere Risiko und benötigen mehr Schutz. Aber in einer Unternehmung mit den beschriebenen Kooperationsstrukturen trägt jeder seinen Teil des Risikos – Beschäftigte riskieren ihre berufliche Entwicklung, Konsumenten riskieren, dass ein erworbenes Produkt nicht ihren Erwartungen entspricht, und so weiter. Solange die Märkte frei und wettbewerbsgesteuert sind, sollten sich diese Risiken in den Preisen widerspiegeln (dem können vermutlich auch die traditionellen Ökonomen zustimmen). Eigenkapital ist risikobehaftet, aber dafür sind die Renditeerwartungen auch höher als bei Fremdkapital.

Selbst wenn sich das Shareholder-Primat ökonomisch nicht begründen lässt, ist es, so mag man einwenden, dennoch in den Gesetzen zahlreicher Länder, wie beispielsweise der Vereinigten Staaten, festgeschrieben. Aber auch das ist so nicht ganz richtig. Solche Gesetze formulieren zwar Pflichten, welche die Shareholder betreffen, aber auch solche, die sich auf die übrigen Stakeholder beziehen. Sollten die US-amerikanischen Gesetze eine Stakeholder-Gruppe bevorzugt behandeln, dann sorgt die US-Regierung schon dafür, dass die Entrichtung der Steuern wichtiger ist als jede andere Unternehmensverpflichtung. Die rechtliche Perspektive unterscheidet sich in nichts von der evolutionsökonomischen Perspektive: Das Management muss seine Verpflichtungen gegenüber sämtlichen Stakeholdern einhalten.

Sowohl aus der evolutionstheoretischen als auch aus der praktischen Perspektive betrachtet ist die Zahlung einer konkurrenzfähigen Rendite eine Randbedingung, aber kein Ziel. Mag sie auch noch so wichtig sein, sie ist dennoch nur eine Bedingung unter vielen in der ökonomischen Fitnessfunktion. Das bringt uns zur Frage nach dem eigentlichen Ziel zurück. Was bedeutet das Ziel des »Überlebens und Wachsens«?

Um diese Frage zu beantworten, müssen wir zum Thema der unternehmerischen Bestleistung zurückkehren. Welches Unternehmen bringt die bessere Leistung: Wang Laboratories, deren Aktie in den Sechziger- und Siebzigerjahre einen kometenhaften Anstieg verzeichnete und mehrere Jahre auf dem Performancezenit verweilte, um in den Achtzigerjahren auszuglühen und zu verschwinden, oder DuPont, dessen Aktie fast während der gesamten Unternehmensgeschichte schlechter abschnitt als die Marktindizes, das aber seit 1802 besteht und im Jahr 2005 einen Umsatz von 27 Milliarden US-Dollar erwirtschaftete und 60.000 Mitarbeiter beschäftigte?[760] Oder was ist mit Ye Olde Fighting Cocks Pub, der seit 795 nach Christus ununterbrochen die Erfrischungsbedürfnisse der Bürger der englischen Ortschaft Saint Albans befriedigte, ohne jemals über die bescheidene Größe einer Dorfkneipe hinauszuwachsen?

Die meisten Menschen entscheiden sich intuitiv für DuPont. Während Wang Laboratories eine Zeit lang ein spektakuläres Wachstum verzeichnete, aber letztlich nicht überlebte, und Ye Olde Fighting Cocks Pub in eindrucksvoller Weise den Widrigkeiten der Geschichte trotzte, aber niemals wuchs, gelang DuPont beides. Auch wenn seine Aktienperformance unter dem Marktdurchschnitt blieb, wuchs DuPont von einem kleinen Schießpulverhersteller zu einem globalen Unternehmen in Sachen Chemikalien, Materialien und Umweltwissenschaften heran und hat immerhin auch mehr als zwei Jahrhunderte überdauert. Ein traditioneller Ökonom würde der intuitiven Entscheidung zustimmen, weil der von DuPont im Lauf seiner Geschichte produzierte ökonomische Gesamtwert weit größer ist als der der anderen beiden Unternehmen (berechnet nach der Kapitalwertmethode). Um zu überleben und zu wachsen, musste DuPont tatsächlich all die Dinge tun, die ein traditioneller Ökonom von ihm erwarten würde. Es musste rentabel sein, weil unrentable Unternehmen nicht überleben, und es musste den Kapitalgebern eine konkurrenzfähige Rendite zahlen (wenn auch keine Spitzenrendite), denn Wachstum erfordert Kapital.[761]

Man könnte nun fragen: Wenn traditionelle Wirtschaftslehre und Komplexitätsökonomik mehr oder weniger zum selben Ziel kommen, wenn auch auf unterschiedlichen Wegen, was ist dann der Unterschied? Ist die Differenzierung zwischen Randbedingungen und Zielen vielleicht nur eine akademische Spitzfindigkeit?

Der entscheidende Unterschied liegt in der Art und Weise, wie das Management diese Konzepte anwendet. Das Ziel der Shareholder-Value-Maximierung wurde von vielen Managementteams dahingehend operationalisiert, dass sie sich nur noch für die kurzfristige Aktienkursentwicklung und die Quartalsergebnisse interessierten. Eine vom National Bureau of Economic Research durchgeführte Studie ergab, dass die Mehrheit der Unternehmen das Quartalsergebnis als den wichtigsten Indikator betrachteten, weil sie glaubten, dass sich über den Ertrag zugleich der Aktienkurs des Unternehmens maximieren ließe.[762] Quartalsberichte können sich tatsächlich auf die Aktienkurse auswirken, aber wie wir gesehen haben, sind sie bei Weitem nicht die einzigen Einflussfaktoren. Diese Fixierung auf das Quartalsergebnis stört häufig den unternehmerischen Entscheidungsprozess. In derselben Studie sagten die meisten der befragten Finanzchefs, dass sie auf Investitionen zur langfristigen Wertschöpfung verzichten würden, wenn sie nur so die Gewinnprognosen der Analysten erfüllen könnten, und drei Viertel von ihnen erklärten sich bereit, ökonomischen Wert für eine glatte Ertragsbilanz zu opfern.

Ein Managementteam, dem am Fortbestand und Wachstum des Unternehmens gelegen ist, würde vermutlich einen ausgewogeneren Standpunkt einnehmen.[763] Die Manager würden sich auf die Hebel konzentrieren, die ihnen tatsächlich zur Verfügung stehen, nämlich auf die Hebel der ökonomischen Wertschöpfung und nicht des Aktienkurses. Sie würden die multidimensionale Natur des langfristigen Überlebens und Wachsens explizit anerkennen und ihre Aufmerksamkeit nicht ausschließlich den Shareholdern widmen, sondern sich zugleich um gesunde Beziehungen zu allen übrigen Stakeholder-Gruppen bemühen. Das Überleben der Institution als Zielvorstellung impliziert eine langfristigere Investitionspolitik und eine verstärkte Beschäftigung mit Fragen der Unternehmenskultur. Eine ebenso starke Ausrichtung auf das Wachstumsziel hält den Leistungsdruck aufrecht, sorgt für ständige Herausforderungen und fördert Innovationen. Natürlich kann ein Unternehmen gleichzeitig wachsen und Wert zerstören, indem es in ein unrentables Wachstum investiert oder eine inadäquate Kapitalrendite erzielt. Dennoch bilden diese beiden Ziele natürliche Gegengewichte – sorglose Investitionen in unrentables Wachstum gefährden das Ziel der Langlebigkeit, während zu viel Konservatismus zugunsten der Fortdauer der Institution dem Wachstumsziel zuwiderläuft.

Nicht nur würden Überleben und Wachstum als Ziele dem Management helfen, seinen Daseinsgrund zu erkennen und seine Entscheidungen ausgewogener zu treffen; solche Ziele ließen sich wichtigen Stakeholder-Gruppen wie insbesondere den Mitarbeitern und externen Interessengruppen leichter vermitteln. Nur wenige Beschäftigte lassen sich für die Maximierung des Shareholder-Value begeistern. Die meisten von ihnen verfügen nicht über Aktienoptionen und betrachten Shareholder als große, reiche und anonyme Interessengruppen. Mit der Vorstellung, eine große und beständige Institution zu schaffen, die durch Wachstum zusätzliche Perspektiven für die Menschen erzeugt, können sie sich viel eher identifizieren.

Externe Interessengruppen wie beispielsweise Politiker und engagierte Bürger tun sich zumeist schwer damit, die Maximierung des Shareholder-Value als Existenzziel der Unternehmen anzuerkennen. In ihren Augen sind die Unternehmen dazu da, dem allgemeinen Wohl der Gesellschaft zu dienen, und sie können sich mit der Logik, wonach, was den Shareholdern nützt, auch der Gesellschaft zugute kommt, nur schwer anfreunden. Die Folge davon waren enorme Verständigungsschwierigkeiten in den jüngsten Debatten zur gesellschaftlichen Verantwortung von Unternehmen.[764] Die genannten Interessengruppen würden die Verbindung zwischen Gesellschafts- und Unternehmensnutzen leichter erkennen, wenn die Maximierung des Shareholder-Value nicht das alleinige Ziel des Managements wäre. Vielmehr sollte es auch bestrebt sein, beständige Institutionen zu schaffen, deren Produkte und Dienstleistungen den Menschen Nutzen bringen. Vertrauen bilden, auch Ziele wie Beschäftigung schaffen, Steuern zahlen, die Gesetze befolgen, gute Beziehungen zu externen Interessengruppen unterhalten und mit Innovationen und Wachstum zum zukünftigen Wohl der Gesellschaft beitragen.

Wie diverse Studien zeigen, orientieren sich Unternehmen, die wie DuPont lange Zeit überdauert haben und zu einer imposanten Größe angewachsen sind, häufig nicht in erster Linie am Leitstern der Shareholder-Value-Maximierung. Arie de Gues beispielsweise beschreibt in seinem Buch *The Living Company*, das auf einer berühmten Studie von Royal Dutch/Shell zu 27 großen und langlebigen Unternehmen basiert, wie die untersuchten Unternehmen ihren Daseinszweck darin sahen, »zu überleben und zu gedeihen«.[765] In ähnlicher Weise nahmen James Collins und Jerry Porras in *Built to Last* 18 langlebige Unternehmen unter die Lupe und attestierten ihnen ein Bemühen um »mehr als nur Gewinne«. Den Autoren zufolge sind Gewinne für diese Unternehmen »wie Sauerstoff, Nahrung, Wasser und Blut für den Körper; sie sind nicht selbst das Lebensziel, aber ohne sie wäre kein Leben möglich.«[766]

Nicht zufällig klingen in den Zielen der Beständigkeit und des Wachstums die im vorigen Kapitel besprochenen Imperative der Ausführung und der Anpassung an. Beide entstammen derselben Evolutionslogik. Dass Unternehmen in der Regel in der Ausführung besser sind als in der Anpassung, findet seine Entsprechung zweifelsohne in der Überbetonung kurzfristiger Gewinnziele. Indem aber das Management die beiden Ziele Beständigkeit und Wachstum parallel verfolgt, sieht es sich gezwungen, der inhärenten Spannung zwischen Ausführung und Anpassung ins Auge zu sehen und eine ausgewogenere Balance zwischen beiden herzustellen. In einem wettbewerbsintensiven Evolutionsumfeld ist »Beständigkeit und Wachstum« das *Was* und »Ausführung und Anpassung« das *Wie*. Beständigkeit und Wachstum sind zeitlose Forderungen, denen die Entwürfe sämtlicher Evolutionssysteme gerecht werden müssen.

18. Politik und Gesellschaft: Jenseits von Rechts gegen Links

Die Welt der ökonomischen Ideen ist seit eh und je mit der Welt der Politik verwoben, und in der Vergangenheit hat schon so mancher Paradigmenwechsel in der ökonomischen Theorie Umwälzungen in der politischen Landschaft nach sich gezogen. Adam Smiths Ideen hatten ihren Anteil an der dramatischen Ausweitung des freien Handels im 19. Jahrhundert. Karl Marx' Theorien waren der Auslöser für schicksalhafte Veränderungen im 20. Jahrhundert. Das neoklassische Programm schuf die intellektuellen Voraussetzungen für den orthodoxen Kapitalismus des Westens, der durch die verstärkte Rolle des Staates im Keynesianismus abgemildert wurde. In der Zeit nach dem Zweiten Weltkrieg erreichte der Staatsaktivismus einen neuen Höhepunkt, bis Ronald Reagan und Margaret Thatcher in den Achtzigerjahren auf der Grundlage der Theorien von Ökonomen wie Milton Friedman und Friedrich Hayek einen Gegenkurs einschlugen.

Wie wird sich die Komplexitätsökonomik in Politik und Gesellschaft bemerkbar machen? Die Zeit zwischen der intellektuellen Entwicklung ökonomischer Ideen und ihrem Einzug in den gesellschaftlichen Alltag betrug in der Vergangenheit häufig Jahrzehnte oder mehr. Marx veröffentlichte sein Kommunistisches Manifest im Jahr 1848, aber die russische Revolution ereignete sich erst im Jahr 1917. Keynes veröffentlichte sein bedeutendstes Werk in den Dreißigerjahren, aber seine Ideen entfalteten ihre größte Wirkung vermutlich erst in der Nachkriegszeit. Selbst zwei Jahrhunderte nach dem Erscheinen von *The Wealth of Nations* scheinen viele Politiker immer noch Mühe zu haben, die Ideen eines Adam Smith zu begreifen. Auch wenn wohl noch einige Jahre ins Land gehen werden, bevor sich die Auswirkungen der Komplexitätsökonomik im öffentlichen Leben zeigen, ist es nichtsdestotrotz spannend, sich Gedanken darüber zu machen, wie dieser Einfluss aussehen könnte.

Die erste Frage, die sich vielen Menschen stellt, wenn sie an Komplexitätsökonomik und Politik denken, lautet: Auf welcher Seite steht sie? Sympathisiert sie mehr mit der politischen Rechten oder der Linken? Manche erkennen eine größere Nähe zur Rechten aufgrund ihrer positiven Sicht der Märkte. Andere verdächtigen sie linker Neigungen, weil sie die Märkte als weniger effizient beurteilt wie die traditionelle Orthodoxie. In diesem Kapitel will ich darlegen, warum weder die Rechte noch die Linke die Komplexitätsökonomik für sich reklamieren kann. Der komplexitätstheoretische Ökonomikansatz hat sogar das Potenzial dazu, die historisch gewachsenen Vorstellungen von rechter und linker Politik obsolet zu machen.

Wir werden mit einem kurzen Überblick über die historische Entwicklung des Rechts-Links-Schemas beginnen. Den Kern dieser geschichtlichen Zweitteilung bilden zwei tief verwurzelte Meinungsverschiedenheiten. Die erste betrifft unser Bild von der menschlichen Natur, die zweite unsere Auffassung von der Rolle von Staat und Markt. Die Komplexitätsökonomik liefert für beide Debatten eine neue Sichtweise, die sich keinem der beiden Lager eindeutig zuordnen lässt. Anschließend werden wir anhand von Beispielen sehen, wie sich die Komplexitätsökonomik auf drei Problembereiche anwenden lässt: die Armut in den Entwicklungsländern, die Erosion des »sozialen Kapitals« in den Vereinigten Staaten und anderen Ländern sowie die wirtschaftliche Ungleichheit. Abschließend werden wir einige Gedanken zur zukünftigen Richtung der komplexitätsökonomischen Forschung entwickeln.

Ein Bezugssystem, das sich überlebt hat

Die Vorstellung von Politik als Links-Rechts-Spektrum hat sich über zwei Jahrhunderte erstaunlich zäh gehalten. Die Bezeichnungen haben ihren Ursprung in der Sitzverteilung der französischen Nationalversammlung zur Zeit der französischen Revolution von 1789. Die Revolutionäre des dritten Standes saßen auf der linken Seite der Kammer, die Royalisten des ersten Standes auf der rechten. Von Anfang an stand die *Linke* für den Kampf für sozialen Fortschritt, den Schutz der Benachteiligten und die Reform der Gesellschaft – aber auch für utopisches Denken. Die *Rechte* wiederum stand für die Betonung von individueller Freiheit und Eigenverantwortung, für die Verteidigung der gesellschaftlichen Stabilität und den Glauben an einen natürlichen, allmählichen Fortschritt – aber auch für den Schutz von Privilegien und bestehenden Machtstrukturen. Die ökonomischen Dimensionen der Links-Rechts-Dichotomie kristallisierten sich ein Jahrhundert später durch die Theorien von Marx und Engels und den großen Kampf zwischen Sozialismus und Kapitalismus heraus.[767] Spätestens zu Beginn des 20. Jahrhunderts stand die Linke für massive staatliche Eingriffe in die Wirtschaft, die von einer Verstaatlichung sämtlicher Produktionsanlagen in den kommunistischen Volkswirtschaften bis zu Teilverstaatlichung und starker Regulierung in sozialdemokratisch regierten Ländern reichten, während die Rechte zum Sammelbecken der Befürworter eines freien Marktes wurde. Auch wenn sich die exakten Begriffsdefinitionen gewandelt haben, blieb das Grundprinzip der Unterscheidung bis ins mittlere und späte 20. Jahrhundert konstant: Staaten kontra Märkte, gesellschaftlicher Liberalismus kontra gesellschaftlicher Konservatismus und die Bedürfnisse der Masse kontra die Rechte des Individuums.

Nach dem Fall der Berliner Mauer im Jahr 1989 und dem Zusammenbruch des Kommunismus erklärte Francis Fukuyama von der Johns Hopkins University die große Debatte für entschieden und das »Ende der Geschichte« für gekommen.[768] In dieser Zeit versuchten zahlreiche Intellektuelle und Politiker, die Begriffe links und rechts mit neuen Inhalten zu füllen. Im Jahr 1996 veröffentlichte das Democratic Leadership Council in den Vereinigten Staaten seine *New Progressive Declaration*, und im Jahr 1998 veröffentlichte Anthony Giddens (mittlerweile Lord Giddens), der frühere Leiter der London School of Economics, ein Buch mit dem Titel *The Third Way*.[769] Sowohl die »New Democrats« in den Vereinigten Staaten als auch »New Labour« in Großbritannien vertraten eine Position, die versucht, den Erfolg des Kapitalismus im Erzeugen von Wohlstand mit den humanitären Zielen des Sozialismus zu vereinbaren, indem im Prinzip die kapitalistischen Mittel für die sozialistischen Ziele eingesetzt werden. Dieses Konzept gab den Wirtschaftsprogrammen sowohl der Clinton-Administration als auch der Blair-Regierung einen Schub; und es manifestierte sich in der politischen Entwicklung, wie beispielsweise der Clinton'schen Reform des US-amerikanischen Gesundheitssystems oder Blairs Bemühungen um mehr Marktwirtschaft im notleidenden britischen National Health Service. Die Vorstellung von einem Kapitalismus mit freundlichem Antlitz übte sogar auf die rechte Seite des Spektrums eine gewisse Anziehungskraft aus. George W. Bushs erste Wahlkampagne drehte sich überwiegend um die Idee eines »mitfühlenden Konservatismus«.

Aber die Geschichte hatte ihr Ende noch nicht erreicht. Die protestierende Menge auf den Straßen Seattles während der WTO-Konferenz von 1999 zeigte, dass der Links-Rechts-Gegensatz keineswegs überwunden ist. Auch viele von Blairs Reformen scheiterten am erbitterten Widerstand des linken Flügels seiner eigenen Partei, während Bushs mitfühlender Konservatismus im Endeffekt nichts anderes bedeutete als das Ende der Steuersenkungen für die Reichen. Der Abstand zwischen Links und Rechts ist nach dem Fall der Berliner Mauer möglicherweise geringer geworden, verschwunden ist er aber nicht.

Soweit sich in den Neunzigerjahren ein dritter Weg herauskristallisierte, basierte er mehr auf praktischer Politik als auf neuen ökonomischen Theorien. Beide Seiten hatten die schmerzliche Erfahrung gemacht, dass die jeweiligen Modelle in Reinkultur nicht funktionsfähig waren. Staatlich gelenkte Utopien erwiesen sich als bürokratische Alpträume, und freie Marktwirtschaftsparadiese führten zu dysfunktionalen Gesellschaften. Ein Jahrhundert, das sowjetische Gulags und die Große Depression gesehen hatte, brachte die Menschen zu der pragmatischen Erkenntnis, dass Markt und Staat gemeinsam eine unverzichtbare Rolle für die Gesellschaft spielen. Dieser Konsens hinterließ jedoch ein intellektuelles Vakuum. Gegen Ende des 20. Jahrhunderts herrschte die Einschätzung, dass die von Marx und Smith symbolisierten Pole zwar beide falsch waren, ein kohärenter Ersatz aber nicht in Sicht war. Entgegen den Absichten seiner Urheber entwickelte sich der dritte Weg zu einer Taktik, um von der politischen Mitte aus Wahlen zu gewinnen, anstatt zu einem wirklich neuen ökonomischen Paradigma.[770]

Dieses intellektuelle Vakuum könnte nun möglicherweise die Komplexitätsökonomik füllen. Sie bietet keinen diffusen Mittelweg – keinen Neoklassizismus mit einigen wenigen Fällen von Marktkontrolle und auch keinen Sozialismus mit einigen wenigen marktwirtschaftlichen Elementen – sondern eine vollkommen neue Perspektive. Entscheidend ist nicht die Frage ob Links oder Rechts, sondern diejenige nach der besten Entwicklungsmöglichkeit.

Die menschliche Natur und eine strenge Reziprozität

Wenn man tief in die Links-Rechts-Spaltung eindringt und sich auf ihren philosophischen und historischen Kern besinnt, offenbaren sich zwei gegensätzliche Auffassungen vom Wesen des Menschen. Die Linke begreift den Menschen als grundsätzlich altruistisch; Gier und Eigensucht sind ihm nicht angeboren, sondern Folge der jeweiligen Gesellschaftsordnung; je gerechter die Gesellschaft, desto besser der Mensch, der in ihr lebt. Die Ursprünge dieser Argumentation finden sich bei Jean-Jacques Rousseau und Karl Marx.

Die Rechte vertritt die Ansicht, dass der Mensch seinem Wesen nach auf seinen Eigennutz bedacht ist und dass das sein gutes Recht ist. Eine staatliche Verfassung ist dann am effektivsten, wenn sie den Menschen diesen Wesenszug nicht auszutreiben versucht, sondern sich auf ihn einstellt. Wie der schottische Philosoph David Hume im 18. Jahrhundert schrieb: »Beim Entwurf einer staatlichen Verfassung sollten wir davon ausgehen, dass alle Menschen Schurken sind und in ihrem Tun nichts anderes als ihren Eigennutz im Sinn haben.«[771] Die Rechte behauptet jedoch, dass die Verfolgung des Eigeninteresses im Rahmen eines Marktmechanismus zugleich den Interessen der Allgemeinheit dient. Die Ursprünge dieser Ideen finden sich bei Hume, John Locke und Thomas Hobbes.

Vielleicht überrascht es manchen, dass Adam Smith nicht auf dieser Liste steht. Aber wie die Ökonomen Herbert Gintis, Samuel Bowles und Ernst Fehr sowie der Anthropologe Robert Boyd ausführen, vertrat Smith einen nuancierteren Standpunkt. Zwar zeigt er in *Wealth of Nations*, dass ein durch Märkte wirkendes Eigeninteresse gesellschaftlichen Nutzen bringen kann. In seinem anderen großen Werk, *The Theory of Moral Sentiments*, lesen wir jedoch: »So selbstsüchtig wir uns den Menschen auch vorstellen, gibt es in seinem Wesen doch einige Prinzipien, die ihn am Schicksal anderer Menschen Anteil nehmen lassen.«[772] Smith hatte also ein runderes Bild vom Menschen, das sowohl seine eigennützige als auch seine altruistische Seite umfasste.

Laut Gintis und seinen Kollegen zeigt die moderne Forschung, dass das traditionelle Menschenbild der Linken ebenso wie der Rechten allzu viele Vereinfachungen enthielt. Jahrhundertelang wurde der Gegensatz zwischen Eigennutz und Altruismus als philosophische Glaubensfrage behandelt. Erst in den Achtzigerjahren des 20. Jahrhunderts wurde daraus ein wissenschaftlicher Gegenstand. Ein umfangreiches Programm aus kontrollierten Experimenten, empirischen Studien, anthropologischer Feldarbeit und spieltheoretischen Simulationen führt zu dem Ergebnis: Smith hatte grundsätzlich recht.

Die Menschen sind ihrem Wesen nach weder rein altruistisch noch selbstsüchtig; vielmehr lässt sich ihr Verhalten als *bedingtes Kooperieren* und *altruistisches Bestrafen* beschreiben. Gintis und seine Kollegen fassen beides unter dem Oberbegriff *strenge Reziprozität* zusammen und definieren sie als »Prädisposition zur Kooperation mit anderen und zur Bestrafung derer, welche die Normen der Kooperation verletzen, selbst wenn nicht erwartet werden kann, dass sich die Kosten dieser Bestrafung (beispielsweise persönliche Nachteile) in Zukunft amortisieren werden.«[773] Das ist das Verhalten, das wir bereits zuvor im Zusammenhang mit dem Ultimatumspiel und dem Gefangenendilemma beobachtet haben. Die Menschen versuchen prinzipiell, der goldenen Regel zu folgen, jedoch mit einer kleinen Änderung: Behandele andere, wie du von ihnen behandelt werden willst (bedingte Kooperation); behandeln sie dich aber nicht entsprechend, dann erteile ihnen eine Lektion, auch wenn du selbst davon Nachteile hast (altruistische Bestrafung).

Es ist erstaunlich, wie weit das Verhalten nach dem Grundsatz der strengen Reziprozität verbreitet ist; in modernen Industriegesellschaften lässt es sich ebenso beobachten wie in zurückgezogenen Jäger-und-Sammler-Stämmen. Ob dieses Verhalten genetisch oder kulturell bedingt ist, steht nicht zweifelsfrei fest, aber drei empirische Befunde sprechen für die genetische Variante. Erstens zeigt sich die strenge Reziprozität in den unterschiedlichsten Kulturen – es ist keine Gesellschaft bekannt, in der sie nicht in der einen oder anderen Form existiert, sodass eine rein kulturelle Erklärung höchst unwahrscheinlich ist.[774] Zweitens wurden ähnliche Verhaltensweisen bei einer Reihe von Primatenarten gefunden.[775] Und drittens wurde eine biochemische Basis für dieses Verhalten in Form des Gehirnhormons Oxytocin entdeckt, das eine wichtige Rolle bei der menschlichen Vertrauensbildung und Kooperation spielt.[776] Auch wenn die strenge Reziprozität ein universelles Phänomen zu sein scheint, manifestiert sie sich in den einzelnen Gesellschaften sehr unterschiedlich, was wiederum nahelegt, dass es sich um das Produkt einer genetisch-kulturellen Koevolution handelt.

Aus Evolutionsgesichtspunkten erscheint die strenge Reziprozität logisch: In einer Welt der Nichtnullsummenspiele zahlt sich bedingte Kooperation eher aus als reiner Eigennutz oder reiner Altruismus. Auch wenn keine einzelne Strategie aus Kristian Lindgrens diversen Spielrunden des Gefangenendilemmas als Sieger hervorging, ist es kein Zufall, dass die dominierenden Strategien meistenteils Variationen der bedingten Kooperation darstellten. Und als die Forscher die weltweiten Ergebnisse aus dem Ultimatumspiel miteinander verglichen, stellten sie fest, dass die von der traditionellen Wirtschaftslehre postulierten eigennützigen Vernunftmenschen am ehesten noch im peruanischen Regenwaldvolk der Machiguenga ihre Entsprechung fanden. Bei den Machiguenga sind die kulturellen Normen der strengen Reziprozität im Vergleich zu anderen Gesellschaften unterentwickelt, mit der Folge, dass ihre Kultur von Egoismus, wechselseitigem Argwohn und geringer Kooperationsbereitschaft geprägt ist. Die gesellschaftliche Organisationsform beschränkt sich auf Familieneinheiten, und so verwundert es auch nicht, dass die Machiguenga zu den Ärmsten unter den beobachteten Gruppen gehören.[777]

Ein traditioneller Ökonom könnte einwenden, strenge Reziprozität sei nur eine andere Form von Eigennutz. Letztendlich kooperieren die Menschen doch nur, um ihre eigenen Ziele zu erreichen. Auch wenn sich Kooperation in einer Nichtnullsummenwelt auszahlt, bestehen zwei wichtige Unterschiede zwischen strenger Reziprozität und dem Eigennutz der traditionellen Wirtschaftslehre. Erstens interessiert sich der traditionelle *homo oeconomicus* nicht für das ökonomische Wechselspiel selbst, sondern nur für das, was für ihn dabei herausspringt. In Experimenten wurde jedoch gezeigt, dass sich reale Menschen nicht nur für das Ergebnis, sondern auch für die Fairness des Vorgangs interessieren, der zu diesem Ergebnis führt. Zweitens beweist das Ultimatumspiel, dass die Menschen unfaires Verhalten auch dann bestrafen, wenn sie selbst davon Nachteile haben und nicht damit rechnen können, dass diese durch zukünftige Vorteile kompensiert werden. Wenn Menschen das Gefühl haben, dass man sie übers Ohr haut, können sie ziemlich unberechenbar werden. Ein solches Verhalten ist sicherlich unvereinbar mit dem Postulat eines eigennützigen Vernunftmenschen.

Die ökonomischen und politischen Implikationen dieser strengen Reziprozität, die vielleicht nicht auf der Hand liegen, werden deutlich, sobald wir die Grundannahmen des menschlichen Verhaltens variieren. Betrachten wir als Beispiel die breite öffentliche Unterstützung für den Wohlfahrtsstaat.[778] Von den Dreißigerjahren bis in die Sechzigerjahre erfreuten sich soziale Hilfsprogramme der US-amerikanischen Regierung einer breiten Unterstützung in der Bevölkerung. Diese Unterstützung ging im Zeitraum der Siebziger- bis Neunzigerjahre dramatisch zurück. Die Gründe für diesen Rückgang sind heftig umstritten. Die Vertreter der Linken sehen darin einen Fall von Diskriminierung, gehörten doch die Hilfsbedürftigen überwiegend Minderheiten an, sowie von zunehmendem Egoismus. Die bevorzugte Erklärung der Rechten lautet, dass die Menschen sich endlich der Wirkungslosigkeit der meisten Wohlfahrtsprogramme bewusst wurden, darin eine Verschwendung von Steuergeldern erkannten und gewissermaßen ihr Geld zurückforderten.

Mittels diverser Studien, Experimente und Fokusgruppenbefragungen fanden Fong, Bowles und Gintis signifikante Belege dafür, dass dieser Einstellungswandel mit keiner der beiden Erklärungen zusammenhing, sondern mit dem Prinzip der strengen Reziprozität. Als die Sozialprogramme eingerichtet wurden, erschienen die Hilfsbedürftigen in erster Linie als Menschen, die einen Job suchten, aber aufgrund unglücklicher Umstände keinen finden konnten. Die sozialen Normen unterstützten die Vorstellung, dass solche Menschen Hilfe verdienen. Später veränderte sich die Wahrnehmung jedoch dahingehend, dass diese Hilfsbedürftigen faul und arbeitsunwillig seien und die Großzügigkeit der Gesellschaft missbrauchten. Diese Verhaltensweisen verletzen die Reziprozitätsnormen, und deshalb hält man den Entzug der Unterstützung oder gar eine Bestrafung für gerechtfertigt.

Die Autoren schlagen vor, die Sozialpolitik speziell daraufhin auszurichten, dass sie »Reziprozitätswerte mobilisiert, anstatt sie zu verletzen«. Eine mit dem Prinzip der strengen Reziprozität konforme Politik bietet den Arbeitswilligen geeignete Fortbildungsprogramme an, gibt den Armen Anreize zur Bildung finanzieller Rücklagen, fördert unternehmerische Aktivitäten in strukturschwachen Gebieten und verbessert das Bildungsangebot für die Benachteiligten. Nach den Normen der strengen Reziprozität teilen die Menschen Benachteiligte in solche ein, die ihr Schicksal verdient haben, und solche, die es nicht verdient haben. Programme, die auf diese Unterscheidung Rücksicht nehmen, erfreuen sich zumeist einer breiten Unterstützung. Arbeitslosenversicherungsprogramme beispielsweise kommen in der Regel gut an, weil die Beschäftigten in die Versicherung einzahlen, solange sie Arbeit haben, und von ihren Leistungen profitieren, sobald sie durch unglückliche Umstände ihre Arbeit verlieren. Das US-amerikanische Rentenversicherungssystem genießt ebenfalls seit über 70 Jahren die einhellige Unterstützung beider großer Parteien, weil es mit den Reziprozitätsnormen konform ist – jeder wird irgendwann alt, und es profitieren genau diejenigen von dem System, die zuvor ihre Beiträge gezahlt haben. Programme hingegen, die den Reziprozitätsnormen zuwiderlaufen, indem sie Menschen unterstützen, die dies nicht verdient haben, gelten als problematisch, wie beispielsweise Wohlfahrtsprogramme, die von ihren Empfängern keine Gegenleistung in Form von Arbeit oder Lernen fordern.

Strenge Reziprozität liefert eine Erklärung für die Versuche der neuen Linken in den Vereinigten Staaten und in Großbritannien, die persönliche Verantwortung wieder stärker zu betonen. Die Pflicht zu arbeiten im Rahmen der Clinton'schen Reform der Sozialsysteme und Blairs Slogan »Gegen Kriminalität und gegen die Ursachen der Kriminalität« sind gute Beispiele. Die Rechte bedient sich mittlerweile ebenfalls dieser Normen; beispielsweise kombinieren die von der Bush-Administration unterstützten religiös motivierten Initiativen soziale Ziele mit religiösen Wertvorstellungen von Verantwortung und Reziprozität.

Menschen sind weder die herzensreinen, altruistischen Geschöpfe Rousseaus noch die herzlosen, selbstsüchtigen Geschöpfe Humes. Der Ökonom und Moralphilosoph Smith behielt am Ende recht – die Menschen sind beides. Nachdem die Komplexitätsökonomik den Blick auf die strenge Reziprozität freigegeben hat, liegt es nun an der Linken, sich von der Rousseau'schen Vorstellung zu verabschieden, wonach alle sozialen Übel der Gesellschaft anzulasten sind, und der persönlichen Verantwortung ihre Rolle zuzugestehen. Die Rechte wiederum sollte sich von Humes Vorstellung frei machen, wonach die Gesellschaft den schlimmsten Charaktereigenschaften des Menschen Rechnung tragen muss, und den großzügigeren Instinkten ebenfalls ihre Rolle zugestehen.

Wie die Komplexitätstheorie jedoch gezeigt hat, ist das Verhalten der einzelnen Akteure nur eines unter vielen Puzzleteilchen. Erst die Kombination von individuellem Verhalten und institutionellen Strukturen erzeugt das emergente Verhalten des Systems. Das führt uns zum nächsten Streitpunkt zwischen Links und Rechts – den Rollen von Markt und Staat.

Linke Utopien und rechte Marktphantasien

Wie wir in Teil III gesehen haben, hat die Menschheit im Lauf ihrer Geschichte nur zwei Mechanismen entwickelt, die eine ökonomische Kooperation zwischen Fremden im großen Stil ermöglichen – Hierarchien und Märkte.[779] Von beidem gibt es eine ungeheure Vielfalt, die sich jedoch im Kern auf einige wenige Varianten zurückführen lässt. Selbst in Organisationsformen, die eher dem Egalitätsprinzip folgen, wie Kommunen und Kooperativen, findet sich eine Art hierarchische Struktur.[780] Aus komplexitätsökonomischer Sicht besteht der wichtigste Unterschied zwischen einer kapitalistischen und einer sozialistischen Wirtschaft darin, ob der letzte Richter über die ökonomische Fitness ein Markt oder eine Hierarchie ist.

Sowohl in kapitalistischen als auch in sozialistischen Systemen spielt sich ein Prozess der Geschäftsplandifferenzierung, -selektion und -amplifizierung innerhalb von Hierarchien ab. In kapitalistischen Ökonomien vollzieht sich dieser Prozess in den Unternehmen des privaten Sektors – hier ist Alfred Chandlers »sichtbare Hand« am Werk –, während er in sozialistischen Ökonomien in unmittelbar oder mittelbar vom Staat kontrollierten Organisationen stattfindet. In kapitalistischen Ökonomien erstreckt sich der Evolutionsprozess bis in die »dünne Schicht« des Marktes – jene Schicht, in der Adam Smiths »unsichtbare Hand« das letzte Wort über die Geschäftsplanselektion und -amplifikation spricht. In sozialistischen Ökonomien fehlt diese dünne Schicht des Marktes (oder sie wird vom Staat dominiert), und die wichtigsten Evolutionsentscheidungen zur Geschäftsplanselektion und -amplifizierung fallen innerhalb der Hierarchien der staatlichen Organisationen.

Die Kritik am Standpunkt der Linken

Die komplexitätsökonomische Kritik an der rein sozialistischen Wirtschaft liegt auf der Hand und sollte an diesem Punkt nicht überraschen: Die Wirtschaft ist schlicht viel zu komplex, als dass eine zentrale Planung, wie sie im Sozialismus erforderlich ist, funktionieren könnte. Die entsprechende Argumentationskette besteht aus drei Elementen; zwei davon hat der große österreichische Ökonom Friedrich Hayek in den Dreißiger- und Vierzigerjahren entwickelt.[781]

Das erste Problem betrifft die Frage der Wissenskoordination.[782] Das Wissen, das Voraussetzung dafür ist, um zu entscheiden, was in einer Wirtschaft produziert werden soll, ist über die gesamte Gesellschaft verstreut. Dazu gehören Informationen bezüglich der Präferenzen jedes einzelnen Konsumenten, bezüglich Kosten, Technologien und so weiter. Diese Informationen ohne die Mechanismen des Marktes zu sammeln ist theoretisch und praktisch unmöglich. Bis wir die Präferenzen der gesamten Bevölkerung hinsichtlich aller 10^{10} Waren- und Dienstleistungs-SKUs in der Wirtschaft eruiert haben, sind die Daten schon längst wieder veraltet. Ähnlich verhält es sich mit der Erhebung der Kosten.

Das führt uns zum zweiten Problem, das Hayek als die »verhängnisvolle Anmaßung« des Sozialismus bezeichnet.[783] Wie die vollkommene Rationalität eine kritische Schwachstelle der neoklassischen Theorie darstellt, so auch der sozialistischen Theorie. In einem umstrittenen Artikel aus dem Jahr 1933 vertrat der britische Ökonom H. D. Dickenson die Ansicht, Sozialismus und Kapitalismus seien in Wirklichkeit ein und dasselbe, weil Walras' Gleichungen für ein Marktgleichgewicht ebenso gut von einem sozialistischen Planer gelöst werden könnten, der zu denselben optimalen Ergebnissen käme wie der Markt.[784] Hayek entgegnete, dass wir die dafür erforderlichen Daten nicht verarbeiten könnten, selbst wenn es uns gelänge, sie zu sammeln. In Überstimmung mit unseren früheren Ausführungen argumentierte Hayek, dass die deduktive Vernunft des Menschen einfach nicht ausreicht, um ein so nichtlineares und dynamisches System wie die Wirtschaft planend zu lenken. Hayek sagt damit letztlich, dass vollkommene Rationalität in der sozialistischen Theorie ebenso unrealistisch ist wie in der neoklassischen.

Der dritte Einwand gegen den Standpunkt der Linken baut auf Hayeks beiden Argumenten auf. Wenn wir die vollkommene Rationalität verwerfen und uns stattdessen auf ein deduktives Probieren verlassen, benötigen wir eine Instanz, die über den Erfolg unseres Probierens entscheidet; wir benötigen ein Feedback, das uns hilft, zwischen guten und schlechten Geschäftsplänen zu unterscheiden. Ohne Marktmechanismen, die dieses Feedback ermöglichen, stellt sich erneut Hayeks Problem der Wissenskoordination. Ohne Informationen darüber, was die Gesellschaft will, und ohne funktionierende Selektionsmechanismen wird die Big-Man-Hierarchie des Staates schlicht produzieren, was sie will. Die natürliche Tendenz von Big-Man-Hierarchien besteht darin, Dinge zu tun, die den Interessen der Big Men dienen. In reinen Planökonomien spiegelt die Fitnessfunktion zwangsläufig die Interessen der Machthierarchien und nicht die Interessen der breiten Gesellschaft wider.

Aus der komplexitätsökonomischen Perspektive betrachtet spielen Märkte also nicht nur bei der Informationsbeschaffung und -verarbeitung, sondern auch bei der Kontrolle der Machthierarchien eine entscheidende Rolle, indem sie eine Fitnessfunktion für die Geschäftsplanselektion bereitstellen. Die Vision eines sorgfältig geplanten Utopia verträgt sich nicht mit der chaotischen Realität komplexer adaptiver Systeme.

Die Kritik am Standpunkt der Rechten

Die komplexitätsökonomische Kritik am anderen ideologischen Extrem stellt nicht so sehr eine Kritik am Kapitalismus selbst dar als vielmehr an der neoklassisch inspirierten Vorstellung der Rechten, wie der Kapitalismus funktionieren sollte. Die Argumentation besteht aus zwei Elementen.

Während erstens die Komplexitätsökonomie die Märkte nicht nur als nützlich, sondern auch als notwendig erachtet, spricht sie ihnen zugleich die optimale Effizienz ab. Wie wir bereits sahen, operieren sogar Finanzmärkte, die den in Lehrbüchern beschriebenen Märkten noch am nächsten kommen, bei Weitem nicht mit der theoretisch möglichen Effizienz. Folglich irren jene Vertreter des rechten politischen Spektrums, die in den Märkten die Lösung sämtlicher gesellschaftlicher Probleme sehen. Den meisten traditionellen Ökonomen ist die Fehlbarkeit der Märkte bis zu einem gewissen Grad bewusst, und die Literatur ist voller Analysen von Marktversagen. Aber der komplexitätstheoretische Blick führt über Fälle von traditionellem Marktversagen hinaus und gibt Anlass, jeder Marktlösung gegenüber skeptisch zu sein, die auf den bekannten unrealistischen Annahmen der traditionellen Theorie basiert.

Ein kleines, aber klassisches Beispiel ist die Deregulierung der britischen Telefonauskunft. 50 Jahre lang gab es in Großbritannien nur eine einzige landesweite Telefonauskunft. Dieses Monopol gehörte der einst staatlichen British Telecom (BT); Tarif und Qualität wurden von der Regierung überwacht. Das Angebot war einfach, funktionierte gut und es gab kaum Beschwerden. Im Jahr 2001 beschloss die Regierung dennoch, die Dienstleistung zu deregulieren und für den Wettbewerb zu öffnen. Der Theorie zufolge sollte der vermehrte Wettbewerb zu niedrigeren Tarifen und einem innovativeren Angebot führen. Erwartungsgemäß stiegen zahlreiche neue Firmen in das Geschäft ein; bis 2004 waren es bereits 120. Theorie und Realität stimmten jedoch schon bald nicht mehr überein. Unter dem alten System gab es nur eine Nummer – »192« –, die sich jeder merken konnte. Im neuen System mit seinen 120 konkurrierenden Anbietern konnten nur wenige Menschen mehr als eine Hand voll neuer Nummern im Gedächtnis behalten. Die Nummern wurden im Losverfahren vergeben, und Anbieter, die einprägsame Nummern wie beispielsweise »118 118« gezogen hatten, machten das meiste Geschäft. Dazu kommt, dass Anrufe bei der Telefonauskunft für die meisten Menschen einen unbedeutenden

Kostenfaktor darstellen, für den sie nicht lange nach den günstigsten Tarifen recherchieren. Die Folge war, dass die neuen einprägsamen Nummern höhere Tarife verlangten und mehr Beschwerden ernteten als die alte BT-Nummer. Zudem galten die neuen Nummern nicht wirklich »landesweit«, denn es stand den Telefongesellschaften frei, die Erreichbarkeit ihrer Dienste auf bestimmte Netze zu beschränken, sodass es unter Umständen erforderlich war, sich verschiedene Nummern für private, geschäftliche und mobile Anschlüsse zu merken. Die Realität der menschlichen Kognitionsfähigkeiten und die Konstruktion des Systems entsprach nicht der simplen Welt der traditionellen Theorie, und die beabsichtigte Wirkung der Marktderegulierung stellte sich nicht ein.[785]

Nicht viel anders verliefen die Deregulierung des kalifornischen Elektrizitätsmarktes, die im Jahr 2001 zu schwerwiegenden Stromengpässen führte, und die Privatisierung des britischen Eisenbahnschienennetzes, die bis heute massive Zugverspätungen zur Folge hat. Damit soll keineswegs behauptet werden, dass Märkte schlecht und Monopole gut sind – die Komplexitätsökonomik ist nach wie vor der Auffassung, dass Märkte den besten ökonomischen Evolutionsmechanismus darstellen. Die Vertreter des rechten politischen Spektrums sind jedoch allzu schnell bereit, auf der Grundlage der stark vereinfachenden Theorien der traditionellen Wirtschaftslehre die Märkte als Allheilmittel zu propagieren. In den genannten Beispielen entsprachen die chaotischen Details des menschlichen Denkens und der realen Institutionen nicht der Theorie, und die Marktlösungen verfehlten ihre nutzbringende Wirkung für die Gesellschaft.

Der zweite Kritikpunkt betrifft die staatsfeindliche Einstellung vieler Vertreter der Rechten, die aus komplexitätsökonomischer Perspektive reichlich naiv erscheint. Die neoklassische Theorie erzeugt eine Idealvorstellung von Ökonomien inmitten einer Art heiler Welt fern jeder staatlichen Einmischung. In diesem idealisierten Zustand wird ein Pareto-Optimum erreicht und für die Gesellschaft maximaler Wohlstand geschaffen. Sobald wir diesen Zustand mit der Einführung von Steuern, Vorschriften und dergleichen stören, reduziert sich der gesellschaftliche Wohlstand. Das Ziel sollte folglich darin bestehen, Besteuerung und Staatsausgaben so gering wie möglich zu halten. Auch wenn einige elementare Vorschriften möglicherweise notwendig sind, um das Funktionieren der Märkte zu gewährleisten, haben Vorschriften grundsätzlich eine verzerrende Wirkung – indem sie in das Preisgefüge eingreifen, stören sie den ökonomischen Idealzustand. In einer Ansprache an die White House Conference on Small Business sagte Ronald Reagan im Jahr 1986: »Das Bild der Regierung von der Wirtschaft lässt sich in wenigen Worten zusammenfassen: Wenn sie sich bewegt, besteuere sie. Wenn sie sich weiterhin bewegt, reguliere sie. Wenn sie sich nicht mehr bewegt, bezuschusse sie.«

Aber die staatsfeindlichen Befürworter eines freien Marktes vergessen, dass Ökonomien nicht im Niemandsland existieren. Das ökonomische Evolutionssystem besteht aus einem breiten Spektrum sozialer Technologien, von denen viele auf den Staat angewiesen sind.[786] Eine marktbasierte Evolution setzt eine sorgfältige Balance zwischen Kooperation und Wettbewerb voraus, für deren Gewährleistung der Staat unverzichtbar ist. Soziale Technologien wie Vertragsrecht, Verbraucherschutzgesetze, Arbeitsschutzregeln und Wertpapiergesetz dienen sämtlich dazu, Kooperation und Vertrauen zu schaffen, während die Kartellgesetze ein gesundes Maß an Wettbewerb garantieren sollen.

Die Vertreter der Rechten in den Vereinigten Staaten werfen dem Demokraten Franklin D. Roosevelt häufig vor, dass er mit dem New Deal die staatliche »Einmischung« in die Wirtschaft zum Prinzip gemacht habe. Dabei geht die Rolle des Staates als Garant für die Balance zwischen Kooperation und Wettbewerb im Grunde auf den Republikaner Teddy Roosevelt zurück.[787] Seine Reformen der Jahre 1901 bis 1909, die von der Zerschlagung der Geschäftsimperien von Rockefeller und Morgan bis zur Einführung der ersten Vorschriften zur Nahrungsmittelsicherheit reichten, legten eine wichtige institutionelle Basis für das Wirtschaftswachstum im 20. Jahrhundert.

Man muss nur in Entwicklungsländer mit ihren schwachen staatlichen Institutionen reisen, um zu erkennen, wie es sich ohne eine solche »Einmischung« lebt. Wenn der Staat seiner Aufgabe nicht gerecht wird, gerät eine Wirtschaft durch fehlende Kooperation und fehlenden Wettbewerb rasch in eine Sackgasse. Nicht alle staatlichen Vorgaben sind gut – natürlich gibt es unsinnige und hinderliche Gesetze und Vorschriften. Nichtsdestotrotz untergräbt die rechte Rhetorik à la »Der Staat ist nicht die Lösung, sondern das Problem« die zentrale Rolle der staatlichen Institutionen für die Effektivität der Evolution im ökonomischen System.

Der Staat und die Fitnessfunktion

Wie die Komplexitätsökonomik eine neue Sichtweise von der ökonomischen Rolle der Unternehmen liefert, so lässt sie auch die Rolle des Staates in neuem Licht erscheinen. Gemäß dem neoklassisch inspirierten Standpunkt der Rechten ist ein Pareto-Optimum das für eine freie Gesellschaft moralisch gesündeste Resultat, und weil die Märkte den besten (und faktisch einzigen) institutionellen Mechanismus darstellen, wie sich ein Pareto-Optimum erreichen lässt, besteht die moralisch korrekte Aufgabe des Staates darin, für Markteffizienz zu sorgen. Jedes staatliche Handeln, das in den Markt eingreift, sollte in Kosten-Nutzen-Begriffen gegen mögliche Effizienzverluste abgewogen werden. So bemüht beispielsweise die Rechte häufig das Argument der Markteffizienz, um sich Umweltauflagen zu widersetzen.

Eine Komplexitätsperspektive unterscheidet stattdessen zwischen zwei Arten staatlichen Handelns. Eine Beteiligung des Staates an der Differenzierung, Selektierung und Amplifizierung von Geschäftsplänen erscheint als Einmischung in die ökonomische Evolution mit all den Problemen, wie wir sie im Zusammenhang mit der Kritik an den sozialistischen Ökonomien besprochen haben. Zu den Beispielen gehören eine japanische Industriepolitik, die bevorzugte Branchen bezuschusst und protegiert, eine staatliche französische Einmischung in europäische Bankenfusionen zugunsten französischer Banken oder eine US-amerikanische Energiepolitik, die wegen der politischen Bedeutung des »Mais-Staates« Iowa Ethanol auf Maisbasis bevorzugt. Programme hingegen, welche die Fitnessumgebung formen, aber die Selektion und Amplifikation von Geschäftsplänen den Marktmechanismen überlassen, stehen auf einem anderen Blatt. Wie wir gesehen haben, ist Effizienz in Evolutionssystemen immer nur von kurzer Dauer. Aus komplexitätsökonomischer Sicht sind staatliche Gesetze und Vorschriften Teil einer Fitnessumgebung, innerhalb deren die Unternehmen im Wettbewerb stehen. Solange die Märkte den Mechanismus für die Selektion und Amplifikation der Geschäftspläne darstellen, erzeugt der ökonomische Evolutionsprozess entsprechende Innovationen und Anpassungen an diese Regulierungen.

Wenn beispielsweise die Bürger eines Staates ihren gewählten Volksvertretern den Auftrag geben, die Umwelt zu schützen, dann ist die Politik dafür zuständig, die ökonomische Fitnessfunktion so zu gestalten, dass umweltfreundliche Geschäftspläne gegenüber weniger umweltfreundlichen Geschäftsplänen im Vorteil sind. Dazu gehören Maßnahmen wie Kohlendioxidsteuer, Emissionshandel oder Recyclingvorschriften für die Industrie. In diesen Fällen betreibt die Politik nicht selbst die Geschäftsplanselektion (sie sagt nicht, ob sich die Emissionen am besten mit Brennstoffzellen, Ethanol, Windenergie oder einer anderen physikalischen Technologie verringern lassen), sondern gestaltet lediglich die Fitnessumgebung, in der sich die Geschäftspläne bewähren müssen (im Falle einer Kohlendioxidsteuer sind Geschäftspläne mit geringen Emissionen im Vorteil)

Mit dieser Auffassung von Politik als Instrument zur Gestaltung der Fitnessfunktion tun sich sowohl die Linke als auch die Rechte schwer. Die Rechte sorgt sich um die Effizienzkosten. Aber das Effizienzkostenargument ist, wie wir gesehen haben, statischer Natur – wenn beispielsweise eine Kohlendioxidsteuer Innovationen auslöst, die Solarstrom deutlich verbilligen, erhöht oder verringert sich dadurch die Effizienz der Wirtschaft? Die Linke wiederum vertraut der Vernunft der Bürokraten häufig mehr als der Kreativität der Märkte und bevorzugt einen lenkenden Ansatz (wie beispielsweise verpflichtende Reduktionsziele für alle Kraftwerke statt Emissionshandel). Wenn aber sowohl die Rechte als auch die Linke protestieren, dann befinden wir uns möglicherweise auf dem richtigen Weg.

Die Vorstellung, dass der Staat die Fitnessfunktion gestaltet, muss jedoch aus den von Hayek vorgebrachten Gründen mit Vorsicht genossen werden. Wir sollten unsere Fähigkeit, die Auswirkungen politischer Fitnessvorgaben vorherzusagen, realistisch einschätzen und unbeabsichtigte Folgen einkalkulieren. Ich behaupte nicht, dass Politik diese Rolle nicht ertragreich wahrnehmen kann; Voraussetzung ist jedoch eine Bereitschaft zum Experiment, zum Sammeln von Erfahrungswerten und zur Kursänderung. Statt sich in fruchtlosen ideologischen Debatten über das Thema Markteffizienz kontra gesellschaftliche Ziele zu verlieren, muss sich die Politik auf die praktische Frage einlassen, wie der Evolutionsprozess des Marktes gestaltet werden muss, damit die Bedürfnisse der Gesellschaft bestmöglich befriedigt werden.

Die Komplexitätsökonomik verändert also nicht nur unsere Beurteilung der ideologischen Positionen des rechten und linken politischen Lagers, sondern auch unser Bild von den großen Institutionen, um die sich die Auseinandersetzung dreht: Staat und Markt. Die ökonomische Rolle des Staates besteht darin, einen geeigneten institutionellen Rahmen zu schaffen, in dem sich die Evolutionskräfte des Marktes entfalten können, eine effektive Balance zwischen Kooperation und Wettbewerb zu gewährleisten und die ökonomische Fitnessfunktion so zu gestalten, dass die Bedürfnisse der Gesellschaft bestmöglich befriedigt werden. Gemäß den Normen der strengen Reziprozität hat der Staat die Verpflichtung, allen Bürgern die gleiche Möglichkeit zur Teilnahme am ökonomischen System einzuräumen und denjenigen, die in diesem System kein Bein auf den Boden bekommen, ein Mindestmaß an Unterstützung zu gewähren. Die ökonomische Rolle der Märkte besteht darin, Anreize für die Entdeckung und Differenzierung von Geschäftsplänen zu geben, die von den Konsumenten, dem Stand der Technologie und den staatlichen Vorgaben gebildete Fitnessfunktion im Selektionsprozess anzuwenden und mittels Kanalisation der verfügbaren Ressourcen die ausgewählten Geschäftspläne zu amplifizieren. Die Frage lautet nicht: Staat oder Markt? Sondern: Wie lassen sich Staat und Markt zu einem effektiven Evolutionssystem verbinden.?

Wir wollen uns jetzt drei Forschungsgebieten zuwenden, in denen eine komplexitätstheoretische Betrachtungsweise helfen kann, uralte gesellschaftliche Probleme neu zu beleuchten. Wenn die Komplexitätsökonomik noch in ihren Kinderschuhen steckt, dann auch ihre Anwendung auf Politik und Gesellschaft. Nicht alle Forscher, über deren Arbeiten ich sprechen werde, betrachten sich selbst explizit als Komplexitätsökonomen. Ich erwähne sie dennoch, weil ihre Überlegungen zu den allgemeinen Themen der Komplexitätsökonomik passen und eine gute Illustration bieten, wohin uns die komplexitätstheoretische Perspektive führen kann.

Der rote Faden in all diesen Beispielen ist die maßgebliche Bedeutung des Mikroverhaltens. Wie wir bereits sahen, haben die Verhaltensregeln der einzelnen Akteure häufig tief greifende und manchmal unerwartete Auswirkungen auf das Makroverhalten des Systems. Die simplen Verhaltensregeln der Zuckerwelt-Akteure führten zu einer hochgradig ungleichen Wohlstandsverteilung, die Strategien der Akteure im evolutionär modifizierten Gefangenendilemma mündeten in Schumpeter'sche Stürme kreativer Zerstörung, und das Verhalten realer Menschen im Bierspiel brachte Wellen des Auf- und Abschwungs hervor. Die traditionelle Wirtschaftslehre betrachtete das Mikroverhalten bislang aus einem engen Blickwinkel – solange sich jeder vollkommen rational verhält, erübrigt es sich, darüber nachzudenken, wie sich individuelle Verhaltensmuster auf die Makroerscheinungen auswirken. Wie wir jedoch sehen werden, können kulturelle Normen, individuelle Alltagspräferenzen oder das Verhalten von Eltern sehr wohl Auswirkungen haben, die sich in signifikanten Makrophänomenen manifestieren.

»Kultur spielt eine Rolle«

Laut Angaben der Weltbank war die Demokratische Republik Kongo im Jahr 2002 mit einem geschätzten Pro-Kopf-Einkommen von 100 US-Dollar das ärmste Land der Welt.[788] Das ist nur wenig mehr als die 92 US-Dollar, auf die J. Bradford DeLong das Einkommen der Jäger-und-Sammler-Stämme vor rund 15.000 Jahren geschätzt hat (siehe Kapitel 1). Das reichste Land der Welt war zur gleichen Zeit Luxemburg mit einem Durchschnittseinkommen pro Kopf von 39.470 US-Dollar oder, um es eindringlicher zu formulieren, dem 394-fachen des kongolesischen Wertes. Die Teilung zwischen Reich und Arm in der Welt geht über Kongo und Luxemburg weit hinaus. Gegenwärtig leben 21 Prozent der Weltbevölkerung von weniger als einem US-Dollar pro Tag; zu den betroffenen Gebieten gehört fast die Hälfte von Schwarzafrika und ein Drittel Indiens und Südostasiens.[789] Wie der Wirtschaftshistoriker David Landes schreibt: »Auf dieser Welt existieren drei Arten von Ländern: Die ersten geben viel Geld aus, um ihre Menschen vor Übergewicht zu bewahren, in den zweiten essen die Menschen, um zu leben, und in den dritten wissen sie nicht, woher sie ihre nächste Mahlzeit nehmen sollen.«[790]

Die Vertreter der Linken und der Rechten begründen die Existenz dieser Ungleichverteilung traditionell unterschiedlich.[791] Zu den verbreiteten Erklärungen aus dem linken Lager zählen Kolonialismus, Rassismus, kapitalistische Ausbeutung und ungenügende Unterstützung durch die reichen Länder. Die Argumente aus dem rechten Lager handeln von inkompetenten Regierungen, Korruption, fehlenden freien Märkten, Abhängigkeit von fremder Hilfe und, implizit oder explizit, rassischer Unterlegenheit. Zu den weniger politisch konnotierten Erklärungen gehören Geografie, Klima und besonders in Afrika der beinahe permanente Kriegszustand.[792]

Im Jahr 1999 veranstalteten die Harvard-Professoren Lawrence Harrison und Samuel Huntington (der bekanntlich nach dem Ende des Kalten Krieges einen »Zusammenprall der Zivilisationen« vorhersagte) ein Symposium zum Thema »Kulturelle Werte und menschlicher Fortschritt«. Das Symposium trug Arbeiten zur Rolle der Kultur in der ökonomischen Entwicklung aus mehreren

Jahrzehnten zusammen. Zu den Teilnehmern gehörten bekannte westliche Ökonomen, Historiker und Soziologen wie beispielsweise David Landes, Michael Porter, Jeffrey Sachs, Francis Fukuyama und Nathan Glazer. Neben den westlichen Gelehrten waren auch Forscher und Publizisten aus Schwellen- und Entwicklungsländern und Vertreter von Hilfsorganisationen zugegen. Im Rahmen des Symposiums entstand ein Buch mit dem Titel *Culture Matters* (deutsch »Kultur spielt eine Rolle«), der die Schlussfolgerung der Gruppe treffend wiedergibt.[793]

In Kapitel 16 definierten wir Kultur als das emergente Produkt der Mikroverhaltensregeln der einzelnen Akteure und sprachen über ihre Rolle für die wirtschaftliche Performance von Unternehmen. Wenig überraschend ist möglicherweise die Schlussfolgerung des Harvard-Symposiums, wonach die Kultur auch für die wirtschaftliche Performance der Länder eine wichtige Rolle spielt. Im Fall von Ländern sind die Verhaltensregeln und -normen nicht nur für Tausende, sondern für Millionen Menschen verbindlich.

Die Verbindung zwischen Kultur und makroökonomischer Performance wird spätestens seit Beginn des 20. Jahrhunderts beziehungsweise den Schriften des deutschen Soziologen Max Weber erforscht. Aber in den Fünfziger- und Sechzigerjahren kam die kulturelle Erklärung ökonomischer Phänomene aus zwei Gründen aus der Mode. Der erste war politische Korrektheit. Wie Landes schreibt: »Kultur … machte den Gelehrten Angst. Ihr haftete der Schwefelgeruch von Rasse und Vererbung an; sie erschien als unveränderlich.«[794] Der zweite Grund war die Vorherrschaft der neoklassischen Ökonomik. Kultur hatte wenig Platz in einer Welt der vollkommenen Rationalität, und wo doch, waren ihre Regeln notgedrungen auf Eigennutz und Optimierung ausgerichtet, weil die Menschen sonst kein Interesse an ihr gehabt hätten.[795]

Glücklicherweise hat die Sorge um politische Korrektheit nachgelassen, seit die Gelehrten zeigen konnten, dass es möglich ist, in einer Weise über Kultur zu sprechen, die zugleich wissenschaftlich ergiebig ist und dennoch die Verschiedenheit der Menschen respektiert. Dabei dürfen wir nicht davor zurückscheuen, klar zum Ausdruck zu bringen, warum die Normen der einen Kultur einer positiven ökonomischen Entwicklung möglicherweise zuträglicher sind als diejenigen einer anderen Kultur. Gleichzeitig ist festzuhalten, dass es die einzig wahre kulturelle Formel für den ökonomischen Erfolg nicht gibt. In einer Welt, in der so unterschiedliche Kulturen wie die japanische und die norwegische zu den ökonomisch erfolgreichsten gehören, erscheint die Suche nach der ultimativen Formel zwecklos. Die Verhaltensökonomik hat den Einfluss der neoklassischen Annahmen mittlerweile zurückgedrängt und der Kultur ihren festen Platz in der Ökonomik zugewiesen.

Die Milliarden-Dollar-Frage lautet also: Welche Normen unterstützen die erfolgreiche ökonomische Entwicklung und welche nicht? In diesem Bereich gibt es noch viel zu erforschen, aber diverse Wissenschaftler, wie beispielsweise der Argentinier Mariano Grondona, haben Typologien kultureller Regeln vorgeschlagen.[796] Die Regeln in diesen Typologien lassen sich im Großen und Ganzen in dieselben Kategorien einteilen wie die in Kapitel 16 vorgestellten Regeln erfolgreicher Unternehmen. Das sollte uns nicht überraschen, denn sowohl in den Unternehmen als auch in der Gesellschaft müssen die Normen den Prozess der ökonomischen Evolution fördern, wenn sie zur Schaffung von Wohlstand beitragen sollen.

In der ersten Kategorie finden wir die Normen, die mit dem individuellen Verhalten zu tun haben. Dazu gehören solche, die eine strenge Arbeitsethik, individuelle Verantwortung sowie die Vorstellung unterstützen, dass wir als die Protagonisten unseres eigenen Lebens keinen Göttern oder Big Men hörig zu sein brauchen. Fatalismus drückt auf die persönliche Motivation. Zugleich ist es wichtig, dass wir an eine Belohnung für harte Arbeit und moralische Grundsätze in dieser und nicht erst in der nächsten Welt glauben. In ökonomisch erfolgreichen Kulturen herrscht offenbar eine Ausgewogenheit zwischen dem Optimismus, dass Verbesserungen möglich sind, und einer realistischen Einschätzung der gegenwärtigen Situation.

Die zweite Kategorie umfasst Normen, die mit Kooperationsverhalten zu tun haben. Dazu gehört vor allem die Überzeugung, dass das Leben ein Nichtnullsummenspiel ist und dass Kooperation sich auszahlt. Gesellschaften, die an einen unveränderlichen, fixen Wohlstandskuchen glauben, zeichnen sich durch geringe Kooperationsbereitschaft und ein geringes wechselseitiges Vertrauen aus. Gemäß dem, was wir zur strengen Reziprozität sagten, ist es wichtig, dass die Normen einer Kultur Großzügigkeit und Fairness fördern und Schmarotzertum und Betrug strafen.

Bei den Normen der dritten Kategorie geht es um Innovationen.[797] Deduktives Probieren ist sehr viel effektiver, wenn der deduktive Teil stark ist. Deshalb sind Kulturen, welche die Welt rational wissenschaftlich anstatt religiös oder magisch zu erklären versuchen, in aller Regel innovativer. Zudem muss eine Kultur tolerant gegenüber Ketzerei und Experimenten sein, um nicht jede Neuerung zu ersticken. Und sie muss den Wettbewerb fördern und Errungenschaften feiern, denn Gleichmacherei tötet jede Risikobereitschaft.

Eine letzte Norm ist für alle drei Kategorien wichtig: das Zeitverständnis der Menschen. Kulturen, die nur für den heutigen Tag leben (oder nur auf die Vergangenheit schauen), haben allerlei Probleme, von einer geringen Arbeitsethik über die Unfähigkeit, komplexe Kooperationen einzugehen, bis zur geringen Bereitschaft, in Innovationen zu investieren. Warum hart arbeiten und in Kooperation und Innovation investieren, wenn der morgige Tag nicht zählt? Kulturen hingegen, die Wert auf Zukunftsinvestitionen legen, wissen Arbeit in der Regel zu schätzen, haben hohe generationsübergreifende Sparquoten, sind bereit, zugunsten langfristiger Gewinne auf kurzfristige Annehmlichkeiten zu verzichten, und pflegen einen hohen Kooperationsgrad.

Gesellschaften mit einer arbeitsamen, kooperativen und innovativen Kultur fördern sicherlich die Entdeckung, Ausführung und kontinuierliche Evolution komplexer Geschäftspläne. Deutliche Defizite in einem dieser Bereiche können die Räder der ökonomischen Evolution verlangsamen oder zum Stillstand bringen.

Es gibt nicht die einzig wahre Implementierung dieser allgemeinen Normkategorien. Die Japaner fördern stabile Kooperationen möglicherweise mit ganz anderen Mitteln als die Norweger, und keine Kultur ist in allen Bereichen gleich stark. Urteile über diese Normen sind zudem nicht mit moralischen Urteilen gleichzusetzen. Einige Normen haben sowohl ökonomische als auch moralische Implikationen. Sanktionen gegen Betrug beispielsweise sind in ökonomischer wie moralischer Hinsicht nützlich. Auf viele Normen trifft dies jedoch nicht zu. Eine Gesellschaft, die lediglich für den heutigen Tag lebt, ist möglicherweise genauso moralisch wie eine Gesellschaft, die in die Zukunft investiert – aber nicht genauso reich. Und ökonomischer Erfolg ist nicht das einzige Kriterium für die Gesundheit einer Gesellschaft. Eine Gesellschaft könnte beispielsweise starke Normen der Toleranz und Vergebung pflegen, die dem Betrug Vorschub leisten, die Bildung stabiler Kooperationssysteme erschweren und die ökonomische Leistungsfähigkeit reduzieren; gleichzeitig zeichnet sich eine solche Gesellschaft möglicherweise durch besondere Wärme, Herzlichkeit und Friedfertigkeit aus.

Unter Berücksichtigung dieser Vorbehalte können wir damit beginnen, die Kulturen einzelner Gesellschaften zu analysieren und ihre Normen auf ihre ökonomische Wirksamkeit hin zu überprüfen. Laut einem der Teilnehmer des Harvard-Symposiums, dem afrikanischen Manager Daniel Etounga-Manguelle, existiert trotz der Vielfalt der afrikanischen Kulturen »ein Schwarzafrika verbindendes Fundament gemeinsamer Werte, Auffassungen und Institutionen«.[798] Allerdings befinden sich seiner Ansicht nach zu viele dieser gemeinsamen Normen auf der falschen Seite der kulturellen Typologie. Als Beispiel nennt er zwei Faktoren der afrikanischen Kultur, denen er eine besonders negative ökonomische Wirkung zuschreibt: übermäßige Konzentration der Autorität auf einzelne Big Men (die häufig magische Kräfte für sich beanspruchen) und ein Zeitverständnis, das sich auf Vergangenheit und Gegenwart, nicht aber auf die Zukunft richtet: »Ohne eine dynamische Zukunftsvorstellung gibt es keine Planung, keine Voraussicht, keine Szenarios und keinen bewussten Eingriff in den Lauf der Dinge.«

Diese Normen wirken nicht rein additiv und linear über die Bevölkerung. Während sie ihren kulturellen Normen gehorchen, interagieren die Akteure und erzeugen so eine komplexe Interaktionsdynamik. Betrachten wir beispielsweise das Verhältnis zwischen jenen, für welche die Welt ein Nullsummenspiel ist, und jenen, die sie als Nichtnullsummenspiel begreifen. Wenn wir zur ersteren Fraktion gehören, sind wir darauf erpicht, unseren Anteil am Kuchen abzubekommen. Die Gewinne anderer interpretieren wir als unseren Verlust, und unsere Kooperationsbereitschaft ist wenig ausgeprägt. Anstatt nach Kooperationsmöglichkeiten Ausschau zu halten, mit denen sich neuer Wohlstand erzeugen lässt, investieren die Menschen ihre Energie in die Eroberung eines möglichst großen Anteils am bestehenden Wohlstand. So erscheint es wahrscheinlich, dass Diebstahl, Unehrlichkeit und Korruption in einer solchen Nullsummengesellschaft besonders häufig sind. Auch die moralische Beurteilung solcher Aktivitäten fällt unter Umständen anders aus, wenn ein Dieb sich nur seinen »gerechten Anteil« von jemandem nimmt, der mehr hat, als ihm zusteht.

Während die Nichtnullsummenakteure Kooperationen nutzen, um neuen Wohlstand zu erzeugen, werden sie von Nullsummenakteuren attackiert, die auf ihren Anteil erpicht sind. Dieser Konflikt verringert die Kooperationsrendite, bis die Nichtnullsummenakteure lernen, dass sich Kooperation nicht auszahlt, und selbst ins Nullsummenlager wechseln. Nichtnullsummeneinstellungen müssen nicht vererbt und fest vorgegeben sein. Sinkt der Kooperationsgrad in einer Gesellschaft ab, geraten die Kooperationswilligen irgendwann in die Defensive und werden schließlich selbst zu Nullsummenakteuren. Wenn Forscher diese Dynamik modellieren, finden sie häufig einen genau definierten Punkt (den sog. Tipping Point), an dem die Situation umkippt: Sobald die Gesellschaft ein bestimmtes Verhältnis zwischen Kooperationswilligen und Kooperationsunwilligen überschreitet, ist Kooperation kaum noch möglich, und die Gesellschaft gerät in eine »Armutsfalle«.[799] Die Wechselfälle der Geschichte können folglich bewirken, dass die eine Gesellschaft über einen Kreislauf abnehmender Kooperation in einen Zustand der Armut verfällt, während eine andere Gesellschaft mit genau denselben natürlichen Vorgaben bezüglich Kooperation großen Wohlstand akkumuliert. Das dynamische Wechselspiel zwischen Kooperationswilligen und Kooperationsunwilligen wirkt sich so auf die Evolution der Normen und auf den Vertrauensgrad in der Gesellschaft aus. Kultur ist keine unveränderliche Kraft; vielmehr entwickelt sie sich durch Interaktion der Menschen in einer Gesellschaft – Kultur ist ein Produkt der Geschichte, und Geschichte ist ein Produkt der Kultur.[800]

Wie aus zahlreichen Studien hervorgeht, variiert der Vertrauensgrad stark von Kultur zu Kultur.[801] 1996 fand in zahlreichen Ländern eine Umfrage statt, bei der die Menschen (in ihrer Muttersprache) gefragt wurden: »Sind Sie grundsätzlich der Meinung, dass man anderen Menschen vertrauen kann oder dass man ihnen gegenüber gar nicht vorsichtig genug sein kann?«[802] Das Spektrum der Antworten war erstaunlich breit gefächert und reichte von 65 beziehungsweise 60 Prozent »Vertrauen« (Norwegen und Schweden) bis zu 5 beziehungsweise 3 Prozent »kein Vertrauen« (Peru und Brasilien).

Es gibt einen wichtigen Zusammenhang zwischen Vertrauen und ökonomischem Erfolg (Abbildung 18.1). Ein hoher Vertrauensgrad führt zu ökonomischer Kooperation und damit zu Prosperität, die in einer positiven Spirale wiederum das Vertrauen stärkt. In umgekehrter Richtung kann aber auch ein Teufelskreis entstehen, wenn ein geringes Vertrauen zu wenig Kooperation führt und die daraus entstehende Armut das Vertrauen weiter sinken lässt. Die Kausalbeziehung ist jedoch nicht vollkommen, weil die Kooperation nicht ausschließlich vom Vertrauen abhängt. Chinesen und Inder beispielsweise schätzen ihren eigenen Vertrauensgrad höher ein als die US-Amerikaner. Eine Erklärung für den ökonomischen Erfolg der USA trotz des geringen Vertrauensgrades liegt in ihren starken sozialen Technologien, insbesondere die Achtung der Gesetze. Eine weitere, etwas düsterere Erklärung lautet, dass die USA vom sozialen Kapital ihrer Vergangenheit zehren und dass das Vertrauen weiter sinken wird, falls keine Gegenmaßnahmen ergriffen werden. Der Gedanke, dass das erodierende Vertrauen die Vereinigten Staaten eines Tages auch ökonomisch belasten könnte, wird uns im nächsten Abschnitt beschäftigen.

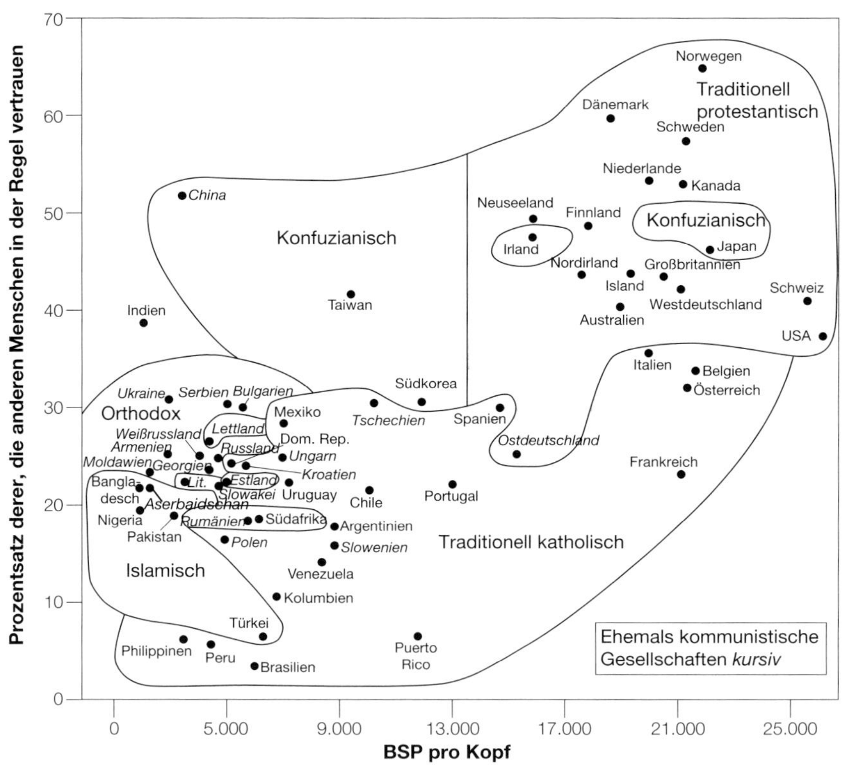

Quelle: Harrison und Huntington (2000). BSP pro Kopf nach Weltbank-Schätzungen zur Kaufkraftparität in US-Dollar von 1995.

Abbildung 18.1: Die Beziehung zwischen Vertrauen und ökonomischer Performance

Francis Fukuyama hat untersucht, warum gewisse Kulturen ein hohes Vertrauensniveau entwickelt haben, während andere in einer Atmosphäre des Misstrauens gefangen zu sein scheinen. Eine seiner Schlussfolgerungen klingt paradox: Gesellschaften mit starken »Familienwerten« tun sich häufig schwer damit, gesellschaftliches Vertrauen im weiteren Sinne zu entwickeln.[803] Laut Fukuyama gehen familienzentrierte Kulturen tiefe Vertrauensbindungen innerhalb der Familien ein, während die Vertrauensradien außerhalb der Familien vergleichsweise klein sind. In diesen Kulturen basieren die ökonomischen Netzwerke in der Regel auf Verwandtschaftsbeziehungen, die dem Wachstum dieser Netzwerke natürliche Grenzen setzen. Als Beispiel nennt er den hohen Anteil kleinerer Familienunternehmen in China, Korea und Italien sowie die für Volkswirtschaften dieser Größe geringe Zahl globaler Unternehmen. Gesellschaften mit schwächeren Familientraditionen wie beispielsweise Japan, Deutschland und Holland haben soziale Technologien entwickelt, welche die Vertrauensbeziehungen außerhalb der Familien verstärken. Zu diesen sozialen Technologien gehören die frühe Einführung des Rechtsstaatlichkeitsprinzips und das Engagement in ehrenamtlichen und sozialen Organisationen. Während also die Vertrauensbindungen innerhalb der Familie möglicherweise schwächer sind als in anderen Kulturen, ist der Vertrauensradius hier größer. So spricht es beispielsweise für sich, dass ein kleines Land wie Holland einige der größten Konzerne der Welt wie Royal Dutch/Shell, Philips und ABN Amro hervorgebracht hat.

Karla Hoff von der Weltbank und Arijit Sen vom Indian Statistical Institute sind ebenfalls der Auffassung, dass allzu starke Familienbindungen eine entwicklungshemmende Wirkung entfalten können.[804] In der nordeuropäischen protestantischen Tradition wird unter »Familie« in der Regel die aus Eltern und Kindern bestehende Kernfamilie verstanden, während die Beziehungen zu Großeltern, Tanten, Onkeln, Vettern und Kusinen zweitrangig sind. In vielen afrikanischen und südasiatischen Traditionen ist der Familienradius größer und stärker; er umfasst Großeltern, Tanten, Onkel, Großtanten, Großonkel, Vettern und Kusinen ersten Grades, Vettern und Kusinen zweiten Grades und so weiter. In diesen Gesellschaften existieren zudem sehr starke Normen, was die Verteilung des ökonomischen Wohlstands innerhalb der Großfamilie betrifft. Von den reicheren Familienmitgliedern wird erwartet, dass sie die ärmeren unterstützen. Während das warme und verschwommene Bild von der vielköpfigen Großfamilie, die alles miteinander teilt, verlockend klingen mag und möglicherweise psychologische und sonstige Vorteile mit sich bringt, erzeugt es aus wirtschaftlicher Sicht ein grundsätzliches Problem. Wenn wir uns einen Job suchen, hart arbeiten und etwas Geld ansparen, werden wir damit belohnt, dass unser nichtsnutziger, fauler Großcousin bei uns einzieht, sich an den gedeckten Tisch setzt und unsere sauer verdienten Ersparnisse aufbraucht. Es handelt sich dabei um ein Phänomen, das die Ökonomen als *Moral Hazard* bezeichnen: Die Absicherung, die der erweiterte Familienbegriff mit sich bringt, verleitet einzelne Familienmitglieder dazu, sich weniger anzustrengen und auf Kosten der anderen zu leben, was den Gesamtwohlstand der Großfamilie mindert. Hoff und Sen zufolge erzeugt die erweiterte Familie nicht nur auf der individuellen Ebene Probleme; vielmehr begünstigt sie Vetternwirtschaft und trägt so zu einer allgemeinen Verlangsamung der ökonomischen und gesellschaftlichen Entwicklung bei.

Auch wenn die Auswirkungen der Kultur auf die Entwicklungspolitik erst nach und nach erforscht werden, lässt sich schon heute sagen, dass die Kultur definitiv einen Teil der Entwicklungsgleichung bildet. Wie der Weltbankökonom William Easterly aufzeigt, gewährten die Industrienationen den Entwicklungsländern zwischen 1950 und 1995 Wirtschaftsunterstützung in Höhe von mehr als einer Billion US-Dollar; dennoch sind die Armutsraten in den meisten Empfängerländern unverändert geblieben, während viele afrikanische Länder seit ihrer Unabhängigkeit in den Sechzigerjahren sogar noch weiter abgeglitten sind.[805] Während Hilfe auch in Zukunft unverzichtbar ist, um gravierende und akute Armutssymptome zu lindern, ist es ebenso wichtig, dass wir die Grundursachen der Armut erkennen und bekämpfen. Obwohl Kultur sicher nicht die einzige Grundursache darstellt, sind Programme, welche die kulturellen Armutsgründe unberücksichtigt lassen, zum Scheitern verurteilt.

Soziales Kapital und der »große Bruch«

Im Jahr 2000 veröffentlichte der Politologe Robert Putnam von der Harvard University sein Buch *Bowling Alone*, das den Begriff des *sozialen Kapitals* ins öffentliche Bewusstsein brachte und das Interesse von Ökonomen und Politikern für dieses Thema weckte.[806] Putnam definiert soziales Kapital als die »Verbindungen zwischen Individuen – soziale Netzwerke und die aus ihnen entspringenden Normen der Reziprozität und der Vertrauenswürdigkeit«.[807] Um in der Terminologie der Komplexitätsökonomik zu bleiben: Wenn kulturelle Normen die Mikroregeln für das Verhalten der Akteure liefern, dann bezeichnet das soziale Kapital das emergente Ergebnis der Erzeugung kooperativer Netzwerke durch die Akteure.

Nicht jede kooperative Tätigkeit erzeugt soziales Kapital. Als Beleg hierfür dient die anonyme Kooperation des Handels. Ein wichtiges Merkmal von Netzwerken mit sozialem Kapital ist, dass die Menschen dort wiederholt persönlich interagieren – die Erzeugung von sozialem Kapital ist eine Kontaktsportart. Typische Beispiele für Netzwerke mit sozialem Kapital sind Nachbarschaftsgruppen, Wohltätigkeitsvereine, religiöse Organisationen, Sport-, Hobby- und andere Vereine, Bürgerinitiativen und Freizeitgruppen und natürlich Kegelvereine. Unternehmen und andere Arbeitsplätze sind ebenfalls wichtige Quellen sozialen Kapitals, verbringen doch die meisten Menschen einen beträchtlichen Teil ihrer wachen Stunden bei der Arbeit, wo sie wichtige persönliche Netzwerke mit ihren Kollegen aufbauen.

Seit den Siebzigerjahren erforscht Putnam die Beziehung zwischen sozialem Kapital und wirtschaftlicher Performance. Im Rahmen dieser Forschungen untersuchte er die signifikanten Unterschiede zwischen dem reichen italienischen Norden und dem armen Süden. In der Einführung zu seinem Buch *Making Democracy* beschreibt Putnam seinen Besuch bei der Regionalverwaltung von Apulien im Süden Italiens:

> Im schmutzigen Vorraum lungern mehrere apathische Beamte herum, die in der Regel nur ein oder zwei Stunden am Tag anwesend und auch dann kaum ansprechbar sind. Dem beharrlichen Besucher wird auffallen, dass die Schreibtische in den hinteren Büros geisterhaft leer sind. Ein Bürgermeister, völlig frustriert über die Untätigkeit der regionalen Bürokratie, echauffierte sich: »Sie beantworten keine Mails, sie gehen ja nicht einmal ans Telefon!«[808]

Putnam vergleicht diese Atmosphäre mit der Regierungsstelle der Region Emilia-Romagna im Norden des Landes:

> Der Besuch der gläsernen Regionalverwaltung ist wie der Eintritt in ein modernes Hightechunternehmen. Ein aufgeweckter, höflicher Empfangsbeamter weist dem Besucher den Weg in das richtige Zimmer, wo der zuständige Beamte auf eine digitale Datenbank zu regionalen Problemen und Programmen zugreifen kann. (…) Die Regionalregierung, die in vielen legislativen Bereichen Pionierarbeit leistet, lässt auf ihre Worte Taten folgen; ihr Arbeitserfolg manifestiert sich in etlichen über die Region verteilten Kindertagesstätten, Industrieparks, Repertoiretheatern und Berufsbildungszentren.[809]

Von Apulien bis zur Emilia-Romagna sind es gerade einmal um die 600 Kilometer oder sechs Stunden mit dem Auto. In beiden Regionen leben Italiener, beide sind Teil der italienischen Geschichte; wie kann die Arbeitseffektivität ihrer Regionalverwaltungen so unterschiedlich sein?

Putnam sieht die Quelle dieses dramatischen Unterschieds in einem Bereich, der uns mittlerweile vertraut ist: in einer durch einen geringen Vertrauensgrad bedingten Kooperationsunfähigkeit. Die unterschiedlichen Vertrauensgrade lassen sich nach Putnam erklären aus der jeweiligen Geschichte der beiden Regionen seit dem Mittelalter und aus dem sozialen Kapital, dass diese Geschichte ihnen hinterließ. Der Süden war traditionell monarchistisch, hierarchisch, verschlossen und von der Kirche dominiert. Solche hierarchischen Strukturen betrachteten kommunale Organisationen und ökonomische Netzwerke als Bedrohung ihrer Macht. Der Norden hingegen war egalitär, kommunal und aufgeschlossen gegenüber dem Handel und geriet unter den Einfluss der

Aufklärung. In einer solchen Atmosphäre konnten soziale Netzwerke wachsen und gedeihen.[810] Laut Putnam ist die Geschichte pfadabhängig, und die kommunalen Republiken des Nordens bauten über viele Jahrhunderte einen Vorrat an sozialem Kapital auf, während es den monarchistischen Republiken des Südens niemals gelang, eine solche Entwicklung in Gang zu setzen. Im Lauf der Zeit hat sich die Wohlstandsschere immer weiter geöffnet. Heute befinden sich im italienischen Norden einige der reichsten und am schnellsten wachsenden Regionen und im Süden einige der ärmsten Regionen der Europäischen Union.

In *Bowling Alone* wendet sich Putnam den Vereinigten Staaten zu, um der Frage nachzugehen, wie es dort um das soziale Kapital bestellt ist. Die Antwort lautet: »Nicht gut.« Zu Beginn des Buches beschreibt er das Verschwinden jahrzehntealter Bridgeclubs in Pennsylvania, die Auflösung eines jahrhundertealten Regionalverbandes der National Association for the Advancement of Colored People (NAACP) in Virginia, die Schließung von Zweigstellen der Veterans of Foreign Wars, von Wohltätigkeitsvereinen, Nähzirkeln und Spielmannszügen im ganzen Land.[811] Die Statistiken bestätigen diese Beobachtung. Das Vertrauen in die US-Regierung ist um die Hälfte zurückgegangen, von 40 Prozent im Jahr 1966 auf 20 Prozent im Jahr 2003 (wobei die Werte nach dem 11. September 2001 kurzfristig anstiegen). Gleichzeitig ist auch das Vertrauen in die Wirtschaft von 55 Prozent auf 16 Prozent und das Vertrauen in religiöse Institutionen um fast die Hälfte auf 23 Prozent gesunken.[812] Noch alarmierender ist möglicherweise, dass auch das Vertrauen der Menschen untereinander kontinuierlich abgenommen hat. Der Anteil der US-Amerikaner, die der Behauptung beipflichten, dass man »den meisten Menschen vertrauen kann«, fiel von über 50 Prozent im Jahr 1968 auf knapp über 30 Prozent im Jahr 2003. Dabei lässt dieser Vertrauensschwund nicht nur den Schluss zu, dass es sich in einer vertrauensvollen Gesellschaft angenehmer leben lässt. Wie wir bereits sahen, gibt es empirische Beweise für einen engen Zusammenhang zwischen gesellschaftlichem Vertrauen und makroökonomischer Performance.

Putnams Arbeiten werden durch Francis Fukuyama ergänzt, der mehrere Indikatoren ausmachte, die auf ein rückläufiges soziales Kapital seit den Sechzigerjahren hinweisen. Dazu gehören beispielsweise eine Versiebenfachung der Gewaltverbrechen von 1963 bis 1993 (mit einem leichten Rückgang in den letzten Jahren) und ein ebenso deutlicher Anstieg bei den Scheidungsraten und den Geburten allein lebender Mütter im selben Zeitraum.[813] Fukuyama nennt die Zeit zwischen 1960 und 2000 den »großen Bruch« und stellt fest, dass der Rückgang des sozialen Kapitals nicht auf die Vereinigten Staaten beschränkt, sondern (wenn auch in geringerem Ausmaß) in allen Industrienationen zu beobachten war.

Fukuyama und Putnam stimmen darin überein, dass die Gründe komplex und nicht einem einzigen Faktor zuzurechnen sind. Beide betonen, dass es sich bei vielen dieser Kausalfaktoren um zweischneidige Schwerter handelte; für die einzelnen Menschen brachten diese Faktoren manchen Vorteil, ihre emergente Wirkung auf die Gesellschaft war jedoch negativ.

Sowohl Fukuyama als auch Putnam verweisen beispielsweise auf die dramatischen Veränderungen in der Familienstruktur während dieser Zeit, wozu insbesondere die Steigerung der Scheidungsraten und der Eintritt der Frauen in die Arbeitswelt zählen. Eine Erleichterung der Scheidung hat sicherlich Millionen Menschen aus unglücklichen Ehen befreit, zugleich aber das Schicksal vieler Kinder, ihre Sozialisation und ihre eigene Vertrauensbildung beeinflusst.

Die Öffnung der Arbeitswelt für die Frauen half sicherlich vielen von ihnen, ihr individuelles Potenzial zu erkennen und auszuschöpfen. Dennoch spielen die Frauen nach Putnam traditionell eine größere Rolle in der Erzeugung des sozialen Gewebes der Gesellschaft als die Männer. Frauen sind in der Regel stärker in gesellschaftlichen Institutionen, Nachbarschaftsinitiativen und religiösen Organisationen engagiert. Traditionell fällt ihnen die Aufgabe zu, die sozialen Kontakte zu Freunden und Nachbarn zu pflegen. Putnam zitiert eine Studie, nach der arbeitende Frauen um 50 Prozent weniger ehrenamtlich tätig sind, um 25 Prozent seltener Freunde besuchen, sich um 15 Prozent seltener in Vereinen und Kirchen engagieren und um 10 Prozent weniger Unterhaltungsveranstaltungen besuchen als nicht arbeitende Frauen gleichen Alters mit gleichem sozioökonomischem Status und gleichem Familienstand.[814] Putnam macht den Frauen keinen Vorwurf, dass sie sich für die Berufstätigkeit entschieden haben; auf der individuellen Ebene mag ein solcher Schritt sowohl ökonomisch notwendig als auch persönlich erfüllend sein. Er verweist lediglich darauf, dass eine solche Veränderung auf der Mikroebene, sobald sie sich binnen kürzester Frist millionenfach wiederholt, eine deutliche Veränderung auf der Makroebene nach sich zieht.

Einen wichtigen Beitrag leistet auch die veränderte geografische Struktur der Gesellschaft und insbesondere das Anwachsen der Vorstädte. Der Vertrauensgrad und die sozialen Netzwerke sind davon auf zweierlei Weise betroffen. Erstens wird der Abstand zwischen den Nachbarn größer und die Wahrscheinlichkeit zufälliger Begegnungen geringer. Zweitens verwenden die Menschen zur Fortbewegung zunehmend das Auto, was die Chancen nachbarschaftlicher Begegnungen weiter verringert und die allein im Auto verbrachte Zeit vermehrt. Der größere geografische Abstand zwischen Arbeitsplatz und Zuhause erschwert zudem die Sozialisierung am Arbeitsplatz. (»Es wäre schön, sich nach der Arbeit noch zu sehen, aber ich brauche eine Stunde bis nach Hause zu meiner Familie.«)

Ein weiterer Faktor von immenser Bedeutung ist die isolierende Wirkung der Massenmedien. Die Unterhaltung hat sich von einer Gruppenaktivität in Tanzsälen, Konzerten, Lokalen, Bridgeclubs und Kegelvereinen zur individuellen Tätigkeit gewandelt. Radio, Fernsehen, Stereoanlage, Videospiele, Heimkino und das Internet führen dazu, dass ein zunehmender Teil der Zeit allein oder im engsten Familienkreis verbracht wird. Ebenso wichtig wie das Medium ist die Botschaft. Die ökonomischen Gesetze der Medienindustrie treiben ihre Vertreter dazu, Inhalte für ein Massenpublikum zu produzieren und sich dabei am kleinsten gemeinsamen Nenner menschlicher Emotionen zu orientieren (manche Beobachter erwarten, dass sich das ändern wird, sobald die Inhalte des Internets spezieller auf Zielgruppen zugeschnitten werden, aber das ist angesichts der Beliebtheit von Pornografie und Glückspiel im Web eher zweifelhaft). Seit über vier Jahrzehnten wird die Gesellschaft mit Morden und Katastrophen gefüttert, in Filmen und Serien ebenso wie in den Nachrichten. Die Menschen hatten schon immer etwas für Geschichten mit Sex und Gewalt übrig, aber die Möglichkeit, sie per Fernbedienung oder Mausklick ungefiltert auf den Bildschirm zu holen, stellt ein neues Phänomen in der Menschheitsgeschichte dar. In Kapitel 6 sprachen wir über die als »Repräsentativität« bezeichnete menschliche Neigung, bei der Entscheidungsfindung auf nichtrepräsentative Beispiele zurückzugreifen und sie in statistisch unzulässiger Weise zu verallgemeinern. Wenn wir einem unablässigen Strom von Mordgeschichten ausgesetzt sind, werden wir unbewusst daraus schließen, dass Mord ein verbreitetes Phänomen ist, und wir werden die Wahrscheinlichkeit, selbst Opfer eines Mordes zu werden, überschätzen. Diese von den Medien erzeugte Angst reduziert den Vertrauensgrad in der Gesellschaft zusätzlich und lässt die Menschen vereinsamen.

Wie im Fall der Berufstätigkeit von Frauen sind die Gründe, warum sich Menschen dafür entscheiden, in Vorstädten zu wohnen, Auto zu fahren und sich vor den Fernseher zu setzen, vollkommen nachvollziehbar. Die Makroauswirkungen dieser individuellen Entscheidungen haben aber zu einem unerwarteten und beunruhigenden Rückgang des sozialen Kapitals geführt. Welche Folgen daraus für die langfristige Performance der US-Wirtschaft entstehen, ist noch nicht bekannt, aber sie werden wohl kaum positiv ausfallen.

Angesichts der strukturellen und größtenteils irreversiblen Gründe des großen Bruchs (wer will schon die Frauen wieder zurück an den Herd schicken oder auf sein Auto verzichten) ist eine Lösung schwierig. Putnam schlägt eine »Agenda für soziale Kapitalbildung« mit den folgenden Komponenten vor:[815]

- verstärktes gesellschaftliches Engagement jedes Einzelnen (und weniger Fernsehkonsum)
- Schulprogramme zum Aufbau von Vertrauen und sozialem Kapital in der nächsten Generation
- Reformen, um Arbeitsplätze familienfreundlicher zu gestalten
- verbessertes öffentliches Transportwesen und veränderte Raumordnungsvorschriften zur stärkeren Vermischung von Wohnen und Arbeiten
- Maßnahmen zur Erhöhung der Wahlbeteiligung und des politischen Engagements

Putnam gibt zu, dass die Schwierigkeiten eines solchen multidimensionalen Versuchs, das soziale Kapital in den USA wieder aufzubauen, gewaltig und die politischen Institutionen einer solchen Aufgabe möglicherweise nicht gewachsen sind.

Fukuyama ist da optimistischer. Dies sei weder der erste noch vermutlich der letzte große Bruch in der Geschichte der Menschheit.[816] Aus der Evolutionsperspektive betrachtet seien die menschlichen Gesellschaftssysteme erstaunlich anpassungsfähig. Frühere Beispiele sozialer Brüche seien ebenfalls von einem jahrzehntelangen Niedergang des sozialen Kapitals begleitet gewesen, gefolgt von einem Prozess der »Renormierung« und des erneuten Aufbaus von sozialem Kapital. Als Beispiel nennt Fukuyama den durch den Wechsel von der agrarischen zur industriellen Wirtschaft verursachten immensen gesellschaftlichen Umbruch im frühen 19. Jahrhundert und die damit einhergehende Zunahme von Verbrechen, Gewalt, Alkoholismus, unehelichen Geburten und anderen sozialen Stressindikatoren. Eine neue soziale Ordnung und neue Normen bildeten sich daraufhin in der Viktorianischen Zeit heraus, die heute als eine Periode hohen sozialen Kapitals gilt.

Die Probleme im Zusammenhang mit sozialem Kapital und Vertrauen reichen weit über die Ökonomik hinaus und betreffen so gut wie alle Bereiche der Gesellschaft.[817] Sie beziehen sich generell auf ein komplexes adaptives System, das sich im Fluss befindet. Soziales Kapital taucht auf den Radarschirmen der traditionellen Wirtschaftslehre nicht auf, weil sich die traditionelle Theorie ausschließlich mit den eigennützigen Entscheidungen rationaler Individuen auseinandersetzt, die in dem Augenblick optimal für die Gesellschaft sind, in dem sie dem Individuum optimalen Nutzen bringen. Die Komplexitätsökonomik beurteilt die Situation anders, indem sie erkennt, dass gut gemeinte individuelle Entscheidungen im komplexen gesellschaftlichen Zusammenspiel zu überraschenden und nicht immer wünschenswerten Resultaten führen können. Individuelle Entscheidungen, wo wir wohnen, ob wir außer Haus arbeiten oder wo wir unsere Freizeit verbringen, können dramatische Konsequenzen für den gesellschaftlichen Zusammenhalt haben.

Auch wenn ich überzeugt bin, dass der Mensch sich stets wird anpassen können, gebe ich zu bedenken, dass die Evolutionstheorie keine Garantie für eine kontinuierliche Entwicklung hin zu mehr sozialer Ordnung und Wohlstand bietet. Evolutionssysteme sind vor Zusammenbrüchen, Sackgassen und Armutsfallen nicht gefeit.[818] Mit Putnam bin ich also der Überzeugung, dass die Sache proaktiv angegangen werden muss – mit einem bereichsübergreifenden Programm für individuelles Verhalten, für Schulen, Regierungen, soziale Institutionen und die Medien.

Die Probleme rund um das soziale Kapital lassen sich nur schwer in das überkommene Links-Rechts-Schema einordnen. Der entscheidende Punkt, wonach wirtschaftliche Prosperität in erster Linie auf Kooperation basiert, passt allerdings eher zu den Vorstellungen der Linken als zum schroffen Individualismus der Rechten. Darüber hinaus würden die Vertreter der Linken argumentieren, dass der Niedergang des sozialen Kapitals ein Problem sämtlicher Marktwirtschaften westlicher Prägung darstellt, das die Märkte allein nicht zu lösen imstande sind. Auf der anderen Seite des politischen Spektrums wird als Mittel gegen den Niedergang des sozialen Kapitals gern eine Rückkehr zu traditionellen Werten – nachbarschaftliches Vertrauen, Ehrenamt, Bürgerpflichten, religiöses Engagement und starke Familien – propagiert. Die Lösung scheint diesmal nicht in einem diffusen Mittelweg mit ein wenig Gemeinschaft und einigen traditionellen Werten zu liegen; vielmehr werden wir zu einem Spagat gezwungen, der beide Richtungen vereint – viel Gemeinschaft, viele traditionelle Werte und eine zentrale politische Lenkungsfunktion.

Ungleichheit, soziale Mobilität und die Armutskultur

Wir haben uns bislang mit den Zusammenhängen zwischen Armut, Kultur und sozialem Kapital befasst. Nun wollen wir die Liste um einen wichtigen Punkt erweitern: Ungleichheit. Wie bereits erwähnt, leben 21 Prozent der Weltbevölkerung und folglich über eine Milliarde Menschen von weniger als einem US-Dollar pro Tag. Trotz der Fortschritte in Ländern wie China oder Indien gehen viele Ökonomen davon aus, dass die weltweite Ungleichheit weiter zunimmt.[819]

Es besteht kein Zweifel, dass die wirtschaftliche Ungleichheit so alt ist wie die Wirtschaft selbst. Der Mathematiker A. Y. Abul-Magd untersuchte anhand archäologischer Daten die Wohlstandsverteilung in der Gesellschaft des alten Ägypten.[820] Indem er die Hausgrundfläche als Wohlstandsmaß ansetzte, ermittelte er in einer zwischen 1370 und 1340 v. Chr. gegründeten Siedlung eine Pareto-Verteilung des Wohlstands mit Parametern, die denen moderner Gesellschaften glichen.

Ist Ungleichheit moralisch vertretbar?

Auch wenn Ungleichheit ein hartnäckiges und allgegenwärtiges Phänomen ist, kann man dennoch fragen, ob sie moralisch hinnehmbar ist. In seinem Buch *The Percent Solution* bezeichnet der Journalist Matt Miller die Antwort auf diese Frage als das zentrale Unterscheidungsmerkmal zwischen linker und rechter politischer Einstellung.[821]

Die Vertreter der Rechten behaupten: Wenn die Menschen die Freiheit haben, ihre eigenen Entscheidungen zu treffen, und wenn die Märkte Wettbewerb zulassen, dann ist die Gesellschaft moralisch gesund. Laut Miller belohnen Märkte tugendhaftes Verhalten wie »Arbeit, Verantwortlichkeit, Sparsamkeit, Innovation und Risikobereitschaft«. Wir können mit den vom Schicksal Benachteiligten Sympathie empfinden oder sie bemitleiden, aber eine bessere Methode der Ressourcenverteilung gibt es nicht. Wenn wir Märkte als optimale Organisationsform unserer Wirtschaft akzeptieren, dann müssen wir auch mit den Folgen leben, die dieses System mit sich bringt.

Die Vertreter der Linken halten Märkte für ein soziales Konstrukt auf der Basis von sozialen Technologien, die von Menschen unter Berücksichtigung ihrer Eigeninteressen entworfen wurden. Wenn eine Marktwirtschaft ein von der Gesellschaft konstruiertes System ist, sind wir für ihre Folgen verantwortlich. Insbesondere in Bezug auf Intelligenz, Wohlstand, Aussehen, ethnische Zugehörigkeit und geografische Heimat gleichen Geburt und Vererbung einem Glücksspiel. Angesichts der Bedeutung dieser Faktoren, so Miller, »ist es unsinnig zu glauben, Marktresultate könnten über moralische Bedenken erhaben sein«.

Auch diese gegensätzlichen Pole lassen sich wieder mit dem Prinzip der strengen Reziprozität erklären. Wenn es am Tun und Lassen jedes Einzelnen liegt, ob er reich ist oder arm (das Argument der Rechten), dann haben die Menschen ihr Schicksal verdient. Wenn die individuelle wirtschaftliche Situation aber im Wesentlichen von Glück oder äußeren Faktoren abhängt (das Argument der Linken), dann haben die Menschen ihr Schicksal nicht verdient.

Wie im Fall von Egoismus kontra Altruismus gab es zu diesem Thema lange Zeit lediglich unreflektierte Meinungen. Dank der Arbeiten vieler Forscher liegen jedoch mittlerweile umfangreiche empirische Ergebnisse vor. Samuel Bowles vom Santa Fe Institute, Herb Gintis von der University of Massachusetts und Melissa Osborne Groves von der Towson University haben diese Arbeiten jüngst unter die Lupe genommen und festgestellt, dass weder die Rechte noch die Linke ausschließlich recht hat.[822]

Mangelnde soziale Mobilität

Die Position der Rechten setzt voraus, dass eine hohe soziale Mobilität gegeben ist. Mit Grips, Entschlossenheit und harter Arbeit muss es den Jedermanns dieser Welt möglich sein, in die Sphären des Wohlstands aufzusteigen. Solche Geschichten kommen tatsächlich vor, besonders in den Vereinigten Staaten, aber die durchschnittliche soziale Mobilität ist in den USA geringer, als viele vermuten würden. Eine Studie, für die Tom Hertz von der American University 6273 Familien über 32 Jahre (von 1968 bis 2000) beobachtete, ergab, dass die Mobilität am sehr armen und am sehr reichen Ende der Skala besonders gering war (siehe Abbildung 18.2). Wenn das Einkommen eines Elternpaars im obersten Zehntel lag, gehörten seine Kinder mit 29,6-prozentiger Wahrscheinlichkeit später ebenso zu dieser Gruppe. Diese Kinder gehörten wiederum mit 59,1-prozentiger Wahrscheinlichkeit später selbst wieder zur Oberschicht (den obersten drei Zehnteln), während die Chancen, an den untersten Rand der Einkommensverteilung gedrängt zu werden, sehr gering waren. Ein Kind von

Eltern aus dem untersten Zehntel hingegen blieb mit 31,5-prozentiger Wahrscheinlichkeit in dieser Gruppe; die Wahrscheinlichkeit, in der Unterschicht (den untersten drei Zehnteln) zu bleiben, betrug knapp zwei Drittel, während es nur 1,3 Prozent wie Horatio Algers Romanhelden bis in das oberste Zehntel schafften. Kinder von Mittelschichteltern schließlich (fünftes Zehntel) blieben mit der größten Wahrscheinlichkeit in der Mittelschicht. Dieser Mangel an ökonomischer Mobilität war unter den Schwarzen noch ausgeprägter. Nur 17 Prozent der im untersten Zehntel geborenen Weißen, aber 42 Prozent der dort geborenen Schwarzen gehörten später selbst wieder dieser Gruppe an.

	Elterliches Einkommensniveau		
Einkommensniveau des Kindes im Erwachsenenalter*	Oberstes Zehntel	Fünftes Zehntel	Unterstes Zehntel
Oberstes Zehntel	29,6	7,3	1,3
Obere 3 Zehntel	59,1	23,0	9,3
Mittlere 4 Zehntel	34,3	48,0	28,3
Untere 3 Zehntel	6,6	29,1	62,4
Unterstes Zehntel	1,5	7,3	31,5

* Wahrscheinlichkeit (Prozent), dass das Kind bei gegebenem elterlichen Einkommen im Erwachsenenalter ein bestimmtes Einkommenniveau erreicht.

Abbildung 18.2: Einfluss des elterlichen Einkommens auf das Einkommensniveau des Kindes im Erwachsenenalter

»Aha!«, rufen nun die Vertreter der Linken. »Das ist der Beweis, dass wir in einer ungerechten Gesellschaft leben, die den Armen und den Minderheiten keine Chance gibt.« Doch nicht so voreilig: Die Gründe für diesen Mobilitätsmangel sind vielfältiger Natur, und wir müssen die sprichwörtliche Zwiebel erst häuten, bevor wir uns ein Urteil erlauben können.[823]

Zunächst müssen wir das Geld berücksichtigen, das die Kinder von ihren Eltern in die Tasche gesteckt bekommen. Dieser Faktor erklärt 12 Prozent der Korrelation zwischen Eltern- und Kindereinkommen. Bleiben noch die Unterschiede darin, was die Nachkommen selbst verdienen.

Anschließend können wir uns der viel diskutierten Frage »angeboren oder anerzogen« zuwenden. Vielleicht geben gut verdienende Eltern entsprechende Gene für hohes Gehalt an ihre Kinder weiter. Untersuchungen von eineiigen und zweieiigen Zwilligen haben gezeigt, dass 12 Prozent der Korrelation zwischen Eltern- und Kindereinkommen auf die Gene zurückzuführen sind, verglichen mit 28 Prozent, die auf das Lebensumfeld zurückgehen. In einer anderen Studie ließ sich die Verdienstkorrelation zu fünf Prozent mit dem Intelligenzquotienten erklären, sodass innerhalb der genetisch bedingten 12

Prozent noch andere genetische Eigenschaften wie beispielsweise Persönlichkeitsmerkmale beteiligt sein müssen. Während die Gene also ein wichtiger Faktor sind, erklären sie doch bei Weitem nicht alles.

Andere Studien beschäftigen sich mit Umgebungsfaktoren wie beispielsweise Erziehung und ethnischr Zugehörigkeit. Kinder armer Eltern besuchen mit höherer Wahrscheinlichkeit schlechte Schulen, und eine Diskriminierung kann sowohl zur Armut der Eltern als auch der Kinder beitragen. Überraschenderweise ist die Schule nur für zehn Prozent der Korrelation zwischen Eltern- und Kindereinkommen verantwortlich, was Raum für andere Umgebungsfaktoren lässt. Die ethnische Zugehörigkeit war nur für sieben Prozent verantwortlich, sodass die Kluft zwischen Schwarz und Weiß noch auf andere Faktoren zurückzuführen sein muss.

Wir stehen folglich vor einem Rätsel. Die hohe Korrelation zwischen Eltern- und Kindereinkommen besagt, dass Wohlstand im Grunde vererbt wird. Die offensichtlichsten Vererbungswege Geld und Gene machen aber nur einen bescheidenen Teil dieser Korrelation aus. Auch Umfeldfaktoren wie Schule und Diskriminierung können die Argumentationslücke nicht schließen. Da diese Faktoren nur ein Drittel der Gesamtkorrelation erklären, fehlt offensichtlich noch ein großes Etwas, das wir von unseren Eltern erben können. Viele Forscher vermuten dieses Etwas im kulturellen Verhalten und im sozialen Kapital, über das wir in den vorigen beiden Abschnitten sprachen.

Die »Armutskultur«

In einer Arbeit mit dem Titel »The Apple Does Not Fall Far From the Tree« untersuchte eine Gruppe von fünf Forschern Verhaltenskorrelationen zwischen Eltern und Kindern.[824] Die Forscher unterteilten die Verhaltensweisen in »prosoziale Verhaltensweisen« – Besuch von Schule, Kirche und Freizeiteinrichtungen – und »kriminelle Verhaltensweisen« – Drogenkonsum, Sex vor dem 15. Geburtstag, Schlägereien, Sachbeschädigung und Schulabbruch. Sie berücksichtigten zudem einige Persönlichkeitsmerkmale, die Auswirkungen auf den wirtschaftlichen Erfolg haben, wie beispielsweise Selbstwertgefühl, Niedergeschlagenheit und Schüchternheit. Entsprechend dem Titel ihrer Arbeit stellten sie hinsichtlich dieser Verhaltensweisen und Persönlichkeitsmerkmale substanzielle Korrelationen zwischen Eltern und Kindern fest. Eltern, die einen Schulabschluss hatten, in die Kirche gingen und Mitglieder in Vereinen waren, hatten in aller Regel mustergültige Kinder, während krakeelende Drogenkonsumenten zumeist Straftäter großzogen. Interessanterweise spielte der sozioökonomische Status kaum eine Rolle; reiche Straftäter hatten mit derselben Wahrscheinlichkeit kriminelle Kinder wie arme Delinquenten. Auch die in fünf Kategorien (Engagement, Kontrolle, kindliche Autonomie, emotionale Wärme und kognitive Stimulation) gemessene Erziehungsweise spielte eine geringere Rolle, als man hätte erwarten können. Wichtig war allein das eigene Verhalten der Eltern, nicht ihre erzieherischen Fähigkeiten im engeren Sinne – die Erziehungsregel »Tue, was ich sage, und nicht, was ich tue« scheint nicht zu funktionieren.

Die Forscher schlossen daraus, dass das Verhalten der Eltern einen wesentlichen Einfluss auf das Verhalten der Kinder hat (was praktizierende Eltern nicht überraschen wird) und damit auf das zukünftige Einkommen der Kinder. Einige elterliche Verhaltensweisen haben sicherlich eine genetische Basis; Neigungen zu Sucht oder Depressionen beispielsweise haben eine wohlbekannte genetische Komponente. Wie jedoch aus den Zwillingsstudien hervorging, spielen allgemeine genetische Faktoren nur eine untergeordnete Rolle für die Einkommensprognose. Zum ererbten Verhalten gehören auch die kulturellen Normen und Werte, welche die Eltern an ihre Kinder weitergeben, woraus wir schließen dürfen, dass die ererbte Kultur einen wesentlichen Anteil am ökonomischen Wohlergehen der Menschen hat.[825]

Auch das sollte uns nicht überraschen. Wenn die Mikroregeln des kulturellen Verhaltens eine entscheidende Rolle für die wirtschaftliche Performance von Organisationen und Gesellschaften spielen, dürfen wir erwarten, dass sie auch beim individuellen ökonomischen Wohlergehen eine Rolle spielen. Die Beobachtung, dass Kultur im Wesentlichen von den Eltern, dem Freundeskreis und dem lokalen gesellschaftlichen Umfeld übernommen wird, erklärt zumindest zu einem beträchtlichen Teil den Mangel an sozialer Mobilität. Wenn Menschen im oberen Einkommensbereich Normen haben, die zu individueller Leistung, Kooperation und Innovation anspornen, dann reichen sie diese Normen an ihrer Kinder weiter, die mit ihrer Hilfe ebenfalls ökonomisch erfolgreich sind und dieselben Normen wiederum an ihre Kinder weitergeben. Menschen im unteren Einkommensbereich geraten unter den Einfluss kultureller Normen, die antisoziale und antiökonomische Verhaltensweisen von einer Generation zur nächsten weitertragen. In den Sechzigerjahren machte Senator Daniel Patrick Moynihan die »Armutskultur« als wichtigsten Grund für den Fortbestand einer ökonomischen Unterschicht in den Vereinigten Staaten aus.

Wir können diese Argumentation fortführen, indem wir behaupten, dass antisoziale kulturelle Normen zu Netzwerken mit schwachem sozialem Kapital führen.[826] Menschen aus dysfunktionalen Kulturen profitieren auch weniger von ihren Freunden, Nachbarn und Kollegen.[827] Es bieten sich weniger Gelegenheiten für kooperative Aktivitäten, Wissensaustausch und Risikostreuung. Junge Menschen finden weniger Vorbilder und Mentoren, die sich um sie kümmern. In solchen Kulturen konzentriert sich das wenige soziale Kapital auf so zweifelhafte Gruppierungen wie Straßenbanden und Drogenringe. Menschen aus prosozialen Kulturen hingegen erleben das Gegenteil. Sie profitieren in erheblichem Umfang von Netzwerken mit hohem sozialem Kapital und mit Erwachsenen, die ihrer Vorbildfunktion für Jugendliche gerecht werden. Die Menschen nutzen die Netzwerke, um Jobs zu finden; sie feiern ihre Erfolge und helfen sich bei Schwierigkeiten gegenseitig.

Rawlsianische Logik und Politik

Wohin bringt uns das in der Links-Rechts-Frage? Für die Position des rechten Lagers spricht, dass individuelle Verantwortung nach wie vor wichtig ist und konstruktive Verhaltensweisen häufig zu positiven Ergebnissen führen. Kulturelle Normen erklären möglicherweise die Vererbbarkeit und Beständigkeit bestimmter Verhaltensweisen, aber sie entschuldige kein antisoziales Handeln. Auch wenn die soziale Mobilität möglicherweise geringer ist, als üblicherweise angenommen, stellen die Vereinigten Staaten, insbesondere in der Mittelschicht, immer noch eine vergleichsweise mobile Gesellschaft dar.

Aber auch die Linke hat nicht ganz Unrecht. Das Glücksspiel der Geburt, bei dem jeder Mensch Wohlstand, angeborene Intelligenz und eine ethnische Zugehörigkeit erhält, erklärt einen wichtigen Teil des ökonomischen Wohlergehens. Noch überzeugender wird das Bild vom Glücksspiel, wenn wir die Kultur als Bestandteil der Verlosung hinzunehmen; schließlich können wir uns die Kultur, in die wir hineingeboren werden, nicht aussuchen.

Aus der politischen Perspektive betrachtet sehen weder die üblichen Rezepte der Linken noch die der Rechten allzu vielversprechend aus. Eine Einkommensumverteilung löst keines der (genetisch oder kulturell bedingten) Verhaltensprobleme, während eine reine Laissez-faire-Politik auch nicht überzeugt, solange so viele Menschen zu einem Leben in Armut verdammt sind.

Miller schlägt vor, dass wir das Links-Rechts-Denkschema verlassen und uns stattdessen auf den Standpunkt des Philosophen John Rawls besinnen.[828] Wir sollten uns fragen: »Wenn wir nicht wüssten, welches Los wir bei der Geburt ziehen, welches System würden wir uns dann wünschen?« Wir sollten uns also zunächst für ein System entscheiden, bevor wir wissen, ob wir in einer reichen Bankiersfamilie auf der Upper East Side oder als Kind einer alleinerziehenden Drogenabhängigen in der Bronx zur Welt kommen werden.

Miller sieht die Antwort auf dieses Gedankenexperiment in einem System, das die Gleichheit der Aufstiegsmöglichkeiten mit einem sozialen Sicherungsnetz kombiniert. Einerseits wünschen wir uns eine möglichst gute Chance, aus der Bronx herauszukommen; andererseits wollen wir jedoch auch nicht bestraft werden, sollten wir das Glück haben, in eine Bankiersfamilie hineingeboren zu werden. Es ginge uns also in erster Linie darum, den Armen aus ihrer Armut herauszuhelfen, anstatt den Reichen ihren Reichtum zu nehmen. Wir würden die Schulen in der Bronx genauso leistungsfähig machen wie die in der Upper East Side. Auch sollte es keine unfairen Barrieren wie etwa Diskriminierung geben. Gleichzeitig würden wir uns einen gewissen Schutz gegen den Abstieg wünschen. Wenn ein armes Kind in der Schule gute Leistungen bringt, braucht es möglicherweise dennoch einen Therapieplatz für seine drogenabhängige Mutter und Sozialhilfe für Nahrung, Wohnung und Gesundheitspflege, um der größten Not zu entkommen. Und das Bankierskind schläft nachts möglicherweise besser, wenn es weiß, dass es auch dann noch vor der größten Not geschützt sein wird, wenn das wirtschaftliche Glück die Familie einmal verlassen sollte.

Miller übersetzt seine Rawlsianische Logik in vier konkrete politische Vorschläge. Der erste betrifft die Schaffung eines universellen Gesundheitsschutzes, indem die Menschen Steuervorteile bekommen, wenn sie sich bei einem von mehreren konkurrierenden privaten Anbietern versichern. Der zweite betrifft die Verbesserung der staatlichen Schulen, speziell für ärmere Kinder, indem die Lehrergehälter deutlich angehoben werden (im Gegenzug müssen die Gewerkschaften einer leistungsgerechten Bezahlung zustimmen). Der dritte Vorschlag läuft auf eine Reform des Bildungswesens mittels einer »großen Abmachung« hinaus, bei der Liberale und Konservative sich darauf einigen, Wettbewerb über ein Voucher-System zuzulassen und im Gegenzug die steuerliche Absetzbarkeit privater Bildungsausgaben abzuschaffen (die Steuervorteile führen dazu, dass die reichsten Kinder die besten Schulen bekommen) und die staatlichen Ausgaben für Bildung insgesamt anzuheben. Der vierte Vorschlag ist ein garantierter staatlicher Mindestlohn. Miller schlägt vor, diese Reformen durch eine Umlenkung von zwei Prozent des BIP zu finanzieren.

Millers Rawlsianische Morallogik hat zudem den Vorteil, dass sie unseren streng reziproken Sinn für Fairness anspricht. Harte Arbeit und moralische Rechtschaffenheit würden in diesen Vorschlägen belohnt, nicht aber Faulheit; und Pech würde mit Großmut aufgefangen. Dieser Appell in Richtung einer strengen Reziprozität gibt Millers Initiative eine gute Chance, die Unterstützung der Öffentlichkeit und der Politiker zu finden.

Veränderliche Kulturen und die Schaffung einer »gemeinsamen Schicht«

Während Millers Vorschläge helfen würden, Aufstiegsbarrieren abzubauen und die verwundbarsten Mitglieder der Gesellschaft zu schützen, lösen sie nicht die tieferen kulturellen Ursachen von Armut und Ungleichheit. Kultur und Armut stellen ein höchst schwieriges Thema dar, und zwar insbesondere dann, wenn es um die ethnische Zugehörigkeit geht. Der demokratische Senator Moynihan, ein Demokrat und für viele ein Liberaler, wurde in den Sechzigerjahren für seine Äußerungen zum Thema Armutskultur von der Linken heftig angegriffen. Aber sich über eine Armutskultur Gedanken zu machen ist noch nicht gleichbedeutend mit Kritik an einer bestimmten Minderheitenkultur oder der Aufforderung, sich kulturell der weißen Bevölkerung anzupassen. Ebenso wenig, wie Normen, die zu harter Arbeit, Kooperation und Innovation ermuntern, spezifisch japanisch oder spezifisch norwegisch sind, kann man sie als spezifisch schwarz, weiß oder braun bezeichnen. Die wachsende Zahl afroamerikanischer CEOs, hoher Staatsbeamter, führender Akademiker und Vertreter freier Berufe ist ein Zeichen für die universale Wirksamkeit dieser Normen und Verhaltensweisen (eine weitere Bestätigung liefert der Umstand, dass die Kinder dieser Menschen in aller Regel wieder erfolgreich sind).[829]

Während zwischen Ethnie und Kultur keine feste Verbindung besteht, existiert sehr wohl eine Verbindung zwischen Kultur und Geschichte. Wir sahen dies in Putnams Studie zum Unterschied zwischen Nord- und Süditalien und sogar in der simplifizierten Welt kooperationswilliger und kooperationsunwilliger Akteure in den Computersimulationen. Auch wenn die offene Diskriminierung als Barriere gegen ökonomische Mobilität in Amerika abgenommen hat (ohne vollständig beseitigt zu sein), haben 250 Jahre Sklaverei und weitere 100 Jahre gesellschaftlicher Isolation der Kultur vieler afroamerikanischer Gemeinschaften ihren Stempel aufgedrückt. Die zweckmäßige Frage lautet deshalb: Welche antisozialen und antiökonomischen Normen hat diese Geschichte in der Kultur hervorgebracht, und wie lassen sie sich verändern? Diese Sichtweise versöhnt die beiden gegensätzlichen Lager, die »Linken«, die der Gesellschaft die Schuld geben, und die »Rechten«, die zu mehr persönlicher Verantwortung aufrufen. Man kann gleichzeitig die Fehler der Vergangenheit beim Namen nennen und dennoch über eine Veränderung von Normen und Verhaltensweisen als Weg aus der kulturellen Armutsfalle nachdenken.

Die positive Botschaft dieser Sichtweise lautet, dass Kulturen wandelbar sind – selbst binnen weniger Generationen. Kulturen können sich zudem in einer Art und Weise verändern, die ökonomischen Fortschritt ermöglicht, ohne andere positive Normen zu opfern, die der Kultur ihr unverwechselbares Gepräge geben. Spanien und Irland beispielsweise sind beides Länder, die seit den Siebzigerjahren einen substanziellen kulturellen Wandel und ein rekordverdächtiges ökonomisches Wachstum erlebt haben. Beide Länder haben aber dennoch ihre charakteristischen Eigenheiten bewahrt. Ohne eine Veränderung gewisser kultureller Normen lässt sich die Armutskultur nicht ausmerzen, aber das bedeutet noch lange nicht die vollständige Homogenisierung der kulturellen Landschaft.

Abgesehen davon funktionieren alle Gesellschaften besser, wenn sie sich auf eine breite Basis gemeinsamer Normen stützen können. In homogenen Gesellschaften ist der Vertrauensgrad in der Regel höher und Kooperation leichter zu bewerkstelligen. Eine langjährige Herausforderung für die Vereinigten Staaten und eine wachsende Herausforderung für europäische Länder mit hohem Immigrantenanteil ist die Frage, wie sich Vertrauen in einer multiethnischen, multikulturellen Gesellschaft aufbauen lässt. In einer idealen Welt gäbe es eine von der gesamten Gesellschaft getragene Schicht starker Normen, die festlegen, was es bedeutet, ein Amerikaner (oder Brite, Brasilianer et cetera) zu sein. Diese gemeinsame Schicht würde Normen umfassen, die sowohl die Demokratie (beispielsweise das Recht auf freie Meinungsäußerung, die Bedeutung der Teilnahme am politischen Leben) als auch wirtschaftlichen Erfolg (beispielsweise die Wertschätzung von harter Arbeit und Innovation, die Bedeutung von Aus-

und Weiterbildung) unterstützen. Eben diese gemeinsame Schicht einer von allen getragenen Kultur schweißt eine Demokratie zusammen und liefert ein Gegengewicht zur Armutskultur. Unterhalb dieser gemeinsamen Schicht kann es jedoch eine Vielzahl von Normen, Traditionen und Überzeugungen geben, aus denen die multikulturellen Gesellschaften ihre Dynamik schöpfen.

Die Schaffung dieser gemeinsamen Schicht ist eine Herausforderung, die Politik, Bildungssystem und Medien nur gemeinsam bewältigen können. Dabei nimmt ihre Bedeutung umso mehr zu, je mehr Menschen vom ökonomischen Wachstum abgehängt werden und je mehr die gesellschaftlichen Spannungen infolge Migration und Globalisierung zunehmen. In vielerlei Hinsicht stellt Amerika das erfolgreichste Experiment zur Schaffung einer solchen gemeinsamen Schicht dar. Vom historischen Ausschluss der indianischen Urbevölkerung und der Afroamerikaner einmal abgesehen ist es den Vereinigten Staaten in beispielloser Weise gelungen, Immigranten in ihre Gesellschaft einzugliedern und ökonomisches Wachstum zu erzeugen. Die von den Gründervätern abgefassten Urkunden definierten nicht nur Gesetze, sondern Werte. Diese Werte leisteten dem Land zwei Jahrhunderte lang gute Dienste, bis die Mechanismen ihrer Vermittlung, Erneuerung und Verstärkung in den Familien, Schulen, Gebetshäusern, Medien und politischen Institutionen des Landes im Rahmen des »großen Bruchs« reparaturbedürftig wurden.

Die Wiederbelebung und Aktualisierung ihrer Kultur für die moderne Welt gehört zu den wichtigsten Aufgaben der Vereinigten Staaten im neuen Jahrhundert. Aber nicht nur die Vereinigten Staaten stehen vor dieser Herausforderung. Der Europäischen Union stehen mit der Integration von 23 Millionen Muslimen und der fälligen Entscheidung, ob der Kontinent neben der ökonomischen und politischen auch die kulturelle Einheit anstrebt, ähnlich schwierige Aufgaben bevor. Auch in China und Indien bringt das rasche ökonomische Wachstum zwangsläufig kulturelle Umwälzungen mit sich. Und in den ärmsten Ländern dieser Erde schließlich können Entwicklungshilfe, Investitionen und strukturelle Reformen nur im Verein mit einem kulturellen Wandel ein ökonomisches Wachstum anstoßen.

Wie gesagt, fügt sich keines dieser Themen nahtlos ins politische Rechts-Links-Schema ein. Senator Moynihan brachte es auf den Punkt: »Die zentrale konservative Wahrheit lautet, dass der Erfolg einer Gesellschaft von der Kultur und nicht von der Politik bestimmt wird. Die zentrale liberale Wahrheit besagt, dass Politik eine Kultur verändern und vor sich selbst bewahren kann.«[830]

Ausblick

In diesem Kapitel habe ich versucht, die Anwendung komplexitätsökonomischer Ideen auf wichtige Fragen des gesellschaftlichen Lebens an diversen

Beispielen zu veranschaulichen. Daneben gibt es jedoch noch etliche andere Bereiche, in denen die Komplexitätsökonomik zum Verständnis beitragen kann.

Vielleicht können wir die Inflation mit der Komplexitätsökonomik auch nicht besser vorhersagen als ohne sie, aber sie vermittelt uns zumindest neue Erkenntnisse zum Konjunkturkreislauf, mit deren Hilfe wir unsere makroökonomische Politik effektiver gestalten können. Eines der großen Konjunkturrätsel ist, warum die Lohnentwicklung so träge ist und die Löhne im Zweifelsfall nicht schnell genug fallen, um eine Rezession zu verhindern. In einer vollkommen rationalen Gesellschaft würden wir einen wirtschaftlichen Abschwung gemeinsam auffangen, indem wir alle kleine Lohneinbußen hinnehmen, anstatt zu warten, bis es zu Massenentlassungen kommt. Die Normen der strengen Reziprozität lassen jedoch Lohneinbußen als unfair erscheinen, während die Beschäftigen aufgrund mangelnder dynamischer Intuition nicht erkennen, dass der Abschwung sich stattdessen in Entlassungen auswirken wird.[831]

Umweltfragen liefern ein weiteres Beispiel. Unsere natürliche Umwelt ist selbst ein komplexes adaptives System. Der starke Anstieg des weltweiten Wohlstands, der um 1750 einsetzte, ging mit einem entsprechenden Anstieg des Kohlendioxidausstoßes einher. Gemessen an den langen Zeitskalen der Natur stellte die rasche Zunahme des globalen Wohlstands einen dramatischen Eingriff des Menschen in das globale Ökosystem dar. Wir experimentieren blindlings mit der Umwelt und wissen nicht, wo uns das hinführt. In Anbetracht der Anfälligkeit komplexer Systeme für massive Veränderungen und Zusammenbrüche beim Überschreiten bestimmter Schwellenwerte (Tipping Points) sollte uns dieses Experiment mit Sorge erfüllen. Laut einer groß angelegten Studie sind wir bereits dabei, die regenerative Kapazität der Erde um ein Vielfaches überzubeanspruchen.[832] Die Komplexitätsökonomik kann uns helfen, die Koevolution von Ökonomie und Umwelt besser zu verstehen, indem sie die Ökonomik mit der Thermodynamik verbindet (alle Produktionsprozesse haben ihren ökologischen Preis, der berücksichtigt werden muss) und uns erkennen hilft, warum die Menschen auf diese globale Herausforderung nur so schleppend reagieren.[833]

Daneben gibt es komplexitätsökonomische Forschungen in den unterschiedlichsten Bereichen, von einer Reform des Gesundheitssystems über eine Reform der Wahlkampffinanzierung und des Wahlsystems bis zum internationalen Handel und zur Deregulierung ganzer Industriezweige.[834] Gemeinsam ist all diesen Bereichen, dass es sich um komplexe adaptive Systeme handelt, die sich in einem Veränderungsprozess befinden.

Die Komplexitätsökonomik ist vergleichsweise neu in der Gesellschaftspolitik. Viele der in diesem Kapitel vorgestellten Ideen befinden sich noch in einem spekulativen Stadium, aber täglich kommen neue Forschungsergebnisse hinzu, und der Wissenszuwachs beschleunigt sich zusehends.

Margaret Thatcher sagte einmal: »In Wirklichkeit existiert gar keine Gesellschaft. Es gibt nur Männer und Frauen – und Familien.«[835] Aus der Perspektive der Komplexitätsökonomik betrachtet ist das blanker Unsinn. Das Wechselspiel von Millionen von Menschen, die Entscheidungen treffen, sich streng reziprok verhalten, ihre kulturellen Normen ausleben, kooperieren, konkurrieren und ihr tägliches Leben führen, erzeugt ein emergentes Phänomen, das wir Gesellschaft nennen und das so real ist wie das emergente Muster eines Wasserstrudels. Innerhalb der Gesellschaft finden wir die Konstrukte der Staaten, Märkte und Gemeinschaften, die zusammen die ökonomische Welt ausmachen, in der wir leben. Wenn wir auch nicht imstande sind, die Zukunft der Gesellschaft vorauszusagen, können wir doch alles dafür tun, dass diese drei Elemente gemeinsam Wohlstand, soziales Kapital und Perspektiven erzeugen.

Die Komplexitätsökonomik geht über das traditionelle Links-Rechts-Schema hinaus und überwindet es zugleich. Sie ist nicht die Mitte zwischen den Extremen, sondern eine ganz neue Sichtweise und Dimension, aus der heraus wir die Probleme betrachten können. Ich persönlich hoffe, dass die Komplexitätstheorie, indem sie die Ökonomik auf eine wissenschaftlichere Basis stellt, dazu beitragen kann, den unversöhnlichen Graben zu überbrücken, der sich spätestens seit Mitte der Neunzigerjahre in den politischen Debatten der Vereinigten Staaten aufgetan hat. Schließlich sind die Bürger nicht darin interessiert, welcher Vertreter des linken oder rechten Lagers die meisten Punkte macht; ihnen geht es lediglich um die Verbesserung ihrer Lebensumstände.

In diesem Buch habe ich die These vertreten, dass die ökonomische Evolution auf zwei Institutionen beruht: Markt und Wissenschaft. Dieses Duo sollten wir jedoch um eine dritte Institution erweitern: Demokratie. Die Demokratie ist selbst ein Evolutionssystem politischer Ideen. Wie E. M. Forster einst ausrief: »Ein zweifach Hoch auf die Demokratie: eines, weil sie Vielfalt zulässt, und ein zweites, weil sie Kritik erlaubt.«[836] In den kommenden Jahren wird die Komplexitätsökonomik die gesellschaftspolitische Debatte um eine kräftige Portion Vielfalt bereichern. Es wird Aufgabe des demokratischen Evolutionsprozesses sein, diejenigen Ideen auszuwählen und zu verstärken, die der Gesellschaft am besten dienen.

Nachwort

Einer Legende der Massai zufolge träumte einer ihrer großen Anführer Mitte des 18. Jahrhunderts einmal von einem Schwarm weißer Vögel, die ihr Land verwüsteten. Außerdem träumte er von einer gigantischen Schlange, die sich vom Meer bis ins Landinnere erstreckte und die Massai entführte. Die Massai interpretieren die weißen Vögel als Vorboten der weißen Siedler und die Schlange als Sinnbild für die spätere Mombasa-Eisenbahn. Seit über einem Jahrhundert, also seit diese Kräfte sich manitestierten, kämpfen die Massai um den Erhalt ihrer traditionellen nomadischen Lebensweise.

Als ich in der Hütte des Massai-Ältesten saß, dachte ich darüber nach, wie der Lauf der ökonomischen Evolution uns an so verschiedene Orte gebracht hatte. Einerseits hat er in seinem Leben viele Mühen, die ich nicht habe. Das wurde überdeutlich, als einer der Dorfbewohner uns eine Wunde zeigte, die sich entzündet hatte. Glücklicherweise konnten wir die Wunde mit einem Antibiotikum behandeln, einem einfachen Mittel, das jeder Bewohner der westlichen Welt für ein paar Dollar kaufen kann. Wir sehen davon aus, dass dieser Mann möglicherweise seine Gliedmaße verloren hätte oder gestorben wäre. Diesen Härten des Lebens zum Trotz beobachtete ich die lächelnden Gesichter der Dörfler, die Schönheit der Natur und die stabile, enge Dorfgemeinschaft. Als ich anschließend nach London zurückkehrte, fielen mir unwillkürlich die mürrischen, gestressten Gesichter der Menschen in einem Land auf, das zu den wohlhabendsten dieser Erde gehört.

Ich fragte mich, wohin uns die ökonomische Evolution in Zukunft noch führen wird. Ich fragte mich, in welcher Form diesem Massai-Ältesten wohl geteerte Straßen, Mobiltelefone und Fernsehen im Traum erschienen wären. Wie lange konnten sich die Massai noch vor diesen Veränderungen schützen? Und wenn sie irgendwann nicht mehr zu vermeiden wären, würden sich die Massai dann anpassen? Würden sie das Gespür für ihre eigene Identität verlieren? Würden diese Veränderungen sie glücklicher machen?

Diese Fragen betreffen nicht nur die Massai, sondern uns alle. Ökonomische Evolution und Wachstum sind mit unbestreitbaren Vorteilen verbunden. Die reichen Bewohner des Westens vergessen nur allzu leicht, wie das Leben noch vor gerade einmal acht Generationen aussah und wie es für über ein Drittel der Weltbevölkerung noch immer aussieht. In den letzten beiden Jahrhunderten hat explosives Wachstum Milliarden Menschen von einer Hobbesianischen Existenz des Schuftens, Hungerns und Leidens befreit.[837] Das nächste Jahrhundert könnte die Befreiung weiterer Milliarden mit sich bringen. Aber ein solches

Wachstum hat seinen Preis, von »großen Brüchen« gegenüber uralten Lebensmustern bis hin zur Schädigung der Umwelt.

Es ist ein natürlicher Reflex, Evolution mit Fortschritt gleichzusetzen, sei es die biologische Entwicklung von der Amöbe bis zum Menschen oder die ökonomische Entwicklung vom Steinzeitalter bis zur modernen Welt. Evolutionstheoretiker weisen jedoch gern darauf hin, dass Evolution allein noch keinen Fortschritt garantiert. *Fortschritt* ist ein allzu subjektiver Begriff. Objektiv können wir lediglich feststellen, dass die Evolution unter bestimmten Bedingungen langfristig die Komplexität fördert, was im ökonomischen Kontext gleichbedeutend ist mit mehr Wohlstand. Den Theoretikern zufolge ist aber selbst dieser Trend zu mehr Komplexität nicht immer garantiert; die biologische Geschichte ist voller Beispiele für Zusammenbrüche und massenhaftes Artensterben, und dasselbe gilt auch für die Geschichte der menschlichen Gesellschaft.[838]

Es gibt keine Garantie dafür, dass sich die explosive Wachstumskurve, auf der wir uns seit 1750 befinden, bis in alle Ewigkeit fortsetzt. Schließlich ist ein Wachstum dieses Ausmaßes ein sehr neues Phänomen; bislang währt es gerade einen winzigen Bruchteil der menschlichen Wirtschaftsgeschichte. Um auf dem Wachstumspfad zu bleiben, müssen wir die ihm zugrunde liegenden sozialen Technologien – Märkte, Wissenschaft und Demokratie – weiter pflegen und entwickeln. Selbst im reichen Westen, wo diese STs am tiefsten verwurzelt sind, sollten wir sie nicht für selbstverständlich halten. Die Vereinigten Staaten beispielsweise kämpfen seit geraumer Zeit mit Unternehmensskandalen, die sich negativ auf das Ansehen der Märkte in der öffentlichen Meinung auswirken, mit einem Verfall der wissenschaftlichen Ausbildung und einem Verlust an demokratischer Wettbewerbsvielfalt (bei den Wahlen von 2004 wurden 98 Prozent der Kongressmitglieder, die sich zur Wiederwahl stellten, in ihrem Amt bestätigt).[839] Die ökonomische Evolution hängt von der Gesundheit dieser STs ab, sodass ihre kontinuierliche Erneuerung absolute Priorität haben muss.

Eine Fortsetzung der Wachstumskurve setzt zudem voraus, dass Märkte, Wissenschaft und Demokratie auch in den übrigen Teilen der Welt tiefere Wurzeln schlagen. Die zwei gegenwärtigen Wachstumsmotoren Indien und China haben große Schritte in dieser Richtung unternommen, die jedoch bei Weitem noch nicht ausreichen. Indien verfügt über eine starke Demokratie, und die Wissenschaft macht Fortschritte; im Bereich der Marktreformen ist die Bilanz allerdings noch mager. China wiederum hat seine Märkte in beeindruckender Weise geöffnet und unternimmt große Anstrengungen in der Wissenschaft; dafür hinkt hier die Demokratie hinterher. Leider sind große Teile der Welt, insbesondere viele Länder Afrikas, von allen drei STs noch so gut wie unberührt. Hier herrschen Korruption, Aberglaube und das Big-Man-Prinzip. Der einzige Weg aus der Armut führt für diese Länder über den geduldigen Aufbau der für das Wirken der ökonomischen Evolution erforderlichen Institutionen und einer entsprechenden Kultur.

Die Hoffnung, dass sich die Wachstumskurve noch eine Weile fortsetzen wird, ist jedoch nicht ganz unbegründet. In Anlehnung an Marvin Minsky sprach ich bereits über die unglaublichen Dinge, zu denen Menschen fähig sind, sobald sie in einer »Gesellschaft der Köpfe« organisiert sind. Mittlerweile entwickelt sich die Wirtschaft weltweit zu einer einzigen Gesellschaft der Köpfe. Die Evolution der physikalischen Technologien lässt die Kosten der menschlichen Interaktionen weiter sinken und ihre Geschwindigkeit exponenziell ansteigen.[840] Fast das gesamte menschliche Wissen wird sukzessive digitalisiert und jedem Menschen an jedem beliebigen Punkt der Erde zugänglich gemacht. Die globale Gesellschaft der Köpfe entwickelt so etwas wie ein globales Gedächtnis. Wenn Indien und China ihre Reformen fortsetzen, werden innerhalb der nächsten Generation über 2,3 Milliarden Menschen zur globalen Wirtschaftsgemeinschaft hinzukommen. Unter optimistischen Annahmen werden binnen Jahrhundertfrist weitere 650 Millionen Menschen aus Afrika ihrem Beispiel folgen. Innovationen im Bereich der physikalischen Technologien werden zusammen mit dieser historischen Bildung einer globalen Gesellschaft der Köpfe die Möglichkeiten des Systems noch einmal drastisch erweitern. Wir können heute lediglich erahnen, wozu ein solches System einmal fähig sein wird.

Die kontinuierliche Evolution und die Ausbreitung physikalischer und sozialer Technologien gibt Anlass zum Optimismus. Manche werden jedoch entgegnen, dass das eigentliche Risiko der Menschheit nicht darin besteht, dass wir die Wachstumskurve vielleicht schon verlassen, sondern dass wir auf ihr bleiben. Drei Probleme springen dabei ins Auge. Erstens hat unsere globale ökonomische Schöpfung vielleicht schon begonnen, sich wie Frankensteins Monster gegen ihren Urheber zu wenden, indem sie die Ressourcen der Erde verschlingt und Land, Wasser und Luft vergiftet. Die Natur ist selbst ein komplexes adaptives System, in dem Tipping Points, radikale Veränderungen und Zusammenbrüche großen Stils keineswegs unwahrscheinlich sind. Zweitens hat das Tempo der PT-Evolution die ST-Evolution seit dem 18. Jahrhundert weit hinter sich gelassen. Schon jetzt ringen wir mit den Auswirkungen von Nuklear- und Gentechnologie, und binnen Generationsfrist werden sicherlich auch künstliche Intelligenz und Nanotechnik auf dieser Liste stehen. Solange unsere sozialen Technologien mit dieser Entwicklung nicht Schritt halten, wird das Risiko einer globalen Katastrophe weiter wachsen. Das dritte Problem betrifft den Zusammenprall der Kulturen.[841] Früher pflegten die Kulturen nur an ihren geografischen Grenzen aufeinanderzustoßen. Heute kollidieren sie täglich im Fernsehen, im Internet, in unseren großen multikulturellen Städten. Leider ist der Umgang der Menschheit mit kulturellen Konflikten bisher nicht gerade ermutigend, siehe beispielsweise die Landung von Cortés in Mexiko oder die gegenwärtigen Spannungen zwischen dem Islam und dem Westen.[842]

Trotz dieser Herausforderungen sprechen aus meiner Sicht mehr Gründe für als gegen eine optimistische Zukunftserwartung, und das liegt nicht zuletzt an unserer neu gewonnenen Fähigkeit, komplexe adaptive Systeme zu verstehen und zu durchschauen. Auch wenn wir nicht immer in der Lage sind, diese Systeme vorherzusagen oder zu beherrschen, können wir sie dennoch durch unser Handeln beeinflussen.

Sicherlich bedürfen viele der für die Lösung dieser Probleme erforderlichen Schritte weitsichtiger und umsichtiger Führungspersönlichkeiten in Politik und Wirtschaft. Dennoch sollten wir nicht vergessen, dass die Macht in Evolutionssystemen nicht von oben, sondern von unten kommt. Evolution ist ein blinder Prozess, und der Evolutionsalgorithmus reagiert auf jede gegebene Fitnessfunktion. Solange wir als Konsumenten, Arbeitnehmer oder Wähler der Wirtschaft und unseren politischen Institutionen den Auftrag geben, die Erfüllung unserer kurzfristigen materialistischen Bedürfnisse über die Gesundheit des Planeten und das Wohl künftiger Generationen zu stellen, werden wir auch genau das bekommen.

Aber es gibt eine Alternative. Durch die Art und Weise, wie wir unser Geld ausgeben, wem wir unsere Arbeitskraft anbieten, wen wir wählen und wie wir unsere Stimme erheben, können wir eine Fitnessfunktion schaffen, die unsere Unternehmen, Regierungen und wissenschaftlichen Institutionen zwingt, langfristiger zu denken und umfassender und nachhaltiger auf die Bedürfnisse der globalen Gesellschaft einzugehen. Wenn wir eine solche Fitnessfunktion schaffen, werden sich unsere Institutionen und unsere Wirtschaft zwangsläufig anpassen und entsprechend reagieren. Edmund Burke definierte Gesellschaft einst als »Partnerschaft nicht nur zwischen den Lebenden, sondern zwischen Lebenden, bereits Gestorbenen und noch nicht Geborenen.«[843] Wir alle sind Teil der globalen Gesellschaft der Köpfe, und wie diese Gemeinschaft sich entwickelt, hängt von jedem Einzelnen von uns ab.

Anmerkungen

1 Siehe Kuhn (1962). Das Zitat stammt von Nicholas Wade, »Thomas S. Kuhn: Revolutionary Theorist of Science«, *Science* 197, S. 143-145, 8. Juli 1977.

2 Häufig wird angenommen, dass Thomas Carlyle mit »trübseliger Wissenschaft« die Theorien von Malthus meinte (siehe beispielsweise Samuelson und Nordhaus, 1998, S. 323, oder Heilbroner, 1953, S. 76). Das stimmt so nicht. Laut Levy (2003) verwendete Carlyle den Ausdruck erstmals zur Untermalung seiner reichlich rassistischen Ansichten, nämlich in einem Pamphlet von 1849 unter der Überschrift »An Occasional Discourse on the Negro Question«, in einer Zeit, als Ökonomen wie J. S. Mill die Sklaverei für unmoralisch erklärten, weil sie fundamentale Menschenrechte verletzte. Carlyles berühmte Formulierung war gegen den Schulterschluss von Ökonomen und Abolitionisten gerichtet.

3 Aus John Maynard Keynes, *The General Theory of Employment, Interest and Money* (1936), Kap. 24, Teil V.

4 Siehe beispielsweise Brown und Eisenhardt (1998), Clippinger (1999), Kelly und Allison (1999), Lissack und Roos (1999), Petzinger (1999), Koch (2000), Lewin und Regine (2000), Pascale, Millemann und Gioja (2000) und Stacey, Griffin und Shaw (2000).

5 Smith (1776), Kap. 4, S. 25.

6 Die Frage, was Menschen glücklich macht, ist das Forschungsfeld der sogenannten hedonischen Psychologie. Wie festgestellt wurde, spielt das absolute Wohlstandniveau im Vergleich zu anderen Faktoren wie Genen, Beziehungen und Karriere eine untergeordnete Rolle. Sehr viel stärker wirkt sich jedoch die relative zeitliche Wohlstandsentwicklung aus. Siehe Kahneman, Diener und Schwarz (1999).

7 Krugman (1992), Vorwort.

8 Stuart Kauffman beginnt sein wunderbares Buch *At Home in the Universe* (1995) mit einem Blick aus seinem Fenster in Santa Fe sowie mit der Frage: »Woher kommt all die Ordnung?« Kauffman machte mich auf die zentrale Bedeutung dieser Frage für die Wirtschaftstheorie aufmerksam. Siehe Kauffman (2000), S. 211–241.

9 Den Anstoß zu meinem Beispiel lieferte die Frage »Wie schafft es New York, sich zu ernähren?«, die im Jahr 1987 im Rahmen eines Wirtschaftstreffens am Santa Fe Institute, über dessen Inhalte wir an anderer Stelle

noch sprechen werden, als ein Beispiel für Selbstorganisation in der Wirtschaft aufgeworfen wurde. Siehe Anderson, Arrow und Pines (1988).

10 Mit der wissenschaftlichen Definition von Komplexität und geeigneten Komplexitätsmaßen werden wir uns an anderer Stelle beschäftigen. Hier soll das intuitive Verständnis genügen. Zur generellen Definition des Komplexitätsbegriffs siehe auch Gell-Mann (1994) und Flake (1998). Eine wissenschaftliche Diskussion findet sich in Haken (2000).

11 Seabright (2004), S. 13–26.

12 Detaillierte Darstellungen der langfristigen Wirtschaftsgeschichte des Menschen finden sich in Diamond (1997), Wright (2000), Landes (1998), Jay (2000), Cameron und Neal (2003) und Seabright (2004).

13 Die Daten in diesem Abschnitt sind lediglich als Näherungswerte zu verstehen, da die Schätzungen stark divergieren und auf der Grundlage neuer Funde fortlaufend revidiert werden. In diesem Abschnitt beziehe ich mich auf Jones u. a. (1992) und Diamond (1997).

14 Horan, Bulte und Shogren (2005).

15 Seabright (2004). Andere Arten kennen »Wirtschaftssysteme«, in denen Einzelwesen in Kolonien zusammenleben, Arbeitsteilung betreiben und mit Nahrungsmitteln handeln. Dazu gehören soziale Insekten ebenso wie die Portugiesische Galeere *(Physalia physalis)*, die nicht einen einzelnen Organismus, sondern vielmehr eine Kolonie einzelliger Organismen darstellt. Viele dieser Arten sind haplodiploid, das heißt, sie verfügen über zwei vollständige Chromosomensätze, und die weiblichen Koloniemitglieder sind alle Schwestern. Echtes Sozialverhalten zwischen Nichtverwandten ist nicht unbekannt; laut Seabright lässt es sich beispielsweise bei Stichlingen und Vampirfledermäusen beobachten. Meist beschränkt es sich jedoch auf konkrete Tätigkeiten in sehr kleinen Gruppen und von kurzer Dauer. Eine umfassende Kooperation zwischen großen Gruppen nicht miteinander verwandter Individuen über lange Zeiträume scheint nur beim Menschen vorzukommen. Dennoch liefert das Studium anderer sozialer Arten und Überorganismen aufschlussreiche Einsichten in die Dynamik und die Entwicklung von Kooperation – Einsichten, die sich möglicherweise auf menschliche Wirtschaftssysteme übertragen lassen. Siehe beispielsweise Bonabeau, Dorigo und Theraulaz (1999).

16 Horan, Bulte und Shogren (2005).

17 Die Beschreibung der Yanomami stammt von Chagnon (1992).

18 Die Zahl von 90 US-Dollar basiert auf Schätzungen zum langfristigen globalen BIP von J. Bradford DeLong von der University of California, Berkeley (Einzelheiten zur Berechnungsmethode finden sich auf DeLongs Website www.j-bradford-delong.net). Obwohl ich keine spezifischen BIP-

Zahlen für die Yanomami finden konnte, ist ihr Lebensstil typisch für die Zeit von vor 10.000 bis 15.000 Jahren. DeLongs Zahlen zufolge resultiert daraus ein BIP pro Kopf von rund 93 US-Dollar (in konstanten US-Dollar von 1990) – ein Wert, der nicht allzu genau zu nehmen ist, weshalb ich ihn auf 90 US-Dollar gerundet habe. Ich verwende das BIP pro Kopf als Näherungswert für das Einkommen, da die Yanomami sehr wenig Ersparnisse und keine vergleichbaren staatlichen Strukturen haben, sodass sie gewissermaßen von der Hand in den Mund leben. Einen weiteren Anhaltspunkt bietet die Weltbank, die das BIP pro Kopf der am wenigsten entwickelten Länder der Welt auf 280 US-Dollar schätzt. Beispielindikatoren für den Entwicklungsstand dieser Länder sind 11,9 Telefonanschlüsse und 2,8 Computer auf 1.000 Bürger sowie 14 Prozent befestigter Straßen. Die Vermutung, dass das Yanomami-Einkommen ein Drittel dieses Niveaus (93 US-Dollar) betragen könnte, ist zwar nicht zwingend, aber zumindest plausibel. Die durchschnittlichen Einkommenswerte für die Stadt New York stammen vom Statistikamt des Staates New York. Noch aussagekräftiger als die Durchschnittswerte sind jedoch die Medianwerte, die das US Census Bureau für den Staat New York über die Jahre 2001 bis 2003 gemittelt mit 43.160 US-Dollar angibt. Aber weil wir über die Einkommensverteilung der Yanomami-Indianer noch weniger wissen, habe ich mich auf den Vergleich der Durchschnittswerte beschränkt.

19 Chagnon (1992) widerlegt den Mythos vom paradiesischen Leben vor dem Hereinbrechen des technologischen Zeitalters. So stirbt jeder vierte männliche Yanomami unter Gewalteinwirkung, und die Yanomami leiden unter einer sehr hohen Kindersterblichkeit. Die Durchschnittssterblichkeit insgesamt beträgt 6,5 Prozent (errechnet aus den ebenda, S. 268, für die Jahre 1987 bis 1991 vorgestellten Zahlen). Ich habe die Daten der entlegensten Siedlungen mit dem geringsten Kontakt zur modernen Welt gewählt, um eine möglichst gute Annäherung an unsere sammelnden und jagenden Vorfahren zu erhalten. Die Vergleichszahl für die New Yorker beträgt 0,84 Prozent (laut einem US-Zensus von 2002).

20 Ich umschreibe hier, was DeLong in seiner BIP-Studie so formuliert: »Ich zumindest wäre äußerst unzufrieden, wenn man mir mein gegenwärtiges Einkommen gewährte, damit ich dafür Waren zu heutigen Preisen erwerben könnte, mit der Einschränkung, dass es nur Waren der Art sein dürften, wie sie bereits vor 1800 hergestellt wurden.« Siehe www.j-bradford-delong.net.

21 Schwartz (2004) weist darauf hin, dass eine derartige Wahlvielfalt – anders als von Ökonomen lange angenommen – nicht notwendigerweise den Wohlstand erhöht. Einige meiner Beispiele stammen von Schwartz, S. 9–22.

22 Ein genaues SKU-Maß habe ich in keiner Yanomami-Studie gefunden. Eine überschlägige Zählung durch Chagnon (1992) ergab jedoch unter bestimmten Annahmen eine Zahl von rund 300 SKUs. Zudem zählte ich anlässlich eines Besuchs in einem Massai-Dorf die dortigen SKUs und kam auf rund 800, wobei zu bedenken ist, dass die Massai bereits sehr viel mehr Kontakt zur modernen Welt haben als die Yanomami.

23 Obwohl ich keine verlässlichen Schätzungen zur Zahl aller identifizierbaren Produkte und Dienstleistungen in der modernen Wirtschaft gefunden habe, gibt es doch einen Anhaltspunkt für die mögliche Größenordnung: den Strichcode (UPC, Universal Product Code, beziehungsweise in Europa EAN, European Article Number). Das UPC-System ist selbst kein genaues Maß, weil nicht alle Endprodukte, geschweige denn die Mehrheit der Dienstleistungen (die wiederum den Großteil des Konsums in den entwickelten Ländern ausmachen), erfasst sind und andererseits der Code auch bei Zwischenprodukten zum Einsatz kommt. Das gegenwärtige UPC-System arbeitet mit zwölf Ziffern, von denen zwei verwaltungstechnischer Art sind, sodass für die Produktidentifizierung zehn Ziffern verbleiben. Dem Betreiber des Systems, dem Universal Code Council, gehen mittlerweile die Codes aus, sodass der Übergang zu einem System mit 13 Ziffern erforderlich wurde. Zehn Ziffern erlauben die Identifizierung von 10 Milliarden Produkten. Aufgrund der hierarchischen Struktur des Systems stehen jedoch nicht alle Codes für alle Produkte zur Verfügung. Wenn beispielsweise Pepsi keine Codes mehr hat, kann es nicht einfach Codes von Coke übernehmen. Wenn wir von einer Codenutzung von 50 Prozent ausgehen und zudem einmal annehmen, dass sich die Zahl der falschen Codes mit der Zahl der nicht codierten Produkte die Waage hält und das Verhältnis von SKUs im Produkt- beziehungsweise Dienstleistungsbereich zum Konsumvolumen der jeweiligen Bereiche proportional ist (59 Prozent des US-amerikanischen Konsums im Jahr 2002 entfiel auf Dienstleistungen), dann kommen wir auf rund 12 Milliarden SKUs oder eine Größenordnung von 10^{10}. Eine weitere Bestätigung erhalten wir, wenn wir bedenken, dass ein globales BIP von 36,5 Billionen US-Dollar auf diese Weise ein durchschnittliches BIP pro SKU von 3650 US-Dollar ergäbe, was durchaus plausibel erscheint. Petroski (1992), S. 23, zitiert weitere Zahlen, die uns ein Gespür für die Größenordnung der Artikelvielfalt vermitteln können. Danach wurden allein in den USA fünf Millionen Patente vergeben, während die American Chemical Society in ihrer Datenbank über zehn Millionen von Menschen hergestellte Chemikalien verzeichnet. Auch Schwartz (2004), S. 9–22, präsentiert eine eindrucksvolle Aufzählung von Artikeln, die es in seinem Wohnort Philadelphia zu kaufen gibt. Meine Überschlagsrechnung dient lediglich dazu, die Komplexität der modernen Wirtschaft zu illustrieren. Eine genauere Analyse würde vermutlich einige sehr interessante Ergebnisse zutage fördern.

24 Eine exakte Einordnung des Lebensstils der Yanomami in unsere Zeitachse fällt schwer. Die Schätzungen der Forscher zur ersten menschlichen Besiedelung des amerikanischen Kontinents schwanken zwischen 10.000 und 35.000 Jahren; Funde in Südamerika reichen bis zu 15.000 Jahren zurück (Diamond, 1997, S. 45–50). Anzeichen für eine erste sesshafte Agrarkultur finden sich in verschiedenen Teilen der Welt für die Zeit von vor rund 10.000 Jahren (S. 100). Weil es sich bei den Yanomami um Nachfahren von Menschen handelt, die nach Amerika eingewandert sind, ohne jedoch sesshafte Landwirtschaft zu betreiben, dürfte ihr Lebensstil demjenigen ähneln, den die Menschen vor 10 000 bis 15 000 Jahren gepflegt haben. Auch diese Überlegungen erheben keinen Anspruch auf Genauigkeit, sondern dienen lediglich zur Illustration.

25 DeLong konstruierte diese Schätzung aus sieben Datenquellen: einer Langzeitschätzung der Bevölkerungsgröße durch Kremer, drei Zeitreihen zum BIP pro Kopf und drei Zeitreihen zum globalen BIP. Die Daten und eine Beschreibung der Vorgehensweise finden sich unter der Überschrift »Estimating World GDP, One Million B. C. to Present« auf DeLongs Internetseite www.j-bradford-delong.net. Für die Zeit von vor 2,5 Millionen Jahren (Entstehung erster Werkzeuge) bis zum Beginn der DeLong'schen Zeitreihen vor einer Million Jahren (hier nahm DeLong ein BIP pro Kopf von 92 US-Dollar an) habe ich einfach vom Nullpunkt ausgehend linear interpoliert. Auch wenn konkrete Schätzungen für so lange Zeiträume stets hochgradig spekulativ sind, verfügen die Wirtschaftshistoriker über zahlreiche Anhaltspunkte für das hier beschriebene Gesamtszenario.

26 Angesichts solcher BIP-Wachstumskurven könnte das nahezu vertikale Ansteigen am oberen Ende der Kurve auf den ersten Blick als das Ergebnis eines über einen langen Zeitraum betrachteten exponenziellen Wachstums erscheinen. Die logarithmische Darstellung des BIP-Verlaufs liefert jedoch ein fast identisches Bild. Doyne Farmer vom Santa Fe Institute analysierte DeLongs Daten für seine Ulam-Lecture 2003 und diagnostizierte ein doppelt exponenzielles Wachstum (www.santafe.edu/~jdf). Angesichts des spekulativen Charakters der Datenreihe lässt sich nichts Abschließendes über ihre mathematisch-funktionale Eigenschaft sagen; dennoch deutet vieles darauf hin, dass sich das Wachstum mit der Zeit beschleunigt hat. Siehe auch Bernstein (2004), S. 17–23.

27 Ormerod (1994), S. 10, zitiert eine Studie von Angus Maddison aus dem Jahr 1982, der zufolge die westlichen Volkswirtschaften zwischen 1950 und 1970 prozentual ebenso stark wuchsen wie zwischen 500 und 1500 n. Chr. Siehe dazu auch Bernstein (2004).

28 Landes (1969), S. 5.

29 Den Begriff »Ökonosphäre« *(econosphere)* verdanke ich Stuart Kauffman; siehe Kauffman (2000), S. 211.

30 Der Erste, der Evolution als Algorithmus begriff, war natürlich Darwin, auch wenn er es nicht in diese Worte fasste und mangels Kenntnis der späteren Arbeiten von Mathematikern wie Alan Turing, Kurt Gödel und Alonzo Church noch nicht den größeren Zusammenhang erkannte (Dennett, 1995, S. 48–50). Populärwissenschaftliche Darstellungen von Evolution als Algorithmus finden sich bei Dawkins (1976) und Dennett (1995), dort vor allem in Kapitel 2, Abschnitt 4, dem ich den Begriff des *Substrats* entnommen habe. Eine mathematische Darstellung liefern Landweber und Winfree (2003).

31 Siehe Paul Krugmans Rezension des Buches *Bionomics* von Michael Rothschild (Rothschild, 1990): »The Power of Biobabble«, veröffentlicht am 24. Oktober 1997 auf der *Slate*-Webseite (www.slate.com).

32 Siehe beispielsweise Holland (1975), Whitley (1993), Mitchell (1996), Landweber und Winfree (2002) und Crutchfield und Schuster (2003).

33 Hodgson (1993), S. 81, weist darauf hin, dass die Formulierung *survival of the fittest* ursprünglich nicht von Darwin, sondern von dem Soziologen Herbert Spencer stammt. Hodgson verteidigt im Übrigen Spencers Wirtschaftsideen, die viele für die damalige Zeit interessante Einsichten enthielten und lediglich um die Zeit der Jahrhundertwende von den Sozialdarwinisten für ihre politischen und rassistischen Zwecke zweckentfremdet worden seien.

34 Dennett (1995), S. 28–34 und 48–60. Dieser Gedanke findet sich auch in Richard Dawkins Buch *The Blind Watchmaker* aus dem Jahr 1986.

35 Einen Überblick über die Debatten zum Thema Darwinismus kontra Intelligent Design (oder Kreationismus) bieten Dembski und Ruse (2004).

36 Zunehmende Komplexität ist kein notwendiges Resultat des Evolutionsgeschehens. Ob es dazu kommt, entscheidet sich aufgrund der Implementierung des Systems und der Einstellung der Parameter. Kauffman (1993) vertritt die Ansicht, dass die biologische Evolution ihre Parameter von selbst so einstellt, dass eine Komplexitätszunahme möglich wird. Aber obwohl sich in der biologischen Evolution eine Zunahme der durchschnittlichen Komplexität der Biosphäre und der Komplexität der komplexesten Organismen beobachten lässt, verlief diese Entwicklung nicht immer monoton, wie zahlreiche Beispiele einer plötzlichen massenweisen Artenauslöschung oder einer explosionsartigen Artenvermehrung in der fossilen Geschichte zeigen. Und obgleich der allgemeine Trend in der Wirtschaftsevolution in Richtung zunehmender Ordnung und Komplexität weist, verlief auch diese Entwicklung in der Vergangenheit alles andere als monoton. Siehe Wright (2000), sowie Cameron und Neal (2003).

37 Dennett (1995) und Kauffman (1995a), S. 149–189, erwähnen diesen Punkt ebenfalls.

38 Paul Seabright verwendet in seinem 2004 erschienenen faszinierenden Buch *The Company of Strangers: A National History of Economic Life* ebenfalls das Beispiel eines Hemdes, um damit jedoch das komplizierte Kooperationsgeflecht in der Herstellung selbst der alltäglichsten Produkte in der globalen Wirtschaft zu illustrieren. Mir hingegen geht es hier um die Prinzipien der Evolution von Bauplänen. Auf Seabrights Buch und das Beispiel vom Hemd wurde ich erst aufmerksam, als sich mein Buch bereits in der Korrekturphase befand; das Beispiel des Hemdes hatte ich völlig unabhängig von Seabright gewählt. In der allerletzten Korrekturphase erschien zudem Pietra Rivolis Titel *The Travels of a T-Shirt in the Global Economy: An Economist Examines the Markets, Power, and Politics of World Trade* (John Wiley & Sons, 2005). Vielleicht entwickeln sich Hemden einmal zum Standardbeispiel für wirtschaftliche Evolution und Globalisierung, ähnlich Adam Smiths Stecknadeln, die zum kanonischen Beispiel für das Prinzip der Arbeitsteilung wurden.

39 Ich verwende die Begriffe physikalische Technologie (physical technology) und soziale Technologie (social technology) im Sinne Nelsons (2003) und werde sie an späterer Stelle genauer definieren.

40 Soziale Technologien sind ähnlich, aber nicht identisch mit dem, was Wirtschaftswissenschaftler als Institutionen bezeichnen. Ich werde soziale Technologien in Kapitel 12 genauer definieren und den Unterschied verdeutlichen.

41 Freeman und Soete (1997).

42 Hodgson (1993) liefert einen guten Überblick über die Geschichte der Evolutionstheorie in den Wirtschaftswissenschaften.

43 Charles Darwin, *Autobiography*, S. 120, zitiert nach Plotkin (1993), S. 28–29.

44 Viele der Darwin'schen Ideen wurden unabhängig auch von Alfred Russell Wallace entwickelt. Während Darwin Wallaces Beitrag bereitwillig anerkannte (und fürchtete, selbst vergessen zu werden), zeigt sich im Rückblick, dass Darwin früher zu seinen Einsichten gelangte (Browne, 2002).

45 Thorstein Veblen, »Why Is Economics Not an Evolutionary Science?«, *Quarterly Journal of Economics* 12 (1898), S. 373–397, abgedruckt in Gherity (1965).

46 Es gab verschiedene Ansichten darüber, was Marshall wohl mit dieser Formulierung meinte, aber er wiederholte sie ab der fünften in jeder weiteren Ausgabe der *Principles*. Eine Erörterung der Marshall'schen Gedanken zu Ökonomie und Evolution findet sich bei Hodgson (1993), Kap. 7.

47 Hayek schrieb mehrfach über eine Verbindung zwischen Evolution und dem, was er als »spontane Ordnung« bezeichnete. Er war vermutlich der erste Ökonom, der sich ernsthaft mit der von dem Chemiker Ilya Prigogine entwickelten Theorie der Selbstorganisation beschäftigte. Siehe Hodgson (1993), Kap. 12. Siehe auch die Ausführungen von Vriend (2002) zu Hayek und die Komplexität sowie den historischen Überblick über Komplexitätsgedanken in den Wirtschaftswissenschaften von Colander (2000).

48 Nelson und Winter (1982).

49 Siehe Waldrop (1992), S. 82.

50 Eine sehr lesbare Beschreibung komplexer adaptiver Systeme liefert Waldrop (1992). Daneben gibt es weitere hervorragende populärwissenschaftliche Darstellungen wie beispielsweise Gell-Mann (1994), Kauffman (1995a), Holland (1998) und Johnson (2001). Ein nett geschriebener und illustrierter Einführungstext findet sich bei Flake (1998), eine umfassende fachliche Darstellung bei Bar-Yam (1997). Zu den frühen Pionierüberlegungen siehe Cowan, Pines und Meltzer (1994).

51 Beispiele finden sich bei Anderson, Arrow und Pines (1988) und Cowan, Pines und Meltzer (1994).

52 Ich hörte Brian Arthur erstmals in einer Vorlesung aus dem Jahr 1994 von *complexity economics* sprechen. In gedruckter Form gebrauchte ihn Arthur (1999) in der Zeitschrift *Science*: »*Complexity economics* ist kein temporärer Zusatz zu einer statischen Wirtschaftstheorie, sondern eine allgemeinere Theorie ohne Gleichgewichtspostulat.«

53 Den Begriff des wissenschaftlichen Programms prägte der Wissenschaftsphilosoph Imre Lakatos in den späten Sechzigerjahren. Zur Anwendung auf die wirtschaftswissenschaftliche Methodik siehe Mark Blaugs Essay in Hausman (1994), S. 348–375. Siehe auch Hands (2001).

54 Dieser Bericht basiert auf zahlreichen Quellen, darunter Waldrop (1992), Medienberichte aus der Zeit, persönliche Gespräche mit Gründungsmitgliedern des Santa Fe Institute und die Webseite der Citigroup.

55 Waldrop (1992), S. 91.

56 Siehe beispielsweise Ormerod (1994), Keen (2001) und Fullbrook (Hg., 2004).

57 Cassidy (1996). Der Artikel wurde ausführlich diskutiert auf der Jahresversammlung der American Economics Association im Dezember 1996 und auf einem Folgetreffen von über sechzig führenden Ökonomen im Januar 1997 in Stanford.

58 Siehe beispielsweise Colander, Holt und Rosser (2004).

59 Zitiert nach Cassidy (1996).

60 Alan Greenspan, zitiert nach Andrews (2005).

61 An diesem Punkt verzichte ich auf eine philosophische Erörterung der Frage, ob die Ökonomik in demselben Maße eine Wissenschaft ist wie beispielsweise die Physik. Ich behaupte jedoch, dass sie Wissenschaftlichkeit insofern beansprucht, als sie darauf abzielt, Erklärungen für menschliche Wirtschaftsphänomene zu liefern, die exakt, logisch widerspruchsfrei und von empirischen Beobachtungen gedeckt sind. Zur Diskussion über den Wissenschaftsstatus der Ökonomik siehe Hausman (1994) und Hands (2001). Hinweise auf den wissenschaftlichen Anspruch der Ökonomik finden sich in so gut wie jedem Wirtschaftslehrbuch sowie in den Annahmekriterien der einschlägigen Peer-Review-Zeitschriften.

62 Zur Geschichte der Wirtschaftswissenschaft siehe Niehans (1990) und Backhouse (2002). Klassische Einführungen bieten Samuelson und Nordhaus (1998) und Stiglitz (1997). Auf Aspekte der Unternehmensführung geht Mansfield (1999) ein.

63 Manchem Leser wird auffallen, dass meine Charakterisierung des traditionellen wirtschaftswissenschaftlichen Konsenses einen unverkennbaren neoklassischen angloamerikanischen Einschlag hat. Der Grund liegt in der globalen Dominanz dieser Ideen besonders in den letzten Jahrzehnten. Die kontinentaleuropäischen Akademiker legen in der Regel mehr Gewicht auf die historische und institutionelle Perspektive in den Wirtschaftswissenschaften als ihre britischen und amerikanischen Kollegen. Die Bedeutung dieses Unterschieds für die Komplexitätsökonomik werde ich an späterer Stelle erörtern.

64 Nelson und Winter (1982), S. 6–11. Im Interesse einer möglichst aktuellen Definition habe ich auch mehrere Übersichtsartikel herangezogen. Zudem folge ich Nelson und Winter nicht in ihrer Verwendung des Ausdrucks *orthodoxe Wirtschaftslehre,* weil die traditionelle Wirtschaftslehre in meinen Augen heute keine Orthodoxie mehr darstellt; wie wir sehen werden, lehnen zahlreiche Ökonomen und Naturwissenschaftler das historische Paradigma in vielen Elementen ab. Heute ist »traditionell« das zutreffendere Attribut. Dennoch bleibt Nelson und Winters Beschreibung der Stärken und Schwächen dessen, was sie als orthodoxe Wirtschaftslehre bezeichnen, auch für meinen Begriff der traditionellen Wirtschaftslehre gültig.

65 Auch wenn ein jeder seinen eigenen Literatur-Kanon besitzt, will ich einige Beispiele anführen: für die Mikroökonomik Samuelson und Nordhaus (1998), Stiglitz (1997) und Mas-Colell, Whinston und Green (1995), für die Makroökonomik Dornbusch und Fischer (1990), Mankiw (1994), Krugman und Obstfeld (1991), D. Romer (1996), Blanchard und Fischer (1989) und Heijdra und Van Der Ploeg (2002). Als Beispiel für die erwähnten Übersichtsartikel seien die Ausgaben 1 und 4 des *Quarterly Journal of Economics*

115 (2000) genannt, für welche die angesehene Zeitschrift der Harvard University bei führenden Ökonomen sechs Essays zum Thema »Was wissen wir heute über die Ökonomie, das Marshall noch nicht wusste?« in Auftrag gab. Beispiele für moderne Monografien sind Aghion u. a. (2003) und Szenberg und Ramrattan (2004).

66 Baumol (2000), S. 3–4, hält Lehrbücher deshalb für einen nützlichen Anzeiger des aktuellen Stands der Wissenschaft, weil »das für ein solches Buch ausgewählte Material den Blick auf jene Themen lenken soll, von denen angenommen wird, dass sie die Mechanismen der Wirtschaft und die Möglichkeiten ihrer Beeinflussung besonders gut illustrieren. Es streicht diejenigen Beiträge heraus, die für die Welt außerhalb der wirtschaftswissenschaftlichen Disziplin von Bedeutung sind, anstatt sich auf diejenigen zu konzentrieren, die sich an der vordersten Front abmühen – manchmal vielleicht, wie Marshall es formulierte, vornehmlich ›um der mathematischen Zerstreuung willen‹. Folglich liefert das Lehrbuchkriterium genau jene Inhalte, von denen die Ökonomen glauben, dass es für Außenstehende interessant oder *nützlich* sein könnte.«

67 Natürlich existieren Ausnahmen. Siehe beispielsweise Szenberg und Ramrattan (2004).

68 Nicht alle Nobelpreisträger fallen in das »traditionelle« Lager. So haben beispielsweise die Arbeiten von Herbert Simon, Friedrich Hayek, Douglass North und Daniel Kahneman wesentlich dazu beigetragen, der Komplexitätsökonomik den Weg zu bahnen.

69 In einem Übersichtsartikel gibt Colander (1999), S. 6–7, eine gute Zusammenfassung dessen, was ich als traditionelle Wirtschaftslehre bezeichne: »In den Neunzigerjahren gingen die Wirtschaftsforscher für gewöhnlich von bestimmten Prinzipien aus wie beispielsweise Nutzenmaximierung durch den Verbraucher und Gewinnmaximierung durch die Unternehmen, weitsichtige individuelle Rationalität und der Glaube an ein Gleichgewicht, was bedeutete, dass die Entscheidungen des Individuums in den Modellen strukturell eine vernünftige Synthese bildeten. Diese Prinzipien finden sich vermutlich am besten in Debreus *Theory of Value* aus dem Jahr 1959 dargestellt. Während der zweiten Hälfte des zwanzigsten Jahrhunderts wurden sie zuerst umfassend in die mikroökonomischen Modelle integriert, um später, als die keynesianische Wirtschaftstheorie aus der Mode kam und in den Achtzigerjahren die neoklassische Makroökonomik dominierte, auch in die Makroökonomik Einzug zu halten. Gegen Ende des zwanzigsten Jahrhunderts bildeten diese Prinzipien den Kern der ökonomischen Weltsicht insofern, als sämtliche ökonomischen Modelle auf diesen Prinzipien oder auf Variationen von ihnen aufbauten, wie beispielsweise der Annahme begrenzter Rationalität oder imperfekter Information.«

70 Einen Überblick über Xenophons Werk bietet Backhouse (2002), S. 13–17.

71 Die biografischen Details zu Adam Smith sind Ross (1995), Niehans (1990) und Backhouse (2002) entnommen. Der Begriff *klassische Ökonomie* geht auf Marx zurück (Niehans, 1990, S. 9–13). Marx selbst wird heute im Allgemeinen dieser Periode zugerechnet, auch wenn er selbst sich wohl energisch dagegen verwahrt hätte, in einem Atemzug mit Adam Smith genannt zu werden.

72 Die Wirtschaftswissenschaften haben sich natürlich mit vielen wichtigen Fragen auseinandergesetzt. Dennoch haben Fragen zur Natur des ökonomischen Wertes und zu seinem Ursprung, seinem Wachstum und seiner Verteilung die klassische, marginalistische und neoklassische Periode dominiert (Niehans, 1990). Konkretere Fragen wie die nach der Rolle des Geldes, der Preisfestlegung und den Gewinnen aus Tauschgeschäften wurden in der Regel innerhalb dieser größeren Fragenkomplexe gestellt. Eine Ausnahme bilden möglicherweise phänomenologische Fragen aus der Makroökonomik wie zum Beispiel nach dem Wesen der Beschäftigungslosigkeit. Aber das langfristige Bemühen der Makroökonomik bestand darin, solche Fragen in den größeren Begriffskontext von Wert, Wachstum und Verteilung zu stellen.

73 Dass Smith ausdrücklich die Intention hatte, auf beide Fragen einzugehen, wird an der Überschrift zum ersten Teil des Buches deutlich: »Was die produktiven Kräfte der Arbeit verbessert [das heißt, wie Wohlstand entsteht] und nach welcher natürlichen Ordnung sich ihr Ertrag auf die einzelnen Schichten der Bevölkerung verteilt [das heißt, wie Wohlstand verteilt wird]« Smith (1776), S. ix.

74 Smith wusste um die Bedeutung von Technologie und Kapital für die Steigerung der Produktivität, sah die treibende Kraft aber in der Arbeitsteilung; so hing es beispielsweise von der Organisation der Arbeit ab, wie viele und welche Art von Maschinen benötigt wurden. Siehe Backhouse (2002), S. 124.

75 Smith (1776), Buch 1, Kap. 1, S. 4.

76 Niehans (1990), S. 60.

77 Smith (1776), Buch 1, Kap. 2, S. 15.

78 Ebd., Buch 4, Kap. 2, S. 482.

79 Ebd., S. 485.

80 Der Kürze halber gebe ich die Smith'sche Vorstellung von Angebot und Nachfrage stark vereinfacht wieder. Smith war zwar der Erste, der die Rolle des Preises für die Abstimmung zwischen Angebot und Nachfrage klar artikulierte, aber er gebrauchte dazu andere als die uns heute geläufigen Begriffe. Smith postulierte einen »natürlichen Preis« auf der Basis der

Faktorkosten zuzüglich einer »natürlichen Rate« der Kapitalrendite. Läge der Marktpreis über dem natürlichen Preis, so würden die Konsumenten ihre Nachfrage reduzieren und den Preis auf sein »natürliches« Niveau drücken. Wenngleich die Idee einer »natürlichen« Rendite in Form der Null-Gewinn-Bedingung in der Produktionstheorie überlebte, verfügte Smith über keine Theorie zu Nutzwert und Budget als Randbedingungen auf der Nachfrageseite. Erst 72 Jahre später stellte John Stuart Mill in seinem Buch *Principles of Political Economy* eine vollständige Theorie von Angebot und Nachfrage vor, woraufhin Marshall im Jahr 1890 sein berühmtes Scherenmodell präsentierte. Siehe Niehans (1990) und Backhouse (2002).

81 Laut Niehans (1990), S. 24–36, war Cantillon sehr konkret – sein errechneter Gleichgewichtspunkt lag bei 0,4 Hektar pro Kopf der Bevölkerung. An diesem Punkt, so Cantillon, reichten die Löhne gerade zum Lebensunterhalt, sodass die Bevölkerung weder Hunger litt noch wuchs.

82 Eine Beschreibung des Quesnayschen *Tableau Economique* findet sich ebd., S. 37–48. Als Arzt aus dem achtzehnten Jahrhundert definierte er körperliche Gesundheit als Gleichgewicht der zirkulierenden Körperflüssigkeiten (Blut, Galle, Lymphe und Schleim) und zog eine klare metaphorische Parallele zur Wirtschaft. Eine Erörterung dieser Metapher findet sich in Mirowski (1989).

83 Der Ausdruck *laissez-faire* stammt jedoch von Pierre de Boisguilbert, einem Kritiker der Regierung von Louis XIV. Siehe Backhouse (2002), S. 91.

84 Ebd., S. 104–108, und Niehans (1990), S. 73–76.

85 Theorien bezüglich steigender Erträge werden uns im nächsten Kapitel sowie im Zusammenhang mit der positiven Rückkopplungsdynamik im zweiten Teil des Buches beschäftigen.

86 Turgots Werk wurde später von Antoine Augustin Cournot und Johann Heinrich von Thünen erweitert und mit einem analytischen Unterbau versehen. Siehe Niehans (1990), S. 164–187.

87 Ebd., S. 123–126.

88 Das Nutzenkonzept wurde erstmals 1738 vom Mathematiker Daniel Bernoulli formuliert. Unabhängig davon entdeckte es Bentham sechzig Jahre später noch einmal, ohne ihm eine mathematische Form zu geben. Während Bernoullis Erfindung erst sehr viel später beachtet wurde, waren Benthams Schriften für eine nachfolgende Generation von Ökonomen wie beispielsweise Mill, Ricardo und die späteren Neoklassiker von großer Bedeutung. Siehe ebd., S. 118–137, und Backhouse (2002), S. 132–165.

89 Backhouse (2002), S. 136.

90 Während sowohl Bernoulli als auch Bentham einen abnehmenden Einkommensnutzen postulierten, hatte keiner das Konzept auf den Konsum übertragen oder analytisch aufbereitet. Niehans (1990), S. 187–196, schreibt deshalb die Urheberschaft für das Konzept des abnehmenden Grenznutzens Gossen zu. Aus praktischen Gründen erwähne ich Gossen zusammen mit klassischen Ökonomen wie Smith, Turgot und Bentham. Seine analytische Behandlung des Nutzenkonzepts lässt den Zeitgenossen von Cournot und von Thünen jedoch, wie Niehans zurecht bemerkt, als frühen Marginalisten erscheinen.

91 Eine autobiografische Notiz von Walras zu diesem Ereignis findet sich in Ingrao und Israel (1990), S. 87.

92 Siehe ebd., S. 88.

93 Mirowski (1989), Niehans (1990) und Backhouse (2002).

94 Zur Verwendung numerischer Beispiele in der klassischen Ökonomik siehe Backhouse (2002), S. 237–240. Vor Walras und den Neoklassikern finden sich einfache algebraische Techniken und Differentialgleichungen bei Antoine Cournot, Johann Heinrich von Thünen und Hermann Heinrich Gossen. Siehe ebd., S. 166–168.

95 Stewart (1989).

96 Ingrao und Israel (1990).

97 Stewart (1989), S. 60.

98 Walras bestätigte in zahlreichen Briefen und Artikeln die Bedeutung der Bücher und anderer Arbeiten Poinsots zur Mechanik für seine eigenen Theorien. Siehe Ingrao und Israel (1990), S. 88, und Mirowski (1989), S. 219–220.

99 Ingrao und Israel (1990), S. 88.

100 Walras hat weder die Existenz noch die Eindeutigkeit oder die Stabilität seines Gleichgewichts jemals bewiesen; er suchte vielmehr so lange nach geeigneten Gleichungen, bis er eine fand, die seine Bedingungen erfüllte. Solche formalen und allgemeinen Beweise gab es nicht vor dem 20 Jahrhundert, als John von Neumann den Brouwer'schen Fixpunktsatz auf dieses Gebiet übertrug. Zu Existenz- und Eindeutigkeitsbeweisen für die Walras'schen Gleichgewichtszustände siehe Mas-Colell, Whinston und Green (1995), S. 584–598.

101 Mirowski (1989), S. 243–248, berichtet über Walras' Reaktionen auf frühe kritische Stimmen zu diesen Annahmen.

102 Niehans (1990), S. 197–207.

103 Zitiert nach Niehans (1990), S. 197 f.

104 Mirowski (1989), S. 217 und 256 f. verweist auf die Bedeutung dieses Textes für die Verbreitung der zentralen Ideen von Lagrange, Maxwell und Faraday innerhalb Englands. Von Jevons ist bekannt, dass er Faradays Vorlesungen an der Royal Institution besuchte und die Schriften von Thomson, Maxwell und Joule aufmerksam zur Kenntnis nahm.

105 Laut Mirowski (1989), S. 257, verwendete Jevons anfangs den Vergleich mit einem im Gleichgewicht befindlichen Hebel, um daraus seine Gleichungen für den Handel abzuleiten. Später erweiterte er seine energetische Konzeption und machte mathematisch von der Feldtheorie Gebrauch.

106 Zitiert nach: ebd., S. 219.

107 Ebd., S. 217–222. Laut Niehans (1990), S. 189–201, geht aus der ersten Ausgabe der Jevons'schen *Prinzipien* nicht hervor, inwieweit Jevons seine Vorstellungen vom abnehmenden Grenznutzen direkt von Gossen übernommen hat, erwähnt er doch namentlich nur Richard Jennings als Quelle. In einer zweiten Ausgabe jedoch widmete Jevons Gossen sechs Seiten und verweist ausdrücklich darauf, dass er der Schöpfer dieser Überlegungen sei.

108 Zitiert nach Mirowski (1989), S. 219.

109 Niehans (1990), S. 259–266.

110 Wie Niehans (1990), S. 265, anmerkt, kann ein zentraler Planer nur dann das Ergebnis des freien Marktes übertreffen, wenn er mit festen Kosten rechnen kann. Diese Überlegungen seien von Hotelling in seiner Analyse der monopolistischen Konkurrenz von 1938 weiterentwickelt worden.

111 Aus Voltaires *Candide*, 1759, Kap. 1.

112 Mirowski (1989), S. 219–221.

113 Niehans (1990), S. 420–440.

114 Samuelson selbst kommentierte die Beziehung zwischen Hicks' Büchern und seinen eigenen folgendermaßen: »*Value and Capital* war eine grandiose und originelle Meisterleistung, um eine Leserschaft für die in den *Foundations* behandelten Themen und für die zukünftige Erweiterung der mathematischen Ökonomik zu gewinnen.« Zitiert nach Backhouse (2002), S. 259.

115 Eine Beschreibung der Samuelson'schen Theorie der faktischen Präferenz findet sich bei Mas-Colell, Whinston und Green (1995), S. 5–16.

116 Für eine Beschreibung des Arrow-Debreu'schen allgemeinen Gleichgewichts siehe ebd., S. 691–693.

117 Die Debatte über die marktwirtschaftliche respektive planwirtschaftliche Verteilungseffizienz reicht bis zu Pareto und Enrico Barone zurück. Beide kamen zu dem Schluss, dass eine zentrale Planung mindestens ebenso viel leisten konnte wie der Markt, weil beide letztlich nichts anderes taten, als Walras'sche Gleichungssysteme zu lösen. Laut Oskar Lange war für das

gesellschaftliche Wohl lediglich die Korrektheit der verwendeten Preise ausschlaggebend, ganz gleich, ob diese durch den Markt oder eine zentrale Planungsinstanz ermittelt wurden. In der Praxis, erwiderte Friedrich Hayek, sei keine zentrale Planungsinstanz in der Lage, sämtliche für die Berechnung der korrekten Preise erforderlichen Daten zu beschaffen. Die Sowjetunion versuchte tatsächlich, Langes Technik in die Wirklichkeit umzusetzen, und entwickelte umfangreiche mathematische Modelle zur Preisberechnung. Die Geschichte hat jedoch, wie es scheint, Hayek recht gegeben. Wie wir später sehen werden, nahm Hayek in seinen Ausführungen zum Sozialismus viele Argumente der Komplexitätsökonomik voraus. Zur Geschichte dieser Debatte siehe Niehans (1990) und Backhouse (2002); zu Hayeks Betrachtungen siehe Hayek (1988), Bernstein (2001) und Caldwell (2004).

118 Niehans (1990), S. 445–451, und John Elliots Einführung in die Neuauflage von Schumpeter (1934) aus dem Jahr 1983.

119 Zitiert nach John Elliot in Schumpeter (1934), S. XIX.

120 Ebd., S. XXIV.

121 Wenngleich es stimmt, dass gegen Ende des Jahrhunderts die neoklassischen Wachstumsmodelle im Beispiel der späteren Arbeiten Robert Solows und Paul Romers die traditionelle Wirtschaftslehre dominierten, so hat doch auch die Schumpeter'sche Tradition der Wachstumstheorie bis in die heutige Zeit überlebt. Siehe Nelson (1996), Scherer (1999) und Helpman (2004).

122 Niehans (1990), S. 451–456, verweist jedoch auf den Beitrag Roy Harrods während dieser Zeit. Wenngleich Harrod sich überwiegend mit Erweiterungen der Keynes'schen Konjunkturtheorie beschäftigte und nur über begrenzte mathematische Fähigkeiten verfügte, war er ein wichtiges Bindeglied zwischen Schumpeter und Solow.

123 Übrigens war Robert Solow gelegentlich wie auch ich als Berater für das Unternehmen McKinsey & Company tätig.

124 Solow (2000), S. IX–XXVI.

125 Der Begriff des ausgewogenen Wachstums wurde in einem früheren, gemeinsam mit Paul Samuelson verfassten *Econometrica*-Aufsatz aus dem Jahr 1953 vorgestellt, aber das vollständige »Solow-Modell« mit exogenem Bevölkerungswachstum wurde erstmals in Solow (1956) beschrieben.

126 Zu Solows Modell siehe Solow (2000), Barro and Sala-i-Martin (1995) und D. Romer (1996).

127 Siehe P. M. Romer (1994), Aghion und Howitt (1998) und Barro und Sala-i-Martin (1995).

128 P. M. Romer (1995).

129 Heijdra und Van Der Ploeg (2002).

130 So wurzelt beispielsweise Michael Porters viel beachtete Arbeit zum strategischen Management in der neoklassischen Mikroökonomik. Siehe Porter (1980) und (1985).

131 Niehans (1990), S. 491.

132 Diese Darstellung stammt von Waldrop (1992).

133 Anderson (1972).

134 Im Jahr 1944 verfasste der Physiker Erwin Schrödinger zu diesem Thema einen provozierenden Aufsatz mit dem Titel »Was ist Leben? – Die lebende Zelle mit den Augen des Physikers betrachtet«. Zum heutigen Diskussionsstand siehe Haynie (2001).

135 Beiläufig sei erwähnt, dass das Unternehmen McKinsey & Company, dem ich eng verbunden bin, seit 1994 zu den Förderern des SFI zählt.

136 Meine Beschreibung dieser Begegnung beruht auf Waldrop (1992), S. 136–197, Anderson, Arrow und Pines (1988) und persönlichen Gesprächen mit verschiedenen Teilnehmern des Treffens.

137 Waldrop (1992), S. 142.

138 Zitiert nach Ingrao und Israel (1990), S. 158.

139 Ebd., S. 159.

140 Mirowski (1988), S. 241–265, und Ingrao und Israel (1990), S. 148–173, geben die Kritik der Wissenschaftler am Programm der Marginalisten wieder.

141 Friedman (1953).

142 Hands (2001), S. 53, beschreibt die Wirkung des Essays: »Er wird in fast jedem Wirtschaftslehrbuch zitiert.« Laut dem Wirtschaftsphilosophen Daniel Hausman (1994) ist der Essay auch ein halbes Jahrhundert später noch »der einzige Essay zum Thema Methodik, den viele, wenn nicht gar die meisten Ökonomen gelesen haben«.

143 H. Simon, »Problems of Methodology – Discussion«, *American Economic Review: Papers and Proceedings* 53 (1963), S. 229–231, abgedruckt in Hausman (1994), S. 214–216.

144 Ich vereinfache natürlich, aber die Logik bleibt dieselbe wie in Simons Beispiel: »X – Geschäftsleute sind an maximalen Gewinnen interessiert; Y – Geschäftsleute beherrschen die nötigen Berechnungen zur Ermittlung einer geeigneten Gewinnmaximierungsstrategie und führen diese auch aus … [und deshalb:] Z – Die beobachteten Preise und Mengen sind gerade diejenigen, die den Unternehmen im Markt maximale Gewinne garantie-

ren.« Laut Simon hat Nagel gezeigt, dass es nicht zulässig ist, von Z auf X und Y zu schließen, und dass man neben Z auch X und Y beobachten muss, um behaupten zu können, dass die Wirklichkeit die Theorie bestätigt.

145 D. M. Hausman, »Why Look Under the Hood?«, in: Hausman (1994), S. 217–221.

146 Eine Zusammenfassung möglicher Entgegnungen auf Friedman liefert Hands (2001), S. 53–66. Meine Darstellung ist stark vereinfacht. Ein Überblick sowie detaillierte Verweise zur Rolle vereinfachender Annahmen in den Natur- und Wirtschaftswissenschaften finden sich ebd., eine Anthologie klassischer Artikel bietet Hausman (1994). Im Rahmen meiner Überlegungen zur ökonomischen Methodik und zur Wissenschaftsphilosophie werde ich auf diverse Modelle wie beispielsweise Hempels deduktiv-nomologisches (D-N) Modell, die post-Kuhn'sche Wissenssoziologie *(sociology of scientific knowledge,* SSK), Lakatos' Methodologie wissenschaftlicher Forschungsprogramme (*methodology of scientific research programs*, MSRP) und Campbells evolutionäre Epistemologie Bezug nehmen.

147 Das Bild von der Theorie als Landkarte stammt vom Wissenschaftsphilosophen Ronald Giere (Hands, 2001, S. 311). Meine Erklärung ist Holland (1998), S. 28–33, entnommen. Modelle als Näherungen werden auch in Sterman (2002) besprochen.

148 Axel Leijonhufvud, »Towards a Not-Too-Rational Macroeconomics«, in Colander (1996), S. 39–55.

149 Siehe etwa Kahneman, Slovic und Tversky (1982).

150 Anmerkung des Übersetzers: Neologismus aus den Verben »satisfy« (zufrieden stellen) und »suffice« (genügen).

151 Was als hinreichend zufriedenstellend gilt, hängt natürlich vom Stand der Technik ab. So wird es sicherlich eines Tages möglich sein, aus dem Auto heraus über einen drahtlosen Internetzugang den billigsten Anbieter zu ermitteln und sich mittels GPS dorthin leiten zu lassen, wobei der Bordcomputer auch den für die Anfahrt benötigten Treibstoff berücksichtigt. Aber selbst dann wird sich mancher mit der Option begnügen, die ihm »gut genug« erscheint. Möglicherweise werden wir den Bordcomputer ausstellen, weil wir keine Lust haben, wegen eines gesparten Dollar einen langen Umweg zu fahren, oder weil die Toiletten der näher gelegenen Tankstelle sauberer sind.

152 Die verhaltensorientierte Spieltheorie kommt dem Ziel, Verhaltens-, Informations- und marktstrukturelle Aspekte in die Gleichgewichtsüberlegungen einzubeziehen, vermutlich am nächsten, siehe Camerer (2003). Laut Camerer (S. 473–476) ist jedoch noch kein Modell in Sicht, das alle Aspekte zugleich auf realistische Weise berücksichtigt.

153 Kirman und Gérard-Varet (1999), S. 10. Ausnahmen bestätigen die Regel. Kirman verweist auf die Nicht-Tâtonnement-Modelle von Hahn und Negishi, die die Zeit explizit berücksichtigen. Steve Smale beschäftigte sich in den Siebziger- und Richard Day in den Achtziger- und Neunzigerjahren mit dynamischen Modellen. Konzepte wie die Hicks'sche »Woche« sind in meinen Augen lediglich Indexzeiten, die mit dem realen Zeitverlauf (trotz des Namens »Woche«) wenig zu tun haben, wie Hicks selbst eingesteht (siehe Hicks, 1939, S. 122).

154 Wir stellen uns ein Gebiet vor, auf dem es nach dem Zufallsprinzip 20-Dollar-Scheine regnet. Die Bevölkerung ist nicht gleich verteilt, sondern in einer Region A konzentriert. Irgendwann sammeln sich in einer eher dünn besiedelten Region B die Geldscheine an. Sobald die Menschen davon Wind kriegen, eilen sie in Massen dorthin, um vom Geldsegen zu profitieren. Während der Dauer ihrer Abwesenheit häufen sich die Geldscheine in der Region A. Die Menschen hasten zurück. Das Makromuster zeigt eine fluktuierende Geldscheinverteilung in den Regionen A und B.

155 Richard Day (1994) und (1999) hat viel zur Dynamisierung der Ökonomik beigetragen (wenngleich er in vielen Aspekten in der traditionellen Wirtschaftslehre verhaftet bleibt). Dynamische Elemente finden sich auch in der Spieltheorie sowie in zahlreichen makroökonomischen Modellen – meist jedoch nur im Kontext der Wiederherstellung des postulierten Gleichgewichts und ohne explizite Angabe absoluter oder relativer Zeitskalen. Siehe Fudenberg und Tirole (1991) und Heijdra und Van Der Ploeg (2002).

156 Siehe auch Anderson, Arrow und Pines (1988), Arthur, Durlauf und Lane (1997), Sterman (2000) und Durlauf und Young (2001).

157 Ein Gegenbeispiel stellt die »endogene Wachstumstheorie« (Aghion und Howitt, 1998) dar. Zwar helfen solche Theorien, die Wechselwirkung zwischen Innovationen und ökonomischen Variablen besser zu verstehen; dennoch werden die Innovationen dabei von einer Art Blackbox innerhalb der Modellgrenzen repräsentiert, deren Inneres uns weitgehend verborgen bleibt. Im dritten Teil des Buches werde ich erläutern, wie eine fundamentale und endogene Innovationstheorie aussehen könnte.

158 Siehe beispielsweise Crutchfield und Schuster (2003), S. 65–78 und 81–100.

159 Cutler, Poterba und Summers (1989).

160 Mankiw (1994), S. 326.

161 Einige Forscher wie Mordecai Kurz (1997) versuchen, endogene Fluktuationen im Rahmen des Gleichgewichtsprinzips zu modellieren, und bewegen sich damit in der Grauzone zwischen den traditionellen Modellen und den komplexitätsökonomischen Ansätzen, wie ich sie definiert habe.

162 Arthur (1994a). Arthurs Theorien zu den wachsenden Erträgen wurden in den Neunzigerjahren von dem Wissenschaftsautor Mitchell Waldrop (1992) und in einer Kolumne für den *New Yorker* von dem Wirtschaftsjournalisten John Cassidy einer breiteren Öffentlichkeit vorgestellt. Der Princeton-Professor und *New-York-Times*-Kolumnist Paul Krugman veröffentlichte im Januar 1998 einen Verriss der Arthur'schen Thesen unter der Überschrift »The Legend of Arthur«. Waldrop und Cassidy ergriffen daraufhin Arthurs Partei. Das letzte Wort hatte Nobelpreisträger Kenneth Arrow, der sich zu Arthurs Darstellung bekannte und dessen Beitrag zum modernen Verständnis des Phänomens der wachsenden Erträge würdigte. Krugmans Originalkolumne und die Erwiderungen finden sich auf www.pkarchive.org.

163 Keynes (1923), S. 65.

164 Thomas Love Peacock (1835), Kap. 2 (»The March of Mind«).

165 Die These, wonach der Hauptzweck der Wissenschaft die Erklärung ist, geht auf die logisch-empirische Schule von Richard Braithwaite, Ernest Nagel, Carl Hempel und anderen in den Fünfzigerjahren zurück. Siehe beispielsweise Hempels deduktiv-nomologisches (D-N) Modell in Hempel (1965). Eine Erörterung im ökonomischen Kontext liefern Hands (2001), S. 82–88, und Hausman (1994), S. 1–50.

166 Einen klassischen Popper'schen Vortrag zu diesem Thema zitieren Klemke, Hollinger und Kline (1980), S. 19–34. Den ökonomischen Kontext behandelt Hands (2001), S. 88–93.

167 Diese Beschreibung von Wissenschaft als Evolutionsprozess ist stark vereinfacht. Eine umfassendere Darstellung liefern Hull (1988) und Plotkin (1993).

168 Kirman und Gérard-Varet (1999), S. 8.

169 Eine Einführung liefert W. H. Greene (2000).

170 Siehe beispielsweise Campbell, Lo und MacKinlay (1997), Mandelbrot (1997), Lo und MacKinlay (1999), Mantegna und Stanley (2000), Shleifer (2000), Shiller (2000), Johnson, Jeffries und Hui (2003) und Sornette (2003).

171 Siehe beispielsweise Kagel und Roth (1995) und Camerer, Loewenstein und Rabin (2004).

172 Während die Auswirkungen der Lagerhaltung in der Mikroökonomik zumeist ignoriert werden, spielen sie in der Makroökonomik zunehmend eine wichtige Rolle. Siehe beispielsweise Blanchard und Fischer (1989), S. 301–308, 332–336. Aber trotz Verzögerungskomponente liefern auch diese Modelle kein hinreichend genaues Abbild der Wirklichkeit. Sterman (2000), S. 661–842, beschreibt die makroökonomischen Auswirkungen von Lagerhaltung, Auftragsrückständen und Kapazitätsüberschüssen und präsentiert zugleich ein wirklich dynamisches Modell.

173 Lillo und Farmer (2004).

174 Samuelson und Nordhaus (1998), S. 681.

175 F. T. Cave (2004).

176 Montier (2002), S. 29–31.

177 Eine Theorie, welche die Preiskomplexität realitätsnah modelliert, haben der Informatiker Kai Nagel, der Ökonom Martin Shubik und die Physiker Maya Paczuski und Per Bak entwickelt, siehe Nagel u. a. (2000). Niedrige Preise und räumliche Dynamik bewirken hier tatsächlich eine Preiskonvergenz; die verbleibenden verzögerungsbedingten Preisunterschiede weisen Ähnlichkeiten mit den vorliegenden statistischen Daten auf.

178 Wie der angesehene Makroökonom Olivier Blanchard (2000), S. 1402, schreibt: »Die moderne Makroökonomik ruht fest auf der allgemeinen Gleichgewichtsstruktur. Ihre Modelle beschreiben die Wirtschaft als ein temporäres Gleichgewicht.«

179 Scarf und Hansen (1973) und Axtell (2002) und (2003).

180 Scarf und Hansen (1973).

181 Lo und MacKinlay (1999), S. 26–40.

182 Siehe Mandelbrot (1997), Lo und MacKinlay (1999), Mantegna und Stanley (2000) und Johnson, Jeffries und Hui (2003).

183 Sornette (2003) und Mandelbrot und Hudson (2004).

184 Siehe beispielsweise LeBaron und Scheinkman (1989), LeBaron (1994), Farmer und Lo (1999) und Farmer (2001). Zu näheren Einzelheiten und weiteren Literaturhinweisen siehe Kapitel 17.

185 Ijiri und Simon (1977). Den Hinweis auf dieses Zitat verdanke ich Doyne Farmer.

186 B. Greene (1999).

187 Zum Verhältnis zwischen Metapher und wissenschaftlichem Modell siehe Holland (1998). Siehe auch Cartwright (1999) und Hands (2001).

188 Walras hat seine Eindrücke mehrmals selbst beschrieben. Siehe Mirowski (1989) und Ingrao und Israel (1990). Weitere Beispiele inspirativer Querbezüge zwischen Physik und Ökonomik hat Irving Fisher in einer Tabelle zusammengefasst, die in Mirowski (1989), S. 224, abgedruckt ist.

189 Anderson, Arrow und Pines (1988).

190 Eine allgemeine Einführung in die Thermodynamik liefert Baeyer (1998). Eine fachliche Darstellung findet sich in Kondepudi und Prigogine (1998).

191 Mirowski (1989) identifiziert Einkommen plus Nutzen als die Erhaltungsgröße auf der Konsumentenseite (S. 230–233) und Warenausstoß plus Kosten als die Erhaltungsgröße auf der Produzentenseite (S. 314, 328)

kanonischer neoklassischer Modelle. Er verweist auf die inhärenten Widersprüche und gemischten Einheiten in diesen Mengenkonstanten und schreibt sie einer mangelnden Einsicht in die Erhaltungsprinzipien zu. Smith und Foley (2002) beschreiben die Beziehung zwischen Nutzentheorie und Thermodynamik mit mathematischer Gründlichkeit und kommen zu einem etwas anderen Ergebnis als Mirowski, indem sie den ersten Hauptsatz als Warenerhaltungssatz interpretieren.

192 Bekanntlich wuchsen neoklassische Wirtschaftstheorie und Wachstumstheorie erst in den Fünfzigerjahren des 20. Jahrhunderts zusammen. Wie wir im dritten Teil dieses Buches sehen werden, haben die neoklassischen Wachstumsmodelle bis heute ein gespaltenes Verhältnis zu echten Neuerungen.

193 Lionel Robbins, »An Essay on the Nature and Significance of Economic Science«, abgedruckt in Hausman (1994), S. 83–110.

194 Samuelson und Nordhaus (1998), S. 4.

195 Murray Gell-Mann erwähnte dieses Beispiel anlässlich eines Vortrags für McKinsey & Company am 16. Februar 2001 in London. Laut Richard Feynman ist die Rückwärtsrichtung eines Filmes, in dem beispielsweise ein Fenster zu Bruch geht oder Milch überläuft, gerade diejenige, bei der das Publikum unweigerlich zu lachen beginnt (von Bayer, 1998, S. 133). Ob letztlich Feynman oder Gell-Mann als Erster den »Filmtest« für die Irreversibilität ins Feld führte, will und kann ich nicht entscheiden.

196 Nach den Worten des großen britischen Astrophysikers Sir Arthur Eddington belegt der zweite Hauptsatz »den obersten Platz unter den Naturgesetzen«. Zitiert nach von Baeyer (1998), S. 56.

197 Es war mir unmöglich, ein Exemplar der Erstausgabe des Buches von Thomson und Tait aus dem Jahr 1867 aufzutreiben, die Jevons vorlag. In der British Library existiert jedoch ein Exemplar der vierten Ausgabe von 1890, in der Thomson und Tait genaue Rechenschaft über die Veränderungen gegenüber den vorausgegangenen Ausgaben ablegen. Von Entropie ist allerdings auch hier noch nicht die Rede.

198 In den Viele-Welten-Theorien der Physiker ist gelegentlich von der Möglichkeit einer Interaktion zwischen den Welten über schwarze Löcher oder Quanteneffekte die Rede.

199 Zitiert nach Waldrop (1992), S. 147.

200 Die zentrale Rolle, welche die Gleichgewichtsanalyse noch heute für die traditionelle Wirtschaftslehre spielt, zeigt sich in folgenden aktuellen Zitaten: »Zu den charakteristischen Eigenschaften der Ökonomik im Vergleich zu anderen wissenschaftlichen Disziplinen gehört die zentrale Bedeutung von Gleichgewichtsgleichungen« (Mas-Colell, Whinston und Green, 1995, S. 620). »Die moderne Makroökonomik ruht auf dem festen Fundament

einer allgemeinen Gleichgewichtsstruktur. Ihre Modelle beschreiben die Wirtschaft als temporäres Gleichgewicht unter Berücksichtung der Vergangenheit und der antizipierten Zukunft« (Blanchard, 2000, S. 1402).

201 Eine wichtige Ausnahme bildet Nicholas Georgescu-Roegen, der diese Beobachtung bereits in den Siebzigerjahren machte (Georgescu-Roegen, 1971). Seine Arbeiten werden uns in späteren Kapiteln noch beschäftigen.

202 Während sich ein geschlossenes System seinem Gleichgewichtszustand nähert, sind immer noch Energiebewegungen innerhalb des Systems möglich, in deren Folge Ordnung neu entsteht. Jene Bereiche, in denen dies geschieht, lassen sich jedoch als offene Subsysteme des geschlossenen Gesamtsystems betrachten. Die Strahlungsenergie der Sonne beispielsweise lässt sich einerseits als Energieumverteilung innerhalb des todgeweihten geschlossenen Systems des Universums und andererseits als Energiequelle für das offene Subsystem der Erde interpretieren. Ebenso können wir die Wirtschaft als ein offenes Subsystem innerhalb des offenen Subsystems der menschlichen Gesellschaft auffassen, das wieder Teil des offenen Subsystems der Biosphäre unseres Planeten ist, und so weiter.

203 Während die klassischen Ökonomen ausnahmslos von einer realen Existenz der Wirtschaft ausgingen (siehe beispielsweise die Modelle von Cantillon oder Quesnay), verloren sich die Neoklassiker in Abstraktionen. In jüngerer Zeit wurde die erste Vorstellung besonders von Nicholas Georgescu-Roegen (1971), dem die Umweltökonomik viele Anstöße verdankt, und von Jay Forrester (1961) wiederbelebt, dessen Methodik der Systemdynamik insbesondere in der Studie »Die Grenzen des Wachstums« aus den Siebzigerjahren zur Anwendung kam, in der es ebenfalls um Umweltfragen ging (Meadows, Randers und Meadows, 2004).

204 Diese Geschichte erfuhr ich anlässlich eines Besuchs in der NASDAQ-Computerzentrale im Jahr 1996. Selbstverständlich verfügt die Zentrale über Reservegeneratoren; offensichtlich hatte das Eichhörnchen aber eine Kettenreaktion ausgelöst, die den Start der Reservegeneratoren geringfügig verzögerte. Jede Unterbrechung des Handels, und sei sie noch so kurz, wird sehr ernst genommen, und so wurde der Betrieb mittlerweile eichhörnchensicher gemacht.

205 Robert Solow beispielsweise äußerte sich folgendermaßen: »Gelegentlich ergeben sich mathematische Ähnlichkeiten zwischen einem Bereich der Ökonomik und einem davon völlig unabhängigen Bereich der Physik. (Mir ist das tatsächlich passiert, obgleich ich von Physik keinen blassen Schimmer habe.) Meines Erachtens hat das keine methodologische Bedeutung, sondern erklärt sich allein daraus, dass in dieser Art von Spiel jeder versucht ist, den Weg des geringsten mathematischen Widerstands zu gehen.« Aus T. Bender und C. Schorske 1997, *American Academic Culture in Transformati-*

on (Princeton, NJ: Princeton University Press, S. 73–74, zitiert nach Mirowski, S. 83, Fußnote 3).

206 Wenn ich behaupte, dass sich die Wirtschaft am besten als offenes Ungleichgewichtssystem modellieren lässt, so heißt das nicht, dass Gleichgewichtstechniken dort keine Rolle spielen. Die Gleichgewichtsanalyse bleibt ein wirksames Werkzeug und wird bei der Modellierung von Spezialfällen innerhalb des komplexen adaptiven Wirtschaftssystems auch weiterhin von Nutzen sein. Wie wir sehen werden, leisten die Spieltheorie und diverse Gleichgewichtstechniken nicht nur für das Verständnis biologischer Evolutionssysteme (siehe Maynard Smith, 1982), sondern auch in der Komplexitätsökonomik wertvolle Dienste. Der Unterschied zwischen dem traditionellen und dem komplexitätstheoretischen Ansatz liegt in dem Wissen begründet, dass es sich beim modellierten Gleichgewicht lediglich um einen Spezialfall oder eine Approximation im größeren Kontext eines Ungleichgewichtssystems handelt, wobei die Grenzen des Spezialfalls oder der Approximation genau definiert sind.

207 Zur Philosophie der Mathematik und ihrer Eigenschaften als Sprache siehe Devlin (2000) und Lakoff und Núñez (2000).

208 Das berühmteste Beispiel ist die Bourbaki-Schule, eine 1939 ins Leben gerufene Bewegung, die bis in die Fünfzigerjahre aktiv war. Die logischen Positivisten suchten etwa zur selben Zeit nach einem Beweis für die reine Objektivität der Mathematik, gaben den Versuch aber schließlich auf. Den Höhepunkt des Flirts der Ökonomik mit dem Bourbakismus markierte Debreus brillantes Buch *Theory of Value* aus dem Jahr 1959. Siehe Ingrao und Israel (1990), S. 280–288. Während sich die Naturwissenschaften in den Fünfziger- und Sechzigerjahren vom Bourbakismus weitgehend verabschiedeten, bleibt sein Einfluss in der Ökonomik im rein axiomatischen Stil selbst vieler jüngerer Arbeiten spürbar. Alan Kirman kritisiert in Kirman und Gérard-Varet (1999), Kap. 1, die »Selbstbezogenheit« und »empirische Leere« vieler theoretischer wirtschaftswissenschaftlicher Arbeiten aus der jüngeren Zeit.

209 Einen guten allgemeinen Überblick über dieses Thema liefert Deutsch (1997), Kap. 10.

210 Das bedeutet nicht, dass in der Realität nur intuitiv erfassbare mathematische Objekte existieren. Die Physiker messen allen möglichen bizarren mathematischen Objekten eine physikalische Bedeutung bei, obgleich sie unserer Intuition keineswegs zugänglich sind. Die Superstringtheorie beispielsweise postuliert die Existenz von elf oder mehr Dimensionen im Universum. Dennoch nimmt die Kategorisierung und Interpretation Bezug auf eine Wechselwirkung mit der realen Welt, ganz gleich, ob es sich um ein

kompliziertes physikalisches Experiment oder um ein Steine zählendes Kind handelt.

211 *Oxford Dictionary of Physics* (2000), S. 158 f.

212 *Collins Dictionary of Economics* (2000), S. 164. Ein weiteres Beispiel stammt von Stiglitz (1997), S. 88: »Physiker sprechen auch von Gleichgewicht, wenn sie ein an einer Feder hängendes Gewicht beschreiben. Zwei Kräfte wirken auf das Gewicht ein. Die Gravitation zieht es nach unten, die Feder zieht es noch oben. Wenn das Gewicht ruht, befindet es sich im Gleichgewicht; beide Kräfte heben einander auf … Ein ökonomisches Gleichgewicht entsteht auf dieselbe Weise.«

213 Auf diesen Widerspruch zwischen der neoklassischen Ökonomik und den physikalischen Energieeigenschaften der Wirtschaft machte erstmals Nicholas Georgescu-Roegen in seinem Meisterwerk *The Entropy Law and the Economic Process* aus dem Jahr 1971 aufmerksam, auf das wir noch ausführlicher eingehen werden. Daly (1999), S. 75–88, liefert den faszinierenden Bericht eines Disputs zwischen Georgescu-Roegen und Robert Solow zu diesem Thema.

214 Diese Beschreibung basiert auf Anderson, Arrow und Pines (1988), Waldrop (1992) sowie persönlichen Gesprächen mit mehreren Teilnehmern.

215 Siehe Arthur, Durlauf und Lane (1997), Durlauf und Young (2001), Bowles, Gintis und Osborne Groves (2005), Gintis u. a. (2005) und die Webseite des Santa Fe Institute (www.santafe.edu).

216 Siehe Krugman (1998).

217 Diese Beschreibung und die Zitate stammen aus Seth Mydans, »In a Philippine Wasteland, a ›Living Metaphor‹«, *International Herald Tribune* (Nachdruck aus der *New York Times*), 19. Juli 2000, S. 1.

218 Ursprungsfragen finden sich in den Schriften einiger klassischer Ökonomen, insbesondere bei Karl Marx; in der neoklassischen Ökonomik spielten sie hingegen keine maßgebliche Rolle. In Hicks' *Value and Capital* (1939) beispielsweise kommen sie nicht vor, dafür jedoch in der österreichischen, der institutionalistischen und der historischen Schule. Siehe etwa Schumpeter (1934), Hayek (1948), North (1990) und (2003), Rosenberg und Birdzell (1986) und Mokyr (1990) und (2002).

219 Epstein und Axtell (1996). Eine allgemeinverständliche Darstellung liefert beispielsweise Rauch (2002).

220 Brian Arthur vom Santa Fe Institute beschrieb im Jahr 1987 ein ähnliches Gedankenexperiment wie die Zuckerwelt; siehe Waldrop (1992), S. 241–243.

221 Auch wenn diese Regeln im Lauf der Experimente variiert wurden, illustrieren sie doch das Grundprinzip. Siehe Epstein und Axtell (1996), Kap. 2.

222 Epstein und Axtell (1996, S. 71–82) führten zusätzliche Experimente zur Gruppenbildung durch, indem sie den Akteuren »kulturelle« Attribute zuordnen.

223 Aghion u. a. (2003), S. 368, präsentieren eine Tafel mit Gini-Koeffizienten, die ein Maß für die Einkommensungleichverteilung darstellen. Für neunzehn entwickelte Länder ermittelten sie einen Mittelwert von 0,274. In der einfachsten Version des Epstein-Axtellschen Modells beträgt der Gini-Koeffizient anfangs 0,23, um im Lauf der Zeit auf über 0,5 anzuwachsen (Epstein und Axtell, 1996, S. 37). Durchläufe des »vollständigen« Modells mit Vererbung, Handel und so weiter erbrachten einen Koeffizienten von 0,268, was in etwa dem realen Wert für die entwickelten Länder entspricht.

224 Epstein und Axtell (1996), S. 54–68.

225 Ebd., S. 94–137.

226 Die Präferenzen der Akteure für Zucker und Gewürz wurden in Cobb-Douglas-Form wiedergegeben, auch wenn deren Interpretation im Kontext von Zuckerwelt in einigen wesentlichen Punkten vom typischen neoklassischen Modell abweicht (ebd., S. 97).

227 Anmerkung des Übersetzers: Als Attraktor bezeichnet man im Allgemeinen eine Punktmenge, der die in einem bestimmten Gebiet (Attraktionsgebiet) startenden Trajektorien eines dynamischen Systems im Verlaufe der zeitlichen Entwicklung zustreben.

228 Thaler (1993) und Lo und MacKinlay (1999).

229 Axtell (2002).

230 Epstein und Axtell (1996), S. 36 f. und 154.

231 Zur Komplexitätsdiskussion und zur Geschichte des ökonomischen Denkens siehe Colander (2000). Siehe auch Mirowski (2002).

232 Siehe beispielsweise Anderson, Arrow und Pines (1988), Arthur (1994a) und (1994c), Colander (1996), Arthur, Durlauf und Lane (1997), Axelrod (1997a), Albin (1998), Lesourne und Orléan (1998), Prietula, Carley und Gasser (1998), Young (1998), Gintis (2000), Durlauf und Young (2001), Rauch und Casella (2001), Camerer (2003), Johnson, Jefferies und Hui (2003), Kollman, Miller und Page (2003) und Bowles (2004).

233 Allgemeinverständliche Beschreibungen dynamischer Systeme liefern Gleick (1987) und Stewart (1989). Einführungstexte finden sich bei Devaney (1992), Flake (1998) und Kaplan und Glass (1995), weiterführende Texte bei Strogatz (1994) und Bar-Yam (1997).

234 Mein Beispiel orientiert sich an Devaney (1992), S. 9–11, der die Verzinsung eines Sparkontos als dynamisches System beschreibt.

235 Die Begriffe Bestand (*stock*) und Fluss (*flow*) stammen aus der *Systemdynamik*, einer Methode zur Modellierung dynamischer Systeme. Die Grundlagen lieferte Forrester (1961). Eine moderne Beschreibung findet sich bei Sterman (2000), eine allgemeinverständliche Darstellung bei Senge (1990).

236 Sterman (2000), S. 649–654.

237 Skidelsky (1994).

238 Theoretisch kann eine negative Rückkopplung auch eine Oszillationsbewegung mit wachsender Amplitude antreiben, solange die Wirkungszeiträume groß genug sind; in den meisten Fällen jedoch wirkt sich eine negative Rückkopplung dämpfend aus.

239 Stewart (1989), S. 60–72, und Mirowski (1989), S. 72.

240 Zur Geschichte des Studiums nichtlinearer Systeme siehe Gleick (1987), Stewart (1989) und Devaney (1992).

241 Stewart (1989), S. 81–84.

242 LeBaron (1994) weist auf Nichtlinearitäten in den makroökonomischen Daten hin.

243 Siehe beispielsweise Peters (1991) und Chorafas (1994).

244 Siehe Brook, S. 77–97, in Anderson, Arrow und Pines (1988), LeBaron (1994), Brock, S. 385–423, in Arthur, Durlauf und Lane (1997), Mandelbrot (1997), Mantegna und Stanley (2000), Sornette (2003) und Johnson, Jeffries und Hui (2003).

245 Stewart (1989), S. 60–62.

246 Die Überschrift dieses Abschnitts stammt von Sterman (2000), Überschrift zu Kap. 20. Professor Sterman war übrigens einer der Betreuer meiner wissenschaftlichen Arbeit am MIT.

247 Ebd., S. 791–798.

248 Wenngleich die Zeit in vielen traditionellen Modellen nicht in Erscheinung tritt, werden Zeitverzögerungen in einigen theoretischen (nichtökonometrischen) Modellen explizit berücksichtigt. Sterman (2000), S. 798, weist darauf hin, dass die traditionelle Erklärung für Warenzyklen, das »Spinnwebmodell«, sehr wohl eine Verzögerung kennt, die eine Oszillation in einem stabilen Grenzzyklus mit der doppelten normalisierten Periodendauer ermöglicht. Dabei handelt es sich laut Sterman jedoch um eine lineare Differenzgleichung, mit der sich die in der realen Welt beobachteten komplexen Zyklenmuster nicht erklären lassen.

249 Ebd., S. 798–841.

250 Ebd., S. 824–848.

251 Paich und Sterman (1993).

252 Siehe auch Sterman (1989a) und (1989b).

253 Diese Beschreibung vereint typische Rationalitätsannahmen diverser traditioneller Wirtschaftsmodelle in einem Bild, wie beispielsweise Vollständigkeit der Präferenzen, Transitivität, schwaches Axiom der bekundeten Präferenzen, Walras'sche Budgetmenge, erwarteter Nutzen angesichts Knight'scher Unsicherheit, Abwägung zwischen Konsum und Sparen im Diamond-Modell, Diskontierungsverhalten und rationale Erwartungen.

254 Eine gute Einführung in die Thematik Verbraucherwahl und Rationalität liefern Pindyck und Rubinfeld (1989). Weiterführende Überlegungen stellen Mas-Colell u. a. (1995) an. Zur Rationalität in der Makroökonomik siehe auch D. Romer (1996), zur ökonomischen Entscheidungstheorie und ihrer empirischen Untermauerung siehe Plous (1993). Andere Formulierungen des Begriffs Rationalität lassen mehr Dynamik und Lernprozesse unter Wahrung des Gleichgewichtsprinzips zu, siehe etwa Kirman und Salmon (1995).

255 Simon (1992) und (1997).

256 Zur Wirkungsgeschichte der begrenzten Rationalität siehe Selten (1990). Es gibt natürlich Ausnahmen wie beispielsweise George Akerlofs Wiederbelebung der keynesianischen Ökonomik mittels »begrenzter« rationaler Verhaltensannahmen. Siehe Akerlof und Yellen (1985).

257 Selten (1990). Herbert Simon und die begrenzte Rationalität werden in Samuelson und Nordhaus (1998), S. 178, lediglich gestreift und tauchen in Stiglitz (1997), Mas-Colell u. a. (1995), Pindyck und Rubinfeld (1989), Dornbusch und Fischer (1990) und D. Romer (1996) überhaupt nicht auf.

258 Seit einigen Jahren zeichnen sich jedoch Fortschritte in einer formalen Modellierung der begrenzten Rationalität ab. Siehe beispielsweise Rubinstein (1998) und Sterman (2000).

259 Camerer, Lowenstein und Rabin (2004), S. 6, weisen darauf hin, dass kaum ein Artikel aus der Zeitschrift *Econometrica* so häufig zitiert wird wie derjenige von Kahneman und Tversky aus dem Jahr 1979, in dem sie ihre Prospect-Theorie vorstellen. Kahneman, Slovic und Tversky (1982) bieten einen guten Überblick über ihre Arbeiten.

260 Beispiele, geschichtliche Darstellungen und Überblicke zur Verhaltensökonomie finden sich bei Hogarth (1990), Thaler (1992), Plous (1993), Thaler (1993), Kagel und Roth (1995), Henrich u. a. (2004), Montier (2002) und Camerer, Lowenstein und Rabin (2004). Beispiele für die Einbeziehung der Verhaltensökonomie in theoretische Arbeiten liefern Camerer (2003) und

Gintis u. a. (2005). Speziell an Manager wenden sich Russo und Schoemaker (1989), Bazerman (1998) und Dörner (1996).

261 Zur Verhaltensökonomie siehe auch folgende Presseveröffentlichungen: »Rethinking Thinking«, *Economist*, 18. Dezember 1999, S. 63–65; Roger Lowenstein, »Exuberance Is Rational«, *New York Times Sunday Magazine*, 11. Februar 2991; Louis Uchitelle, »Some Economists Call Behavior a Key«, *New York Times*, Wirtschaftsteil, 11. Februar 2001.

262 Dieses Beispiel stammt von Bazerman (1998), S. 81. Eine Übersicht über diverse Arbeiten zum reziproken Verhalten bieten Gintis u. a. (2005).

263 Eine Übersicht über die Spielresultate findet sich bei Kagel und Roth (1995), S. 253–348; zum kulturübergreifenden Vergleich siehe S. 282–288. Ergebnisse aus den Eingeborenenkulturen referiert Henrich u. a. (2001). Siehe auch Gintis u. a. (2005).

264 Fehr und Gächter (2000).

265 »Primary Sources«, *Atlantic Monthly*, April 2003, S. 33–34.

266 Gintis u. a. (2005), S. 3–39.

267 Ein traditioneller Ökonom könnte sagen: »Aha, demnach lässt sich ein reziprokes Verhalten rational rechtfertigen. Die Menschen gehen davon aus, dass sie auch zukünftig miteinander zu tun haben werden, und so zahlen sich solche Strategien aus.« Darauf ließe sich zweierlei entgegnen. Erstens habe ich nicht behauptet, dass das Verhalten irrational ist; aus Reziprozität und Bestrafung spricht durchaus eine gewisse Logik. Eine evolutionäre Logik sogar. Fehr und Gächter haben jedoch gezeigt, dass die Menschen auch dann zu diesem Verhalten neigen, wenn die Möglichkeit zukünftiger Begegnungen ausgeschlossen ist; im engeren Kontext der traditionellen Wirtschaftslehre ist es also nicht vollkommen rational. Eine zweite Erklärung, warum sich Menschen so verhalten, auch wenn sie sich definitiv das letzte Mal über den Weg laufen, ist die, dass es sich nicht um ein *berechnetes*, sondern um ein *heuristisches* Verhalten handelt.

268 Zitiert aus »Rethinking Thinking«, *The Economist*, 18. Dezember 1999, S. 65.

269 Eine speziell an Führungskräfte adressierte Zusammenfassung dieser Voreingenommenheiten präsentiert Roxburgh (2003).

270 »The Price of Safety«, *The Economist*, 23. November 2000.

271 Dieses Beispiel stammt von James Surowiecki, »The Financial Page: Mind Over Money«, *New Yorker*, 23. und 30. April 2001, S. 60.

272 Siehe beispielsweise Fischer Black, in Thaler (1993), S. 3–22.

273 Lewis (1985).

274 Deutsch (1997), S. 131–140, liefert eine allgemeinverständliche Beschreibung der Turingmaschine.

275 Im Turingmaschinenlager finden sich Forscher wie Steven Pinker (1997), Andy Clark (2001) und Daniel Dennett (1991), die das Gehirn schlicht als »rechnende« Materie begreifen. Andere, wie beispielsweise Roger Penrose und David Gelernter, sehen im Gehirn weitere Faktoren (zum Beispiel Quanteneffekte) am Werk, die bislang noch nicht verstanden wurden, das Gehirn aber über den Bereich einer Turingmaschine hinaustragen.

276 Ein ähnliches wie das hier vorgestellte Arthur'sche Bar-Problem präsentieren Foster und Young (2001) mit ihrer Analyse eines Münzwurfspiels.

277 Arthur (1994b).

278 Genauer gesagt: Der Fixpunkt im Bar-Problem ist angesichts der den Akteuren auferlegten Informations- und Koordinationsbeschränkungen instabil und unerreichbar. Siehe ebd.

279 Zum Minoritätenspiel, einer verallgemeinerten Form des Arthur'schen Bar-Problems, existiert mittlerweile eine reichhaltige Literatur. Siehe beispielsweise Challet und Zhang (1997). Auch auf die Finanztheorie wurde das Problem in sehr interessanter Weise übertragen, siehe Johnson, Jeffries und Hui (2003), S. 87–136.

280 Überblicke und Verweise finden sich bei Stillings u. a. (1995) und Clark (1999) und (2001). Eine allgemeinverständliche Einführung liefert Pinker (1997).

281 Pinker (1997).

282 Siehe Schank (1990). Zur Bedeutung des Geschichtenerzählens im Unternehmenskontext siehe auch McKee (2003).

283 Eine spezielle Theorie der Analogiebildung stellt Mitchell (1993) vor.

284 Gilovich, Vallone und Tversky (1985).

285 Clark (2001), S. 38.

286 Einem Computer beizubringen, in einem Restaurant zu bestellen, ist keineswegs trivial. Roger Schank (1990) versuchte genau dies in den Siebzigerjahren.

287 Brian Arthur wies auf diesen Gegensatz zwischen Induktion und Deduktion in seinem SFI-Working Paper 92-07-038 aus dem Jahr 1992 hin.

288 Ein detaillierter Bericht findet sich bei Holland u. a. (1986). Holland (1995) präsentiert einige der Ideen in allgemeinverständlicher Darstellung.

289 Dieses Beispiel stammt von Holland (1995), S. 43–62.

290 Holland u. a. (1986), S. 68–76.

291 Schank (1990), S. 4–5, beschreibt einige Experimente, die zeigen, wie Menschen angesichts unvertrauter Fragestellungen auf Standardantworten zurückgreifen.

292 Ein detailliertes Modell und weiterführende Überlegungen zum analogen Denken präsentiert Mitchell (1993).

293 Siehe Arthur (1995) und Arthur u. a., »Asset Pricing Under Endogenous Expectations in an Artificial Stock Market«, in Arthur, Durlauf und Lane (1997), S. 15–44.

294 Die Regel war nur ähnlich, aber nicht identisch mit der vollkommenen Rationalität. Der Grund liegt in der theoretischen Unmöglichkeit, vollkommene Rationalität auf einer Turingmaschine, geschweige denn auf einem real existierenden Computer zu implementieren.

295 Sir Walter Scott (1900): *Marmion. A Tale of Flodden Field*, 6. Gesang, Strophe 17, New York: The Macmillan Company, London: Macmillan.

296 Rauch und Casella (2001), S. 3–5. Watts (2003) liefert einen historischen Überblick über das Studium der Netzwerke im soziologischen und ökonomischen Kontext nebst Literaturhinweisen. Giddens (2001) umreißt in seiner Einführung in die Soziologie die historische Betrachtung interaktiver Netzwerke.

297 Eine Zusammenfassung und Literaturhinweise finden sich bei Watts (1999), Kap. 2.

298 Exzellente allgemeine Einführungen in das Thema Netzwerke nebst Literaturhinweisen finden sich bei Watts (2003) und Barabási (2002). Eine eher fachliche Einführung bietet Watts (1999).

299 Dieses Beispiel stammt von Kauffman (1995a), S. 55–58. Eine fachlichere Darstellung liefert Kauffman (1993), S. 307–310. Watts (2003), S. 43–47, erwähnt dieses Beispiel ebenfalls.

300 In Kauffmans ursprünglichem Modell (1993, S. 307–310, und 1995, S. 55–58) lautete das Verhältnis noch 0,5. Nachfolgende Arbeiten von Watts (2003), S. 43–37, ergaben ein Verhältnis von 1,0.

301 Zu weiteren Tipping-Point-Beispielen siehe Gladwell (2000).

302 Eine Darstellung im Verbrauchsgüter- und Technologiekontext liefert Farrell (1998).

303 Watts (2003).

304 Ebd., S. 92–95, und Watts (1999), S. 3–5. Das Bacon-Spiel kann auf Brett Tjadens Website www.oracleofbacon.org gespielt werden.

305 Die Zahl aller Schauspieler mit endlicher Baconzahl ist 510 829. Von den untersuchten Schauspielern hatten 10 Prozent keine Verbindung zu Bacon, und damit Bacon-Zahl unendlich.

306 Watts (2003), S. 121–129.

307 Ebd, S. 39–40.

308 Watts (1999) und Newman (1999).

309 Die mathematischen Grundlagen zu diesen Berechnungen finden sich bei Newman (1999), S. 3–4.

310 Dieser Slogan ist eingetragenes Markenzeichen von Sun Microsystems, Inc.

311 Sie stellen zugleich zelluläre Automaten dar – ein Begriff, der auf John von Neumann zurückgeht und der uns in späteren Kapiteln noch beschäftigen wird.

312 Kauffman (1995a), S. 74–80.

313 Boole'sche Netzwerke stellen einen Spezialfall von zellulären Automaten dar. Der Physiker und Mathematiker Stephen Wolfran (2002) gehört zu denen, die das Universum selbst als einen zellulären Automaten begreifen. Daraus würde folgen, dass auch die Wirtschaft einer ist. All diese Überlegungen sind spekulativ; zumindest jedoch liefert die rechentheoretische Betrachtung ökonomischer Phänomene interessante Einsichten und reichhaltige Vorlagen für die weitere Forschung.

314 Die Geschwindigkeit des IBM Blue Gene beträgt 70,62 Billionen Gleitkommaberechnungen in der Sekunde.

315 Die Möglichkeiten zur Erforschung großer Netzwerke könnten sich mit der Entwicklung sogenannter Quantencomputer verbessern. Eine allgemeinverständliche Darstellung gibt Johnson (2003).

316 Dieses Resultat ist jedoch weiterhin umstritten. Während heute viele Wissenschaftler die vom Humangenomprojekt und dem privaten Unternehmen Celera Genomics verkündete Zahl von 30.000 akzeptieren, bleibt das Pharmaunternehmen Human Genome Sciences bei seiner früheren Schätzung von 100.000. Siehe beispielsweise Cookson und Griffith (2001).

317 Kauffman (1993), S. 191–203.

318 Dieses Beispiel beruht auf Zeitungsberichten aus jener Zeit, diversen Selbstdarstellungen von Dell und IBM und den Internetpräsenzen beider Unternehmen.

319 Diese Darstellung stimmt in vielerlei Hinsicht mit Porters (1996) Vorstellung von Strategie als einem Prozess des Ausgleichs zwischen den Randbedingungen eines Geschäftssystems überein.

320 Kauffman (1993), S. 209–218.

321 Kauffman (1995a), S. 252–271. Wir werden Kauffmans Gedanken zu Interessenkonflikten in Kapitel 16 näher unter die Lupe nehmen. Zu den betriebswirtschaftlichen Implikationen von Interessenkonflikten siehe auch Eisenhardt und Brown (1999).

322 In Kapitel 16 werden wir uns mit den Arbeiten des Computational Economist Scott Page von der University of Michigan beschäftigen, der die Rolle der Hierarchie für die Fähigkeit eines Netzwerks untersucht hat, rechnerisch schwierige Probleme zu lösen. Siehe Page (1996).

323 Kauffman (1993), S. 209–227.

324 Kauffman (1995a), S. 84–92.

325 Chaos manifestiert sich in Boole'schen Netzwerken nicht nur in einer empfindlichen Abhängigkeit von Anfangsbedingungen und störenden Einflüssen, sondern auch in längeren Zustandszyklen der einzelnen Attraktoren. Siehe Kauffman (1993), S. 197.

326 Siehe beispielsweise Katzenbach und Smith (1993).

327 Dieser Bericht geht auf Fischer (1996), S. 35–37, zurück.

328 Beispiele finden sich bei Kennedy (1987).

329 Moore (1983) und Gordon (1986).

330 Diese Vorstellung von Wirtschaft als Verbreitungsmechanismus formulierte erstmals der norwegische Ökonom Ragnar Frisch, der daraus im Jahr 1933 ein Konjunkturmodell entwickelte. Siehe Niehans (1990), S. 372–378.

331 Heidra und van der Ploeg (2002), S. 477–539. Siehe auch Hartley, Salyer und Hoover (1998).

332 Warum das so ist, verdeutlicht folgendes Gedankenexperiment. Angenommen, wir kodieren den Input unserer Löffelschläge in einer Bitfolge. Anschließend lassen wir einen Kompressionsalgorithmus über die Bitfolge laufen, um sie so gut es geht zu komprimieren. Solange der Input wirklich zufällig ist, dürfte es kaum etwas zu komprimieren geben. Anschließend kodieren wir das Output-Muster und erhalten eine längere Bitfolge als für den Input, weil ein Input-Stoß mitunter mehrere Output-Bewegungen verursacht. Wenn wir diese Bitfolge komprimieren, resultiert ein Code, der nicht wesentlich länger ist als der entsprechende Input-Code (abhängig von der Güte des Kompressionsalgorithmus). Wir haben also weder die Entropie bekämpft noch unseren Inputstring um echte Informationen bereichert; wir addierten im Rauschen lediglich ein »Echo«, das unser Kompressionsalgorithmus anschließend wieder herausfilterte. Hätten wir hingegen in unsere zufällige Input-Bitfolge 01001001011101001 »Arbeit« investiert (Entropie mit Energie bekämpft), um daraus die gleich lange Output-Bitfolge 00000000011111111 zu erzeugen, dann wäre es möglich gewesen, den Output zu »erst neunmal 0, dann achtmal 1« zu komprimieren, ein Ausdruck, der sich sicherlich mit weniger als 17 Bits wiedergeben lässt. Die in die Sortierung der Bits investierte Arbeit hätte uns erlaubt, eine kürzere Output-Folge zu erzeugen. Weder Wackelpuddingmechanismen noch reale Konjunkturmodelle können in der Weise Ordnung schaffen, dass die

komprimierten Outputstrings kürzer sind als die Inputstrings. Zu Ordnung, Entropie und Informationskomprimierung siehe die klassische Darstellung von Shannon und Weaver (1949). Eine allgemeinverständliche Beschreibung liefert Gell-Mann (1994).

333 Wie Heijdra und van der Ploeg (2002), S. 528, anmerken: »Eine wichtige und etwas enttäuschende Eigenschaft des einheitselastischen RBC-Modells besteht in seinem Mangel an innerer Verbreitung. In allen betrachteten Fällen war die Impuls-Reaktions-Funktion für den Output praktisch identisch mit dem exogenen Technologieschock selbst. Der Verbreitungsmangel betrifft nicht nur das einheitselastische Modell, sondern auch viele weitere RBC-Modelle. Deshalb beschäftigt sich ein aktiver Forschungszweig in der RBC-Literatur mit der Entwicklung von Modellen mit stärkeren und realistischeren inneren Verbreitungsmechanismen.« Mit »innerer Verbreitung« ist die Fähigkeit gemeint, dem Output-Signal eine dynamische Struktur zu verpassen, die im Input-Signal nicht enthalten war.

334 Ein Beschreibung von Keynes' Leben während der Depression liefert Skidelsky (1994).

335 Krugman (1994) liefert eine sehr gute Beschreibung der Keynesschen Ökonomik, an der ich mich hier orientiere.

336 Siehe Akerlof und Yellen (1985a) und (1985b). Siehe auch Krugman (1994), S. 206–220.

337 Heijdra und van der Ploeg (2002), S. 359–403.

338 Ich vereinfache natürlich, denn es gibt noch weitere Alternativen. Siehe beispielsweise die Arbeiten des Stanford-Professors Mordecai Kurz zu endogenen Fluktuationen (Kurz, 1997). Den wichtigsten Platz nehmen jedoch gegenwärtig die Real-Business-Cycle-Theorie und der Neokeynesianismus ein.

339 Das Akerlof-Yellen-Menükostenmodell (und nachfolgende Versionen) hängen beispielsweise von einem hochelastischen Arbeitskräfteangebot ab, das von der empirischen Literatur nicht gestützt wird (Heijdra und van der Ploeg, 2002, S. 402).

340 Hervorragende allgemeinverständliche Einführungen in die Emergenzthematik bieten Holland (1998), Buchanan (2000), Johnson (2001) und Morowitz (2002).

341 Siehe den kurzen aber wegweisenden Artikel von Anderson (1972).

342 Nijhout, Nadel und Stein (1997).

343 Dem russischen Ökonom Nikolai Kondratjew zufolge kennt die Wirtschaft noch einen sechzigjährigen »Langwellenzyklus«. Modell und Beschreibung finden sich bei Sterman (2000).

344 Lotka (1956).

345 Einen Überblick und weitere Literaturhinweise liefert Sterman (2000), S. 684–708. Eine allgemeinverständliche Darstellung findet sich bei Senge (1990).

346 Sterman (1989a), (1989b) und (2000), S. 684–698.

347 Laut Sterman (1989b) endeten rund 25 Prozent der Durchläufe im deterministischen Chaos.

348 Siehe Casti und Karlqvist (1991), Kap. 9. Siehe auch Sterman (2000), S. 684–698.

349 Im Zeitrahmen des Spiels findet eine Rückkehr zum Gleichgewicht nicht statt. Dass es in einem längeren Zeitrahmen zum Gleichgewicht zurückfinden würde, steht ebenfalls nicht zu erwarten, es sei denn, die Spieler können sich untereinander abstimmen. Selbst nachdem den Spielern die Dynamik des Spiels erklärt wurde, gelingt es ihnen auch in einer zweiten Runde (mit verändertem Kartenstapel) nicht, das vollkommen rationale Gleichgewicht zu erreichen.

350 Verbesserte Informationen ändern im Bierspiel nichts am Ergebnis hinsichtlich vollkommener Rationalität, verfügen doch die Teilnehmer auch so schon über alle erforderlichen Informationen, die sie zur Berechnung des rationalen Gleichgewichts benötigen. Die zusätzlichen Informationen korrigieren lediglich einige der Probleme, die sich aus der Verankerungs- und Anpassungsheuristik ergeben.

351 Sensier und van Dijk (2004).

352 Eine Analyse sowie weitere Literaturhinweise finden sich bei McCarthy und Zakrajek (2002).

353 Man könnte einwerfen, ich hätte soeben einen exogenen Faktor für die Dämpfung der Konjunkturzyklen ins Spiel gebracht. In meiner Kritik der traditionellen Wirtschaftslehre habe ich auch gar nicht geleugnet, dass exogene Faktoren existieren und eine Wirkung haben; ich habe lediglich die ihnen unterstellte Rolle in Zweifel gezogen. Im vorliegenden Fall behaupte ich, dass die Konjunkturzyklen eine emergente Eigenschaft der dynamischen Systemstruktur darstellen (und insofern unabhängig von exogenen Faktoren sind), dass sich aber die dynamische Systemstruktur selbst aufgrund technologischer Veränderungen und anderer exogener Faktoren verändern kann.

354 Gould und Eldridge (1993) und Gould (2002).

355 Gould (1989), S. 54.

356 Zum Ursprung des Begriffs siehe Gould (2002), S. 774–775. Was er unter *Gleichgewicht* versteht, beschreibt er auf den Seiten 824–839.

357 Zu Schneelawinen und Sandhaufenexperimenten siehe Bak (1996). In den Finanzmärkten manifestiert sich das punktierte Gleichgewicht als zeitkorrelierte Volatilität, auch bekannt als autoregressive bedingte Heteroskedastizität (ARCH) oder als verallgemeinerte ARCH (GARCH). Siehe Mantegna und Stanley (2000) und Johnson, Jeffries und Hui (2003).

358 Zur Netzwerkstruktur im gesellschaftlichen und biologischen Kontext siehe Girvan und Newman (2001).

359 Jain und Krishna (2002a) und (2002b).

360 Siehe beispielsweise Marx' *Kritik der politischen Ökonomie* und Schumpeters *Business Cycles: A Theoretical, Historical and Statistical Analysis of the Capitalist Process.*

361 Siehe Lydia Adetunji, »Inventor Found Investors Not on His Wavelength«, *Financial Times,* 19. Dezember 2001, S. 5.

362 Einen Überblick liefert Ziman (2000).

363 Siehe beispielsweise Rosenberg (1982), S. 55–80.

364 Siehe Kauffman in Anderson, Arrow und Pines (1988), S. 125–146.

365 Balwin und Clark (2000).

366 Cutler, Poterba und Summers (1989).

367 Diese Darstellung stammt von Buchanan (2000), S. 35.

368 Die Verteilung heißt Potenzgesetz, weil eine Variable als Potenz einer anderen ausgedrückt wird, wie zum Beispiel $f(x) = x^{-a}$, und folglich $\log f(x) = -a \log x$; ein logarithmischer Graph der Funktion ergibt also eine Gerade mit Steigung $-a$.

369 Bak (1996) und Buchanan (2000).

370 Niehans (1990), S. 259–266.

371 Nachfolgende Ökonomen, beginnend mit Robert Gilbrat in seinem Werk *Les Inégalités Economiques* von 1932, versuchten Paretos Resultate mit dem Walras'schen Gedankengebäude in Einklang zu bringen, indem sie behaupteten, Paretos Einkommensungleichheit sei in Wirklichkeit eine Lognormalverteilung. Siehe dazu auch Mandelbrot (1997), S. 252–269.

372 Mandelbrot (1997), S. 371–411. Wenngleich Mandelbrot die Wölbung und das skalenfreie Verhalten der Ränder richtig identifizierte, wurde mittlerweile gezeigt, dass das Potenzgesetz an den Rändern einen höheren Exponenten aufweist als die Lévy-stabile Verteilung, die er dort vermutet hatte. Siehe Plerou u. a. (2001).

373 Aus einer Präsentation von H. Eugene Stanley anlässlich der »The Economy as an Evolving Complex System III Conference«, Santa Fe Institute, 6. November 2001.

374 Plerou u. a. (1999).

375 Axtell (2001).

376 Stanley u. a. (1996) und Lee u. a. (1998).

377 Farmer u. a. (2004), Lillo und Farmer (2004) und Lillo, Mike und Farmer (2005).

378 Siehe Mike und Farmer (2005).

379 Dennett (1995).

380 Sowohl Richard Dawkins (1986) und (1996) als auch Daniel Dennett (1995) verweisen darauf, dass die intuitive Vorstellung, Design müsse einen Designer haben, eine starke Motivation darstellt, an den Kreationismus zu glauben, und dass ein mangelndes Verständnis von den Möglichkeiten der Evolution, eigenständig intelligentes Design hervorzubringen, zu den wichtigsten Gründen gehört, warum so viele Menschen dem Kreationismus anhängen und glauben, dass die Evolution lediglich »eine Theorie unter anderen« sei. Zu den Debatten rund um die Designfrage siehe Dembski und Ruse (2004).

381 Dawkins (1986).

382 Eine Beschreibung der Experimente findet sich bei Sims (1994a) und (1994b). Fotos von den erzeugten Wesen sind auf Sims' Webseite zu sehen: www.genarts.com/karl.

383 Dennett (1995).

384 In einem gewissen Sinne existierte in Sims' Programm ein »Schöpfer«, indem Sims selbst die Evolutionsbedingungen festlegte. In der Natur können wir heute nahezu die gesamte Entwicklung vom Urknall bis zur Entstehung von Leben und weiter bis heute nachvollziehen. Siehe Fry (1999), Solé und Goodwin (2000), Morowitz (2002), Schneider und Sagan (2005) und Lane (2005).

385 Dennett (1995), S. 48–60.

386 Kauffman (2000), S. 223–225.

387 Die Anregung zu diesem Beispiel stammt von Daniel Dennetts »Bibliothek von Babel« (1995), S. 107–113). Dawkins (1996), S. 180–203, gebraucht ein ähnliches Beispiel, wenn er vom »Museum aller Muscheln« spricht.

388 Holland (1975) und (1995) und Mitchell (1996). Holland verwendet den Begriff *Schema* speziell für die Kodierung von Codeabschnitten. Ich werde den Begriff allgemein für jede Kodierung von Entwürfen verwenden und das Codeabschnittkonzept später einführen.

389 Hull (1988).

390 Herbert Simon behandelte die Rolle der Hierarchie und der Modularität in komplexen Systemen in einer Arbeit aus dem Jahr 1962. Eine aktualisierte Version findet sich in Simon (1996), S. 183–216.

391 Auch wenn Dawkins eine andere Terminologie verwendet, will er genau das sagen, wenn er von den Genen als der Selektionseinheit spricht. Siehe Dawkins (1976) und (1982).

392 Im Prinzip spricht nichts dagegen, dieses Gedankenexperiment in der Realität nachzuspielen. Die einzige Schwierigkeit ist, dass die Evolution viele Iterationen und viel Zeit erfordert, was die Geduld zweier Siebenjähriger übersteigen könnte. Das ist der Grund, warum Experimente dieser Art häufig am Computer simuliert werden, der nicht so leicht ermüdet.

393 Dawkins (1976), S. 15–20. Außerdem beziehe ich mich auf Wilson (1992) und Fortey (1997).

394 Beschreibungen und weitere Literaturhinweise finden sich bei Fry (2000), Morowitz (2002) und Schneider und Sagan (2005).

395 Dawkins (1976).

396 Ebd.

397 Diese Schätzungen stammen von Kauffman (1995a), S. 163.

398 Dennett (1995), S. 111–113, nennt als Inspirationsquelle zu seiner Mendel-Bibliothek Richard Dawkins' »biomorphes Land« (Dawkins, 1986).

399 Die Größe des Möglichkeitsraums ist eine Funktion der maximalen Codelänge. Auch wenn dieser Länge theoretisch keine Grenze gesetzt ist, können real existierende Codeleser keine unbegrenzt langen Codes verarbeiten.

400 Dennett (1995), S. 77–80.

401 Das bedeutet natürlich, dass unsere Fitnesslandschaft in Wirklichkeit entsprechend viele Dimensionen haben müsste. Der Einfachheit halber wollen wir jedoch das dreidimensionale Bild verwenden. Zur Dimensionalität von Fitnesslandschaften siehe Kauffman (1993) und (1995). Zudem wollen wir annehmen, dass Codes mit weniger als den maximalen 10 Milliarden Basenpaaren mit Nullen aufgefüllt sind, sodass es sich bei der Nachbar-DNA auch um einen kürzeren oder einen längeren Strang handeln kann.

402 Fitnesslandschaften wurden erstmals im Jahr 1931 von Sewall Wright beschrieben. Ihre mathematischen Eigenschaften erläutert Kauffman (1993). Hervorragende allgemeinverständliche Darstellungen liefern Kauffman (1995a) und Dennett (1995).

403 Kauffman (1995a), S. 161–189.

404 Crutchfield, S. 101–133, in Crutchfield und Schuster (2003).

405 In Wirklichkeit existieren zahlreiche Aufstiegsalgorithmen, und dieser spezielle trägt den Namen *Random Mutation Hill Climbing*. Zu weiteren Algorithmen siehe Mitchell (1996), S. 129.

406 Kauffman (1993) und (1995) beschreibt die Auswirkungen gemischter langer und kurzer Sprünge auf sein *NK*-Modell einer Fitnesslandschaft.

407 Kauffman (1995a), S. 180.

408 Crutchfield, S. 101–133, in Crutchfield und Schuster (2003).

409 Siehe Holland (1975) und (1995) und seine Ausführungen zum Problem des zweiarmigen Banditen. March (1991) erkundet die Spannung zwischen Erkundung und Ausschöpfung im Unternehmenskontext. Eine Darstellung im Evolutionskontext liefern Mitchell (1996), S. 117–118, und Axelrod und Cohen (1999), S. 119–125.

410 Der Beweis zum zweiarmigen Banditen und weitere Betrachtungen finden sich bei Mitchell (1996), S. 119–125.

411 Dennett (1995), S. 77–78.

412 Dennett (1995), S. 128–135.

413 Zur Eignung der unterschiedlichen Suchalgorithmen für die verschiedenen Landschaftsformationen existiert eine umfangreiche Literatur; siehe Whitley (1993), Kauffman (1993) und Mitchell (1996). Ich behaupte nicht, dass die Evolution die beste Lösung für alle Suchprobleme darstellt, sondern dass sie über viele nützliche Eigenschaften für die Suche in dynamischen, grob korrelierten Landschaften verfügt. Die Natur liefert einen Existenzbeweis, wonach die Evolution zur Lösung solcher Suchprobleme durchaus geeignet ist. Vielleicht existieren bessere Algorithmen, aber die müssten erst noch gefunden werden.

414 Keines dieser Resultate ist vorherbestimmt. Evolution führt nicht zwangsläufig zu mehr Ordnung oder Wachstum. Mit geeigneten Parametern ist dies jedoch möglich. Laut Kauffman (1993) stellt die biologische Evolution diese Parameter selbsttätig ein.

415 Zu Beispielen siehe Koza (1992).

416 Einen historischen Überblick vermittelt Hodgson (1993).

417 Siehe beispielsweise Crutchfield und Schuster (2003), Koza (1992) und Mitchell (1996).

418 *Henry IV*, Teil 1, 2. Akt, 4. Szene, Zeile 460.

419 Axelrod (1997a), S. xi.

420 Eine Einführung in die Spieltheorie findet sich bei Fudenberg und Tirole (1991) und Gintis (2000). Den Wirtschaftsaspekt arbeiten Brandenburger u. a. (1997) heraus.

421 Bowles (2004), S. 24.

422 Weil Kooperation im Einrundenfall strikt unterlegen ist, zeigt die Rückwärtsinduktion, dass die Nichtkooperation beider Spieler in sämtlichen Runden auch im endlich wiederholten Spiel das teilspielperfekte Gleichgewicht darstellt. Im Spiel mit unendlichem Horizont ist die Strategie der fortwährenden Nichtkooperation ein teilspielperfektes Gleichgewicht, aber wenn die Diskontierung zukünftiger Auszahlungen hinreichend hoch ist, ist die Strategie »kooperiere in der ersten Runde und kooperiere so lange, wie der Gegner nicht egoistisch handelt; tut er es aber, so betrüge, handle selbst für den Rest des Spiels egoistisch« ebenfalls teilspielperfekt. Im Fall eines Spiels mit endlichem, aber unbekanntem Horizont sind die Ergebnisse unbestimmt. Siehe Fudenberg und Tirole (1991), S. 110–111.

423 Axelrod (1984).

424 Axelrod (1997a), S. 14–29.

425 Lindgren und Nordahl (1994); Lindgren, in Arthur u. a. (1997), S. 337–367; Lindgren und Johansson, in Crutchfield und Schuster (2003), S. 341–360.

426 Das Game of Life gehört zu den bekanntesten Beispielen von zellularen Automaten. Siehe etwa Wuensche und Lesser (1992) sowie Wolfram (1994) und (2002). Nicht zufällig verbindet Lindgrens Modell Spieltheorie und zellulare Automaten, denn beide nehmen einen zentralen Platz in den Arbeiten John von Neumanns ein, der die Spieltheorie gemeinsam mit Oskar von Morgenstern und die Theorie der zellularen Automaten gemeinsam mit Stanislaw Ulam entwickelte.

427 In Pattsituationen entscheidet eine Zufallszahl. Nachbarschaften am Rand des Rasters setzen sich auf der gegenüberliegenden Seite fort, sodass wir es genau genommen nicht mit einer Ebene, sondern mit einem Torus zu tun haben.

428 Während dieser Phasen spielen die Akteure evolutionär stabile Strategien, das biologische Gegenstück zum Nash-Gleichgewicht. Siehe Maynard Smith (1982).

429 Dennett (1995), S. 107–111.

430 Wie erkennen Dennetts Trick noch besser, wenn wir die Zerlegung von Büchern auf die Spitze treiben. Wir können nämlich ebenso gut von einer Bibliothek des Alphabets mit lediglich 100 Büchern sprechen, solange jedes Buch nur ein Zeichen enthält. Aber selbst in einer derart kleinen Bibliothek finden sich alle denkbaren Bücher; *Moby Dick* beispielsweise ist mit einer speziellen 1.250.000-bändigen Ausgabe vertreten. Ebenso gut könnte die Bibliothek viel größer sein und alle denkbaren 5000-Seiten-Bücher umfassen.

431 Das Lesen und Umsetzen des Codes müsste nämlich, wie schon zuvor erläutert, in endlicher Zeit erfolgen.

432 Meine Vorstellung von einem Geschäftsplan ist etwas weiter gefasst als der Begriff des *Blueprint* von Hannan und Freeman (1977). Hannan und Freeman zufolge umfasst der *Blueprint* eines Unternehmens dessen Organisationsstruktur, Prozesse und Ziele. In meiner Definition eines Geschäftsplans finden sich die genannten Aspekte unter dem Oberbegriff der *sozialen Technologien* wieder; darüber hinaus umfasst ein Geschäftsplan konkrete technische Rezepte zu seiner Umsetzung *(physikalische Technologien)* und eine Strategie. Laut Hannan und Freeman sind die Blueprints selbst Gegenstand der Selektion. Meine Geschäftspläne hingegen liefern, wie wir später sehen werden, zwar den Verhaltenscode für die Akteure (Unternehmen), der Selektionsprozess jedoch betrifft die einzelnen Module des Geschäftsplans.

433 Diese zirkuläre, koevolutionäre Beziehung zwischen Managementteams und ihren Geschäftsplänen brachte erstmals die Strategin und Organisationstheoretikerin Edith Penrose in den 1950ern zur Sprache. Siehe Penrose (1959).

434 Nelson (2003).

435 Gould (2002).

436 Die ursprüngliche Studie zu den Milchflaschen öffnenden britischen Meisen stammte von J. Fisher und R. A. Hind aus dem Jahr 1949; die Verbindung zur kulturellen Wissensweitergabe stellte Dawkins (1982), S. 109, her.

437 Damals handelte es sich sicherlich eher um Grunzen und Gesten als um Worte. Wann sich Sprache entwickelte, ist umstritten. Den Lehrbüchern zufolge könnte es ebenso vor 100.000 Jahren wie vor 30.000 Jahren gewesen sein; siehe Jones u. a. (1992), S. 137. Einige Forscher wie beispielsweise Steven Pinker (1994, S. 363 f.) vom MIT halten mit Blick auf den *homo erectus* einen sehr viel früheren Zeitpunkt für möglich; selbst 1,5 Millionen Jahre sind im Gespräch. Ebenso denkbar ist, dass sich die Sprache so schleichend entwickelt hat, dass sich kein Entstehungszeitpunkt angeben lässt. Eins scheint jedoch festzustehen: Die Werkzeugherstellung durch den *homo habilis* ging der Sprachentwicklung weit voraus. Siehe auch Carruthers und Chamberlain (2000) und Cavalli-Sforza (2001).

438 Wie die meisten kulturellen Innovationen war die »Entdeckung« des Handels vermutlich kein einmaliger Akt einzelner Individuen. Vielmehr wurden solche »guten Tricks zum Überleben« (Dennett) von diversen Hominidengruppen zu unterschiedlichen Zeiten unabhängig voneinander entdeckt, und eine dieser Gruppen entwickelte sich schließlich zum *homo sapiens* weiter.

439 Horan, Bulte und Slogren (2005).

440 Zur technologischen Entwicklung als Evolutionsprozess existiert eine umfangreiche Literatur. Wie Ziman (2000), S. 3, schreibt: »Die elementare Analogie zwischen biologischer und kultureller Evolution ist nicht neu. Seit Mitte des 19. Jahrhunderts finden sich entsprechende Hinweise bei so bedeutenden Gelehrten wie William Whewell, Karl Marx, Thomas Henry Huxley, Ernst Mach, William James und Georg Simmel. Die Ursprungsidee wurde von späteren Autoren wie Jean Piaget, Konrad Lorenz, Donald Campbell, Karl Popper und Jacques Monod erweitert.« Siehe auch Petroski (1992) und Baldwin und Clark (2000).

441 Der Terminus *physikalische Technologie* (englisch: *physical technology*) geht auf Nelson (2003) zurück. Während meine Definition der Nelson'schen ähnelt, stammt ihre konkrete Formulierung von mir. Zudem nimmt sie auf den von Joel Mokyr von der Northwestern University entwickelten Technikbegriff Bezug. Siehe Mokyr (1990), S. 273–299; Mokyr, in Ziman (2000), Kap. 5, S. 52–65; und Mokyr (2000).

442 Mokyr definiert seinen Möglichkeitsraum als das Paar (λ, Ω), wobei λ die Menge aller *ausführbaren Techniken* und Ω die Menge der *nützlichen Kenntnisse* bezeichnen. Meine Definition eines PT-Raums entspricht λ. Mokyrs Ω ist dann das, wonach die PT-Evolution sucht und was die Codeleser in die physikalische Realität übersetzen.

443 Ridley (2001).

444 Cavalli-Sforza (2001), S. 92–96, und Jones u. a. (1992), S. 107–143.

445 Stuart Kauffman, persönliche Kommunikation, Oktober 1995. Kauffman beschreibt diesen Effekt in Anderson, Arrow und Pines (1988), S. 125–146.

446 Kauffman (1993), S. 395–402, und (2000), S. 222–232.

447 Diese Unterscheidung zwischen Komponenten und Architektur hat in der Design-Literatur eine lange Tradition; siehe Simon (1996) und Alexander (1997). Sie berücksichtigt, dass in Gestaltungsfragen ein reiner Reduktionismus ebenso wenig zum Ziel führt wie ein ausschließlich holistischer Ansatz, sondern vielmehr beide Blickrichtungen erforderlich sind. Siehe Braha und Maimon (1998), S. 6 f. Meine Verwendung der Termini *Architektur* und *Komponente* orientiert sich an Henderson und Clark (1990) sowie Baldwin und Clark (2000).

448 Zur Bedeutung der Modularität im Design siehe Baldwin und Clark (2000). Eine formale Beschreibung der mathematischen Repräsentation komplexer Artefakte liefern Braha und Maimon (1998), S. 109–142.

449 Selbst die scheinbar kleinsten Innovationen im Entwurf der Werkzeuge nahmen in der frühen Menschheitsgeschichte extrem lange Zeiträume in Anspruch. Noch 1,5 Millionen Jahre nach Auftauchen der ersten Werkzeuge kannten unsere Vorfahren offenbar nur drei Varianten: das Handbeil,

den Chopper und den Querschneider. Fein behauene Schneiden, Äxte mit Griff sowie Mörser mit Stößel erscheinen erst vor 500.000 bis 100.000 Jahren. Siehe Jones u. a. (1992), S. 350–360. Ich verzichte in dieser Darstellung auf konkrete Zeitrahmen und konzentriere mich auf die Grundprinzipien der Werkzeugentwicklung.

450 Laut Stuart Kauffman lässt sich die grobe Korreliertheit von Fitnesslandschaften auf zwei Faktoren zurückführen: die Modularität der Entwürfe und die durch die physikalischen Naturgesetze vorgegeben Rahmenbedingungen. PTs besitzen beide Eigenschaften. Die Modularität der PTs haben wir bereits dargelegt, und die PTs unterliegen sicherlich den physikalischen Gesetzen. Siehe Kauffman (1995a), S. 191–206, und (1995b).

451 Ebd.

452 Ziman (2000), S. 3–12, 41–51.

453 Mein Begriff *deduktives Probieren* lehnt sich an Donald Campbells (1960) Ideen zur Rolle blinder Variation und selektiver Retention für das kreative Denken sowie an Herbert Simons (1996), S. 51–83, Begriff der zweckgerichteten Adaption an. Boyd und Richerson (1985) beziehen sich bei ihren Ideen zur »verzerrten Übertragung« ebenfalls auf Campbell. Aldrich (1999), S. 22–26, unterscheidet zwischen intentionaler und blinder Variation. Allgemeine Ausführungen zu Evolution und Design finden sich bei Braha und Maimon (1998), S. 19–84. Laut Kauffman (1995a), S. 202, nutzt die menschliche technologische Evolution eine Kombination aus intentionalem Denken und reinem Probieren.

454 Auch angesichts einer zunehmenden Verwissenschaftlichung können wir auf die Methode des iterativen Probierens nicht verzichten. Die meisten komplexen Konstruktionsprobleme sind einer deduktiven Lösung unzugänglich. Zur Lösbarkeit von Konstruktionsproblemen in polynomischer Zeit (NP-vollständig) siehe Braha und Maimon (1998), S. 25.

455 Die Geschichte der Post-it-Zettel ist auf der 3M-Webseite www.3m.com nachzulesen. Post-it ist ein eingetragenes Warenzeichen der 3M Corporation.

456 Deutsch: »Die Form richtet sich nach dem Fehler.« Petroski (1992), S. 22.

457 Viele halten diese Geschichte für eine urbane Legende oder einen Internetmythos, aber die *New York Times* und die Nachrichtendienste berichteten darüber am 3. Juli 1982 nach dem Flug sowie am 19. Dezember 1982, als die Federal Aviaton Administration Walters zu einer Geldstrafe verurteilte. Tragischerweise beging Walters 1993 Selbstmord. Zu seinem Leben und seinen Flugträumen existiert mittlerweile ein Theaterstück.

458 Ich beziehe mich hier wieder auf Simon (1996).

459 Mokyr (1990); Mokyr, in Ziman (2000), S. 52–65; und Mokyr (2000).

460 Eine eindrucksvolle Beschreibung der Geschichte des Ziegels mit vielen fotografischen Beispielen von Ziegelentwürfen (ein großartiger Beweis des Bausteinkonzepts) präsentieren Campbell und Pryce (2003).

461 Foster (1986).

462 Kauffman (1995a), S. 202–206. Kauffman bezeichnet das Phänomen der abnehmenden Erträge technologischer Investitionen als *Lernkurve.* In der Terminologie der Managementliteratur bezieht sich die Lernkurve auf den Kostenrückgang infolge kumulativer Produktion, während das von Kauffman beschrieben Phänomen in Anlehnung an Foster (1986) den Namen S-Kurve trägt. Ungeachtet des terminologischen Durcheinanders sind Kauffmans Bemerkungen zur S-Kurve zutreffend.

463 Henderson und Clark (1990).

464 Eine naheliegende Anschlussfrage lautet: Warum tun die etablierten Unternehmen nicht beides? Warum verwerten sie nicht ihren gegenwärtigen Fitnessgipfel und halten gleichzeitig nach neuen Gipfeln Ausschau? Henderson und Clark (1990) nennen eine Reihe interner struktureller Barrieren, insbesondere in Bezug auf Innovationen im Architekturbereich. Wir werden auf diese Frage an späterer Stelle zurückkommen.

465 Zur wissenschaftlichen Revolution siehe Jardine (1999), Dear (2001) und Gribbin (2002).

466 Easterly und Levine (2002). Die Autoren verwenden den Standardterminus *Institutionen* zur Erklärung der nationalen Unterschiede in der ökonomischen Performance. Wie sich zeigen wird, berücksichtige ich Institutionen in meiner Definition der sozialen Technologien.

467 Lewis u. a. (2002) und Johnson (2002). Siehe auch den auf der MGI-Webseite erhältlichen Bericht »US Productivity Growth 1995–2000« (http://www.mckinsey.com/mgi/publications/us/). Zu den Auswirkungen von Managementtechniken auf die makroökonomische Produktivität siehe Dorgan und Dowdy (2002).

468 Der Ausdruck *soziale Technologien* wurde von Nelson (2003) eingeführt. Während sich meine Definition an die Nelson'sche anlehnt, stammt ihre konkrete Formulierung von mir.

469 North (1990), S. 3. Zu alternativen Definitionen siehe Scott (2001).

470 In den späten Siebziger- und frühen Achtzigerjahren äußerten sowohl Herbert Simon (1982, S. 139–167) als auch Richard Nelson und Sidney Winter (1982) Vorstellungen, wonach Unternehmensstrukturen das Ergebnis eines evolutionären Suchprozesses sind. Zu jüngeren Beispielen eines evolutionären Institutionsverständnisses siehe Loasby (1999), Hodgson (2002) und Bowles (2004).

471 Krames (2002).

472 Wright (2000) beschreibt eine Vielzahl wichtiger ST-Innovatinonen.

473 Eine erzählende Beschreibung dieses Übergangs liefert Diamond (1997), S. 83–193.

474 Siehe Freeman und Soete (1997), S. 141–148.

475 Ebd., S. 137 f.

476 Chandler (1962).

477 Die Spieltheorie spielt in den Überlegungen der Ökonomen zur Entstehung gesellschaftlicher Normen und Institutionen eine zentrale Rolle. Siehe beispielsweise Axelrod (1984) und (1997a), Skyrms (1996), Young (1998), Gintis (2000) und Bowles (2004).

478 Wright (2000).

479 Aus Charles Darwins Autobiografie, zitiert nach Wright (1994), S. 194.

480 Das Buch ist in der Tat besser als der Film. Siehe Sylvia Nasars (1998) wunderbare Nash-Biografie.

481 Die Evolution des kooperativen und insbesondere des »altruistischen« Verhaltens bleibt unter Evolutionsbiologen und Gesellschaftswissenschaftlern umstritten. Siehe Sober und Wilson (1998) und Seabright (2004). Mein Standpunkt orientiert sich im Wesentlichen an Dawkins (1976) und Maynard Smith (1982).

482 Lindgren und Nordahl (1994) und Arthur u. a. (1997), S. 337–367.

483 Zu den Ergebnissen diverser Verhandlungsspiele siehe Kagel und Roth (1995), S. 253–348. Zu den kulturübergreifenden Ergebnissen des Ultimatumspiels siehe S. 282–288. Kulturübergreifende Ergebnisse aus Stammeskulturen referieren Henrich u. a. (2004).

484 Zum Thema Evolution und kooperatives Verhalten siehe auch Axelrod (1984) und (1997), Wright (1994), Ridley (1996), Pinker (1997), Buss (1999), Skyrms (1996), Sober und Wilson (1998) und Gintis u. a. (2005).

485 Fukuyama (1995) und Harrison und Huntington (2000). Siehe auch Maynard Smith (1982) und Axelrod (1997b).

486 Sober und Wilson (1998).

487 Die frühen Menschen praktizierten die *Polygynie*, bei der die Männer mehrere Frauen haben – im Gegensatz zur *Polygamie*, bei der sowohl Männer als auch Frauen mehrere Partner haben. Siehe Wright (1994), S. 155–180.

488 Wright (2000), S. 30 f.

489 Diamond (1997).

490 Seabright (2004).

491 Wright (2000), S. 33–35.

492 Eine eingehende Diskussion und weitere Literaturhinweise finden sich bei Wright (1994).

493 Wright (2000), S. 33.

494 Wie Wright (2000), S. 39–41, ausführt, bezeichnen die Anthropologen einige Gesellschaften wie beispielsweise die Kung und die Schoschonen als »vergleichsweise wenig hierarchisch«. Wright zufolge ist dies jedoch eher als »weniger komplex-hierarchisch« denn als »egalitär« zu verstehen. Möglicherweise hat die Komplexität ihrer Hierarchien in dem Augenblick gelitten, als sie von den europäischen Siedlern von ihrem angestammten fruchtbaren Land vertrieben wurden.

495 Easterly und Levine (2002).

496 Zur Evolution der Sprache siehe Anmerkung 437.

497 Die Vorstellung von Organisationen als informationsverarbeitende Rechenmaschinen geht vermutlich auf Herbert Simon (beispielsweise Simon, 1992 und 1996) zurück. Auch Cyert und March (1992) gehören zu den Pionieren dieser Perspektive. Zu jüngeren Beispielen siehe Prietula u. a. (1998), Kennedy und Eberhart (2001) und Monge und Contractor (2003).

498 Hutchins (1996).

499 Jay (2000), S. 38.

500 Ebd., S. 121 f.

501 Micklethwait und Wooldridge (2003).

502 Ich vereinfache natürlich, wenn ich die Gene zu den biologischen Selektionseinheiten erkläre. Die Forschung liefert hier bislang keine eindeutigen Aussagen. Wir wollen uns in diesem Buch im Wesentlichen am Genansatz orientieren, wie ihn Dawkins (1976) und (1982) beschreibt.

503 Siehe Nelson (1995), Hodgson (2002) und Knudsen (2002).

504 Dawkins (1976) und (1982).

505 Best-Practice-Forschung und Business-School-Fallstudien liefern zahlreiche Belege für die Fähigkeit der Menschen, Module nachträglich zu identifizieren. Siehe beispielsweise den Internetauftritt des Corporate Executive Board unter www.executiveboard.com sowie die umfangreiche Fallstudienbibliothek der Harvard Business School unter harvardbusinessonline.hbsp.harvard.edu (für beide war ich in der Vergangenheit tätig).

506 Zur ursprünglichen Routine-Definition siehe Nelson und Winter (1982), S. 14; weitere Betrachtungen und Definitionen finden sich bei Cohen und Sproull (1996). Zur ursprünglichen Meme-Definition siehe Dawkins (1976), S. 192; weitere Betrachtungen zur Memetik stellen Dawkins (1982), Dennett (1995), Lynch (1996), Brodie (1996), Blackmore (1999), Aunger

(2000) und Shennan (2002) an. Zur kulturellen Evolution siehe auch Boyd und Richerson (1985), Dunbar, Knight und Power (1999), Balkin (1998), Klein und Edgar (2002), Plotkin (2002) und Boyd und Richerson (2005).

507 Amazon.com listet nicht weniger als 97.041 Bücher zum Thema »Wie schreibe ich einen Geschäftsplan?« auf. Aufgrund einer Stichprobe lässt sich sagen, dass sie mehrheitlich der hier präsentierten Grundformel folgen. Ich persönlich kann die Allgemeingültigkeit dieser Struktur ebenfalls bestätigen, seitdem ich einst für eine Beteiligungsgesellschaft tätig war und während mehrerer Jahre Hunderte von Geschäftsplänen studierte.

508 Collins und Porras (1994), S. 140–168.

509 Niehans (1990), S. 447.

510 Meine Ausführungen in diesem Abschnitt orientieren sich an Hayek (1948) und (1988).

511 Wright (2000).

512 Cameron und Neal (2003). Zur Geschichte der Märkte siehe McMillan (2002) und Bevir und Trentmann (2004).

513 Baumol (2002).

514 Chandler (1977).

515 Meine Verwendung des Begriffs *Ressource* in diesem Zusammenhang entspricht seiner Bedeutung in der Managementliteratur. Siehe beispielsweise Wernerfelt (1984) und (1995) und Robert Grant, S. 179–199, in Segal-Horn (1998).

516 Siehe auch Nelson und Winter (1982), S. 119–121, und Nelson (1995), S. 69.

517 Darauf weist Nelson (1995) hin.

518 Während die Betonung auf Verteilung im Allgemeinen gerechtfertigt ist, verweisen manche traditionelle Ökonomen auch auf die Rolle der Märkte für die Innovation. Üblicherweise wird dabei gezeigt, wie die Märkte im Gleichgewicht geeignete Innovationsanreize schaffen und die Ressourcen den Innovatoren zuweisen. Siehe beispielsweise Aghion und Howitt (1998) und Baumol (2002).

519 Siehe beispielsweise Gintis (2003).

520 Axtell (2002) und (2003).

521 Siehe den Titel von Baumol (2002).

522 Kahneman, Diener und Schwartz (1999) und Schwartz (2004).

523 Aus Václav Havel, *Sommermeditationen* (Rowohlt Taschenbuch, 1994), S. 62.

524 Campbell (1960). Jüngere Beiträge zur evolutionären Epistemologie finden sich bei Plotkin (1993) und Ziman (2000). Zur evolutionären Wissenschaftstheorie siehe Hull (1988).

525 Cameron und Neal (2003), S. 154–155.

526 Johnson (1997).

527 Ebd., S. 94 f.

528 Ebd., S. 94.

529 Die biografischen Details stammen von der Website »The History of Economic Thought« (http://cepa.newschool.edu/het), die von der New School University of New York betreut wird.

530 Georgescu-Roegens startete seinen Angriff in der Einleitung zu seinem Buch *Analytical Economics: Issues and Problems* (Cambridge, MA: Harvard University Press, 1966).

531 Georgescu-Roegen (1971).

532 Siehe Teilhard de Chardin (1969). Zu Chardins Werk siehe auch Wright (2000).

533 Hayek (1960) und (1988), und Boulding (1978).

534 Schneider und Sagan (2005).

535 Zitiert nach Kauffamn (1995a), S. 44 f.

536 Georgescu-Roegen (1971), S. 18.

537 Georgescu-Roegen (1971), Daly (1999) und Mirowski (1989).

538 Zitiert nach Daly (1999), S. 78 f.

539 Zwanzig Jahre lang forderte Georgescu-Roegen Stiglitz und Solow (in denen er die Hohepriester der traditionellen Wirtschaftslehre sah) zu einer Debatte heraus, jedoch ohne Erfolg. Nach Georgescu-Roegens Tod fand sich Solow schließlich bereit, auf einige Fragen in Zusammenhang mit Georgescu-Roegens Kritik zu reagieren. Der frostige Austausch, über den der Leser selbst urteilen möge, wurde erstmals in *Ecological Economics* 22, Nr. 3 (September 1997), S. 271–273 veröffentlicht; ein Nachdruck findet sich in Daly (1999), S. 85–88.

540 Auch wenn Georgescu-Roegen im Prinzip Recht hatte, litt seine Glaubwürdigkeit unter dem apokalyptischen Ton, den er in Umweltfragen bisweilen anschlug. In Georgescu-Roegen (1971), S. 21, sagte er beispielsweise voraus, dass sich die Menschheit im Jahr 2000 von künstlichen Proteinen ernähren und eines Tages, wenn die letzten fossilen Energievorräte erschöpft wären, zum Ackerbau mit Zugtier und Pflug zurückkehren würde.

541 Georgescu-Roegen nennt als Beispiel die Arbeiten des Ökonometrikers Harold T. Davis aus den Vierzigerjahren und die Kritik an seinem Werk von J. H. C. Lisman (ebd., S. 17). Zum Beweis, dass Physiker für schlechte Metaphern nicht weniger anfällig sind als Ökonomen, zitiert Mirowski (1989), S. 367, aus einem Artikel Robert Bordleys von 1983.

542 Zitiert nach Mirowski (1989), S. 382.

543 Zitiert nach Mirowski (1989), S. 383.

544 Einige von Georgescu-Roegens Argumenten wirken heute seltsam oder falsch. Seinen Entropievorstellungen fehlen noch die Früchte der informationstheoretischen Forschungen aus den Achtziger- und Neunzigerjahren, und seine Evolutionsvorstellungen wurden entwickelt, bevor es möglich wurde, mittels Computern die Evolutionstheorie mathematisch zu erkunden und algorithmische Perspektiven zu entwickeln. Der generelle Bogen seiner Argumentation hat jedoch nach wie vor Gültigkeit.

545 A. S. Eddington, *The Nature of the Physical World* (New York: MacMillan, 1930), S. 74, zitiert in Haynie (2001), S. xii.

546 Georgescu-Roegen (1971), S. 6, 11, 196–198, 278.

547 Ebd., S. 277.

548 Ebd., S. 18.

549 Siehe die Betrachtungen zu Gibbs' *Ensembles* und Onsager-Boltzmanns Gleichungen in Keizer (1987).

550 Nur dann können wir die Richtungen unterscheiden, wenn wir Fixsterne als Bezugspunkte hinzunehmen. Aber diese Information hilft uns nur, wenn wir die »korrekte« Umlaufbahn a priori kennen. Wir können sagen, dass der Vorgang umkehrbar ist, weil ein außerirdischer Physiker ohne Kenntnis unseres speziellen Sonnensystems die Vorwärtsrichtung von der Rückwärtsrichtung nicht unterscheiden könnte, während ein mit dem zweiten Hauptsatz der Thermodynamik vertrauter Außerirdischer die korrekte Richtung des Zeitpfeils in einem Film, in dem eine Milchflasche zerschlagen wird, ohne Weiteres angeben kann.

551 Die Gerichtetheit der Zeit und die Beziehung zwischen der Zeit auf der makroskopischen und der Quantenebene ist ein komplexes Thema und Gegenstand anhaltender Forschungen. Allgemeine Darstellungen liefern Prigogine (1996) und Deutsch (1997).

552 Aus von Baeyer (1998), S. 133.

553 Zur Geschichte des Maxwell'schen Dämons siehe von Baeyer (1998).

554 Das Problem der Umkehrbarkeit wird in der traditionellen Wirtschaftslehre nicht explizit behandelt. Ein Blick auf die traditionelle Theorie durch die Brille der Umkehrbarkeit zeigt jedoch einige interessante Widersprüche. Handelsvereinbarungen wie beispielsweise eine Walras'sche Auktion werden in der Regel unumkehrbar formuliert. Grundsätzlich jedoch spricht nichts dagegen, neoklassische Produktionsfunktionen wie etwa die Cobb-Douglas-Funktion rückwärts laufen zu lassen. Was der neoklassischen Theorie ihren Zeitpfeil verleiht, ist das Arrangement der Nutzenfunktionen

sowie Anfangskonditionen oder exogene Stöße, die das System aus dem Gleichgewicht bringen, sodass die Nutzenfunktionen die Wirtschaft über unumkehrbare Handelsvorgänge vorwärts treiben, wie beispielsweise in der kanonischen Hicks'schen Woche. Aus dieser durch die Nutzenfunktionen bewirkten mikroökonomischen Unumkehrbarkeit folgt interessanterweise keine makroökonomische Unumkehrbarkeit. Die meisten makroökonomischen Modelle sind entweder umkehrbar (Solows Wachstumsmodell) oder der Zeitpfeil ist exogen gegeben (das Diamond'sche Modell überlappender Generationen). Das demonstriert erneut die mangelnde Konsistenz und Integration zwischen den Welten der traditionellen Mikro- und Makrotheorie.

555 Ich danke Cosma Shalizi von der University of Michigan für diesen Hinweis. Zu Bennetts und Landauers Arbeiten siehe von Baeyer (1998), S. 152–155.

556 Eric Smith vom Santa Fe Institute und Duncan Foley von der New School University haben in der Theorie gezeigt, dass man umkehrbare ökonomische Transaktionen an dem Punkt erzeugen kann, an dem die Konsumenten gegenüber dem Handel indifferent sind, weil ihre Nutzenfunktionen konstant bleiben. Solche Transaktionen genügen jedoch nicht der Bedingung der Werterzeugung. See von Baeyer (1998), S. 146–152.

557 Arbeiten des Physikers Leó Szilárd aus den Zwanzigerjahren und ihre Weiterentwicklung durch Léon Brillouin in den Fünfzigerjahren zeigten, dass die Informationsgewinnung unvermeidlich mit einem globalen Entropieanstieg verbunden und somit zeitlich gerichtet ist. Siehe von Baeyer (1998), S. 146–152.

558 Was ist mit Vandalen, die Dinge zu ihrem Vergnügen zerstören? Ich würde argumentieren, dass diese Menschen damit zwar ein psychologisches Bedürfnis erfüllen, aber keinen ökonomischen Wert erzeugen. Vielmehr müssen die Steuerzahler für die Polizei aufkommen, die diesen Leuten Einhalt gebietet. Aus gesellschaftlicher Sicht zerstören sie also Wert.

559 Selbst wenn wir diesen Zwischenschritt des Abrisses als eine eigenständige Transformation betrachten, erkennen wir, dass zwar die Entropie des realen Gebäudes zunimmt, die Entropie des Abrissunternehmens aber abnimmt, während es wächst, Mitarbeiter einstellt, organisiert, Ausrüstung anschafft, Know-how im Abreißen sammelt und so weiter – die lokale Entropie nimmt folglich ab, während die Entropie des Universums mit dem Schutt, der an die Umgebung abgegeben wird, zunimmt.

560 Der Vorschlag für dieses Beispiel kam von den Teilnehmern des University of Michigan SFI Complexity Workshop 2002.

561 Siehe von Baeyer (1998), S. 157 f.

562 Bowles (2004), S. 93–126, berichtet über Bemühungen, eine Präferenztheorie mit den im Rahmen der experimentellen Ökonomik beobachteten Verhaltensregelmäßigkeiten in Einklang zu bringen. Soweit ich weiß, existieren noch keine Arbeiten zur Vereinbarkeit von Präferenztheorie und Evolutionspsychologie (Buss, 1999). In diesem Abschnitt präsentiere ich einige vorläufige Gedanken zu diesem Thema.

563 Einen Überblick über die Evolutionspsychologie liefern Wright (1994), Pinker (1997) und (2002), Ridley (1997) und Buss (1999). Die Evolutionspsychologie bleibt umstritten; eine Gegensicht präsentieren Rose und Rose (2001).

564 Wright (1994).

565 US Department of Labor, Bureau of Labor Statistics, *Consumer Expenditures in 2000* (April 2002, www.bls.gov).

566 Siehe beispielsweise Abul-Magd (2002).

567 Pinker (1997), S. 374–378.

568 Ebd., S. 378–385.

569 Wright (1994).

570 Forschungen im Auftrag der britischen Telefongesellschaft BT Cellnet; siehe Fox (2002).

571 Studie der norwegischen Telefongesellschaft Telenor; siehe www.telenor.no/fou/program/nomadiske/artikler.shtml.

572 Pinker (1997), S. 522.

573 Ebd., S. 521–538.

574 Laland, Odling-Smee und Feldman (2000) und Bowles und Gintis (2002).

575 Die ältesten bekannten Musikinstrumente sind Vogelknochenflöten von vor gut 30.000 Jahren. Sie wurden in Höhlen in Süddeutschland und Frankreich gefunden (Klein und Edgar, 2002, S. 194 f.). Zur Evolution der Musikwertschätzung siehe Pinker (1997), S. 528–538.

576 Georgescu-Roegen (1971), S. 283–291.

577 Dawkins (1976) und (1998), Dennett (1995) und Wright (2000).

578 Kahneman u. a. (1999) und Layard (2005).

579 Eine ausführliche Diskussion liefert Wright (2000). Zur ökonomischen Aktivität als Vorteilsfaktor in der menschlichen Evolution siehe auch Horan, Bulte und Shogren (2005).

580 Auch wenn Wissen traditionell an den exogenen Grenzen der neoklassischen Wirtschaftslehre angesiedelt war, nimmt es seit geraumer Zeit in Management- und Unternehmensstudien sowie in der Soziologie einen zentralen Platz ein. Insbesondere Edith Penrose (1959) beschrieb die

entscheidende Rolle von Wissen und unternehmensweitem Lernen für die Wohlstandserzeugung im Unternehmen. Zahlreiche weitere Studien zu dem Thema schlossen sich an. Siehe auch Cohen und Sproull (1996), Mintzberg, Ahlstrand und Lampel (1998), S. 175–231, und Eisenhardt und Santos in Pettigrew, Thomas und Whittington (2002), S. 139–164.

581 Evolutionsepistemologische Theorien beschreibt Plotkin (1993).

582 Gould (2002).

583 Meine Definition eines wissenschaftlichen Gesetzes stellt eine starke Vereinfachung eines komplexen Themas dar. Siehe Hausman (1994), S. 10–15, und Cartwright (1999), S. 49–74.

584 In den Zwanzigerjahren führte Frank Knight die Unterscheidung zwischen »Risiko« mit bekannten Wahrscheinlichkeiten und »Unsicherheit« mit unbekannten Wahrscheinlichkeiten ein. Das war für das Gleichgewichtskonzept insofern ein Problem, als sich eine Unsicherheit ohne eine bekannte Wahrscheinlichkeitsverteilung nicht modellieren ließ. Die Lösung des Problems präsentierte Leonard Savage im Jahr 1954 in seinem Buch *The Foundations of Statistics* (New York: John Wiley & Sons), in dem er vorschlug, dass die Akteure so modelliert werden, als operierten sie mit wohl definierten Wahrscheinlichkeitsvermutungen. Savages subjektive Wahrscheinlichkeitstheorie stellt seither die Standardmethode zur Unsicherheitsmodellierung in der traditionellen Wirtschaftslehre dar. Eine moderne Darstellung und weitere Literaturhinweise finden sich bei Mas-Colell, Whinston und Green (1995), S. 167–215.

585 Das schließt nicht aus, dass die Qualität der kurzfristigen Voraussagen zunimmt oder dass sich die Wahrscheinlichkeit langfristig zutreffender Voraussagen verbessern kann. Aufgrund von Fortschritten im Bereich der Datenerhebung, Computermodellierung und wissenschaftlichen Durchdringung komplexer Phänomene lassen sich komplexe Systeme wie beispielsweise das Wetter oder die Wirtschaft immer besser vorhersagen (siehe etwa »And Now, the War Forecast«, *Economist Technology Quarterly,* 17. September 2005, S. 21 f.). Wie jedoch aus der Komplexitätstheorie hervorgeht, sind den Vorhersagemöglichkeiten in solchen Systemen sehr wohl Grenzen gesetzt.

586 Suchprozesse in Fitnesslandschaften werden in der Regel als NP-vollständige Probleme behandelt. Eine Einführung in NP-vollständige Probleme bietet Flake (1998). Zur NP-Vollständigkeit im Zusammenhang mit Fitnesslandschaften siehe Weinberger (1996). Zur Schwierigkeit, Evolution vorherzusagen, siehe Grant und Grant (2002).

587 Einen Überblick liefern Mintzberg, Ahlstrand und Lampel (1998) und Pettigrew, Thomas und Whittington (2002).

588 Chandler (1962), S. 13.

589 Leider reicht hier der Platz nicht, um die ganze Vielfalt der Sichtweisen und Methoden in der akademischen Strategieliteratur wiederzugeben. Einen hervorragenden und allgemeinverständlichen Überblick liefern Mintzberg, Ahlstrand und Lampel (1998). Eher wissenschaftlich ausgerichtet sind die Darstellungen von Rumelt, Schendel und Teece (1994) sowie Pettigrew, Thomas und Whittington (2002). In diesem Abschnitt konzentriere ich mich auf die Schule, die Strategie als Positionierung oder Struktur versteht, weil diese in Unternehmen, Beratungsfirmen und MBA-Kursen stark vertreten ist. Später im Buch werden wir uns mit dem ressourcengestützten Unternehmensverständnis beschäftigen.

590 Das Konzept des Wettbewerbsvorteils geht auf Joe Bains *Industrial Organization* von 1965 und auf Igor Ansoffs *Corporate Strategy* von 1965 zurück. Porter (1980) und (1985) entwickelte das Konzept anschließend in seiner kanonischen Form. Einen aktuellen Überblick liefern Pettigrew, Thomas und Whittington (2002).

591 Zur Klassifizierung möglicher Quellen für Wettbewerbsvorteile siehe Pettigrew, Thomas und Whittington (2002), S. 55–71.

592 Ghemawat (1991).

593 Murray Gell-Mann erzählte diese Geschichte anlässlich eines Gesprächs im Londoner McKinsey-Büro am 16. Februar 2001. Gell-Mann hatte seine Fakten wie gewohnt sorgfältig recherchiert. Ob allerdings Kronprinz Wilhelm seine Zigarette im Mund oder in der Hand hielt, ist in der Fachwelt umstritten (siehe www.annieoakleyfoundation.org).

594 Gell-Mann (1994), S. 133 f.

595 Das Zitat in der Überschrift stammt von dem berühmten Baseballer Yogi Berra (www.yogi-berra.com).

596 Zur Szenarioanalyse siehe Van der Hijden (1996) und Schwartz (1991). Zur Strategie unter Unsicherheit siehe auch Courtney (2001).

597 Zum Unsicherheitsverständnis der traditionellen Wirtschaftslehre siehe Mas-Colell u. a. (1995).

598 Induktive Systeme (wie die von Holland u. a., 1998, beschriebenen), in denen die Regelanwendung nach vergangenen Erfolgen gewichtet ist, können ihre Anpassungsfähigkeit in Umgebungen, die über lange Zeiten stabil bleiben, in dem Maße verlieren, wie sich eine tiefe, spezifische und stark gewichtete Regelstruktur herausbildet.

599 Beispiele für Potenzgesetze in Wachstums-, Größen- und Performancemustern von Unternehmen finden sich in Lee u. a. (1998), Axtell (2001) und Powell (2003). Überblick und Literaturhinweise zu heuristischen Prozes-

sen, mit denen sich Menschen ihr Wahrscheinlichkeitsurteil bilden, und zu den von diesen Prozessen erzeugten Fehlern liefern Camerer u. a. (2004), S. 9–12.

600 Foster und Kaplan (2001), Kap. 3, beschreiben ein ähnliches Szenario.

601 Siehe Micklethweit und Wooldridge (2003). Bis heute existiert unter dem Namen East India Company ein kleines Nachfolgeunternehmen, das mit Tee und Kaffee handelt.

602 Die relative Nachhaltigkeit von Wettbewerbsvorteilen war seit den Achtzigerjahren ein Streitpunkt in der Strategiediskussion. Wiggins und Ruefli (2005) liefern einen historischen Überblick über die empirischen Resultate und den Debattenverlauf. Zur temporären Natur des Wettbewerbsvorteils siehe auch Wiggins und Ruefli (2002).

603 Foster und Kaplan (2001).

604 Bei einer Fusion oder einer Übernahme hören die Produktionsanlagen des übernommenen Unternehmens nicht auf zu existieren, auch wenn die Besitzverhältnisse wechseln. Ich rechne diese Fälle dennoch zu den »verschwundenen Unternehmen«, weil die Ressourcen gemäß unserem Gedankenmodell aus Teil III unter die Kontrolle eines anderen Geschäftsplans kommen. Fusionen und Übernahmen gehören zu jenen Mechanismen, wie erfolgreiche Geschäftspläne ihre Ressourcenkontrolle erweitern können.

605 Das von Foster und Kaplan verwendete Leistungsmaß ist die Gesamtrendite für die Aktionäre mitsamt der reinvestierten Dividenden. Wiggins und Ruefli (2002) die ein anderes Maß (Gesamtkapitalrendite) zugrundelegen und die Ergebnisse zweier Studien kombinieren, identifizieren drei Unternehmen, die nicht nur überlebt haben, sondern sich im Zeitraum von 1950 bis 1997 durchgehend besser als der Markt entwickelten: American Home Products, Eli Lilly und 3M – eine weitere Bestätigung, dass die Kombination von langfristigem Überleben und hoher Performance extrem selten ist.

606 Wiggins und Ruefli (2002) und (2005).

607 Die Performance wurde als Gesamtkapitalrendite und als Tobins *Q* (Verhältnis des Marktwerts eines Unternehmens zu den Wiederbeschaffungskosten des Sachkapitals dieses Unternehmens) gemessen. Die angegebenen Resultate beziehen sich auf die Gesamtkapitalrendite.

608 Wettbewerbsvorteile lassen sich selbst nicht beobachten. Wiggins und Ruefli testeten stattdessen das, was der Hypothese zufolge durch Wettbewerbsvorteile geschaffen wird: eine langfristige, nachhaltige Leistungsüberlegenheit im Vergleich zur Gesamtbranche. Die Diskussionen zur wissenschaftlichen Gültigkeit und Testbarkeit von Wettbewerbsvorteilen angesichts ihrer fehlenden Beobachtbarkeit reichen weit zurück; Überblick und Literaturhinweise finden sich bei Powell (2002).

609 T. Ruefli, E-Mail-Korrespondenz mit dem Autor, 25.–26. September 2005.

610 Die Rote-Königin-Hypothese wurde erstmals vom Biologen Leigh van Valen von der University of Chicago auf dieses Phänomen übertragen (»A New Evolutionary Law«, *Evolutionary Theory* 1, 1973, S. 1–30). Zur Rote-Königin-Hypothese in Biologie und Ökonomik siehe Kauffman (1995b).

611 Seit Mitte der Achtzigerjahre gibt es zum Thema Strategie im Wesentlichen zwei Lager: das Struktur- und das Ressourcenlager; siehe Wernerfelt (1984) und (1995), Henderson und Mitchel (1997), Pettigrew, Thomas und Whittington (2002) und Hoopes, Madsen und Walker (2003). Aus der Evolutionsperspektive erscheint diese Zweiteilung so falsch wie die zwischen Vererbung und Erziehung. In Wahrheit handelt es sich um dieselbe Zweiteilung, nur in einem anderen Substrat. Was in der Strategieliteratur als *Ressourcen* bezeichnet wird, lässt sich als ein Aspekt des Geschäftsplans (Code) einer Geschäftseinheit (Akteur) auffassen, während die *Struktur* als das Umfeld erscheint, in dem die Geschäftseinheit operiert. Aus der Evolutionsperspektive entwickeln sich Geschäftspläne in Reaktion auf den Selektionsdruck aus dem Umfeld, und das Umfeld ist wiederum eine Funktion der von der Geschäftseinheit praktizierten Geschäftspläne (was Evolutionstheoretiker als Nischenkonstruktion bezeichnen). Die Leistung der Geschäftseinheit ist weder ausschließlich eine Funktion der Ressourcen noch der Struktur; vielmehr entwickeln sich Ressourcen und Struktur dynamisch in wechselseitiger Abhängigkeit. In der strategischen Begrifflichkeit von Mintzberg, Ahlstrand und Lampel (1998) verwirft die Evolutionstheorie den Design-, den Planungs- und den Positionierungsansatz. Sie übernimmt und verbindet Elemente des unternehmerischen, des kognitiven, des Lern-, des Kultur-, des Umfeld- und des Konfigurationsansatzes. Während die Komplexitätsökonomik keinen dieser Ansätze vollständig bestätigt, liefert sie eine theoretische Fundierung für viele jener Beobachtungen und Einsichten, die sich in den diversen Zweigen der Literatur finden.

612 T. Ruefli, E-Mail-Korrespondenz mit dem Autor, 25.-26. September 2005. Als Maß für diese Unternehmen diente die Gesamtkapitalrendite.

613 Hannan und Freeman (1977), (1984) und (1989), und Hannan und Carroll (1992).

614 Foster (1986), S. 132–135, und Tushman und O'Reilly (1997), S. 17–25.

615 Siehe Hannan und Freeman (1989) und Baum und Singh (1994).

616 Foster und Kaplan (2001), S. 20.

617 Während sich die strategische Praxis in den meisten Unternehmen nicht durch Anpassungsfähigkeit auszeichnet, ist Evolution in der akademischen Managementforschung seit den frühen Achtzigerjahren ein Thema. Auf der

Grundlage der Ideen von Boyd und Richerson (1985) zur Kulturevolution, Nelson und Winter (1982) zur Ökonomik und Campbell (1960) zur Epistemologie begannen die Managementwissenschaftler in den Achtzigerjahren, Strategie aus der Evolutionsperspektive zu betrachten. Hier sind insbesondere die Arbeiten von Stanford-Professor Robert Burgelman zu erwähnen, siehe Burgelman (1983) und Barnett und Burgelman (1996). Ein faszinierender Entstehungsbericht zur Strategie von Intel findet sich in Burgelman (2002). Auch in populären Büchern zur Managementstrategie fällt ebenfalls häufig das Stichwort Evolution. Siehe beispielsweise Peters und Waterman (1982), S. 114, und Hamel (2000), S. 264–269 und 297–306.

618 Die Vorstellung von Strategien als Realoptionen hat ihren Ursprung in den Arbeiten von Avinash Dixit und Robert Pindyck (1994). In Beinhocker (1999) behandle ich die Erzeugung eines Portfolios von Optionen als einen möglichen Ansatz für die evolutionäre Suche in einer Fitnesslandschaft. Mein McKinsey-Kollege Lowell Bryan (2002), der von einem »Portfolio von Initiativen« spricht, hat die Konsequenzen dieses Ansatzes für die Managementpraxis untersucht.

619 Dieses Beispiel wurde aus Beinhocker (1999) übernommen.

620 Dieser Abschnitt stammt von Beinhocker und Kaplan (2002).

621 Meine Gedanken zu diesem Thema beruhen maßgeblich auf der Tätigkeit von Dick Foster und Sarah Kaplan für Johnson & Johnson, bei der es um sogenannte »Frameworks« ging. Siehe Foster und Kaplan (2001), Kapitel 11.

622 Mintzberg, Ahlstrand und Lampel (1998), S. 176–231.

623 Zu »Realoptionen« und Strategie siehe Dixit und Pindyck (1994), Copeland und Keenan (1998) und Leslie und Michaels (2000).

624 Bryan (2002).

625 Auf diese Spannung zwischen Erkundung und Ausschöpfung haben diverse Autoren hingewiesen, darunter Peters und Waterman (1982), March (1991), Collins und Porras (1994), Tushman und O'Reilly (1997) und Foster und Kaplan (2001).

626 Bryan (2002) spricht in diesem Zusammenhang von »Familiarität«.

627 Wiggins und Ruefli (2002), S. 95.

628 Drei gute Einstiegspunkte liefern Collins und Porras (1994), Tushman und O'Reilly (1997) und Lencioni (2002).

629 Collins und Porras (1994), S. 94. Auch wenn ich die Existenz von Top-Unternehmen (im Gegensatz zu langlebigen Unternehmen) bestreite, bin ich dennoch überzeugt, dass ein sorgfältiges Studium von Unternehmenspraktiken, wie in *Built to Last* geschehen, Licht auf einige interessante ST-Innovationen werfen kann, welche die Unternehmen entwickelt haben.

630 Zitiert nach Collins und Porras (1994), S. 95.

631 Welch (2001).

632 Das Bienenverhalten wurde von Entomologen detailliert studiert und stellt ein faszinierendes Beispiel von hochgradig effektiver Selbstorganisation dar. Siehe Camazine u. a. (2001), S. 188–215.

633 Aus einer Präsentation von J. Donehey und G. Overholser von CapitalOne anlässlich der Embracing Complexity Conference, Ernst & Young, Boston, 2.-4. August 1998. Eine ausführliche Beschreibung des CapitalOne-Ansatzes findet sich in Bonabeau und Meyer (2001).

634 Kaplan u. a. (1996).

635 Während ich Risikokapital prinzipiell befürworte, bin ich bei Risikoinvestitionen von Unternehmen skeptisch. Die meisten Versuche verlaufen enttäuschend; siehe Campbell u. a. (2003).

636 Siehe beispielsweise Hamel (2000).

637 Berzins u. a. (1998), S. 7.

638 Die Details stammen von den Websites beider Unternehmen (www.westinghousenuclear.com und www.ge.com) sowie von Collins und Porras (1994), Slater (1999) und Welch (2001).

639 Welch (2001) und Collins und Porras (1994).

640 Collins und Porras (1994).

641 Slater (1999) und Welch (2001).

642 Krames (2002) und Slater (1999).

643 Beispiele und Übersichten liefern Arrow (1974), Simon (1997), Williamson und Winter (1991), Jensen (1998), Hatch (1997), Penrose (1959), Williamson (1990), Cyert und March (1963), Astely u. a. (1983), Koza und Thoenig (1995) und Giddens (2001). Eine postmoderne Perspektive präsentiert Hatch (1997).

644 Siehe beispielsweise Nelson und Winter (1982), Aldrich (1999), Dosi, Nelson und Winter (2000), Haken (2000), Lee u. a. (1998), Lesourne und Orléan (1998), Morecroft und Sterman (1994), Prietula u. a. (1998), Axelrod (1984) und (1997a), Axelrod und Cohen (1999), Durlauf und Young (2001), Young (1998) und Monge und Contractor (2003).

645 Aldrich (1999).

646 Cyert und March (1992) betonen, dass Organisationen selbst keine Ziele haben; nur Individuen haben Ziele. Unter Organisationszielen wollen wir die emergenten Resultate des Wechselspiels zwischen den Zielen der einzelnen Akteure verstehen. Chester Barnard spricht in seinem Klassiker *The Functions of the Executive* (Cambridge, MA: Harvard University Press)

von der bedeutenden Rolle der Managementhierarchien für die Ausrichtung der individuellen Ziele auf positive emergente Ziele. Den gegenwärtigen Diskussionsstand zu den Barnard'schen Theorien referiert Williamson (1995).

647 Aldrich (1999), S. 4.

648 Zur traditionellen Erklärung für die Existenz von Unternehmen siehe Roberts (2004), S. 74–117.

649 Einen modernen Überblick über Coases Arbeiten bieten Williamson und Winter (1993).

650 Ebd. und Williamson (1995).

651 Holmström und Roberts (1998).

652 Camazine u. a. (2001), S. 23–26.

653 In ihrem Klassiker »Organizational Learning«, einer Arbeit aus dem Jahr 1988 (abgedruckt in Cohen und Sproull, 1996, S. 516–540), beschreiben Levitt und March das Lernen in Organisationen als routinebasiert, geschichtsabhängig und zielorientiert. »Stigmergisches« Lernen ist also mit dieser Definition konsistent. Zu kollektivem Lernen siehe auch Hutchins (1996).

654 Wright (2000).

655 Siehe Axelrod und Cohen (1999), S. 43–50.

656 Peters und Waterman (1982). Wie wir später sehen werden, haben Joseph Schumpeter und Edith Penrose diesen Konflikt bereits sehr viel früher diagnostiziert.

657 Collins und Porras (1994), Foster und Kaplan (2001) und Tushman und O'Reilly (1997).

658 March (1991).

659 Ein gutes Beispiel bieten die Gesundheitsorganisationen und Regierungen mit ihrer zögerlichen Anpassung an die HIV/AIDS-Krise; siehe »Help At Last«, *The Economist*, 29. November 2003, S. 11.

660 Das sind nicht die einzigen möglichen Gründe für mangelnde individuelle Anpassungsfähigkeit. Siehe beispielsweise Cohen und Sproull (1996) und Camerer, Loewenstein und Rabin (2004). Aber die hier genannten Gründe sind gut erforscht, und sie tragen wesentlich zur Rigidität unserer mentalen Modelle bei.

661 Siehe beispielsweise *Bush at War* von Bob Woodward (New York: Simon & Simon, 2002) und *Against All Enemies* von Richard Clarke (New York: Free Press, 2004).

662 Lovallo und Kahneman (2003).

663 Ebd., S. 5.

664 Welch (2001), S. 106.

665 Holland u. a. (1986) und Holland (1995).

666 Angesichts der Dominanz älterer und erfahrener Menschen in den Hierarchien liegen überraschend wenig Erkenntnisse zum Einfluss von Alter und Erfahrung auf die mentale Anpassungsfähigkeit und die Entscheidungsfindung vor. Sternberg (1999), S. 122 f., fasst die empirischen Befunde zusammen, und Holland u. a. (1986), S. 250–154, streifen das Thema im Kontext der Standardhierarchien. Die in diesem Abschnitt vorgestellten Ansichten stellen meine eigene, zugegebenermaßen etwas spekulative Interpretation des Holland'schen Modells dar. Das Feld bietet eine gute Gelegenheit für zukünftige Forschungsprojekte.

667 Margaret Thatcher, »Special Report: Politics Past«, Rede auf der Conservative Party Conference 1980, zu lesen auf der Website des *Guardian*, politics.guardian.co.uk.

668 Harrington (1998).

669 Krames (2002), S. 105.

670 Page (1996).

671 Penrose (1959). Der erste Ökonom, der diesen Widerspruch identifizierte, war vermutlich Joseph Schumpeter in seinem Buch *Theory of Economic Development* aus dem Jahr 1934.

672 Zur ressourcenbasierten Betrachtung von Unternehmen siehe Wernerfelt (1984) und (1995), Barney (1991), Henderson und Mitchell (1997), Segal-Horn (1998), Mintzberg, Ahlstrand und Lampel (1998) und Dosi, Nelson und Winter (2000).

673 Penrose (1959) betrachtete viele der frühen Versuche, die Evolutionstheorie auf die Ökonomik zu übertragen, mit großer Skepsis. Ihre Arbeiten entstanden vor den modernen Theorien des universellen Darwinismus, und sie wandte sich mit Recht gegen eine metaphorische Verwendung biologischer Ideen. Nichtsdestotrotz sind ihre Arbeiten mit den Evolutionsideen gut vereinbar, und sie erwähnt die Evolutionsvorstellung von Nelson und Winter sowie von Brian Loasby in ihrem Vorwort zur dritten Auflage ihres Buches mit Wohlwollen.

674 Prahalad und Hamel (1990). Andere Beispiele finden sich bei Baghai, Coley und White (1999).

675 Eine interessante Simulation der Entstehung einer Kultur aus den Interaktionen der Akteure präsentieren Prietula, Carley und Gasser (1998), S. 3–22.

676 In einer Studie aus dem Jahr 1952 zitieren Kroeber und Kluckhohn 164 Definitionen von *Kultur* in der anthropologischen und soziologischen

Literatur. Die Zahl hat seither sicherlich noch zugenommen. Siehe Boyd und Richerson (1985), S. 33.

677 Diese Definition ist enger, aber grundsätzlich ähnlich mit der von Boyd und Richerson (1985), S. 2, gegebenen: »Mit ›Kultur‹ meinen wir die Weitergabe von Wissen, Werten und anderen Faktoren, die das Verhalten beeinflussen, von einer Generation zur nächsten durch Anleitung und Nachahmung.« Die wichtigsten Unterschiede in meiner Definition betreffen den emergenten Charakter der Kultur und die Hervorhebung der kognitiven Regeln, die Wissen und Werte in Verhaltensweisen übersetzen, anstelle des Wissens und der Werte selbst. Zudem interessieren mich nicht alle Verhaltensweisen, sondern ausschließlich die sozialen Verhaltensweisen. Die Gemeinsamkeiten zwischen den Definitionen betreffen die Vorstellung, dass Kultur ihren Ausdruck in Verhaltensweisen findet, gesellschaftlich gelernt und sowohl vertikal (beispielsweise durch Eltern und Vorgesetzte in einer Hierarchie) als auch horizontal (durch Gleichgestellte) vermittelt wird. Meine Definition ist zudem kompatibel mit der memetischen Kulturvorstellung; siehe beispielsweise Balkin (1998), Aunger (2000) und Shennan (2002). Memetik ist nicht mein Spezialgebiet, aber meine Position leitet sich aus einer evolutionären Kulturvorstellung ab; siehe Dunbar u. a. (1999) und Klein und Edgar (2002).

678 Wir können kulturelle Normen von Routinen (Nelson und Winter, 1982) unterscheiden, indem wir fragen, ob die Regeln unternehmens- oder geschäftsplanspezifisch sind. In einem Chemieunternehmen existieren möglicherweise diverse Regeln, wie Chemikalien hergestellt, wie sie vermarktet werden sollen und so weiter. Aber diese Regeln würden sich zusammen mit den Geschäftsplänen ändern und sind deshalb Teil der Produktionsverfahren. Gleichzeitig können in dem Unternehmen Sicherheitsnormen existieren, die für das gesamte Unternehmen und nicht nur fur einen Geschäftsplan oder eine Geschäftseinheit gelten. Solche Normen wären dann Teil der Sicherheitskultur des Unternehmens und nicht des normalen Geschäftsablaufs. Kulturelle Normen und Geschäftspläne (mit ihren Routinen) entwickeln sich in gegenseitiger Abhängigkeit; Normen ermöglichen bestimmte Geschäftspläne, und Geschäftspläne erfordern bestimmte Normen.

679 Die Vorstellung, dass bestimmte universelle Normen im Menschen aufgrund seiner Evolutionsgeschichte fest verankert sind, wird von einigen Forschern vehement vertreten, von anderen aber verworfen. Einen wissenschaftlichen Überblick liefert Katz (2000). Eine allgemeinverständliche Darstellung präsentieren Wright (1994), Ridley (1996) und Pinker (2002).

680 Henrich u. a. (2004).

681 Das Tolstoi-Zitat stammt aus *Anna Karenina*, Teil 1, Kap. 1. Die Literatur zur Unternehmenskultur und ihre Wirkung auf Leistung und Anpassungsfähigkeit ist äußerst reichhaltig und reicht von wissenschaftlichen bis zu allgemeinverständlichen Darstellungen. Siehe beispielsweise Deal und Kennedy (1982), Peters und Waterman (1982), Kotter und Heskett (1992), Schein (1992), Howard und Haas (1993), Collins und Porras (1994), Cohen und Sproull (1996), de Gues (1997), Tushman und O'Reilly (1997), Aldrich (1999), Cohen und Prusak (2001), Collins (2001), Welch (2001), Bower (2003) und Roberts (2004).

682 Zitiert nach Collins und Porras (1994), S. 147.

683 Zur Bowers Biografie siehe Edersheim (2004). Die gegenwärtige Formulierung der McKinsey-Werte findet sich auf www.mckinsey.com.

684 Krames (2002).

685 Gardner (2004).

686 Krames (2002).

687 Siehe beispielsweise Collins und Porras (1994), Collins (2001), Slater (1999), Foster und Kaplan (2001), Tushman und O'Reilly (1997) und Roberts (2004).

688 Penrose (1959).

689 Ebd., S. 18.

690 Axtell (2001) zeigt zudem, dass die Durchschnittsgröße aller vom US-Zensus erfassten Unternehmen von 17,73 Beschäftigten im Jahr 1988 auf 19,00 im Jahr 1997 kontinuierlich zugenommen hat.

691 Siehe Penrose (1959), S. xvi-xviii, 12 f., 18 f. und 213 f.

692 Axtell (2001), Stanley u. a. (1996) und Amaral u. a. (1997) und (1998).

693 Minsky (1985).

694 Zur Krise von Long-Term Capital Management siehe Lewis (1999) und Lowenstein (2000).

695 Lewis (1999).

696 Dieser Abschnitt basiert auf Peter Bernsteins (1992) hervorragender Geschichte der Finanztheorie.

697 Fünf Jahre, nachdem Bachelier seine Dissertation einreichte, erfand Albert Einstein die Theorie noch einmal in anderem Kontext. Auf der Grundlage der Arbeiten des schottischen Botanikers Robert Brown entwickelte Einstein eine mathematische Darstellung der *Brown'schen Bewegung*. Bacheliers Zufallsbewegung entspricht der zeitkontinuierlichen Brown'schen Bewegung, die 1921 von Norbert Weiner formuliert wurde (Mandelbrot, 1997, S. 24).

698 Malkiel (1973).

699 Einen Überblick über die traditionelle Finanztheorie liefern Brealey und Myers (1988), Cochrane (2005) und Ross (2005). Lengwiler (2004) beschreibt die Beziehungen zwischen Anlagebewertungsmodellen und allgemeiner Gleichgewichtstheorie.

700 Der Betrag von 94 US-Dollar ergibt sich durch Anwendung der Barwertformel auf die im Text beschriebenen Cashflows: $BW = \Sigma C_t / (1 + r)^t$, wobei C_t den Cashflow im Jahr t und r die Diskontierungsrate bezeichnet. Zur Anwendung der Barwertformel siehe Copeland u. a. (1994).

701 Zitiert nach Campbell u. a. (1997), S. 20.

702 Anmerkung des Redakteurs: Churchill Downs ist eine Pferderennbahn in Louisville, Kentucky.

703 Zitiert nach Bernstein (1992), S. 17.

704 Zu irrationalen Anlegern (Noise-Trader) und ihrem Einfluss auf das Marktgleichgewicht siehe Fischer Black, »Noise«, in: Thaler (1993), S. 3–22.

705 Malkiel (1973), S. 161–172.

706 Thaler (1993), Shleifer (2000), Montier (2002) und Camerer, Loewenstein und Rabin (2004). Eine Gegensicht präsentiert Ross (2005).

707 Die biografischen Daten zu Mandelbrot stammen von Gleick (1987), S. 83–90.

708 Mandelbrots Originalartikel aus dem Jahr 1963 findet sich abgedruckt in Mandelbrot (1997), S. 371–411.

709 Konkret behauptete Mandelbrot, dass die Daten eine Lévy-stabile Verteilung beschreiben, die in den Rändern sklalenfrei ist.

710 Mandelbrot und Hudson (2004).

711 Zitiert ebd., S. 166.

712 Famas Antwort findet sich abgedruckt in Mandelbrot (1997), S. 444–457.

713 Ebd., S. 419–443.

714 Lo und MacKinlay (1999), S. 4.

715 Eine klassische Übersicht bietet Fama (1970). Ausführliche Literaturhinweise finden sich in Lo und MacKinlay (1999), S. 13.

716 Lo und MacKinlay (1999), S. 14, weisen darauf hin, dass sie nicht die Ersten waren, die diese Frage stellten und zu einem Ergebnis kamen, das der Random-Walk-Hypothese widersprach. Ihre Ergebnisse waren jedoch überzeugend genug, um eine Debatte und weitere Forschungen auszulösen, wohingegen frühere Forscher wie beispielsweise Mandelbrot aus diversen Gründen unbeachtet geblieben waren.

717 Ebd., S. 17–45. Houthakker wies Mandelbrot in den Sechzigerjahren auf die Existenz einer geclusterten Volatilität in den finanziellen Zeitreihen hin (Mandelbrot, 1997, und Mandelbrot und Hudson, 2004); in einer viel zitierten Arbeit beschrieb Engle (1982) das Phänomen mathematisch.

718 Siehe LeBaron (1989) und (1994), Campbell u. a. (1997) und Lo und MacKinlay (1999).

719 Beschreibungen der Arbeiten der »Ökonophysiker« und weitere Literaturhinweise finden sich bei Farmer (1999), Farmer und Lo (1999), Mantegna und Stanley (2000), Sornette (2003) und Johnson, Jeffries und Hui (2003).

720 Beispiele und weitere Literaturhinweise finden sich bei Mantegna und Stanley (1996), Plerou u. a. (1999), Cont und Bouchaud (2000) und Sornette (2003).

721 Zu Farmers Biografie siehe Gleick (1987) und Bass (1999). Professor Farmers Forschungstätigkeit am Santa Fe Institute wird von McKinsey & Company finanziell unterstützt.

722 Farmer (2001).

723 Arthurs erster Terminus lautete »Erwartungsozean« in Arthur (1995), woraus in Arthur u. a. (1997), S. 38, eine »Erwartungsökologie« wurde. Später sprach er dann einheitlich von »Erwartungsökosystemen«.

724 Arthur u. a., »Asset Pricing Under Endogenous Expectations in an Artificial Stock Market«, in: Arthur, Durlauf und Lane (1997), S. 15–43.

725 Kahneman u. a. (1982), Thaler (1993), Kagel u. a. (1995) und Shleifer (2000).

726 LeBaron u. a. (1999).

727 Farmer (1998), S. 5.

728 Farmer (1998) und (2002).

729 Farmer (2001), S. 64.

730 Auch wenn die Walras'sche Auktion in den mikroökonomischen und finanztheoretischen Arbeiten des 20. Jahrhunderts häufig zur Anwendung kam, ließen die Ökonomen andere Mechanismen nicht völlig außer Acht. Im Kontext der *Marktmikrostrukturen* wurden die Eigenschaften unterschiedlicher Preisbildungsstrukturen untersucht. Einen Überblick liefert O'Hara (1995).

731 Reale Marktmacher sind in ihren Positionen beschränkt und sind im Allgemeinen angehalten, ihre Vorräte eine Zeit lang niedrig zu halten. Die resultierende Risikoaversion führt dazu, dass über das Marketmaking bestimmte Trends in die Marktdynamik einfließen. Farmer (1998), (2001) und (2002) beschreibt, wie die Risikoaversion der Marktmacher nichtzufällige temporale Strukturen erzeugt.

732 Siehe beispielsweise Neftci (1991), Brock u. a. (1992) und LeBaron (1998).

733 Siehe Campbell u. a. (1997), S. 253–287.

734 Siehe »Stock Price Reactions to Earnings Announcements« in Thaler (1993), S. 303–340.

735 Siehe beispielsweise »A Survey of Risk«, *Economist*, 24. Januar 2004, S. 10–11.

736 Das Volumen des Devisenhandels hat mit der Verbesserung der Informationstechnologie in einem Ausmaß zugenommen, das sich allein mit verstärkten Handelsströmen, Hedging oder anderen »realen« Gründen nicht erklären lässt. Aufgrund verbesserter Technologien hat die Devisenspekulation signifikant zugenommen. Laut Farmer (1998), S. 4, beläuft sich der tägliche Devisenhandel auf über eine Billion US-Dollar, was dem 50-Fachen des täglichen globalen BIP entspricht.

737 Surowiecki (2004).

738 Die Iowa Electronic Markets beispielsweise bieten die Möglichkeit, Aktien auf der Basis der eigenen Prognosen zum Wahlausgang zukünftiger Wahlen zu kaufen oder zu verkaufen. Bei den US-Präsidentschaftswahlen 2000 waren diese Prognosen genauer als 75 Prozent der 600 gewöhnlichen Umfragen. Siehe Surowiecki (2003).

739 Keynes beschrieb seinen berühmten *Beauty Contest,* bei dem es darum geht, dasjenige Foto auszuwählen, das auch von den meisten anderen Teilnehmern ausgewählt wird, in seinem Buch *General Theory of Employment, Interest and Money* aus dem Jahr 1936.

740 Siehe Farmer (1998), S. 44 f., und Farmer (2002), S. 935.

741 Lo (2004).

742 Copeland, Koller und Murrin (2000).

743 Eine CAPM-Einführung liefern Brealey und Myers (1988). Zur mathematischen Behandlung siehe Cochrane (2005).

744 Zur empirischen Untermauerung der CAPM-Methode siehe Campbell, Lo und MacKinlay (1997), S. 188–217, und Montier (2002), S. 81–86.

745 Das Problem wurde von Richard Roll im Jahr 1977 diagnostiziert. Die übliche Näherung für das Marktportfolio ist der wertgewichtete CRSP-Index.

746 Karceski (2002).

747 Die Debatte über die Relevanz des β-Faktors reicht bis zu Basus (1977) Entdeckung des KGV-Effekts und Banz' Entdeckung des Small-Company-Effekts zurück. Siehe Campbell, Lo und MacKinlay (1997), S. 211 f., und Montier (2002), S. 83 f. Bei Copeland, Koller und Murrin (2000), S. 224 ff., heißt es: »Wenn nicht tot ist, dann zumindest verwundet.«

748 Der Theorie zufolge sollte der Vergleich mit einem Portfolio mit verschwindendem β erfolgen; praktisch ist dafür aber eine konkrete, meist staatliche Referenzanleihe erforderlich, wobei noch Entscheidungen hinsichtlich Laufzeit, Instrumenten und ausgebender Regierung zu treffen sind.

749 Siehe Campbell, Lo und MacKinlay, S. 219–251, Lo und MacKinlay (1999), S. 189–212, und Montier (2002), S. 87–92.

750 Andrew Hill, wiedergegeben in der *Financial Times*, 14. Mai 2003.

751 Alternative Ansätze existieren (siehe beispielsweise McNulty u. a., 2002, und Shefrin, 2005), müssen aber noch in ein größeres theoretisches Rahmenkonzept integriert und empirisch getestet werden.

752 Copeland, Koller und Murrin (2000), S. 7.

753 De Swaan und Harper (2003).

754 Siehe Kaplan und Norton (1996) und (2000).

755 Dobbs und Koller (2005).

756 Siehe Jensen (1998) und (2001) und Mas-Colell, Whinston und Green (1995), S. 152ff.

757 Siehe beispielsweise Copeland, Koller und Murrin (2000), S. 3–15.

758 Siehe beispielsweise Elkington (1999), Kelly (2003), Zadek (2004) und Bakan (2004).

759 Handy (2002).

760 DuPonts Performance zeigte zwischen 1917 und 1987 eine durchschnittliche jährliche Wachstumsrate von 7,2 Prozent verglichen mit einem 7,5-prozentigen Wachstum der US-Wirtschaft insgesamt (Foster und Kaplan, 2001, S. 8). Die Gesamtrendite der Aktie von 1970 bis 2004 betrug 510 Prozent im Vergleich zur 1000-prozentigen Rendite des S&P 500. Im Zeitraum 1994 bis 2004 lag die Gesamtrendite von DuPont mit 48 Prozent deutlich unter der 149-prozentigen Rendite des S&P 500 (www.dupont.com).

761 Unternehmen können natürlich aus ihrem eigenen Cashflow ohne fremde Investitionen wachsen, aber solche Erträge, die nicht an die Shareholder zurückgegeben, sondern wieder in das Unternehmen investiert werden, zählen ebenfalls als Kapital.

762 Graham, Harvey und Rajgopal (2005).

763 Davis (2005a).

764 Davis (2005b).

765 Siehe de Gues (1997), S. 11.

766 Collins und Porras (1994), S. 48–79.

767 Die Assoziation der Linken mit der Kritik am Privateigentum ist älter als Marx und geht auf Rousseaus Kommentare zu den Übeln von Privatbesitz

und Wettbewerb in seinen *Discours sur l'inégalité* sowie im Vorwort zu seinem Theaterstück *Narcisse* zurück. Siehe Johnson (1988), S. 4.

768 Fukuyama (1992).

769 Giddens (1998) und (2000).

770 Zum dritten Weg und seiner kritischen Beurteilung siehe Giddens (2000).

771 Aus Humes *Essays: Moral, Political and Literary* (1754), zitiert nach Gintis u. a. (2005), S. 4.

772 Gintis u. a. (2005), S. 3.

773 Ebd., S. 8.

774 Gintis u. a. (2005) und Henrich u. a. (2004).

775 Zur Kooperation unter Primaten siehe Joan Silk in Gintis u. a. (2005), S. 43–73.

776 Zu Oxytocin und Vertrauen siehe Damasio (2005).

777 Gintis u. a. (2005), S. 29, und Heinrich u. a. (2004), S. 125–167.

778 Fong, Bowles und Gintis, in Gintis u. a. (2005), S. 278–302.

779 Arrow (1974).

780 Die Vorstellung, dass wir Menschen in ferner Vergangenheit in kleinen kommunitaristischen Gruppen lebten, wurde von den Anthropologen mittlerweile als Mythos entlarvt (Wright 2000). Während die Hierarchien mancher Kulturen konsultativer und konsensorientierter sind als andere, handelt es sich dennoch um Hierarchien. Selbst wenn solche kommunitaristischen Gruppen im kleinen Maßstab möglich sind, zeigt die Lehre von den Netzwerken, dass sich Komplexitätskatastrophen in wachsenden Gruppen nur mittels Hierarchien und Patching vermeiden lassen.

781 Hayek (1944), (1948) und (1988).

782 Hayek (1948), S. 33–56, 77–91.

783 Siehe Hayek (1988), S. 21.

784 Das Argument mit der sozialistischen Rechensimulation wurde erstmals im Jahr 1908 von Barone vorgebracht, aber Hayeks Erwiderung bezog sich auf Dickensons Version des Arguments. Siehe Caldwell (2004), S. 214–220.

785 Die Erfahrungen mit der Deregulierung der britischen Telefonauskunft waren Thema der von BBC Two am 20. Mai 2004 ausgestrahlten Dokumentation »Wrong Numbers«.

786 Siehe Fligstein (2001).

787 Morris (2001).

788 Weltbank, »2002 GNI Per Capita, Atlas Method«. Angaben in US-Dollar. Zu finden auf der Webseite der Weltbank unter www.worldbank.org.

789 World Bank, »Global Poverty Monitoring Program 2001«. Angaben in US-Dollar in der Kaufkraftparität von 1993. Zu finden auf der Webseite der Weltbank unter www.worldbank.org.

790 Landes (1998), S. xix.

791 North und Thomas (1973), Rosenberg und Birdzell (1986) und Landes (1998).

792 Diamond (1997).

793 Harrison und Huntington (2000).

794 Ebd., S. 2.

795 Beispiele für normenerzeugende Modelle, die auf individueller Ebene möglicherweise suboptimal sind, aber aufgrund von Gruppenselektion überleben, finden sich bei Bednar und Page (2003) und Bowles (2001a).

796 Grondona, in Harrison und Huntington (2000), S. 44–45.

797 Eine Studie von Thomas und Mueller (2000) präsentiert gemeinsame kulturelle Normen von Unternehmern aus diversen Kulturen.

798 Zitiert nach Harrison (2001).

799 Ein akteurbasiertes Beispiel präsentiert Hammond (2000).

800 Dieses Wechselspiel zwischen Kultur und Erfahrung wird zumindest teilweise von neurochemischen Veränderungen im Gehirn vermittelt. Unsere Erfahrungen verändern beispielsweise unseren Oxytocin-Sollwert und damit unser Vertrauensverhalten. Siehe Zak und Knack (2001), Zak (2003) und Glimcher (2002) und (2003).

801 Henrich u. a. (2004).

802 Zak (2003). Gintis u. a. (2005), S. 381, sprechen jedoch von methodologischen Zweifeln an der Nützlichkeit solcher Umfragen.

803 Fukuyama (1995), S. 62–145.

804 Hoff und Sen (2001).

805 Easterly (2002).

806 Putnam (2000).

807 Ebd., S. 19.

808 Putnam (1993), S. 5.

809 Ebd., S. 5 f.

810 Siehe den faszinierenden Bericht von Padgett und Ansell (1993) über das komplexe soziale Netzwerk der Florentiner Medici.

811 Putnam (2000), S. 15 ff.

812 Purdy (2003). Siehe auch Fukuyama (1995).

813 Fukuyama (1999), S. 31–44.

814 Putnam (2000), S. 195.

815 Ebd., S. 402–414.

816 Fukuyama (1999), S. 263–282.

817 Putnam (1993) und (2000), Fukuyama (1995) und (1999), Bowles, Choi und Hopfensitz (2003), Skyrms (1996), Sober und Wilson (1998) und Bowles (2004).

818 Bowles (2004), S. 12.

819 Siehe den World Development Report 2006 der Weltbank. Ob die globale Ungleichheit tatsächlich zunimmt (im Vergleich zur Ungleichheit in den einzelnen Ländern), ist umstritten. Siehe den Kommentar zu Stanley Fischers Tätigkeit in »Global Ineaquality: More or Less Equal«, *The Economist*, 11. Mai 2004.

820 Abul-Magd (2002).

821 Miller (2003), S. 50. Matt Miller ist als Senior Adviser für McKinsey & Company tätig.

822 Arrow, Bowles und Durlauf (2000) und Bowles, Gintis und Osborne Groves (2005).

823 Ebd., S. 1–22.

824 Duncan u. a., in: Bowles, Gintis und Osborne Groves (2005), S. 23–79. Siehe auch Bowles, Gintis und Osborne (2001).

825 Feldman, Otto und Christiansen, in: Arrow, Bowles und Durlauf (2000), S. 62–85.

826 Bowles (2001b).

827 Durlauf (2001) findet signifikante Korrelationen zwischen Gruppenmitgliedschaft und ökonomischem Wohlergehen.

828 Miller (2003), S. 69–91.

829 Hertz, in: Bowles, Gintis und Osborne Groves (2005), S. 188, zeigt, dass sich die generationsübergreifende Einkommenselastizität für Schwarze ab dem neunten Zehntel in der Einkommensverteilung derjenigen der Weißen annähert.

830 Zitiert nach Harrison und Huntington (2000), S. xiv.

831 Bewley, in: Gintis u. a. (2005), S. 303–338.

832 Wackernagel u. a. (2002).

833 Siehe beispielsweise Sterman und Sweeney (2002).

834 Beispiele finden sich bei Richards (2000) und Kollman, Miller und Page (2003).

835 Aus einem Interview für *Woman's Own*, 31. Oktober 1987, zitiert nach *The Oxford Dictionary of Quotations* (Oxford: Oxford University Press, 1999).

836 E. M. Forster, 1938, *Two Cheers for Democracy.*

837 Siehe Fogel (2004) und Bernstein (2004).

838 Siehe Diamon (2005).

839 Quelle: Analyse der Daten der Website »Elections 2004« der University of Michigan Library (www.lib.umich.edu/govdocs/elec2004).

840 Siehe Butler u. a. (1997) und Johnson, Manyika und Yee (2005).

841 Siehe Huntington (1996).

842 Siehe Kennedy 81987), Diamond (1997) und Wright (2000).

843 Edmund Burke, *Reflections on the Revolution in France*, 1790.

Literatur

Abul-Magd, A. Y. (2002): »Wealth Distribution in Ancient Egyptian Society«, *Physical Review* E 66, 057104.

Aghion, P., und Howitt, P. (1998): *Endogenous Growth Theory.* Cambridge (MA): MIT Press.

Aghion, P., Frydman, R., Stiglitz, J., und Woodford, M. (2003): *Knowledge, Information, and Expectations in Modern Macroeconomics. In Honor of Edmund S. Phelps*, Princeton (NJ): Princeton University Press.

Akerlof, G. A., und Yellen, J. L. (1985a): »A Near-Rational Model of the Business Cycle, with Wage and Price Inertia«, *Quarterly Journal of Economics, Supplement* 100, S. 823–838.

– (1985b): »Can Small Deviations from Rationality Make Significant Differences to Economic Equilibria?«, *American Economic Review* 75, S. 708–721.

Albin, P. S. (1998): *Barriers and Bounds to Rationality*, Princeton (NJ): Princeton University Press.

Alchian, A. A. (1950): »Uncertainty, Evolution and Economic Theory«, *Journal of Political Economy* 58, S. 211–221.

Aldrich, H. (1999): *Organizations Evolving*, London: Sage.

Alexander, C. (1997): *Notes on the Synthesis of Form*, 14. Aufl., Cambridge (MA): Harvard University Press.

Amaral, L. A. N., Buldyrev, S. V., Havlin, S., Leschhorn, H., Maass, P., Salinger, M. A., Stanley, H. E., und Stanley, M. H. R. (1997): »Scaling Behavior in Economics: I. Empirical Results for Company Growth«, *Journal de Physique* I, 7, S. 621–633.

Amaral, L. A. N., Buldyrev, S. V., Havlin, S., Salinger, M. A., und Stanley, H. E. (1998): »Power Law Scaling for System of Interacting Units With Compex Internal Structure«, *Physical Review Letters* 80, S. 1385–1388.

Anderson, P. W. (1972): »More is Different«, *Science* 177, S. 393–396.

Anderson, P. W., Arrow, K. J., und Pines, D. (1988) (Hg.): *The Economy as an Evolving Complex System*. Redwood City (CA): Addison-Wesley.

Andrews, E. L. (2005): »›Maestro‹ Leaves Stellar Record and Murky Legacy«, *International Herald Tribune*, 26. August, S. 13 und 17.

Arrow, K. J. (1974): *The Limits of Organization*, New York: W. W. Norton (dt.: *Wo Organisation endet. Management an den Grenzen des Machbaren*, Wiesbaden: Gabler, 1980).

Arrow, K., Bowles, S., und Durlauf, S. (2000) (Hg.): *Meritocracy and Economic Inequality*, Princeton (NJ): Princeton University Press.

Arthur, W. B. (1992): »On Learning and Adaptation in the Economy«, Santa Fe Institute, Working Paper 92-07-038.

– (1994a): *Increasing Return and Path Dependence in the Economy*, Ann Arbor (MI): University of Michigan Press.

– (1994b): »Inductive Reasoning and Bounded Rationality (the El Farol Problem)«, *American Economic Review Papers and Proceedings* 84, S. 406–411.

– (1994c): »The End of Certainty in Economics«. Beitrag zur Konferenz *Einstein Meets Magritte*, Freie Universität Brüssel. Abgedruckt in J. H. Clippinger (Hg.): *The Biology of Business*, San Francisco: Jossey-Bass, 1999.

– (1995): »Complexity in Economic and Financial Markets«, *Complexity* 1, S. 20–25.

– (1999): »Complexity and the Economy«, *Science* 284, S. 107–109.

Arthur, W. B., Durlauf, S. N., und Lane, D. A. (1997) (Hg.): *The Economy as an Evolving Complex System II*. Reading (MA): Addison-Wesley.

Astely, W. G., und Van de Ven, A. H. (1983): »Central Perspectives and Debates in Organization Theory«, *Administrative Science Quarterly* 28, S. 245–273.

Audretsch, D. B. (1995): *Innovation and Industry Evolution*, Cambridge (MA): MIT Press.

Aunger, R. (2000): *Darwinizing Culture. The Status of Memetics as a Science*, Oxford: Oxford University Press.

Axelrod, R. (1984): *The Evolution of Cooperation*, Ausgabe 1990, London: Penguin Books (dt.: *Die Evolution der Kooperation*, Studienausgabe, 6. Aufl., München: Oldenbourg, 2005).

– (1997a): *The Complexity of Cooperation*, Princeton (NJ): Princeton University Press.

– (1997b): »The Dissemination of Culture«, *Journal of Conflict Resolution* 41, Nr. 2, S. 203–226.

Axelrod, R., und Cohen, M. D. (1999): *Harnessing Complexity*, New York: Free Press.

Axtell, R. L. (1999): »The Emergence of Firms in a Population of Agents. Local Increasing Returns, Unstable Nash Equilibria, and Power Law Size Distributions«, Brookings Institution, Center on Social and Economic Dynamics, Working Paper Nr. 3.

– (2001): »Zipf Distribution of U.S. Firm Sizes«, *Science* 293, S. 1818–1820.

– (2002): »The Complexity of Exchange«, Brookings Institution, Working Paper.

– (2003): »Economics as Distributed Computation«, Brookings Institution, Working Paper.

Backhouse, R. E. (2002): *The Penguin History of Economics*, London: Penguin Books.

Baghai, M., Coley, S., und White, D. (1999): *The Alchemy of Growth. Kickstarting and Sustaining Growth in Your Company*, London: Orion Business Books (dt.: *Die Alchimie des Wachstums. Die McKinsey-Strategie für nachhaltig profitable Unternehmensentwicklung*, München: Econ-Verlag, 1999).

Bak, P. (1996): *How Nature Works. The Science of Self-Organized Criticality*, New York: Springer-Verlag.

Bakan, J. (2004): *The Corporation. The Pathological Pursuit of Profit and Power*, London: Constable (dt.: *Das Ende der Konzerne. Die selbstzerstörerische Kraft der Unternehmen*, Hamburg/Leipzig/Wien: Europa-Verlag, 2005).

Baldwin, C. Y., und Clark, K. B. (2000): *Design Rules. The Power of Modularity*, Cambridge (MA): MIT Press.

Baldwin, W. L., und Scott, J. T. (1987): *Market Structure and Technological Change*, London: Harwood Academic Publishers.

Balkin, J. M. (1998): *Cultural Software*, New Haven (CT): Yale University Press.

Banz, R. (1981): »The Relation Between Return and Market Value of Common Stocks, *Journal of Financial Economics* 9, S. 3–18.

Barabási, A.-L. (2002): *Linked. The New Science of Networks*, Cambridge (MA): Perseus Publishing.

Barkow, J. H., Cosmides, L., und Tooby, J. (1992): *The Adapted Mind*, New York: Oxford University Press.

Barnett, W. P., und Burgelman, R. A. (1996) (Hg.): »Evolutionary Perspectives on Strategy«, Sondernummer, *Strategic Management Journal* 17 (Sommer).

Barney, J. (1991): »Firm Resources and Sustained Competitive Advantage, *Journal of Management* 17, S. 99–120.

Barro, R. J., und Sala-i-Martin, X. (1995): *Economic Growth*, Ausgabe 1990, Cambridge (MA): MIT Press (dt.: *Wirtschaftswachstum*, München/Wien: Oldenbourg, 1998).

Bar-Yam, Y. (1997): *Dynamics of Complex Systems*, Reading (MA): Addison-Wesley.

Bass, T. A. (1999): *The Predictors*, New York: Henry Holt.

Basu, S. (1977): »The Investment Performance of Common Stocks in Relation to Their Price Earnings Ratios. A Test of the Efficient Market Hypothesis«, *Journal of Finance* 32, S. 663–682.

Baum, J. A. C., und Singh, J. V. (1994): *Evolutionary Dynamics of Organizations*, New York: Oxford University Press.

Baumol, W. J. (2000): »What Marshall Didn't Know. On the Twentieth Century's Contributions to Economics«, *The Quarterly Journal of Economics* CXV, Nr. 1 (Februar), S. 1–44.

– (2002): *The Free-Market Innovation Machine. Analyzing the Growth Miracle of Capitalism*, Princeton (NJ): Princeton University Press.

Bazerman, M. (1998): *Judgment in Managerial Decision Making*, New York: John Wiley & Sons.

Bednar, J., und Page, S. (2003): »Can Game(s) Theory Explain Culture? University of Michigan, Working Paper, 9. Oktober.

Beinhocker, E. D. (1997): »Strategy at the Edge of Chaos«, *McKinsey Quarterly*, Nr. 1, S. 24–39.

– (1999): »Robust Adaptive Strategy«, *Sloan Management Review* 40, Nr. 3 (Frühjahr), S. 95–106.

Beinhocker, E. D., und Kaplan, S. (2002): »Tired of Strategic Planning? In Risk and Resilience«, Sondernummer, *McKinsey Quarterly*, S. 48–57.

Bender, T., und Schorske, C. (1997): *American Academic Culture in Transformation*, Princeton (NJ): Princeton University Press.

Bernstein, P. L. (1992): *Capital Ideas*, New York: Free Press.

Bernstein, W. J. (2004): *The Birth of Plenty. How the Prosperity of the Modern World Was Created*, New York: McGraw-Hill.

Berzins, A., Podolny, J., und Roberts, J. (1998): »British Petroleum (A). Growth and Performance«, Graduate School of Business, Stanford University, Fallstudie 8-IB-16A, 18. Mai.

Bevir, M., und Trentmann, F. (2004) (Hg.): *Markets in Historical Context*, Cambridge (UK): Cambridge University Press.

Blackmore, S. (1999): *The Meme Machine*, New York: Oxford University Press (dt.: *Die Macht der Meme oder die Evolution von Kultur und Geist*, Heidelberg/Berlin: Spektrum Akademischer Verlag, 2000).

Blanchard, O. J. (2000): »What Do We Know About Macroeconomics That Fisher and Wicksell Did Not?«, *Quarterly Journal of Economics* CXV, Nr. 4 (November), S. 1375–1409.

Blanchard, O. J., und Fischer, S. (1989): *Lectures on Macroeconomics*, Cambridge (MA): MIT Press.

Bonabeau, E., Dorigo, M., und Theraulaz, G. (1999): *Swarm Intelligence, from Natural to Artificial Systems*, Oxford: Oxford University Press.

Bonabeau, E., und Meyer, C. (2001): »Swarm Intelligence. A Whole New Way to Think About Business, *Harvard Business Review* (Mai-Juni), S. 106–114.

Bossidy, L., und Charan, R. (2002): *Execution: The Discipline of Getting Things Done*, New York: Crown Business Books (dt.: *Managen heißt Machen. Die Kunst, Projekte abzuschließen, Pläne umzusetzen und bis zum Schluss durchzuhalten*, München: Redline Wirtschaft bei Verlag Moderne Industrie, 2002).

Bouchaud, J. P., und Potters, M. (2000): *Theory of Financial Risks. From Statistical Physics to Risk Management*, Cambridge (UK): Cambridge University Press.

Boulding, K. E. (1978): *Ecodynamics. A New Theory of Societal Evolution*, Beverly Hills (CA): Sage Publications.

Bower M. (2003): »Company Philosophy: ›The Way We Do Things Around Here‹«, *McKinsey Quarterley*, Nr. 2, Nachdruck aus M. Bower: *The Will to Manage*, New York: McGraw-Hill, 1966, Kap. 2 (dt.: *Die Kunst zu führen*, Düsseldorf/Wien: Econ-Verlag, 1967).

Bowles, S. (2001a): »Individual Interactions, Group Conflicts, and the Evolution of Preference«, in Durlauf und Young (2001), Kap. 6.

– (2001b): »The Evolution of Inequality«, Santa Fe Institute, Working Paper für den Poverty Traps Workshop, 20.-22. Juli.

– (2004): *Microeconomics. Behavior, Institutions and Evolution*, New York: Russell Sage Foundation and Princeton (NJ): Princeton University Press.

Bowles, S., und Gintis, H. (2002): »The Origins of Human Cooperation«, Santa Fe Institute, Working Paper 02-08-035, 24. Juli.

Bowles, S., Gintis, H., und Osborne, M. (2001): »The Determinants of Earnings. A Behavioral Approach«, *Journal of Economic Literature* 39 (Dezember), S. 1137–1176.

Bowles, S., Choi, J.-K., und Hopfensitz, A. (2003): »The Co-Evolution of Individual Behaviors and Social Institutions«, *Journal of Theoretical Biology* 223, S. 135–147.

Bowles, S., Gintis, H., und Osborne Groves, M. (2005) (Hg.): *Unequal Chances. Family Background and Economic Success*, Princeton (NJ): Princeton University Press.

Boyd, R., und Richerson, P. J. (1985): *Culture and the Evolutionary Process*, Chicago: University of Chicago Press.

– (2005): *The Origin and Evolution of Cultures*, Oxford: Oxford University Press.

Braha, D., und Maimon, O. (1998): *A Mathematical Theory of Design. Foundations, Algorithms and Applications*, London: Kluwer Academic Publishers.

Brandenburger, A. M., und Nalebuff, B. J. (1997): *Co-Operation*, New York: Doubleday.

Brealey, R. A., und Myers, S. C. (1988): *Principles of Corporate Finance*, 3. Ausg., New York: McGraw-Hill Publishing.

Brock, W., Lakonishok, J., und LeBaron, B. (1992): »Simple Technical Trading Rules and the Stochastic Properties of Stock Returns«, *Journal of Finance* 47, Nr. 5, S. 1731–1764.

Brodie, R. (1996): *Virus of the Mind*, Washington (DC): Integral Press.

Brown, A. (1999): *The Darwin Wars*, London: Simon & Schuster.

Brown, S. L., und Eisenhardt, K. M. (1998): *Competing on the Edge. Strategy as Structured Chaos*, Boston: Harvard Business School Press.

Browne, J. (1995): *Charles Darwin. Voyaging*, London: Pimlico.

– (2002): *Charles Darwin. The Power of Place*, London: Pimlico.

Bryan, L. L. (2002): »Just-in-Time Strategy for a Turbulent World. In Risk and Resilience«, Sondernummer, *McKinsey Quarterly*, S. 17–27.

Bryan, L., Fraiser, J., Oppenheim, J., und Rall, W. (1999): *Race for the World. Strategies to Build a Great Global Firm*, Boston: Harvard Business School Press (dt.: *Die neue Weltliga. Wie Unternehmen von grenzenlosen Märkten profitieren*, Frankfurt a. M./New York: Campus-Verlag, 2000).

Buchanan, M. (2000): *Ubiquity. The Science of History … Or Why the World Is Simpler Than We Think*, London: Weidenfeld & Nicolson (dt.: *Das Sandkorn, das die Erde zum Beben bringt. Dem Gesetz der Katastrophen auf der Spur oder warum die Welt einfacher ist als wir denken*, Frankfurt a. M./New York: Campus-Verlag, 2001).

– (2002): »The Physics of the Trading Floor«, *Nature* 415, S. 10–12.

Burgelman, R. A. (1983): »A Model of the Interaction of Strategic Behavior, Corporate Context and the Concept of Strategy, *Academy of Management Review* 8, S. 61–70.

– (2002): *Strategy Is Destiny. How Strategy-Making Shapes a Company's Future*, New York: Free Press.

Buss, D. M. (1999): *Evolutionary Psychology. The New Science of the Mind*, Boston: Allyn & Bacon (dt.: *Evolutionäre Psychologie*, München/Bosten u. a.: Pearson Studium, 2004).

Butler, P., Hall, T. W., Hanna, A. M., Mendonca, L., Auguste, B., Manyika, J., und Sahay, A. (1997): »A Revolution in Interaction«, *McKinsey Quarterly*, Nr. 1, S. 4–23.

Caldwell, B. (2004): *Hayek's Challenge. An Intellectual Biography of F. A. Hayek*, Chicago: University of Chicago Press.

Camazine, S., Deneubourg, J.-L., Franks, N. R., Sneyd, J., Theraulaz, G., und Bonabeau, E. (2001) (Hg.): *Self-Organization in Biological Systems*, Princeton (NJ): Princeton University Press.

Camerer, C. F. (2003): *Behavioral Game Theory. Experiments in Strategic Interaction*, Princeton (NJ): Princeton University Press.

Camerer, C. F., Lowenstein, G., und Rabin, M. (2004) (Hg.): *Advances in Behavioral Economics*, Princeton (NJ): Princeton University Press.

Cameron, R., und Neal, L. (2003): *A Concise Economic History of the World. From Palaeolithic Times to the Present*, 4. Aufl., Oxford: Oxford University Press (dt.: *Geschichte der Weltwirtschaft*, 2 Bände, Stuttgart: Klett-Cotta, 1991/1992).

Campbell, A., Birkinshaw, J., Morrison, A., und van Basten Batenburg, R. (2003): »The Future of Corporate Venturing«, *Sloan Management Review* 45, Nr. 1, S. 30–37.

Campbell, D. T. (1960): »Blind Variation and Selective Retention in Creative Thought as in Other Knowledge Precesses«, *Psychological Review* 67, S. 380–400.

Campbell, J. W. P., und Pryce, W. (2003): *Brick. A World History*, London: Thames and Hudson (dt.: *Backstein. Eine Architekturgeschichte – von den Anfängen bis zur Gegenwart*, München, Knesebeck, 2003).

Campbell, J. Y., Lo, A. W., und MacKinlay, A. C. (1997): *The Econometrics of Financial Markets*, Princeton (NJ): Princeton University Press.

Carruthers, P., und Chamberlain, A. (2000): *Evolution and the Human Mind. Modularity, Language, and Meta-Cognition*. Cambridge (UK): Cambridge University Press.

Cartwright, N. (1999): *The Dappled World. A Study of the Boundaries of Science*, Cambridge (UK): Cambridge University Press.

Cassidy, J. (1996): »The Decline of Economics«, *The New Yorker*, 2. Dezember, S. 50–60.

Casti, J. L. (1994): *Complexification*, New York: HarperCollins.

– (1997): *Would-be Worlds*, New York: John Wiley & Sons.

Casti, J. L., und Karlqvist, A. (1991): *Beyond Belief*, Boca Raton (FL): CRC Press.

Cavalli-Sforza, L. L. (2001): *Genes, Peoples and Languages*, London: Penguin Books (dt.: *Gene, Völker und Sprachen. Die biologischen Grundlagen der Zivilisation*. München/Wien: Hanser, 1999).

Cave, F. T. (2004): »Economists and Politicians at a Loss as Eurozone's Price Disparities Increase«, *Financial Times*, 3. März.

Caves, R. (1982): *American Industry. Structure, Conduct, Performance*, 5. Aufl., Englewood Cliffs (NJ): Prentice Hall.

Chagnon, N. A. (1992): *Yanomamo. The Last Days of Eden*. San Diego: Harcourt Brace & Company.

Challet, D., und Zhang, Y.-C. (1997): »Emergence of Cooperation and Organization in an Evolutionary Game«, *Physica A* 246, S. 407–418.

Chandler, A. D. Jr. (1962): *Strategy and Structure. Chapters in the History of the American Industrial Enterprise*, Ausgabe 1990, Cambridge (MA): MIT Press.

– (1977): *The Visible Hand. The Managerial Revolution in American Business*, Cambridge (MA): Belknap Press of Harvard University Press.

– (1990): *Scale and Scope. The Dynamics of Industrial Capitalism*, Cambridge (MA): Belknap Press of Harvard University Press.

Chorafas, D. N. (1994): *Chaos Theory in Financial Markets*, Chicago: Probus Publishing Co.

Christensen, C. M. (1997): *The Innovator's Dilemma. When New Technologies Cause Great Firms to Fail*, Boston: Harvard Business School Press.

Churchill, G. A. (1991): *Marketing Research Methodological Foundations*, 5. Aufl., Chicago: Dryden Press.

Clark, A. (1999): *Being There. Putting Brain, Body, and World Together Again*, Cambridge (MA): A Bradford Book, MIT Press.

– (2001): *Mindware. An Introduction to the Philosophy of Cognitive Science*, New York: Oxford University Press.

Clippinger, J. H. III. (1999), *The Biology of Business. Decoding the Natural Laws of Enterprise*, San Francisco: Jossey-Bass.

Cochrane, J. H. (2005): *Asset Pricing*, überarb. Aufl., Princeton (NJ): Princeton University Press.

Cohen, D., und Prusak, L. (2001): *In Good Company. How Social Capital Makes Organizations Work*, Boston: Harvard Business School Press.

Cohen, M. D., und Sproull, L. S. (1996) (Hg.): *Organizational Learning*, Thousand Oaks (CA): Sage Publications.

Colander, D. (1996) (Hg.): *Beyond Microfoundations. Post Walrasian Macroeconomics*, Cambridge: Cambridge University Press.

– (1999): »New Millennium Economics: How Did It Get This Way, and What Way is It?«, *Journal of Economic Perspectives* 14, Nr. 1 (Winter), S. 121–132.

– (2000): *Complexity and the History of Economic Thought*, London: Routledge.

Colander, D., Holt, R. P. F., und Rosser, J. B. Jr. (2004): *The Changing Face of Economics. Conversations with Cutting Edge Economists*, Ann Arbor (MI): University of Michigan Press.

Collins, J. C. (2001): *Good to Great*, New York: HarperCollins (dt.: *Der Weg zu den Besten. Die sieben Management-Prinzipien für dauerhaften Unternehmenserfolg*, Stuttgart/München: Deutsche Verlags-Anstalt, 2001).

Collins, J. C., und Porras, J. I. (1994): *Built to Last. Successful Habits of Visionary Companies*, New York: Harper Business (dt.: *Immer erfolgreich. Die Strategien der Topunternehmen*, Stuttgart/München, Deutsche Verlags-Anstalt, 2003).

Cont, R., und Bouchaud, J. P. (2000): »Herd Behavior and Aggregate Fluctuations in Financial Markets«, *Macroeconomic Dynamics* 4, S. 1–27.

Cookson, C., und Griffith, V. (2001), »UK. Inside Track – An Argument about Human Complexity«, *Financial Times*, 12. Juni.

Copeland, T. E., und Keenan, P. E. (1998): »Making Real Options Real«, *McKinsey Quarterly*, Nr. 3, S. 128–141.

Copeland, T., Koller, T., und Murrin, J. (2000): *Valuation. Measuring and Managing the Value of Companies*, 3. Aufl., New York: John Wiley & Sons (dt.: *Unternehmenswert. Methoden und Strategien für eine wertorientierte Unternehmensführung*, Frankfurt a. M./New York: Campus-Verlag, 1993).

Courtney, H. (2001): *20/20 Foresight. Crafting Strategy in an Uncertain World*. Boston: Harvard Business School Press.

Cowan, G. A., Pines, D., und Meltzer, D. (1994): *Complexity. Metaphors, Models and Reality*, Cambridge (MA): Perseus Books.

Crutchfield, J. P., und Schuster, P. (2003): *Evolutionary Dynamics. Exploring the Interplay of Selection, Accident, Neutrality and Function*, New York: Oxford University Press.

Cutler, D. M., Poterba, J. M., und Summers, L. H. (1989): »What Moves Stock Prices?«, *Journal of Portfolio Management* (Frühjahr), S. 4–12.

Cyert, R. M., und March, J. G. (1992): *A Behavioral Theory of the Firm*, 2. Aufl., Oxford: Blackwell Publishers.

Daly, H. E. (1999): *Ecological Economics and the Ecology of Economics*, Northampton (MA), Edward Elgar.

Darmasio, A. (2005): »Human Behavior. Brain Trust«, *Nature* 435 (Juni), S. 571–572.

D'Aveni, R. A., und Gunther, R. (1994): *Hyper-Competition. Managing the Dynamics of Strategic Manoeuvring*, New York: Free Press.

Davis, I. (2005a): »How to Escape the Short-term Trap«, *Financial Times*, 11. April.

– (2005b): »The Biggest Contract«, *The Economist*, 26. Mai.

Dawkins, R. (1976): *The Selfish Gene*, Oxford: Oxford University Press (dt.: *Das egoistische Gen*, Jubiläumsausgabe, München/Heidelberg: Elsevier/Spektrum Akademischer Verlag, 2007).

– (1982): *The Extended Phenotype.* Ausgabe 1999, Oxford: Oxford University Press.

– (1986): *The Blind Watchmaker*, London: Longmans (dt.: *Der blinde Uhrmacher. Ein neues Plädoyer für den Darwinismus*, München: Kindler, 1987).

– (1996): *Climbing Mount Improbable*, London: Penguin Books (dt.: *Gipfel des Unwahrscheinlichen. Wunder der Evolution*, Reinbek bei Hamburg: Rowohlt, 1999).

– (1998): *Unweaving the Rainbow. Science, Delusions and the Appetite for Wonder*, Boston: Houghton Mifflin (dt.: *Der entzauberte Regenbogen. Wissenschaft, Aberglaube und die Kraft der Phantasie*, Reinbek bei Hamburg: Rowohlt, 2000).

Day, R. H. (1994): *Complex Economic Dynamics*, Cambridge (MA): MIT Press.

– (1999): *Complex Economic Dynamics (Vol. II). An Introduction to Macroeconomic Dynamics*, Cambridge (MA): MIT Press.

Deal, T. E., und Kennedy, A. A. (1982): *Corporate Culture. The Rites and Rituals of Corporate Life*, Ausgabe 2000, New York: Perseus Publishing (dt.: *Unternehmenserfolg durch Unternehmenskultur*, Bonn: Rentrop, 1987).

Dear, P. (2001): *Revolutionizing the Science. European Knowledge and its Ambitions, 1500-1700*, Hampshire (UK): Palgrave.

De Geus, A. (1997): *The Living Company. Habits for Survival in a Turbulent Business Environment*, Boston: Harvard Business School Press.

Dembski, W., und Ruse, M. (2004): *Debating Design. From Darwin to DNA*, Cambridge (UK): Cambridge University Press.

Dennett, D. C. (1991): *Consciousness Explained*, Boston: Little, Brown (dt.: *Philosophie des menschlichen Bewusstseins*, Hamburg: Hoffmann und Campe, 1994).

– (1995): *Darwin's Dangerous Idea*, New York: Touchstone (dt.: *Darwins gefährliches Erbe. Die Evolution und der Sinn des Lebens*, Hamburg: Hoffmann und Campe, 1997).

De Soto, H. (2000): *The Mystery of Capital. Why Capitalism Triumphs in the West and Fails Everywhere Else*, New York: Basic Books.

De Swaan, J. C., und Harper, N. W. C. (2003): »Getting What You Pay For with Stock Options«, *McKinsey Quarterly*, Nr. 1, S. 152–155.

Deutsch, D. (1997): *The Fabric of Reality*, New York: Penguin Books (dt. Originalausgabe: *Die Physik der Welterkenntnis. Auf dem Weg zum universellen Verstehen*, Basel/Boston/Berlin: Birkhäuser, 1996).

Devaney, R. L. (1992): *A First Course in Chaotic Dynamical Systems*, Reading (MA), Addison-Wesley.

Devlin, K. (2000): *The Language of Mathematics. Making the Invisible Visible*, New York: W. H. Freeman.

Diamond, J. (1991): *The Rise and Fall of the Third Chimpanzee. How Our Animal Heritage Affects the Way We Live*, London: Vintage (dt.: *Der dritte Schimpanse. Evolution und Zukunft des Menschen*, Frankfurt a. M.: S. Fischer, 1994).

– (1997): *Guns, Germs and Steel*, New York: W. W. Norton & Company (dt.: *Arm und reich. Die Schicksale menschlicher Gesellschaften*, Frankfurt a. M.: Büchergilde Gutenberg, 1998).

– (2005): *Collapse. How Societies Choose to Fail or Succeed*, New York: Viking Penguin (dt.: *Kollaps. Warum Gesellschaften überleben oder untergehen*, Frankfurt a. M./Zürich/Wien: Büchergilde Gutenberg, 2006).

Dixit, A. K., und Pindyck, R. S. (1994): *Investment Under Uncertainty*, Princeton (NJ): Princeton University Press.

Dobbs, R. und Koller, T. (2005): »Measuring Long-Term Performance. In Value and Performance«, Sondernummer, *McKinsey Quarterly*, S. 16–27.

Dorgan, S. J., und Dowdy, J. (2002): »How Good Management Raises Productivity«, *McKinsey Quarterly*, Nr. 4, S. 14–16.

Dornbusch, R., und Fischer, S. (1990): *Macroeconomics*, 5. Aufl., New York: McGraw-Hill (dt.: *Makroökonomik*, 8. Aufl., München/Wien: Oldenbourg, 2003).

Dörner, D. (1996): *The Logic of Failure. Recognising and Avoiding Error in Complex Situations*, London: Merloyd Lawrence (dt.: *Die Logik des Misslingens. Strategisches Denken in komplexen Situationen*, Reinbek: Rowohlt 2003).

Dosi, G., Nelson, R. R., und Winter, S. G. (2000) (Hg.): *The Nature and Dynamics of Organizational Capabilities*, Oxford: Oxford University Press.

Dosi, G., Teece, D. J., und Chytry, J., (1998) (Hg.): *Technology, Organization, and Competitiveness*, Oxford: Oxford University Press.

Dunbar, R., Knight, C., und Power, C. (1999) (Hg.): *The Evolution of Culture*, Edinburgh: Edinburgh University Press.

Durlauf, S. N. (2001): »The Membership Theory of Poverty. The Role of Group Affiliations in Determining Socioeconomic Outcomes«, Santa Fe Institute, Working Paper für den Poverty Traps Workshop, 20.-22. Juli.

Durlauf, S. N., und Young, H. P. (2001) (Hg.): *Social Dynamics*, Washington (DC): Brookings Institution Press.

Easterly, W. (2002): *The Elusive Quest for Growth. Economists' Adventures and Misadventures in the Topics*, Cambridge (MA): MIT Press.

Easterly, W., und Levine, R. (2002): »Tropics, Germs and Crops. How Endowments Influence Economic Development«, National Bureau of Economic Research, Working Paper 9106.

Edersheim, E. H. (2004): *McKinsey's Marvin Bower*, New York: John Wiley & Sons.

Eicher, T. S., und Turnovsky, S. J. (2003), *Inequality and Growth. Theory and Policy Implications*, Cambridge (MA): MIT Press.

Eisenhardt, K. M., und Brown, S. L. (1999): »Patching. Re-stitching Business Portfolios in Dynamic Markets«, *Harvard Business Review* (Mai-Juni), S. 72–80.

Elkington, J. (1999): *Cannibals with Forks. The Triple Bottom Line of 21st Century Business*, Oxford: Capstone.

Engle, R. (1982): »Autoregressive Conditional Heteroscedasticity with Estimates of the Variance of United Kingdom Inflation«, *Econometrica* 50, S. 987–1007.

Epstein, J. M. (1997): *Nonlinear Dynamics, Mathematical Biology and Social Science*, Reading (MA): Addison-Wesley.

Epstein, J. M., und Axtell, R. (1996): *Growing Artificial Societies*, Washington (DC): Brookings Institution Press, Cambridge (MA): MIT Press.

Ethiraj, S. K., und Levinthal, D. (2002): »Search for Architecture in Complex Worlds. An Evolutionary Perspective on Modularity and the Emergence of Dominant Design«, University of Michigan und Wharton School of Business, University of Pennsylvania, Working Paper (November).

Fama, E. (1970): »Efficient Capital Markets. A Review of Theory and Empirical Work«, *Journal of Finance* 25, S. 383–417.

Farmer, J. D. (1998): »Market Force, Ecology, and Evolution«, Santa Fe Institute, Working Paper 98-12–117.

– (2001): »Toward Agent-Based Models for Investment«, *Benchmarks and Attribution Analysis*, Association for Investment Management and Research, S. 61–70.

– (2002): »Market Force, Ecology, and Evolution«, *Industrial and Corporate Change* 11, Nr. 5, S. 895–953.

Farmer, J. D., Gillemot, L., Lillo, F., Mike, Sz., und Sen, A. (2004): »What Really Causes Large Price Changes?«, *Quantitative Finance* 4 (August), S. 383–397.

Farmer, J. D., und Lo, A. W. (1999): »Frontiers of Finance. Evolution and Efficient Markets«, *Proceedings of the National Academy of Science* 96, S. 9991–9992.

Farmer, J. D., Patelli, P., und Zovko, I. I. (2005): »The Predictive Power of Zero Intelligence in Financial Markets«, *Proceedings of the National Academy of Sciences* 102, Nr. 6, S. 2254–2259.

Farmer, J. D., Shubik, M., und Smith, E. (2005): »Is Economics the Next Physical Science?«, *Physics Today* (September), S. 37–42.

Farrell, W. (1998): *How Hits Happen. Forecasting Predictability in a Chaotic Marketplace*, New York: Harper Business.

Fehr, E., und Gächter, S. (2000): »Cooperation and Punishment in Public Goods Experiments«, *American Economic Review* 90, Nr. 4 (September), S. 980–994.

Feyerabend, P. (1975): *Against Method. Outline of an Anarchistic Theory of Knowledge*, London: New Left Books (dt.: *Wider den Methodenzwang. Skizze einer anarchistischen Erkenntnistheorie*, Frankfurt a. M.: Suhrkamp, 1967).

Fischer, D. H. (1996): *The Great Wave. Price Revolutions and the Rhythm of History*, New York: Oxford University Press.

Flake, G. W. (1998): *The Computational Beauty of Nature. Computer Explorations of Fractals, Chaos, Complex Systems and Adaption*, Cambridge (MA): MIT Press.

Fligstein, N. (2001): *The Architecture of Markets. An Economic Sociology of Twenty-First-Century Capitalist Societies*, Princeton (NJ): Princeton University Press.

Fogel, R. W. (2004): *The Escape From Hunger and Premature Death 1700-2100*, Cambridge (UK): Cambridge University Press.

Forrester, J. W. (1961): *Industrial Dynamics*, Cambridge (MA): MIT Press.

Forty, R. (1997): *Life. A Natural History of the First Four Billion Years of Life on Earth*, New York: Alfred A. Knopf.

Foster, D. P., und Young, H. P. (2001): »On the Impossibility of Predicting the Behavior of Rational Agents«, *Proceedings of the National Academy of Sciences* 98, Nr. 22, S. 12848–12853.

Foster, R. (1986): *Innovation. The Attacker's Advantage*, New York: Summit Books (dt.: *Innovation. Die technologische Offensive*, Wiesbaden: Gabler, 1986).

Foster, R., und Kaplan, S. (2001): *Creative Destruction*, New York: Doubleday (dt.: *Schöpfen und Zerstören. Wie Unternehmen langfristig überleben*, Frankfurt a. M./Wien: Redline Wirtschaft bei Ueberreuter, 2002).

Fox, K. (2002): »Evolution, Alienation and Gossip. The Role of Mibile Telecommunications in the 21st Century«, Social Issues Research Centre, Oxford University, Working Paper.

Fox, R. F. (1988): *Energy and the Evolution of Life*, New York: W. H. Freeman.

Frank, S. A. (1998): *Foundations of Social Evolution*, Princeton (NJ): Princeton University Press.

Freeman, C., und Soete, L. (1997): *The Economics of Industrial Innovation*, 3. Aufl., Cambridge (MA): MIT Press.

Friedman, M. (1953): *Essays in Positive Economics*, Chicago: University of Chicago Press.

– (1962): *Capitalism and Freedom*. Jubiläumsausgabe 2002, Chicago: University of Chicago Press (dt.: *Kapitalismus und Freiheit*, ungekürzte Taschenbuchausgabe, München/Zürich: Piper, 2004).

Fry, I. (1999): *The Emergence of Life on Earth. A Historical and Scientific Overview*. London: Free Association Books.

Fudenberg, D., und Tirole, J. (1991): *Game Theory*, Cambridge (MA): MIT Press.

Fukuyama, F. (1992): *The End of History and the Last Man*, New York: Free Press (dt.: *Das Ende der Geschichte. Wo stehen wir?* München: Kindler, 1992).

– (1995): *Trust*, New York: Free Press (dt.: *Konfuzius und Marktwirtschaft. Der Konflikt der Kulturen*, München: Kindler, 1995).

– (1999): *The Great Disruption. Human Nature and the Reconstitution of Social Order*, New York: Free Press (dt.: *Der große Aufbruch. Wie unsere Gesellschaft eine neue Ordnung erfindet*, Wien: Zsolnay, 2000).

Fullbrook, E. (2004) (Hg.): *A Guide to What's Wrong with Economics*, London: Anthem Press.

Gardner, H. (2004): *Changing Minds. The Art and Science of Changing Our Own and Other People's Minds*, Boston: Harvard Business School Press.

Gell-Mann, M. (1994), *The Quark and the Jaguar*, New York: W. H. Freeman (dt.: *Das Quark und der Jaguar. Vom Einfachen zum Komplexen – die Suche nach einer neuen Erklärung der Welt*, München/Zürich: Piper, 1994).

Georgescu-Roegen, N. (1966): *Analytical Economics: Issues and Problems*, Cambridge (MA): Harvard University Press

- (1971): *The Entropy Law and the Economic Process*, Cambridge (MA): Harvard University Press.

Ghemawat, P. (1991): *Commitment. The Dynamic of Strategy*, New York: Free Press.

Ghemawat, P., Collins, D. J., Pisano, G. P., und Rivkin, J. W. (1999): *Strategy and the Business Landscape*, Reading (MA): Addison-Wesley.

Gherity, J. A. (1965): *Economic Thought. A Historical Anthology*, New York: Random House.

Giddens, A. (1998): *The Third Way. The Renewal of Social Democracy*, Cambridge (UK): Polity (dt.: *Der dritte Weg. Die Erneuerung der sozialen Demokratie*, Frankfurt a. M./Wien: Büchergilde Gutenberg, 1999).

– (2000): *The Third Way and Its Critics*, Cambridge (UK): Polity (dt.: *Die Frage der sozialen Ungleichheit*, Frankfurt a. M.: Suhrkamp, 2001).

– (2001): *Sociology*, 4. Aufl., Cambridge (UK): Polity.

Gilovich, T., Vallone, R., und Tversky, A. (1985): »The Hot Hand in Basketball. On the Misperception of Random Sequences«, *Cognitive Psychology* 17, S. 295–314.

Gintis, H. (2000): *Game Theory Evolving. A Problem-Centered Introduction to Modeling Strategic Interaction*, Princeton (NJ): Princeton University Press.

– (2003): »Agent-Based Simulation of a General Equilibrium Economy with Complete and Incomplete Contracting«, Working Paper, vom Autor erhältlich.

Gintis, H., Bowles, S., Boyd, R., und Fehr, E. (2005): *Moral Sentiments and Material Interests*, Cambridge (MA): MIT Press.

Girvan, M., und Newman, M. E. J. (2001): »Community Structure in Social and Biological Networks«, Santa Fe Institute, Working Paper 01-12-077.

Gladwell, M. (2000): *The Tipping Point. How Little Things Can Make a Big Difference*, Boston: Little, Brown (dt.: *Der Tipping-Point. Wie kleine Dinge Großes bewirken können*, Berlin: Berlin-Verlag, 2000).

Gleick, J. (1987): *Chaos. Making a New Science*, New York, Viking Penguin (dt.: *Chaos – die Ordnung des Universums. Vorstoß in Grenzbereiche der modernen Physik*, München: Droemer Knaur, 1988).

Glimcher, P. W. (2002): »Decisions, Decisions, Decisions. Choosing a Biological Science of Choice«, *Neuron* 36, Nr. 2, S. 323–332.

– (2003): *Decisions, Uncertainty, and the Brain. The Science of Neuroeconomics*, Cambridge (MA): MIT Press.

Gordon, R. (1986): *The American Business Cycle. Continuity and Challenge*, National Bureau of Economic Research, Studies in Business Cycles, Bd. 25, Chicago: University of Chicago Press.

Gould, S. J. (1989): *Wonderful Life. The Burgess Shale and the Nature of History*, New York: W. W. Norton (dt.: *Zufall Mensch. Das Wunder des Lebens als Spiel der Natur*, München/Wien: Hanser, 1991).

– (2002): *The Structure of Evolutionary Theory*, Cambridge (MA): Cambridge (MA): Belknap Press of Harvard University Press.

Gould, S. J., und Eldridge, N. (1993): »Punctuated Equilibrium Comes of Age«, *Nature* 366, S. 223–227.

Gould, S. J., und Lewontin, R. (1979): »The Spandrels of San Marco and the Panglossian Paradigm. A Critique of the Adaptionist Programme«, *Proceedings of the Royal Society* B205, S. 581–598.

Graham, J. R., Harvey, C. R., und Rajgopal, S. (2005): »The Economic Implications of Corporate Financial Reporting«, National Bureau of Economic Research, Working Paper Nr. 10550, 11. Januar.

Grant, P. R., und Grant, B. R. (2002): »Unpredictable Evolution in a 30-Year Study of Darwin's Finches«, *Science* 296, 26. April, S. 707–711.

Greene, B. (1999): *The Elegant Universe. Superstrings, Hidden Dimensions, and the Quest for the Ultimate Theory*, London: Random House Publishing (dt.: *Das elegante Universum. Superstrings, verborgene Dimensionen und die Suche nach der Weltformel*, Berlin: Siedler, 2000).

Greene, W. H. (2000): *Econometric Analysis*, 4. Aufl., Englewood Cliffs (NJ): Prentice Hall.

Gribbin, J. (2002): *Science. A History 1543–2001*, London: Allen Lane/Penguin.

Haken, H. (2000): *Information and Self-Organization. A Macroscopic Approach to Complex Systems*, 2. Aufl., Berlin: Springer-Verlag.

Hamel, G. (2000): *Leading the Revolution*, Boston: Harvard Business School Press (dt: *Das revolutionäre Unternehmen. Wer Regeln bricht, gewinnt*, München: Econ-Verlag, 2001).

Hamel, G., und Prahalad, C. K. (1994): *Competing for the Future*, Boston: Harvard Business School Press (dt.: *Wettlauf um die Zukunft. Wie Sie mit bahnbrechenden Strategien die Kontrolle über Ihre Branche gewinnen und die Märkte von morgen schaffen*, Wien: Ueberreuter, 1995).

Hammond, R. (2000): »Endogenous Transition Dynamics in Corruption. An Agent-Based Computer Model«, Brookings Institution, Center on Social and Economic Dynamics, Working Paper Nr. 19.

Hands, D. W. (2001): *Reflection Without Rules. Economic Methodology and Contemporary Science Theory*, New York: Cambridge University Press.

Handy, C. (2002): »What's a Business For?«, *Harvard Business Review* (Dezember), S. 49–55.

Hannan, M. T., und Carroll, G. R. (1992): *Dynamics of Organizational Populations. Density, Legitimation, and Competition*, New York: Oxford University Press.

Hannan, M. T., und Freeman, J. H. (1977): »The Population Ecology of Organizations«, *American Journal of Sociology* 82, Nr. 5, S. 929–964.

– (1984): »Structural Inertia and Organizational Change«, *American Sociological Review* 49, Nr. 2 (April), S. 149–164.

– (1989): *Organizational Ecology*, Cambridge (MA): Harvard University Press.

Harrington, J. E. Jr. (1998): »The Social Selection of Flexible and Rigid Agents«, *American Economic Review* 88, Nr. 1 (März), S. 63–82.

Harrison, L. E. (2001): »To Modernize, Some Have to Change Their Culture«, *International Herald Tribune*, Kommentarseite, 1. März.

Harrison, L. E., und Huntington, S. P. (2000): *Culture Matters. How Values Shape Human Progress*, New York: Basic Books.

Hartley, J. E., Salyer, K. D., und Hoover, K. D. (1998) (Hg.): *Real Business Cycles. A Reader*, London: Routledge.

Hatch, M. J. (1997): *Organization Theory. Modern Symbolic and Postmodern Perspectives*, Oxford: Oxford University Press.

Hausman, D. M. (1994): *The Philosophy of Economics*, 2. Aufl., Cambridge: Cambridge University Press.

Hayek, F. A. (1944): *The Road to Serfdom*, Ausgabe 2001, London: Routledge Classics (dt.: *Der Weg zur Knechtschaft*, Erlenbach-Zürich: Rentsch, 1945).

– (1948): *Individualism and Economic Order*, Ausgabe 1980, Chicago: University of Chicago Press (dt.: *Individualismus und wirtschaftliche Ordnung*, Erlenbach-Zürich: Rentsch, 1952).

– (1960): *The Constitution of Liberty*, Ausgabe 1976, London: Routledge Classics (dt.: *Die Verfassung der Freiheit*, Tübingen: Mohr, 1971).

– (1988): *The Fatal Conceit. The Errors of Socialism*, Ausgabe 1991, Chicago: University of Chicago Press (dt.: *Die verhängnisvolle Anmaßung. Die Irrtümer des Sozialismus*, Tübingen: Mohr, 1996).

Haynie, D. T. (2001): *Biological Thermodynamics*, Cambridge: Cambridge University Press.

Heijdra, B. J., und van der Ploeg, F. (2002): *Foundations of Modern Macroeconomics*, Oxford: Oxford University Press.

Heilbroner, R. L. (1953): *The Worldly Philosophers. The Lives, Times and Ideas of the Great Economic Thinkers*, Ausgabe 1972, New York: Touchstone Books (dt.: *Wirtschaft und Wissen. 2 Jahrhunderte Nationalökonomie*, Köln: Bund-Verlag, 1960).

Helpman, E. (2004): *The Mystery of Economic Growth*, Cambridge (MA): Belknap Press of Harvard University Press.

Hempel, C. (1965): *Aspects of Scientific Explanation and Other Essays in the Philosophy of Science*, New York: Free Press (dt.: *Aspekte wissenschaftlicher Erklärung*, Berlin/New York: de Gruyter, 1977).

Henderson, R., und Mitchell, W. (1997) (Hg.): »Organizational and Competitive Interactions«, Sondernummer, *Strategic Management Journal* 18 (Juli).

Henderson, R. M., und Clark, K. B. (1990): »Architectural Innovation. The Reconfiguration of Existing Product Technologies and the Failure of Established Firms«, *Administrative Science Quarterly*, Nr. 35, S. 9–30.

Henrich, J., Boyd, R., Bowles, S., Camerer, C., Fehr, E., und Gintis, H. (2004): *Foundations of Human Sociality. Economic Experiments and Ethnographic Evidence from Fifteen Small-Scale Societies*, Oxford: Oxford University Press.

Heymann, D., und Leijonhufvud, A. (1995): *High Inflation*, Oxford: Oxford University Press.

Hicks, J. R. (1939): *Value and Capital*, 2. Aufl., Oxford: Clarendon Press (siehe auch: *Value and Capital. An Inquiry into some fundamental principles of economic theory*, Faksimile-Ausgabe, Handelsblatt-Bibliothek »Klassiker Nationalökonomie«, Düsseldorf: Verlag Wirtschaft und Finanzen, 1997).

Hodgson, G. M. (1993): *Economics and Evolution*, Ann Arbor (MI): University of Michigan Press.

– (2002): »Darwinism in Economics. From Analogy to Ontology«, *Journal of Evolutionary Economics* 12, S. 259–281.

Hodgson, G. M. (2002) (Hg.): *A Modern Reader in Institutional and Evolutionary Economics*, Northampton (MA): Edward Elgar.

Hoff, K., und Sen, A. (2001): »A Simple Theory of the Extended Family System and Market Barriers to the Poor«, Santa Fe Institute, Working Paper für den Poverty Traps Workshop, 20.-22. Juli.

Hogarth, R. M. (1990): *Insights in Decision Making*, Chicago: University of Chicago Press.

Holland, J. H. (1975): *Adaptation in natural and Artificial Systems*, Ausgabe 1992, Cambridge (MA): MIT Press.

– (1995): *Hidden Order*, Reading (MA): Addison-Wesley.

– (1998): *Emergence. From Chaos to Order*, Reading (MA): Addison-Wesley.

Holland, J. H., Holyoak, K. J., Nisbett, R. E., und Thagard, P. R. (1986): *Induction. Processes of Inference, Learning, and Discovery*, Cambridge (MA): MIT Press.

Holmstrom, B., und Roberts, J. (1998): »The Boundaries of the Firm Revisited«, *Journal of Economic Perspectives* 12, S. 73–94.

Hoopes, D. G., Madsen, T. L., und Walker, G. (2003) (Hg.): »Why Is There a Resource-Based View? Toward a Theory of Competitive Heterogeneity«, *Strategic Management Journal*, Sondernummer 24 (Oktober).

Horan, R. D., Bulte, E., und Shogren, J. (2005): »How Trade Saved Humanity from Biological Exclusion. An Economic Theory of Neanderthal Extinction«, *Journal of Economic Behavior and Organization* 58, S. 1–29.

Howard, R., und Haas, R. D. (1993) (Hg.): *The Learning Imperative. Managing People for Continuous Innovation*, Boston: Harvard Business School Press.

Huntington, S. P. (1996): *The Clash of Civilizations and the Remaking of the World Order*, New York: Simon & Schuster (dt.: *Kampf der Kulturen. Die Neugestaltung der Weltpolitik im 21. Jahrhundert*, München/Wien: Europa-Verlag, 1996).

Hutchins, E. (1996): *Cognition in the Wild*, Cambridge (MA): MIT Press.

Hull, d. L. (1988): *Science as a Process. An Evolutionary Account of the Social and Conceptual Development of Science*, Chicago: University of Chicago Press.

Ijiri, Y., und Simon, H. A. (1977) (Hg.): *Skew Distributions and the Sizes of Business Firms*, Amsterdam: North-Holland.

Ingrao, B., und Israel, G. (1990): *The Invisible Hand*, Cambridge (MA): MIT Press (orig.: *La mano invisibile. L'equilibrio economico nella storia della scienza*, Bari: Laterza, 1987).

Jain, S., und Krishna, S., (2002a): »Large Extinction in an Evolutionary Model. The Role of Innovation and Keystone Species«, *Proceedings of the National Academy of Sciences* 99, Nr. 4, (19. Februar), S. 2055–2060.

– (2002b): »Crashes, Recoveries, and Core Shifts in a Model of Evolving Networks«, *Physical Review* E 65, 026103.

Jardine, L. (1999): *Ingenious Pursuits. Building the Scientific Revolution*, London: Abacus.

Jay, P. (2000): *Road to Riches or The Wealth of Man*, London: Weidenfeld & Nicholson.

Jensen, M. C. (1998), *Foundations of Organizational Strategy*, Cambridge (MA): Harvard University Press.

– (2001): *A Theory of the Firm*, Cambridge (MA): Harvard University Press.

Johnson, B. C. (2002): »Retail. The Wal-Mart Effect«, *McKinsey Quarterly*, Nr. 1, S. 40–43.

Johnson, B. C., Manyika, J. M., und Yee, L. A. (2005): »The Next Revolution in Interactions«, *McKinsey Quarterly*, Nr. 4, S. 20–33.

Johnson, G. (2001): »All Science Is Computer Science«, *New York Times*, 25. März.

– (2003): *A Shortcut Through Time. The Path to the Quantum Computer*, New York: Alfred Knopf.

Johnson, N. F., Jefferies, P., und Hui, P. M. (2003): *Financial Market Complexity. What Physics Can Tell Us About Market Behavior*, Oxford: Oxford University Press.

Johnson, P. (1988): *Intellectuals*, New York: Harper & Row.

– (1997): *A History of the American People*, New York: HarperCollins.

Johnson, S. (2001): *Emergence. The Connected Lives of Ants, Brains, Cities, and Software*, London: Allen Lane.

Jones, S., Martin, R., Pilbeam, D., und Bunney, S. (1992): *The Cambridge Encyclopedia of Human Evolution*, Cambridge: Cambridge University Press.

Kagel, J. H., und Roth, A. E. (1995): *The Handbook of Experimental Economics*, Princeton (NJ): Princeton University Press.

Kahneman, D., Slovic, P., und Tversky, A. (1982): *Judgement Under Uncertainty. Heuristics and Biases*, Cambridge: Cambridge University Press.

Kahneman, D., Diener, E., und Schwarz, N. (1999) (Hg.): *Well-Being. The Foundations of Hedonic Psychology*, New York: Russell Sage Foundation.

Kaplan, D., und Glass, L. (1995): *Understanding Nonlinear Dynamics*, New York: Springer-Verlag.

Kaplan, R. S., Lowes, A., und Norton, D. P. (1996): *The Balanced Scorecard. Translating Strategy Into Action*, Cambridge (MA): Harvard Business School Press (dt.: *Balanced scorecard. Strategien erfolgreich umsetzen*, Stuttgart: Schäffer-Poeschel, 1997).

Kaplan, R. S., und Norton, D. P. (2000): *The Strategy-Focused Organization. How Balanced Scorecard Companies Thrive in the New Business Environment*, Boston: Harvard Business School Press (dt.: *Die strategiefokussierte Organisation. Führen mit der balanced scorecard*, Stuttgart: Schäffer-Poeschel, 2001).

Karceski, J. (2002): »Returns-Chasing Behavior, Mutual Funds, and Beta's Death«, *Journal of Financial and Quantitative Analysis* 37, Nr. 4 (Dezember), S. 559–594.

Katz, L. D. (2000) (Hg.): *Evolutionary Origins of Morality. Cross-Disciplinary Perspectives*, Bowling Green (OH): Imprint Academic.

Katzenbach, J. R., und Smith, D. K. (1993): *The Wisdom of Teams. Creating the High-Performance Organization*, Boston: Harvard Business School Press (dt.: *Teams. Der Schlüssel zur Hochleistungsorganisation*, Wien: Ueberreuter, 1993).

Kauffman, S. (1993): *The Origins of Order*, New York: Oxford University Press.

– (1995a): *At Home in the Universe*, New York: Oxford University Press (dt.: *Der Öltropfen im Wasser. Chaos, Komplexität, Selbstorganisation in Natur und Gesellschaft*, München/Zürich: Piper, 1996).

– (1995b): »Technology and Evolution. Escaping the Red Queen Effect«, *McKinsey Quarterly*, Nr. 1, S. 119–129.

– (2000): *Investigations*, New York: Oxford University Press.

Kay, J. (2003): *The Truth About Markets. Their Genius, Their Limits, Their Follies*, London: Allen Lane.

Keen, S. (2001): *Debunking Economics. The Naked Emperor of the Social Sciences*, London: Zed Books.

Keizer, J. (1987): *Statistical Thermodynamics of Nonequilibrium Processes*, New York: Springer-Verlag.

Kelly, K. (1994): *Out of Control*, Reading (MA): Addison-Wesley (dt.: *Das Ende der Kontrolle. Die biologische Wende in Wirtschaft, Technik und Gesellschaft*, Mannheim: Bollmann, 1997).

Kelly, M. (2003): *The Divine Right of Capital. Dethroning the Corporate Aristocracy*, San Francisco: Berrett-Koehler.

Kelly, S., und Allison, M. A., (1999): *The Complexity Advantage*, New York: BusinessWeek Books/McGraw-Hill.

Kennedy, J., und Eberhart, R. C. (2001): *Swarm Intelligence*, San Francisco: Morgan Kauffmann.

Kennedy, P. (1987): *The Rise and Fall of the Great Powers. Economic Change and Military Conflict from 1500 to 2000*, New York: Random House (dt.: *Aufstieg und Fall der grossen Mächte. Ökonomischer Wandel und militärischer Konflikt von 1500 bis 2000*, Frankfurt a. M.: S. Fischer, 1989).

Keynes, J. M. (1923): »A Tract on Monetary Reform«, *The Collected Writings of John Maynard Keynes*, Bd. 4, Ausgabe 1977, London: Palgrave MacMillan (dt.: *Ein Traktat über Währungsreform*, München: Duncker & Humblot, 1924, 2. Aufl. 1997).

Kirman, A., und Gérard-Varet, L.-A. (1999) (Hg.): *Economics Beyond the Millennium*, New York: Oxford University Press.

Kirman, A., und Salmon, M. (1995): *Learning and Rationality in Economics*, Oxford: Blackwell.

Klein, B. H. (1977): *Dynamic Economics*, Cambridge (MA): Cambridge University Press.

Klein, R. G., und Edgar, B. (2002): *The Dawn of Human Culture*, New York: John Wiley & Sons.

Klemke, E. D., Hollinger, R., und Kline, A. D. (1980): *Introductory Readings in the Philosophy of Science*, New York: Prometheus Books.

Knudsen, T. (2002): »Economic Selection Theory«, *Journal of Evolutionary Economics* 12, S. 443–470.

Koch, R. (2000): *The Natural Laws of Business*, New York: Doubleday.

Kohler, T. A., und Gumerman, G. J. (2000): *Dynamics in Human and Primate Societies*, New York: Oxford University Press.

Kollman, K., Miller, J. H., und Page, S. E. (2003): *Computational Models in Political Economy*, Cambridge (MA): MIT Press.

Kondepudi, D., und Prigogine, I. (1998): *Modern Thermodynamics. From Heat Engines to Dissipative Structures*, New York: John Wiley & Sons.

Kotter, J. P., und Heskett, J. L. (1992): *Corporate Culture and Performance*, New York: Free Press (dt.: *Die ungeschriebenen Gesetze der Sieger. Erfolgsfaktor Firmenkultur*, Düsseldorf/Wien/New York/Moskau: Econ-Verlag, 1993).

Koza, J. R. (1992): *Genetic Programming*, Cambridge (MA): MIT Press.

Koza, M. P., und Thoenig, J. C. (1995): »Organizational Theory at the Crossroads. Some Reflections on European and United States Approaches to Organizational Research«, *Organization Studies*, Bd. 6, S. 1–8.

Krames, J. A. (2002): *The Jack Welch Lexicon of Leadership*, New York: McGraw-Hill (dt.: *Jack Welch kompakt. Über 250 Innovationen und Strategien des legendären Managers*, München: Redline Wirtschaft bei Verlag Moderne Industrie, 2002).

Kremer, M. (1993): »Population Growth and Technological Change. One Million B.C. to 1990«, *Quarterly Journal of Economics* 108 (August), S. 681–716.

Krugman, P. (1992): *The Age of Diminished Expectations. U.S. Economics Policy in the 1990s*, Cambridge (MA): MIT Press.

– (1994): *Peddling Prosperity. Economic Sense and Nonsense in the Age of Diminished Expectations*, New York: Norton.

– (1996): *The Self-Organizing Economy*, Cambridge (MA): Blackwell Publishing.

– (1997): »The Power of Biobabble«, *Slate*, 23. Oktober, http://www.slate.com/id/1925/.

– (1998): »Two Cheers for Formalism, *Economic Journal* 108, S. 1829–1836.

Krugman, P., und Obstfeld, M. (1991): *International Economics. Theory and Policy*, 2. Aufl., New York: HarperCollins (dt.: *Internationale Wirtschaft. Theorie und Politik der Außenwirtschaft*, 7. Aufl., München/Boston u. a.: Pearson Studium, 2006).

Kuhn, T. S. (1962): *The Structure of Scientific Revolutions*, Chicago: University of Chicago Press (dt.: *Die Struktur wissenschaftlicher Revolutionen*, Frankfurt a. M.: Suhrkamp, 1967).

Kurz, M. (1997): *Endogenous Economic Fluctuations*, Berlin: Springer-Verlag.

Kurzweil, R. (1999): *The Age of Spiritual Machines. When Computers Exceed Human Intelligence*, New York: Viking Press (dt.: *Homo s@piens. Leben im 21. Jahrhundert – was bleibt vom Menschen?* Köln: Kiepenheuer und Witsch, 1999).

Lakatos, I. und Musgrave, A. (1970): *Criticism and the Growth of Knowledge*, Cambridge (UK): Cambridge University Press (dt.: *Kritik und Erkenntnisfortschritt*, Braunschweig: Vieweg, 1974).

Lakoff, G., und Núñez, R. E. (2000): *Where Mathematics Comes Form. How the Embodied Mind Brings Mathematics into Being*, New York: Basic Books.

Laland, K. N., Odling-Smee, J., und Feldman, M. W. (2000): »Niche Construction, Biological Evolution and Cultural Change«, *Behavioral and Brain Sciences* 23, Nr. 1, S. 131–146.

Landes, D. S. (1969): *Prometheus Unbound. Technological Change and Industrial Development in Western Europe from 1750 to the Present*, Cambridge: Cambridge University Press (dt.: *Der entfesselte Prometheus. Technologischer Wandel und industrielle Entwicklung in Westeuropa von 1750 bis zur Gegenwart*, Köln: Kiepenheuer und Witsch, 1973).

– (1998): *The Wealth and Poverty of Nations*, New York: W. W. Norton (dt.: *Wohlstand und Armut der Nationen. Warum die einen reich und die anderen arm sind*, Berlin: Siedler, 1999).

Landweber, L. F., und Winfree, E., (2002) (Hg.): *Evolution as Computation*, Berlin: Springer-Verlag.

Lane, N. (2005): *Power, Sex, Suicide. Mitochondria and the Meaning of Life*, Oxford: Oxford University Press.

Layard, R. (2005): *Happiness. Lessons from a New Science*, London: Allen Lane.

Leavitt, H. J. (2003): »Why Hierarchies Thrive«, *Harvard Business Review* (März), S. 96–102.

LeBaron, B. (1994): »Chaos and Nonlinear Forecastability in Economics and Finance«, *Philosophical Transactions of the Royal Society of London (A)* 384, S. 397–404.

– (1998): »An Evolutionary Bootstrap Method for Selecting Dynamic Trading Strategies«. University of Wisconsin, Working Paper.

– (2000): »Agent Based Computational Finance. Suggested Readings and Early Research«, *Journal of Economic Dynamics and Control* 24, S. 679–702.

– (2001a): »Empirical Regularities from Interacting Long and Short Memory Investors in an Agent-Based Financial Market«, *IEEE Transactions on Evolutionary Computation* 5, S. 442–455.

– (2001b): »Evolution and Time Horizons in an Agent-Based Stock Market«, *Macroeconomic Dynamics* 5, S. 225–254.

LeBaron, B., Arthur, W. B., und Palmer, R. (1999): »Time Series Properties of an Artificial Stock Market«, *Journal of Economic Dynamics and Control* 23, S. 1487–1516.

LeBaron, B., Brock, W. A., und Lakonishok, J. (1992): »Simple Technical Trading Rules and the Stochastic Properties of Stock Returns«, *Journal of Finance* 47, S. 1731–1764.

LeBaron, B., und Scheinkman, J. A. (1989): »Nonlinear Dynamics and Stock Returns«, *Journal of Business* 62, S. 311–337.

Lee, Y., Amaral, L. A., Canning, D., Meyer, M., und Stanley, H. E. (1998): »Universal Features in the Growth of Complex Organizations«, *Physical Review Letters* 81, Nr. 15, S. 3275–3278.

Lencioni, P. M. (2002): »Make Your Values Mean Something«, *Harvard Business Review* (Juli-August), S. 113–117.

Lengwiler, Y. (2004): *Microfoundations of Financial Economics. An Introduction to General Equilibrium Asset Pricing*, Princeton (NJ): Princeton University Press.

Leslie, K. J., und Michaels, M. P. (2000): »The Real Power of Real Options«, *McKinsey Quarterly Strategy Anthology*, S. 97–108.

Lesourne, J., und Orléan, A. (1998): *Advances in Self-Organization and Evolutionary Economics*, London: Economica.

Levy, D. M. (2003): *How the Dismal Science Got its Name. Classical Economics and the Ur Text of Racial Politics*, Ann Arbor (MI): University of Michigan Press.

Lewin, R., und Regine, B. (2000): *The Soul at Work*, New York: Simon & Schuster.

Lewis, M. (1999): »How the Eggheads Cracked«, *New York Times Magazin*, 24. Januar, S. 24–77.

Lewis, W., Palmade, V., Regout, B., und Webb, A. P. (2002): »What's Right with the U.S. Economy«, *McKinsey Quarterly*, Nr. 1, S. 31–40.

Lillo, F., und Farmer, J. D. (2004): »The Long Memory of the Efficient Market«, *Studies in Nonlinear Dynamics & Econometrics* 8, Nr. 3, Art. 1.

Lillo, F., Mike, Sz., und Farmer, J. D. (2005): »Theory for Long Memory in Supply and Demand«, *Physical Review* E 71, 066122.

Lindgren, K. und Nordahl, M. G. (1994): »Evolutionary Dynamics of Spatial Games«, *Physica D* 75, S. 292–309.

Lissack, M., und Roos, J. (1999): *The Next Common Sense*, London: Nicholas Brealey Publishing.

Ljungqvist, L., und Sargent, T. J. (2000): *Recursive Macroeconomic Theory*, Cambridge (MA): MIT Press.

Lo, A. W. (2004): »The Adaptive Markets Hypothesis. Market Efficiency from an Evolutionary Perspective«, *Journal of Portfolio Management* 30, S. 15–29.

Lo, A. W., und MacKinlay, A. C. (1999): *A Non-Random Walk Down Wall Street*, Princeton (NJ): Princeton University Press.

Loasby, B. (1999): *Graz Schumpeter Lectures. Knowledge, Institutions and Evolution in Economics*, London: Routledge.

Lotka, A. (1956): *Elements of Mathematical Biology*, New York: Dover Publications.

Lovallo, D., und Kahneman, D. (2003): »Delusions of Success. How Optimism Undermines Executives' Decisions«, *Harvard Business Review* (Juli), S. 56–63.

Lowenstein, R. (2000): *When Genius Failed. The Rise and Fall of Long-Term Capital Management*, London: Fourth Estate (dt.: *Der große Irrtum. Die spektakuläre Geschichte vom Aufstieg und Untergang des raffiniertesten Investmentfonds aller Zeiten*, Stuttgart/München: Deutsche Verlags-Anstalt, 2001).

Lucas, R. E. Jr. (2002): *Lectures on Economic Growth*, Cambridge (MA): Harvard University Press.

Lynch, A. (1996): *Thought Contagion*, New York: Basic Books.

Malkiel, B. G. (1973): *A Random Walk Down Wall Street*, 7. Aufl. 2000, New York: W. W. Norton & Company (dt.: *Börsenerfolg ist kein Zufall. Die besten Investmentstrategien für das neue Jahrtausend*, München: FinanzBuch-Verlag, 2000).

Malthus, T. R. (1977): *Das Bevölkerungsgesetz,* München: Deutscher Taschenbuch Verlag.

Mandelbrot, B. B. (1997): *Fractals and Scaling in Finance*, New York: Springer.

Mandelbrot, B. B., und Hudson, R. L. (2004): *The (Mis)Behaviour of Markets. A Fractal View of Risk, Ruin and Reward*, London: Profile Books (dt.: *Fraktale und Finanzen. Märkte zwischen Risiko, Rendite und Ruin*, München/Zürich: Piper, 2005).

Mankiw, N. G. (1994): *Macroeconomics*, 2. Aufl., New York: Worth Publishers (dt.: *Makroökonomik. Mit vielen Fallstudien*, 5., überarb. Aufl., Stuttgart: Schäffer-Poeschel, 2003).

Mansfield, E. (1999): *Managerial Economics. Theory, Applications and Cases*, New York: W. W. Norton & Company.

Mantegna, R. N., und Stanley, H. E. (2000): *An Introduction to Econophysics. Correlations and Complexity in Finance*, Cambridge: Cambridge University Press.

– (1996): »Turbulence and Financial Markets«, *Nature* 383 (17. Oktober), S. 587–588.

March, J. G. (1991): »Exploration and Exploitation in Organizational Learning«, *Organizational Science* 2, Nr. 1 (Februar), S. 71–87.

March, J. G., Schulz, M., und Zhou, X. (2000): *The Dynamics of Rules. Change in Written Organizational Codes*, Stanford (CA): Stanford University Press.

Mas-Colell, A., Whinston, M. D., und Green, J. R. (1995): *Microeconomic Theory*, New York: Oxford University Press.

Maynard Smith, J. (1958): *The Theory of Evolution*, Cambridge: Cambridge University Press.

– (1982): *Evolution and the Theory of Games*, Cambridge: Cambridge University Press.

Maynard Smith, J., und Szathmáry, E. (1999): *The Origins of Life*, Oxford: Oxford University Press.

McCarthy, J., und Zakrajek, E. (2002): »Inventory Dynamics and the Business Cycle. What Has Changed?«, U.S. Federal Reserve Board, Working Paper, 18. Dezember.

McKee, R. (2003): »Storytelling That Moves People«, *Harvard Business Review* (Juni), S. 51–55.

McMillan, J. (2002): *Reinventing the Bazaar. A Natural History of Markets*, New York: Norton.

McNulty, J. J., Yeh, T. D., Schulze, W. S., und Lubatkin, M. H. (2002): »What's Your Real Cost of Capital?«, *Harvard Business Review* (Oktober), S. 114–121.

Meadows, D. H., Randers, J., und Meadows, D. L. (2004): *Limits of Growth. The 30-Years Update*, White River Junction (VT): Chelsea Green Publishing (dt.: *Grenzen des Wachstums, das 30-Jahre-Update. Signal zum Kurswechsel*, Stuttgart: Hirzel, 2006).

Micklethwait, J., und Wooldridge, A. (2003): *The Company. A Short History of a Revolutionary Idea*, New York: Modern Library.

Mike, Sz., und Farmer, J. D. (2005): »An Empirical Model of Price Formation«, Santa Fe Institute, Working Paper 05-11-039.

Miller, M. (2003): *Two Percent Solution. Fixing America's Problems in Ways Liberals and Conservatives Can Love*, New York: Public Affairs.

Minsky, M. (1985): *The Society of Mind*, New York: Simon & Schuster (dt.: *Mentopolis*, Stuttgart: Klett-Cotta, 1990).

Mintzberg, H., Ahlstrand, B., und Lampel, J. (1998): *Strategy Safari. A Guided Tour Through the Wilds of Strategic Management*, New York: Free Press (dt.: *Strategy-Safari. Eine Reise durch die Wildnis des strategischen Managements*, Wien/Frankfurt a. M.: Ueberreuter, 1999).

Mintzberg, H., Quinn, J. B., und Ghoshal, S. (1998): *The Strategy Process*, Englewood Cliffs (NJ): Prentice Hall.

Mirowski, P. (1988): *Against Mechanism*, Totowa (NJ): Rowman & Littlefield.

– (1989): *More Heat than Light. Economics as Social Physics, Physics as Nature's Economics*, Cambridge: Cambridge University Press.

– (1994): *Natural Images in Economic Thought*, Cambridge (UK): Cambridge University Press.

– (2002): *Machine Dreams. Economics Becomes a Cyborg Science*, Cambridge: Cambridge University Press.

Mitchell, M. (1993): *Analogy-Making as Perception*, Cambridge (MA): MIT Press.

– (1996): *An Introduction to Genetic Algorithms*, Cambridge (MA): MIT Press.

Mokyr, J. (1990): *The Lever of Riches. Technological Creativity and Economic Progress*, Oxford: Oxford University Press.

– (2000): »Natural History and Economic History. Is Technological Change an Evolutionary Process?«, Northwestern University, Working Paper (April).

– (2002): *The Gifts of Athena. Historical Origins of the Knowledge Economy*, Princeton (NJ): Princeton University Press.

Monge, P. R., und Contractor, N. S. (2003): *Theories of Communications Networks*, Oxford: Oxford University Press.

Montgomery, C. A., und Porter, M. E. (1991): *Strategy. Seeking and Securing Competitive Advantage*, Boston: Harvard Business School Press (dt.: *Strategie. Die brillianten Beiträge der weltbesten Strategie-Experten*, Wien: Ueberreuter, 1996).

Montier, J. (2002): *Behavioral Finance. Insights Into Irrational Minds and Markets*, Chichester (UK): John Wiley & Sons.

Moore, G. (1983): »Business Cycles, Inflation and Forecasting«, National Bureau of Economic Research, Studies in Business Cycles, Nr. 24, 2. Aufl., Cambridge (MA): Ballingham.

Morecroft, J. D. W., und Sternam, J. D. (1994): *Modelling for Learning Organizations*, Portland (OR): Productivity Press.

Morowitz, H. J. (2002): *The Emergence of Everything. How the World Became Complex*, Oxford: Oxford University Press.

Morris, E. (2001): *Theodore Rex*, New York: HarperCollins.

Nagel, K., Shubik, M., Paczuski, M., und Bak, P. (2000): »Spatial Competition and Price Formation«, Santa Fe Institute, Working Paper 00-05-029, Elsevier Preprint.

National Bureau of Economic Research (2000): *Macroeconomics Annual 1999*, NBER, Cambridge (MA): MIT Press.

Nasar, S. (1998): *A Beautiful Mind*, New York: Faber and Faber (dt.: *Auf den fremden Meeren des Denkens. Das Leben des genialen Mathematikers John*

Nash, München/Zürich: Piper, 1999, beziehungsweise: *Genie und Wahnsinn*, ungekürzte Taschenbuchausgabe, München/Zürich: Piper, 2002).

Neftci, S. N. (1991): »Naïve Trading Rules in Financial Markets and Wiener-Kolmogorov Prediction Theory. A Study of ›Technical Analysis‹«, *Journal of Business* 64, Nr. 4, S. 549–571.

Nelson, R. R. (1995): »Recent Evolutionary Theorizing About Economic Change«, *Journal of Economic Literature* XXXIII (März), S. 48–90.

– (1996): *The Sources of Economic Growth*, Cambridge (MA): Harvard University Press.

– (2003): »Physical and Social Technologies and Their Evolution«, Columbia University, Working Paper, vom Autor erhältlich.

Nelson, R. R., und Winter, S. G. (1982): *An Evolutionary Theory of Economic Chance*, Cambridge (MA): Belknap Press of Harvard University Press.

Newbold, P. (1995): *Statistics for Business and Economics*, 4. Aufl., Englewood Cliffs (NJ): Prentice Hall.

Newman, M. E. J. (1999): »Small Worlds. The Structure of Social Networks«, Santa Fe Institute, Working Paper 99-12-080.

Newman, M. E. J., und Watts, D. J. (1999): »Scaling and Percolation in the Small-World Network Model«, Santa Fe Institute, Working Paper 99-05-034.

Nicolis, G., und Prigogine, I. (1989): *Exploring Complexity. An Introduction*, New York: W. H. Freeman (dt.: *Die Erforschung des Komplexen. Auf dem Weg zu einem neuen Verständnis der Naturwissenschaften*, München/Zürich: Piper, 1987).

Niehans, J. (1990): *A History of Economic Theory*, Baltimore (MD): John Hopkins University Press.

Nijhout, H. F., Nadel, L., und Stein, D. L. (1997): *Pattern Formation in the Physical and Biological Sciences*, Reading (MA): Addison-Wesley.

North, D. C. (1990): *Institutions, Institutional Change and Economic Performance*, Cambridge: Cambridge University Press (dt.: *Institutionen, institutioneller Wandel und Wirtschaftsleistung*, Tübingen: Mohr, 1992).

– (2005): *Understanding the Process of Economic Change*, Princeton (NJ): Princeton University Press.

North, D. C., und Thomas, R. P. (1973): *The Rise of the Western World. A New Economic History*, Cambridge: Cambridge University Press.

O'Hara, M. (1995): *Market Microstructure Theory*, Cambridge (MA): Blackwell Business.

Ormerod, P. (1994): *The Death of Economics*, Nordamerikaausgabe 1997, New York: John Wiley & Sons (dt.: *Impulse für den Aufschwung. Das Ende der Volkswirtschaft?* Düsseldorf: Econ-Verlag, 1995).

– (1998): *Butterfly Economics*, New York: Pantheon Books.

Oswald, A. J. (1991): *Surveys in Economics*, Bd. 2, Oxford: Blackwell.

Padgett, J. F., und Ansell, C. K. (1993): »Robust Action and the Rise of the Medici, 1400–1434«, *American Journal of Sociology* 98, Nr. 6 (Mai), S. 1259–1319.

Page, S. E. (1996): »Two Measures of Difficulty«, *Economic Theory* 8, S. 321–346.

Paich, M., und Sterman, J. (1993): »Boom, Bust, and Failures to Learn in Experimental Markets«, *Management Science* 39, Nr. 12, S. 1439–1458.

Pascale, R. T., Millemann, M., und Gioja, L. (2000): *Surfing the Edge of Chaos. The Laws of Nature and New Laws of Business*, New York: Crown Business (dt.: *Chaos ist die Regel*, München: Econ, 2002).

Peak, D., und Frame, M. (1994): *Chaos Under Control*, Reading (MA): Addison-Wesley (dt.: *Komplexität. Das gezähmte Chaos*, Basel/Boston/Berlin: Birkhäuser, 1995).

Penrose, E. (1959): *The Theory of the Growth of the Firm*, Ausgabe 1995, Oxford: Oxford University Press.

Persky, J. (1992): »Retrospectives. Pareto's Law«, *Journal of Economic Perspectives* 2, S. 767–773.

Peters, E. E. (1991): *Chaos and Order in the Capital Markets. A New View of Cycles, Prices, and Market Volatility*, New York: John Wiley & Sons.

Peters, T. J., und Waterman, R. H. Jr. (1982): *In Search of Excellence. Lessons from America's Best-Run Companies*, New York: Warner Books (dt.: *Auf der Suche nach Spitzenleistungen. Was man von den bestgeführten US-Unternehmen lernen kann*, Landsberg am Lech: Verlag Moderne Industrie, 1983).

Petroski, H. (1992): *The Evolution of Useful Things*, New York: Vintage Books (dt.: *Messer, Gabel, Reissverschluss. Die Evolution der Gebrauchsgegenstände*, Basel/Boston/Berlin: Birkhäuser, 1994).

Pettigrew, A., Thomas, H., und Whittington, R. (2002) (Hg.): *Handbook of Strategy and Management*, London: Sage.

Petzinger, T. (1999): *The New Pioneers*, New York: Simon & Schuster.

Pindyck, R. S., und Rubinfeld, D. L. (1989): *Microeconomics*, New York: Macmillan (dt.: *Mikroökonomie*, 6. Aufl., München/Boston u. a.: Pearson Studium, 2005).

Pinker, S. (1994): *The Language Instinct. How the Mind Creates Language*, New York: HarperCollins.

– (1997): *How the Mind Works*, New York, London: W. W. Norton.

– (2002): *The Blank Slate. The Modern Denial of Human Nature*, London: Allen Lane-Penguin Press.

Plerou, V., Gopikrishnan, P., Amaral, L. A. N., Meyer, M., und Stanley, H. E. (1999): »Scaling of the Distribution of Price Fluctuations of Individual Companies«, *Physical Review* E 60, S. 6519–6529.

Plotkin, H. (1993): *Darwin Machines*, London: Penguin Books.

– (2002): *The Imagined World Made Real. Toward a Natural Science of Culture*, London: Penguin Press.

Plous, S. (1993): *The Psychology of Judgment and Decision Making*, New York: McGraw-Hill.

Porter, M. E. (1980): *Competitive Strategy. Techniques for Analyzing Industries and Competitors*, New York: Free Press (dt.: *Wettbewerbsstrategie. Methoden zur Analyse von Branchen und Konkurrenten*, Frankfurt a. M.: Campus-Verlag, 1983).

– (1985): *Competitive Advantage. Creating and Sustaining Superior Performance*, New York: Free Press (dt.: *Wettbewerbsvorteile. Spitzenleistungen erreichen und behaupten*, Sonderausgabe, Frankfurt a. M./New York: Campus-Verlag, 1989).

– (1996): »What Is Strategy?«, *Harvard Business Review* (November-Dezember), S. 61–78.

Powell, T. C. (2002): »The Philosophy of Strategy«, *Strategic Management Journal* 23, S. 873–880.

– (2003): »Varieties of Competitive Parity«, *Strategic Management Journal* 24, S. 61–86

Prahalad, C. K., und Hamel, G. (1990): »The Core Competence of the Corporation«, *Harvard Business Review* (Mai-Juni), S. 79–91.

Prietula, M. J., Carley, K. M., und Gasser, L. (1998) (Hg.): *Simulating Organizations*, Cambridge (MA): MIT Press.

Prigogine, I. (1996): *The End of Certainty. Time, Chaos, and the New Laws of Nature*, New York: Free Press.

Putnam, R. D. (1993): *Making Democracy Work. Civic Traditions in Modern Italy*, Princeton (NJ): Princeton University Press.

– (2000): *Bowling Alone. The Collapse and Revival of American Community*, New York: Simon & Schuster.

Rauch, J. (2002): »Seeing Around Corners«, *Atlantic Monthly* 289, Nr. 4 (April).

Rauch, J. E., und Casella, A. (2001) (Hg.): *Networks and Markets*, New York: Russell Sage Foundation.

Resnick, M. (1997): *Turtles, Termites and Traffic Jams*, Cambridge (MA): MIT Press.

Richards, D. E.-A. (2000): *Political Complexity: Nonlinear Models of Politics*, Ann Arbor: University of Michigan Press.

Ridley, M. (1996): *The Origins of Virtue*, London: Penguin Books (dt.: *Die Biologie der Tugend. Warum es sich lohnt, gut zu sein*, Berlin: Ullstein, 1997).

– (2001): *The Cooperative Gene*, New York: Free Press.

Roberts, J. (2004): *The Modern Firm. Organizational Design for Performance and Growth*, Oxford: Oxford University Press.

Romer, D. (1996): *Advanced Macroeconomics*, New York: McGraw-Hill.

Romer, P. M. (1990): »Endogenous Technological Change«, *Journal of Political Economy* 98, Nr. 5, S. 71–102.

– (1994): »The Origins of Endogenous Growth, *Journal of Economic Perspectives* 8, Nr. 1, S. 3–22.

Rose, H., und Rose, S. (2001) (Hg.): *Alas Poor Darwin. Arguments Against Evolutionary Psychology*, London: Vintage.

Rosenberg, N. (1982): *Inside the Black Box. Technology and Economics*, Cambridge: Cambridge University Press.

– (1994): *Exploring the Black Box. Technology, Economics, and History*, Cambridge: Cambridge University Press.

Rosenberg, N., und Birdzell, L. E. Jr. (1986): *How the West Grew Rich. The Economic Transformation of the Industrial World*, New York: Basic Books.

Ross, I. S. (1995): *The Life of Adam Smith*, Oxford: Clarendon Press (dt.: *Adam Smith. Leben und Werk*, Düsseldorf: Verlag Wirtschaft und Finanzen, 1998).

Ross, S. A. (2005): *Neoclassical Finance*, Princeton (NJ): Princeton University Press.

Rothschild, M. (1990): *Bionomics. Economy as Ecosystem*, New York: Henry Holt and Co.

Roxburgh, C. F. (2003): »Hidden Flaws in Strategy«, *McKinsey Quarterly*, Nr. 2, S. 26–39.

Rubinstein, A. (1998): *Modeling Bounded Rationality*, Cambridge (MA): MIT Press.

Rumelt, R. P., Schendel, D. E., und Teece, D. J. (1994): *Fundamental Issues in Strategy. A Research Agenda*, Boston: Harvard Business School Press.

Russo, J. E., und Schoemaker, P. J. H. (1989): *Decision Traps*, New York: Fireside.

Samuelson, P. A., und Nordhaus, W. D. (1998): *Economics*, 16. Ausgabe (internat. Ausgabe), Boston: Irwin McGraw-Hill (dt.: *Volkswirtschaftslehre.*

Das internationale Standardwerk der Makro- und Mikroökonomie, Frankfurt a. M.: mi-Fachverlag, 2005).

Sargent, T. (1995): *Bounded Rationality in Macroeconomics*, New York: Oxford University Press.

Sato, Y., Akiyama, E., und Farmer, J. D. (2002): »Chaos and Learning in a Simple Two Person Game«, *Proceedings of the National Academy of Sciences* 99, Nr. 7, S. 4748–4751.

Scarf, H., und Hansen, T. (1973): *Computation of Economic Equilibrium*, New Haven (CT): Yale University Press.

Schank, R. C. (1990): *Tell Me a Story*, New York: Charles Scribner's Sons.

Schein, E. H. (1992): *Organizational Culture and Leadership*, 2. Aufl., San Francisco: Jossey-Bass (dt.: *Unternehmenskultur. Ein Handbuch für Führungskräfte*, Frankfurt a. M./New York: Campus-Verlag, 1995).

Scherer, F. M. (1999): *New Perspectives on Economic Growth and Technological Innovation*, Washington (DC): Brookings Institution Press.

Schneider, E. D., und Sagan, D. (2005): *Into the Cool. Energy Flow, Thermodynamics, and Life*, Chicago: University of Chicago Press.

Schumpeter, J. A. (1934): *The Theory of Economic Development*, Ausgabe 1983, London: Transaction Publishers (dt.: *Theorie der wirtschaftlichen Entwicklung*. Faksimile-Ausgabe der 1912 erschienenen Erstausgabe, Handelsblatt-Bibliothek »Klassiker der Nationalökonomie«, Düsseldorf: Verlag Wirtschaft und Finanzen, 1988).

– (1943): *Capitalism, Socialism and Democracy*, 5. Aufl. 1976, London: Routledge (dt.: *Kapitalismus, Sozialismus und Demokratie*, Bern: Francke, 1946).

Schwager, J. D. (1992): *The New Market Wizards. Conversations with America's Top Traders*, New York: Harper Business (dt.: *Magier der Märkte. Neue Interviews mit Top-Tradern der Finanzwelt*, Kulmbach: Börsenmedien, 1997).

Schwartz, B. (2004): *The Paradox of Choice. Why More Is Less*, New York: HarperCollins.

Schwartz, P. (1991): *The Art of the Long View. Planning for the Future in an Uncertain World*, New York: Currency Doubleday (dt.: *Anleitung zur Unzufriedenheit. Warum weniger glücklicher macht*, Berlin: Ullstein, 2006).

Scott, W. R. (2001): *Institutions and Organizations*, Thousand Oaks (CA): Sage Publications.

Seabright, P. (2004): *The Company of Strangers. A Natural History of Economic Life*, Princeton (NJ): Princeton University Press.

Segal-Horn, S. (1998): *The Strategy Reader*, Milton Keynes (UK): Blackwell Business.

Selten, R. (1990): »Bounded Rationality«, *Journal of Institutional and Theoretical Economics* 46, Nr. 4 (Dezember), S. 649–658.

Senge, P. M. (1990): *The Fifth Discipline*, New York: Currency Doubleday (dt.: *Die fünfte Disziplin. Kunst und Praxis der lernenden Organisation*, Stuttgart: Klett-Cotta, 1996).

Sensier, M., and von Dijk, D. (2004): »Testing for Volatility Changes in U.S. Macroeconomic Time Series, *Review of Economics and Statistics* 86, Nr. 3 (August), S. 833–839.

Shannon, C. E., und Weaver, W. (1949): *The Mathematical Theory of Communications*, Illini Books, Ausgabe 1963, Chicago: University of Illinois Press (dt: *Mathematische Grundlagen in der Informationstheorie*, München/Wien: Oldenbourg, 1976).

Shefrin, H. (2005): *A Behavioral Approach to Asset Pricing*, London: Elsevier Academic Press.

Shennan, S. (2002): *Genes, Memes and Human History. Darwinian Archaeology and Cultural Evolution*, London: Thames and Hudson.

Shiller, R. J. (2000): *Irrational Exuberance*, Princeton (NJ): Princeton University Press (dt.: *Irrationaler Überschwang. Warum eine lange Baisse an der Börse unvermeidlich ist*, Frankfurt a. M./New York: Campus-Verlag, 2000).

Shleifer, A. (2000): *Inefficient Markets. An Introduction to Behavioral Finance*, Oxford: Oxford University Press.

Sims, K. (1994a): *Evolving 3D Morphology and Behavior by Competition*, Cambridge (MA): MIT Press.

– (1994b): »Evolving Virtual Creatures«, *Computer Graphics*, SIGGRAPH '94 Proceedings, S. 15–22.

Simon H. A. (1978): »Rational Decision-Making in Business Organizations«, Nobel Memorial Lecture, 8. Dezember.

– (1991): *Models of My Life*, New York: Basic Books.

– (1992): *Economics, Bounded Rationality and the Cognitive Revolution*, Hampshire (UK): Edward Elgar Publishing.

– (1996): *The Sciences of the Artificial*, 3. Aufl., Cambridge (MA): MIT Press (dt.: *Die Wissenschaften vom Künstlichen*, 2. Aufl., Wien/New York: Springer, 1994).

– (1997): *Administrative Behavior*, 4. Aufl., New York: Free Press (dt.: *Das Verwaltungshandeln. Eine Untersuchung der Entscheidungsvorgänge in Behörden und privaten Unternehmen*, Stuttgart: Kohlhammer, 1955, beziehungsweise: *Entscheidungsverhalten in Organisationen. Eine Untersuchung von Entscheidungsprozessen in Management und Verwaltung*, Übers. der 3. amerikanischen Aufl., Landsberg am Lech: Verlag Moderne Industrie, 1981).

Simpson Ross, I. (1995): *The Life of Adam Smith*, Oxford: Oxford University Press.

Skidelsky, R. (1994): *John Maynard Keynes. The Economist as Saviour 1920–1937*, London: Macmillan.

Skyrms, B. (1996): *Evolution of the Social Contract*, Cambridge: Cambridge University Press.

Slater, R. (1999): *Jack Welch and the GE Way. Management Insights and Leadership Secrets of the Legendary CEO*, New York: McGraw-Hill (dt: *»Wer führt, muß nicht managen«. Die unschlagbaren Erfolgsstrategien von Jack Welch*, Landsberg a. Lech: Verlag Moderne Industrie, 1999).

Smith, A. (1776): *The Wealth of Nations*, Nachdruck 1994, New York: Modern Library (dt.: *Der Reichtum der Nationen*, Leipzig: A. Kröner, 1924, beziehungsweise: *Der Wohlstand der Nationen. Eine Untersuchung seiner Natur und seiner Ursachen*, München: FinanzBuch-Verlag, 2006).

Smith, D. E., und Foley, D. K. (2002): »Is Utility Theory So Different from Thermodynamics?«, Santa Fe Institute, Working Paper 02-04-016.

Sober, E., und Wilson, D. S. (1998): *Unto Others. The Evolution and Psychology of Unselfish Behavior*, Cambridge (MA): Harvard University Press.

Solé, R., und Goodwin, B. (2001): *Signs of Life. How Complexity Pervades Biology*, New York: Basic Books.

Solow, R. M. (1956): »A Contribution to the Theory of Economic Growth, *Quarterly Journal of Economics* 70, Nr. 1, S. 65–94.

– (2000): *Growth Theory. An Exposition*, 2. Aufl., New York: Oxford University Press (dt: *Wachstumstheorie. Darstellung und Anwendung*, Göttingen: Vandenhoeck und Ruprecht, 1971).

Sornette, D. (2003): *Why Stock Markets Crash. Critical Events in Financial Systems*, Princeton (NJ): Princeton University Press.

Soros, G. (1987): *The Alchemy of Finance. Reading the Mind of the Market*, New York: John Wiley & Sons (dt: *Die Alchemie der Finanzen. Wie man die Gedanken des Marktes liest*, Kulmbach: Börsenbuch-Verlag, 1994).

Stacey, R. D., Griffin, D., und Shaw, P. (2000): *Complexity and Management*, London: Routledge.

Stanley, M. H. R., Amaral, L. A. N., Buldyrev, S. V., Havlin, S., Leschhorn, H., Maass, P., Salinger, M. A., und Stanley, H. E. (1996): »Scaling Behavior in the Growth of Companies«, *Nature* 379, S. 804–806.

Sterman, J. D. (1985): »A Behavioral Model of the Economic Long Wave«, *Journal of Economic Behavior and Organization* 6, S. 17–53.

– (1989a): »Modeling Managerial Behavior. Misperceptions of Feedback in a Dynamic Decision Making Experiment, *Management Science* 35, Nr. 3, S. 321–339.

– (1989b): »Deterministic Chaos in an Experimental Economic System«, *Journal of Economic Behavior and Organization* 12, S. 1–28.

– (2000): *Business Dynamics*, New York: McGraw-Hill.

– (2002): »All Models Are Wrong. Reflections on Becoming a Systems Scientist«, Jay Wright Forrester Prize Lecture, *System Dynamics Review* 18, Nr. 4, S. 501–531.

Sterman, J. D., und Sweeney, L. B. (2002): »Cloudy Skies. Assessing Public Understanding of Global Warming«, *System Dynamics Review* 18, Nr. 2, S. 207–240.

Sternberg, R. J., und Davidson, J. E. (1995): *The Nature of Insight*, Cambridge (MA): MIT Press.

Stewart, I. (1989): *Does God Play Dice? The Mathematics of Chaos*, Cambridge (MA): Basic Blackwell (dt.: *Spielt Gott Roulette? Uhrwerk oder Chaos*, Frankfurt a. M./Leipzig: Insel-Verlag, 1993).

Stiglitz, J. (1997): *Economics*, 2. Aufl., New York: W. W. Norton (dt.: *Volkswirtschaftslehre*, München/Wien: Oldenbourg, 1998).

Stiglitz, J. (2002): *Globalization and Its Discontents*, New York: W. W. Norton (dt.: *Die Schatten der Globalisierung*, München: Goldmann, 2004).

Stillings, N. A., Weisler, S. E., Chase, C. H., Feinstin, M. H., Garfield, J. L., und Rissland, E. L. (1995): *Cognitive Science. An Introduction*, 2. Aufl., Cambridge (MA): MIT Press.,

Strogatz, S. (1994): *Nonlinear Dynamics and Chaos*, Cambridge (MA): Westview Press.

Suh, N. P. (1990): *The Principles of Design*, New York: Oxford University Press.

Surowiecki, J. (2003): »The Financial Page. Decisions, Decisions«, *New Yorker* (24. März), S. 33.

– (2004): *The Wisdom of Crowds*, New York: Doubleday (dt.: *Die Weisheit der Vielen. Warum Gruppen klüger sind als Einzelne und wie wir das kollektive Wissen für unser wirtschaftliches, soziales und politisches Handeln nutzen können*, München: Bertelsmann, 2005).

Sutton, R. S., und Barto, A. G. (1999): *Reinforcement Learning. An Introduction*, Cambridge (MA): MIT Press.

Szenberg, M., und Ramrattan, L. (2004) (Hg.): *New Frontiers in Economics*, Cambridge: Cambridge University Press.

Teilhard de Chardin, P. (1969): *The Future of Man*, New York: Harper Torchbooks (dt.: *Die Zukunft des Menschen*, 4. Aufl., Olten/Freiburg i. B.: Walter, 1987).

Thaler, R. H. (1992): *The Winner's Curse. Paradoxes and Anomalies of Economic Life*, Princeton (NJ): Princeton University Press.

– (1993) (Hg.): *Advances in Behavioral Finance*, New York: Russell Sage Foundation.

Thomas, A. A., und Mueller, S. L. (2000): »A Case for Comparative Entrepreneurship. Assessing the Relevance of Culture, *Journal of International Business Studies* 31, Nr. 2, S. 287–301.

Tirole, J. (1988): *The Theory of Industrial Organization*, Cambridge (MA): MIT Press (dt.: *Industrieökonomik*, München/Wien: Oldenbourg, 1995).

Tushman, M. L., und O'Reilly, C. A. (1997): *Winning Through Innovation. A Practical Guide to Leading Organizational Change and Renewal*, Boston: Harvard Business School Press (dt.: *Innovation ist machbar*, Landsberg am Lech: Verlag Moderne Industrie, 1998).

Van der Hijden, K. (1996): *Scenarios. The Art of Strategic Conversation*, Boston: John Wiley & Sons.

Vega-Redondo, F. (1996): *Evolution, Games and Economic Behaviour*, New York: Oxford University Press.

von Baeyer, H. C. (1998): *Warmth Disperses and Time Passes. The History of Heat*, New York: Modern Library.

von Neumann, J., und Morgenstern, O. (1944): *Theory of Games and Economic Behavior*, Jubiläumsausgabe 2004, Princeton (NJ): Princeton University Press (dt.: *Spieltheorie und wirtschaftliches Verhalten*, Würzburg: Physica-Verlag, 1961).

Vriend, N. J. (2002): »Was Hayek an ACE?«, *Southern Economic Journal* 68, Nr. 4, S. 811–840.

Wackernagel, M., Schulz, N. B., Deumling, D., Linares, A. C., Jenkins, M., Kapos, V., Monfreda, C., Loh, J., Myers, N., Norgaard, R., und Randers, J. (2002): »Tracking the Ecological Overshoot of the Human Economy«, *Proceedings of the National Academy of Sciences* 99, Nr. 14 (9. Juli), S. 9266–9271.

Waldrop, M. M. (1992): *Complexity. The Emerging Science at the Edge of Order and Chaos*, New York: Touchstone (dt.: *Inseln im Chaos. Die Erforschung komplexer Systeme*, Reinbek bei Hamburg: Rowohlt, 1993).

Watts, D. J. (2003): *Six Degrees. The Science of a Connected Age*, New York: W. W. Norton.

– (1999): *Small Worlds*, Princeton (NJ): Princeton University Press.

Weinberger, E. D. (1996): »NP Completeness of Kauffman's N-K Model«, Santa Fe Institute, Working Paper 96-02-003.

Welch, J. (2001): *Jack. Straight from the Gut*, New York: Warner Business Books (dt.: *Was zählt. Die Autobiografie des besten Managers der Welt*, München: Econ, 2001).

Wernerfelt, B. (1984): »A Resource-based View of the Firm«, *Strategic Management Journal* 5, S. 171–180.

– (1995): »The Resource-based View of the Firm. Ten Years After«, *Strategic Management Journal* 16, S. 171–174.

Wheen, F. (1999): *Karl Marx*, London: Fourth Estate (dt.: *Karl Marx*, München: Bertelsmann, 2001).

Whitley, L. D. (1993) (Hg.): *Foundations of Genetic Algorithms 2*, San Mateo (CA): Morgan Kaufmann Publishers.

Wiggins, R. R., und Ruefli, T. W. (2002): Sustained Competitive Advantage. Temporal Dynamics and the Incidence and Persistence of Superior Economic Performance«, *Organization Science* 13, Nr. 1, S. 81–105.

– (2005): »Schumpeter's Ghost: Is Hypercompetition Making the Best of Times Shorter?«, *Strategic Management Journal* 26, S. 288–911.

Williamson, O. E. (1995) (Hg.): *Organization Theory. From Chester Barnard to the Present and Beyond*, Oxford: Oxford University Press.

Williamson, O. E., and Winter, S. G. (1993) (Hg.): *The Nature of the Firm. Origins, Evolution, and Development*, New York: Oxford University Press.

Wilson, E. O. (1992): *The Diversity of Life*, New York: W. W. Norton (dt.: *Der Wert der Vielfalt. Die Bedrohung des Artenreichtums und das Überleben des Menschen*, München/Zürich: Piper, 1995).

– (1998): *Consilience. The Unity of Knowledge*, New York: Random House (dt.: *Die Einheit des Wissens*, Berlin: Siedler, 1998).

Wolfram, S. (1994): *Cellular Automata and Complexity*, Reading (MA): Addison-Wesley.

– (2002): *A New Kind of Science*, Champaign (IL): Wolfram Media.

Wright, R. (1994): *The Moral Animal. Why We Are the Way We Are. The New Science of Evolutionary Psychology*, New York: Vintage Books (dt.: *Diesseits von Gut und Böse. Die biologischen Grundlagen unserer Ethik*, München: Limes, 1996).

– (2000): *Non Zero. The Logic of Human Destiny*, New York: Pantheon Books.

Wuensche, A., und Lesser, M. J. (1992): *The Global Dynamics of Cellular Automata*, Reading (MA): Addison-Wesley.

– (1998): »Discrete Dynamical Networks and Their Attractor Basins«, *Complexity International* 6 und Santa Fe Institute, Working Paper 98-11-101.

Young, H. P. (1998): *Individual Strategy and Social Structure. The Evolutionary Theory of Institutions*, Princeton (NJ): Princeton University Press.

Zadek, S. (2004): *The Civil Corporation. The New Economy of Corporate Citizenship*, London: Earthscan.

Zak, P. J. (2003): »Trust«, *Journal of Financial Transformations*, CAPCO Institute, S. 17–24.

Zak, P. J., und Knack, S. (2001): »Trust and Growth«, *Economic Journal*, Nr. 111, S. 295–321.

Zarnowitz, V. (1992): »Business Cycle. Theory, History, Indicators and Forecasting, National Bureau of Economic Research, Studies in Business Cycles, Bd. 27, Chicago: University of Chicago Press.

Ziman, J. (2000) (Hg.): *Technological Innovation as an Evolutionary Process*, Cambridge (MA): Cambridge University Press.

Register

Autor

Eric Beinhocker ist Senior Fellow am McKinsey Global Institute, dem wissenschaftlichen Think-Tank von McKinsey & Company. Dort leitet er volks- und betriebswirtschaftliche sowie politisch-gesellschaftliche Forschungsprojekte. Zuvor war er Partner bei McKinsey, wo er auch in leitender Funktion in der Global Strategy Practice tätig war.

In seiner Karriere verbindet er die freie Wirtschaft und die akademische Welt. Er war CEO in der Softwarebranche, Risikokapitalgeber, Executive Director des Corporate Executive Board und beriet bei McKinsey Klienten aus einer Vielzahl von Branchen. Darüber hinaus hatte er Forschungsaufträge an der Harvard Business School sowie an der MIT Sloan School und war Gastwissenschaftler am Santa Fe Institute. Er graduierte am Dartmouth College und an der MIT Sloan School, die er als Henry Ford II Stipendiat besuchte.

Für *Fortune*, *Financial Times*, *Newsweek* und andere Publikationen verfasste Beinhocker zahlreiche Beiträge zu betriebs- und volkswirtschaftlichen Themen.

Beinhocker stammt aus Boston in Massachusetts und lebt heute mit seiner Frau Tilly und seinen Töchtern Anna und Clara in London.

Fachliche Begleitung

Katrin Suder studierte Physik an der RWTH Aachen und promovierte an der Ruhr-Universität Bochum in Theoretischer Physik mit Schwerpunkt dynamische Systeme. Ergebnisse ihrer wissenschaftlichen Arbeit auf dem Gebiet der Hirnforschung wurden unter anderem in *Neural Computation* und *Nature* veröffentlicht. Sie begleitete die deutsche Ausgabe von *The Origin of Wealth* mit großer Begeisterung aufgrund ihrer besonderen Vorliebe für interdisziplinäres Arbeiten und speziell für das Suchen nach Erklärungen, Zusammenhängen und Strukturen mithilfe von physikalischen Methoden wie nichtlinearer Dynamik oder evolutionären Algorithmen.

Als Partnerin bei McKinsey & Company berät Katrin Suder seit mehr als sieben Jahren Klienten aus den verschiedensten Branchen, darunter vor allem Telekommunikationsanbieter und IT-Dienstleister sowie seit Kurzem den öffentlichen Sektor. Ihre Schwerpunkte liegen in den Bereichen Strategie, Operations und Technologie/IT. Seit Anfang 2007 leitet sie das Berliner Büro von McKinsey & Company.